# 流动性过剩与宏观资产负债表研究：基于流量存量一致性框架

## Excess Liquidity and Macro Balance Sheets Research: From the Perspectives of SFC Method

邵 宇 著

经济管理出版社
ECONOMY & MANAGEMENT PUBLISHING HOUSE

**图书在版编目（CIP）数据**

流动性过剩与宏观资产负债表研究：基于流量存量一致性框架 / 邵宇著. —北京：经济管理出版社，2018.12
ISBN 978-7-5096-6292-2

Ⅰ. ①流…　Ⅱ. ①邵…　Ⅲ. ①资本市场—关系—资金平衡表—研究—中国
Ⅳ. ①F832.5　②F231.1

中国版本图书馆 CIP 数据核字（2018）第 293741 号

组稿编辑：宋　娜
责任编辑：范美琴
责任印制：黄章平
责任校对：陈　颖

出版发行：经济管理出版社
（北京市海淀区北蜂窝 8 号中雅大厦 A 座 11 层　100038）
网　　址：www. E-mp. com. cn
电　　话：（010）51915602
印　　刷：三河市延风印装有限公司
经　　销：新华书店
开　　本：720mm×1000mm/16
印　　张：32.5
字　　数：533 千字
版　　次：2019 年 5 月第 1 版　　2019 年 5 月第 1 次印刷
书　　号：ISBN 978-7-5096-6292-2
定　　价：98.00 元

# 序 言

博士后制度在我国落地生根已逾30年，已经成为国家人才体系建设中的重要一环。30多年来，博士后制度对推动我国人事人才体制机制改革、促进科技创新和经济社会发展发挥了重要的作用，也培养了一批国家急需的高层次创新型人才。

自1986年1月开始招收第一名博士后研究人员起，截至目前，国家已累计招收14万余名博士后研究人员，已经出站的博士后大多成为各领域的科研骨干和学术带头人。其中，已有50余位博士后当选两院院士；众多博士后入选各类人才计划，其中，国家百千万人才工程年入选率达34.36%，国家杰出青年科学基金入选率平均达21.04%，教育部“长江学者”入选率平均达10%左右。

2015年底，国务院办公厅出台《关于改革完善博士后制度的意见》，要求各地各部门各设站单位按照党中央、国务院决策部署，牢固树立并切实贯彻创新、协调、绿色、开放、共享的发展理念，深入实施创新驱动发展战略和人才优先发展战略，完善体制机制，健全服务体系，推动博士后事业科学发展。这为我国博士后事业的进一步发展指明了方向，也为哲学社会科学领域博士后工作提出了新的研究方向。

习近平总书记在2016年5月17日全国哲学社会科学工作座谈会上发表重要讲话指出：一个国家的发展水平，既取决于自然科学发展水平，也取决于哲学社会科学发展水平。一个没有发达的自然科学的国家不可能走在世界前列，一个没有繁荣的哲学社会科学的国家也不可能走在世界前列。坚持和发展中国特色社会主义，需要不断在实践中和理论上进行探索、用发展着的理论指导发展着的实践。在这个过程中，哲学社会科学具有不可替代的重要地位，哲学社会科学工作者具有不可替代的重要作用。这是党和国家领导人对包括哲学社会科学博士后在内的所有哲学社会科学领域的研究者、工作者提出的殷切希望！

中国社会科学院是中央直属的国家哲学社会科学研究机构，在哲学社会科学博士后工作领域处于领军地位。为充分调动哲学社会科学博士后研究人员科研创新的积极性，展示哲学社会科学领域博士后的优秀成果，提高我国哲学社会科学发展的整体水平，中国社会科学院和全国博士后管理委员会于2012年联合推出了《中国社会科学博士后文库》（以下简称《文库》），每年在全国范围内择优出版博士后成果。经过多年的发展，《文库》已经成为集中、系统、全面反映我国哲学社会科学博士后优秀成果的高端学术平台，学术影响力和社会影响力逐年提高。

下一步，做好哲学社会科学博士后工作，做好《文库》工作，要认真学习领会习近平总书记系列重要讲话精神，自觉肩负起新的时代使命，锐意创新、发奋进取。为此，需做到：

第一，始终坚持马克思主义的指导地位。哲学社会科学研究离不开正确的世界观、方法论的指导。习近平总书记深刻指出：坚持以马克思主义为指导，是当代中国哲学社会科学区别于其他哲学社会科学的根本标志，必须旗帜鲜明加以坚持。马克思主义揭示了事物的本质、内在联系及发展规律，是“伟大的认识工具”，是人们观察世界、分析问题的有力思想武器。马克思主义尽管诞生在一个半多世纪之前，但在当今时代，马克思主义与新的时代实践结合起来，越来越显示出更加强大的生命力。哲学社会科学博士后研究人员应该更加自觉地坚持马克思主义在科研工作中的指导地位，继续推进马克思主义中国化、时代化、大众化，继续发展21世纪马克思主义、当代中国马克思主义。要继续把《文库》建设成为马克思主义中国化最新理论成果宣传、展示、交流的平台，为中国特色社会主义建设提供强有力的理论支撑。

第二，逐步树立智库意识和品牌意识。哲学社会科学肩负着回答时代命题、规划未来道路的使命。当前中央对哲学社会科学愈加重视，尤其是提出要发挥哲学社会科学在治国理政、提高改革决策水平、推进国家治理体系和治理能力现代化中的作用。从2015年开始，中央已启动了国家高端智库的建设，这对哲学社会科学博士后工作提出了更高的针对性要求，也为哲学社会科学博士后研究提供了更为广阔的应用空间。《文库》依托中国社会科学院，面向全国哲学社会科学领域博士后科研流动站、工作站的博士后征集优秀成果，入选出版的著作也代表了哲学社会科学博士后最高的学术研究水平。因此，要善于把中国社会科学院服务党和国家决策的大智库功能与《文库》的小智库功能结合起来，进而以智库意识推动品牌意识建设，最终树立《文库》的智库意识和品牌意识。

第三，积极推动中国特色哲学社会科学学术体系和话语体系建设。改革开放30多年来，我国在经济建设、政治建设、文化建设、社会建设、生态文明建设和党的建设各个领域都取得了举世瞩目的成就，比历史上任何时期都更接近中华民族伟大复兴的目标。但正如习近平总书记所指出的那样：在解读中国实践、构建中国理论上，我们应该最有发言权，但实际上我国哲学社会科学在国际上的声音还比较小，还处于“有理说不出、说了传不开”的境地。这一问题的实质，就是中国特色、中国特质的哲学社会科学学术体系和话语体系的缺失和建设问题。具有中国特色、中国特质的学术体系和话语体系必然是由具有中国特色、中国特质的概念、范畴和学科等组成。这一切不是凭空想象得来的，而是在中国化的马克思主义指导下，在参考我们民族特质、历史智慧的基础上再创造出来的。在这一过程中，积极吸纳儒、释、道、墨、名、法、农、杂、兵等各家学说的精髓，无疑是保持中国特色、中国特质的重要保证。换言之，不能站在历史、文化虚无主义立场搞研究。要通过《文库》积极引导哲学社会科学博士后研究人员：一方面，要积极吸收古今中外各种学术资源，坚持古为今用、洋为中用。另一方面，要以中国自己的实践为研究定位，围绕中国自己的问题，坚持问题导向，努力探索具备中国特色、中国特质的概念、范畴与理论体系，在体现继承性和民族性、体现原创性和时代性、体现系统性和专业性方面，不断加强和深化中国特色学术体系和话语体系建设。

新形势下，我国哲学社会科学地位更加重要、任务更加繁重。衷心希望广大哲学社会科学博士后工作者和博士后们，以《文库》系列著作的出版为契机，以习近平总书记在全国哲学社会科学座谈会上的讲话为根本遵循，将自身的研究工作与时代的需求结合起来，将自身的研究工作与国家和人民的召唤结合起来，以深厚的学识修养赢得尊重，以高尚的人格魅力引领风气，在为祖国、为人民立德立功立言中，在实现中华民族伟大复兴中国梦的征程中，成就自我、实现价值。

是为序。

中国社会科学院副院长

中国社会科学院博士后管理委员会主任

2016 年 12 月 1 日

# 摘 要

本书试图构建一个从宏观流动性即货币和信贷出发，再到实体经济各个部门的宏观分析框架，它把金融市场、开放经济置于极为重要的高度，同时细致地刻画各个宏观部门的明细变动，这种变动既基于它们的资产负债表存量，也基于它们的交易流量，即利润分配和资金流动。然后再用财务报表相互间的勾稽关系，形成严密的逻辑闭环。这使我们可以全面建模一个真实的开放经济体，包括金融和实体活动的方方面面，研究它们之间的有机联系，探索政策效果和需求供给双向冲击的全面后果，并动态刻画这个经济有机体的演化进程。这将帮助我们认识中国实体经济升级、金融系统深化的过程，评估政策效果和溢出效应，以及测度金融变量的波动状况。

本书的主要结论是：

（1）中国经济快速经历货币化、资产资本化、资本泡沫化以及泡沫全球化过程，可以看到一个外生的流动性入侵过程，绑架中国央行的货币政策。

（2）这种流动性与中国经济内生需求和要素供给能力紧密地融合在一起，推进中国经济高速增长并日渐取得全球增长中的最高份额，但这种大推进也带来了诸多的负面效应，在金融领域的主要后遗症包括资产泡沫、杠杆高企以及相应的分配不平等。

（3）影子银行在全球和中国日益成为越来越重要的客观存在，作为资金流动网状图的一个关键节点，它的演进路径和信用创造机理将全面影响金融系统的稳定和效率。

（4）宏观经济的六大部门的局部资产负债表出现了僵尸化，特别是现在的地方政府，再就是加了高杠杆以及有过剩产能的部分企业部门。局部的资产负债表的阻塞导致整个正循环运作不起来，金融资源淤积在坏死的部分。这个问题可以通过中国宏观部门杠杆挪移来解决，即整个宏观部门的资产负债表的修复和重新构造。

（5）把债务置换、“中国式 QE”、注资政策性银行、注册制改革、加入 SDR，还有成立新型国际金融机构放在一块看，是对一个开放、转型、追赶的大国的核心经济模型的重构。

**关键词：** 宏观流动性　资产负债表　存量—流量—一致性

# Abstract

This book tries to establish a macro analysis framework, which starts from macro liquidity, namely money and credit, to the various departments of the real economy, puts the financial market and the open economy into a very important height, and describes detailedly each macro sector's changes which is based on the stock of their balance sheets and the transaction flow of them, namely, profit distribution and capital flow. And then use the relationship of the financial statements to form a strict logic loop. We can make a comprehensive model of a real open economy including financial and real activity, study the relationship between them, explore the effects of policies and full consequences of biphasic shocks of the supply and demand, and describe dynamicly the evolution process of this economic organism. This will help us to understand the process of China's real economy upgrading and deepening the financial system, assess the effect of policy and spillover effects, as well as measure the fluctuation of financial variables.

Main conclusions include:

1. Chinese economy goes through rapid monetization, asset capitalization, capital bubble and bubble globalization process, we can see an exogenous process of invasion of the flow that can kidnap the central bank's monetary policy.

2. The liquidity and China's economic endogenous demand and the ability of supply factors are closely together, to promote the chinese economy grow rapidly and gain the highest share of global growth, but the big push has also brought many negative effects, in the financial sector

the main squealae include asset bubbles, high leverage and the inequitable distribution.

3. Shadow banking has become more and more important existence in the whole world and China, as a key node in the net chart of fund flows, its evolution path and credit creation mechanism will influence the stability and efficiency of the financial system.

4. The partial balance sheet of the six departments of the macro economy become zombification, especially the local government, and some corporate sectors with a high leverage and excess capacity. The partial balance sheet blockage affects the whole macro economic cycle, and financial resources are deposited in the necrotic portion. This question can be solved through removing China's macro economic leverage, namely restoration and reconstruction of the balance sheet of the whole macro sector.

5. Putting chinese QE, debt replacement, injecting funds into policy banks, the reform of the registration system, and joining the SDR, the establishment of the international financial institutions together, it's reconstruction of a country's open, transformed and chasing core economic model.

**Key Words**: Macro liquidity; Balance sheet; Stock-flow consistency

# 目　录

引　言　武器的批判：大反思与真问题 …… 1

一、宏观理论反思 …… 1
二、宏观流动性 …… 4
三、研究框架 …… 6

第一章　货币、流动性与宏观分析：文献综述 …… 9

第一节　流量理论 …… 10
一、传统货币数量论中的流量分析法 …… 11
二、维克塞尔：累积过程理论 …… 12
三、霍特里：纯货币经济周期理论 …… 15
四、罗伯特森：可贷资金理论 …… 16
五、哈耶克：资本、资本结构与商业周期 …… 17
第二节　存量理论 …… 19
一、马歇尔/庇古：现金余额方程式 …… 19
二、凯恩斯：流动性偏好理论 …… 20
三、希克斯：货币理论的“边际革命” …… 23
四、托宾：资产选择的一般均衡分析 …… 24
五、弗里德曼：流动性偏好理论的重新表述 …… 25
第三节　宏观流动性过剩与原因 …… 28
一、流动性过剩 …… 28
二、流动性过剩原因 …… 31
三、流动性全球传导 …… 33

第二章 中国之谜：从迷失货币到流动性过剩 …… 39
第一节 一路狂奔：流动性阶段演化路径 …… 39
一、经济货币化（1979~1991 年） …… 41
二、货币化到资本化的过渡（1992~1997 年） …… 44
三、快速资本化到资本泡沫化（1998~2005 年） …… 50
四、高潮来临：泡沫全球化的同步升腾与跌落 …… 54
第二节 中国央行资产负债表 …… 61
第三节 中央银行货币政策工具进化 …… 69
一、数量工具：再贷款 VS 准备金 …… 69
二、利率政策工具 …… 75
第三章 全球流动性传导 …… 79
第一节 开动印钞机 …… 80
一、美国，资产负债表扩大 5 倍 …… 80
二、欧洲，资产负债表扩大 40% …… 83
三、英国，资产负债表扩大 4 倍 …… 86
四、日本，资产负债表扩大 2.5 倍 …… 88
第二节 流动性失衡的基因 …… 89
一、有约束单极体系下的流动性投放 …… 89
二、无约束单极体系下的流动性投放 …… 93
第三节 中国镜像：热钱 …… 107
一、奇异的“双顺差” …… 107
二、游荡的“热钱” …… 118
第四章 商业银行：流动性主渠道 …… 125
第一节 商业银行资产负债表综述 …… 125
一、资产端剖析 …… 125
二、负债端剖析 …… 136
三、资产负债表的整体变化 …… 141
第二节 贷款部分讨论 …… 143
一、贷款的细分 …… 144

二、贷款利率 …… 149
三、影响贷款的监管指标 …… 154
四、贷款与债券 …… 158
第三节 债券部分讨论 …… 160
一、应付债券现状 …… 160
二、商业银行综合负债成本 …… 163
三、高负债成本的影响 …… 165
四、负债成本发展趋势 …… 168

第五章 影子银行与金融市场：危险水域 …… 171

第一节 影子银行的概念范畴 …… 171
一、狭义及广义的影子银行概念 …… 172
二、影子银行演进的四阶段 …… 174
三、影子银行特点 …… 176
第二节 影子银行的国际景图 …… 180
一、影子银行增长速度趋缓 …… 181
二、影子银行版图四分天下 …… 184
三、三种形态构成复杂体系 …… 187
四、债务的跨国比较 …… 193
第三节 中国影子银行测度 …… 198
一、影子银行Ⅰ …… 200
二、影子银行Ⅱ …… 222
三、影子银行Ⅲ …… 230
第四节 中国影子银行的特点及影响 …… 231
一、影子银行的发展特点 …… 231
二、影子银行对宏观流动性的影响 …… 233
三、中国影子银行的发展趋势 …… 238

第六章 政府部门：中央与地方 …… 243

第一节 政府债务类型 …… 244
一、中央政府债务类型 …… 244
二、省、市和县政府主要债务类型 …… 245

第二节 地方政府债务 …… 250
一、债务区域分布：东部占半壁，江苏省为首 …… 250
二、债务层级分布：不发达的在省级，发达的在区县 …… 253
三、举债主体：不发达的政府部门和机构占比较高 …… 255
四、债务类型：山西、江苏、浙江、重庆信托占比较高 …… 259
五、债务投向：东部投市政建设，西部投交运设施 …… 262
六、偿债压力：普遍存在，重庆较高 …… 263
第三节 乡镇一级政府债务 …… 270
一、乡镇债务成因 …… 270
二、乡镇举债特征变化 …… 271
三、乡镇政府债务规模估测：1 万亿元左右 …… 271
第四节 整合：资产负债表规模与结构 …… 272
一、规模分析 …… 272
二、结构分析 …… 280
三、2013 年五级政府债务估算：29.6 万亿元 …… 284
第五节 关注要点 …… 285
一、中央政府：关注铁总改革和资产收益率 …… 285
二、地方政府：短期应急，化解存量、构建机制 …… 287

第七章 企业部门：最高杠杆 …… 299

第一节 企业资产负债表的编制方法及说明 …… 299
一、数据来源和核算处理方法 …… 299
二、投影特征：国民经济结构与上市公司代表性 …… 300
第二节 企业资产负债表：规模与结构 …… 304
一、整体状况 …… 304
二、行业结构特征 …… 304
三、资产/GDP：独特的地产 …… 318
第三节 细分行业比较研究 …… 320
一、资本结构与杠杆率 …… 320
二、增长率及收益率 …… 321
三、资产获利率：ROE 和 ROA …… 326
四、资产管理效率：总资产周转率和存货周转率 …… 328

第八章 居民部门：藏富于民 …… 337
第一节 居民资产负债表构成要素 …… 337
一、居民资产构成要素：基于资产种类 …… 338
二、基于居民持有资产债权对象的居民资产构成要素分项说明 …… 340
第二节 居民资产负债表总体状况 …… 341
一、居民资产负债表总体分析 …… 341
二、居民资产负债表结构特征 …… 348
第三节 对居民资产负债表状况的评价 …… 356
一、其他国家居民资产负债表结构 …… 357
二、基于国际比较的居民资产负债表结构评价 …… 359
第四节 关于存量与流量关系的几点思考 …… 362
一、货币增速影响边际价格，存量财富相应调整 …… 362
二、商业银行仍是金融体系核心，加速脱媒或会导致系统风险 …… 364
三、股市重要功能是实现资本化并合理定价，并非重要融资工具 …… 367
四、私人股权资本增速近期大幅下滑，国企改革或释放新红利 …… 370
五、从收入分配角度来看，流量增长明显处于劣势 …… 371

第九章 对外部门：重构对外资产负债表 …… 373
第一节 现状：储备占比过大，收益率不匹配 …… 373
一、基本结构 …… 374
二、收益性价比 …… 376
三、演化趋势 …… 377
第二节 直接投资：从净流入到净流出 …… 380
一、全球趋势 …… 380
二、中国对外投资崛起 …… 383
第三节 证券投资：金融周期分化与资本账户开放的影响 …… 385
一、全球金融周期分化 …… 385

二、中国参与全球金融周期 …………………………………… 395

第十章　存量—流量一致分析方法基础 …………………… 401

第一节　存量、流量等价性证明和 SFC 模型 …………………… 402
一、SFC 分析的方法论的演化：流量到存量，再到存流量等价的证明 …………………………………… 403
二、后凯恩斯 SFC 模型 …………………………………… 404
三、SFC 模型中资产负债账户和部门的演化及其研究中心布局和论文发表情况 …………………………………… 406
四、SFC 模型具体应用 …………………………………… 410
第二节　开放经济条件下的资产负债—存量矩阵与交易—流量矩阵 …………………………………… 414
一、资产负债—存量矩阵 …………………………………… 415
二、交易—流量矩阵 …………………………………… 417
第三节　SFC 模型构建的一般方法：一个描述性例子 ………… 420
一、模型构造 …………………………………… 421
二、稳态 …………………………………… 424
三、比较静态分析 …………………………………… 425
四、动态调整 …………………………………… 425

第十一章　再平衡：去杠杆、移杠杆与稳增长 ……………… 429

第一节　去杠杆文献综述 …………………………………… 430
第二节　SFC 模型构建与参数设定 …………………………… 434
一、资产负债—存量表 …………………………………… 434
二、交易—流量表 …………………………………… 435
三、SFC 模型构建 …………………………………… 437
四、参数设定与稳态解 …………………………………… 445
第三节　政策冲击模拟 …………………………………… 445
一、货币政策 …………………………………… 446
二、财政政策 …………………………………… 448
三、股权融资 …………………………………… 450
四、投资驱动到消费驱动 …………………………………… 450

五、去杠杆的微观视角 …………………………………… 453
**第四节 重构中国资产负债表** …………………………………… 456

**参考文献** …………………………………… 467

**索 引** …………………………………… 479

**专家推荐表** …………………………………… 481

# Contents

Introduction The criticism of the weapon: The big reflection and the real problem ··· 1

0.1 Reflection on macro theory ··· 1
0.2 Macro liquidity ··· 4
0.3 Research framework ··· 6

1 Currency, liquidity and macro analysis: literature review ··· 9

1.1 Flow theory ··· 10
1.1.1 Flow analysis method in quantity theory of traditional money ··· 11
1.1.2 Vicker Searl: Cumulative process theory ··· 12
1.1.3 Holt: The pure monetary cycle theory ··· 15
1.1.4 Robertson: The loanable fund theory ··· 16
1.1.5 Hayek: Capital, capital structure and business cycle ··· 17
1.2 Stock theory ··· 19
1.2.1 Marshall/Pigou: Cash balance equation ··· 19
1.2.2 Keynes: The theory of liquidity preference ··· 20
1.2.3 Hicks: "Marginal revolution" in monetary theory ··· 23
1.2.4 Tobin: General equilibrium analysis of asset selection ··· 24
1.2.5 Freedman: Restatement of liquidity preference theory ··· 25
1.3 The excess of macro liquidity and the cause ··· 28

1.3.1 Excess liquidity …… 28
1.3.2 Reasons for excess liquidity …… 31
1.3.3 Liquidity global transmission …… 33

2 The mystery of China：From lost money to excess liquidity …… 39

2.1 Run all the way：The evolution path of the liquidity stage … 39
2.1.1 Economic monetization（1979-1991）…… 41
2.1.2 Transition from monetization to capitalization（1992-1997）…… 44
2.1.3 Rapid capitalization to capital bubble（1998-2005）…… 50
2.1.4 Climax：The simultaneous rise and fall of bubble globalisation …… 54
2.2 The balance sheet of the central bank of China …… 61
2.3 The evolution of monetary policy instruments of the central bank …… 69
2.3.1 Quantity tool：Reloan VS reserve …… 69
2.3.2 Interest rate policy tool …… 75

3 Global liquidity transmission …… 79

3.1 Start printing press …… 80
3.1.1 The United States，the balance sheet has expanded 5 times …… 80
3.1.2 Europe，the balance sheet has expanded 40% …… 83
3.1.3 Britain，the balance sheet has expanded 4 times …… 86
3.1.4 Japan，the balance sheet has expanded 2.5 times …… 88
3.2 Fluidity imbalance gene …… 89
3.2.1 Liquidity under constrained unipolar system …… 89
3.2.2 Liquidity under unconstrained unipolar system …… 93
3.3 Chinese mirror：Hot money …… 107
3.3.1 Bizarre "double surplus" …… 107
3.3.2 Roaming "hot money" …… 118

4 Commercial bank: Main liquidity channel ········ 125
4.1 Review of the balance sheet of commercial banks ········ 125
4.1.1 Asset side analysis ········ 125
4.1.2 Liability side analysis ········ 136
4.1.3 Overall changes in the balance sheet ········ 141
4.2 Discussion about the loan ········ 143
4.2.1 Subdivision of loans ········ 144
4.2.2 Loan interest rate ········ 149
4.2.3 Regulatory indicators that affect loans ········ 154
4.2.4 Loans and bonds ········ 158
4.3 Discussion about the bond ········ 160
4.3.1 Status of bonds payable ········ 160
4.3.2 Commercial bank integrated debt cost ········ 163
4.3.3 The impact of high debt cost ········ 165
4.3.4 Development trend of debt cost ········ 168

5 Shadow bank and financial markets: Dangerous waters ········ 171
5.1 Concept category of shadow bank ········ 171
5.1.1 The narrow and broad sense of the shadow bank concept ········ 172
5.1.2 The four stage of the evolution of shadow bank ········ 174
5.1.3 Characteristics of shadow bank ········ 176
5.2 The international landscape of the shadow bank ········ 180
5.2.1 The growth rate of shadow bank is slowing down by ········ 181
5.2.2 Shadow bank layout four powers divides in the world ··· 184
5.2.3 Three forms constitute complex system ········ 187
5.2.4 The transnational comparison of debt ········ 193
5.3 China' s shadow bank measure ········ 198
5.3.1 Shadow bank Ⅰ ········ 200
5.3.2 Shadow bank Ⅱ ········ 222

5.3.3 Shadow bank Ⅲ …… 230
5.4 Characteristics and influence of the shadow bank of China …… 231
5.4.1 Characteristics of the development of shadow bank …… 231
5.4.2 The impact of shadow bank on macro liquidity …… 233
5.4.3 China's shadow bank development trend …… 238

6 Government departments: Central and local …… 243

6.1 Type of government debt …… 244
6.1.1 Central government debt type …… 244
6.1.2 Main types of debt of province, city and county government …… 245
6.2 Local government debt …… 250
6.2.1 Debt area distribution: The eastern china has half of it, Jiangsu province has the biggest debt …… 250
6.2.2 Debt level distribution: Underdeveloped at provincial level, developed in districts and counties …… 253
6.2.3 The main body of debt: Underdeveloped government departments and institutions account for a relatively high percentage …… 255
6.2.4 Debt type: The trust accounts for a higher percentage in Shanxi, Jiangsu, Zhejiang and Chongqing …… 259
6.2.5 Debt investment: Eastern China invests in municipal construction, western China invests in transportation facilities …… 262
6.2.6 Debt service pressure: Widespread, Chongqing is higher …… 263
6.3 Township level government debt …… 270
6.3.1 Origin of township debt …… 270
6.3.2 Township debt characteristics change …… 271
6.3.3 Size estimation of township government debt: around 1 trillion …… 271

6.4 Integration: the scale and structure of the balance sheet ··· 272
6.4.1 Scale analysis ··· 272
6.4.2 Structural analysis ··· 280
6.4.3 Estimates of five levels government debt in 2013: 29.6 trillion ··· 284
6.5 Focus on point ··· 285
6.5.1 Central government: Concerne about railway corporation reform and return on assets ··· 285
6.5.2 Local government: Short-term emergency, resolving stock and building mechanism ··· 287

7 Enterprise Department: The highest lever ··· 299

7.1 Compilation method and description of enterprise balance sheet ··· 299
7.1.1 Data sources and accounting methods ··· 299
7.1.2 Projection features: National economic structure and representativeness of listed companies ··· 300
7.2 Enterprise balance sheet: Scale and structure ··· 304
7.2.1 Overall situation ··· 304
7.2.2 Industry structure features ··· 304
7.2.3 Asset/GDP: unique real estate ··· 318
7.3 Subdivision industry comparison study ··· 320
7.3.1 Capital structure and leverage ratio ··· 320
7.3.2 Growth rate and yield ··· 321
7.3.3 Assets yield: ROE and ROA ··· 326
7.3.4 Asset management efficiency: Total asset turnover and inventory turnover ··· 328

8 Resident department: Rich in the people ··· 337

8.1 Elements of the balance sheet of residents ··· 337

8.1.1 Resident asset composition: Based on asset classification ······ 338
8.1.2 Description of the components of resident assets based on the object of assets held by residents ······ 340
8.2 The overall status of the balance sheet of residents ······ 341
8.2.1 Overall analysis of the balance sheet of residents ······ 341
8.2.2 Structure characteristics of the balance sheet of residents ······ 348
8.3 Evaluation of the status of the balance sheet of residents ······ 356
8.3.1 Structure of the balance sheet of residents in other countries ······ 357
8.3.2 Evaluation of the balance sheet structure of residents based on international comparison ······ 359
8.4 A few thoughts about the relationship between stock and flow ······ 362
8.4.1 Monetary growth affects marginal prices and stock wealth adjusts accordingly ······ 362
8.4.2 Commercial banks are still the core of the financial system, accelerated disintermediation will lead to systemic risk ······ 364
8.4.3 The important function of the stock market is capitalization and reasonable pricing, it is not an important financing tool ······ 367
8.4.4 Private equity capital growth declines sharply in recent, state-owned enterprises reform releases the new dividend ······ 370
8.4.5 From the perspective of income distribution, flow growth is obviously at a disadvantage ······ 371

9 External sector: Reconstructing the external balance sheet …… 373

9.1 Status quo: reserve ratio is too large, yield does not match …… 373

9.1.1 Basic structure …… 374

9.1.2 Cost-performance ratio of earnings …… 376

9.1.3 Evolution trend …… 377

9.2 Direct investment: From net inflow to net outflow …… 380

9.2.1 Global trend …… 380

9.2.2 China's foreign investment rising …… 383

9.3 Securities Investment: The impact of financial cycle differentiation and capital account liberalization …… 385

9.3.1 Global financial cycle differentiation …… 385

9.3.2 China participates in the global financial cycle …… 395

10 Basis of stock-flow consistent analysis method …… 401

10.1 Proof of stock and flow equivalence and SFC model …… 402

10.1.1 The evolution of methodology for SFC analysis: Proof of flow to stock and to flow-stock equivalence …… 403

10.1.2 Post Keynes SFC model …… 404

10.1.3 The evolution of the assets and liabilities account and department in the SFC model, and the layout of the research center and the publication of the paper …… 406

10.1.4 The specific application of the SFC model …… 410

10.2 Asset liability-inventory matrix and transaction-flow matrix under open economy …… 414

10.2.1 Asset liability-stock matrix …… 415

10.2.2 Transaction-flow matrix …… 417

10.3 General method of building SFC model: A descriptive example …… 420

10.3.1 Model construction …… 421

10.3.2 Steady state ······ 424
10.3.3 Comparative static analysis ······ 425
10.3.4 Dynamic adjustment ······ 425

11 Rebalancing：Deleveraging，shifting leverage and steady growth ······ 429

11.1 Literature review ······ 430
11.2 SFC model building and parameter setting ······ 434
11.2.1 Asset liability-stock table ······ 434
11.2.2 Transaction-flow table ······ 435
11.2.3 SFC model building ······ 437
11.2.4 Parameter setting and steady-state solution ······ 445
11.3 Policy impact simulation ······ 445
11.3.1 Monetary policy ······ 446
11.3.2 Fiscal policy ······ 448
11.3.3 Equity financing ······ 450
11.3.4 Investment driven to consumer driven ······ 450
11.3.5 Micro perspective of deleveraging ······ 453
11.4 Refactoring China's balance sheet ······ 456

References ······ 467

Index ······ 479

Recommendations ······ 481

# 引　言　武器的批判：大反思与真问题

## 一、宏观理论反思

2007年夏季开始在美国爆发的自20世纪30年代“大萧条”以来最严重的金融危机至今余波未了，这次危机的一个重要特征就是金融危机很快演变为严重的经济危机，并迅速蔓延到其他发达国家、新兴经济体和广大发展中国家，成为全球性的经济危机。在这一严重的金融危机和经济危机背景下，人们开始反思现存的经济制度、经济理论和经济政策。

究竟是谁该对这场“大萧条”以来最严重的衰退负责，是风险管理工作糟糕透顶的银行家，还是未能阻止他们的监管者，或者是自信满满的经济学界？不正是经济学界提供的模型，让监管机构安心地相信市场可以自我监管，而且一定会自我修正。理论界一度感觉良好。2003年，1995年诺贝尔经济学奖得主卢卡斯曾说，宏观经济学成功实现了它的初衷：早在几十年前，它就从实际上解决了预防经济衰退的中心问题。然后呢？然后就崩溃了，危机一波一波袭来，从私人债务到公共债务，再到货币体系。世界经济每次崩塌，都被管理者引导在一堆越来越大的货币软垫上，而越来越多的货币又是下一次爆炸的火药。

随着雷曼兄弟和金融危机一起倒塌的不仅是金融体系与实体经济，还有经济学方法论和理论体系，经济危机后必然是经济学的危机、社会哲学的危机，甚至信仰的危机。有人一度认为新教伦理的丧失，是金融危机的最终源头。从某种程度上来说，大家又重新回到了经济学思想的黑暗时代，期待谁会带来光和闪电。如同20世纪30年代经济危机带来了经济学的危机，2007年金融危机带来金融学的危机和经济学的危机，凯恩斯主义、货币主义、有效市场、套利定价在金融风暴中体无完肤。如何理解这样的危机和全球经济的进化方向，研究者同时需要“批判的武器”和“武器的批判”。实际上，宏观经济学的缺点就是历史太短，这使大家争论它究竟是归纳性质的历史经验，还是放之四海皆准的演绎式的真正科学，但无法忽略的是它产生的时代背景。

1929 年经济“大萧条”之前是没有所谓宏观经济学的，凯恩斯引领的宏观经济学是对“大萧条”的知识反映，人们希望这些知识和专业技能可以预防经济灾难的再次发生。尽管随后哈耶克对市场干预主义进行了昏暗前景预测式的批判，但政府干预一直是战后的主流。在弗里德曼的货币主义加盟以后，政府的经济调控工具箱里又增加了货币数量型工具。尽管自由主义在 20 世纪 80 年代末再度满血复活，但世界已经完全不同了（这种不同才是关键），在大稳健年代（1990~2005 年）自信满满的央行领导们一度觉得自己就是世界的中心和降服周期的勇士，特别是在伯南克自以为获取经济学“圣杯”（解释“大萧条”）的方式就是印更多的钞票以后。事实是，我们都被囚禁在传统经济学思想的牢笼里，辗转反侧挣扎于哈耶克、凯恩斯、弗里德曼圈定的思想桎梏中，不仅是研究者还有决策者都忙于为他们根据这些“迂腐学究”理论所采取的相应决策做辩护：欧洲说，让经济自己复苏；中国说，四万亿没错；美国说，来吧，更多的 QE。

我们需要一种新的经济学，但改变范式并不容易，太多的人投入了太多时间和精力到错误的模型之中。就像托勒密（Ptolemaic）试图维护地球是宇宙中心的观点一样，总会有人勇敢地尝试让标准范式变得更加复杂和完善，由此得出的模型会有所改进，基于这些模型的政策也可能短期做得更好，但由于在错误的方向上做更多的努力，它们仍有可能面临巨大失败。

更令人担心的是，在高等院校中采用的洗脑教科书以及它们的各种中国山寨版，都力图给出一个放之四海皆准的推理体系、理论的美感以及以美国等发达经济体为核心的次序感和经典感。错误的理论必然导致错误的实践：在货币银行学那里是个 G1 模型，货币发行的基础是政府负债，不幸山寨到中国，这里的货币基础是美元；在国际经济学那里是比较优势，实际情况是世界生产的食物链分为资源国、生产国和消费国；国际金融学中，教授的是小国开放模型，是购买力平价和利率平价，而现实是广义套息交易横行，大国货币和货币政策外溢效应巨大；现代宏观经济学基本是流量分析，需求管理刺激 GDP，凯恩斯学派和货币主义者互相攻击，现实情况则是资产负债表危机横扫发达经济体，大多数经济体都是在量化宽松大放水中强颜欢笑。投资学理论倒是率先做出了一些改变，已经把传统的基于现金流贴现的机械公式转换成了解读投资者行为或者情绪方面的努力。但是如同牛顿所说的，他可以计算天体的轨道，但无法测量一个人的疯狂，还没有真正能够令人信服的模型可以去解释金融资产的价格变动，而且更致命的问题在于，金融工程以及发明出来的众多衍生产品，与其说是控制了风险，还不如说只是用来吸附足够量级的流动性，而真的系统性风险发生时，它们的影响就类似大规模杀伤性武器。

这些标准教科书不大会告诉你国际经济格局的变化、整个货币体系的变迁，以及中国的出现会带来些什么。一如卢卡斯所说："那些内嵌于一般均衡动态的、我们知道如何很好运用的理论，现在变成了一种不让我们进行思考的残留物质。它们阻碍我们学习美国在20世纪30年代的经验，或是亚洲和拉丁美洲的金融危机及其真实后果，它们不让我们好好思索90年代的日本。用凯恩斯学说的观点来思考那些事情，可能会令我们感到失望。在理论方面，研究者正在开发一种知识积累体系，但没人知道如何用理论成功解释货币不稳定导致的实际后果。"

而这就是现代宏观经济学家/分析师尴尬的出生环境，他们的工作就是解释已经发生的宏观经济记录，评论正在发生的重要经济事件，预测未来的经济数据。要做这三件事情，他们需要一个具有内在一致性的分析框架，这个框架可以解释已经发生的经济史，也就可以用来预测未来的数据，但遗憾的是这个框架目前似乎并不存在，至少在主流经济学的教科书中找不到合适的答案。或者说，现有的分析框架只能解释其中的一部分，当应用到其他样本上去的话，错误的概率太大，这也是宏观经济学家通常受到批评的原因：拿着一个不完善的工具，对过去说三道四，对现在指手画脚，对未来大放厥词。他们会在三次衰退中成功地预测到五次！

自2008年10月13日美国《新闻周刊》刊登《全球资本主义新时代现在开始》一文，提出"反思资本主义"以来，美国和西方其他国家的学界、政界、商界和民众都在对资本主义的经济制度、理论和政策进行全面反思。基于上述的反思中，许多济学者认为有必要从以下两个方面对经济学进行重构，即在宏观经济模型中应该更加强调金融部门的作用；应该更加重视对经济全球化的宏观经济后果的研究。

结合这些反思，笔者认为，传统宏观经济理论的核心缺陷主要是出在货币与金融体系、人性与市场行为以及政治与历史人文等方面。我们需要一个全新的分析框架，理解本次金融危机是理解全球宏观经济演化的关键，对金融危机的解构在于对美元霸权、金融资本的动力和中国崛起的全面理解。其中中国是个偶然因素，现在又成为关键因素。这是宏观层次上的努力。在微观层次上，金融市场是大众癫狂和非理性“羊群效应”的集中营，也是市场失灵最剧烈也最具破坏性的方面，行为分析、心理测试、人性揭示应该成为分析的起点。

## 二、宏观流动性

而在宏观和微观交汇层面上，流动性经济学应当成为突破的重点。一旦流动性被证实是经济分析中的重要元素，那么很多传统的经济学理论都将需要做出颠覆性的改变。这既现实又很紧迫。目前全球资本市场高度连通，货币竞争环境下，流动性为王。天文量级的流动性在整个世界不停地狼奔豕突，逐一洗劫，把一个一个资产市场玩残，经济玩死。大危机后，早已缺乏弹性的实体经济变为他们的提线木偶。世界已经全面进入了流动性严重过剩造成的混沌状态中，蝴蝶的微微振翅就会让世界进入不可知地带，让我们无法去解释。比如，2013 年 5 月 22 日，伯南克的 QE 退出发令枪声响过后，就流传了一个令人纠结的笑话——“美国摸了摸自己胸口，还在恍惚之中，边上的日本（股市）突然大口喷血一头栽倒……最神奇的是，躺在地上的 A 股也惨叫一声，又晕了过去……”

某种程度上，我们都生活在货币幻觉下，以及私人债务、公共债务、银行信用创造的永恒“庞氏骗局”中，全球国内生产总值不过 70 万亿美元，广义货币供应 65 万亿美元（GDP 的 92%），而各种债务价值为 100 万亿美元（GDP 的 1.4 倍），各种金融衍生产品的名义价值则达到 640 万亿美元（GDP 的 9.1 倍）。这像一个头朝下脚朝上的倒立的“金字塔”。恐怕这不是一个可持续的状态，那么如此天文量级的流动性究竟是如何创生的又带来了什么影响呢？从历史来看，任何国家其实从来也没有真正清偿过他们的债务，信用本位以后，各主要存续着的经济体的负债率就一直都在上升，它们中央银行的资产负债表也在不断膨胀。借新债还旧债以外，通常消解债务的方法就是通胀，使本代或者下代居民来承担债务成本，有储备货币发行权的国家还可以向外国人转嫁成本，只要再融资成本不是高过钞票印刷成本太多的话，这个游戏就可以一直玩下去。

那么什么是流动性，它如何创生又怎样消亡，从何而来又到何处去。迄今为止，流动性（Liquidity）尚无一个得到广泛认可的完整定义。“流动性”一词最早源于金融市场，市场流动性（Market Liquidity）是指一种资产通过买卖转换成另一种资产的难易程度，这种转换不会造成价格的显著波动，且造成的价值损失最低。为此，《新帕尔格雷夫经济学大辞典》的解释是：“流动性是一种高度复杂的现象，其具体形式深受金融机构及其实际活动变化的影响，这些变化在近几十年里异常之快”，这一界定的基础是将流动性视为将金融工具转化为现金交易媒介而不受损失的能力，因此，金融工具剩余期限越长，流动性越低。《路透金融词典》认为：“流动性泛指将资产变现的容易程度。高流动性的资产有一个活跃的市场，有足够的买家与卖家可以消化对该资产的需求与供应，资产的价格不会轻易因供需的变动而出现扭曲，这样的市场称为具有深度的市场。资产的流动性若不足，急需变现时往往需要以较大的折扣卖出。此词亦泛指流动资金。”

从历史来看，是凯恩斯最早将流动性引入宏观分析领域，他在《就业、利息和货币通论》中提出，相对于其他资产，货币具有不需要转换为别的资产就可以直接用作支付清偿手段的特性，人们因为偏爱这种特性而对货币产生需求，因此凯恩斯将货币需求称为“流动性偏好”。在此，“流动性”指的是一项资产转换为支付手段的难易程度，或者说资产迅速转换为支付手段的能力，这可称为“流动性”一词的原意。

塞耶斯在《英国货币思想和货币政策》一文中认为，“流动性资产”不仅包括银行的存款负债，而且还包括范围广泛的其他金融中介机构的短期负债，即应包括“信贷”。国际货币基金组织（IMF）2000年制定颁布的《货币与金融统计手册》将流动性定义为“金融资产在多大程度上能够在短时间内以全部或接近市场的价格出售”。欧洲中央银行（ECB，2006）把流动性过剩定义为实际货币存量对预期均衡水平的偏离。巴塞尔协议Ⅲ中对银行业流动性风险的定义中则包含了对流动性内涵的理解，它指的是银行类金融机构具备的优质流动性资产至少应满足未来一个月的变现支付能力，这类资产主要包括现金、危机情况下仍能提取的央行准备金、符合条件的国际债券和本币发行的政府债券（国债或央行债券）等。罗格·弗格森（Roger W. Ferguson，2005）指出，流动性并不是一个精确的概念，但是，在狭义上，流动性可由中央银行货币来度量；在广义上，它应当反映乘数对金融体系的影响；有时也可以由政策利率水平来衡量。

中国人民银行在2006年第三季度《中国货币政策执行报告》中也对流动性进行了解释。其认为：从流动性的本意出发，可以推出市场流动性和宏观流动性两个层面的概念。某个具体市场的流动性，就是在几乎不影响价格的情况下迅速达成交易的能力，我们或者称为微观流动性。所以微观流动性指的是一种资产通过买卖转换成另一种资产的变现能力，其目的是应对现实支付。

在宏观经济层面上，流动性常被直接理解为不同统计口径的货币信贷总量。该报告还认为：银行承兑汇票、短期国债、政策性金融债、货币市场基金等其他一些高流动性资产（央行随即提供了一个社会融资总量来进行一般性描述，但这个指标的缺陷是无法给出总量指标下的各部门资产负债的对应的结构性框架），都可以根据分析的需要而纳入不同的宏观流动性范畴。夏斌和陈道富（2007）在《中国流动性报告》中认为，“流动性”是指一种资产转化为现金与支付手段的难易程度，从流动性可测量、可统计的角度看，可以分为三个层次：一是银行体系内的流动性，二是与实体经济增长密切相关的货币供应量（M2）的流动性，三是经济社会中一切在一定条件下具有变现能力和支付能力的金融资产的流动性。余永定（2007）认为，所谓“流动性”是指商业银行所拥有的随时可以用于“投资”（如放贷）的资产，在一些国家，其他一些流动性很强的资产，如短期国债券等也属于“流动性资产”。

关键的问题是宏观流动性的本质是什么，它究竟是货币还是信用，是债务还是资本，是基础金融工具还是五花八门的衍生产品？我们看到宏观流动性的定义是随着金融实践的进展而不断演化和扩展的，而宏观流动性就是本书研究的起点和重点。

## 三、研究框架

本书展开研究的线索如下：首先是第一章对流动性相关文献的全面梳理，它既包括经典的货币经济学理论的历史沿革，也包括时下热门的宏观流动性分析素材，从中可以看到全球有关宏观流动性研究的最新进展以及理论框架演化的脉络。

接下来的几章力图澄清货币—资本—经济周期演进的内在逻辑，并通过建立完整全面的指标体系以监控几个层次的流动性变化——分别是第二章，它分四阶段论述中国的货币流动性，特别是央行供应基础货币的转变过程，从而回答所谓的“中国之谜”，进而对金融抑制条件下中国货币化进程的逻辑进行梳理，包括货币化进程的不同时段与特征，以及对未来可能情形的预测。

第三章，讨论全球流动性，寻找过剩流动性的最初来源。希望探究发达经济体货币外溢性与新兴市场流动性波动之间的有机联系，这种联系是通过广义套利交易和热钱来实现的，它也是经济全球化和金融市场一体化的一个重大副产品，并且引发了全球金融周期的高度共振甚至金融危机的连锁反应。

第四章，讨论回到中国自身的主流金融系统，重点研究商业银行体系的流动性供给，随着中国各大商业银行主体的上市，利润动机使货币乘数增大，导致货币派生功能增强，银行贷款的间接融资方式成为中国经济周期的发动机以及系统性繁荣和停滞的源头。

第五章，研究正在崛起的影子银行和金融市场，以及一些重要的分市场的流动性。既讨论全球标准的非商业银行金融机构构成的影子银行，也考虑更具有中国特色的“银行的影子”，这一部分具有更为复杂的交易结构和产品设计，当下它在系统性风险的边际贡献上作用更大，在流动性供给渠道方面也更为隐秘和危险，也就成为危机以来全球金融监管的重点。

以上内容基本上都是从货币供给侧的角度进行考量的。即金融体系创生了这些流动性，货币貌似是外生的，但其更可能是内生的，这就要讨论货币和流动性的需求方面。这要求我们深入实体经济各部门，来最终完成一个货币供求模型的闭环，而需求总是来自实体经济的交易和虚拟资产的泡沫。因此从第六章到第九章，研究从金融系统转入实体经济，实体经济一共是四大部门——企业、家庭、政府和对外部门。

第六章，讨论政府部门的资产负债表行为。中国政府包括地方和中央，重点讨论杠杆率、财政政策和央地分权机制，同时被高度关注的地方债务风险问题也在一个国际比较框架中得以展开。

第七章，编制企业部门的资产负债表，统计核算企业（剔除金融）的整体资产和负债规模，通过大行业资产、负债结构对比，资产负债率和资产/GDP 变化分析，梳理中国最重要的生产部门的财务演化特征，研究最高水平的企业杠杆是如何形成的，是一次性的，还是永久的，以及行业分布和所有制基础是什么。

第八章，居民部门的情况分析，它既是全球最高储蓄率的源头，也是中国财富创造、分配和使用的主体，它与宏观经济中的其他部门有着紧密的联系，其资产负债的存量调整，在很大程度上决定了资源配置的方向，同时居民部门的净资产又是宏观经济的一道重要“护城河”，特别是在经济危机时期表现得尤为明显。

第九章，研究转向对外部门。开放经济环境下，可以把一个国家整体视为一个对外部门，即所有宏观部门对外资产和负债的总和，它取决于这个经济体参与全球化过程的深度，也决定了它在全球化中的相对地位和影响，大经济体的对外部门存在巨大的溢出效应，因此也具有额外的话语权和定价能力。

在以上研究的基础上进行汇总，我们就可以全面构造一个大型经济体的相互连通的六部门的宏观模型。第十章中我们先介绍了存量和流量一致分析方法（Stock-Flow Consistent Analysis），如何把宏观经济模型建立在缜密的分部门存量（Balance Sheet）和流量（包括资金流量表即 Flow-of-Funds 和社会交易矩阵即 Social Accounting Matrix）的系统化的相互影响关系上，从比较静态和跨期动态两个方面深入定量化考察各部门间交互影响关系，从而研究宏观经济政策、变量以及它们对大类资产价格以及实际产出的影响。它的好处是可以超越传统宏观分析对于 GDP、IP、M1、M2 增速等简单的流量指标的描述和臆测，全面构建国家资产负债表和宏观经济分部门资产负债表的严格勾稽关系，进而打开金融交易、货币流动、货币政策传导这些影响实体以及虚拟经济的黑箱。

第十一章中，我们使用 SFC 框架来研究当下中国宏观经济的一个关键问题，即去杠杆和稳增长。研究得出了一些非常有意思的结论，包括对货币政策、财政政策和微观政策的明确的建议，而且在最宏观的视野上，可以把债务置换、“中国式 QE”、注资政策性银行、注册制改革、人民币加入特别提款权（SDR），还有成立包括亚投行（AIIB）在内的多个新型国际金融机构放在一块看，我们不仅看到通过技术性修复资产负债表，可以保持中国宏观债务的可持续性，也会得到关于一个开放、转型、追赶的大国的核心经济模型是怎样重新构造的有益启示。

# 第一章　货币、流动性与宏观分析：文献综述

自凯恩斯将流动性的概念引入经济分析中以后，对流动性相关问题的研究就一直是经济研究的重要领域之一，研究者们分别从流动性的内涵、测度方法、成因与对策等不同视角对流动性问题展开了一系列卓有成效的研究，取得了大量的研究成果。本章的目的就是在梳理学者们既有的一系列研究成果基础上，从流量与存量两个维度梳理货币理论分析史和宏观经济学，以廓清货币形态与货币职能随着经济与金融系统的演化如何影响货币与经济周期分析方法，对当前宏观分析结合流动性研究的现状和发展趋势做一个全面把握。

存量与流量概念的区分有两种途径，即“时间”维度与“行为”维度。就时间维度而言，存量是指某一时间点的量值，流量指一个时间段的变化量，流量概念只有在连续时间模型中才有意义。

存量与流量在“行为”维度的区分相对晦涩。帅勇（2005）将与当期收入相关的生产与消费活动定义为“流量活动”，将与资产选择行为相关，为未来的生产和消费服务的活动称为“存量活动”。按照凯恩斯在《货币论》中的表述，流量活动与产业循环相对应，包括居民的消费、政府支出、企业的投资和进出口，强调货币的交易媒介职能。存量活动与金融循环相对应，如储蓄和资产组合调整等行为，强调货币的价值储藏功能。在现有的大多数宏观理论模型中，往往只注重货币职能和形态的一个方面，并没有意识到多种形态的货币是共存的，所以此类宏观模型可能会遗漏经济周期的某些重要特征，也可以说该类宏观模型并不“宏观”。凯恩斯对于产业循环与金融循环的区分并将其有机结合起来的做法为我们推崇的存量流量一致性分析方法（SFC）奠定了理论基础，如后文所述，基于资产负债—存量表和交易—流量表的 SFC 方法，将货币存量与流量有机结合起来，构成一种共生的有机体。不仅如此，SFC 模型内涵货币的内生属性和

周期的“反馈”特征，将各类冲击内生化，这与主流理论模型也是有很大的不同。

# 第一节　流量理论

马歇尔《经济学原理》（1890）的出版，标志着新古典主义理论体系的正式形成。而凯恩斯之前的宏观经济学，则是受新古典货币数量论支配的。新古典货币数量论不仅仅是关于货币购买力或货币价值如何变动的理论，更主要是一个关于货币 M 如何影响商品和服务的总需求 MV，并通过 MV 影响一般物价水平 P 和产出水平 T 的理论①。

一般认为欧文·费雪（1911）首次对货币数量论做了系统阐述②，但在新古典经济学家的著作中，货币数量论实际上有两个不同的表述方式：一是费雪在《货币的购买力》（1911）中系统化的交易方法；二是由马歇尔、瓦尔拉斯、维克塞尔、庇古发展的现金余额方法。新古典货币数量论一般是指按照交易方程式或现金余额方程式组织起来的思想体系，被称为传统货币数量论。而收入说的货币数量论则从货币收入—支出分析出发，提出利率因素作为投资和储蓄关系的杠杆，将收入—支出分析进一步转化为储蓄—投资分析，在此基础上讨论货币对价格水平波动的影响，以及货币和经济周期的关系，其中维克塞尔是货币数量论向收入、储蓄和投资分析转折的关键人物。

货币固定地充当一般等价物的历史与交易的扩展相伴而生，它是为了降低交易成本、提高交易效率而出现的，故货币的初始职能是交易媒介。最初的货币理论以凸显交易媒介职能为特征，故采用流量分析。流量分析理论者认为，货币的交易媒介职能是最根本的，而价值尺度与价值储藏手段职能都是有条件的（前者要求币值稳定，后者要求发行货币的政府权力稳固）。

① 哈里斯（1981）认为，货币数量论者不仅论述了一般价格水平的决定、利率的决定、货币供给理论以及货币需求理论这样一些问题，并且在所有这些问题上发生了争论，因此他认为应该把货币数量论作为一种思想框架（参见《货币理论》，中国金融出版社 1989 年版）。

② 对货币数量论加以发展的著名经济学家很多，如休谟、李嘉图、穆勒、马歇尔、费雪、庇古、哈耶克，甚至包括凯恩斯。

## 一、传统货币数量论中的流量分析法

笼统地将货币数量论定性为流量货币论或存量货币论，都不客观。全面考察货币数量理论就会发现，它是一种由流量分析向存量分析过渡，进而综合利用流量与存量一致性方法研究货币与经济周期的理论。

流量分析方法的典型代表是传统的货币数量论（费雪及以前的货币数量论）。Humphery（1974）探索了传统货币数量论的起源，他认为该理论源于一位法国的社会哲学家 Jean Bodin。16 世纪末，法国与西欧各国出现了物价的普遍上涨，Jean Bodin 认为是由于美洲殖民地流入的贵金属数量增加导致的。这就是货币数量论的原始形态，即物价水平和货币价值与流通中的货币数量密切相关[①]，物价水平与货币流量正相关，货币价值与货币流量负相关。

17~19 世纪，洛克、坎蒂隆以及休谟对货币数量论进行了重新表述。休谟在《论货币》一文中说道："一切东西的价格取决于商品与货币的比例，任何一方的重大变化都引起同样的结果——价格的起伏。商品增加，价格就下降；货币增加，价格就上涨。"而且，休谟还强调了此处的货币是流通中的货币，而非存量货币："与其说价格取决于商品与货币的绝对数量，不如说它取决于进入或可能进入市场的商品的绝对数量以及处于流通中的货币的绝对数量。"

熊彼特将货币数量论分为广义与狭义两种。广义货币数量论认为，在其他条件不变的条件下，货币数量与价格水平正方向变化，但是并没有要求按一定比例关系同向变化。狭义货币数量论的代表人物是李嘉图，他认为"商品价格随货币的增减而成比例地涨跌"。传统货币数量论是建立在对金属货币和交易媒介职能的认识之上的，随着货币制度的发展，其局限性也愈加凸显。狭义的货币数量论产生于金属铸币时代，随着信用货币体系的发展，货币理论界对传统的货币数量论进行了批判，主要代表有马克思、维克塞尔以及银行学派，也正是随着货币体系与货币职能的演化，货币的存量分析法作为对流量分析法的挑战应运而生。

---

① 此处需要阐明的是，货币数量是存量概念，流通中的货币数量是流量概念。

费雪（1911）在《货币的购买力》中阐述了现金交易方程式，得到了货币数量论的结论，即价格随货币供应量的变化而变化。若所有货币都以现金形式存在，交易方程式的形式为：

$$MV = PT \quad (1.1)$$

式（1.1）是一个恒等式，M 为平均现金流量，V 为货币流通速度，P 为一般价格水平，T 为商品与劳务的交易总量。同时，费雪区分了两种交换媒介即通货和活期存款的数量 M 和 M′，以及它们各自的流通速度 V 和 V′，即：

$$MV + M'V' = PT \quad (1.2)$$

式（1.2）体现了作为交换媒介的银行存款在通货中的重要性的增加。在费雪之前，仅仅把政府发行的通货计算为货币，即把它看作健全货币或基础货币，而且认为银行的作用在于增加货币的流通速度，而不是增加货币存量。

费雪认为，通过货币进行交易的实际量 T 是外生的，流通速度取决于制度和习惯，它不依赖于方程中的其他变量；通货供给在通货和银行准备金之间的划分是稳定的，并且不依赖于方程中的变量，因而存款 M′是准备金的稳定的乘数，它取决于银行的谨慎态度和规章制度；外生的通货供给本身的变化是冲击的主要根源，在上述既定的情况下，它使价格水平 P 发生同比例的变动。费雪相信，市场体系会不依赖货币因素而独立地达到商品生产的一定水平，该水平由可得资源和技术水平决定。于是，唯一可自由调整的变量就是商品的价格水平。费雪在这一分析的基础上认为，货币因素至少在长期内不影响经济活动。

费雪的交易方程式强调的是货币的交易手段职能，是一个流量概念。后面谈到马歇尔和庇古的现金余额方程式时会进一步对比说明两者的区别，以厘清交易方程式的流量属性。虽然交易方程式与余额方程式都得出了货币数量论的结论，但余额方程式构建的理论基础决定了其方法论上的差别，也是后来货币理论发展的转折点。

## 二、维克塞尔：累积过程理论

在凯恩斯主义之前，维克塞尔以最完美的形式提出了货币数量论。“不能否认，在一定情况下，数量论可能是正确的，无论怎样，它带有高度的真理。”他接着指出，“但切勿这样设想，以为货币的现有存量或个人余额的数量，可用来作为商品价格的直接尺度，从而决定其水平”。实际上，维克塞尔提出了（在一个充分就业经济中）以实际余额效应和物品市场的失衡为基础来解释货币数量论背后的机制，这就是通过余额效应起作用的“直接机制”。

在《利息与价格》中，维克塞尔是这样来阐述货币数量论的：“现在让我们假定，由于某种原因，商品的价格上涨了，货币的存量没有变动，或者货币的存量减少了，而价格暂时没有变动。这样，与价格的新水平相比，现金余额就逐渐显得太少了。因此我要设法扩大我的现金余额。要做到这一点——关于借贷等的可能性，这里不谈——只有减少我对货物或劳务的需求，或增加我自己的商品的供给，或两者并进。商品的一切别的所有者和消费者，情形也都是这样。由于商品需求普遍降低，供给普遍增加，势必使一切价格不断低落。只有当价格跌落到使现金余额认为已经达到足够的水平时，跌势才会停止（就上面前一个情况说，这时的价格已跌到原来水平）。”

在这段引文中，维克塞尔假设货币存量不变，而且不考虑银行体系。因此，维克塞尔认为，“这个理论对其主题做了真实的阐明，那种方式在理论上是无可争辩的；但不幸的是只是基于同实践很少关系、有些方面简直全然没有关系的假定”。其错误就在于其“其他情况若相等”的假设与现实不符：“但是那些必须设想为‘相等’的‘事项’中，有些却是在整个经济学中最脆弱的、最无从捉摸的因素——特别是货币的流通速度，事实上所有别的因素都可以或多或少归因于它。”

维克塞尔对传统货币数量论的批驳来自引入信用制度的分析。在“纯现金经济”的基础上，“如果我们继续下去，把信用这个因素考虑在内，整个情况将完全改观，将立即会失去数量论的凭借。信用的作用，只是像一个强有力的滑车，加速了货币的流通”；在“发达的信用经济”或有组织的信用经济下，“流通的速度在实际上或实质上提高了——或者，说得更确切些，流通的速度已经能够或多或少随心所欲地增加了”。在这里，维克塞尔实际上考察的是有银行体系运行的经济，他所有的货币定义仍和桑顿以及其他古典经济学家一样，是黄金而不是银行存款，因此，可把银行存款的变动看成是黄金货币流通速度的变动。由于在发达的信用经济中，保持个人现金余额的做法几乎已销声匿迹，取而代之的是活期、定期存款以及货币交易中的各种手段，银行的现金只占其储户存款的一小部分。这表明，维克塞尔的货币数量论是基于部分准备金的银行体系而建立的，无疑突破了传统货币数量论从个人货币支出的角度来分析社会货币流通的局限，并反映了“当时货币体系即将经历一场革命，这场革命将使货币体系朝着维克塞尔所看到的方向进一步发展”。

维克塞尔对传统货币数量论在信用货币时代的局限提出了批评，即传统货币数量论没有考虑信用的作用，而信用对货币量及货币流通速度都有显著的影响，信用会提高货币利用率，提升货币流通速度，从而使交易中需要的货币量大大减少。他还批评传统货币数量论的静态分析法，认为它没有考虑到货币对物价的滞后影响。最重要的是，他批评了传统货币数量论中的“货币面纱观”，即货币的中性论。他认为：“货币的使用……在实际上积极地影响着实物交换和资本交换。滥用货币……可破坏大量的实物资本并使社会的整个经济生活陷入绝望的混乱。另外，通过货币的合理利用，实际上又可能积极地促进实物资本的积累和一般生产的增加。”从某种程度来说，古典经济学中的货币属性是其使用的方法论的产物，即古典二分法，然而这又是古典经济学对现实经济运行的认识论的结果。在商品经济发展的初级阶段，物质资本极度匮乏，货币处于一种从属地位，资产管理的需求尚不必要，金融循环实质上就是货币循环。古典的货币数量论正是在这样的背景下产生的。维克塞尔第一次将货币循环与产业循环结合起来考察经济周期的变动，从而提出了累积过程理论。

累积过程理论的关键概念是自然利率与货币利率。自然利率，又叫正常利率，它等于资本的边际生产力，是借贷资本需求与储蓄相等时决定的利率水平，产生于生产过程。货币利率，又叫市场利息率或实际利息率，即企业家向银行借款支付给银行的利率，产生于银行系统。在累积过程理论中，自然利率是个动态的概念，会随着可贷资金供给和需求的变化而变化，当可贷资金增加时，由于寻找高收益项目的难度增加，也由于资本的边际生产率的下降，自然利率就会下降。当货币利率低于自然利率时，即借款成本低于资本的边际生产力时，企业会不断地借款，实体中的货币流量会逐渐增加，然而产品的生产则需要一定的周期，在这个阶段中，物品价格就会上升。只要货币利率仍然低于自然利率，投资就会增加，物价就会上升。然而，这种状态是不会长期持续下去的，随着企业借款的增加和物价的上升，银行的准备金会流失，将会迫使银行主动或被动地提高贷款利率，直到两者相等，物价水平保持稳定；反之则反。

累积过程理论分析的是利率对投资及对实物循环的影响，强调的是银行系统向实体经济的资金流量，是一种典型的流量分析理论，后经瑞典学派的林达尔和米尔达尔等人进一步发展。

## 三、霍特里：纯货币经济周期理论

霍特里（Hawtrey）是一个被学界忽视的货币经济学家，他一生著作颇丰，关于经济周期的纯货币分析理论主要体现在《通货与信用》和《中央银行的艺术》两本书中，他注重分析经济变量的动态变化——即流量（或增量）——对经济周期的影响。在霍特里的表述中，货币是——一切经济活动的中心环节，它是串联收入、支出、消费、需求、价格和信用等的链条，“货币收入决定支出，支出决定需求，需求决定价格”，他认为“形成商业循环的波动的周期特征完全来源于货币因素”。纯货币分析法决定了他在政策建议上的纯货币的解决方法，他认为贴现率作为短期利率调节工具，可以有效地调节生产和投资的周期波动。由于霍特里一直任职于英国的财政部，所以他的理论倾向于对政策实践的解释与指导。他认为货币供给的变动应该与生产要素的波动同步，当社会进步时，需求增加，此时货币扩张应与财富扩张同步，否则将会阻碍经济社会的正常运转。他提出了货币均衡的条件：①在任何时期内，货币创造和货币消灭的额度相等；②消费者支出和未使用余额比率不变。归结为一点即现金的释放与吸收在量上是一致的。[①]

通过引入证券市场的“中间人”机制，霍特里将储蓄、收入、证券投资、资本品支出和利率联系起来，他认为在一定的条件下，投资市场完全能够实现储蓄流量和投资流量之间的均衡。当这种均衡被打破时，交易人会通过利率的变动调整证券存量的不合意变动。可以看出，霍特里的中间人或交易人指的是发行人，上述证券市场也主要是指证券的一级市场。他在这里强调的是储蓄流量的变化，而这又源于收入水平的变化，它将对证

---

① 释放现金与吸收现金的概念来源于《资本与就业》一书，其中提到了“净现金来源”的概念，它等于（居民）现金余额与银行短期负债（贷款）的差额（可正可负）。当偿还银行贷款时，债务减少，即在释放现金。反之，向银行借款时，就在吸收现金。本质上，若保持现金余额水平不变，现金的释放与吸收和银行贷款的收缩与扩张是对应的。

券投资和资本品投资产生直接的影响，因为霍特里认为投资于金融资产的货币会转化为资本品的投资。正是因为对投资和储蓄流量的分析，他反对将发行国债为政府筹集资金作为调节经济周期的手段，认为这种行为挤出了私人投资，收效甚微。对于在经济萧条时期政府增加就业的办法，他更倾向于通过减税以刺激民间投资的措施。

## 四、罗伯特森：可贷资金理论

罗伯特森的动态分析法和时期分析法决定了可贷资金理论是一种流量分析方法。他分析了可贷资金的供给与需求，认为供给主要由货币因素决定（如可支配收入和利率），需求取决于经济的实际因素（如发明创新、产出、企业家的投资意愿等），两者又共同决定了利率。[①] 可贷资金的供求与信贷周期、商业周期密切相关。他认为，经济周期性波动是内生于经济体系的技术与法律结构，是资本主义经济固有的特征，经济政策的目标应该是熨平“不合理”的经济波动。在经济扩张阶段，对营运资本需求的增加要求银行信贷扩张予以配合，造成货币供给的增加，将会促使价格的上升，从而增加“强迫储蓄”，又会进一步提高价格。罗伯特森认为经济紧缩的原因是过度投资，这一方面是由资本主义分散的生产决策体系导致的；另一方面是由银行贷款的过度扩张导致的，随着银行贷款的增加，银行准备金和可贷资金会减少，如果得不到及时补充，银行就会提高利率，伴随的就是萧条的来临。

在政策操作方面，他强调财政政策与货币政策的配合使用，在经济萧条和失业时期，财政政策相对有效；在扩张和通货膨胀时期，货币政策相对有效，他认为只要货币流量持续扩大，通胀就会继续，而且他认为货币流通速度的加快会助长通货膨胀。与凯恩斯不同，罗伯特森强调，即使政府运用反周期的政策操作缓解经济波动，政府仍然应该只是起到辅助的作用，即使制订投资计划，该计划也只是“指导性”的。在经济周期面前，政府所要做的“只是限制骚乱而又不摧毁活力”。

---

① 这实际上是一种古典二分法的分析方法，将经济的实际因素与货币因素隔离开进行考察。而且从罗伯特森的分析中也可以看出，他实际上是一种货币外生的观点，还是从银行和货币当局的货币供给意愿来考察可贷资金的供给。

罗伯特森的可贷资金理论重点分析的是货币供应量、储蓄以及信贷的变化对经济周期的影响，同时，他还通过银行利率与资本边际报酬率的对比解释企业家的投资需求。从本质上而言，可贷资金理论是一种利率决定理论，其分析重点在于各变量的跨期动态变化，所以是一种流量性质的分析方法。但这里需要指出的是，可贷资金理论中所表现出的货币的交易媒介属性并没有传统货币数量论那么明显，此处将其归为流量分析法主要是因为该理论核心关注的是变量的动态变化特征。

## 五、哈耶克：资本、资本结构与商业周期

哈耶克的货币与经济周期理论是以资本理论为核心的，[①] 他批评了凯恩斯的总量分析方法，认为资本总量概念没有意义，应该以资本结构和生产的时序结构为重点讨论商业周期。在利率理论上，哈耶克推崇罗伯特森的可贷资金理论，并将其与人们消费的时间偏好联系起来。借助"哈耶克三角"，他把可贷资金理论与资本理论有机结合起来。如图 1-1 (1)所示，AB 为生产的时间长度，它表示资本结构。如果将 AB 看成整个生产链，越靠近 A 的生产环节离生产最终消费品的阶段越远，所投入的资本品称为"高阶资本品"；越靠近 B 的生产环节离生产终极消费品的阶段越近，所投入的资本品称为"低阶资本品"。整个生产过程的时序结构和时间长度称为生产的"迂回程度"。BC 代表最终消费品的价值总量。

哈耶克将影响经济周期的因素分为实际因素（如消费偏好等）和人为因素（如人为增加货币供给等）。在没有干预的条件下，假如随着时间偏好的下降，当期消费减少，储蓄增加，利率下降，在资源充分利用的前提下，投资必然增加，而且这些投资会投向离生产最终消费品较远的阶段，因为它有利于增加未来的消费品供给，这与人们偏好的改变是一致的，在这个过程中，价格信号传递了人们消费偏好变化的信息，生产结构的调整是合理的。图 1-1 (2)表示时间偏好下降后的生产的时序结构。生产时间现在为 A′B′，相比 AB 延长了；消费为 B′C′，相比 BC 缩短了。

相反，如果人为增加货币供给，随着信贷市场上可贷资金供给增加，

---

① 哈耶克本想在写作《资本纯理论》后再写《货币纯理论》，但是前者耗费了他太多的心力，而且要想将货币理论与资本理论彻底弄明白，也是一件挑战不小的工作。

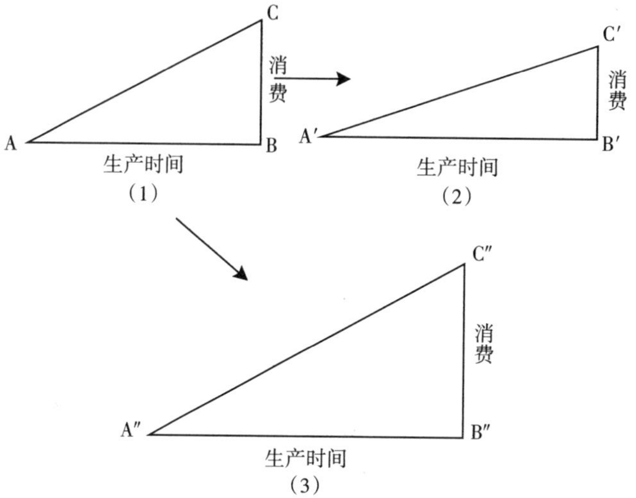


**图 1-1　哈耶克三角**

利率会下降，一方面会刺激投资，生产的时间结构延长；另一方面使人们的储蓄倾向下降，消费增加。与图 1-1（2）不同的是，此时“哈耶克三角”会整体变大（但不一定是各边等比例变大），如图 1-1(3)所示，A″B″ > AB，B″C″ > BC。在利率下降的信号的引导下，厂商误以为是人们消费偏好下降导致的，除了将低阶资本品投资转移到高阶资本品投资，新增的投资也会投向高阶资本品。此时，就会出现资本结构与消费偏好不一致的情况，而且，随着资本品需求的增加，资本品价格会上升，进一步刺激信贷需求。然而这种扩张是不可持续的，一方面，银行在准备金逐渐减少的情况下会紧缩信贷；另一方面，生产要素是有限的。等到信贷扩张和要素扩张不可持续时，高阶资本品投资尚未进入生产阶段就得放弃，造成资源浪费和失业，并产生连锁反应。

可以看出，货币理论的流量分析法注重货币的交易媒介和流通手段职能，关注的问题是实物交易循环中的储蓄、消费和投资等问题，且都为动态分析，该方法成立的前提是所有的货币都在流通中，这与铸币时代的货币特性以及原初的交易状况比较吻合。但是随着商业银行，以及后来的中央银行的出现，信用货币代替铸币充当流通手段和交易媒介，同时，流通中的货币只占绝对少数，大量的货币处于“静止”状态，流量分析法忽视了存量货币的存在，忽视了货币的价值储藏职能，没有考虑货币需求，故该方法存在一定的不足。

# 第二节 存量理论

货币理论的存量分析法是研究货币的“价值”属性时常用的。理论研究的方法论选择取决于所要研究的问题，当研究货币的边际效用、货币作为一种资产时人们的资产选择行为或者货币的需求函数时，往往需要研究某一时点上的货币量，即对应存量分析方法。存量分析法与人们的资产选择行为和货币需求函数紧密相关，也与商品经济向信用经济发展、货币职能和金融体系不断演化密切相关。下面关于货币存量分析理论的总结可以视为从流量分析向存量分析的过渡，是在流量分析的不足基础之上的一种改进。

## 一、马歇尔/庇古：现金余额方程式

由马歇尔提出，经庇古完善的现金余额方程式可以作为货币存量分析方法的开端。在新古典经济学中，分析货币媒介商品交换的作用有两个视角：一是代表一般购买力，二是作为购买力的暂栖地。货币的前一方面作用在交易说中得到了强调，货币的后一方面作用则在现金余额说中得到了强调。它是由剑桥经济学家马歇尔（1923）、庇古（1917）等提出的。马歇尔（1923）认为，交易方程式的缺陷是“并未指明控制通货流速的原因，为了揭露这一原因，我们必须看看该国人们选择以通货形式保留在手边的购买力的量”。因此，剑桥经济学家探寻了人们的货币需求和持有货币的动机。马歇尔、庇古认为，人们或企业愿意持有多少货币作为购买力的暂栖地由两个因素决定：一是人们对持有货币加以权衡利弊、得失而做出决定，“货币保持在手里不产生收入，所以每个人多少是自动和本能地权衡利弊，即把增加持有货币的利益来对比将这增加的货币用于商品的消费所得到的直接满足，或在一些企业中用于厂房设备或股票投资所得到的货币收入。这样，一国所保持的货币总值不会比它的成员所愿意持有的现成购买力低得或高得很多”。这实质上是新古典主义的边际分析。二是在庇古（1923）的原始文献中，货币的价值被定义为“交换价值”。人们持有货币是为了应对日常支付。以 R 表示总收入，M 为法定货币的数量，P 为单位货币的价值，k 为总收入中法定货币的比例。则有如下等式：

$$P = \frac{kR}{M} \tag{1.3}$$

将式（1.3）简单变形，会更有助于理解其含义，简单变换后得：

$$k = \frac{PM}{R} \tag{1.4}$$

按原文的定义，R 表示社会商品价值总额，PM 表示存量货币价值总和，右边整体为存量货币价值占社会商品总价值的比例，即人们收入的“平均货币需求倾向”。进一步分析可知，上式实际上回答了平均货币需求倾向与单位货币的价值和法定货币数量成正比，与总收入成反比。收入越低，人们越愿意以货币形式作为价值储藏的手段。根据式（1.4），当 M 和 R 保持不变时，货币的价值（即物价水平的倒数）由人们的货币需求倾向决定，两者成正比。物价水平与人们的货币需求倾向成反比。k 又是人们对货币、消费以及其他投资权衡的结果。

交易方程式与余额方程式形式上的相同往往让人忽视了其本质上的不同：第一，前者关注一段时期内的流量，后者关注某一时点人们的货币需求存量；第二，前者关注货币的交易媒介职能，后者将货币视为一种资产，具备价值储藏职能；第三，前者注重对影响交易的货币流通速度、金融体制等客观因素的分析，忽略了经济主体在金融市场上的主观意志，后者强调人们主观的资产选择行为与人的意志、预期、心理因素的作用，这也可以说明货币需求函数为什么是不稳定的。

## 二、凯恩斯：流动性偏好理论

凯恩斯是从个人的行为动机出发来探寻人们持有货币的动机，即流动性偏好理论。在《货币论》中，凯恩斯将全部货币需求分为收入存款、营业存款和储蓄存款，在《通论》中进一步归纳出持有货币的三个动机①：①交易动机，即为了个人或企业日常交易需要而产生的持有货币的愿望；

① 后凯恩斯主义者为了协调流动性偏好理论与可贷资金理论的不一致性，提出了第四种需求，即“融资性需求”。

②谨慎动机，即个人或企业为预防意外而产生的持有货币的愿望；③投机动机，它是凯恩斯的三大动机中最重要和最复杂的一个。凯恩斯是这样解释投机动机的：人们持有金融资产（非物质资产）的形式可分为货币和长期债券（他用长期债券代表所有证券），由于债券价格与市场利率成反比例关系，因此人们在所持有的金融资产的安排上可以在货币与债券之间进行选择，以期获利。

在探讨了对货币需求的三个动机之后，凯恩斯提出了不同于传统货币数量论和剑桥货币理论的货币需求函数：

$$M = M1 + M2 = L1(Y) + L2(r) \tag{1.5}$$

其中，M 代表对货币的总需求，M1 代表出于交易和谨慎动机的货币需求，简称交易性货币需求，它由名义国民收入 Y 决定；M2 代表出于投机性动机的货币需求，它由利率 r 决定。至于对未来利率的安全水准的预期是假设为给定的，这个预期包含在 L2 之中；如果预期发生变化，则表现为 L2 这个函数的移动。

这样，凯恩斯将利率的决定由可贷资金市场转移到货币市场，由储蓄等于投资决定的利率的关系变为货币供给与货币需求相等以决定利率的关系，从流量分析转变为存量分析。凯恩斯批评了古典利率决定理论中的“货币面纱观”，并将可贷资金理论说成是加入货币因素的“变体”的古典实物分析理论。他不认同利率是节俭的报酬，而认为利率是“一种‘价格’，使公众愿意用现金形式来持有财富，恰等于现有现金量。这就意味着：若利率低于此均衡水平，则公众愿意持有的现金数量将超过现有供给量；若利率高于此水平，则有一部分现金变得多余，没有人愿意持有。假如这两种解释是对的，则货币数量和灵活偏好二者乃是在特定情况下，决定实际利率之两大因素”。利率与公众对货币的偏好程度成正比。

实际上，在凯恩斯所提出的决定货币需求的三种动机中，交易性货币需求是一种流量需求，取决于人们的收入流；预防动机与投机动机是一种存量需求，取决于利率水平。但是凯恩斯的分析重点在后两者，所以说流动性偏好理论的存量性质更加明显，而且，在利率的决定中，凯恩斯强调货币供求以决定利率的机制，这也具有一定的存量性质。

凯恩斯认为：“货币之重要性主要是从货币乃现在与未来之联系这一点产生的……只要有任何持久性资产之存在，这种资产就会有货币属性，就会引起货币经济所特有的许多问题。”

货币的重要性在于它联系着资本存量和收入流量，或过去（现在）和未来。对于持久性资产，并不存在与这些资产的实物生产率相一致的相对价格。它们的价值需要用未来的收益和利息率来贴现；但资本存量的价值还取决于收入流量，收入流量不仅决定当前的收益，而且影响货币供求，从而通过影响利息率而影响资本存量价值。

凯恩斯认为投资函数是他的整个模型中的关键因素，而利率和资本边际效率共同决定投资，因此关于利率及与其相关的货币供求函数理论是他的经济学说中重要的一环。这正是凯恩斯的货币理论所要阐明的基本任务。凯恩斯遵循剑桥传统，认为货币供应量是由中央银行的政策决定的外生变量，因此，集中研究货币的需求函数。但与剑桥学派不同的是，凯恩斯认为货币不仅是流通手段，而且是储藏财富的手段，并提出了“流动性偏好”理论，把他的货币论和就业、收入或产量决定理论联系在一起，从而他的货币论成为“生产的货币论”，因此货币是凯恩斯经济学的中心概念。

在凯恩斯的《货币论》和《通论》提出的货币经济的分析框架基础上，后凯恩斯主义者提出了内生货币供给理论，这个理论实际上是在货币—信用经济的框架内发展的。后凯恩斯主义者认为，货币是“特殊的”，“对于现代资本主义的任何理论分析，如果不考虑货币的特殊性，以及货币在时间上赖以发生作用的金融机构，那么这种理论就必然是干枯的”。

后凯恩斯主义者认为，在现代信用经济中货币供给是内生的。他们认为，货币供给“调整自身以符合商业要求”，即以这种或那种方式，在较大或较小的程度上，在一定限度内，终将满足商业对货币的需要而无论中央银行做些什么。在其最极端的表述形式中，它是对萨伊定律的反用。某些后凯恩斯主义者已接近认为，由于作为最后贷款人的中央银行将会满足对于货币的需求，在货币领域，需求能够自动和充分地创造自己的供给。如果中央银行只是部分地满足了对于货币需求的增加，那么通过调动闲置货币和节约交易货币，首先将会发生沿着流通速度曲线的运动，随后通过金融创新的中介作用，随着利息率的上升，将会发生流通速度曲线的移动。后凯恩斯主义对主流货币理论的反对，主要表现为对货币数量论中的因果关系箭头的颠倒：货币供应被看作是名义收入的函数而不是相反。因此，他们具有与正统货币主义者所阐述的相反的货币与支出的因果关系。

自 20 世纪 50 年代末期起，拉德克利夫报告中“一般流动性”命题

(1959) 的提出、格利和肖 (1960) 以及托宾 (1967) 的“新观点”被认为是内生货币思想复兴的开始。拉德克利夫委员会 (1959) 和卡尔多在英国议会的证词表明，货币供应量在很大程度上已变得不甚重要，只有对经济的“一般流动性”加以控制才能获得一种有效的货币政策。格利和肖 (1960)、托宾 (1967) 则从反面提供材料，力图证明政府等外生力量对货币供给的控制是极为有限的，货币供给主要是独立于外在控制的经济过程内部活动的结果。

## 三、希克斯：货币理论的“边际革命”

众所周知，希克斯重新表述和发扬了凯恩斯的流动性偏好理论，但是同时他也对流动性偏好理论提出了自己的看法。考虑到货币数量论在当时几乎是货币理论的全部内容，而价值理论在边际分析方法引入之后迅速发展，希克斯希望将边际分析方法应用到货币理论，以讨论货币的效用和货币需求问题，其实是分析货币需求的微观基础。边际分析方法的核心是关于选择的一般理论，故要想应用边际分析方法，希克斯认为只有考察人们在特定时点上的选择行为，才能将价值理论与货币理论融合。由于货币需求即某一时点行为人愿意持有的货币量的总和，是在多种资产之间的选择结果，故货币一定有边际效用。

然而，目前的分析只证明了货币边际效用的存在，但它还仅仅只是一个形式概念，需要充实其内容，这就需要回答货币的效用从何而来。希克斯注意到凯恩斯在《货币论》中提出的第三种货币理论，即投资品价格取决于人们对货币存款与证券资产的选择偏好，这就将货币需求与流动性偏好衔接起来，充实了其内在。在凯恩斯的基础上，希克斯将货币需求的决定因素进一步推进，认为有以下三个原因：预计未来支付债务的日期、投资成本和预期投资收益。债务到期日期越长、投资成本越低、预期投资收益越高，持币偏好越小。他认为区分货币及其他资产的关键不在于收益率，而在于“确定性”，货币之所以为货币的原因在于它本身价值的确定性，而其他资产的价值是不确定的。他认为，风险和不确定性上升会增加货币需求，而且货币需求与收入成反比。此时，货币的边际效用曲线的内容就完整了。

希克斯坚持使用资产负债平衡表研究货币需求行为，研究重点从收入账户转移到资本账户，这就决定了货币分析方法的存量性质，但是希克斯也肯定了费雪的流量方程式在研究货币的交易需求时是恰当的，同样，希克斯也是将研究重心放在存量货币需求上的。

## 四、托宾：资产选择的一般均衡分析

托宾是资产选择理论的集大成者，[①] 他于 1969 年正式提出了货币理论分析一般均衡框架。文章将产出、收入等流量视为外生，以求各项资产在一般均衡时的均衡存量。[②] 基于国民账户体系和各部门的资产负债表，可以构建出一组会计恒等式。[③] 然后设定各项资产（货币或非货币资产）的价格决定方程和各部门的行为方程，组成多方程的联立方程模型，便可以建立跨部门的一般均衡模型。此处以 3 资产（货币、证券和物质资本）—2 部门（私人部门和政府部门）模型为例予以说明，如表 1–1 所示。[④] W 为社会总财富，由私人财富 $W^p$ 和政府财富 $W^g$ 构成；q 为物质资本价格；K 为物质资本存量；M 为基础货币存量；S 为政府债券存量；p 为物价水平；f 为各资产的需求函数；$\hat{r} = (r_K, r_M, r_S)$ 为资产收益率向量，其中 $r_K$ 为物质资本收益率，$r_M$ 为货币收益率，$r_S$ 为证券收益率；Y 为收入；R 为

**表 1–1　3 资产—2 部门资产负债存量表**

| 资产/负债 | 私人部门 | | 政府 | 社会净资产 |
|---|---|---|---|---|
| | 经常账户 | 资本账户 | | |
| 物质资本 | K | –K | | 0 |
| 基础货币 | M | | –M | 0 |
| 政府债券 | S | | –S | 0 |
| 净资产 | $W^p$ | | $W^g$ | W |

① 如前所述，资产选择思想早在凯恩斯《通论》那里就有萌芽，后又经希克斯模型化。托宾也并不是首位将一般均衡方法应用到货币理论的经济学家，正如他在 1969 年的文章开篇就提道："我的目的只是展示和重新表述。"

② 托宾明确提出了存量、流量的一致性，此处将流量视为给定，是由文章所研究的问题决定的。

③ 在表 1–1 中列示的数值，正值表示资产项，负值表示负债项。每一列的加总表示单个部门的资产 + 负债 = 净财富关系；每一行的加总是各部门资产或负债之和，表示社会净资产（可以为负）。

④ 此处实际上省略了另外一个表格，即各部门组成的流量矩阵，表示收入（Y）等变量的相互关系。

资本边际效率；$r'_M$为货币名义收益率；$r'_S$为证券名义收益率；$\rho_p^\varepsilon$为预期价格变动率。

我们可以得到如下方程：

社会总财富：

$$W = qK + (M + S)/p \tag{1.6}$$

财富分配：

$$f_1(\hat{r},\ Y/W)W = qk \tag{1.7}$$

$$f_2(\hat{r},\ Y/W)W = M/P \tag{1.8}$$

$$f_3(\hat{r},\ Y/W)W = S/P \tag{1.9}$$

收益率方程：

$$r_K q = R \tag{1.10}$$

$$r_M = r'_M - \rho_p^\varepsilon \tag{1.11}$$

$$r_S = r'_S - \rho_p^\varepsilon \tag{1.12}$$

其中，Y、M、S、K、R、$r'_M$、$\rho_p^\varepsilon$和 p 为外生变量，q、W、$r_K$、$r_M$、$r_S$及 $r'_S$为内生变量，基于方程（1.6）~方程（1.12）的关系，可以将方程（1.7）视为多余，故总共 6 个方程，决定 6 个内生变量。经替换，可以得到如下 3 个简化的联立方程模型：方程（1.6）加上下面两个方程：

$$f_2(R/q,\ r_M,\ r_S,\ Y/W)W = M/P \tag{1.13}$$

$$f_3(R/q,\ r_M,\ r_S,\ Y/W)W = S/P \tag{1.14}$$

根据方程（1.6）、方程（1.13）和方程（1.14），便可以研究各外生变量变化对各内生变量的影响。

托宾建立的一般均衡模型重在考察变量的存量特征，并未考察流量与存量的动态联动关系。托宾（1982）意识到这种静态时点分析的弊端，认为即使是在很短的时间内，也不能忽视流量对存量的影响，而这正是存流量一致分析的核心思想。

## 五、弗里德曼：流动性偏好理论的重新表述

20 世纪 50 年代至 60 年代中期，货币主义者力图在被“凯恩斯革命”侵占的宏观经济分析领域重新确立货币数量论的分析方法。这种方法把货币存量的变化视为解释货币收入或名义收入变化的即使不是唯一的也是最

主要的因素。而正统凯恩斯主义分析强调真实扰动（尤其是投资和自主消费）是货币收入波动（主要表现为真实收入变化）的主要原因。凯恩斯的《通论》意味着，在失业状态下，收入速度（V）会非常不稳定，会被动地适应独立出现的货币供应（M）或货币收入（M）的一切变化。在这种情况下，货币被视为不太重要的因素。例如，在出现流动性陷阱的极端情况下，“货币无关紧要”，因为货币政策在影响经济活动方面会完全失效。货币供应之所以无力影响真实收入，是因为投资对利率变化不敏感。当货币需求相对于不变的收入水平而言增加时，收入速度会下降。在“货币无关紧要”的极端情况下，自主消费、投资或政府支出的任何增加都会导致简单凯恩斯模型的完全乘数效应。在这种情况下，虽然数量理论关系（MV = PV）依然有效，但正统凯恩斯主义者认为，这种关系从实施货币政策的角度看是无用的。

正是在上述正统凯恩斯主义的背景之下，弗里德曼（1956）力图在经济学界维护和重新确立宏观经济分析的数量论方法。虽然传统货币数量论是关于货币供应和一般价格水平的一套理论，但弗里德曼最初却把货币数量论重新表述为货币需求理论，而不是一种产出理论、一般价格水平理论或货币收入理论。他认为，“对于经济中最终的财富持有者来说，货币是一种资产，是持有财富的一种形式。对于生产性企业来说，货币是一种资本品，是生产性服务的一个来源，这些生产性服务与其他生产性服务结合起来共同生产出企业所出售的产品。所以，货币需求理论是资本理论中的一个特殊议题，从而，它具有这样一种非同寻常的特质：它连接了资本市场的两端，一是资本的供给，一是资本的需求……而利率反映了财富这一存量与收入这一流量的相互关系，所以，如果以 Y 代表收入的总流量，且以 r 代表利率的话，那么，总财富则为 W = Y/r。”

通过引入“恒久收入”概念，结合货币数量论的“芝加哥传统”，弗里德曼（1956）弥补了以费雪方程式为代表的传统货币数量论仅注重流量分析的缺陷。他将货币视为资产选择的一种，提出了基于“恒久收入”与资产选择行为的货币需求函数：

$$M/P = f(Y,\ w,\ r_e,\ r_b,\ r_c,\ \frac{1}{p}\frac{dp}{dt},\ u) \tag{1.15}$$

其中，Y 为恒久收入；w 为人力资本与非人力财富比例；$r_e$ 为货币的预期名义报酬率；$r_b$ 为固定面值债券的预期名义报酬率；$r_c$ 为股票预期名义报酬率；$\frac{1}{p}\frac{dp}{dt}$为预期通货膨胀率；u 为其他因素。设实际货币需求是恒久收入的线性函数，可以将上式变为：

$$M/P = f(w, r_e, r_b, r_c, \frac{1}{p}\frac{dp}{dt}, u)Y \quad (1.16)$$

进一步可得：

$$Y = v(w, r_e, r_b, r_c, \frac{1}{p}\frac{dp}{dt}, u)M \quad (1.17)$$

其中，v(·) 为流通速度函数。按照费雪的现金交易方程式：MV = PT，式（1.16）的 Y 相当于 PT，二者在形式上是等价的，故弗里德曼从这个意义上认为他是重新表述了货币数量论。与交易方程式不同之处在于，弗里德曼认为货币流通速度不是一个常数，而是受以上各变量影响的函数，但这个函数是稳定的。

弗里德曼的重心在于分析货币需求的决定因素，相比凯恩斯的流动性偏好理论，弗里德曼将凯恩斯所分析的货币—债券组合拓展为货币—债券—股票组合，实际上是资产组合选择理论的延伸。同时，传统货币数量论重视货币供给，假定货币需求是次要的，而且是稳定的，而弗里德曼的分析重点却是货币需求，故弗里德曼采用的是货币分析的存量方法。

弗里德曼重新表述货币数量论与传统货币数量论的一个重要区别是，打破了新古典的两分法①。正是通过这种机制，货币存量的变化才会对真实部门产生影响。弗里德曼认为，"在分析长期增长和短期的周期波动中，把真实部门和货币部门的相互作用介绍进来，比把相互作用省略掉更为有用得多"。考察货币当局的公开市场操作导致的货币供应量增加而产生的作用，便可说明这一点。假设在初始均衡状态下，财富在各种资产之间的分配遵循边际收益率相等的原则。中央银行在公开市场上购买债券以后，公众持有的货币量将增加。因为随着任何资产持有量的增加，该资产的边际收益率都会降低，所以货币的边际收益率将下降。随着超额货币余额被换成金融资产和实物资产（如耐用消费品），货币余额的价格将被抬高，直至重新确立资产组合均衡，此时人们将再次自愿地持有所有资产，边际

① 弗里德曼非常注重区分名义量值和实际量值——例如名义工资和实际工资，名义的货币数量和实际的货币数量等，认为这种区分是货币数量论的一个中心问题。从这个观点出发，他的货币理论非常强调名义货币数量的变化与实际货币数量的变化的区分以及两者不一致时所产生的影响。

收益率将再次相等。与正统凯恩斯主义分析相对照的是，货币主义者认为，货币是各种各样的实物资产和金融资产的替代物，但却没有哪一种资产或哪一组资产可被认为是货币的近似替代物。由于比正统凯恩斯主义所强调的资产和相关支出的种类要广泛得多，因而货币主义者认为货币刺激可对总支出产生强烈得多和直接得多的影响。

这种调整机制还可以通过引入“货币幻觉”的假设来进行说明。假设在初始均衡状态下，公众的资产组合是既定的，即公众愿意持有的实际货币量是既定的。中央银行在公开市场上购买政府新发的债券后，货币供应量随之增加。如果存在“货币幻觉”，即公众感觉到其持有的实际货币量大于愿意持有的量，他们便调整资产组合，把多余的货币用来购买其他金融资产和实物资产。假定各项资产原有数量不变，则各项资产的价格便上涨，直至由于价格上涨抵消了新增的货币供应量，使整个社会的实际货币余额恢复到人们愿意持有的量为止（实际余额效应）；假定产量增加，则随着实际收入的增加，人们愿意持有的实际货币量也增加，这样便吸收了新增加的货币供应量。这样，通过价格或产量的变化，或者是两者同时变化，再加上资产组合的调整，整个经济从原有的均衡点运行到一个新的均衡点。

## 第三节　宏观流动性过剩与原因

经典货币理论和宏观经济分析框架的演进大致就是以上的内容，现在的问题是宏观流动性在任何测度标准上都变得越来越汹涌，争论一方面集中于这种流动性究竟是内生的还是外生的，另一方面集中在无论是中短期货币还是长期货币是否是中性的。

### 一、流动性过剩

流动性过剩（Excess Liquidity）和流动性短缺（Liquidity Shortage）一开始多为金融市场参与者和货币政策当局对特定范畴（大至世界经济、本国宏观经济，小至某一特定金融市场）的货币资金供求关系的描述性叫法，起初是被排斥于经济学研究术语之外的。但是在最近五年以来，这一词语的使用越来越频繁，也逐渐进入主流经济学的研究视野。

但目前理论界和监管当局对于“流动性过剩”或“流动性短缺”的概念界定和统计度量尚未达成一致共识，综观这一领域的研究文献，流动性过剩（短缺）的界定大多与其所研究的具体问题紧密结合。英国 Macdonald 和 Evans 公司出版的《经济与商业辞典》认为，流动性过剩是指“银行自愿或被迫持有的流动性，超过了健全的银行业准则所要求的通常水平”，这是从银行的角度出发来理解流动性过剩的，具有一定的片面性。

欧洲中央银行专门讨论流动性过剩问题的一份报告中，将流动性（过剩流动性资产）定义为：货币总量（狭义或广义货币）对名义 GDP 之比，这样，流动性过剩就是实际货币存量对预期均衡水平的偏离，即基础货币发放数量超过了均衡水平。

德意志银行则使用“超额货币存量”（Excess Money Stock）的概念，认为，如果仅仅考虑货币的交换媒介职能，货币供应量的增长速度应该等于名义国民生产总值的增长速度；如果货币供应量的增长速度超过了名义国民生产总值的增长速度，则出现了流动性过剩。因此，超额货币存量即货币供应量增长速度与名义 GDP 增长速度之差也可用作衡量流动性过剩的尺度。

T. Polleit 和 D. Gerdesmeier（2005）认为，流动性过剩是实际货币存量与经济发展中均衡水平所对应的货币存量之间的偏差，超出了即认为存在流动性过剩，反之则出现流动性不足。对货币存量的均衡水平确定，则是根据传统的货币数量论的观点 MV = PT，假定货币的流通速度不变，如果货币供应量的增长率等于国民经济增长率与通货膨胀率之和，这时市场中的货币存量可以认为就是均衡的。

Schinasi 和 Hargraves（1993）认为，流动性过剩是没有通过一国产出和价格表现出来的潜在通货膨胀压力。Baks 和 Kramer（1999）则认为流动性过剩即为名义货币增长与名义 GDP 增长之间的差额。Ganley（2003）认为，从央行的角度来看，适宜的流动性水平是与货币管理当局的货币政策目标相一致的储备水平。Rasmus Rüffer 和 Livio Stracca（2006）根据货币主义的理论，将过剩流动性定义为货币需求超过当前名义支出的部分。Kevin Warsh（2007）将流动性高度凝练为“信心”，当投资者相信他们能够进行交易、风险是可以量化的时候，就存在流动性，流动性状况可以通过金融资产的风险溢价和资本流入的规模来度量，高流动性通常伴随着低的风险溢价和更多的资本流入。

国内也对流动性过剩的问题展开了较为深入的研究，如 2007 年政府工作报告中称：“固定资产投资总规模依然偏大，银行资金流动性过剩问题突出，引发投资增长过快、信贷投放过多的因素仍然存在。”为了积极应对流动性过剩问题，报告指出：“继续实行稳健的货币政策，综合运用多种货币政策工具，合理调控货币信贷总量，有效缓解银行资金流动性过剩问题。”余永定（2007）认为，流动性过剩的准确翻译应该是“过剩流动性资产”，即商业银行所拥有的超过法定要求的存放于中央银行的准备金和库存现金，由此引申则是指商业银行所拥有的超额准备金，即商业银行所拥有的超额准备金越多，金融体系中的过剩流动性资产就越多。唐双宁（2007）则认为流动性在质上表现为货币现象，具体可表现为基础货币和货币供应量 M1、M2、M3，整个银行体系的表内资产总量、表内外资产总量，甚至整个金融体系表内外资产总量；量上则表现为总量和速度，如货币供应量的规模和速度。所谓流动性过剩或不足即表现为某种货币或资产量的过剩或不足，以及周转速度的过快或过低。钱小安（2007）认为，中国经济存在流动性过剩的矛盾，其主要表现为货币供应过快增长、货币结构短期化以及经济货币化程度的提高。曾康霖（2007）认为，流动性过剩是金融资产在市场中的交易状态，使商业银行的运作成本高，难以实现利润最大化。鲁政委（2006）将流动性过剩梳理成六种含义，即实际货币存量高于均衡水平、准货币（M2 - M1）持续增加、企业所面临的可用资金松紧状态、金融机构存贷差的持续扩大和存贷比的持续走低以及存款性金融机构在中央银行的存款。巴曙松（2007）认为，流动性过剩可以指存量意义上的流动性（如货币总量、金融资产总量等，或者指这些总量的相关比率），还可以指增量的流动性，比如央行的基础货币投放以及银行系统发放的准备金，也包括金融资产转换为现金的能力。卜永祥（2007）认为，流动性过剩表现在货币流动性比率上升、非金融企业资金很宽松、贷款投放过多，市场利率水平总体较低。韩汉君（2007））认为，流动性过剩就是货币当局货币发行过多，货币量增长过快，银行机构资金来源充沛，居民储蓄增加迅速。彭兴韵（2007）参照《新帕尔格雷夫货币金融大辞典》中流动性词条的含义，将流动性过剩理解为人们持有的短期资产超过了合意的均衡水平，而长期资产不足。李斌（2010）认为，流动性过剩

(不足) 现象实质是货币市场与非货币市场“双失衡”。

2008 年之前对于流动性过剩的根源这一问题的研究是最为热烈的，诸如国际货币基金组织、世界银行、欧洲中央银行以及一些重要国际学术机构的研究，包括 Annick（2007）、Joachim（2005）、Gauti 和 Jonathan（2005）、Rasmus 和 Stracca（2006）以及 Saxegaard（2006）等。

## 二、流动性过剩原因

研究者普遍认为，一个国家和地区的流动性过剩通常有四个来源：外汇储备的积累、商业银行和金融市场创新、政府财政赤字的货币融资和拯救银行危机。我们认为，可以从全球流动性、流动性产生的结构问题、流动性传导和金融创新四个角度来解释流动性过剩产生的原因。

对于宏观流动性过剩成因的解释，大体可以分为九类观点：

第一类观点是全球流动性传导论。这种观点认为，当前流动性过剩是一个全球现象。

第二类观点是国际收支顺差论。这类观点把中国流动性过剩的主要根源归因为国际收支顺差的迅速增长，认为贸易顺差和 FDI 流入的不断增加，致使外汇储备高居不下，导致央行被动投放了基础货币，这是造成我国流动性过剩的主要原因。

第三类观点是投资储蓄双高论。这类观点认为，目前我国投资和储蓄率双高是流动性过剩的原因。高储蓄支撑着企业的高投资，而投资膨胀形成的资本性存款快速增长，致使银行存款增长大于贷款增长，形成流动性过剩。

第四类观点是货币乘数增加论。这类观点认为 M2 快速增长的推动因素主要来自货币乘数，货币乘数的持续增长表明近几年商业银行的存款货币创造能力在扩大。在 2007 年之前，尽管央行对基础货币取得了较好的控制，但由于对货币乘数上升因素考虑欠周，估计不足，自然仍面临巨大的货币供应（M2）的压力（夏斌、陈道富，2007）。

第五类观点是经济结构矛盾论。这类观点认为中国流动性过剩形成的最终根源是内外经济失衡、经济结构问题等（夏斌、陈道富，2007），或者是开放经济条件下实体经济矛盾在货币层面的一种反映（李晓西、和晋予，2007）。也有一部分观点认为我国目前的流动性过剩是总量过剩与结构性不足并存。现在的流动性过剩只是相对的，总量上资金过剩，但一些经济发展的薄弱环节和需要资金支持的地区与产业则是资金不足和短缺。一方面，城市资金相对过剩，而广大农村发展资金严重不足；另一方面，大企业资金供给过剩，但广大中小企业却资金不足，创业投资和风险投资企业资金不足。

第六类观点是制度成因论。这类观点认为我国的流动性过剩既与国际流动性过剩密切相关，又有明显的中国特色，这主要表现为：一是长期的出口导向型经济和结售汇政策，使我国外汇储备过高，储备增加带来的外汇占款增加了人民币的流动性；二是社会保障体系不完善造成储蓄率持续走高；三是与高储蓄率相联系的低消费水平。如陆磊（2007）认为，中国银行体系的流动性过剩已经成为影响当前货币政策的重要冲击因素。造成流动性过剩的原因在于短期的银行上市筹资因素、中期的人民币升值因素和长期的高储蓄率因素。流动性过剩导致了低利率和信贷投放高涨，价格指数间的传递关系被屏蔽，将可能造成中国经济面临“投资膨胀—通货紧缩”压力。

第七类观点是基于“资产组合调整”的解释。彭兴韵（2007）认为，流动性过剩直接表现为资产价格超乎预期地、持续而大幅度地上涨，同时伴随着收益率曲线的平坦化，它与货币供应量的增长并无天然的联系，与人们的资产选择和资产结构调整的关系可能更为密切。

第八类观点是基于金融创新的解释。如余永定（2007）提出，流动性过剩还与金融创新导致的各种流动性金融工具的大量出现、从非流动性资产到流动性资产的易变性，以及由此造成的对货币需求的减少有关。

第九类观点是“市场失衡论”。如李斌（2010）对近年来宏观经济领域流动性与通胀之间的交替变化给出一个基本的分析框架，研究发现：所谓流动性过剩（不足）实质是货币市场与非货币市场“双失衡”并存市场处于非均衡状态的外化反映，流动性陷阱则是流动性不足的极端表现，而“储蓄—消费”失衡的经济结构矛盾容易内生货币条件宽松和流动性过剩的风险；随着流动性过剩向流动性不足逆转，物价也将表现为主要由初级产品和资产泡沫膨胀引发的结构性通胀向由于泡沫破裂导致的通货紧缩转化。因此，由流动性过剩导致的结构性通胀、由流动性不足引发的通货紧缩，以及相互之间的交替反复，很可能成为未来宏观调控长期面临的问题。李晓西、和晋予（2007）认为，尽管我国流动性出现了过剩的局面，但这种过剩是片面的、相对的，而不是全面的、绝对的。首先，流动性过剩并未引起价格全面上涨。其次，过剩的流动资金分配不均衡，这一点突出表现为中小企业贷款困难。

总的说来，多数研究认为无论是市场流动性、银行体系的流动性，还是宏观流动性，它们的具体形式深受金融机构及其实际活动方式变化的影响，也受到金融创新、交易制度变化和政府管制结构以及投资者的资产结构调整的深远影响。

## 三、流动性全球传导

当前流动性过剩是一个全球现象，因此，研究者很早就关注了由于全球流动性传导导致的流动性过剩问题，如 Kim（2001）、Sousa 和 Zaghini（2007）分别运用 SVAR 方法研究了美国货币政策的国际传导和全球流动性的国际溢出问题。至于全球流动性的传导，Sousa 和 Andrea Zaghini（2004）通过考察外国货币在欧盟地区的影响分析了货币冲击的国际传导问题。他们为欧盟地区和全球经济建立了一个包含全球流动性总量的结构 VAR 模型，得到的脉冲反应表明，欧盟以外的正向的流动性冲击会导致欧盟地区 M3 总量和价格水平的永久性增加、真实产出的暂时性增加，以及真实有效汇率的暂时性升值。而且，全球流动性的变化在解释全球经济和欧盟地区的价格与产出波动方面发挥了重要作用。

Rasmus Rüffer 和 Livio Stracca（2006）建立了一个包含全球流动性的 VAR 模型以识别全球范围内流动性过剩对物价和产出的影响。通过研究发现，流动性过剩对全球的产出和物价有显著的影响。

2001 年以来，美国和日本都实行了较为宽松的货币政策，利率水平比较低，自进入 21 世纪以来，出现了全球性流动性过剩；加之近年来石油价格高涨，石油美元数量增加，造成国际货币流动性泛滥。过剩的全球资本流入中国，造成中国流动性过剩。例如，Sebastian（2009）从全球角度指出全球流动性过剩的三大来源：过度的鼓励性的货币政策、全球失衡、外汇套利交易。其中全球失衡中谈到储蓄过剩假设，该假设认为新兴市场过剩的储蓄会流入发达国家的资本市场，从而推高资产价格。按照这种说法，美国的低利率就是因为新兴市场过剩流动性流入使债券价格上升，利率下降。外汇套利交易是由于主要经济体之间利率差异太大，如日本和瑞士，给了投机者套利机会。谈正达等（2012）从整个银行体系的资产负债表出发，采用2002~2010年的月度数据，定量分析了广义货币M2增长的主要来源及其与M2变动的动态关系。结果表明，金融危机前外汇占款是广义货币增长的主要驱动力，金融危机后外汇占款为国内信贷扩张提供了支持，而国内信贷扩张最终导致广义货币的迅速增长，所以从长期来看，外汇储备过多是我国流动性过剩的根本原因。

除此之外，人们还发现，这种全球的传导关系往往通过母子公司的关系进行传导，进而导致流动性过剩。20世纪90年代中期以来，新兴市场国家的银行业开放进程显著加快，直接投资于亚洲、中东欧和拉美等地区银行业的发达国家银行的数量迅速增加。这一被称作“第三波银行业国际化浪潮”的现象引起了国际学术界的高度重视，其中外资银行进入对东道国金融稳定的影响受到了格外的关注。由于新兴市场国家的金融脆弱性高于发达国家，相关研究多集中于外资银行进入是否会减少东道国发生金融危机的概率（Levine，1999），以及当东道国发生金融危机时，外资银行的存在是否有利于稳定东道国的贷款供给（Goldberg，2001）。跨国银行母行能否干预海外子行的贷款供给成为一个关键性问题，关于银行内部资本市场（Internal Capital Markets）存在的实证研究为此提供了依据。内部资本市场理论认为，建立在高质量信息基础之上的企业集团内部资金配置有利于减少信息不对称和提高企业资金的配置效率（Alchian，1969）。Houston等（1997）最早对银行业内部资本市场的存在展开研究。通过对美国银行控股公司（Bank Holding Companies）的研究，他们发现，母行的资金状况和现金流对子行贷款增长的影响甚至超过了子行本身；母行通过内部资本市场将稀缺资金在子行之间配置，同属一家母行的各个子行的信贷增长是负相关的。Ashcraft（2001）和Campello（2002）的研究也证实，在美国，银行控股公司通过内部资本市场给子行以资金支持。De Haas和Naaborg（2005）将银行业内部资本市场的研究扩展到国际金融领域，在对进入中欧和波罗的海国家的跨国银行经理进行焦点访谈（Focused Interviews）后发现，母行通过内部资本市场干预国外子行，控制其信贷增长。此外，Nicola和Goldberg（2008）的研究也证实了内部资本市场的运作构成了跨国银行影响其子行的主要渠道。

此外，国际收支的顺差也是导致流动性过剩的原因之一。这类观点把中国流动性过剩的主要根源归因为国际收支顺差的迅速增长，认为由于贸易顺差和 FDI 流入的不断增加，致使外汇储备高居不下，导致央行被动投放了基础货币，这是造成我国流动性过剩的主要原因。尽管货币当局发行央行票据等进行对冲，但是无法收回全部的流动性。但也有学者（康以同，2007）持不同的看法，认为这种观点虽然不无道理，但它显然夸大了国际收支差额对我国流动性过剩问题的影响；就流动性过剩现象而言，主要影响因素应当是国内金融机构贷款的快速增长和资本项目的顺差，而不是经常项目的顺差。因为经常项目顺差可以视为一国的净出口，而净出口是 GDP 的组成部分，因此在计算合理的 M2 增量时包括了这一因素。换句话说，经常项目差额不是影响货币超额供应的外生因素或额外因素。但资本项目差额的影响却不同：资本项目差额结汇后成为银行的原始存款，如果不对其采取措施，就可能造成贷款的数倍增加，引发流动性过剩。中央银行采取对冲措施可以减少贷款数量，但原始存款的增加是无法消除的。因此可以说，近年来，我国国际收支顺差对国内基础货币和流动性过剩的影响仅限于资本项目顺差的规模，而且大部分年份并不大，影响我国流动性状况的主要因素是贷款的较快增长。张会清和王剑（2011）认为，外部经济流动性主要经由国际收支途径对一国内部经济运行施加影响。

国内这方面的研究也很多，如余永定（2007）认为，一个国家的流动性过剩可以通过不同渠道对另一个国家产生影响。例如，日本流动性过剩的主要表现之一是日本的超低利息率，而日本的超低利息率导致了套利交易的急剧膨胀。投资者从日本的货币市场大量借入日元然后将日元兑换成新西兰元、澳元、美元等外币，购买这些国家的回报率较高的资产。日元套利交易导致日元的贬值和其他国家资产价格的上升。过剩流动性在不同国家之间的传递可以用弗莱明—蒙代尔模型加以描述。张明（2007）认为，从流动性传导角度来解读当前的国际收支失衡，发现美国通过经常账户赤字输出了大量流动性，日本也通过日元套利交易输出了大量流动性，而东亚新兴市场国家或地区通过经常账户顺差和资本流入吸纳了大量流动性。这意味着东亚新兴市场分担了美国、日本等国内政策调整的压力。郭其友等（2011）认为，在开放经济条件下，汇率变动对一国通货膨胀具有重要的影响。他们利用状态空间方法研究了人民币汇率、流动性过剩与通货膨胀三者间的动态关系。研究结果表明，人民币升值对于通货膨胀的抑制作用有限，并且流动性过剩对通货膨胀的推动作用也有限。进一步的分析表明，在人民币升值背景下产生的流动性过剩，导致了市场的投机和炒作行为的出现，从而形成了市场的通货膨胀预期，最终推动通货膨胀。类似的研究还有封丹华（2009）、孙雪芬和马红霞（2011）、刘喜和（2011）、李洁和张天顶（2010，2011）等。

Douglas W. Dlamond 和 Raghuram Grajan（2008）不同于先前的对源于储户或相关银行之间恐慌蔓延联系的研究，认为银行倒闭可以减少流动性，产生或加剧总流动资金短缺，这可能导致银行间相互传染和系统总崩溃。Haroon Mumtaz 和 Paolo Surico 通过 VAR 模型实证分析了以 17 个发达国家为代表的外部短期利率对英国的实际房屋价格、投资水平、GDP 和物价水平的动态冲击。国际清算银行 2008 年年报和相关季报对当时的全球市场形势进行了分析，描述了受此次危机影响下的发达国家和新兴经济体国家的货币市场和金融市场状况。英格兰银行金融稳定报告、欧洲央行金融稳定报告和加拿大货币政策报告（2008）都分别从各自国家或地区角度，对金融危机下金融机构和金融市场的情况进行了详细分析，发现了流动性逆转给这些国家和地区的货币和金融体系带来了严重影响。东亚经济半年报和 IMF 金融稳定报告（2008）分析了金融危机对新兴经济体国家金融系统的影响，以及给实体经济带来的压力。

封丹华（2009）通过 VAR 冲击模型实证分析了全球和美国流动性变化、产出变化和物价水平变化，对我国经济运行中 GDP 指标、物价水平、广义超额货币、实际有效汇率、贸易收支和股价指数的影响和传导。

昌忠泽（2010）研究了流动性冲击与美国金融危机的关系，认为：①流动性冲击主要通过资产负债表渠道和资产价格渠道来影响金融市场，正是这两种渠道才使流动性在金融危机爆发及传导的过程中扮演了重要角色。借款人的资产负债表效应导致损失螺旋和保证金螺旋的产生，造成资产的折价销售，推动了资产价格的下跌和进一步的银根收紧。②房地产泡沫的形成与美联储的货币政策失误、金融市场结构变化、“新布雷顿森林体系”以及投资者的“羊群行为”等有关，房地产泡沫破灭是美国金融危机的导火索。③金融危机爆发后，美联储通过调整中央银行的资产负债表，推出各种形式的金融创新工具，向金融市场注入流动性，有效地降低了金融市场崩溃的概率。

孙雪芬、马红霞（2011）的理论分析表明，全球流动性会通过总需求、利率、货币供应和进口商品价格等渠道传导到一国的通货膨胀。基于中国月度数据的脉冲响应和方差分解表明，全球流动性的增加对通货膨胀会产生一个正向拉动作用，短期内这种效应不显著，但长期内解释了高达约11%的CPI变动。其中，利率渠道和进口商品价格渠道相对重要，而总需求渠道和货币供应渠道的作用较为微弱。

刘喜和（2011）认为，在世界经济增长共生模式下，美元流动性、国际大宗商品价格与上证指数之间具有联动结构，通过VAR模型进行的实证分析表明：国际大宗商品价格指数对上证指数具有长期的影响力，美元流动性对上证指数具有间接的影响力。

李洁、张天顶（2010，2011）选取了33个国家或地区从1980年第一季度到2009年第四季度的相关经济变量，测量了全球流动性指数，并且在测量结果基础上实证研究了全球流动性扩张对资本市场的影响。最后，结合文章研究结果对宏观经济与金融政策制定提供了几点启示。张天顶、李洁（2011）在Phillips曲线基准模型框架下，考察了全球流动性扩张的通货膨胀效应，主要结论有以下三个方面：第一，全球流动性测量结果表明样本期间内全球流动性不断扩张，其扩张的速度及规模远远超过全球GDP发展水平。第二，基于Phillips基准模型扩展的实证研究结果表明全球流动性扩张对国内的通货膨胀具有较强的解释力，据此可以推断全球流动性扩张对于国内通货膨胀具有显著的助推作用。第三，“全球产出缺口”假说，即全球产出缺口显著影响国内通货膨胀。

张会清、王剑等（2011）认为，外部经济流动性主要经由国际收支途径对一国内部经济运行施加影响，具体又分为对外贸易渠道、直接投资渠道、金融市场渠道以及外汇汇入等渠道。根据OECD成员与中国经贸联系的紧密程度和经济规模，他们选择了美国、欧元区、日本、英国、加拿大、韩国、澳大利亚七个国家或地区作为研究对象，以加总的广义货币供应量来衡量全球流动性水平。

# 第二章　中国之谜：从迷失货币到流动性过剩

本章研究中国中央银行的资产负债表动态，简要回顾了30年来，中国经济货币化、资产资本化、资本泡沫化以及泡沫全球化的一路狂奔的全过程，细致解剖了中国流动性的演进特点，澄清了一些关键的迷惑：如“对外升值，对内贬值”“失踪的货币”“流动性过剩”“美元的双重投放”等。一方面，可以看到一个外生的流动性入侵过程，绑架中国央行的货币政策；另一方面，可以看出这种流动性如何由外生到与中国经济内生需求紧密地融合在一起，推进中国经济高速增长并日渐取得全球增长中的最高份额，但这种大推进也带来了诸多的负面效应，在金融领域的后遗症主要包括资产泡沫、杠杆高企以及相应的分配不平等。同时分析展现出这场流动性的狂欢盛宴如何把各个主要经济体的央行及其货币政策紧紧捆绑在一起，推动资产泡沫，并最终走向危机。

## 第一节　一路狂奔：流动性阶段演化路径

从中华人民共和国成立到20世纪70年代中后期，中国并不具有独立的商业银行，中国人民银行同时执行央行和商业银行的职能。从贷款存量和存款存量的关系来看，贷款发放同时担负着保证高度集中的计划经济体制下国有企业的有效运转和现金投放的双重职能，伴随着国民经济的快速恢复，金融机构的各项贷款和存款也随之迅猛增长（除1960~1963年这个极为特殊的时期外）。

在这段时间里，计划和财政预算是国民收入分配的主要形式，银行信贷处于从属的地位。通过综合信贷计划的编制和实施，央行集中控制了全社会信用规模。同时，严格的信贷、现金收支管理对治理这一时期曾经出现的三次严重通货膨胀发挥了重要作用。即使这段时间一直在折腾，实体经济还是取得了不错的成绩，1952~1978 年 GDP 年复合增长率达 6.40%，1978 年 GDP 为 1952 年的 5.37 倍，而同期各项贷款余额（可近似看作社会融资总额）仅增加了 17.13 倍，至 1978 年，各项存款/GDP 仅为 45.57%，各项贷款/GDP 仅为 66.23%（见图 2-1、图 2-2）。随后中国进入了伟大的改革开放时代，也正是本章剖析的中国货币流动性演化路径的重点时段。我们将中国货币流动性演进大致划分为四个阶段。

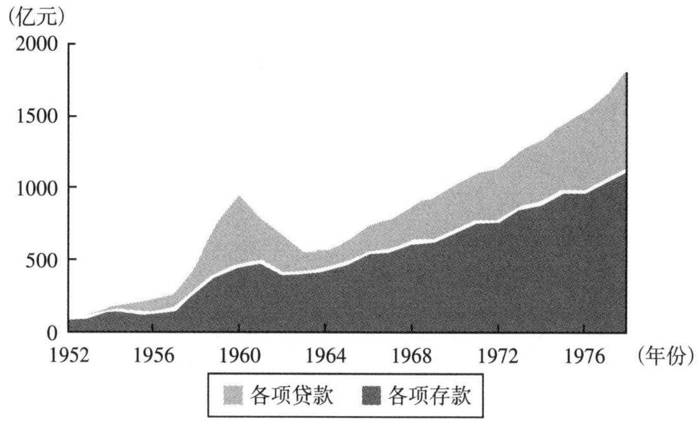


**图 2-1　1952~1978 年金融机构存贷款**

资料来源：CEIC。

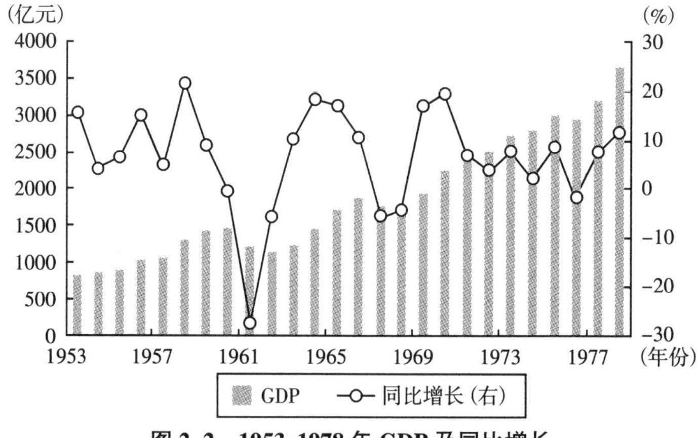


**图 2-2　1953~1978 年 GDP 及同比增长**

资料来源：CEIC。

第一阶段，1979~1991 年——经济货币化，1978 年 12 月 18~22 日召开的十一届三中全会为改革开放奠定了政治基础，因此也将次年即 1979 年看作货币流动性变革的元年，这一阶段原来的计划经济和配给经济被货币交换和商品贸易全面替代，这迅速扩大了对货币的需求。

第二阶段，1992~1997 年——资产资本化，标志之一是上海和深圳股票市场的建立，[①]股票和债券市场的"合法化"标志着中国经济资本化的正式起航。另外一个，则是房地产市场，1998 年 7 月，国务院发布《关于进一步深化城镇住房制度改革加快住房建设的通知》，宣布从同年下半年开始全面停止住房实物分配，实行住房分配货币化，中国就此正式进入波澜壮阔的房地产经济拉动时代。

第三阶段，1998~2005 年——继续资产资本化和资本泡沫化，1998 年央行取消对国有商业银行的贷款限额控制，实行资产负债比例管理和风险管理，商业银行释放流动性的大门已经打开，紧随其后的"入世"、股改、大型国有企业上市以及历年对外"双顺差"积累起来的天量外汇储备，短短几年时间内，国际的、国内的流动性配合基本面、政策面，让中国在从资本化到泡沫化的道路上一路狂奔、无暇他顾。

第四阶段：2005~2011 年——泡沫全球化和同步化，2005 年人民币对美元再次打开升值窗口，以及随后的全球泡沫的同步升腾与坠落，危机迅速经历了一（2007 年）、二（2010~2011 年）、三波（2012 年至今），全球资产波动存在高度的同步性，目前全球经济和金融市场仍然在挣扎求生。

## 一、经济货币化（1979~1991 年）

1979~1991 年，中国金融的高速增长（主要表现为贷款和存款的高速增长，如图 2-3、图 2-4 所示）与商品货币化进程是有密切关系的，改革开放后从计划经济向市场经济制度过渡期间，在制度变迁尚未完成的情况下通过"承包""放权让利"等物质刺激的形式，引起投资膨胀和个人收

① 同时中国证券交易自动报价系统（STAQ）1991 年 7 月正式运营，中国出现了集中性撮合成交的国债交易市场，在短短的一年时间内，在上交所交易的国债已经达到了较大的规模，迫使全国各地的国债柜台交易价格逐步向上交所场内的国债成交价靠拢，从而形成了"上交所场内国债成交价格牵引场外国债成交价格"的国债市场价格形成机制。

入的高增长，产生对货币供给快速增长的要求；货币发行量增加和居民的高储蓄提供了相对丰裕的货币供应，由此推动了中国经济高速的货币化进程。原来的计划经济和配给经济被货币交换和商品贸易全面替代，这迅速扩大了对货币的需求。

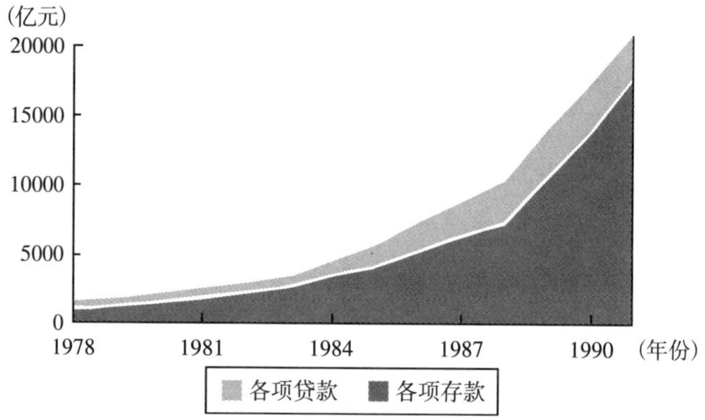


**图 2-3　1978~1991 年金融机构存贷款**

资料来源：CEIC。

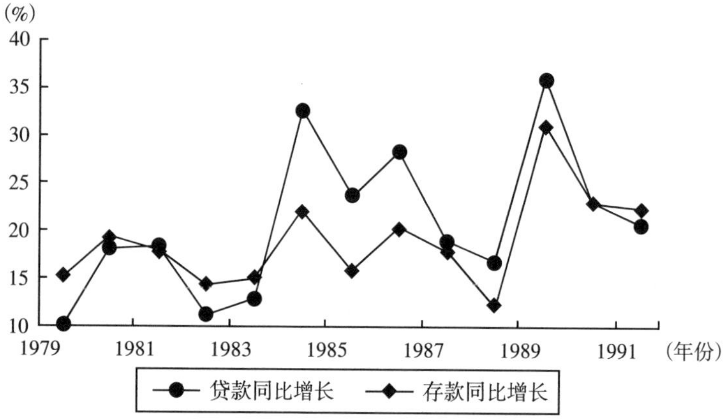


**图 2-4　1979~1991 年金融机构贷款及存款同比增长**

资料来源：CEIC。

一方面是企业投资的高增长，另一方面是城镇居民、农民收入的高增长、高储蓄，社会投资基金和消费基金在软预算约束下双双膨胀，非国有部门的扩张也产生对资金的需求，资金成为改革和发展中最稀缺的资源，金融规模的扩大成为这一过程的结果。

1984 年是商品市场货币化时期的“分水岭”，一方面，1984 年中央银行制度建立后，从 1985 年开始，在全国银行系统实行“统一计划，划分资金，实贷实存，相互融通”的信贷资金管理办法，这一办法的核心内容是“实贷实存”，即所有专业银行在中国人民银行开立存款账户，中国人民银行与专业银行的资金往来由计划指标分配改为借贷关系；另一方面，开始行使央行职能的中国人民银行仍旧保留有商业银行放贷的职能，对于专业银行的随意透支，中国人民银行又缺乏控制手段，导致了改革开放以后第一次流动性失控，1984 年贷款总量迅速增加并导致 1985 年发生严重通货膨胀。

商品市场货币化使价格改革成为这一时期的主线，1979~1984 年，商品市场吸收了大量超额货币供给，迅速实现了第一轮的货币化进程，而通货膨胀却没有出现；1985~1991 年，从“价格双轨制”到“价格闯关”，中国商品市场货币化过程开始减速，市场秩序的混乱导致了超额货币供给并没能被微观主体固定在实体经济发展上，反而由于商品短缺导致了市场投机氛围的扩大，超额货币供给进一步推动了轮番升高的通货膨胀。1984~1988 年，国民收入增长 70%（按现价计算增长 149%，如图 2-5 所示），而全社会固定资产投资增长了 214%，城乡居民货币收入增长了 200%，社会总需求超过了总供给，潜在的通货膨胀压力巨大。在 1988 年价格闯关失败的抢购风潮中，脆弱的商品总供给在庞大且增速迅猛的总需求面前不堪一击，正如当年一位北京的消费者所描述的：“我到前门大栅

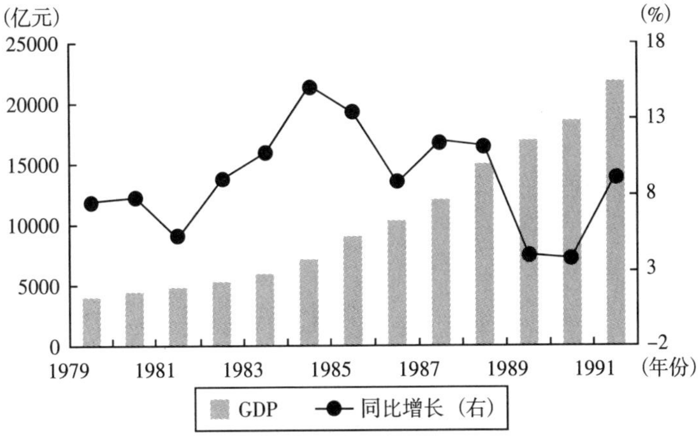


**图 2-5 1979~1991 年 GDP 及同比增长**

资料来源：CEIC。

栏的一家电器商店，所有电器都已经被抢光了，就剩下一台没有门的冰箱，售货员对我说，要买赶紧买，不买一会儿就没了。”据国家统计局统计，在1988年8月，扣除物价上涨因素，商品零售总额增加了13%，其中粮食增销30.9%，棉布增销41.2%，电视机增销56%，电冰箱增销82.8%，洗衣机增销130%。说来也有意思，这场在当时令政府头痛不已并直接导致当年价格闯关失败的抢购风潮，恐怕是现在的企业和政府做梦都想要的。

流动性的两次突飞猛进并未解决商品市场货币化的问题，最终这个问题的破解是在1992年。1991年底，国家物价局和国务院有关部门管理的生产资料和交通运输的价格有737种，1992年就放开了648种。与此同时，对农产品的收购价格和其他工业品价格也大踏步地放开，1991年底，国家管理的农产品收购价格有60种，1992年放开了50种；轻工产品除了食盐和部分药品等个别品种外，都全部放开了。

综观这一时期，流动性的魔瓶已经开启，尽管商品市场的货币化吸收了大量的流动性，但贷款和存款仍以惊人的速度增长，且远远高于实体经济的增长速度，GDP复合增长率为7.22%，而同期贷款余额复合增长率达到了22.60%。

本阶段一个重要的特点，即是金融抑制条件下导致的全国范围内的鼓励存款，并以较低的融资成本放贷给国有企业。一边是将前一阶段货币化进程中释放到民间的货币量以较低成本收回到货币当局可控的银行体系之内，一边是不顾资金效率将所吸收的资金输送给需求巨大的国有企业，投资过旺与倒逼机制下的货币供给量飙升，导致了这一阶段出现了改革开放之后最大程度的一次通胀（见图2-6）。

## 二、货币化到资本化的过渡（1992~1997年）

相对商品市场的货币化，更重要的则是要素市场的货币化进程。随着要素市场的货币化进程的开启，中国正式进入到资产资本化时代。从货币化到资本化的过渡，其核心标志有两个：一是两个证券交易所的建立（1992），这使大量的实物资产资本化为股票和债券等金融资本形态；二是房地产市场的建立（1997），房地产建筑本身是实体经济的一部分，但土地的资本属性在交易中得到了前所未有的体现。这两个市场以天文量级的

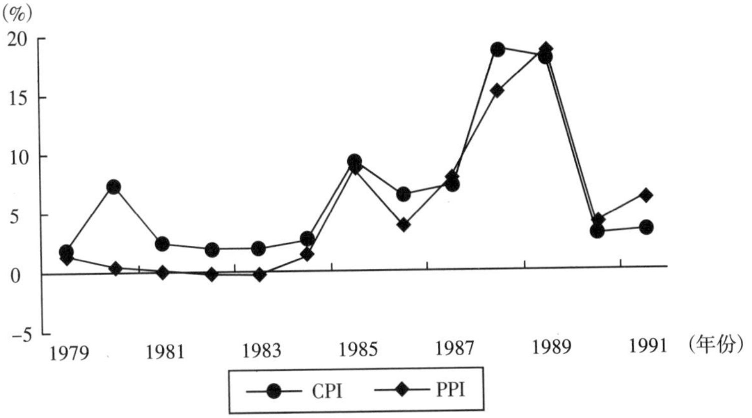


**图 2-6　1979~1991 年 CPI 及 PPI 同比增长**

资料来源：CEIC。

规模吸收货币供应和流动性。迄今为止这个阶段仍然没有完成，例如资源价格体系改革还没有完成，水电煤价格、能源和矿藏资源等还没有完全市场化或者资本化（当然还有大量土地待价而沽）。

进一步看这个阶段就不仅仅只是货币化经济体系这么简单了，它所具有的新经济特征体现为货币转变为资本，在货币本身功能的进化过程中，它对于经济的影响越来越大，但影响渠道反而变得越来越隐秘，在仅有实体经济的世界中，中国 1978~1992 年（以及 1949~1978 年的计划经济时期）是纯粹的市场经济史前时期，这时货币数量论确实可以派上用场——中国人民银行对货币投放曾总结出 1∶8 的经验规律，即如果现金流量与社会商品零售总额保持 1∶8 的比例，那么货币流通和物价水平就是正常的。而随着经济、金融改革的深化，货币量与社会商品零售总额之间的关系不再呈现简单的 1∶8 关系，这一货币供应模式逐步退出了历史舞台。

在这一时期，“中央银行—商业银行”的金融体系最终确立，同时货币流动性也发生相应改变：1993 年中国人民银行获得权利通过公开市场业务和调控银行准备金来执行货币政策；1994 年 9 月央行宣布了货币供应量的层次划分标准，并将各层次货币量均纳入监控范围，央行以货币供应量为中介目标、以超额储备和基础货币为操作目标逐步成为现实；1994 年 10 月央行开办再贴现业务；1995 年中国人民银行一、二级分行停止办理中央银行贷款，中央银行贷款由总行集中控制，四家国有专业银行完成了向商业银行的转型；1996 年 4 月中国人民银行正式开展本币公开市场操作。央行在这一时期调控政策的目标变量发生明显转向，即逐渐从 M0 和信贷规模转向了对 M2 的关注，并开始通过再贷款、再贴现和公开市场操作控制基础货币的增长（见图 2-7、图 2-8）。在不断使用适应中央银行体制的间接调控工具的同时，央行开始逐渐放弃对信贷规模的指令性计划管理。经过调控期通货膨胀率与 GDP 增长率同时下降之后，中国经济在 1996 年实现了软着陆（见图 2-9、图 2-10）。

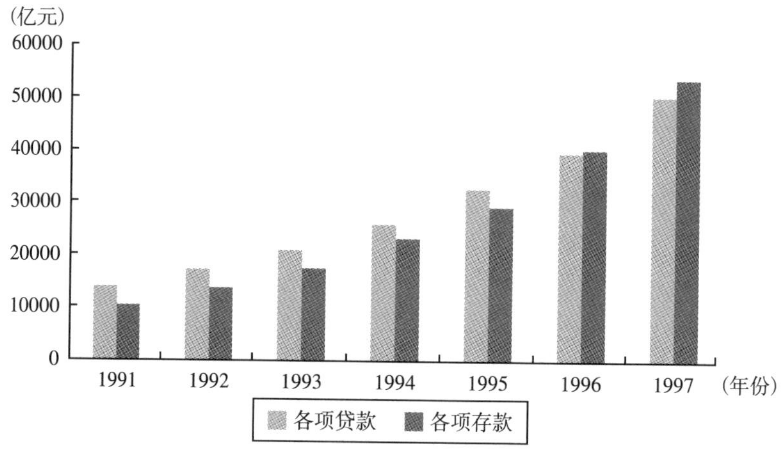


**图 2-7　1991~1997 年金融机构存贷款余额**

资料来源：CEIC。

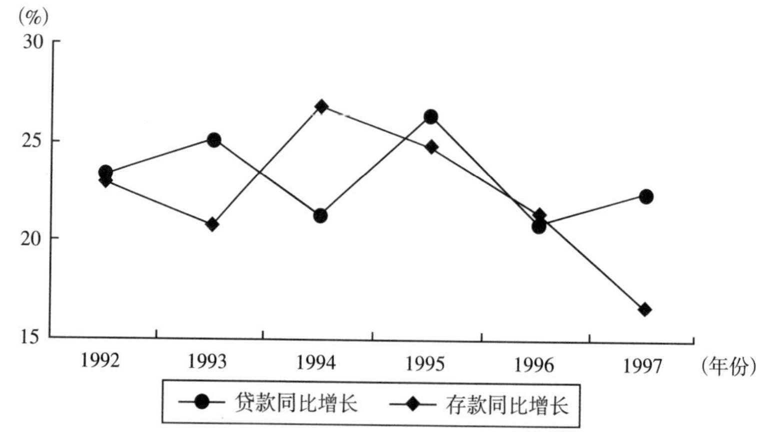


**图 2-8　1992~1997 年金融机构贷款及存款同比增长**

资料来源：CEIC。

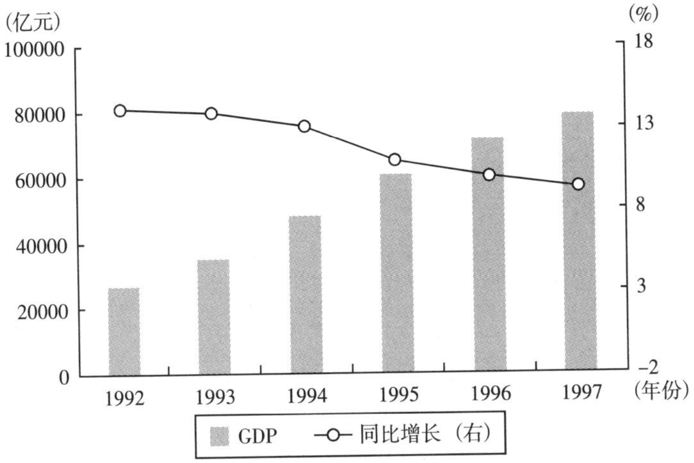


**图 2-9　1992~1997 年 GDP 及同比增长**

资料来源：CEIC。

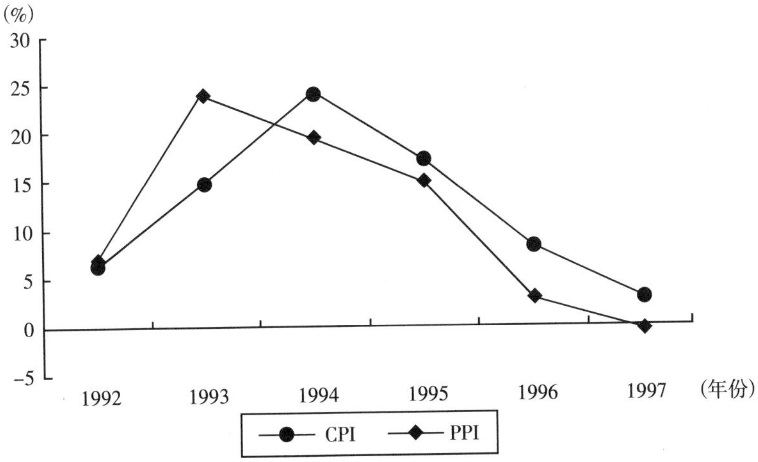


**图 2-10　1992~1997 年 CPI 及 PPI 同比增长**

资料来源：CEIC。

这个阶段出现了一个有趣的命题，即失踪货币（Missing Money）①，它是指这样一种经济现象，货币供应量的增长远高于GDP的增长速度，但却没有引来上规模的通货膨胀。传统货币数量说认为，物价水平的高低和货币价值的大小是由一国的货币数量的多少所决定；货币数量增加，导致物价正比例上涨，而货币价值则随之作反比例的下降；反之货币数量减少，物价也正比例地下跌，而货币价值则随之作反比例的上升。我们认为，在中国货币化进程大致完成之前，所有基于货币数量论的研究框架都是存在天然缺陷的，而由此引起的所谓“失踪货币”或者“流动性短缺”的论调，某种意义上讲只是个“伪命题”。货币化进程完成之前，尚未被货币化的子市场是流动性短缺的，失踪货币只是去填补了其中的空白部分，而当每个子市场的空白被逐一填补以后，失踪货币就突然纷纷再度现身，冲击CPI和资产价格，形成普遍的“流动性过剩”，特别是2008年金融危机前夕和2009年反危机一直到现在的非常时期。因此，失踪货币和“流动性过剩”在中国经济中同时存在，其主要原因之一就是中国长期处于金融抑制条件之下。

1994年1月1日，人民币官方汇率与外汇调剂价格正式并轨，中国开始实行以市场供求为基础的、单一的、有管理的浮动汇率制。在并轨之前，汇率实际存在三种价格：计划内价格、调剂价格和计划外黑市价，当时外汇调剂市场价格和官方价格差距很大，美元兑人民币的官方汇价是1∶5.7，而外汇调剂市场的价格则一度达到1∶10，甚至更高。在这种情况下，外贸企业基本上都不愿意将外汇卖给商业银行，而愿意通过外汇调剂市场出售外汇，最终导致企业外汇存款多，而官方外汇储备不足。为了增加外汇储备，政府推行汇率并轨和强制结售汇制度，实现了外汇从企业到商业银行再到中央银行的集中，中央银行持有的外汇储备不断增加（见

① “失踪货币”或者迷失的货币最早是由美国经济学家哥德菲尔德（S. M. Goldfeld）提出的一个概念。哥德菲尔德于1976年利用美国1974~1976年上半年的季度资料，用动态模拟的方法对M1货币需求函数进行了实证检验，结果得出了“货币需求的实际增长开始比过去函数的估算结果慢得多”的结论，即在美国的国民生产总值有较大提高的同时，M1的实际需求余额却逐年下降。而且在1981~1982年，又出现同样无法解释的现象。于是，哥德菲尔德提出了“失踪货币”这一概念，它主要反映了美国实际货币增长速度相对于实际产出增长速度要慢很多的现象。哥德菲尔德对于这一现象的解释是，因为金融创新和金融创新产品的不断涌现，导致了M1货币需求的下降。M. 宾斯维杰金融窖藏理论也与失踪的货币问题有关。金融窖藏专指那些用于金融资产投资而对实体经济活动没有发生作用的货币，金融解封特指滞留于金融资产的货币转向于实物经济活动。

图 2-11)，官方汇率则直接与调剂市场汇率并轨，定为 1∶8.7。汇率并轨后，中国倾国之力加入全球贸易分工体系，以廉价资源和人工进行国家和民众的原始积累，加之 1995 年后日元开始贬值，双重的挤压使东南亚的“龙虎”们在制造业上被纷纷击溃，并引发本币贬值、资本外逃和 1997 年金融危机（见图 2-12）。

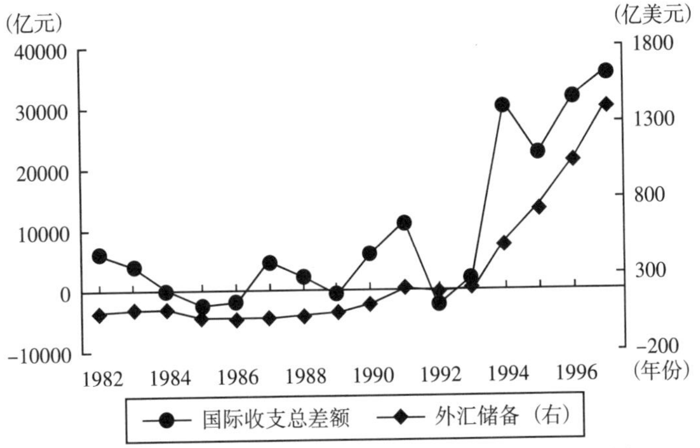


**图 2-11　1982~1996 年中国国际收支总差额与外汇储备**

资料来源：CEIC。

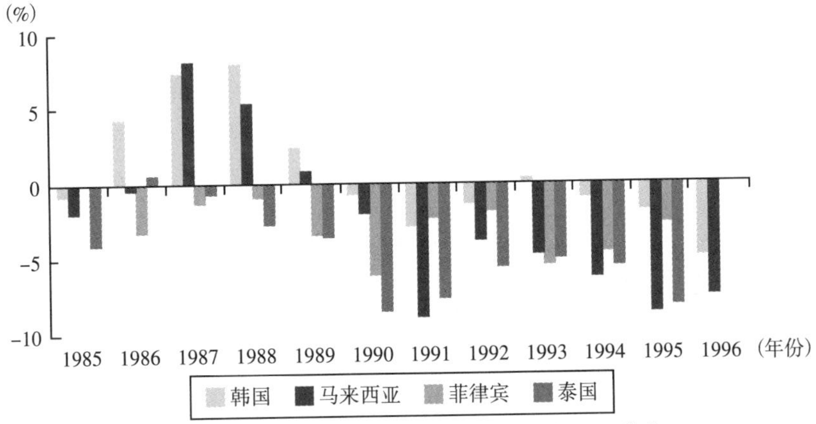


**图 2-12　韩国、马来西亚、菲律宾、泰国经常项目逆差/GDP**

资料来源：CEIC。

## 三、快速资本化到资本泡沫化（1998~2005 年）

在东亚各国备受金融危机冲击，并引发货币贬值、资本外逃的时候，中国也进入了改革开放以来的第一次通货紧缩时期，这次通货紧缩与亚洲金融危机导致的出口需求减少和激烈的国企改革引发的大规模失业有关。

在此期间，央行不断做着努力试图使中国经济走出物价持续下降的困境：1997~2002 年七次降息，存款准备金利率由 8.28%降至 1.89%（见图2-13），再贷款利率由 10.62%降至 3.24%（见图 2-14），一年期存款利率由 7.47%降至 1.98%，一年期贷款利率由 10.08%降至 5.31%（见图 2-15）；1998 年 3 月 21 日，中国人民银行将金融机构在中国人民银行的“缴来一般存款”和“备付金存款”两个账户合并为“准备金存款”，并将存款准备金率由 13%下调到 8%，1999 年 11 月 21 日下调至 6%；1998 年、1999 年通过公开市场操作分别增加基础货币 701.5 亿元和 1919.7 亿元；通过“窗口指导”和调整信贷政策来引导商业银行加大信贷投入。

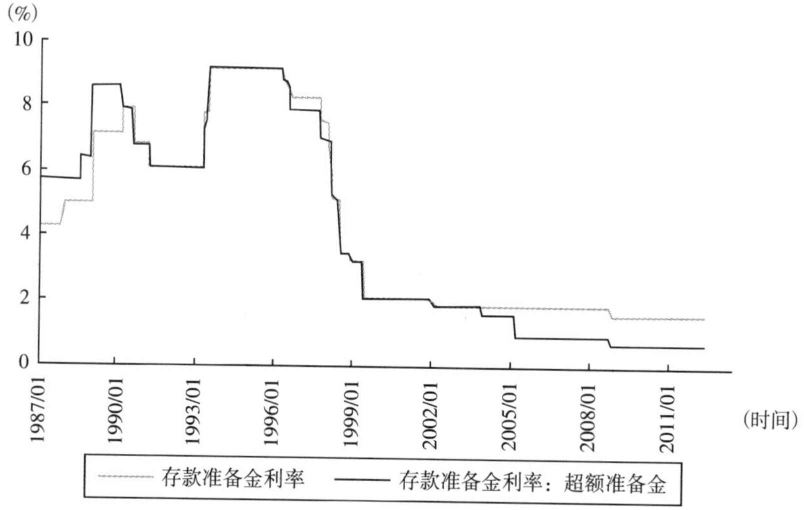


图 2-13 存款准备金利率

资料来源：CEIC。

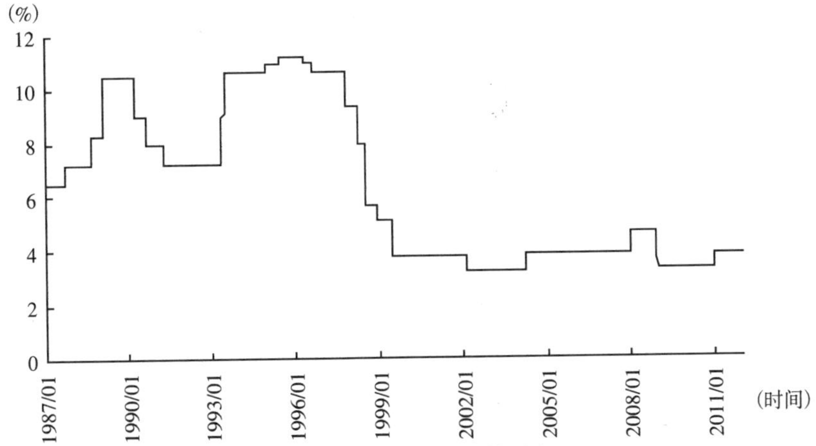


**图 2–14　1 年期再贷款利率**

资料来源：CEIC。

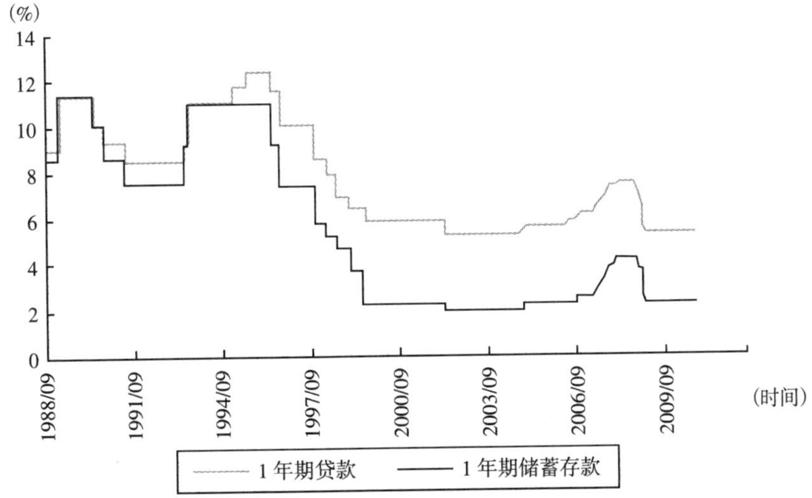


**图 2–15　1 年期存贷款利率**

资料来源：CEIC。

但央行的货币政策对通货紧缩并未产生明显效果，特别是 1997 年后贷款同比增速连续 4 年下滑（见图 2–16），表明央行间接调控对于通货紧缩并不是非常有效的手段。这个判断在目前也是很有价值的，记得当时的一个热点问题就是如何拉动或者说刺激民间投资。

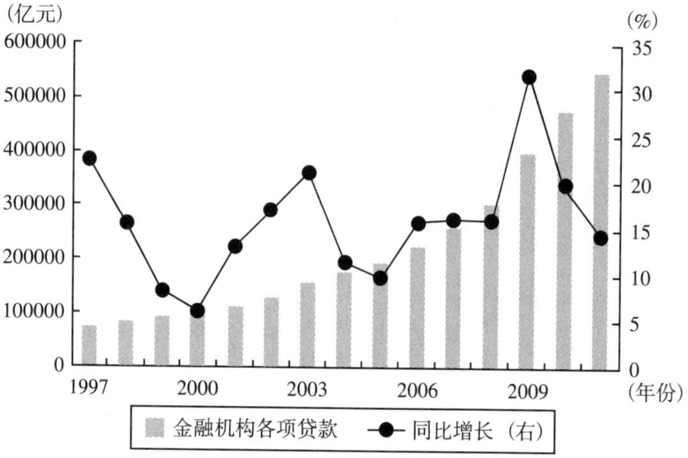


**图 2-16　贷款余额及同比增长**

资料来源：CEIC。

答案是中央政府通过持续积极的财政政策和宽松的货币政策拉动基础设施建设保持了经济增速。同时开始大力推进土地要素资本化和房地产商业化，这迅速推动了土地资产资本化的进程，并逐渐形成了经久不衰的中国增长模式——城市化—房地产—土地财政—基础设施建设—融资平台—商业银行，这是昨日繁荣的根源，亦是今日困境的渊薮。

货币方面，当基础货币成为央行的目标变量后，信用货币制度下货币扩张的力量被释放出来，同时也成为绑架央行的第一根绳索。经济的高速增长和要素货币化，都需要吸收天文量级的货币供给，一开始货币是由货币当局自主投入的，货币增速缓慢上升，在击败了东南亚的竞争对手，特别是在 2001 年中国加入 WTO 后，全球化红利很快滚滚而来，大致在 2003 年前后，中国货币供应开始狂飙突进，广义货币供给 M2 在 2011 年为 1998 年的 8.15 倍（13 年），年均复合增长率为 17.51%；若放大至更长周期，M2 2011 年为 1985 年的 163.80 倍（26 年）（见图 2-17），年均复合增长率达 21.67%。反观同时期日本和美国的 M2 增长率，远远低于中国的增长速度，特别是 1998 年以后，日本 M2 增长率基本在 3%以下（见图 2-18），而美国 M2 增长率在 6%上下波动（见图 2-19）。

一方面是全球化贸易盈余，另一方面是海外直接投资，混杂其中的则是来赌中国的资产升值和货币升值的热钱，结果就是外汇占款和外汇储备的飞速增加（见图 2-20）。

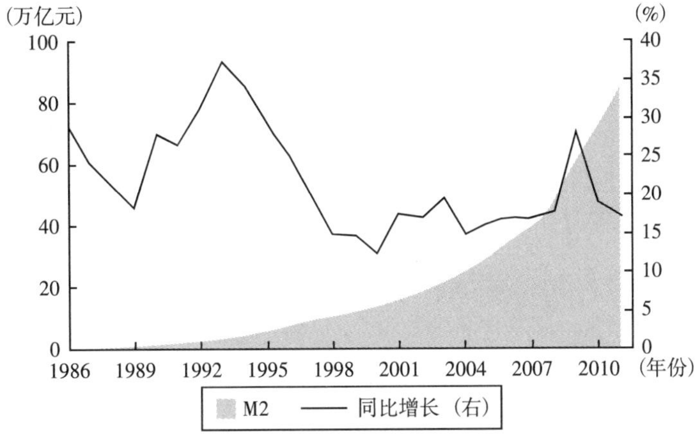


**图 2-17　中国 M2 存量及同比增长**

资料来源：CEIC。

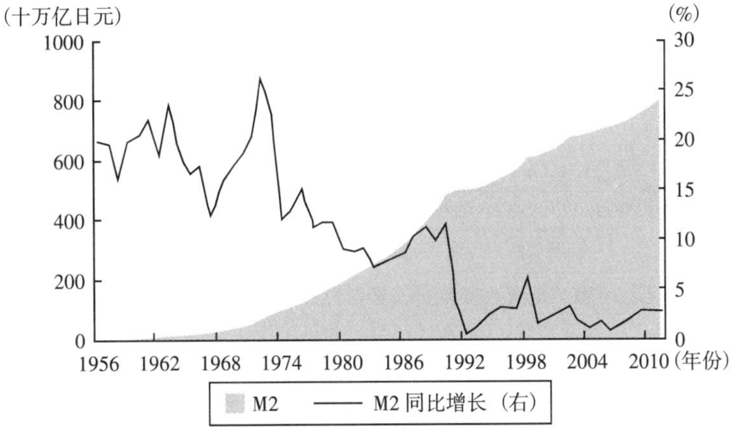


**图 2-18　日本 M2 存量及同比增长**

资料来源：CEIC。

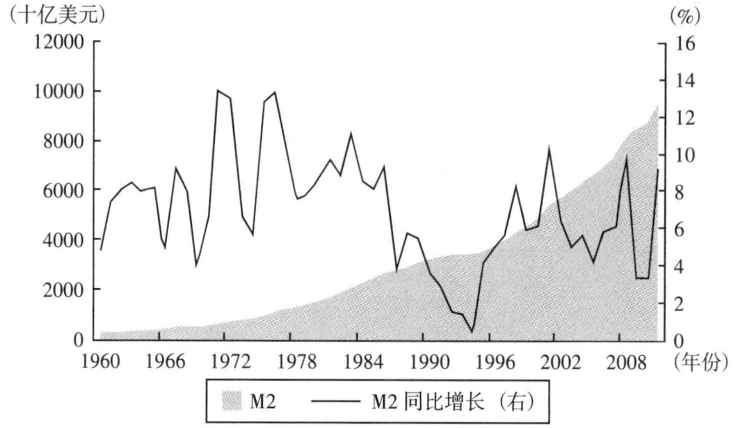


**图 2-19 美国 M2 存量及同比增长**

资料来源：CEIC。

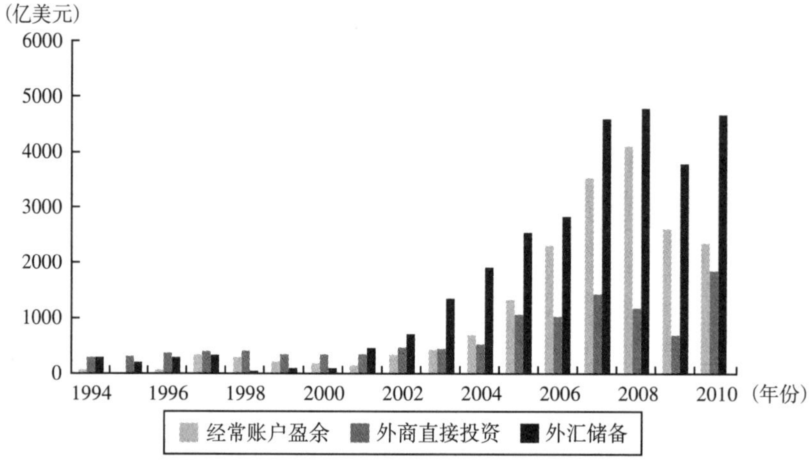


**图 2-20 外商直接投资、经常账户盈余及外汇储备增量**

资料来源：CEIC。

## 四、高潮来临：泡沫全球化的同步升腾与跌落

戏剧化的高潮就是 2007 年危机的来临，那仅仅是危机的第一波：资本开始大规模过剩，这些资本或者已经通过跨国公司的转移定价回到了母国的金融体系，或者还潜伏在中国高达三万多亿元的外汇储备（它们已经兑换成了人民币）以及其他贸易国的盈余中，无论你叫它们热钱还是 FDI，追逐高利润是它们的本性，对冲基金和投资银行不过是它们的代理

人而已。越来越多的资本流动起来也就更加危险起来，这些流动性旺盛的资本进入任何一个地域或者领域都会带来金融市场和实体经济的巨大波动。如同马克思所预言的那样，在全球化过程中，全球性资本的相对过剩，逐渐兑现，总危机也慢慢靠近。但马克思猜到了开始，却猜不到结局——危机最后竟然会通过金融创新泡沫破灭的形式爆发出来。

对于一般性产品的需求已经无法满足全球资本对高额利润的要求，同时美元流动性又不断被注入市场，对美元贬值的预期和广义套息资本将全球资产价格在 2007 年推向巅峰。2005~2006 年，过剩的资本除了推动美国地产繁荣以外，还流入大宗商品市场，投机基本金属和石油，导致大宗商品价格暴涨。而石油价格的快速上涨，又使生物燃料替代石油变得急迫，从而推动粮食和农产品价格一起上涨，实际上这些资本去到这些领域还有一个更重要的原因，就是抵御美元的贬值。根据摩根大通的美元名义有效汇率指数，2003 年美元贬值幅度高达 8.88%。原因之一是美国巨额的贸易赤字和财政赤字引发了投资者对美元爆发危机的担忧。投资者认为，美国可能难以吸引足够的外国资本来弥补其巨额经常项目赤字，由此美元下档的压力持续加重。另外，美元与欧元、英镑、加元、澳元等货币存在较大利差。2003 年 6 月美联储再次减息，将联邦资金利率降至 40 年来的最低水平 1%，并称在相当长的时间内不会加息，而欧元的利率为 2%，英镑的利率为 3.75%，加元的利率为 2.75%，澳元的利率为 5.25%，持续存在的利差导致外资流出美国金融市场。利率差引发的大规模套息交易，使日元和美元成为做空的主要内容，而这就使美元汇率指数一直在下跌。当美国试图通过温和升息来提高美元汇率和降低石油价格，寄希望于微调使经济软着陆，来逐渐纠正自己的错误时，其认为最坏不过是经历一场常规的减速，没想到引发的居然是全球失衡的最终调整。

进入 2011 年后，欧元区主权债务危机再次爆发，美日的主权债务评级也被顺次下调，经济增长显著放缓。市场终于发现危机其实从未远去，全球经济与其说处于“二次探底”的边缘，不如说正面临危机第二波的冲击。由此，泡沫破灭的整个演化路径也就日益变得清晰，第一阶段是私人部门资产负债表的崩溃，迅速去杠杆过程导致的突然死亡；泡沫破灭之后本应该是虚拟财富消散（金融资产价格泡沫破灭）、产能消灭（企业破产、失业和“牛奶倒入河流”去库存）和资本修复的低潮阶段。各国政府力图避免周期的痛苦，在凯恩斯主义的需求管理指导下，积极的财政和货币政策大力救市，但总量刺激，特别是货币刺激对于全球化形成的失衡问题以及根植于各经济体内多年积累的结构问题帮助有限。于是两年后，反危机时迅速扩张的公共部门的资产负债表在放缓的经济增长环境下不断遭到各评级机构和市场的质疑，并被对冲基金所攻击，这使它们在经济增长和去债务杠杆之间更加难以寻找到结合点，进而不断陷入评级下降、再融资成本高企、经济下滑和国内政治混乱的旋涡中难以自拔。这种刺激不仅仅局限于欧洲，美国、日本、中国都有各自的症状表现，不巧的是由于欧洲使用的是同一种货币，南部国家不能通过汇率贬值分化来重新获得竞争力，因此危机第三波——货币体系危机也就接踵而来，投机者会盯住并攻打，力图撕裂欧元，如同他们在 1992 年对欧洲货币体系所做的那样，未来很长一段时间内，欧洲将仍然在泥潭中挣扎，前途并不明朗。

以全球视野综合考察全球各国的股市（包括铜，都是高风险类资产）（见图 2-21、图 2-22、图 2-23），可以清楚地发现这种相互挂钩的同步性及其持续性：新兴市场和大宗商品市场及发达市场趋势和波段居然是类似的，特别是从 2008 年危机以来，不同的可能仅仅在于弹性、波动率和细微的时间差别，国际资金对金砖四国股票市场的配置及各国股市的收益率的高度趋同性正说明了这一点（见图 2-24）。这都说明，国际资本的流动驱动了各类风险资产价格的起伏。当然，驱动资本流动的内在原因与复杂

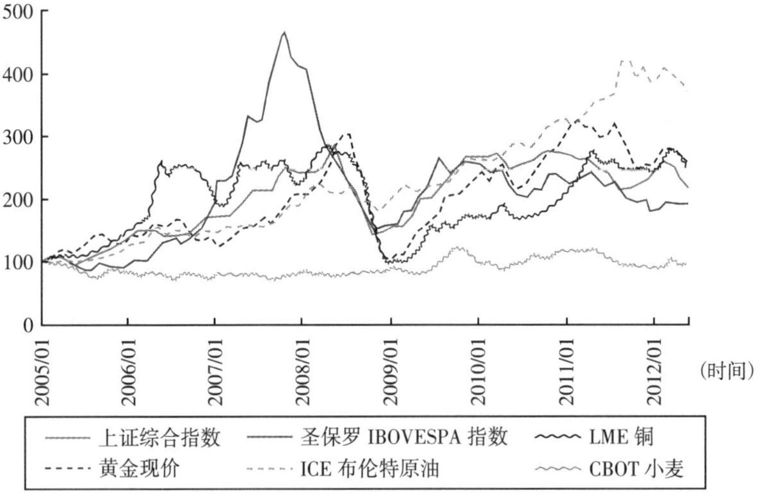


**图 2-21 新兴市场代表性股票指数及大宗商品价格走势**
**（周，2005 年 1 月 1 日价格=100%）**

的国际政治、经济形势依然保持高度相关。简单来看，始于 2008 年底，结束于 2010 年 3 月的第一轮量化宽松驱动了 2008 年以来的第一波新兴市场行情；2010 年 4 月开始对 QE2 的预期直到 2010 年 11 月第二轮量化宽松的最终实施，推动了 2010 年下半年的行情；而对于欧债危机影响下的再一次全球救援，推动了新兴市场 2012 年一季度又一波的反弹行情。这说明全球资产价格可能受到一种更为基本的力量或者说相同的交易结构驱动，因此，用全球大类资产配置的眼光来重新审视 A 股市场的涨跌趋势变化，是分析未来市场价格变动的必备工作。

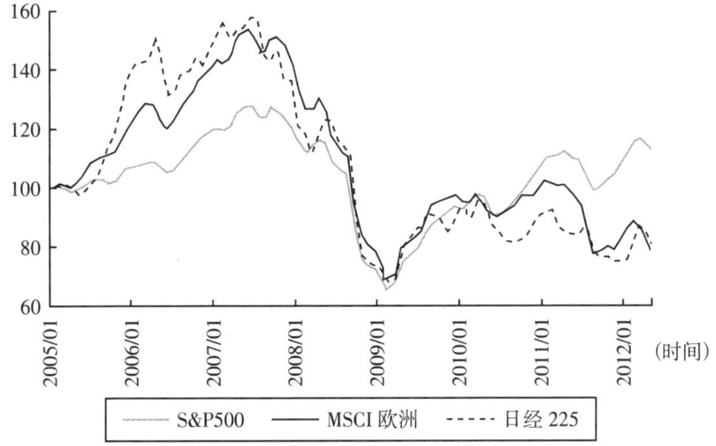


**图 2-22 发达市场代表性股票指数（周，2005 年 1 月 1 日价格=100%）**

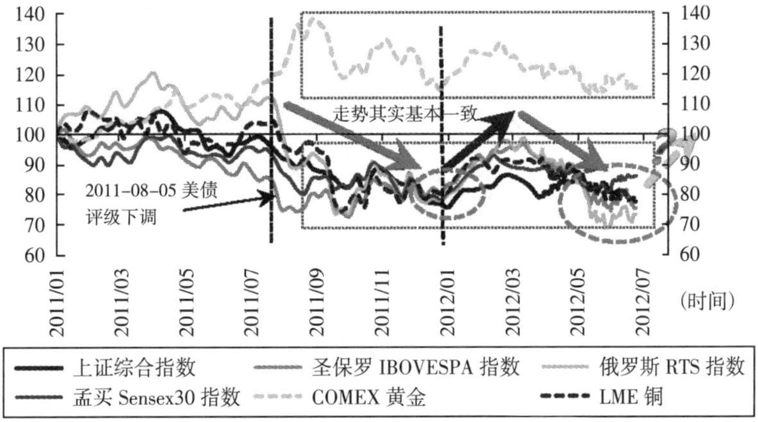


**图 2-23 金砖四国股票指数与黄金及铜期货价格走势（周）**

资料来源：Wind 资讯。

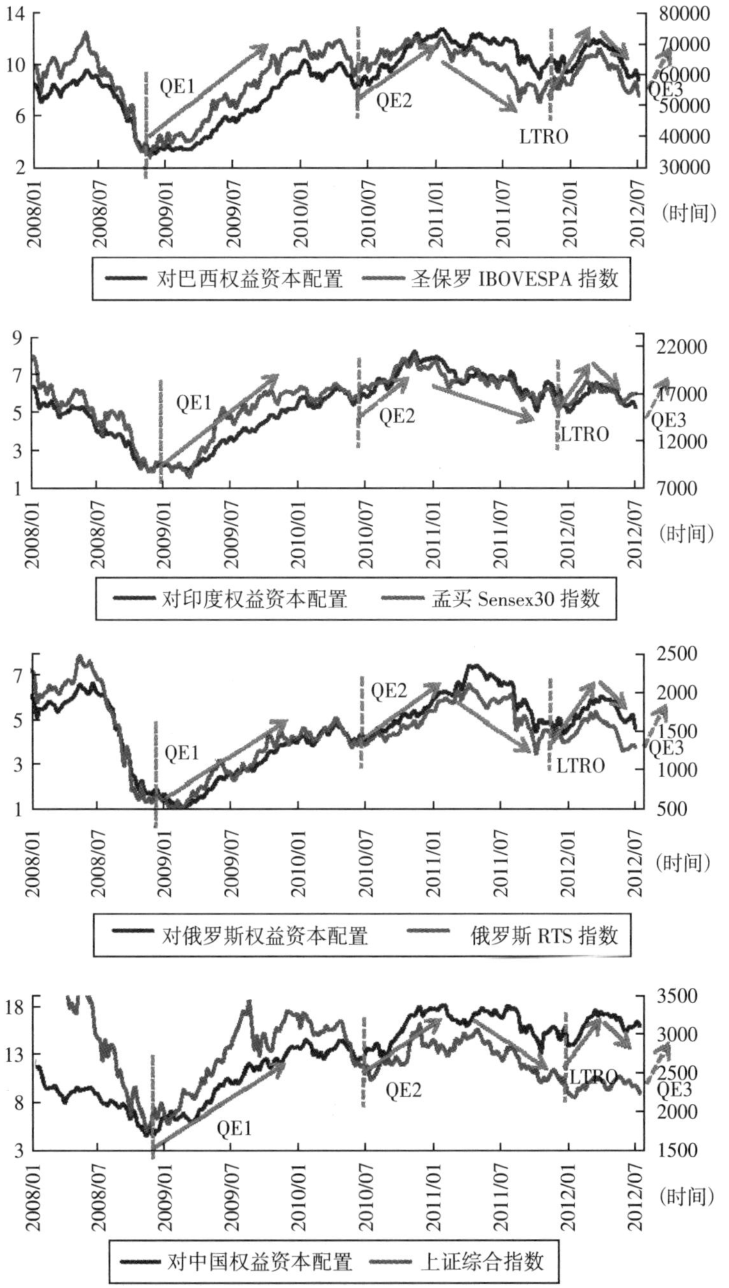


**图 2-24　2008 年以来对金砖四国权益资本配置与市场走势对比（周，$ mill，%）**

资料来源：EPFR 估算，单位为百亿美元，Wind 资讯。

进入 2011 年，随着全球经济增速放缓和欧债危机避险情绪上升，热钱流入新兴市场等高风险资产类似的量级不断减少，中国外汇占款随之下降，人民币升值亦戛然而止。因而中国的货币自主性可以更强，从而产生一个较为中性的货币环境。但是，从短期来看，外汇占款这一主要货币投放渠道的抽离使中国的流动性情况变得比较紧张。我们用外汇储备（见图 2-25）、贸易顺差（见图 2-26）、FDI 以及 EPFR 的外资配置数据对外汇占款进行了一个简单的拟合，研究发现，如果滞后一期的话，拟合效果其实要更好一些，这可能是由于实际资金的结算会有一定的时滞，那么考虑到贸易顺差的收窄和 EPFR 数据的走势，我们认为，从中期来看，其波动的中枢会出现大幅度的降低（2001 年 10 月至 2011 年 9 月外汇占款的月度数据的波动中枢一直保持在 2000 亿元人民币以上），这意味着，本来由于企稳的政策风向、定向的货币微调政策而趋于稳定的中国流动性又一次面临供应不足的风险。

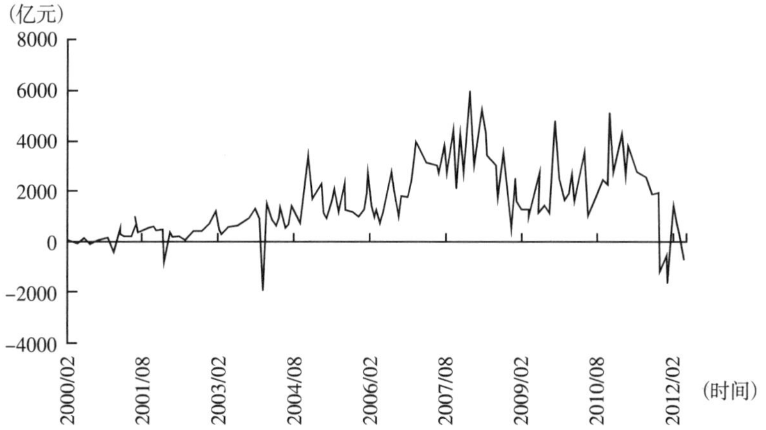


**图 2-25 外汇储备增量**

资料来源：CEIC。

而宏观流动性对各种资产价格的影响是深远的，即便是遵循最简单的相对定价市盈率分析框架：P = EPS×P/E，或者 DCF 的 V = EPS/(1 + r) 框架，权益资产价格的推动因素，不外是盈利或者估值，流动性不仅仅是从估值角度推动了资产价格，EPS 方面也有巨大影响，例如上游资源企业、有色煤炭、资产密集企业，例如房地产，以及高杠杆率企业，例如银行。

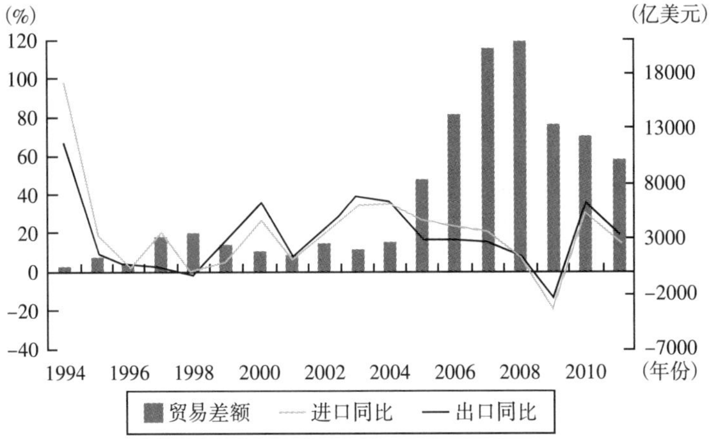


**图 2–26　进出口同比及贸易差额**

资料来源：CEIC。

哪一个 EPS 的大部分不是由流动性堆积出来的？流动性的减少对资产价格的打击是多重的。

好消息是中国的货币供应终于由被动转变为主动，不用再仰人鼻息。但坏消息是，2008~2009 年，世界见识了中国自主货币创造的能力和恶果，如果货币当局有这个教训在先，那么一个较中性的货币增长，例如 GDP+通货膨胀，9% + 4% = 13%，应该是未来一段时间的一个常态，这意味着什么？这其实就是转折点，既是终点也是起点，大变革时代就要来临了。

我们认为，对内来看，在货币中性环境下更有利于驱动经济转型，一个泡沫狂飙的时代就要过去，投资者的心态也需要调整，只有重新回到实体经济增长的源头上来，成长才能得到保证，这些四散的资本才会重新聚拢过来，铅华洗尽，价值投资，一个真正的慢牛时代可能来临。对外来看，中国必须把有限的外汇储备做更有效的配置，否则以目前的收益率，将很快被淹没在日益充沛的外围流动性投放的大潮之中，如同阳光下逐渐融化的冰棍，这些中国人多年来血汗积累的财富，要用它来获得加入全球货币竞争锦标赛的门票，同时成为人民币国际化的掠阵者和保驾护航的航母战斗群。

# 第二节　中国央行资产负债表

在流动性奔跑的过程中，中国货币当局的资产负债表和货币政策工具也都在相应的演进过程中。

我们选取 1999 年 12 月至 2009 年 12 月的月度数据考察了基础货币、现金比率、法定存款准备金率、超额存款准备金率、其他存款比率及各因素相互作用等因素对 M2 扩张的贡献程度，分析结果显示：其中基础货币贡献度为 89.76%，在 2003 年 9 月至 2009 年 12 月外汇大量流入期间，基础货币对 M2 的贡献度高达 122.66%。因此，研究基础货币的投放机制是理解中国货币流动性特点的重中之重。

对此，我们将央行的资产负债表（见表 2–1）进行简化（见表 2–2），通过资产与负债的会计关系，来描述十余年来基础货币、货币供给和货币政策的演化路径，以期找到流动性变化的特点。

**表 2–1　中国人民银行资产负债表**

单位：亿元

| | | | |
|---|---|---|---|
| 国外资产 | 239912.16 | 储备货币 | 221952.79 |
| 外汇 | 235159.32 | 货币发行 | 53507.82 |
| 货币黄金 | 669.84 | 其他存款性公司存款 | 168444.97 |
| 其他国外资产 | 4082.99 | 不计入储备货币的金融性公司存款 | 1153.54 |
| 对政府债权 | 15349.06 | 发行债券 | 18777.97 |
| 其中，中央政府 | 15349.06 | 国外负债 | 1961.14 |
| 对其他存款性公司债权 | 11048.23 | 政府存款 | 29539.83 |
| 对其他金融性公司债权 | 10630.07 | 自有资金 | 219.75 |
| 对非金融性部门债权 | 24.99 | 其他负债 | 10149.71 |
| 其他资产 | 6790.24 | | |
| 总资产 | 283754.74 | 总负债 | 283754.74 |

资料来源：PBC。

表 2-2　中国人民银行资产负债表（简化）

| 资产 | 负债 |
|---|---|
| 外汇占款 | 基础货币 |
| 对政府债权 | 财政存款 |
| 对金融机构再贷款 | 央行票据 |
| 其他净资产 | |

资料来源：PBC。

从简化的央行资产负债表中可以得出基础货币的决定公式：

基础货币 = 外汇占款 + 对政府的债权 + 对金融机构再贷款 + 其他净资产 - 财政存款 - 央行债券

如果将以上存量公式改为流量公式则更为明晰：

Δ 基础货币 = Δ 外汇占款 + Δ 公开市场业务 + Δ 财政存款

因此，中央银行的货币发行必须有相应的资产支撑，这意味着政府不能够任意开动印钞机，它只能存在三个渠道：其一，对应政府的债权（一般都是本国国债），这是以政府的税收征管权为保障；其二，对应金融机构的再贷款，这是以金融机构的盈利能力作为保障；其三，外汇占款，这意味着央行发行本币兑换等值外币时，央行具有了对国外商品的要求权。从上述三个货币发行渠道可以看出，央行的货币发行机制是资产创造货币，这与商业银行负债创造货币的机制完全相反，其原因是央行是整个社会信用创造的基础。如果整个社会的信用创造过多，央行就会通过基础信用这个闸门进行调节，而调节的法则也是围绕资产负债表两边恒等的原理展开。具体包括三种方式：其一，资产方内部的此消彼长；其二，负债方内部的此消彼长；其三，资产方和负债方的同增同减。对于传统三大货币政策工具，贴现窗口和公开市场操作属于资产方和负债方同增同减的方式；准备金政策则属于负债方内部的调整。准备金政策之所以具有“巨斧”效应，是因为提高准备金不仅降低了货币乘数，而且降低了存款货币创造的基数（其他两项政策只改变存款货币创造的基数）。由此，基于货币供求的流动性分析框架逐渐清晰（见图 2-27）。

我们再次回到基础货币投放的流量公式，外汇占款无疑是这一时期流动性急速扩张的源泉，通过央行资产负债表、其他存款性公司资产负债表和金融机构信贷收支表的相关勾稽关系（见图 2-28），可以很明显地看出这一点。从 1994 年开始，中国外汇储备呈现第一次增长高峰，这一方面是由于

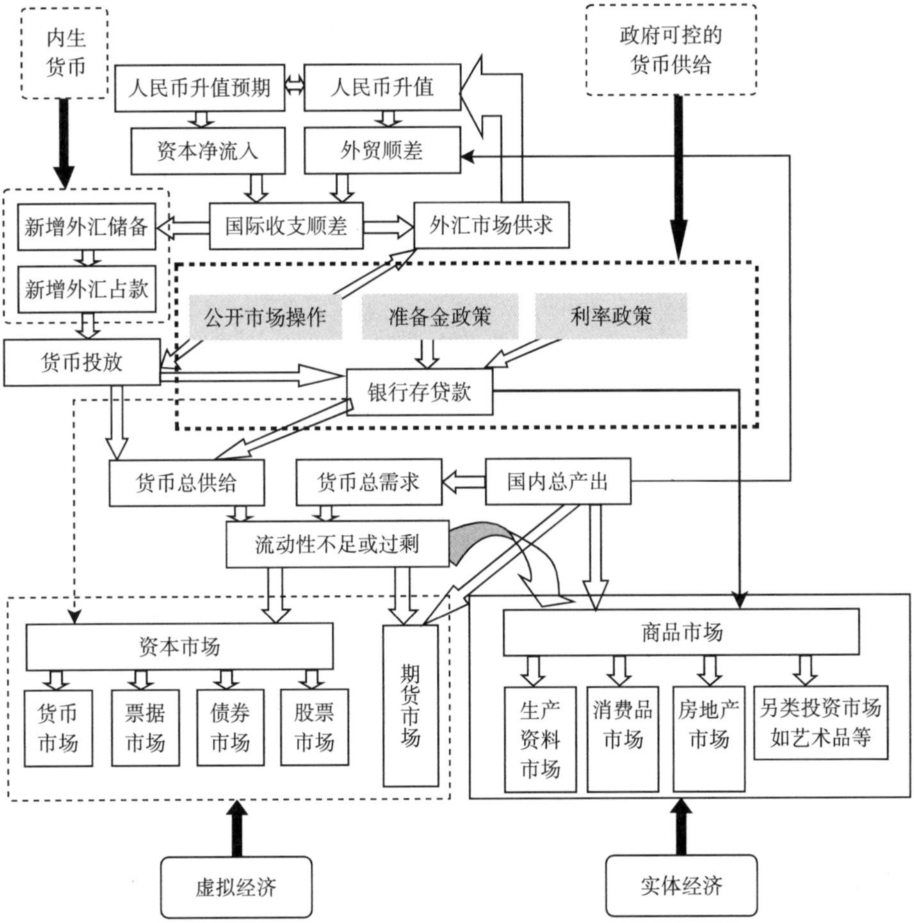


**图 2-27　基于货币供求关系的流动性模型框架**

资料来源：PBC。

国际收支双顺差的态势在这一年得以确立；另一方面是因为这一年实行了汇率并轨，改革之后外汇向央行集中。此后外汇储备持续增长的势头得以确立，而央行货币政策的操作则一直围绕着如何降低冲销外汇资产产生的负面影响。对于中国货币政策而言，1998 年是一个“分水岭”，在此之前采取的是信贷规模直接管控的方式，这很容易消除外汇储备增加产生的负面影响，在此之后我们转向了货币供应的间接调控模式，这意味着调控难度的加大。从 1998 年开始央行编制货币当局资产负债表，从外汇资产占比的走势（见图 2-29）情况，可以看出 2002 年是又一个“分水岭”，在此之前

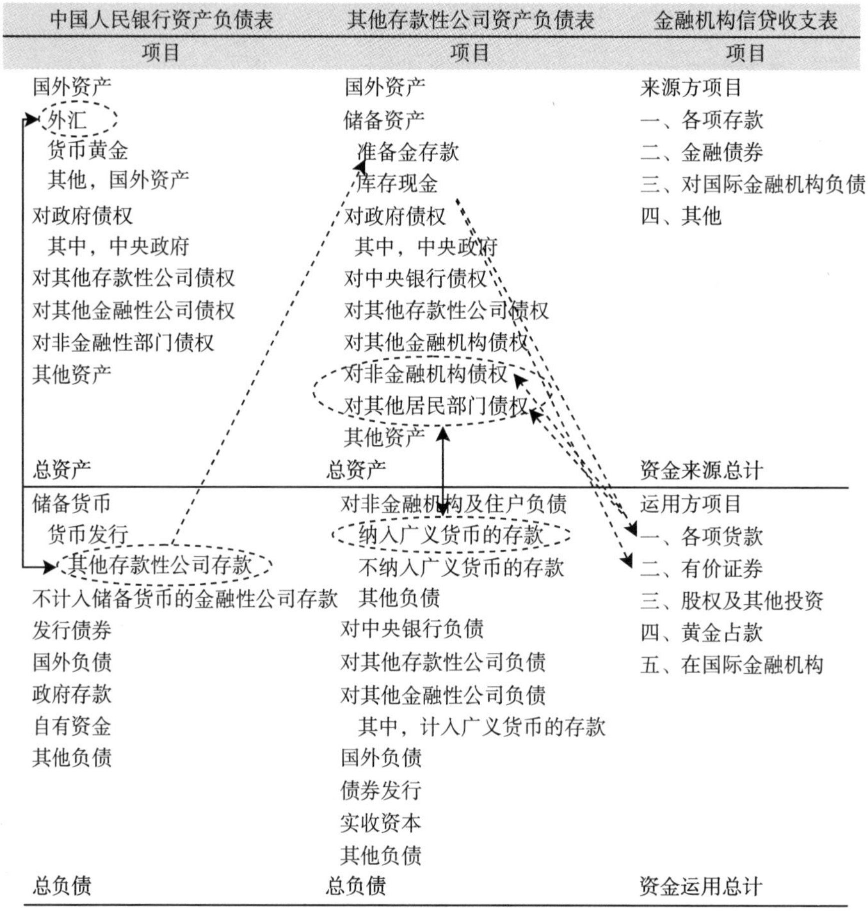


**图 2–28　外汇占款增加导致的货币供给扩张**

资料来源：PBC。

外汇资产占比还出现过下降态势，在此之后则呈直线上升态势。这实际上表明，央行在 2002 年之后缺乏足够的工具进行资产内部的冲销操作了。

因此，中国一度采用的强制结售汇制度最终形成了奇特的流动性供给机制①。美元一旦结售汇，就形成了所谓的双重投放：一方面，在中国，这些美元兑换为人民币基础货币，或者说美元成为中国投放货币的基础，

① 2012 年 4 月实施了 18 年的强制结售汇制度终于落幕。4 月中旬，国家外汇管理局发文，对外宣布：国家不再实行强制结售汇的做法，企业和个人可以自主保留外汇收入。

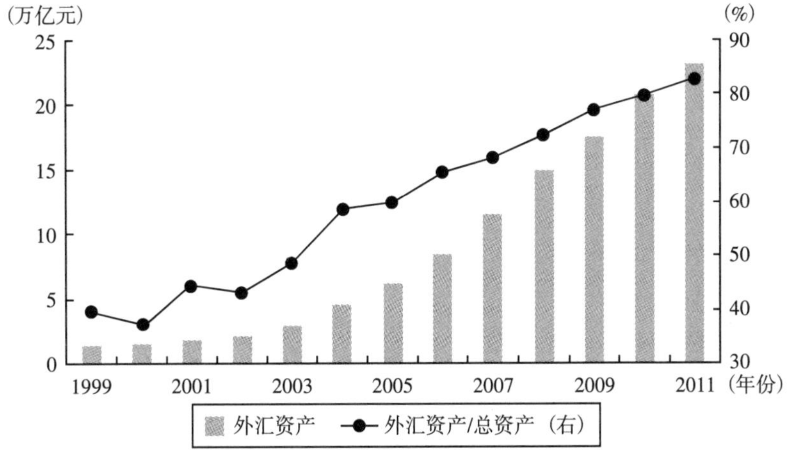


**图 2-29 外汇资产及外汇资产占央行总资产比例**

资料来源：CEIC。

从某种意义上来说，中国央行就相当于美联储的一个大储备区分行，货币政策（基础货币）多年被劫持，而其能做的就是不断对冲再对冲。央行2003年开始被动发行央票冲销，后来不断提升准备金进行更廉价也是更有效的对冲。即便如此，流动性总量仍然不断膨胀，进而刺激资产价格和投机情绪，我们肯定还记忆犹新，2003~2007年，那貌似是中国制造和贸易的最甜蜜时刻，也是全球资本赌人民币升值最高峰，2005年重新打开的升值窗口就如同总攻的集结号，全球套息交易产生的热钱滚滚而来，房产价格和股票价格扶摇直上。但更加诡异的是①，另一方面，强制结汇产生的美元储备成为中国央行的资产，由外汇管理局负责日常管理和投资，由于中国外汇储备投资渠道狭窄，大量的美元储备用于购买美国国债（见图2-30），市场把美联储购买国债的行为叫作量化宽松（Quantitative Easing，QE），投资者一定还记得，第一次QE的总量是1.65万亿美元，第二次QE的总量是6千亿美元，QE3则是无限量供应，那么从这一点上看，无论美联储愿不愿意，中国央行也一直在买入美国国债，相当于中国央行向美国投放美元基础货币，替美联储执行量化宽松政策。这就是美元的双重投放和循环膨胀，

① 这个过程中还有一次商业银行的股份化和上市改造，这次交易也很奇特，由汇金操作，汇金的全部5000万元注册资金来自财政部，而运营的却是央行资金，成立之时动用450亿美元外汇储备对中行、建行注资，这从货币双重投放角度则很好理解。

它在中国和美国创造出了双重信用——不同之处仅仅在于，美国人得到了廉价的信贷可以不断挥霍消费，中国得到更多的货币进行投资和生产，G2相互需要，真是一个完美的循环。直到泡沫全球化，货币总量多到可以推动中美两国各自的地产价格（见图 2-31）和股票价格失控形成 2008 年金融危机，这其实就是所谓全球失衡的真相和金融危机的根源。

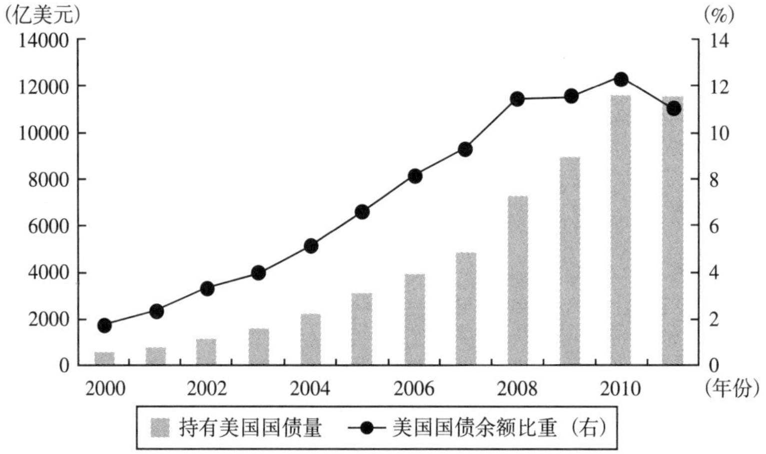


**图 2-30 中国持有美国国债量及占美国国债余额比**

资料来源：CEIC。

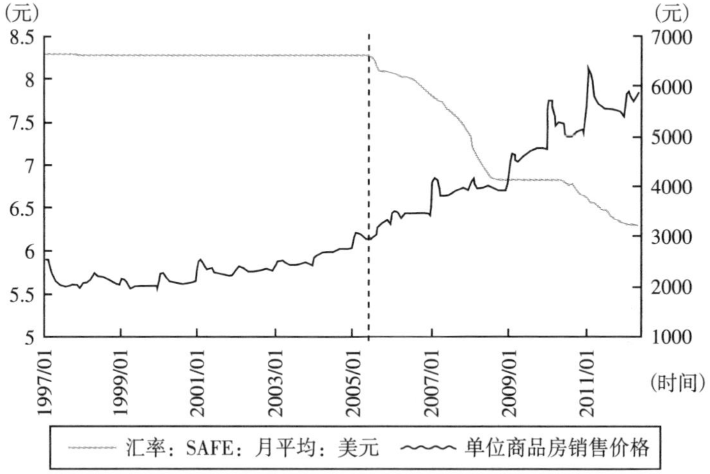


**图 2-31 汇率变动及单位商品房销售价格**

资料来源：CEIC。

这期间也有一个一度被热烈讨论过的伪命题——人民币的“对外升值，对内贬值”，以及所谓的流动性过剩，人民币之所以对外升值就是因为热钱围城、定向投赌的结果，而对内贬值就是被迫投放、冲销不力的结果。

当然，危机最初的根源来自美元主导的世界货币体系，美元的世界通货地位是美国模式的源头，它既是美国胜利的关键，也是现今美国经济乃至世界经济危机的总根源。利用全球铸币局的特殊地位，它不仅提供购买力通货（无限制的美元发行），同时还提供最大最真实的需求（美国的最终产品和服务需求以及资源消耗全球第一），一方面刺激了新技术的发明和运用，从而带来科技创新和产业需求，提升了生产力，扩大了全世界的生产可能性边界，而且这些技术转为民用时都为美国相关产业带来了巨大的收益和核心竞争力；另一方面拉动了相关的行业和产业链，带来了GDP和民众收入的普遍快速提高。由于几乎所需的全部生产要素，例如印度的IT工程师、东欧的科学家和肌肉男以及中东的石油和金属等（只要再配合一个美国梦），都可以用美元来购买，而所有的负债都可以通过印刷美元来轻松弥补，巨大而无限制的货币发行相当于又为整个西方世界执行了一个无比宽松的货币政策。这一模式，不断膨胀性发展（也得益于“二战”后的婴儿潮的人口红利），在此过程中，积累了越来越多的美元通货和美国人屡试不爽的信心——don't worry，be happy。而当美国本身出现问题时，如出口萎缩，因此招致巨额贸易赤字，居民和政府的过度消费产生财政赤字和家庭信贷赤字，这些都需要外来融资才能维持，因而大量的美元发行和美国债务充斥全球金融市场，全球都在美国饮鸩止渴的货币政策的绑架之下生存（见图2-32、图2-33、图2-34）①。1998~2007年，这10年也可算是流动性驱动全球化的黄金10年。

展望未来，我们预期中国流动性的供给机制（从外汇占款到再贷款、以中国国债为基础的公开市场操作）和供给水平（从22%到14%）都会有重大变化发生，特别是当人民币开始双向波动时。十余年主动加被动（存在“善意”的忽视）的流动性盛宴可能就要谢幕。流动性的转折点意味着大变革时代即将来临，这涉及经济发展模式的改良、货币供应方式调整、资本管制政策的变化、人民币国际化的布局以及资本市场的投资理念

① 日本是一个重要的流动性投放源泉，也是套息交易的始作俑者和主要推手。尽管它不属于双重投放，而是为了干预汇市。

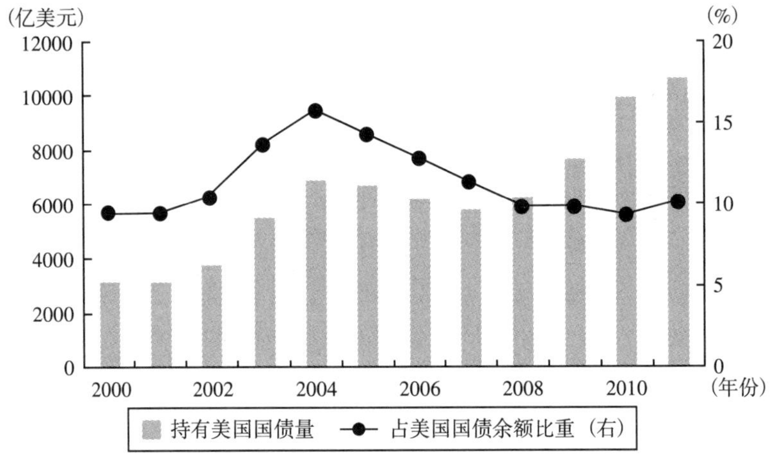


**图 2-32　日本持有美国国债量及占美国国债余额比**

资料来源：CEIC。

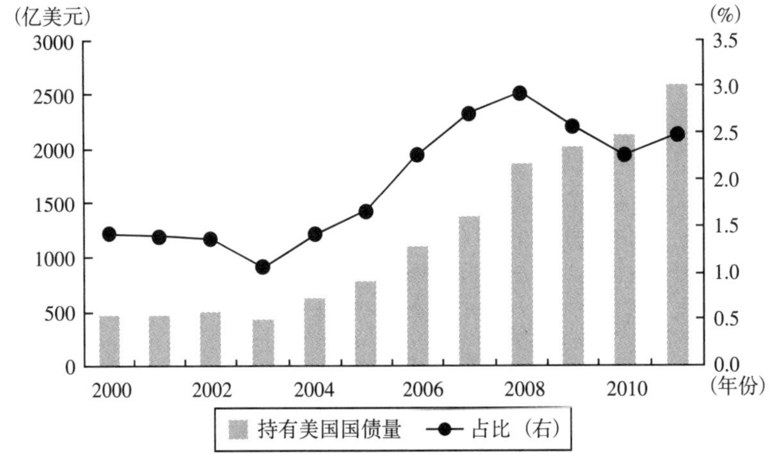


**图 2-33　OPEC 持有美国国债量及占美国国债余额比**

资料来源：CEIC。

和风格的转变，转型、脱钩和去杠杆化将成为未来一个时期经济和市场运作的题中之意。但是决意要刺破房地产泡沫的决策者必须特别小心，当系统性风险来袭时，其实是没有 B 计划的。这么多年来针对中国房价的堂吉诃德式的攻击之所以没有任何效果，是因为它面对的对手是每个以卖地为生的全部城市的地方政府和每个慷慨资助地方政府与买房人的整个商业银行体系，他们和地产商一起都通过同一条脐带相连，而这条脐带中流动的

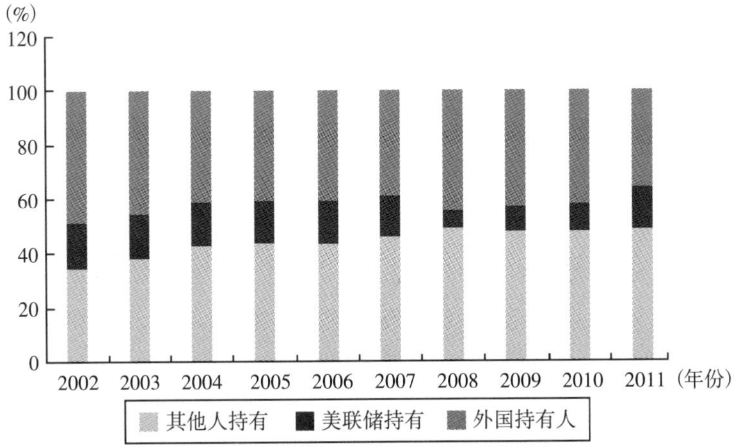


**图 2–34　美国国债持有人结构**

资料来源：CEIC。

血液就是来自中央银行源源不断发行出来的货币。这同 2008 年美国金融危机前夜的形势没什么差别。最终掌握唯一钥匙的就是中央银行的看门人，此项责任特别重大。一个货币管理者要青史留名或者说善始善终，不仅仅是因为在危难关头，他可以放出流动性，还在于他是否能够收得住，这同样需要巨大智慧和勇气（无论他叫格林斯潘、伯南克还是周小川）。

# 第三节　中央银行货币政策工具进化

根据我国经济在不同历史阶段的发展实际，中国人民银行也相应地对货币政策工具进行了调整。大体来讲，可以将人民银行的货币政策工具使用情况归纳为数量和价格两种主要形式，不同阶段有不同的应用重点，先看下数量工具。

## 一、数量工具：再贷款 VS 准备金

1. 再贷款、再贴现（1984~2008 年）

自 1984 年人民银行专门行使中央银行职能以来，再贷款一直是我国

中央银行的重要货币政策工具。1985 年，我国实施了“实贷实存”的信贷资金管理体制，中央银行对商业银行的信贷资金分配采取了再贷款形式，再贷款政策成为我国基础货币投放和回笼的重要渠道。1986 年，针对当时经济运行中企业之间严重的货款拖欠问题，中国人民银行下发了《中国人民银行再贴现试行办法》，决定在北京、上海等十个城市对专业银行试办再贴现业务。这是自中国人民银行独立行使中央银行职能以来，首次进行的再贴现实践。1994 年下半年，为解决一些重点行业的企业货款拖欠、资金周转困难和部分农副产品调销不畅的状况，中国人民银行对“五行业、四品种”领域专门安排 100 亿元再贴现限额，推动上述领域商业汇票业务的发展。再贴现作为选择性货币政策工具为支持国家重点行业和农业生产开始发挥作用。1994 年汇改后，贸易顺差开始急速上升，外汇占款日益成为我国基础货币投放的重要渠道，再贷款的比重开始下降。1998 年取消了商业银行贷款规模的指令性计划，再贷款成为真正的间接调控工具。此后，商业银行对中央银行的再贷款需求越来越低，再贷款调控基础货币的作用日益弱化。

1995 年末，中国人民银行规范再贴现业务操作，开始把再贴现作为货币政策工具体系的组成部分，并注重通过再贴现传递货币政策信号。中国人民银行初步建立了较为完整的再贴现操作体系，并根据金融宏观调控和结构调整的需要，不定期公布再贴现优先支持的行业、企业和产品目录。1998 年后，为适应金融宏观调控由直接调控转向间接调控、加强再贴现传导货币政策的效果、规范票据市场的发展，中国人民银行出台了一系列完善商业汇票和再贴现管理的政策。改革再贴现、贴现利率生成机制，使再贴现利率成为中央银行独立的基准利率，为再贴现率发挥传导货币政策的信号作用创造了条件。适应金融体系多元化和信贷结构调整的需要，扩大再贴现的对象和范围，把再贴现作为缓解部分中小金融机构短期流动性不足的政策措施，提出对资信情况良好的企业签发的商业承兑汇票可以办理再贴现。将再贴现最长期限由 4 个月延长至 6 个月。

近年来，适应金融宏观调控方式由直接调控转向间接调控，再贷款所占基础货币的比重逐步下降，结构和投向发生重要变化。新增再贷款主要用于促进信贷结构调整，引导扩大县域和“三农”信贷投放。2008 年以来，为有效发挥再贴现促进结构调整、引导资金流向的作用，中国人民银行进一步完善再贴现管理：适当增加再贴现转授权窗口，以便于金融机构尤其是地方中小金融机构法人申请办理再贴现；适当扩大再贴现的对象和机构范围，城乡信用社、存款类外资金融机构法人、存款类新型农村金融机构，以及企业集团财务公司等非银行金融机构均可申请再贴现；推广使用商业承兑汇票，促进商业信用票据化；通过票据选择明确再贴现支持的重点，对涉农票据、县域企业和金融机构及中小金融机构签发、承兑、持有的票据优先办理再贴现；进一步明确再贴现可采取回购和买断两种方式，提高业务效率。

2. 再贷款复活：创新性货币政策工具

（1）SLF。借鉴国际经验，中国人民银行于2013年初创设了常备借贷便利（Standing Lending Facility，SLF）。常备借贷便利是中国人民银行正常的流动性供给渠道，主要功能是满足金融机构期限较长的大额流动性需求；对象主要为政策性银行和全国性商业银行；期限为1~3个月；利率水平根据货币政策调控、引导市场利率的需要等综合确定。常备借贷便利以抵押方式发放，合格抵押品包括高信用评级的债券类资产及优质信贷资产等。自2013年初中国人民银行创设常备借贷便利工具以来，中国人民银行适时向符合宏观审慎要求的政策性银行和全国性商业银行提供了大额的短期流动性支持。此次开展的部分中国人民银行分支行常备借贷便利操作试点，是短期流动性调节方式的创新尝试，主要解决符合宏观审慎要求的中小金融机构流动性需求，完善中央银行对中小金融机构提供正常流动性供给的渠道。人民银行分支行常备借贷便利操作的对象包括城市商业银行、农村商业银行、农村合作银行和农村信用社四类中小金融机构。期限分为隔夜、7天和14天三个档次。常备借贷便利全部以抵押方式操作。此次试点接受的合格抵押品包括国债、中央银行票据、国家开发银行及政策性金融债、高等级公司信用债等债券资产，中国人民银行通过设置不同的抵押率来控制信用风险。

从总体上看，中国人民银行灵活适度开展常备借贷便利取得了较好效果，有助于改善流动性供给渠道，稳定市场预期，促进货币市场平稳运行。2013年春节前通过常备借贷便利解决部分商业银行因现金大量投放产生的资金缺口，6月在货币市场受多种因素叠加影响出现波动时，对部分金融机构开展了常备借贷便利操作，促进银行体系流动性合理适度，熨平货币市场大幅波动。6月末常备借贷便利余额达到年内最高的4160亿元。第三季度，通过续发行三年期央票冻结长期流动性，同时通过常备借贷便利和公开市场逆回购提供必要的短期流动性支持，两种操作相结合，既有利于在未来国际收支形势不确定的情况下保持流动性适中，也有利于维护货币市场的稳定。9月以来，根据外汇流入形势变化，为保持货币市场流动性合理适度，中国人民银行在继续向符合宏观审慎要求的金融机构开展常备借贷便利的同时，根据金融机构具体情况对常备借贷便利适度有序减量操作，同时引导商业银行调整资产负债管理模式，进一步加强流动性管理。随着金融机构贷款过快投放、同业业务加速扩张和期限错配等问题有所改善，2013年末，之前中国人民银行6月通过常备借贷便利提供的流动性已大部分收回。2013年末，常备借贷便利余额1000亿元，比6月末下降3160亿元；当年累计发放常备借贷便利23650亿元。2014年春节前，中国人民银行总行通过常备借贷便利向符合条件的大型商业银行提供了短期流动性支持，在北京、江苏、山东、广东、河北、山西、浙江、吉林、河南、深圳10个试点地区的人民银行分支机构向符合条件的中小金融机构提供了短期流动性支持，稳定了市场预期，促进了货币市场平稳运行，1月末常备借贷便利余额为2900亿元。春节后，随着现金逐步回笼，以及外汇流入形势的变化，根据银行体系流动性情况，中国人民银行全额收回了春节期间通过常备借贷便利提供的流动性。第一季度累计开展常备借贷便利3400亿元，第一季度末常备借贷便利余额为0。从央行发布的SLF报告看，2014年第二季度和第三季度均未再开展此类业务。

（2）SLO和PSL。2014年1月18日，中国人民银行宣布启用公开市场短期流动性调节工具（Short-term Liquidity Operations，SLO），作为公开市场常规操作的必要补充，在银行体系流动性出现临时性波动时相机使用。2014年年中，中国人民银行推出抵押补充贷款（Pledged Supplementary Lending，PSL），其目标是借PSL的利率水平来引导中期政策利率，以实现央行在短期利率控制之外，对中长期利率水平的引导和掌控。PSL可以理解为，中央银行以抵押方式向商业银行发放贷款，合格抵押品包括高信用评级的债券类资产及优质信贷资产等，其亦是一种基础货币投放工具。PSL作为一种新的储备政策工具，有两层含义：首先是量的层面，是基础货币投放的新渠道；其次是价的层面，通过商业银行抵押资产从央行获得融资的利率，引导中期利率。PSL这一工具和再贷款非常类似，再贷款是一种无抵押的信用贷款。推出新的货币政策工具的背景是，2008年金融危机之后，以美、欧、日、英主要发达经济体为代表，进行了大量的央行投放基础货币的创新。这为中国央行的基础货币投放创新起了很好的探路作用。自 2012 年下半年以来，外汇占款增速放缓且波动性加大，对基础货币投放格局产生影响，央行流动性管理逐渐具备了从过去十余年的被动对冲外汇流入向主动管理转变的条件，货币政策调控框架也需要逐步从数量型向价格型转变。自 2013 年底以来，央行在短期利率水平上通过 SLF（常备借贷便利）已经构建了利率走廊机制。

（3）MLF。2014 年 9 月，中国人民银行创设了中期借贷便利（Medium-term Lending Facility，MLF）。中期借贷便利是中央银行提供中期基础货币的货币政策工具，对象为符合宏观审慎管理要求的商业银行、政策性银行，可通过招标方式开展。中期借贷便利采取质押方式发放，金融机构提供国债、央行票据、政策性金融债、高等级信用债等优质债券作为合格质押品。中期借贷便利利率发挥中期政策利率的作用，通过调节向金融机构中期融资的成本来对金融机构的资产负债表和市场预期产生影响，引导其向符合国家政策导向的实体经济部门提供低成本资金，降低社会融资成本。

与 SLF 相比，MLF 更能显示央行放松货币的力度。虽然都是基础货币投放，但起到的作用完全不同。因为 SLF 期限很短，只有三个月时间，而且基本上得不到展期，这将制约商业银行的放贷，尤其是中长期放贷。MLF 则不同，虽然期限只有三个月，但到期后商业银行比较容易申请展期，与降准作用更为类似。另外，利率方面还可以商量，一旦商业银行认为利率较高，实体经济负担较重，可以要求央行适当降低利率。从利率方面看，由于 SLF 期限短，只能平滑短期利率的波动，而不能传导到中长期利率，长短收益率曲线就显得非常陡峭。因此，虽然银行间资金较为平稳或者说较为充沛，但是企业得到的中长期贷款利率依然较高，尤其是“三农”和中小微企业，可抵押资产较少，信用透明度不高。银行从风险和成本考量，一般不愿意放贷。即使放贷，资金利率也会通过各种附加手段大幅度提高，导致“三农”和中小微企业融资难、融资贵的问题一直无解。由于 MLF 可以多次展期，能有效把利率往中长端传导，让陡峭的收益率曲线平滑，实际起到降息作用。何况央行提供的 MLF 资金利率不会高，要求商业银行压低贷款利率，对收益率曲线的平滑就显得更有力度。但与全面降息有所不同，MLF 是一种定向降息，可以防止市场出现过度解读，防止出现货币全面宽松。截至 2014 年底，MLF 共向市场释放流动性 27 万亿元。

3. 准备金

1984 年中国人民银行专门行使中央银行职能时就建立了存款准备金制度，法定存款准备金成为人民银行进行宏观经济调控最为重要的货币政策工具之一。

1984 年，中国人民银行按照存款类别实行差异法定准备金制度，企业存款 20%，农村存款 25%，储蓄存款 40%。人民银行出于对存款人的保护，对各项存款都规定了较高的法定准备金，此时的商业银行基本不具备大规模创造信用的功能。在随后的几年内，人民银行开始大幅下调法定准备金，1988 年末，我国法定准备金降至 13%，并在此后的 10 年内未对法定准备金进行过调整。由于调整法定准备金会对市场造成重大影响，1998~2004 年，我国仅对法定准备金进行了四次小幅调整。

截至 2013 年，随着我国外汇占款途径释放的货币不断增加，人民银行开始重启商业银行法定准备金的方式进行对冲，由于 2003~2005 年央行票据的发明与运用完成了大量的外汇占款冲销任务，央行对准备金使用的频率不算太高。2005 年汇改之后，特别是从 2006 年开始，中国的外汇占款急剧上升，一方面由于外汇占款冲销的压力激增，另一方面央行认识到通过发行新央票偿还旧央票的方法难以为继，人民银行重启准备金大棒，通过频繁小幅地上调法定准备金回笼外汇占款。2006~2008 年连续 22 次调整准备金，2010~2012 年又连续调整 15 次，2011 年 6 月 20 日，中国大型金融机构的法定准备金高达 21.5%，并在 2015 年 2 月 5 日时隔近 3 年后第一次调整法定准备金。从全球来看，中国 20%左右的法定准备金明显过高，在当前外汇占款显著下降的背景下，未来准备金趋于下降。

1998 年 1 月 1 日取消贷款规模限额控制后，公开市场业务成为主要的货币政策工具。同时在具体的操作过程中，不同程度地利用法定存款准备金率、再贷款、再贴现和信贷政策等工具加强货币政策的执行效果。2001~2002 年，国外资产增长速度较慢，以国债正回购操作回笼资金。2001 年，我国全年外汇占款增加 3813 亿元。公开市场业务成为我国央行实施货币政策工具的主要工具，2001 年全年净回笼基础货币 276 亿元。2002 年，美联储大幅降息，中国利率高于美国利率，导致热钱流入中国，中国的国际收支出现大额的双顺差，人民币升值预期强烈。为了维持汇率稳定，央行主要采取增加债券交易种类、频率等公开市场业务操作方式实现外汇冲销，全年净回笼基础货币 1018.2 亿元。

2003年4月，中国人民银行开始正式在公开市场上连续滚动发行3个月、6个月及1年期的央行票据。此举是央行为满足回笼基础货币需要而采取的调控基础货币供给的新形式，以应对外国资产迅速增加而导致的大量的基础货币投放。从4月22日至12月底，中国人民银行共发行63期央行票据，发行总量为226.8亿元，发行余额为3376.8亿元。2003年下半年至2004年上半年，新采用的发行央行票据回笼基础货币的方法发挥了较好的效果，这段时间，央行在公开市场上主要采取发行央行票据而停止国债正回购操作回笼基础货币。直到2004年下半年央行开始恢复国债正回购，进行央行票据发行与国债回购相结合的较为全面的公开市场调控，但是央行票据发行以其规模优势成为公开市场操作的主要力量。2005年央行公开市场操作的力度明显加大：共发行125期央行票据，发行总量27882亿元；开展回购操作65次，正回购国债7380亿元，正回购到期4500亿元。通过人民币公开市场操作净回笼基础货币达13380亿元。2006年末，央行票据余额达到30283亿元，央行通过发行央行票据操作大约对冲掉国外资产渠道产生的基础货币投放的40%左右。2006年下半年至2012年上半年，中国人民银行更多地依赖提高存款准备金率来冻结多余流动性。2012年后，央行开始实行“冻结”存款准备金政策，主要通过在公开市场上进行回购操作收放基础货币。

## 二、利率政策工具

在经济体制改革的进程中，强化市场在经济运行中的作用。相应地，利率作为经济杠杆的功能有所加强，政府对资金配置的作用开始弱化。这一阶段利率政策的特征体现为：

（1）中央银行行使利率的制定权，专业银行拥有利率的浮动权。随着经济体制改革的深入，利率的管理权限开始分散。各种存款的最高利率和各种贷款的最低利率由中国人民银行总行拟订，报国务院批准，由中国人民银行总行根据国家经济政策分别制定差别利率，并根据情况变化调整。各专业银行总行具有一定的利率浮动权，利率浮动幅度由中国人民银行总行规定。利率管理权限的分散意味着国家对经济的直接干预度在降低，利率高低与经济的关联度上升，这为利率调控体系的建立提供了保障。

（2）利率调控体系的建立。伴随市场化、商品化的深化，利率对经济的调控功能得到加强。中国逐渐建立起双层的利率调控体系，即中央银行的利率调控体系和专业银行的利率调控体系。中央银行的利率调控体系包括：①对再贷款利率和再贴现利率进行调整以调节整个货币供给量；②实行利率管制，中央银行规定专业银行的存款利率的最高限额和贷款利率的最低限额；③差别利率，即中央银行根据专业银行贷款的不同用途和再贴现票据的不同性质，实行不同的再贷款利率和再贴现利率。专业银行的利率体系以调控货币流通为目标，内容包括：①对国家扶植的地区、部门和企业实行优惠利率；②惩罚利率，即对企业的积压物资贷款、逾期贷款以及挪用贷款进行加息；③实行浮动利率、累进利率和贴现利率等。有计划的商品经济使得货币的“商品”属性得以体现，利率也开始被作为有效配置资源的经济杠杆，但我们也应该注意到，在中国的双层利率调控体系中仍有过多政府干预的痕迹，如专业银行对政府扶持的企业，无论效益好坏，都要实行“优惠利率”，专业银行没有制定存贷款利率的权力等。这一段时期的中国利率政策集中体现了我国的“专业银行”还不是“自主经营，自负盈亏”的“商业银行”这一现实，在利率市场化方面仍存在中央银行对专业银行权力的“侵蚀”。

利率体系的进一步完善。1994 年，中国开始建立社会主义市场经济体制。市场配置资源的功能被进一步强化，过去利率体系中一些不必要的政府行为也逐渐被剔除。

（1）进行了专业银行的商业化改造，目的在于使各专业银行真正成为以利润最大化为目标的企业，而不是政府的行政机构。与此配套，成立了专门的政策性银行，低息甚至无息贷款给国家需要帮助、扶植的地区、部门和企业。原有的专业银行得以按照自身的经营策略和经营目标更自由地使用利率浮动权，银行的利率更能反映市场对资金的供求状况。

（2）改革了中国人民银行的机构设置。打破旧有的按行政区划设立分行的格局，设立跨省的“大区行”，这样既增强了中国人民银行执行货币政策的独立性，也更利于中国人民银行按照“保持物价稳定”这一主要目标制定利率水平。

（3）在对专业银行进行商业化改造的过程中，强化银行的内控机制和对银行的监管机制，并多次放松商业银行的利率浮动权，这使利率决定的市场化程度加深，同时也使利率政策传导效果的影响力进一步加大。

1995 年中国成功地抑制了通货膨胀，实现经济的“软着陆”。从此，中国政府一直沿用“双紧”的财政、货币政策。直至1996年，宏观经济出现较明显的增长乏力，失业增多，消费、投资需求不旺的迹象。1996年5月和8月，央行连续两次降息以刺激需求，1997年的东南亚金融危机又使中国的出口遭到严重打击，面对内外需求不足、经济增长下滑的态势，央行连续多次降息。2004年6~10月国内物价连续上涨，连续4个月CPI在5%以上，超过了通货膨胀的警戒线。2004年10月29日，中国的利率经历了长达9年的下降通道后开始全面上调0.27个百分点，并放宽了人民币贷款利率的浮动区间，同时人民币存款利率允许下浮。2004年，央行面对投资过快、经济过热、通货膨胀之忧，以及人民币升值过快、外汇储备猛增、流动性泛滥等一系列经济问题，逐步开始运用组合拳紧缩货币政策：一是加强贷款管理，控制信贷货币增长；二是提高准备金率；三是出台《贷款规定》，要求贷款不得用于股票、期货和金融衍生产品投资；四是规范商业银行的关联交易行为；五是公开市场操作业务；六是再贴现政策等。在所有招数几近无效后，央行于2004年10月29日开始上调利率。2005年在持续的投资过快、经济过热、流动性过剩中，中国利率政策向利率市场化纵深改革，其主要进程可以归纳为：

（1）同业拆借利率市场化：1996年1月1日，央行建立全国统一的银行间同业拆借市场，形成银行间同业拆借市场利率（Chibor）；1996年6月1日，在Chibor成功运行半年的基础上，央行放开对其上限的管制，实现利率水平完全由拆借双方自主决定。

（2）债券市场利率市场化：1996年，证券交易所市场通过利率招标等多种方式率先实现国债发行利率市场化；1997年6月，央行建立全国银行间债券市场，存款类金融机构所持国债统一转入银行间债券市场流通，实现国债交易利率市场化；1998年9月，国家开发银行开始在银行间债券市场以利率招标方式成功发行政策性银行金融债。

（3）存贷款利率市场化：2004年10月，经过多次调整，央行取消贷款上浮封顶（信用社最高上浮基准利率的2.3倍），贷款最多下浮到基准利率的0.9倍；2006年8月和2008年10月，央行将商业性个人住房贷款利率下限分别下调到基准利率的0.85倍和0.7倍；2012年6月和7月，贷款利率下浮区间分别扩大至基准利率的0.8倍和0.7倍；2013年7月20日，央行取消金融机构贷款利率0.7倍的下限（个人住房贷款暂不调整），由金融机构根据商业原则自主确定贷款利率水平，贷款利率实现市场化。

2013 年 12 月 9 日，中国人民银行制定了《同业存单管理暂行办法》，规定政策性银行、商业银行、农村合作金融机构以及中国人民银行认可的其他金融机构可以在全国银行间市场上发行记账式定期存款凭证，存款类金融机构可以在当年发行备案额度内，自行确定每期同业存单的发行金额、期限，并规定，公开发行的同业存单可以进行交易流通，并可以作为回购交易的标的物。

中国人民银行决定，自 2014 年 11 月 22 日起下调金融机构人民币贷款和存款基准利率。金融机构一年期贷款基准利率下调 0.4 个百分点至 5.6%；一年期存款基准利率下调 0.25 个百分点至 2.75%，同时结合推进利率市场化改革，将金融机构存款利率浮动区间的上限由存款基准利率的 1.1 倍调整为 1.2 倍。2015 年 10 月 25 日，央行宣布对商业银行、农村合作金融机构等不再设置存款利率浮动上限，这意味着我国利率管制基本放开。

# 第三章　全球流动性传导

以一国主权货币作为国际中心货币，使货币总量更难得到国际社会的有效控制。当今的国际清算和储备货币，已经不是超越主权国家或政府的天然货币（如黄金），而是在历史进程中优胜劣汰筛选出来的强国主权信用货币，世界各国所拥有的外汇储备，追根溯源，最初都是从货币发行国流出来的，而在记账清算情况下，其流出又会自动增加该发行国清算银行的对外负债，并进一步转换为其他负债（如国债、金融机构债、企业债等），使该国外债规模被动增加而难以控制，并使银行往往由于资金过多而急于寻求资金出路，因资金充裕而压低利率，或者因追求资金回报而扩大信用投放，提高融资杠杆率，刺激金融创新和金融的过度繁荣。同时，储备货币发行国为减轻巨额债务压力，也容易扩大货币投放，推动利率降低和货币贬值。

这种以强国主权货币作为国际基础或中心货币的状况，使国际货币的好处过于集中到货币发行国，容易诱发其过于追求本国利益而置全球利益于不顾，理应得到国际社会的有效监控。但在世界上一国独大、缺乏有效制衡的情况下，该国货币发行实际上难以得到国际社会的有效监控。目前，美元的投放就是如此。美国依托美元作为全球中心货币的独特优势，享有了无可比拟的金融霸权和巨大的货币垄断收益，成为各国纷纷向往和努力争取的目标。一些国家或国家联盟（如欧元区）已经或正在采取各种可能的措施向美国发起竞争，努力扩大自己货币的国际清算和储备的份额与影响力。在全球化深入发展的过程中，为加强国际竞争力，各国很容易推动本国货币适度贬值。在国际中心货币发行国推行低利率和贬值政策的带动下，这一问题就会更加突出。现在，国际社会竞相推行对外贬值政策，已经出现了典型的“劣币驱逐良币”现象。

# 第一节　开动印钞机

2007年金融危机以来，全球各国央行均大胆创新，采取了非常规的货币政策，史无前例地开始了大印钞比赛。

## 一、美国，资产负债表扩大5倍

1. 定期拍卖工具

美联储2007年底启动了TAF，通过这一工具，美联储每月两次以拍卖的方式向金融机构提供短期贷款，参与拍卖的金融机构主要是存款机构。在每次拍卖前，美联储会公布拍卖贷款的规模、最低拍卖利率等条件，而最终利率水平通过存款机构之间的竞标程序确定，投标利率最高贷款期限为28~84天。参与拍卖的金融机构在获得贷款时需要向美联储提供一定的金融资产作为担保，抵押品范围与贴现窗口贷款要求相同，这为存款机构持有的市场价值低的证券提供了流动性。事实上，短期贷款拍卖工具是介于公开市场和贴现窗口之间的一种新的融资方式。与公开市场操作相比，可参与短期贷款拍卖工具的机构更为广泛，作为贷款担保的债券种类同贴现窗口的标准一样，所以也相对更多，从而有利于更为高效地为机构提供流动性支持；与贴现窗口相比，定期拍卖工具采取了更为市场化的操作机制，由需要流动性的存款机构向美联储提出申请，采用荷兰式拍卖的方法进行贷款拍卖。引入拍卖这种竞争方式后，贷款利率的形成更加市场化。市场化的拍卖机制便于美联储更好地掌握市场的流动性情况，而且通过定期拍卖工具进行货币政策操作时，美联储可以更有效地控制投入市场的流动性的规模和时间。同时由于美联储不对外披露使用短期贷款拍卖工具的机构名称，从而较好地保护了机构的商业机密，加上短期贷款拍卖利率略低于贴现利率，因而受到急需短期资金存款机构的青睐。自短期贷款拍卖工具启用以来，美联储已通过该工具向存款机构提供了大量的美元短期贷款，对于缓解次贷危机的蔓延产生了积极效果。

2. 交易商市场

一级交易商融资便利（Primary Dealer Credit Facility，PDCF）实质上是一种隔夜抵押贷款，抵押品的范围同拍卖式融资便利一样宽泛，包括政府债、机构债、投资级市政债券、住房抵押债权和资产抵押债券。利率和面向存款机构的贴现窗口贴现利率相同。经过这一措施，主经纪商的短期流动性余额在之后出现连续下降的趋势，反映出这些机构的流动性已经有了明显好转。美联储运用 PDCF 的目的主要有两方面：第一，可以通过 PDCF 向投资银行提供短期资金，美联储充当最后借款人的角色扩展到了针对投资银行；第二，有助于降低资产支持证券与国库券之间的利差，增加资产支持证券买卖的活跃度，改善市场流动性。

一级交易商融券便利（Term Securities Lending Facility，TSLF）是指一级交易商只要以该便利认可的抵押品为担保，并且支付一定的费用，通过公开竞标的拍卖机制，竞标成功的交易商就可获得公开市场账户系统（the System Open Market Account，SOMA）内的国库券。也就是说，一级交易商通过 TSLF 与纽约联储进行证券的互换，而互换的结果就是得到了流动性更好的高品质的国库券，从而改善因持有资产抵押证券而面临的困境。TSLF 每月拍卖一次，融券期限一般为 28 天。美联储的创新之处是通过抵押品交换的形式缓解资产抵押债券投资者面临的融资困局。在资产抵押市场上，如住房抵押债券的交易，许多投资者通过回购进行融资买入资产抵押证券，进行杠杆交易，随着次贷危机影响加深，资产抵押证券回购市场上的融资功能大为削弱，杠杆交易越来越难，投资者不得不卖出资产抵押证券补充保证金要求。但作为交易对手方的主经纪商由于自身资金紧张，承接资产抵押证券卖盘的能力有限，导致资产抵押证券相对国债的收益率利差大幅攀升，使贷款购房人面临的利率水平并没有因为美联储减息而下降，大大降低了货币政策的有效性。通过实施 TSLF，美联储等于为市场上的资产抵押证券抛售提供了承接盘，主经纪商通过 TSLF 得以履行抵押债券市场的做市商职能，为市场提供了流动性，从而增强货币传导的有效性。

PDCF 和 TSLF 的设立使美联储最后贷款人的职能突破了只面向存款机构的限制，使一级交易商获得了与存款性金融机构同样的进入贴现窗口的权利，有效地避免了投资银行遭遇到贝尔斯登大规模挤兑现象的再发生；美联储经由 PDCF 和 TSLF 向一级交易商提供了大量的流动性，有效地提升了一级交易商的清偿能力，这对于稳定金融市场、防止流动性短缺大范围蔓延具有重要的意义。

3. 商业票据市场

2008 年 9 月 19 日，美联储创立资产支持商业票据货币市场共同基金流动性便利（AMLF）以主导信贷利率，向存款机构和银行持股公司提供无追索权的贷款，为它们从货币市场共同基金购买高品质的资产支持商业票据进行融资。此举有助于持有资产支持商业票据（ABCP）的货币市场基金满足投资者赎回的需求，并进一步提升资产支持商业票据市场和更为广泛的货币市场的流动性。

2008 年 10 月 7 日，美联储创立商业票据融资便利（the Commercial Paper Funding Facility，CPFF），纽约联储从一级交易商手中直接购买由合格发行者发行的高评级的无担保的资产支持商业票据。美联储设立 AMLF 和 CPFF 的目的都是为了增加商业票据市场的流动性。但具体而言，AMLF 是美联储向存款机构和银行持股公司提供无追索权贷款，让其从货币市场共同基金购买资产支持商业票据；而 CPFF 则是美联储设立 SPV（特殊目的公司）直接从合格发行人手中购买商业票据。尽管两者都是由美联储提供贷款，但商业票据的购买主体却不相同。AMLF 和 CPFF 的设立使非金融机构也可以直接从美联储获得资金帮助，美联储“最后贷款人”的职能演变成了“唯一贷款人”。

4. 货币市场

2008 年 3 月 16 日，美联储推出货币市场投资者融资便利（Money Market Investor Funding Facility，MMIFF），纽约联储将向一系列 SPV 提供优先担保融资，以帮助工业支持的私营部门从合格投资者（货币市场共同基金及其他货币市场投资者）手中购买合格资产，从而投放资金以增加货币市场流动性。在金融危机影响下，为了改善流动性紧张的局面，货币市场共同基金和其他投资者不断加大他们对短期资产尤其是隔夜资产的投资，这就使得短期债务市场面临巨大压力。通过向二级市场出售货币市场工具提供便利，MMIFF 能够给货币市场共同基金和其他货币市场投资者以信心，使他们相信在延长投资期限的同时也能够保证一定的流动性。如果货币市场的环境能够得到改善，那么银行及其他金融中介机构满足居民和企业信贷需求的能力也会因此而增强。

5. 资产支持证券市场

2008年11月25日，美联储创立定期资产支持证券信贷便利（The Term Asset-Backed Securities Loan Facility，TALF）。TALF是一个融资便利，通过支持资产支持证券（Asset-Backed Securities，ABS，以各种各样的消费和企业贷款作为抵押）的发行，可以帮助市场参与者满足居民和小型企业的信贷需求。在TALF框架下，纽约联储向AAA级ABS的持有者发放2000亿美元无追索权贷款，纽约联储提供的贷款额度与ABS的市场价值等同并以ABS为担保，而且ABS是以最近形成的消费贷款和小型企业贷款作为抵押。同时，依照2008年紧急经济稳定法案中的问题资产救助项目（the Troubled Assets Relief Program，TARP），美国财政部会向纽约联储提供200亿美元的信贷保护资金。

## 二、欧洲，资产负债表扩大40%

1. 信贷支持计划

欧洲央行推出的强化信贷支持计划主要是通过信贷支持，为金融市场提供充分的流动性，该计划主要是通过对主要再融资操作（MRO）和长期再融资操作（LTRO）两项措施的延伸，尤其是LTRO的变化加以实现的。实际上，危机后欧洲央行的强化信贷支持就已经推出，当时的主要政策包括：增加MRO和LTRO次数为市场提供大量的流动性，同时增加1个月和6个月期限的长期再融资操作，并扩大接受抵押资产的范围。2008年10月，欧洲央行在公开市场的再融资操作中引入了固定利率全额分配机制，从而为需要融资的金融机构提供了充足的流动性。2009年5月，欧洲央行开始实施强化信贷支持计划，首先是继续延迟LTRO期限，在原有1个月和6个月期限基础上，增加1年期LTRO；其次是央行增设参与再融资操作的参与方数量，包括欧洲投资银行在内的多家金融机构获得了参与央行再融资操作的资格；再次是进一步扩大再融资操作中抵押资产的范围；最后是继续实行固定利率全额分配政策。2009年底，欧元区经济好转，欧洲央行宣布将逐步退出强化信贷支持计划。然而欧债危机随后迅速出现，欧洲央行迫不得已再次恢复强化信贷支持计划，相继在2011年末和2012年初分别推出两轮三年期的长期再融资操作。

2. 量化宽松（QE）

欧洲央行宣布从 2015 年 3 月开始每个月购买 600 亿欧元资产，持续到 2016 年 9 月，总规模约 1.14 万亿欧元。具体而言：①欧洲央行的购债将基于各国央行在欧洲央行的出资比率。从购债原则来看，是欧洲央行与德国一次相互妥协的结果。德国无疑是出资比例最高的国家，而欧元区经济相对困难的国家出资比例低，这会造成经济困难的国家融资成本下降速度低于预期。②欧洲央行在额外资产购买中的比例为 8%。机构债券比例 12%，且分担风险。剩下资产将不会风险共担，实际上也符合德国利益。③德拉吉同时宣布准备使用 OMT，且采取风险共担方式。这从政治上又是一次妥协，是其他国家乐意接受的，在政策上则是火力全开。

3. 资产担保债券购买计划

2009 年 7 月，欧洲央行正式推出资产担保债券购买计划（CBPP）。欧洲央行和各成员国央行直接购买在欧元区内发行的以欧元计价的资产担保债券，并希望通过 CBPP 为资产担保债券市场提供有力支持，以此增加私人债券市场的流动性，活跃和改善融资环境，促进信用机构扩大信贷规模。2011 年 11 月，欧洲央行又推出了新的资产担保债券购买计划（CBPP2），购买额度为 400 亿欧元。但该计划执行得并不顺利，到 2012 年 10 月末，仅完成了该计划额度的不到一半。主要原因是由于欧洲央行在推出 CBPP2 后，又连续推出了两轮三年期的长期再融资操作，使 CBPP2 的执行变得无关紧要。

4. 证券市场计划

2010 年 5 月，欧洲央行启动了证券市场计划（SMP），即欧洲央行直接购买政府和私人的债券。证券市场计划启动后，截至 2011 年 2 月底，欧洲央行已经从希腊、爱尔兰、葡萄牙等重债国购买了共计 740 亿欧元的政府债券。但随后欧洲央行中止了购买国债的行动，在连续 5 个月内并未继续启动证券市场计划。2011 年 8 月，面对严重的欧债危机态势，为了稳定债券市场，欧洲央行又重启证券市场计划。欧洲央行在重启计划的第一周内就购进了 220 亿欧元的国债，主要以西班牙和意大利等重债国的政府债券为主。

5. 三年期长期再融资操作（LTRO）

欧洲央行于 2011 年 12 月宣布启动两轮三年期的长期再融资操作（LTRO）。欧洲央行推出此次长期再融资操作的目的是通过为欧元区银行提供固定利率为 1%、期限长达三年的全额低息贷款，并且可以以欧元区成员国的国债作为抵押的方式，来激励获得贷款的银行购买欧元区成员国债务，因而又被称为“欧版的量化宽松”。这是危机后欧洲央行出台的最大规模的救市行动。两轮三年期的 LTRO 在一定程度上缓解了欧元区银行资金紧张的局面，增加了流动性，稳定了金融市场，也为欧元区的国债市场提供了支撑。从实施效果来看，LTRO 短期内明显会降低国债收益率，对股市短期的刺激效果主要因为提高了投资者的风险偏好，改善了短期流动性紧张的局面，避免了金融系统性风险，但未对 GDP 产生显著影响。

6. 直接货币交易

欧洲央行为继续维护金融市场稳定，于 2012 年 9 月推出直接货币交易（OMT）。OMT 是一种无限冲销买债计划，即欧洲央行可以自行决定在二级市场上购买债券的起止期限，对购入债券无数量限制，但是会将购入债券全部冲销。在一定程度上，欧洲央行推出的 OMT 是对 SMP 的取代，欧洲央行以此期望通过直接介入债券市场来帮助重债国在危机期间渡过难关。

7. 定向长期再融资操作（TLTRO）

由于货币政策传导不畅，欧洲央行投放的流动性大部分被银行用于购买政府债券而未能充分传导至私人部门，中小型企业融资成本居高不下。在传统货币政策工具调控无果的情况下，欧洲央行于 2014 年 6 月 5 日推出了包含负利率在内的“一揽子”货币宽松措施，包括最受市场关注的 TLTRO，旨在压低全社会融资成本，促进投资和消费，推动通胀回升，同时改善货币政策传导机制，鼓励银行将欧洲央行资金定向支持私营部门，激发中小企业活力。对 TLTRO 而言，欧洲央行将其流动性的释放与银行贷款的发放正向挂钩，且结合欧元区的银行业状况进行细致划分。从实际投放情况看，欧元区前两轮 TLTRO 规模共计 2124 亿欧元，远低于欧央行预期的 4000 亿欧元，这使欧洲央行能否通过此举来实现扩大资产负债表规模 1 万亿欧元的目标前景再度成疑。TLTRO 不包括房地产和主权债，也强烈反映出欧洲央行的货币政策目的是结构性的，以增加欧元区竞争力为目的。与 LTRO 可以购买国债不同，TLTRO 的资金用途规定为向私人部门贷款，而不能购买政府债券和 MBS（按揭贷款抵押支持证券，主要用于房地产复苏），更具有定向性和针对性。

综合来看，欧洲央行在此次危机中采用的货币政策工具具有以下特征：以固定利率为金融机构提供长期信贷支持。欧洲央行作为超主权货币的发行方，其在购买成员国国债等计划中，受到既有法律法规的制约。因而其量化宽松的货币政策以强化信贷支持计划为主，使用传统的公开市场操作（长期再融资操作）通过放宽抵押资产范围，增加可参与贷款的金融机构数量，延长贷款期限，为金融机构提供信贷支持。而所谓的“欧版的量化宽松”的两轮三年期的长期再融资，就是其中有代表性的举措。欧洲央行寄希望于获得长期贷款的金融机构通过购买重债国的国债来达到化解债务的目的。

量化宽松货币政策以传统常规货币政策工具为主。欧洲央行量化宽松货币政策采用的主要货币政策工具是其传统的主要再融资和长期再融资的操作，两者一直是欧洲央行常规使用的货币政策工具。自 1998 年欧洲央行成立以来，就将其作为公开市场操作的主要工具，且操作频率很高。此次量化宽松货币政策主要是通过强化信贷支持计划，对 LTRO 与 MRO 的操作频率、贷款期限、抵押资产范围等进行有效拓展。在量化宽松货币政策实施期间，90%的 LTRO 流动性都是通过该途径提供的。

量化宽松货币政策中采取了变相的资产购买计划。在量化宽松货币政策实施的起始阶段，主要在公开市场操作中以购买资产担保债券为主。而后随着欧债危机的深入，才逐渐通过证券市场计划和直接货币交易首次在二级市场上购买重债国的国债。由于在购买政府债券上的限制，危机后欧洲央行在一定程度上采取了变相的资产购买计划，也就是通过为欧元区金融机构提供固定利率的无限额贷款，并且允许以欧洲各债务国的债券作为抵押资产，鼓励其购买成员国的国债，以此实现间接支持长期国债市场的目的。

## 三、英国，资产负债表扩大 4 倍

*1. 大规模购买政府和私人资产计划*

尽管利率已大幅降低，但是英格兰银行货币政策委员会判断倘若没有其他的措施，名义消费仍然会很弱，以致中期看来难以实现 2%的 CPI 涨幅。因此，英格兰银行货币政策委员会宣布将开启一项利用央行货币大规模购买政府和私人资产的计划，政策目标是给经济注入资金刺激名义支出以帮助实现 2%的通胀目标。这项政策通过资产购买扩充了中央银行的资产负债表。英格兰银行的资产购买主要针对英国政府债券。在 2009 年 3 月至 2010 年 1 月，英格兰银行购入的 2000 亿英镑的资产中，大部分是中长期的国债。这些资产的购买量相当于当时已发行国债中私人持有数额的 30%。加上之前给银行部门提供的流动性支持工具，这些购买使英格兰银行的总资产占 GDP 的比重比危机之前增长了三倍。2011 年 10 月，英国央行推出第二轮量化宽松计划，将资产购买规模由 2000 亿英镑增加至 2750 亿英镑。2012 年 2 月，该行将资产购买规模扩大 500 亿英镑至 3250 亿英镑，7 月进一步扩大 500 亿英镑至 3750 亿英镑。由于当前英国经济仍存在下行风险，英格兰银行 2014 年 9 月 4 日宣布，保持金融资产购买计划即量化宽松政策规模 3750 亿英镑（约合 6150 亿美元）不变。此外，政府还允许英格兰银行进行一些旨在改善特定金融市场功能的活动，包括购买高品质的商业票据和公司债券。

2. 融资换贷款计划（FLS）

金融危机后英国货币政策委员会出台了一系列刺激经济的政策，包括降息至 0.5 个百分点，以及作为英国 QE 的一部分购买了总额 3750 亿英镑的资产，然而这些全局性的宽松政策收效甚微，尤其体现在对实体经济信贷方面并没有起到明显促进作用。在 2012 年 8 月 FLS 出台前，英国银行和其他信贷机构对家庭和企业贷款已经连续三年处于负增长区间。在这段时间内银行贷款利率大部分明显上涨，2009 年末至 2012 年第一季度，个贷和企贷成本分别上升 22%和 10%。资金成本飙升的主要原因是银行资本充足率的不确定性。随着欧元区危机的加剧，银行风险偏好很难在短期内上涨。主要解决的问题就是信贷成本上升对实体经济造成进一步打击。从 2012 年 8 月开始，FLS 期限为三年，大约可以释放 800 亿英镑的新增信贷。

FLS 设计的动机主要为了引导资金投向实体和降低利率，大致可以分为两个步骤：第一步，银行和其他信贷机构贷款给企业和家庭后，以此作为抵押（低流动性资产）向央行借入英国国债（高流动性资产），并为此支付一定利率；第二步，银行再以换来的国债作为抵押品在债券回购市场换取廉价的回购贷款，回购贷款的利率接近央行利率。这两个环节银行获得资金的成本等于支付给银行换国债的费用与债券回购利率之和。在金融危机后期，英国大部分银行通过发行长期债券获得资金，而且大部分为信用债券，使银行融资成本较高。FLS 资金的成本远低于信用债券的利率水平，所以银行有动机去申请 FLS 资金偿还即将到期的信用债券。此外，英国央行为了鼓励资金流向小微企业和某些特定领域，规定银行贷款给这些重点扶持行业，可以从央行那里获得更多的国债，支付的利率也更低。如此央行便通过这个方式起到了“定向”调控的目的，引导资金流向实体。而有条件地给予银行折扣利率，也可以影响贷款水平。

自英国央行宣布实施 FLS 以来，以一年期担保债券利率为代表的融资成本显著下降；但英国银行的贷款，尤其是 FLS 所倡导的对中小企业的贷款并未出现明显增长。从机制设计上看，尽管 FLS 将融资额度和手续费与银行新增信贷相挂钩，但由于 FLS 资金的使用成本要低于金融市场上债务融资的成本，银行依然有一定的动力从中套利，比如用 FLS 的基本融资额度为其即将到期的债务融资。因此，FLS 能否真正带动信贷市场的扩张还有待时间的检验。

## 四、日本，资产负债表扩大 2.5 倍

为了满足金融机构流动性需求，2008 年 12 月，日本央行决定在半年之内，向金融机构提供总额达 3 万亿日元的流动性来维持金融机构稳定，并且放宽对抵押品的要求，接受低信用评级抵押。在此期间，日本与美联储达成总额 600 亿美元的外汇互换协议，缓和市场上对于美元流动性的需求，后来日本央行宣布在短期金融市场上提供无限期美元流动性供给。同时，日本央行还增加每月国债购买额度，每月增加 2000 万亿日元，2009 年 3 月达到每月 1.8 万亿日元。

2009 年 4 月，日本相关机构通过了关于政府机构直接购买股票的制度，接着政府为这一机构提供了 50 万亿日元的担保。

2010 年 10 月，日本央行开始执行总额为 35 万亿日元的资产购买计划，即量化宽松政策。5 个月后，这一额度被提高至 40 万亿日元，2011 年 8 月被提高至 50 万亿日元，2012 年 2 月，这一数字再次被提高，高达 60 万亿日元。之后数月内，日本央行更大规模地提供日元流动性，截至 2012 年 12 月，日本央行资产购买高达 101 万亿日元。2011 年日本央行推出总额为 5000 亿日元的特别贷款，主要针对一些有需要的中小企业与金融机构。安倍政府于 2013 年 4 月 4 日实施更为激进的量化宽松货币政策。一是日本央行首次为新通胀目标设定达成期限，即在两年的时间内实现

2%的通胀目标。二是将基础货币供应量设定为央行货币市场操作的主体目标，取代之前的无担保隔夜拆借利率，并规定两年内将基础货币供应量增加一倍，其中每年增加 60 万亿~70 万亿日元，预计 2014 年底将达到 270 万亿日元。三是提高央行资产购买的总规模，并规定央行购买国债的期限和规模不受限制。

日本央行资产购买的品种多样，规模巨大，且在 2009~2012 年多次增加购买资产的规模。日本央行购买的资产除政府债券外，还包括国库券、商业票据、公司债券、交易型开放式指数基金和房地产投资信托基金。引入买断式商业票据、买断式公司债券，引入证券贷款工具、补充性存款工具等。

# 第二节　流动性失衡的基因

其实高速的流动性投放也并非仅仅是金融危机以来的创新，很长一段时间内发达经济体的流动性释放都是乐此不疲的。

## 一、有约束单极体系下的流动性投放

“二战”结束以后，随着大规模战争爆发的概率下降和战后重建，全球分别在美苏两个超级大国的带领下走向了不同的发展道路，同时也决裂为两个对立的阵营，它们或通过市场或通过计划的手段推动了经济的快速发展。至苏联解体前的 1990 年，全球 GDP 总量为 219212.39 亿美元，是 1960 年的 16.15 倍，年均复合增长率为 9.72%，同时 CPI 自 20 世纪 70 年代以来也进入快速上行的区间（见图 3-1）。

在这一时期，布雷顿森林体系成为主导资本主义世界的货币制度，美元本位在美国占全球 80%的黄金储备的支持下扩展到整个世界，所有的货币都与美元挂钩，而只有美元与黄金挂钩，金本位以这种间接的方式再次登上历史舞台。在 1970 年之前，美元发行必须拥有 25%的黄金作为支撑，因此美联储对发行美元是慎之又慎。这一点我们可以从美联储资产和负债的各项构成来分析，1945~1962 年，美联储的资产总量从 494 亿美元增至

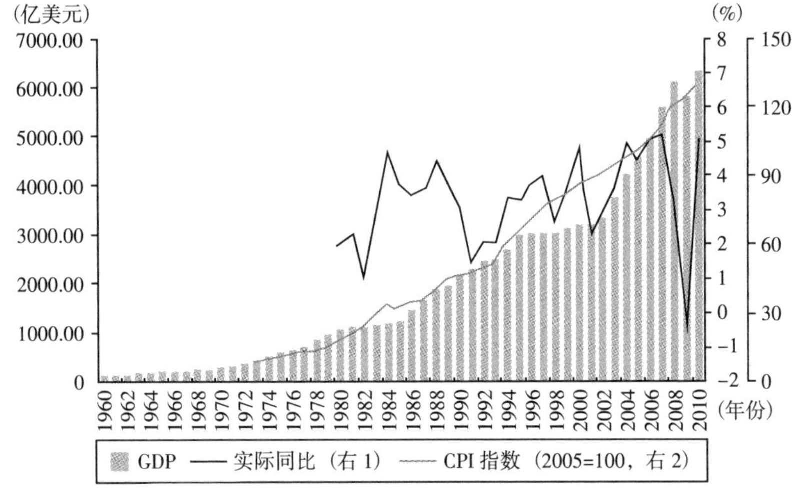


**图 3-1　全球 GDP 总量、实际同比增长与 CPI**

资料来源：CEIC。

557 亿美元，其中持有的美国国债从 243 亿美元增加至 305 亿美元；同期其负债从 490 亿美元增至 548 亿美元，其中发行通货从 266 亿美元增加至 308 亿美元（见图 3-2、图 3-3）。18 年中，美国央行的资产负债总量几乎没有增长，同时货币发行增长也微乎其微。金本位制下的货币稳定性发挥得淋漓尽致，为德国、日本、法国、英国等国家的战后恢复奠定了坚实的基础。

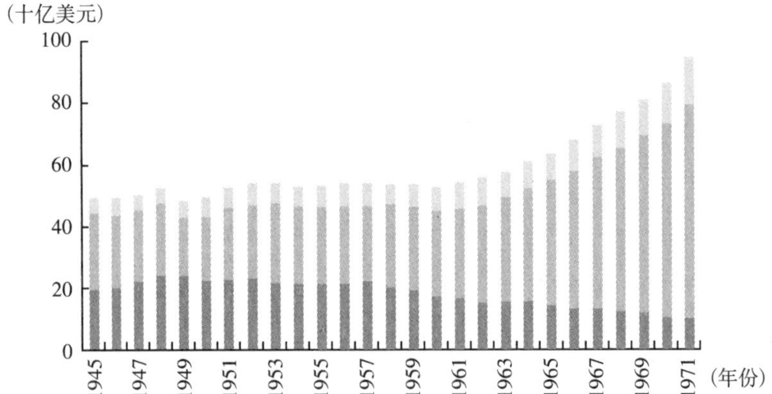


**图 3-2　1945~1971 年美联储资产构成**

资料来源：FED。

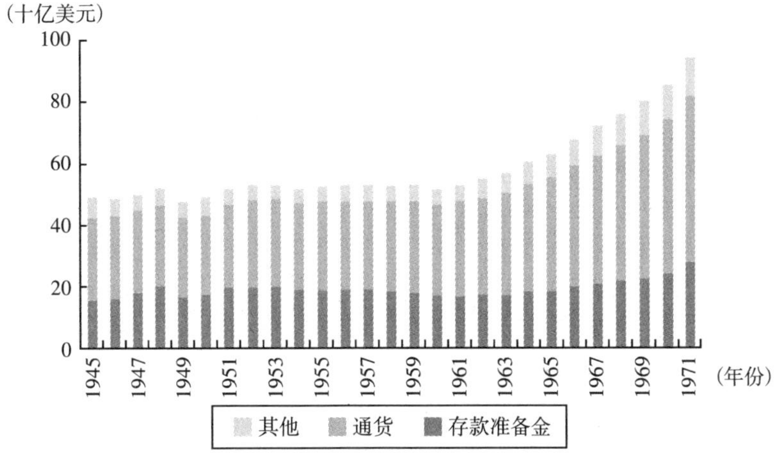


**图 3-3　1945~1971 年美联储负债构成**

资料来源：FED。

尽管美国央行有效控制了资产规模的扩张，但现代商业银行制度的建立使流动性投放已经具备了信用货币制度的基本特征：创生货币。这个时期的货币扩张并非依赖于基础货币的增长，美国 1945~1962 年基础货币从 425 亿美元增加至 483 亿美元（见图 3-3），同期贷款余额从 271 亿美元增长至 1393 亿美元（见图 3-4）。另外，随着商业银行在 20 世纪 60 年代的继续扩张贷款，大量的存款被派生出来，而美联储存款准备金账户的余额并没有相应增加，因此这一轮的流动性投放主要依赖于货币乘数的放大，在美联储不干预存款准备金率的前提下，商业银行为实体经济的增长持续注入了大量美元流动性（见图 3-5）。同时，由美国主导的世界银行（WB）、关贸总协定（GATT 之后的 WTO）、国际货币基金组织（IMF）成为维护美式国际经济秩序和输出货币的“三驾马车”，流动性合理配置在金本位制下催生了资本主义的“黄金年代”。

很快，美国称霸全球的野心终于将其陷入战争的泥潭，始于 1961 年的越南战争，从“特种战争”到“局部战争”再到“越南化战争”，历时 13 年，耗资 4000 多亿美元（1973 年底美国国债余额 3367 亿美元），终是铩羽而归。战争直接导致了流动性的扩张，政府赤字使国债发行量增加，从美联储的资产负债表中可以看出，在战争期间其大量增持了美国国债，并以此向市场投放了大量流动性（见图 3-2、图 3-3）。另一方面，战争引发了美国国际收支的持续逆差，为履行兑付，黄金储备大幅下降。

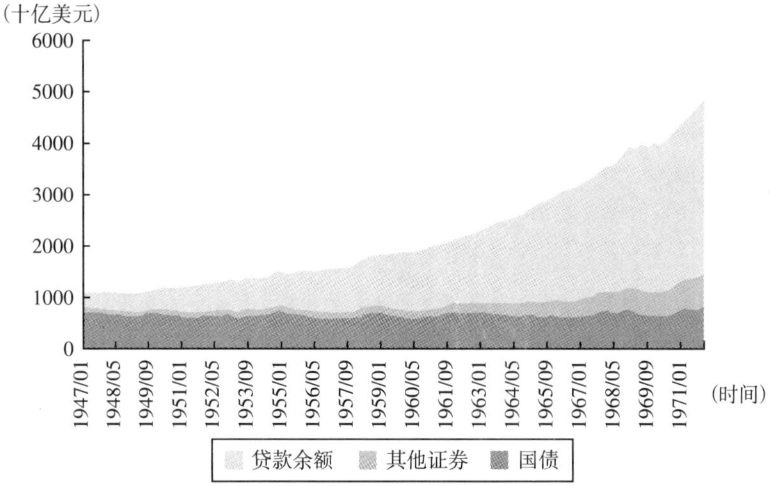


**图 3-4　1947~1971 年美国商业银行资产构成**

资料来源：FED。

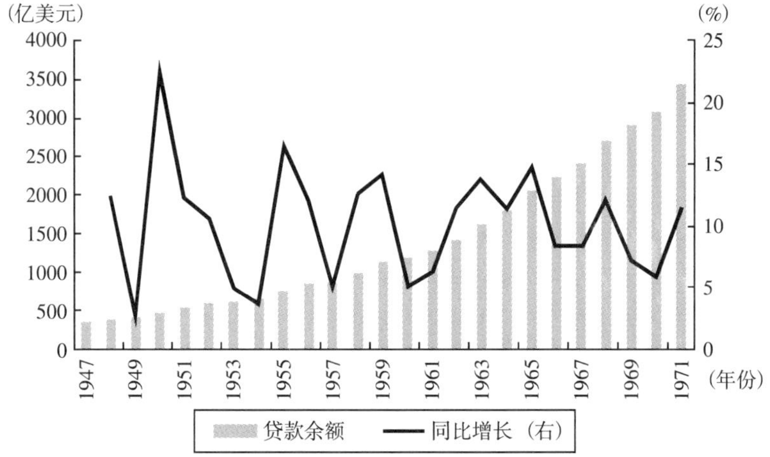


**图 3-5　1947~1971 年美国贷款余额及同比增长**

资料来源：FED。

1950~1973 年，全球货币黄金的总量只提高了 5.2%，而实际 GDP 却提高了 200%，出口总量更是扩张了 471%。在资本主义世界的“黄金时代”，经济贸易蓬勃发展却导致了布雷顿森林体系这个总货币供给能量级有限的准金本位的国际货币体系的崩溃。

## 二、无约束单极体系下的流动性投放

美元本位是布雷顿森林体系瓦解后靠历史惰性而存在的。如果必须用一个国家的货币作为世界货币，那么，美元确实最符合条件。美国的经济规模、债券市场、产权保护制度、金融机构和政治稳定，以及美元的历史和现状，都为美元的国际地位奠定了基础。但是，正如布雷顿森林体系的瓦解在 40 年前就证明了的，随着世界经济规模的扩大，即使是美元也无法单独承担世界货币的责任。由占主导地位的国家发行储备货币还导致了国际货币体系的结构性缺陷。与之前失衡的最大不同在于，信用本位的国际货币体系不仅会受到失衡的冲击，其本身更是失衡的主要根源：从中心国家到外围经济体，世界经济陷入了危机的循环。流动性被完全释放出来后，货币体系对实体经济完全有可能起到颠覆性的作用。

从全球范围内银行系统提供的信贷占 GDP 的比重来看，在布雷顿森林体系解体以后，全球银行信贷占 GDP 比重有加速上扬的趋势，其中高收入国家基本与全球平均的增长保持一致，中等收入国家与全球平均水平相比增速明显加快，而低收入国家增长缓慢（见图 3-6）。20 世纪 70 年代以来，德、日崛起逐渐成熟，亚洲新兴经济体逐步跟进直至 90 年代以后中国举倾国之力并携带着廉价而庞大的资源和广阔的市场加入到国际分

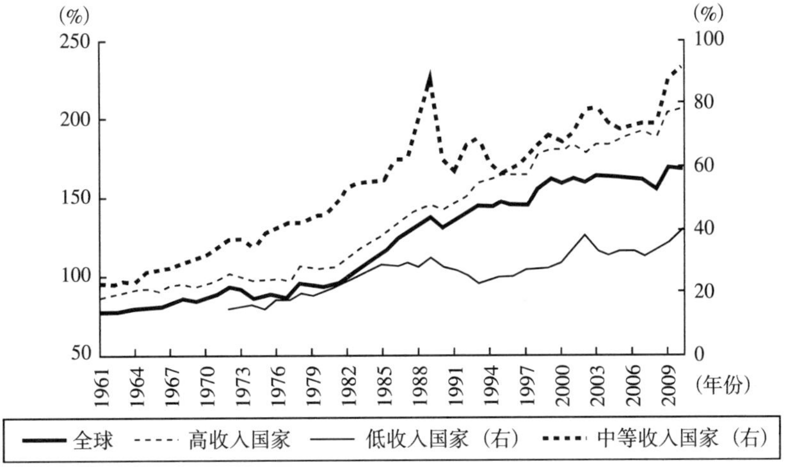


**图 3-6 银行信贷占 GDP 比重**

资料来源：CEIC。

工体系，美国的对内财政赤字和对外贸易逆差一发不可收拾，流动性投放成为美联储账户上的一个数字符号，黄金自此与货币发行彻底诀别（见图 3-7）。

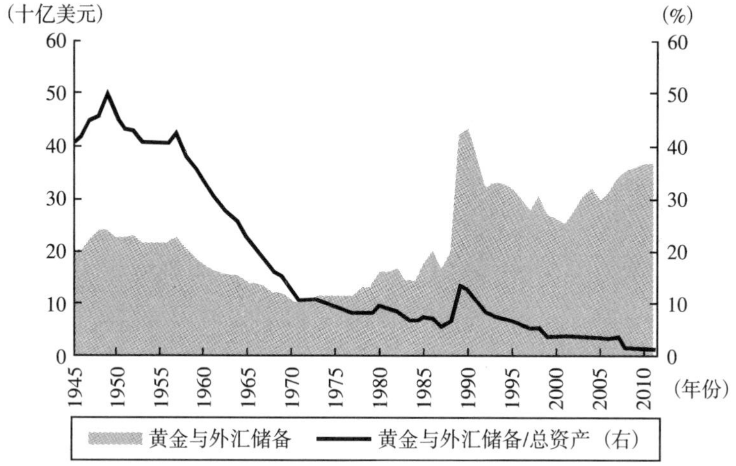


**图 3-7 美联储黄金与外汇储备及占总资产比例**

资料来源：FED。

美联储买入美国国债从而投放基础货币的职能进一步发挥，美联储持有美国国债占总资产的比例在 20 世纪 70~80 年代基本维持在 70%左右，进入 90 年代以后逐步上升至 80%以上，至次贷危机发生前的 2006 年达到 1972 年以来的最高值 85.76%（见图 3-8）；而在美联储的负债方下，购买国债成为美联储投放通货的主要手段，并且流通中货币构成负债的主要部分，流通中货币占总负债比例在 70~80 年代由 60%左右逐渐上升至 70%左右，90 年代以后逐渐上升至 80%以上，2000~2006 年均在 85%以上（见图 3-9）。反观这一时期商业银行在美联储账户中的存款准备金，除 80 年代中后期的银行危机导致存款准备金略有上升外，其他年份基本保持不变，1972 年美联储的存款准备金账户余额为 256 亿美元，36 年后的 2007 年余额为 208 亿美元，反而减少了 48 亿美元，始于 1914 年的法定存款准备金制度被美联储束之高阁，货币乘数几乎可以增至无穷大，货币内生性得到进一步发挥。

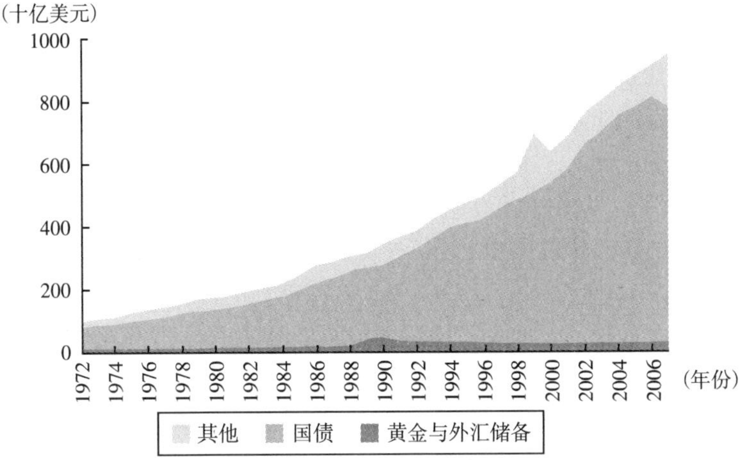


**图 3-8 1972~2007 年美联储资产构成**

资料来源：FED。

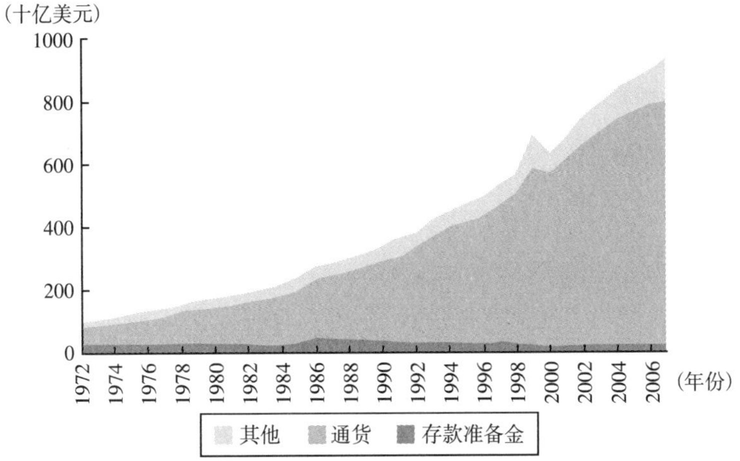


**图 3-9 1972~2007 年美联储负债构成**

资料来源：FED。

与此同时，日本央行几乎形成了与美国类似的货币投放方式：通过购入国债投放基础货币（见图 3-10）。但日本融资体系中间接融资占比较大（见图 3-11），并且由于日本实体经济以及商业银行自身的问题，导致日本央行的货币政策传导并不顺畅，如 2002 年日本基础货币增长率曾一度高达 36%，而 M2 的增长率在 2001~2006 年量化宽松货币政策实施期间从

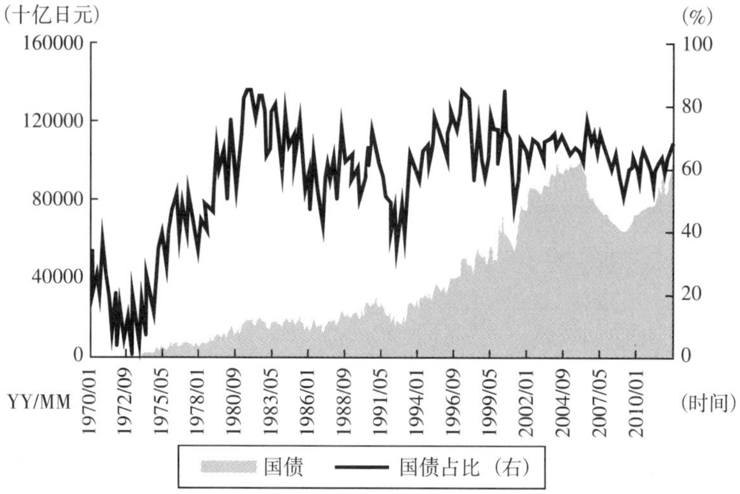


**图 3-10　日本央行持有国债及占总资产比例**

资料来源：CEIC。

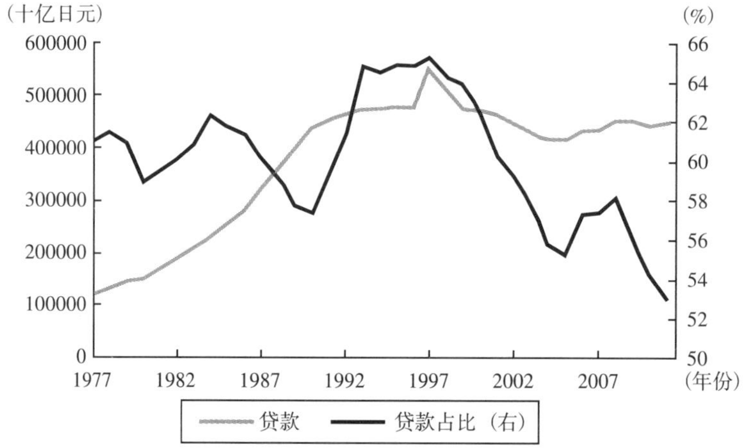


**图 3-11　日本商业银行贷款余额及占总资产比例**

资料来源：CEIC。

未突破过 4%。由于日本长期实行低利率政策，同时又向市场大量释放基础货币，日元由此成为全球范围内套利货币。

尽管商业银行资产规模扩张迅猛，但仍未逃脱“金融脱媒”带来的负面影响。首先需要明确的是，“金融脱媒”现象在央行和商业银行的资产负债表中是很难发现的，大量的金融创新将商业银行的资产或负债卸至表外，而央行的资产负债表又主要表现为与商业银行的资金往来关系，同时非银行金融机构的资产负债表往往不在央行的监控范围之内。因此，使用居民持有金融资产的构成可以很好地反映出“金融脱媒”的过程。美国在20世纪80年代之前，金融体系施行的是利率双轨制，一方面，银行存款利率受到Q条例的管制；另一方面，金融市场的利率可以自由浮动，在石油危机以后美国进入了近十年的高通胀时期，金融市场利率随之大幅上扬，此时货币市场基金的出现逐渐取代了支票存款，而人寿保险和养老金保险、互助基金的迅猛增长很大程度上分流了定期存款（见图3-12、图3-13）。资金大量从银行转入金融市场，多层次资本市场的崛起吸引了不同类型、不同规模的投资者，金融市场成为银行业强有力的竞争对手。

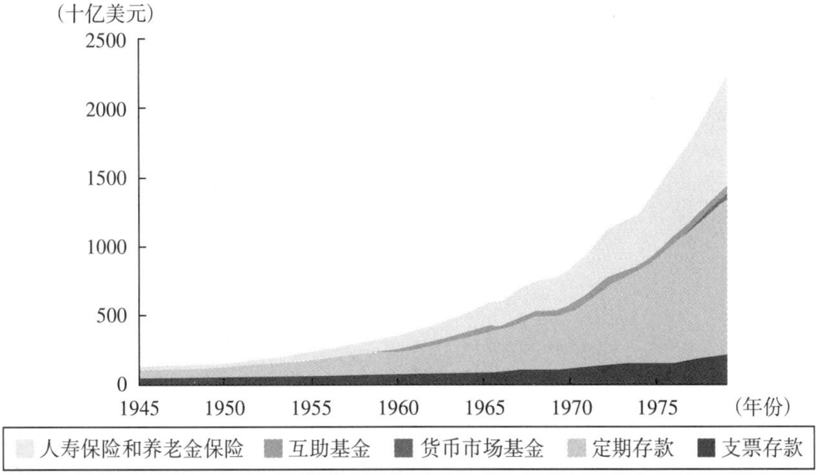


**图3-12 1945~1979年美国居民金融资产构成**

资料来源：FED。

1999年，《金融服务现代化法案》颁布后，商业银行通过兼并收购参与直接融资，同时将传统的贷款业务由企业转向居民的住房抵押贷款和消费贷款（见图3-14），并通过ABS、CDO、CDO2将其资产证券化，此时流动性的创造已彻底冲破传统货币银行理论的藩篱，在商业银行的表外释放出天文数字级的流动性，至次贷危机发生的2007年，美国资产证券化所形成资产总额约7400万亿美元。“影子银行”一跃成为金融市场和流动性的主宰，债务链条无限制的延长和总量几何级的增长导致金融体系异常

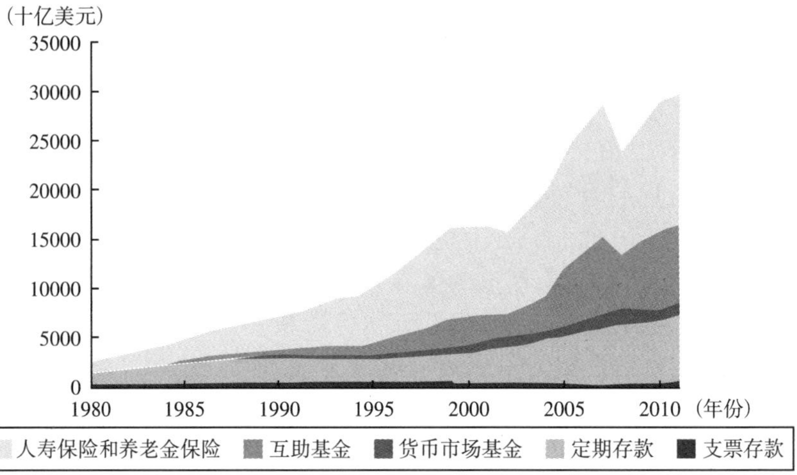


**图 3-13 1980~2011 年美国居民金融资产构成**

资料来源：FED。

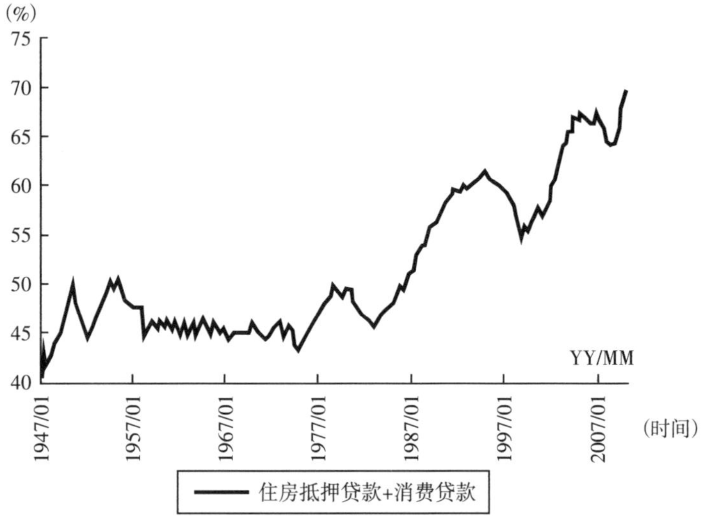


**图 3-14 美国商业银行对居民贷款占比**

资料来源：CEIC。

脆弱，次贷危机和欧债危机的爆发瞬间将金融市场击溃，随之而来的各国央行的一次次救赎又将世界推到“流动性陷阱”的边缘（见图 3-15）。

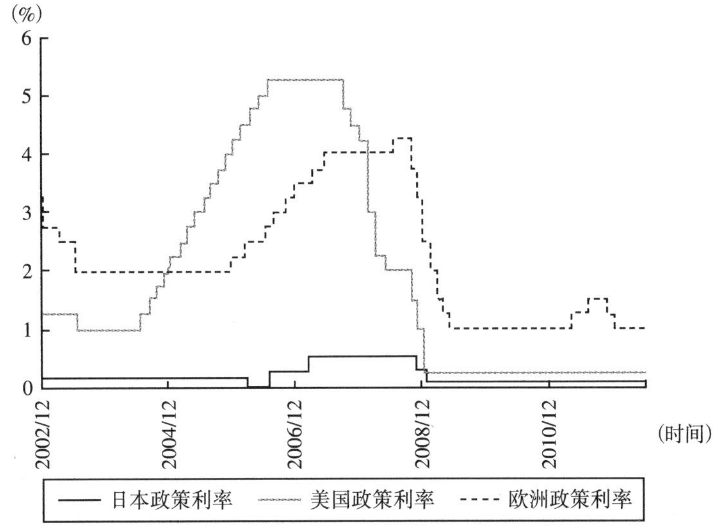


**图 3-15　美、日、欧政策利率**

资料来源：Bloomberg。

若从一个长周期和大范围的维度来看，全球范围内只有储备货币发行国投放流动性才会对其他国家产生溢出效应，正如我们在“流动性经济学之一：绑架央行”中指出的，全球范围内的流动性泛滥导致了新兴市场国家流动性的被动投放，并形成货币的双重甚至多重投放，因此，我们选取美国、日本、欧盟、英国和中国的 M2 总量进一步分析。

从同比增速来看，20 世纪 70 年代，几乎全部发达国家和地区都经历了广义货币供给量的高速增长，其中美国维持在 10%左右；日本由 1971 年的 24.18%下降为 1979 年的 11.15%，平均增长 17.10%；德国平均增长 9.95%；英国则表现为更大的波动幅度，1973 年和 1974 年增长率分别达到 27.90%和 27.54%，平均增长 15.20%。80 年代中后期，美国 M2 增速下降；日本、德国温和增长；英国由于 1986 年金融大爆炸的影响，在这段时期里表现得尤为激进，1987 年 M2 同比增长一度高达 89.33%，整个 80 年代的平均增速亦达到了 23.90%（见图 3-16）。进入 90 年代，特别是 90 年代后期欧元正式登上历史舞台以来，各国流动性的持续温和增长和影子银行的不断放大的作用，庞杂的债务链条将全球主要经济体捆绑在一起，信用的不断透支造成的次贷危机和欧债危机最终把全球拖入债务的泥潭。

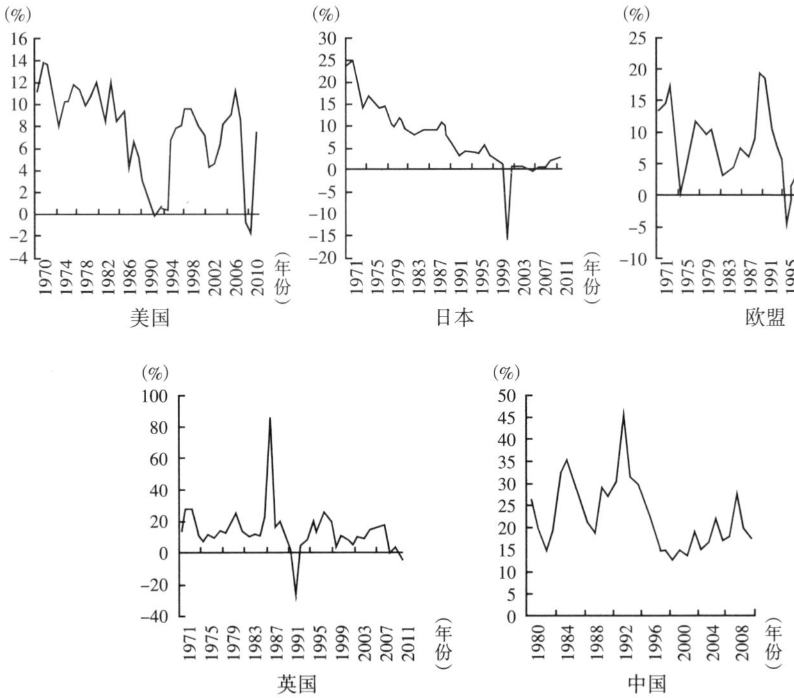


**图 3-16　全球主要国家和地区 M2 同比增长**

资料来源：CEIC（欧盟 1999 年以前的数据为德国 M2 同比增长）。

如特里芬难题中所揭示的思想一样，抛开货币化过程不谈，任何信用的授出一定会降低信用基础本身的原有价值，而市场存在黏性的情况下，信用授出方永远可以收到一笔收入，学界将其称为“铸币税”，事实上它的数量大于学界界定的铸币税收入。于是在巨额的利益面前，货币竞争就出现了，货币竞争的首要问题就是要将本国货币输入国际市场，或以强大的经济实力、技术优势、资源优势，或以强大的军事实力、政治影响力、其他优势为后盾，排挤掉其他国家的货币。于是全球意义的货币流动性泛滥日渐严重，并将愈加严重。可以预见的是，无论是美元继续独大的单一世界货币体系，还是美元、欧元、人民币三足鼎立的世界货币体系，全球货币流动性泛滥的情况都不会改观。

一般认为，当流动性增长与名义 GDP 增长差距不大时，则一国经济情况比较正常；而当流动性增长与名义 GDP 增长相差较大，特别是前者大于后者时，则可能存在流动性超额发放的状况。将主要发达国家 M2 增长率与 GDP 增长率之差对比，可以发现，在大多数的年份中发达经济体均处于货币超发的状态（见图 3-17）。如果以此指标来衡量新兴经济体，则流动性超发的情况更为严重，1997 年以来，巴西和印度的 M2 增长率与 GDP 增长率之差均保持在 10%左右；俄罗斯自 1998 年国债违约后由 50.35%的峰值逐渐回落，但目前绝对水平仍接近 20%；中国除个别年份（2009 年）外均保持在 5%~10%（见图 3-18）。在此之前，巴西和俄罗斯经历了严重的债务危机，1993 年巴西 M2 同比增速高达 3280.65%，1994 年俄罗斯 M2 同比增速高达 216.55%，对流动性和债务的管理不善是 20 世纪 80 年代以来新兴市场危机不断的主要原因。

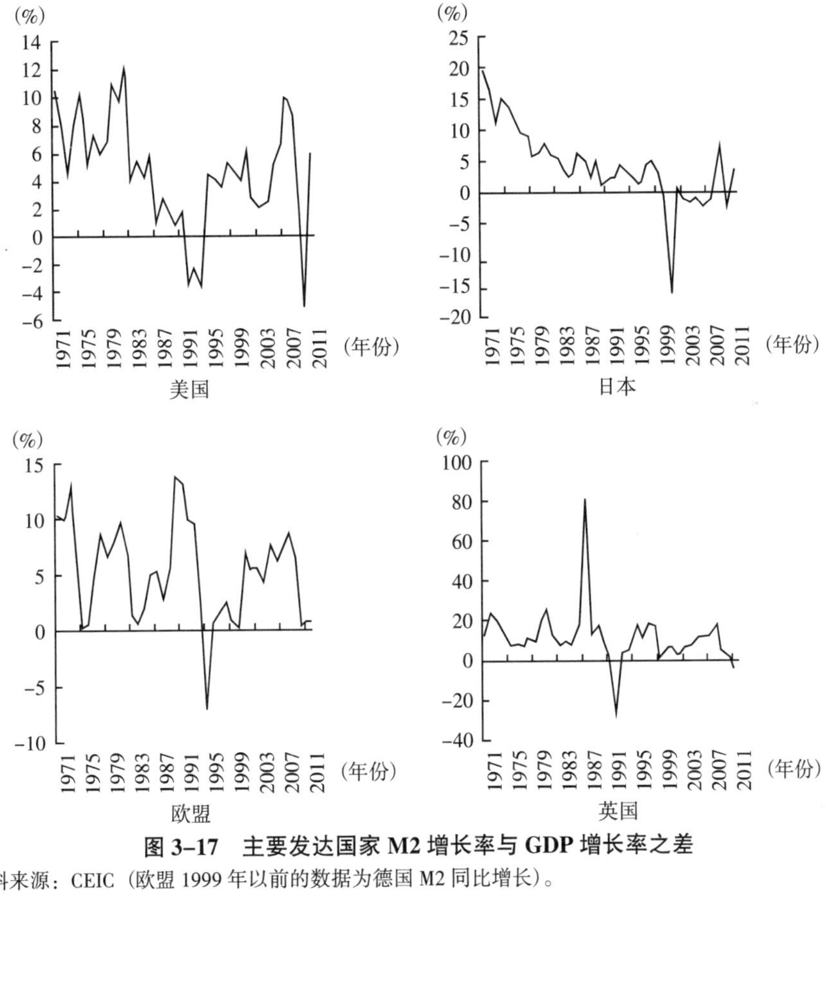


**图 3-17 主要发达国家 M2 增长率与 GDP 增长率之差**

资料来源：CEIC（欧盟 1999 年以前的数据为德国 M2 同比增长）。

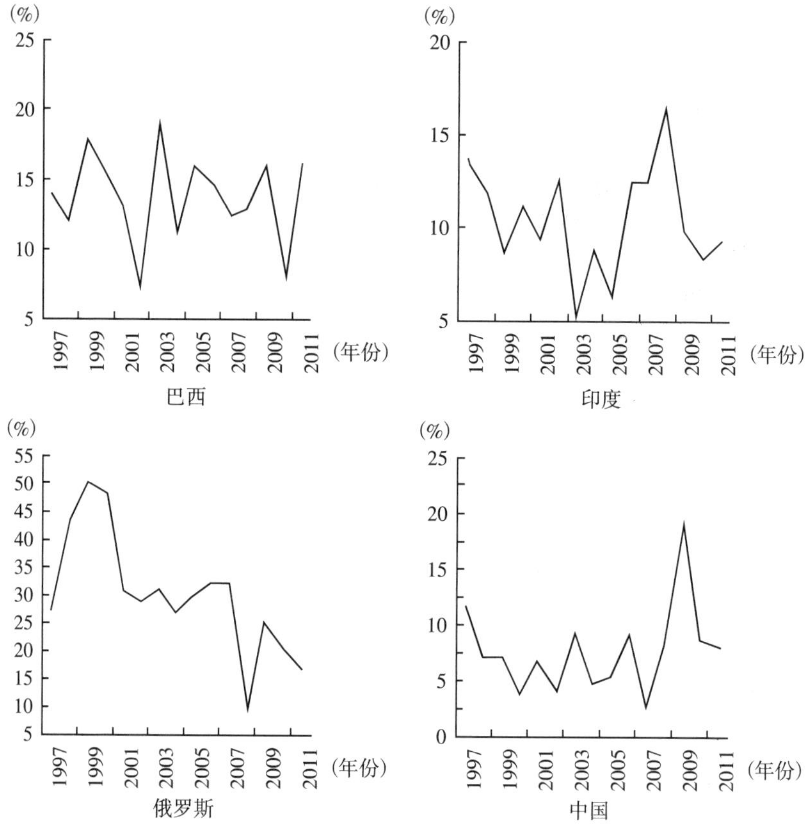


**图 3-18　金砖四国 M2 增长率与 GDP 增长率之差**

资料来源：CEIC。

从总量方面来看，全球主要经济体的货币投放量逐年上升，1978~2011 年增长了 15.81 倍，年均复合增长率 8.65%，高出全球 GDP 增长率近 2 个百分点。同时主要经济体 M2 与全球 GDP 的比值也呈现趋势性的上升，从 1978 年的 35%上升至 2011 年的 90.83%（见图 3-19）。

总量的结构，即各国货币投放量占比，从布雷顿森林体系解体以来发生了较大变化。随着日元的不断升值和扩张性的货币政策，20 世纪 70 年代，日本 M2 不断上升，广场协议后的日元升值加速了这种趋势，日本 M2 占全球主要经济体货币供应总量的比例在 1988 年达到 50.24%，资产泡沫破灭后，一度短暂回调，日元的持续升值将占比推向 1995 年的最高值 59.84%（1992~1995 年日本 M2 增长率仅为 4%左右），1997 年的亚洲金

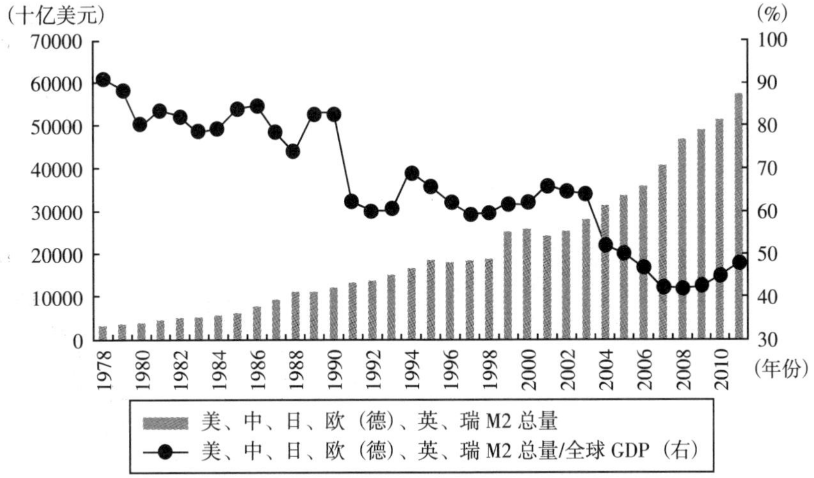


**图 3-19　全球主要经济体的 M2 总量与全球 GDP**

资料来源：CEIC。

融危机和 2000 年美国 IT 泡沫破灭以及国内金融体系自身的问题使日本进入了长期通缩，日元占比逐年下降，至 2011 年底已下降至 24.54%。

与日元相比，德国马克在布雷顿森林体系解体后也出现了趋势性升值，但德国很好地控制了货币总量，除东西德合并的个别年份外，M2 增速均控制在 10%以下，因此在 1998 年以前德国马克占比并未出现明显变化。1999 年欧元计入流通后，由于合并后的基数效应，加之日元的逐渐收缩，欧元占比基本稳定在 20%以上。

英镑在 20 世纪 80 年代中期之前占比保持在 3%~4%，1986 年金融大爆炸直接导致了流动性的迅猛扩张，当年 M2 同比增速达 22.56%，1987 年甚至达到了创纪录的 89.33%，至此，英镑占比除个别年份（1992 年退出欧洲汇率机制）均保持在 7%~8%。

瑞士法郎占比近几十年来均比较稳定，大致在 2%。

人民币的情况与前几种货币相比较为特殊，一方面，人民币在全球范围内不属于储备货币，其流通基本在国内，并且基本不具备计价功能；另一方面，人民币流动性总量的快速增加与国内货币化和资本化的进程高度相关（参见流动性经济学第一篇：绑架央行）。

综上所述，目前世界流动性投放格局是四分天下：至 2011 年底，美元占比 22.60%，日元占比 24.54%，欧元占比 20.99%，人民币占比 22.93%

（见图 3-20）。但有一点需要提及，由于 M2 统计口径的原因，美国大量影子银行并未涵盖在 M2 中，若将这一块考虑在内，美元占比应有所上升。

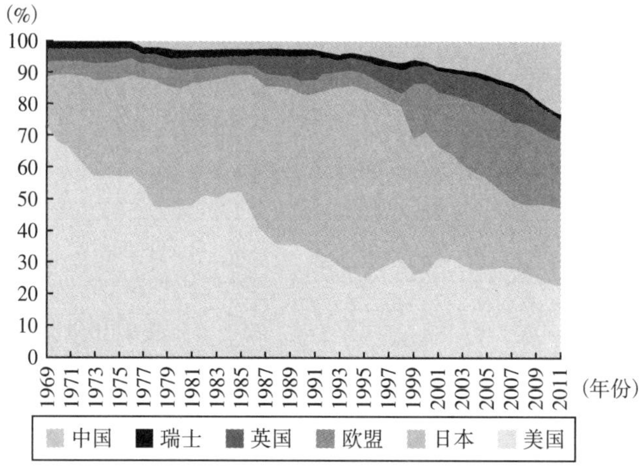


**图 3-20　各国 M2 占比**

资料来源：CEIC（欧盟 1999 年以前的数据为德国 M2 同比增长）。

全球信用货币的投放增速已远超出实体经济的增速，20 世纪 90 年代以来，信用衍生品的崛起又一次使全球金融市场迅速膨胀，伴随着以利率、汇率自由浮动为特点的金融自由化，全球资本流动实现了彻底蜕变，由原来依附于进出口贸易和 FDI 变为游荡在各国金融市场间寻求套利机会的载体，国际资本流动几乎与各国实体经济脱节，金融市场短期内的大幅波动与实体经济渐行渐远，全球范围内的资本流动成为解释市场波动的最重要变量。

从一个长周期来看，全球 M2 与 GDP 之比快速上升，由 1961 年的 51.15%上升至 2011 年的 122.22%（见图 3-21），近期的全球交易所标的的年交易总额与 M2 之比更是达到了近 300%（见图 3-22），而这仅仅考虑的是场内交易，若将场外市场也算进来，国际资本的流动已将实际进出口贸易和 FDI 甩在千里之外（见图 3-23、图 3-24）。

这种分析隐含着，货币增长和经济增长或者说产出增长之间的某种联系，那么货币存量就与整个经济的产出能力或者说产能有明确的联系，GDP 是增加值概念，其中积累下来的部分成为整个经济体的资本存量，资本在不断折旧，而货币则不会，整个经济的实物资产对应在资产负债表上

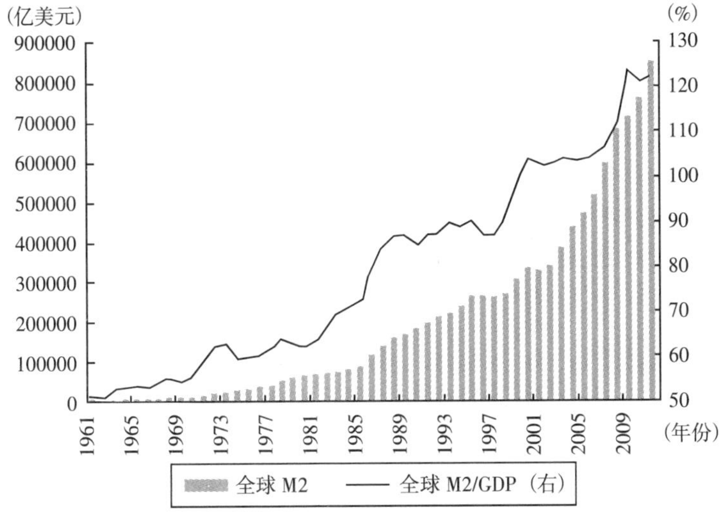


**图 3-21 全球 M2 与 GDP**

资料来源:Wind 资讯。

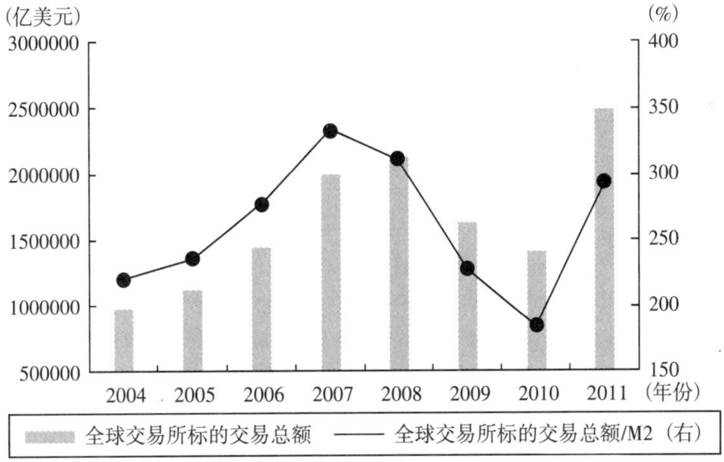


**图 3-22 全球交易所标的交易总额与 M2**

资料来源:Wind 资讯。

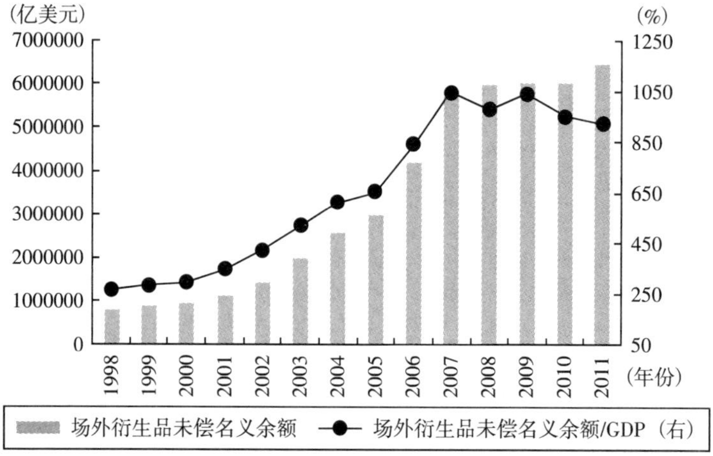


**图 3-23　全球场外衍生品未偿名义余额与 GDP**

资料来源：Wind 资讯。

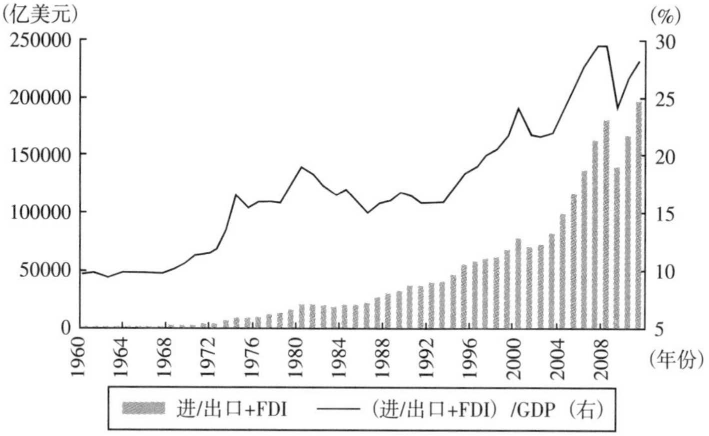


**图 3-24　全球进/出口、FDI 与 GDP**

资料来源：Wind 资讯。

的就是个人、企业和政府的负债，相互抵消债权后，应该暴露出来的是国家的债务和银行体系的债务，国债是货币发行的基础，而银行债务是通过信贷膨胀出来的货币，因为各主要民族国家的总债务永远在增长，因此并没有真正去过杠杆，也就没有真正停发过货币，从国家负债层面，庞氏游戏永远在延续，债务的可持续性基本上唯一的差别在于，货币幻觉对经济增长、融资成本和成本如何转嫁。

信用货币制度下，流动性投放在国与国之间表现为几乎无节制的货币竞争，其直接结果就是各国货币的轮番贬值，这一点从1994年以来的黄金价格走势就可以明显看出。全球流动性过剩和金融监管的放松使影子银行和离岸金融中心迅速崛起，跨境贸易和直接投资裹挟着热钱蜂拥而至，广义套系交易成为全球范围内资产短期波动的主要推动力。[广义套息交易是基本动力，满足似是而非的利率平价，例如石油、房子持有本身是没有收益的，但只要有增值，都是一个金融游戏，从低利率、低汇率货币（日元、美元、欧元）进行短期融资，投入高风险、高增加值的资产，新兴市场货币、资产，两个世界。]

# 第三节　中国镜像：热钱

21世纪十余年间，全球失衡与全球流动性过剩如影相随，并由此引发了债务链崩塌和实体经济的衰退，其中最为典型的表现是：美国是30余年来经常账户赤字规模最大和持续时间最长的国家；而硬币的另一面则是中国等新兴市场国家和石油输出国存在长期的经常账户盈余。与这种现象同步的是：次贷危机前，最大的贸易赤字国家美国和最大的贸易盈余国中国都出现了流动性过剩与资产价格膨胀；而次贷危机之后，美国的降息行为以及量化宽松货币政策再一次加剧了全球的流动性过剩和资产价格膨胀问题，这再一次佐证了我们在上一篇报告中提出的“货币的双重投放”。如果说中国在20世纪还是国际流动性的被动接受者的话，那么随着改革开放以来30余年的积累，中国正逐渐扮演国际流动性主要参与者的角色。

## 一、奇异的“双顺差”

自1994年以来，中国经历了连续18年的双顺差，我们似乎已经习惯了连年的双顺差，每年、每季甚至每月，国际收支数据公布的时候，媒体也好，研究分析也罢，总是或多或少带有乐观、赞美的倾向来描述，以至于导致社会民众认为双顺差形成的外汇储备是我国经济坚强的保障。事实果真如此吗？双顺差符合一般的经济规律吗？与中国经济的根本利益相一致吗？

1. 出口战略确定，冲锋号角吹响

尽管中国从未正式提出过实施出口导向战略，但从中国改革开放以来的对外贸易政策来看：一方面用关税和政府采购、许可证、配额等非关税手段保护国内市场；另一方面广泛采取出口补贴、出口退税等出口鼓励措施。同时，中国的汇率政策对双顺差也起到了重要作用。在改革开放之初，由于国家外汇储备较少，政府更加关注由于持续的贸易赤字和外债引起的国际支付危机（见图 3-25），因此，政府要求外国投资者外汇的使用不能引致经常项目逆差，因此，出口导向型的 FDI 就成为一种必然。1994 年的汇率并轨，人民币一次性大幅贬值，加速推动了贸易差额的增加和 FDI 的流入（见图 3-26）。

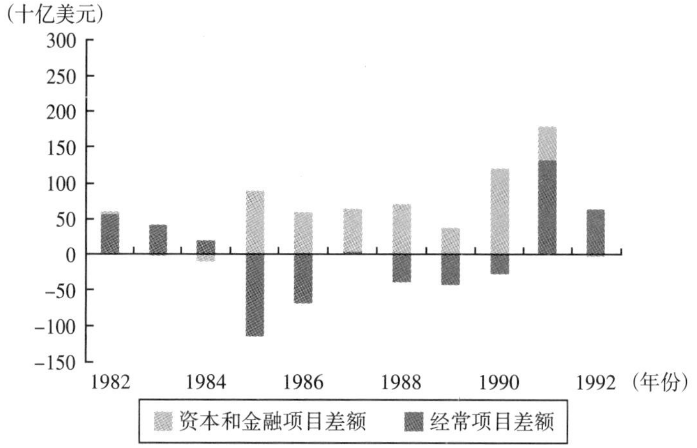


**图 3-25 中国经常项目、资本与金融项目差额**

资料来源：CEIC。

从内需和外需拉动经济增长的角度来看，当一国出现经济增长速度减缓的时候，政府比较倾向于鼓励增加经常账户盈余，以带动国内经济增长；当一国经济过热时，一般会出现经常账户盈余的减少。如中国在 1993 年 GDP 增速达 14%，固定资产增速为 61.8%，而当年则出现了 119 亿美元的经常项目逆差。分时间段来看，在 2000 年以前，外需对 GDP 增长拉动的贡献率出现过两次高峰，第一次是 1990 年，外需对 GDP 增长的贡献度达 50.4%；第二次是 1999 年，外需对 GDP 增长的贡献度达 44.4%。

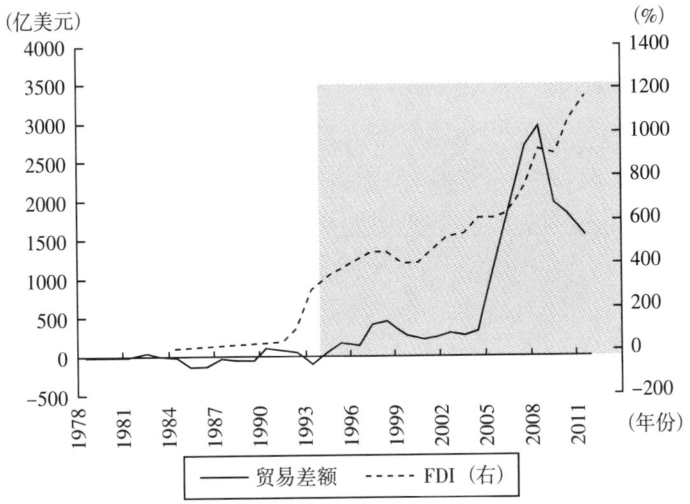


**图 3-26 中国贸易差额与 FDI**

资料来源：CEIC。

而 2000 年以后，外需的拉动出现了一次高峰，2005 年外需对 GDP 增长的贡献度为 23.1%。此后随着美国金融危机和欧债危机的爆发，外需一度回落，至 2011 年，外需对 GDP 增长贡献度为-4.1%（见图 3-27、图 3-28）。

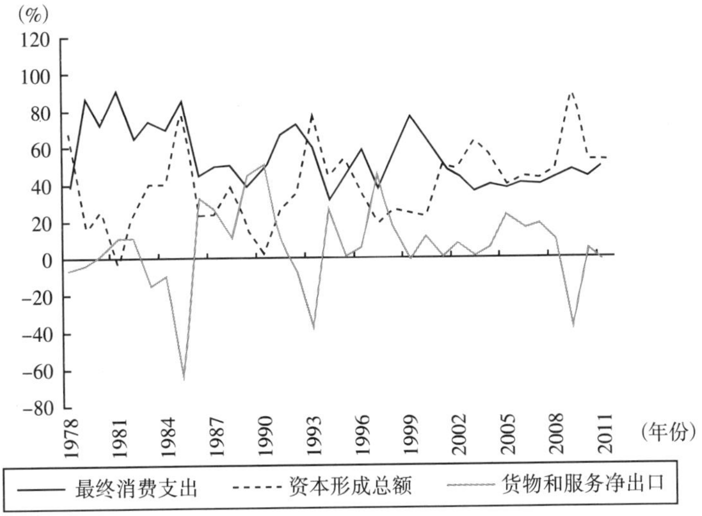


**图 3-27 消费、投资和净出口对 GDP 增长的贡献率**

资料来源：CEIC。

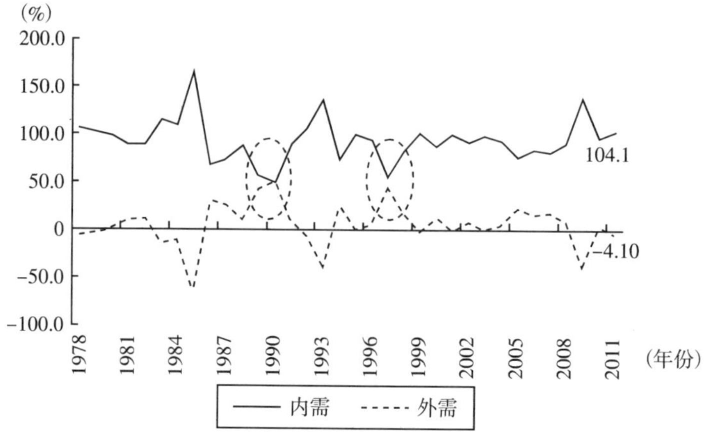


**图 3-28　内需和外需对 GDP 增长的贡献率**

资料来源：CEIC。

2. 国内国际配合，美元储备激增

随着区域劳动力分工出现了新的特点，通信和交通费用的降低，贸易和投资管制的放松，使公司能将生产步骤和过程加以分割并使之国际化；通信等费用的降低，贸易等管制的放松，也使空间距离不再成为生产场所选择的重要因素。国际生产网络的发展使加工贸易日益成为欠发达国家的主要贸易形式，同时推动了全球贸易量的迅速增长。从全球贸易（商品和服务）总量和同比增长来看，1970~2011 年的 42 年中，除 1975 年、1982 年和 2009 年 3 个年份出现总量下滑和同比增长为负外，39 个年份均保持正增长，平均增长率为 6.53%（见图 3-29）。

中国的对外贸易状况是与国际分工网络情况相一致的，中国的贸易模式很大程度上是由国外直接投资决定的，而这些国际投资则是跨国公司建立国际生产网络的工具。反过来，中国政府支持加工贸易的政策，使相应的 FDI 进入中国更加便利，而中国政府之所以支持加工贸易的重要原因是，担心中国经常账户出现赤字以及要充分发挥中国在生产劳动密集型产品方面的比较优势。由于来自发达国家的跨国公司和台湾地区的 OEM 公司在世界经济中作用越来越大，大量的 FDI 流入中国的制造业、汽车业、电器、办公用品、测量和检测仪器以及医药化工业，而这些产品同国际生产网络联系往往十分紧密。由于 FDI 的区域和部门分布特点，中国越来越成为国际生产网络中的一分子，承担着加工者和组装者的角色。随着中国

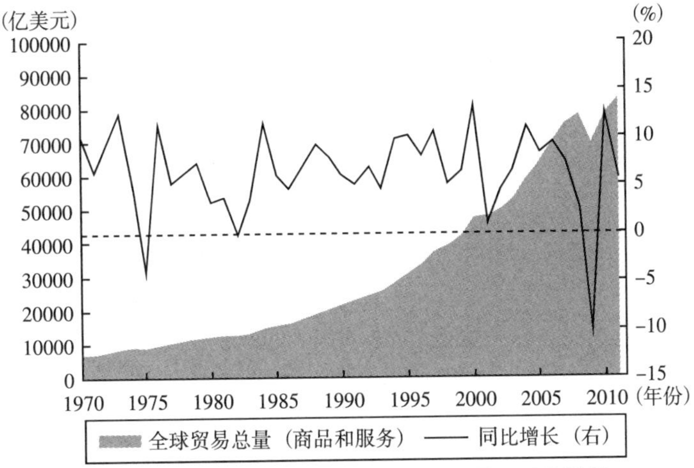


**图 3-29 全球贸易（商品和服务）总量及同比增长**

资料来源：CEICOECD。

贸易的快速发展，加工贸易日益成为中国贸易的主要形式。这种情况必然导致在中国对外贸易快速增长的同时产生大量的经常账户顺差。从中国进出口总量和同比增长来看，1979~2011 年的 33 年中，除 1982 年、1998 年和 2009 年 3 个年份出现总量下滑和同比增长为负外，30 个年份均保持正增长，平均增长率为 17.67%（见图 3-30）。

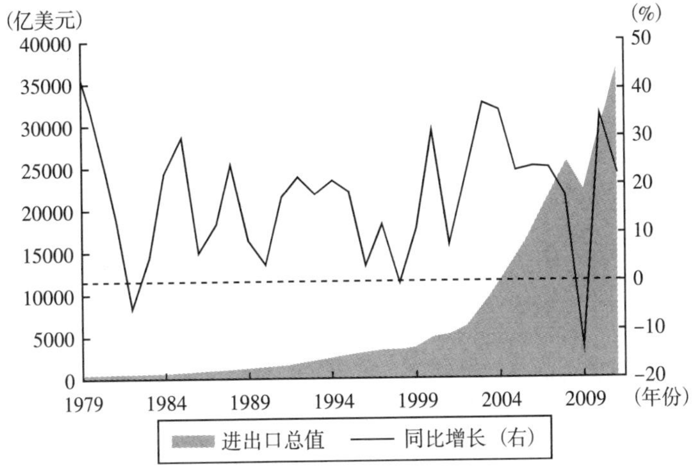


**图 3-30 中国进出口总值及同比增长**

资料来源：CEIC。

此处仍需提及的还是汇率问题，显然，脱离实体经济谈汇率问题不具有现实意义，尽管我们并不认为汇率是造成中国双顺差的决定性因素，但在1994年汇改后特别是2001年底中国加入WTO后，汇率因素是中国形成长期双顺差的催化剂（见图3-31）。从美国对中国的贸易逆差占美国贸易总逆差的比例来看，2000年上升至18.54%，中国取代日本成为对美贸易顺差第一大国，2002年迅速增长至41.65%，2009~2011年则稳定在40%以上，至2011年美国对中国贸易逆差占比要比美国对日本和欧元区逆差占比的两者之和高出18.10%（见图3-32）。

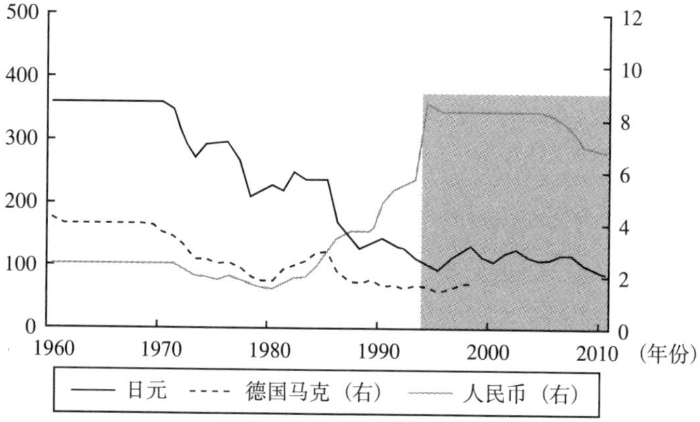


**图3-31　1美元兑日元、德国马克、人民币汇率**

资料来源：Bloomberg。

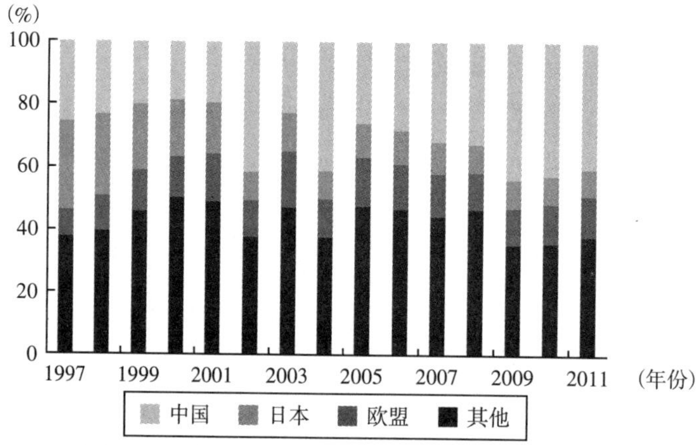


**图3-32　美国对中国、日本、欧元区贸易逆差占比**

资料来源：Bloomberg。

与此同时，美国在21世纪初执行了较为宽松的货币政策，加之其凭借美元货币优势形成连年的贸易逆差（见图3-33、图3-34），正好迎合了中国急剧扩张的产能，由此，中国源源不断地向美国输入商品，美国源源不断地向中国输入美元。僵化的汇率制度、升值的强烈预期、狭窄的对外投资渠道使人民银行的外汇储备快速增长，并一跃成为全球资产最为庞大的中央银行。

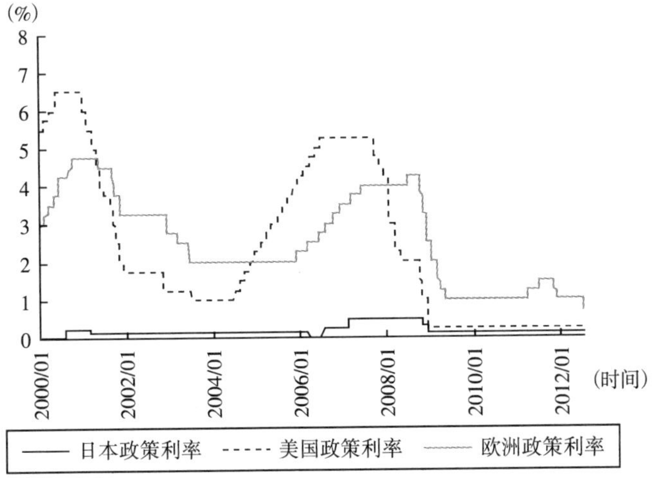


**图3-33　美国、日本和欧元区政策利率**

资料来源：Bloomberg。

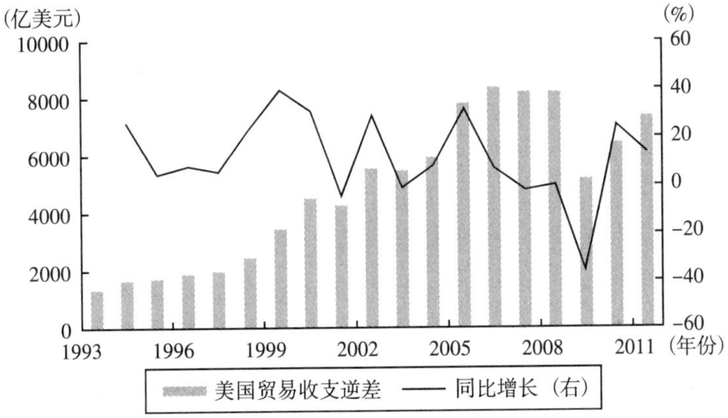


**图3-34　美国贸易收支逆差及同比增长**

资料来源：Bloomberg。

3. 储备拐点已现，转型走向何方

依靠双顺差增加外汇储备从而投放流动性的方式近期显然不能满足市场需求，其实这种情况自 2011 年 10 月以来就表现得十分显著（见图 3-35），近期央行频繁操作的逆回购正说明了这一点。而目前我国外汇储备增长显然已到极限（见图 3-36），今后一段时间，我们将面临结构转型和政策转型的双重压力。

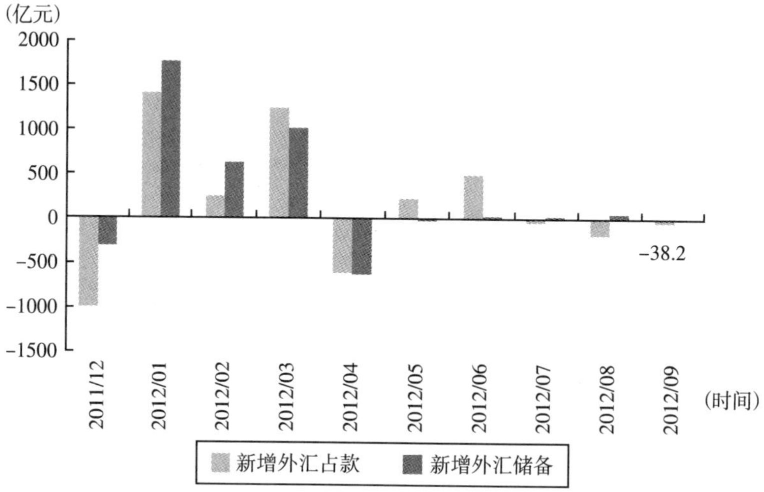


图 3-35 新增外汇占款与新增外汇储备

资据来源：Bloomberg。

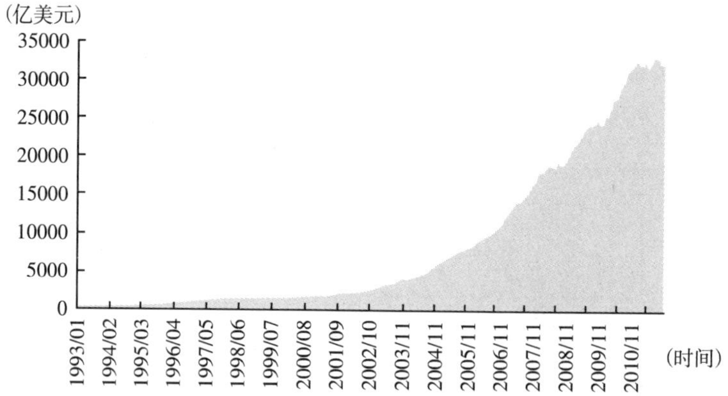


图 3-36 外汇储备

资料来源：Bloomberg。

那么，总体而言，双顺差符合一般经济规律吗？对于一笔独立的交易而言，如果外汇并未用来购买外国商品和管理技能的话，资源利用就肯定出现了问题。但是，在给定时间点上，作为所有交易加总后的净结果，出现了双顺差是否一定意味着资源的错误配置呢？首先，我们来看一下全球贸易逆差第一大国美国的情况，美国在1973年布雷顿森林体系解体后，长期保持了经常项目逆差和资本与金融项目的顺差（见图3-37），一方面，全球大量的商品和资源输入美国；另一方面，全球资本又重新回流到美国进行投资。这同时也印证了我们在上一篇报告中指出的“货币的双重投放”。美国在20世纪70年代以后利用全球的资源和资金，逐步将其制造业转移至日本、德国和新兴市场国家，为其实现占领技术研发的全球制高点腾挪出了巨大空间。而日本和德国的情况则恰恰相反，基本保持了经常项目顺差和资本与金融项目逆差（见图3-38、图3-39），一方面，其承接了美国高端制造业的转移；另一方面，将其贸易顺差又投资于全球各个经济体以获取投资收益。当然，德国在1991年后的一段时间较为特殊，由于1990年两德统一，之后国内需要大量的资源和资金投入，于是出现了短暂的经常项目逆差和资本与金融项目顺差。即使对照韩国的情况，也基本与日本和德国类似，只是在亚洲金融危机和美国金融危机后，被迫短期内实现双顺差，以满足积累外汇储备的需要（见图3-40）。

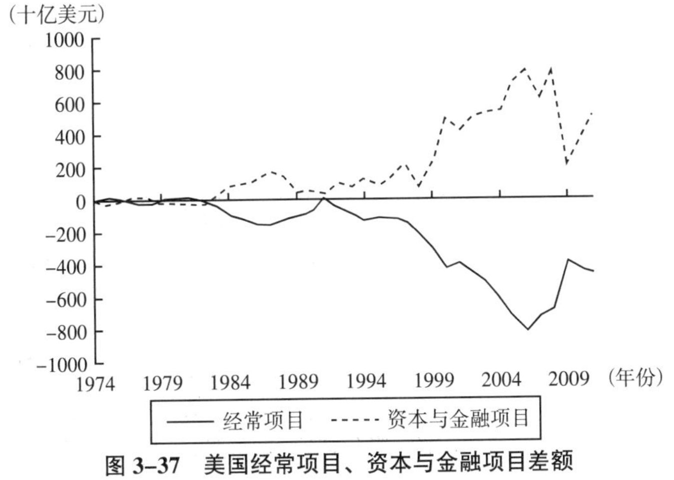


**图3-37 美国经常项目、资本与金融项目差额**

资料来源：Bloomberg。

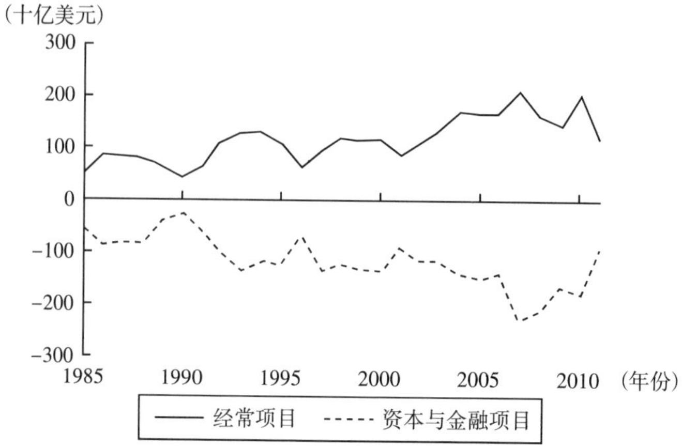


**图 3-38　日本经常项目、资本与金融项目差额**

资料来源：Bloomberg。

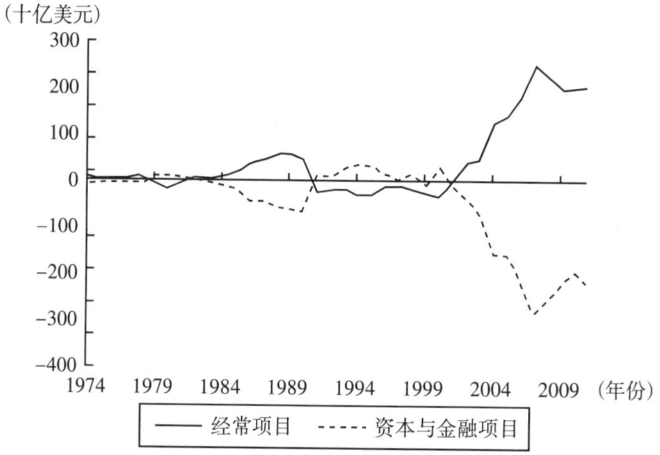


**图 3-39　德国经常项目、资本与金融项目差额**

资料来源：Bloomberg。

而中国的情况则极为特殊，我们自 1994 年以后，除 1998 年资本与金融项目下出现逆差外，其他年份均保持了长期的双顺差（见图 3-41），具体表现为贸易差额逐年上升，FDI 大量流入（见图 3-42），这种连续 18 年双顺差的情况在世界经济发展史上是独一无二的。为进一步分析双顺差的影响，我们可以直观地将国内分为贸易逆差部门和贸易顺差部门，一般而言贸易逆差部门处于国际贸易初期阶段，其需要大量进口国外机器设备、

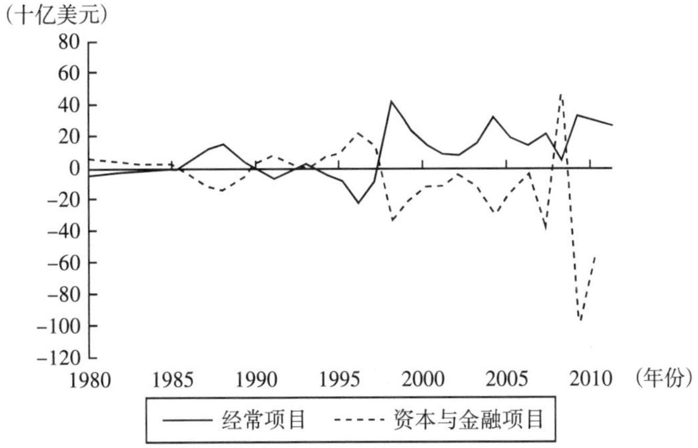


**图 3-40　韩国经常项目、资本与金融项目差额**

资料来源：Bloomberg。

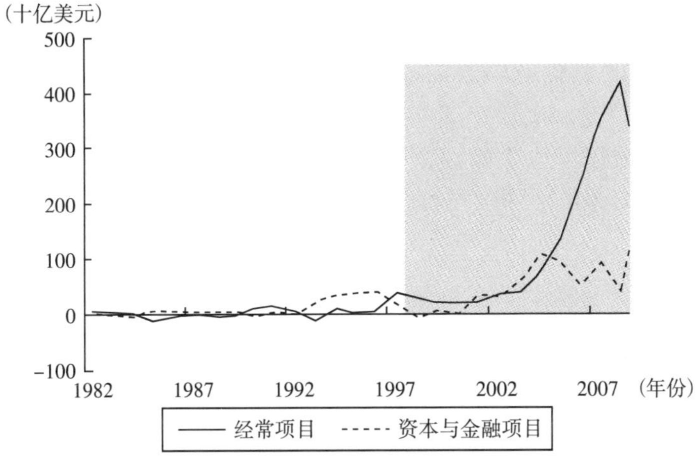


**图 3-41　中国经常项目、资本与金融项目差额**

资料来源：Bloomberg。

原材料等以形成生产能力；贸易顺差部门则处于国际贸易的相对高级阶段，其生产能力强大且大量出口商品。从国内资源配置来讲，贸易顺差部门应为贸易逆差部门提供融资，而剩余的资金则用于资本输出（形成资本与金融项目逆差），如果贸易顺差部门不能满足逆差部门的进口需求，则会形成经常账户逆差和资本与金融项目顺差。由此，双顺差一定意味着资源错配，并且双顺差额越大，资源错配越严重。所以，对于中国这样的无

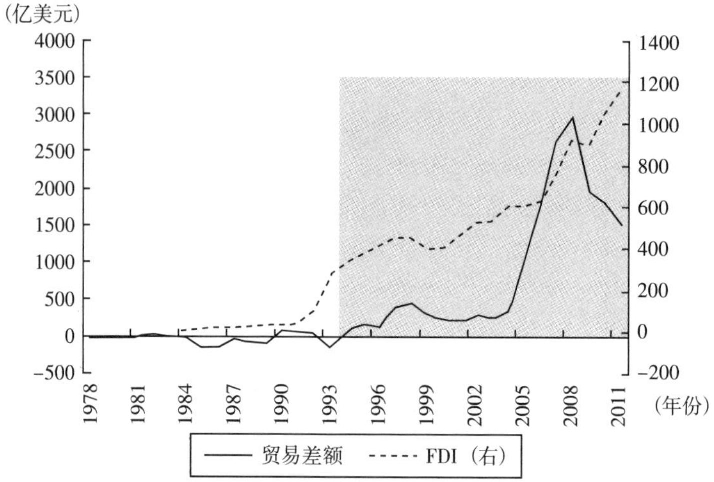


**图 3-42 中国贸易差额和 FDI 流入**

资料来源：Bloomberg。

须改变也不能改变贸易顺差的制造业大国来说，合理的国际收支格局应是：经常账户顺差、金融与资本项目逆差。

若中国形成国际收支的经常账户顺差和金融与资本项目逆差，一定会加快人民币国际化的推进，对此我们将在《人民币国际化的路径与策略》中做系统分析。

## 二、游荡的“热钱”

在中国迅速市场货币化、资产资本化、资本泡沫化、泡沫全球化的过程中，“热钱”是一个不能忽视的概念。“热钱”（Hot Money），又称国际游资（Refugee Capital），一般是指寻求短期回报的流动资金。《新帕尔格雷夫经济学大辞典》将热钱定义为：“在固定汇率制度下，资金持有者或者出于对货币预期贬值（升值）的投机心理，或者受国际利率差明显高于外汇风险的刺激，在国际间掀起大规模的短期资本流动，这类移动的短期资本通常被称为热钱（游资）。”从定义中，我们可以看出热钱的三个特点：一是投机性；二是频繁流动；三是套利、套汇和寻求短期资产溢价。作为国际流动性的重要表现形式，热钱以其总量大、速度快和冲击力迅猛著称，随着全球金融开放进程的加速和信息技术的发展，在有投机机会时，热钱会在短期内对一国经济造成巨大冲击。

1. 新自由主义思想：打开全球流动性魔瓶的钥匙

20 世纪 80 年代，伴随着新自由主义思潮的兴起，发达资本主义国家不同的市场经济模式集体转向了新自由主义市场经济模式，英国的撒切尔夫人上台和里根入主白宫，标志着新自由主义思想引导下的“新盎格鲁—撒克逊”模式拉开了序幕。他们大刀阔斧地在所有制领域实行私有化、在金融市场上放松管制、在国际贸易上主张自由化。

以美国为例，至 1999 年《金融服务现代化法案通过》，其基本具备了金融自由化的全部条件：资本自由流动（1973 年）、汇率自由浮动（1978 年）、取消了利率管制（1986 年）、废除了金融机构业务领域的限制（1999 年）。同时，政府支出政策带来的巨额财政赤字和国债余额成倍增长与高额贸易逆差同时并存，低利率和信贷盲目扩张及全民负债超前消费（见图 3-43），最终通过金融创新在温暖的土壤中生长出的金融衍生产品将天文数字级别的流动性释放出来（见图 3-44）。

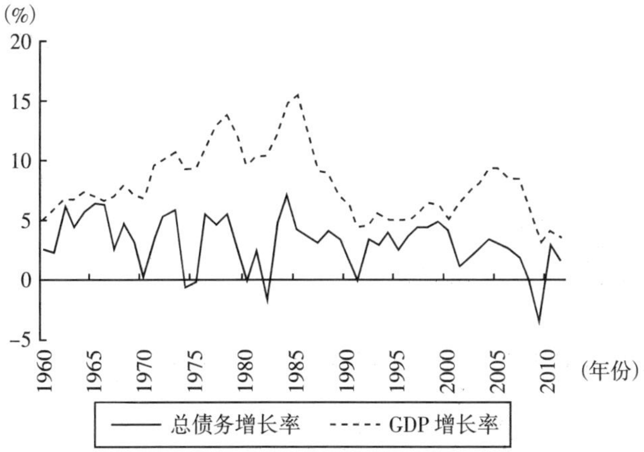


**图 3-43　美国总债务增长率及 GDP 增长率**

资料来源：Bloomberg。

2. 广义套息资本：游荡在世界上空的幽灵

流动性被释放出来后便开始在全球范围内无孔不入地集体迁徙，从北美到欧洲，从亚洲到南美，只要有套利空间的地方，就有它们的身影，就连孟加拉国、越南、缅甸这些鲜为人知的金融市场也概莫能免。资本流动的原始动力表现为套息交易，所谓套息交易，就是借入低成本的资金，投资

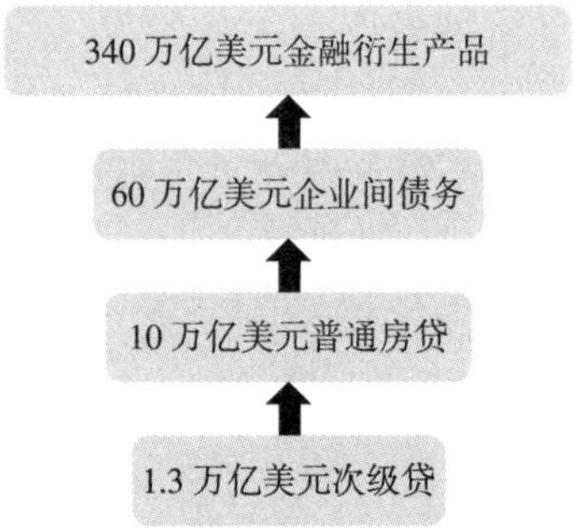


**图 3-44　2009 年美国金融衍生产品存量**

资料来源：IMF。

在较高收益率的资产上以获得投资收益。套息交易存在的三个条件：①超低利率货币的存在，作为融资货币；②利率不断上涨的货币或者收益率上升的风险资产，作为套息交易的对象；③套息交易的货币对之间的利率差异可观。其中最核心的要求在于宽松的信贷条件和广泛的流动性。日元一度是最流行的套息融资货币，长期的超低利率提供了套息交易的最初动力（见图 3-45）。由于 20 世纪 90 年代日本的资产泡沫爆破后，经济一蹶不振，日本央行长期以来实行超低利率政策以图刺激经济。同中国的强制结售汇不同，日本是为了阻止货币升值，进行了货币投放或者说量化宽松，但始终收效甚微，不仅通缩不断，地产价格和股票市场也是一蹶不振，这也产生了大量的失踪货币，这直接抬高了全球流动性的水位（见图 3-45、图 3-46）。

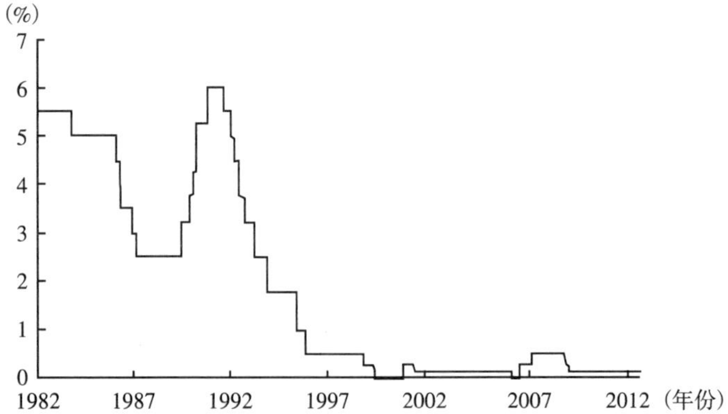


**图 3-45　日本政策利率**

资料来源：Bloomberg。

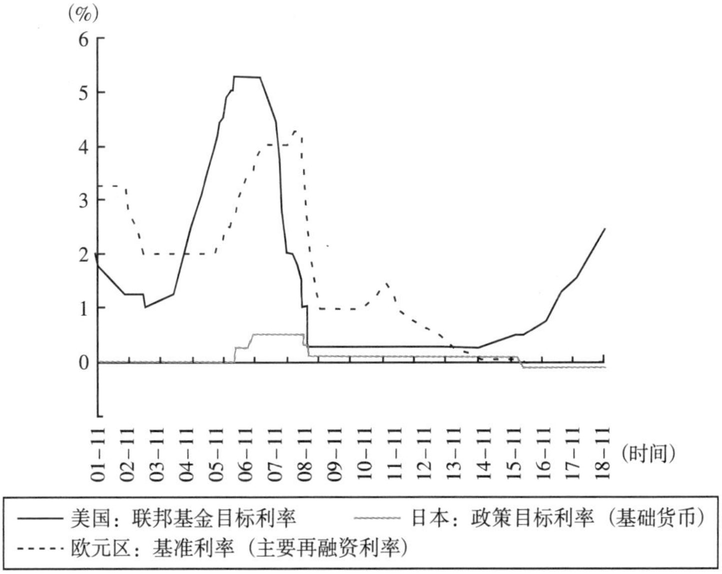


**图 3–46 美国、日本和欧元区政策利率**

资料来源：Wind 资讯。

在这样的背景下，利用低利息借贷日元，然后再用日元兑换美元、澳元、欧元等高利率货币以获取利息差，或者将资金投入全球股票市场（尤其是新兴市场）、原油市场、大宗商品期货市场等，获取高收益后再兑换成日元还贷，成为投机资本获取利润的重要方式。甚至一般普通投资者都会参与进来，出现一批所谓的“渡边太太”。

美元、欧元在 2008 年金融危机之后也纷纷成为套息资本的可能来源。危机后各国的刺激政策制造了全球泛滥的流动性，尤其以美联储的数次 QE 给全球市场提供了低成本美元的澎湃动力，使危机期间被过度抛弃的各国股市、大宗商品，乃至石油、黄金等资产纷纷成为套息交易的对象。对比各个市场 2012 年和 2013 年以来的表现，我们可以清楚地看到风险偏好的再度变化——全球宽松的货币环境带来流动性泛滥，资本从低利率货币向高利率货币套息和低风险资产向高风险资产集体迁徙，我们称为广义套息交易，广义套息交易成为全球范围内资产短期波动的主要推动力。

以全球视野综合考察全球各国的股市表现，可以清楚地发现这种同步性及其持续性：新兴市场和大宗商品市场及发达市场趋势和波段居然是类似的（见图 3–47），特别是自 2008 年危机以来，不同的可能仅仅在于弹性、波动率和细微的时间差别，国际资金对金砖四国股票市场的配置及各国股市的收益率的高度趋同性正说明了这一点（见图 3-48）。这都说明，国际资本的流动驱动了各类风险资产价格的起伏。当然，驱动资本流动的内在原因与复杂的国际政治、经济形势依然高度相关。简单来看，始于2008 年底，结束于 2010 年 3 月的第一轮量化宽松驱动了 2008 年以来的第一波新兴市场行情；2010 年 4 月开始对 QE2 的预期直到 2010 年 11 月第二轮量化宽松的最终实施，推动了 2010 年下半年的行情；而对于欧债危机影响下的再一次全球救援，推动了新兴市场 2013 年以来又一波的反弹

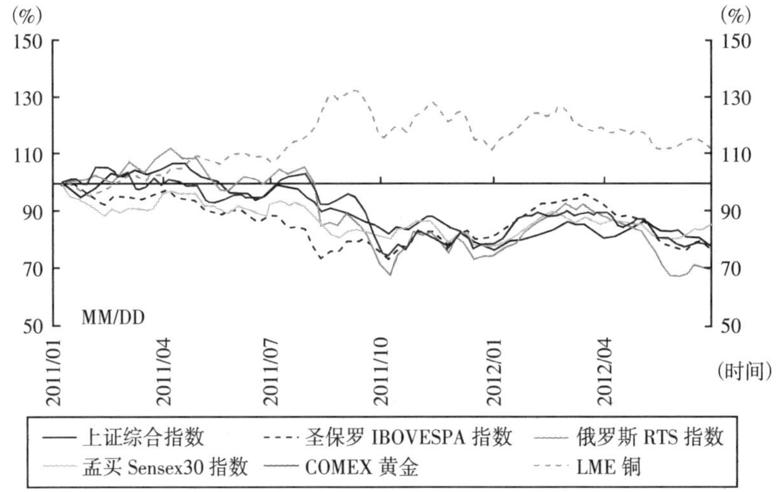


**图 3-47 金砖四国股票指数与黄金及铜期货价格走势（周）**

资料来源：Bloomberg。

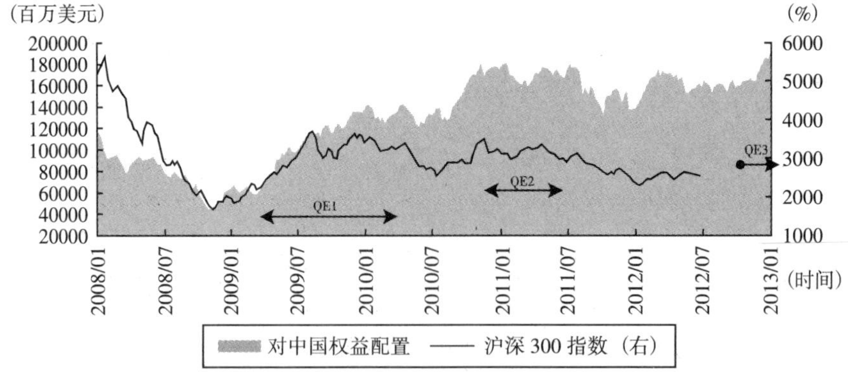


**图 3-48 2008 年以来对金砖四国权益资本配置与市场走势对比**

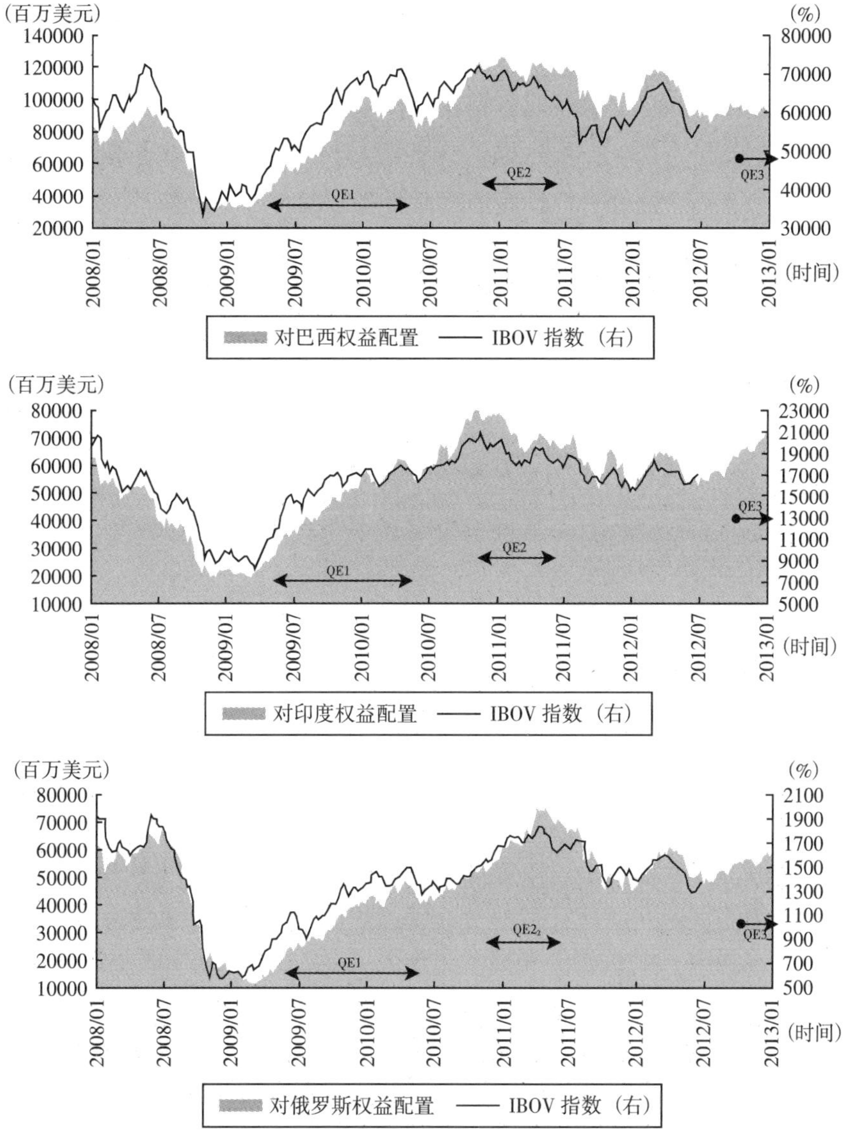


**图 3-48　2008 年以来对金砖四国权益资本配置与市场走势对比（续图）**

资料来源：EPFR、Bloomberg。

行情。这说明全球资产价格可能受到一种更为基本的力量或者说相同的交易结构驱动，因此，用全球大类资产配置的眼光来重新审视 A 股市场的涨跌趋势变化，是分析未来价格变动的必备工作。

对于中国这样的非储备货币国，外汇占款无疑是其经济全球化以后，流动性急速扩张的源泉。从 1994 年开始，中国外汇储备呈现第一次增长高峰，这一方面是由于国际收支双顺差的态势在这一年得以确立；另一方面，这一年实行了汇率并轨，改革之后外汇向央行集中。因此，中国一度采用的强制结售汇制度最终形成了奇特的流动性供给机制。美元一旦结售汇，就形成了所谓的双重投放：在中国，这些美元兑换为人民币基础货币，或者说美元成为中国货币投放的基础（准确地说是美国财政部债而不是中国国债成为货币发行的基础），中国央行就相当于美联储的一个大储备区分行，货币政策多年被劫持，而其能做的就是不断对冲再对冲。2002 年是又一个“分水岭”，在此之前外汇资产占比还出现过下降态势，在此之后则呈直线上升态势。这实际上表明，央行在 2002 年之后就缺乏足够的工具进行资产内部的冲销操作了。央行 2003 年开始被动发行央票冲销，后来不断提升准备金进行更廉价也是更有效的对冲。即便如此，流动性总量仍然不断膨胀，进而刺激资产价格和投机情绪，这时出现了人民币“对外升值，对内贬值”，以及所谓的流动性过剩现象，人民币之所以对外升值就是热钱围城、定向投赌的结果，而对内贬值就是被迫进行货币投放、冲销不力的结果。

我们肯定还记忆犹新，2003~2007 年，那貌似是中国制造和贸易的最甜蜜时刻，也是全球资本豪赌人民币升值的最高峰，2005 年重新打开的升值窗口就如同总攻的集结号，全球套息交易产生的热钱滚滚而来，房产价格和股票价格扶摇直上。但更加诡异的是，强制结汇产生的美元储备成为中国央行的资产，由外汇管理局负责日常管理和投资，由于中国外汇储备投资渠道狭窄，大量的美元储备用于购买美国国债。2008 年危机以后，市场把美联储直接购买国债的行为叫作量化宽松（QE），那么从这一点上看，无论美联储愿不愿意，中国央行很早以前也一直在买入美国国债，相当于中国（还有日本、东南亚、石油国等）向美国不断投放美元基础货币，替美联储执行量化宽松政策。这就是美元的双重投放和循环膨胀，它在中国和美国创造出了双重信用——不同仅仅在于，美国人得到了廉价的信贷可以不断挥霍消费，中国得到更多的货币进行投资和生产，G2 相互需要相濡以沫，真是一个完美的循环。直到泡沫全球化，货币总量多到可以推动中美两国各自的地产价格和股票价格失控形成 2008 年金融危机，这其实就是所谓全球失衡的真相和金融危机的根源。

# 第四章　商业银行：流动性主渠道

商业银行作为中央银行投放流动性向整体经济传导的重要一环，发挥着至关重要的作用。尤其是在中国这种主银行的金融体系环境下，下一章考察正在崛起的金融市场和位于两者之间影子银行和银行的影子系统。

在中国，商业银行是唯一可以经营活期存款的金融机构，通过货币乘数来创造出多于央行所投放的基础货币几倍的流动性，是金融机构杠杆的主要提供者，有着系统的重要性，并最终驱动商业周期的起起落落，银行资金直接或者间接去向的任何一个资产领域，都会掀起价格起伏的波涛。本章将从商业银行资产负债表入手，对其包括的每个项目进行细致分析，最后着重分析商业银行的贷款和债券来解析其流动性的收放过程，从中可以看到它们与中央银行和实体经济的博弈和互动，以及它们自身的利益诉求和效用函数。

## 第一节　商业银行资产负债表综述

首先我们对商业银行资产负债表的各个主要科目进行释义并发现其中变化。我国共有 24 家上市银行，本书将选取其中 16 家规模较大的上市银行对其进行分析。上市银行资产负债表的主要科目如表 4-1 所示。

下面将对资产负债表中上述科目进行解释。

### 一、资产端剖析

1. 现金及存放中央银行款项

该科目主要由现金和存放中央银行款项两部分构成。现金为该银行在

**表 4-1 上市银行资产负债表主要科目**

| 资产 | | 负债 | |
|---|---|---|---|
| 现金及存放中央银行款项 | 可供出售金融资产 | 同业和其他金融机构存放款项 | 应交税费 |
| 存放同业和其他金融机构款项 | 持有到期投资 | 向中央银行借款 | 应付利息 |
| 贵金属 | 长期股权投资 | 拆入资金 | 代理业务负债 |
| 拆出资金 | 应收款项类投资 | 交易性金融负债 | 应付债券 |
| 交易性金融资产 | 固定资产 | 衍生金融负债 | 递延所得税负债 |
| 衍生金融资产 | 无形资产 | 卖出回购金融资产款 | 预计负债 |
| 买入返售金融资产 | 商誉 | 吸收存款 | 其他负债 |
| 应收利息 | 递延所得税资产 | 应付职工薪酬 | |
| 发放贷款及垫款 | 投资性房地产 | | |
| 代理业务资产 | 其他资产 | | |

资料来源：Wind 资讯。

报告时点的库存现金；存放中央银行款项是指各金融企业在中央银行开户而存入的用于支付清算、调拨款项、提取及缴存现金、往来资金结算以及按吸收存款的一定比例缴存于中央银行的款项和其他需要缴存的款项，主要包括三项：法定存款准备金、超额准备金及财政性存款。此处的财政存款为一个会计科目，由于一部分财政存款会存放在商业银行中，但商业银行不能随意使用，需要定期缴存中央银行，因此通过会计科目与其他资产进行区别。从银行是否可以自由使用该科目下资金进行投资角度可以把该科目划分为非限制性资产和限制性资产。非限制性资产包括库存现金和超额准备金；限制性资产包括法定存款准备金和财政性存款。

观察 16 家上市银行现金及存放中央银行款项占总资产的比重可以发现，其历史趋势表现为从 2007 年的 10%左右开始逐渐攀升，虽然在 2009 年前后有约 1%的小幅度回跌，但随后继续攀升，直到 2011 年 9 月达到最高值 15%~16%的水平，之后便步入一个持续下行的时期，目前稳定在 11%~12%的水平。

超储率是衡量银行间流动性的一个重要指标，其与资金利率的走势非常相关，利率作为超额准备金的机会成本，超储率通常与利率走势呈反向变化。超储率的历史趋势表现为从 2007 年开始下降，从 3%左右下行至 1%左右，随后从 2011 年下旬开始呈现震荡上行走势，显示出利率在 2011~2015 年下降的走势，近期超储率开始小幅走低到 1.5%左右的水平。央行在 2017 年 2 月进行 500 亿元逆回购，基准利率上升，超储率可能进一步降低。

在大多数情况下，该科目资产规模可以衡量银行可以使用的资金规模，因此在大部分时间内，现金及存放中央银行款项占总资产比重与超储率有一定正相关性（见图 4-1），但值得注意的是，在法定存款准备金率调整阶段，由于法定存款准备金的规模会发生变化，从而会对超储率产生反向影响。2011 年央行先后 6 次提高法定准备金率，因此超储率呈下降趋势；2015 年央行 5 次降准，超储率有短暂的小幅上升。

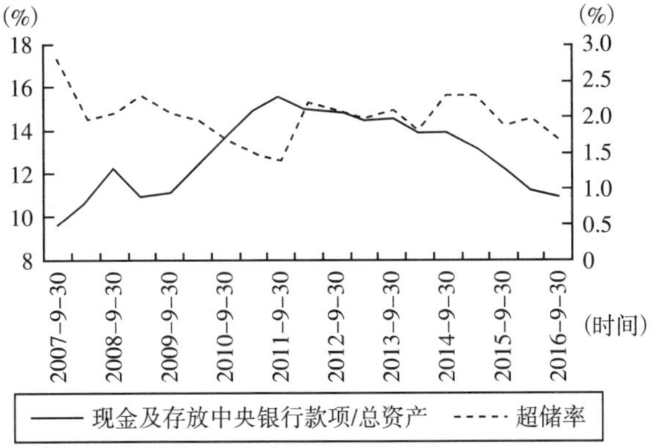


**图 4-1　现金及存放央行款项占总资产比重与超储率具有一定正相关性**

资料来源：Wind 资讯。

2. 发放贷款及垫款

该科目主要包括本行按规定因办理承兑汇票、开出保函、开出信用证以及其他业务而发生的各项款项，按规定发放的各种客户贷款，本行办理商业票据的贴现、转贴现等业务所融出的资金等资产。可分为企业贷款、个人贷款和票据贴现三大类，公司贷款主要包括一般贷款、融资租赁、贸易融资等，个人贷款主要包括信用卡及透支、小微企业贷款、个人住房贷款、个人消费贷款、个人经营贷款等。

从发放贷款及垫款占比曲线（见图 4-2）可以看出，2007~2009 年，占比急剧上升，显示出贷款扩张的高速时期，随后从 2009 年到 2012 年步入震荡下降时期，近年来比重在 50%的水平上下波动。尽管近年来银行不断推出各类创新业务，资产负债出现了许多新的变化，但贷款依然是银行资产中最重要且占比最大的投资项目。

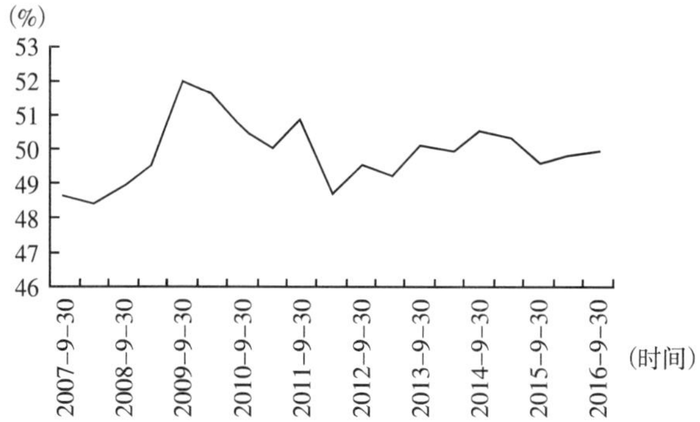


**图 4-2 发放贷款及垫款占总资产比重基本保持稳定**

资料来源：Wind 资讯。

3. 交易性金融资产

本科目是核算银行以赚差价为目的，准备近期内出售而持有的债券投资、股票投资和基金投资的公允价值。

根据金融工具确认与计量会计准则的规定，金融资产或金融负债满足下列条件之一的，应当划分为交易性金融资产或金融负债：①取得金融资产的目的主要是为了近期内出售或回购或赎回。②属于进行集中管理的可辨认金融工具组合的一部分，具有客观证据表明企业近期采用短期获利方式对该组合进行管理。③属于金融衍生工具。但被企业指定为有效套期工具的衍生工具属于财务担保合同的衍生工具、与在活跃市场中没有报价且其公允价值不能可靠计量的权益工具投资挂钩并须通过交付该权益工具结算的衍生工具除外。

其特点为：①企业持有的目的是短期性的，即在初次确认时即确定其持有目的是为了短期获利。一般此处的短期也应该是不超过一年（包括一年）。②该资产具有活跃市场，公允价值能够通过活跃市场获取。③交易性金融资产持有期间不计提资产减值损失。

4. 可供出售金融资产

通常是指企业初始确认时即被指定为可供出售的非衍生金融资产，以及没有划分为以公允价值计量且其变动计入当期损益的金融资产、持有至到期投资、贷款和应收款项的金融资产。可供出售金融资产中各种资产风险权重不同。债券投资中，国债、政策性金融债、央票、财政部代为还本付息的地方债的风险权重为 0，一般企业信用债风险权重为 100%，其余类型债券风险权重发生过变动，2012 年以前独立偿债的地方政府债风险权重为 0，2012 年后为 20%；2012 年前铁道债风险权重为 50%，2012 年后为 20%，2012 年前中央投资的公共企业债风险权重为 50%，2012 年后为 100%，银行债参考同业存放和同业拆借。此外，信用债也会同贷款一样占用银行对于企业的授信额度，这是导致银行自营资金在该科目与持有至到期投资科目下更倾向于配置利率债的原因。

5. 持有到期投资

本科目核算银行持有至到期投资的摊余成本。持有至到期投资是指到期日固定、回收金额固定或可确定，且企业有明确意图和能力持有至到期的非衍生金融资产。通常情况下，包括企业持有的、在活跃市场上有公开报价的国债、企业债券、金融债券等。

实际操作中交易性金融资产和可供出售金融资产很难区分，交易性金融资产、可供出售金融资产以及持有到期投资不同特点如表 4-2 所示。

**表 4-2　交易性金融资产、可供出售金融资产、持有到期投资对比**

| 交易性金融资产 | 可供出售金融资产 | 持有到期投资 |
|---|---|---|
| 1. 投资目的是赚取差价<br>2. 以公允价值计价<br>3. 其价值变动计入当期损益<br>4. 不用计提减值准备<br>5. 统一计提市场加权风险资本 | 1. 投资目的交易或配置均有<br>2. 以公允价值计价<br>3. 价值变动不影响利润表<br>4. 需要计提减值准备<br>5. 各项资产风险权重不同 | 1. 投资目的是获取利息<br>2. 以摊余成本法计价<br>3. 到期日、回收金额确定<br>4. 需要计提减值准备<br>5. 各项资产风险权重不同 |

资料来源：Wind 资讯。

从这 16 家上市商业银行资产比重的整体走势可以看出：第一，2007~2010 年，交易性金融资产占比持续下降，从 1%降到 0.4%的水平，2010 年开始，交易性金融资产占比开始震荡上升到接近 2%的水平，尤其是 2013 年有一个直线型上升，可能原因是 2013 年下半年股市的启动使银行可以持有更多的交易性金融资产。而 2014~2015 年由于股市的牛市导致银行更倾向于收益更高的资产，因此交易性金融资产的规模处于 1.5%左右的高位。第二，2008~2011 年，可供出售金融资产和持有到期投资呈现较为明显的负相关关系。这是因为，银行可以通过把资产这两个科目进行划分来获取更多的收益。当预期收益率上升时，银行会压缩可供出售金融资产规模，减少利率上行过程中由于以公允价值计价而产生的估值对于资本净额的压力，相应地，增加持有到期投资的规模不仅可以提高未来资产组合的收益率，而且由于是以摊余成本法计价，因此该科目没有估值压力。2011 年后，可供出售金融资产和持有到期投资占比出现缓慢下降的过程，直到 2015 年开始有一个小幅度的上升，其可能原因是 2015 年的“债牛”导致银行债券投资的科目资产比重有所上升，因此 2015 年可供出售金融资产和持有到期投资的占比上升。

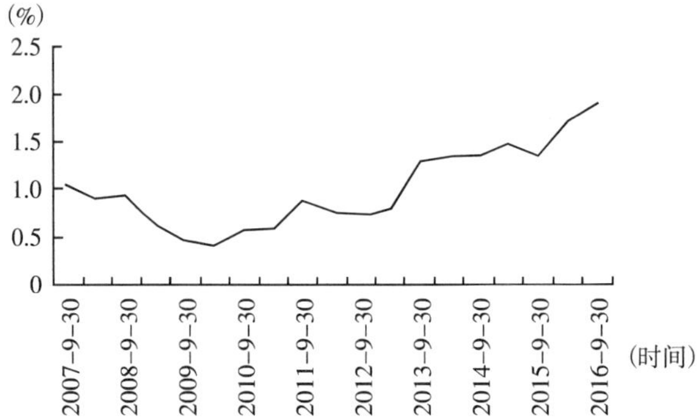


**图 4-3　交易性金融资产占比不断上升**

资料来源：Wind 资讯。

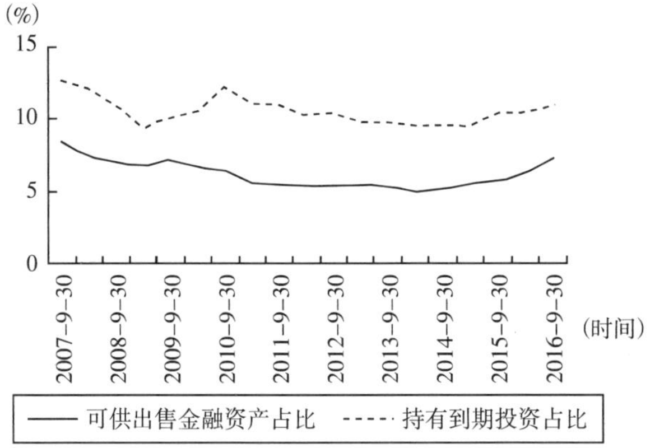


**图 4-4　可供出售金融资产和持有到期投资占比缓慢下降**

资料来源：Wind 资讯。

6. 存放同业和其他金融机构款项

本科目主要用来核算银行存放于非央行的境内、境外银行和非金融机构的款项。从期限上来看，以活期款项和一年以内的定期款项为主。

存放同业与拆放同业是极易混淆的两个概念，两者的区别在于：

（1）风险不同，拆放同业通常须事先对拆入银行进行授信，或以票据进行质押（如逆回购），而存放同业则不需要。

（2）凭证不同，拆放同业须事先签订拆借合同，作为双方的债权债务凭证，而存放同业是在资金到达存放行时由存放行出具存款证实书或320报文等作为凭据。

（3）程序不同，存放同业须事先在存放行开立同业存款账户，而拆放同业不需要开立账户。

（4）期限不同，根据人行的规定，目前人民币拆借的最长期限不超过1年，而同业存放的存期可以在1年以上。

（5）利率不同，拆借利率通常要略高于存放同业利率。

（6）金额不同，目前中资商业银行的最高拆入限额和最高拆出限额均不得超过该机构各项存款余额的8%，而存放同业则无金额限制。

（7）会计信贷管理方面：拆借有专门的“拆放银行业”科目，以及拆出资金利息收入科目，而存放同业用的就是普通的“存放同业款项”科目以及“金融机构往来利息收入”科目等；信贷方面，在损失专项准备的提取、信贷资产五级分类、非信贷资产五级分类等方面都有所不同。

（8）运作目的不同，存放同业一般是清算目的，拆放同业一般是盈利目的。

7. 拆出资金

由于银行之间经常发生资金拆借业务来调剂资金头寸，因此该科目主要用来核算本行拆借给非央行的境内、境外银行和非金融机构的款项，相当于资金拆出行向资金拆入行提供的一种短期贷款。拆出资金是我国商业银行的一项重要业务，其目的在于通过优化资产结构而实现整体资产收益最大化。拆出资金业务内部控制是我国商业银行内部控制体系的重要内容，是提高拆出资金业务质量的重要保证。

存放同业和其他金融机构款项与拆出资金的异同点如表4-3所示。

根据存放同业和其他金融机构占比和拆出资金占比历史变化趋势可以看出，其走势与SHIBOR有一定的正相关性（见图4-5），当SHIBOR较高时，存放同业与拆出资金也较高，可能原因是存放同业与拆出资金的利率以SHIBOR为基准利率；当SHIBOR较高时，银行收益较高，因此会扩大存放同业和拆出资金的规模。2011年SHIBOR进入了快速上升的时期，存放同业和拆出资金也迅速上行，存放同业占比从2.4%上升至4.3%，而拆

**表 4-3 存放同业和其他金融机构款项与拆出资金异同**

| 相同点 | 不同点 | |
|---|---|---|
| | 存放同业 | 拆出资金 |
| 1. 本质上是一种信用借款，不需要资金融入方提供抵押资产<br>2. 期限一般较短，不占用信贷规模<br>3. 不同资产风险权重不同 | 1. 需要开立账户，资金所有权未转移<br>2. 以盈利为目的，操作流程较复杂<br>3. 期限相对更长<br>4. 没有期限和最高限额的限制 | 1. 不开立账户，资金所有权发生转移<br>2. 以清算为目的，操作流程较简单<br>3. 期限不超过一年且有最高金额限制 |

资料来源：Wind 资讯。

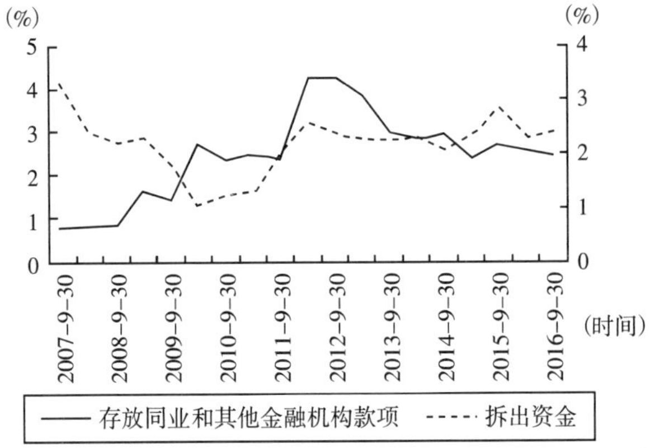


**图 4-5 存放同业和拆出资金与 SHIBOR 有一定正相关性**

资料来源：Wind 资讯。

出资金也从 1.3%上升到了 2.6%左右。但 2015 年上半年 SHIBOR 有一个较为大幅的下降，但存放同业仅有 0.3%的小幅度下降，而拆出资金却略微有所增长，可能原因是存放同业对 SHIBOR 的变化更为灵敏，而拆出资金更具有清算性，即使 SHIBOR 下降其规模也不能很及时地跟着下降，具有一定的滞后性。另外，拆出资金也可能因为银行资产负债期限配置问题而导致其规模不能随着收益率的下降而下降。

8. 买入返售金融资产

买入返售金融资产核算的是银行按照事前的返售协议约定先买入再按规定价格返售给卖出方的票据、证券、贷款等金融资产所融出的资金；买入方式是有协议的交易性金融资产、有回购返售协议或企业自行购入。其特点是双方有协议，有固定返售价格，实质是通过交易市场将自由现金流

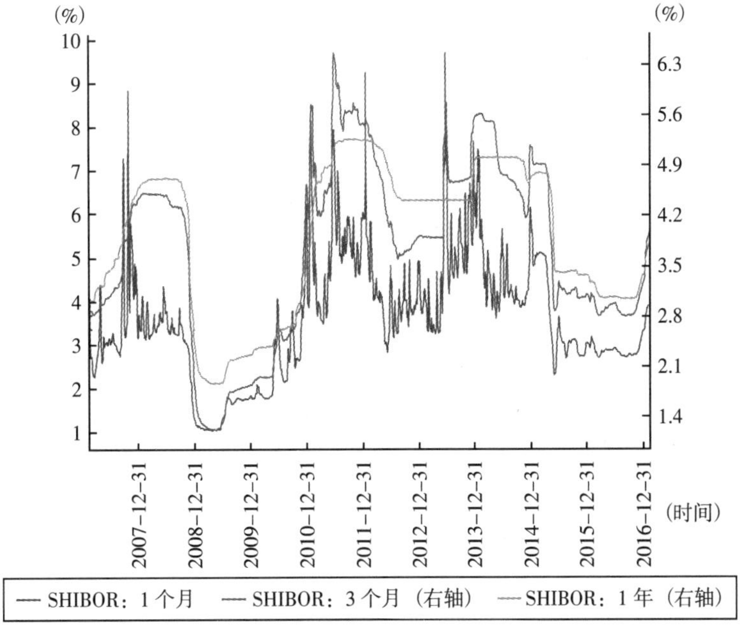


**图 4-6 SHIBOR 走势图**

资料来源：Wind 资讯。

以抵押的形式贷出，抵押品一般是债券。但根据规范同业业务的 127 号文要求，三方的信托受益权与资产管理计划买入返售业务已叫停，存量业务自然到期结清，即买入返售下非标资产因受监管限制而减少。

9. 应收款项类投资

应收款项类投资为银行持有的非上市中国国家凭证式国债及其他债权投资，此类资产回收金额固定或可确定，在境内外没有公开市价，具体可分为标准债权投资和非标准债权投资两大类。其中标准类投资主要包括政府债券、金融机构债券和公司债券等；非标类投资又可分为信贷类和非信贷类，主要包括信托受益权、券商资产管理计划、保险资产管理计划等。该科目与持有至到期投资一样，按实际利率法，以摊余成本法计价，需要计提减值准备。

根据 2014 年五部委联合发布的《关于规范金融机构同业业务的通知》（银发〔2014〕127 号）的要求，应收款项类投资下明细项目根据所投资基础资产的性质，准确计量风险并计提相应资本与拨备。实际操作时，银行可根据投资资产的属性调整风险权重计提比例。如招商银行在年报中披露其非信贷类非标绝大多数为与商业银行同业的往来交易，预计其实际资本计提比例将参照对我国其他商业银行的债权进行，即 20%~25%。

从这 16 家上市商业银行买入返售金融资产和应收款项类投资占资产比重的整体走势（见图 4-7）可以看出，应收款项类投资占比曲线呈现“V”字形，经历了先下降后上升的阶段。2012 年以前，应收款项类投资占比从 8%下降到了 2.4%的水平，2012 年之后随着“非标”的兴起，由于其高收益的特点，备受银行的青睐，因此应收款项类投资又开始经历上涨阶段，如今稳定在 8%左右的水平。买入返售金融资产在经历了最初的增长之后进入了锯齿形震荡的阶段，2014 年五部委联合发布的《关于规范金融机构同业业务的通知》（银发〔2014〕127 号）对买入返售金融资产进行规范之后，该科目占比开始急剧下降，从 6.5%降到了 1.4%左右。

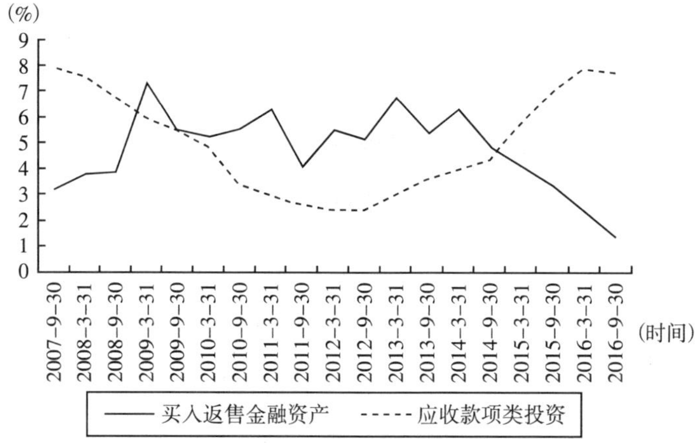


**图 4-7　买入返售金融资产占比不断下降，应收款项类投资占比呈正“V”形**

资料来源：Wind 资讯。

10. 应收利息

应收利息是指短期债券投资实际支付的价款中包含的已到付息期但尚未领取的债券利息。这部分应收利息不计入短期债券投资初始投资成本中。但实际支付的价款中包含尚未到期的债券利息，则计入短期债券投资初始投资成本中不需要单独核算的部分。

11. 贵金属

本科目主要用于核算银行为交易目的所持有的贵金属的公允价值。贵金属投资分为实物投资和电子盘交易投资。实物投资是指投资人在对贵金属市场看好的情况下，低买高卖赚取差价的过程。也可以是在不看好经济前景的情况下所采取的一种避险手段，以实现资产的保值增值。电子盘交易是指根据黄金、白银等贵金属市场价格的波动变化，确定买入或卖出。随着通货膨胀威胁的加剧，以及全球经济形势的动荡，具有避险保值功能的贵金属投资需求呈现爆发式的增长趋势。由于贵金属的变现性和保值性高，可以抵御通胀带来的币值变动和物价上涨。

12. 衍生金融资产

金融衍生资产是与基础金融产品相对应的一个概念，指建立在基础产品或基础变量上衍化和派生的，以杠杆和信用交易为特征的金融工具。银行的衍生金融资产主要包括汇率远期及掉期、汇率期权、交叉货币利率互换、利率掉期、利率远期、利率互换、商品衍生工具、贵金属远期合约、信用衍生工具、权益衍生工具等。基本特点是跨期性、杠杆性、联动性、不确定性或高风险性。

13. 代理业务资产

本科目用于核算企业不承担风险的代理业务形成的资产，如受托理财业务进行的证券投资、受托贷款等。

14. 长期股权投资

长期股权投资是指通过投资取得被投资单位的股份，通常通过成本法和权益法进行核算。基本特点为：长期持有、利险并存、不能随时出售、风险较大。

15. 固定资产

本科目核算的是银行持有的固定资产初始计量扣除折旧之后的净值，包括房屋、建筑物、机器、机械、运输工具以及其他与生产经营活动有关的设备、器具、工具等。

16. 无形资产

本科目核算的是银行拥有或者控制的没有实物形态的可辨认非货币性资产，包括货币资金、应收账款、金融资产、长期股权投资、专利权、商标权等无形资产。

17. 商誉

商誉是指能在未来期间为企业经营带来超额利润的潜在经济价值，或一家企业预期的获利能力超过可辨认资产正常获利能力的资本化价值。商誉是企业整体价值的组成部分。在企业合并时，它是购买企业投资成本超过被合并企业净资产公允价值的差额。

18. 递延所得税资产

本科目核算本行确认的可抵扣暂时性差异产生的递延所得税资产，根据税法规定可用以后年度税前利润弥补的亏损及税款抵减产生的所得税资产，也在本科目核算。

19. 投资性房地产

本科目核算的是为赚取租金或资本增值，或两者兼有而持有的房地产。投资性房地产应当能够单独计量和出售，主要包括：已出租的土地使用权、持有并准备增值后转让的土地使用权和已出租的建筑物。

20. 其他资产

主要包括其他应收及暂付款、长期待摊费用、抵债资产（主要包括房屋及建筑物、土地使用权等）等资产。

## 二、负债端剖析

1. 同业和其他金融机构存放款项

本科目核算的是因支付清算和业务合作等的需要，由其他金融机构存放于商业银行的款项，对应于资产端的存放同业和其他金融机构款项，是一种负债，可分为国内同业存放和国外同业存放两个方面。国内同业存放，是指国内各银行还有其他金融机构为了方便结算，在各自有关的结算地点开立存款账户，是对于接纳该笔存款的银行和金融机构而言的。国外同业存放，是指各国经营外汇业务的银行，为了便于国际业务的收付，在某种货币的结算地点开立的该货币的存款账户，是对于接纳该存款的银行和金融机构而言的。

2012年“非标”资产开始兴起之后，同业负债的目的开始从调节资产负债期限、管理短期资金头寸逐渐转变为投资“非标”。银行将客户的委托资金通过券商资管等同业机构计入该科目，并利用该负债投资信贷类或非标类资产。同业负债成本更高，因此提高了银行综合负债成本。

127号文在规范“非标”类资产的同时，也对同业负债占比进行了约束：单家商业银行对单一金融机构法人的不含结算性同业存款的同业融出资金，扣除风险权重为零的资产后的净额，不得超过该银行一级资本的 50%。

2. 拆入资金

本科目核算的是银行从境内外金融机构拆入的实际金额，对应于资产端的拆出资金。央行规定：拆入的资金只能用于弥补票据清算、联行汇差头寸不足和先支后收等临时性资金周转的需要。严禁用拆入资金发放固定资产贷款、搞固定资产投资、购买有价证券、经营或炒买炒卖房地产及向企业投资参股，期限不得超过一年。

3. 卖出回购金融资产款

本科目用于核算银行按回购协议先卖出再按约定价格买入票据、证券、贷款等金融资产所融入的资金，对应于资产端的买入返售金融资产。卖出回购金融资产款相当于有抵押/质押的拆入资金。

观察 16 家上市银行的同业存放、拆入资金和卖出回购金融资产款的历史趋势（见图 4-8、图 4-9）可以发现：同业负债中同业存放占比最大，且一直呈现锯齿型波动，从 7.3%上升到了 12.5%左右，目前为 10.4%左右，自 2014 年对同业负债占比进行约束之后，其增长有放缓迹象。拆入资金和卖出回购资产款占比总体也呈上升趋势，拆入资金从 0.7%上升到了 2.1%，卖出回购金融资产款占比也从 0.7%上升到了 1.5%，但 2014 年后，两者增速也均放缓。

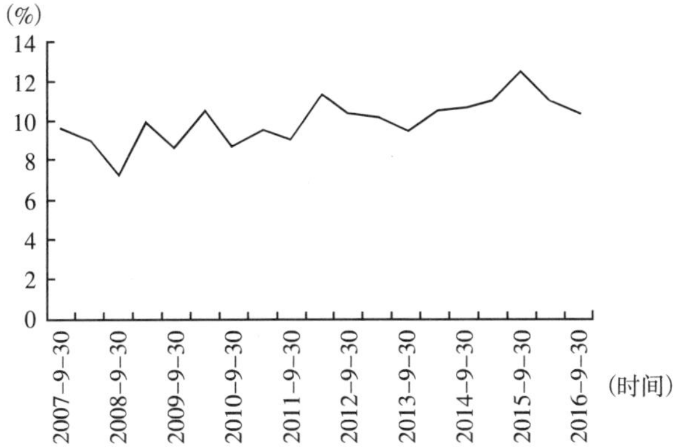


**图 4-8 同业负债中同业存放占比最大**

资料来源：Wind 资讯。

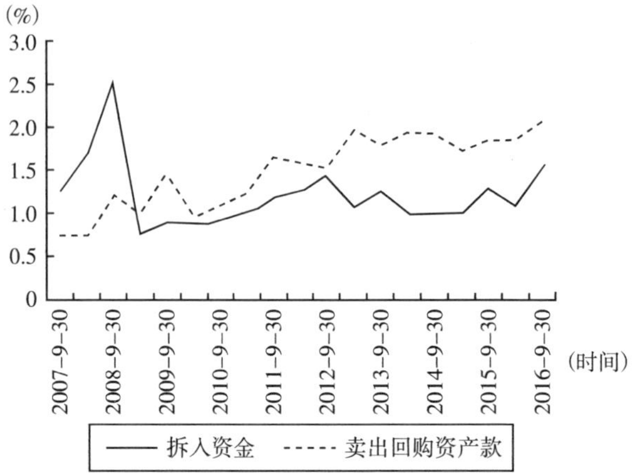


**图 4-9 拆入资金和卖出回购资产款增速放缓**

资料来源：Wind 资讯。

4. 吸收存款

本科目核算的是银行吸收的除了同业存放款项以外的其他各种存款，即收到的除金融机构以外的企业或者个人、组织的存款，包括单位存款（企业、事业单位、机关、社会团体等）、个人存款、信用卡存款、特种存款、转贷款资金和财政性存款等；本行收到客户存入的各种保证金，如信用保证金、承兑汇票保证金、保函保证金、担保保证金等。吸收存款是银行最主要的资金来源，也是最重要的业务。

5. 应付债券

本科目核算的是银行为筹集长期资金而实际发行的债券及应付的利息，它是企业筹集长期资金的一种重要方式，包括本行和子公司发行的存款证、一般金融债券、次级债券、混合资本债券、可转换公司债券等。

从 16 家上市银行的吸收存款和应付债券占比的历史趋势（见图 4-10）可以看出，由于受到金融创新、互联网金融等的挤压，吸收存款作为商业银行最传统的业务，也是银行最主要的资金来源，其占比不断下降，从最初的 80%，下降到了如今的 68%左右，且其下降趋势还在延续，银行“脱媒”现象越来越明显。应付债券作为银行主要的资金来源之一，其占比呈现上升趋势，2007~2011 年，其占比一直稳定在 1.2%左右的水平。2011 年后开始进入上升时期，尤其从 2014 年开始迅猛增长，其原因可能是 2013 年年底开始，同业存单开始发行，大多数银行将其放在应付

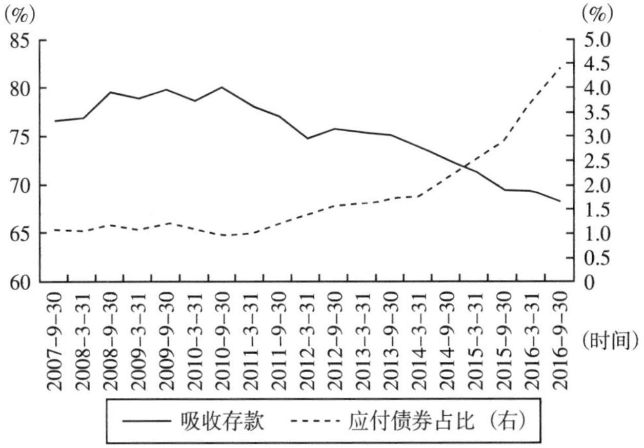


**图 4-10 吸收存款占比不断下降，应付债券迅猛增长**

资料来源：Wind 资讯。

债券科目下记录，应付债券占比目前达到了 4.4%的水平，2016 年增速强劲，增速高达 1.3%，其后上行趋势依然明显。

6. 交易性金融负债

本科目核算的是银行采用短期获利模式进行融资所形成的负债的公允价值。符合以下条件之一的金融负债，企业应当划分为交易性金融负债：①承担金融负债的目的主要是为了近期内出售或回购；②金融负债是企业采用短期获利模式进行管理的金融工具投资组合中的一部分；③属于衍生金融工具。交易性金融负债主要类别包括已发行保本型理财产品、结构性金融工具、与贵金属相关的金融负债、已发行债务证券、外币债券卖空等。

7. 向中央银行借款

本科目核算的是银行向中央银行借入的临时周转资金、季节性资金、年度性资金以及因特殊需要经批准向中央银行借入的特种借款等。

向央行借款以及交易性金融负债也是银行资金来源的两种重要渠道，向中央银行借款一定程度上反映了央行的政策意图，2011 年以前向央行借款占比不足 0.3%，随后 2011 年和 2013 年均出现了大幅度提升，占比达到了历史最高值 1.4%，可能央行放松了银根，采取了宽松的货币政策，目前稳定在 1%的水平。交易性金融负债是银行自身可以根据自身资金的盈缺情况、资产负债期限匹配情况进行短期主动调整的科目，随着金融工具的创新，交易性金融负债也有较大变化，从 2014 年开始，其占比有较为显著的上升，在 2015 年上半年经历小幅下降之后再度拔高，从 0.3%上行到了 1.7%的水平（见图 4-11）。

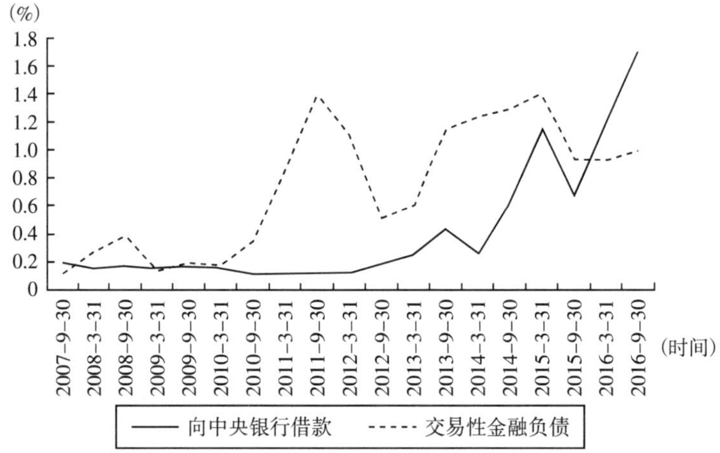


**图 4-11　向央行借款保持稳定，交易性金融负债呈上升态势**

资料来源：Wind 资讯。

8. 应付利息

本科目核算本行按照合同约定应支付的利息，包括吸收存款、分期付息到期还本的长期借款、已发行债务证券、同业和其他金融机构存放款项、拆入资金及卖出回购资产等应支付的利息。

9. 衍生金融负债

衍生金融负债是与衍生金融资产相对应的会计科目，此处不再赘述。

10. 应付职工薪酬

本科目核算的是银行根据有关规定应付给职工的各种薪酬，按照“工资，奖金，津贴，补贴”“职工福利”“社会保险费”“住房公积金”“工会经费”“职工教育经费”“解除职工劳动关系补偿”“非货币性福利”“其他与获得职工提供的服务相关的支出”等应付职工薪酬项目进行明细核算。

11. 应交税费

本科目核算的是银行根据在一定时期内取得的营业收入、实现的利润等，按照现行税法规定，采用一定的计税方法计提的应交纳的各种税费。应交税费包括银行依法交纳的增值税、消费税、营业税、企业所得税、资源税、土地增值税、城市维护建设税、房产税、土地使用税、车船税、教育费附加、矿产资源补偿费等税费，以及在上缴国家之前，由银行代收代缴的个人所得税等。

12. 代理业务负债

本科目核算本行不承担风险的代理业务收到的款项，包括受托投资资金、受托贷款资金、代理保险资金、未在本机构开户的代收及代付资金等。

13. 递延所得税负债

本科目核算银行根据所得税准则确认的应纳税暂时性差异产生的所得税负债。

14. 预计负债

本科目核算本行根据或有事项等相关准则确认的各项预计的负债，包括对外提供担保、未决诉讼、重组义务、亏损性合同等或有事项产生的负债。

15. 其他负债

本科目包括其他应付款、递延收入、代收代付款项、理财产品未投资资金、应付股利等。

## 三、资产负债表的整体变化

综观资产负债表 20 项资产科目和 15 项负债科目，对比 2016 年最新数据与 2010 年同期数据，分别找出变化最大的六项，分析其变动反映了近年来银行资产负债的变化。

首先，从负债端看，最大的变动在于吸收存款的下降，降幅达到了 11.6%，随着人们传统理财观念的变化，以及金融创新所带来的新的理财产品对银行传统业务的冲击，造成了存款的不断分流，以致存款占比急剧下降。应收款项类投资上升了 4.3%（见图 4-12），随着“非标”的兴起，因其高收益的特点备受商业银行青睐，因此在商业银行负债端中占比有大幅上升。同业存单的发行也导致应付债券占比较 2010 年时增加了 3.4%。同业存放和拆入资金分别上升了 1.7%和 1.0%。由于近年来经济高速发展，央行一直执行宽松的货币政策，这也使向中央银行借款规模占比上升了 1.6%。

其次，从资产端看，下降幅度最大的是买入返售金融资产，降幅达到 4.2%（见图 4-13），其原因是 127 号文对买入返售资产的限制。现金及存放中央银行款项下降了 2.7%，其余各项投资的收益率作为现金的机会成本

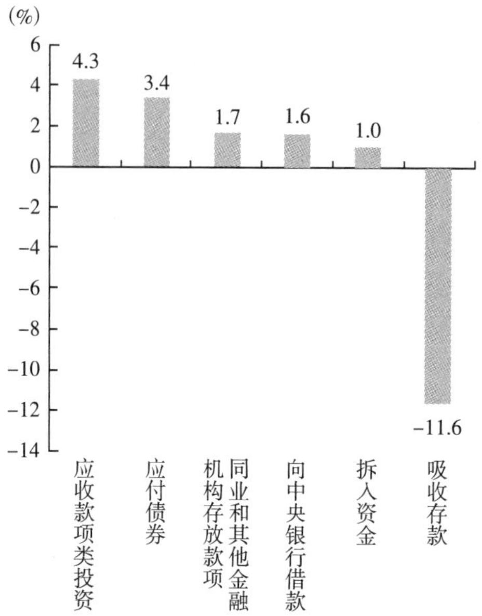


**图 4-12 负债类变动在于吸收存款下降**

资料来源：Wind 资讯。

直接影响到该项资产的规模，随着现在债券市场的发展及各种投资方式的兴起，商业银行在满足自身流动性的要求之后，适当减少了现金及存放中央银行款项。持有到期投资下降了 1.4%，但可供出售金融资产上升了 0.9%，银行通过把资产这两个科目的划分来获取更多的收益，2016 年利率比 2010 年低，因此把资产放入可供出售金融资产来享受由收益率降低带来的资产净值的上升，同时交易性金融资产上升了 1.3%，反映商业银行现在开始更加重视债券投资，通过交易获利的投资方法。拆出资金也有 1.2%的上升，说明银行间有了更为密切的联系，且更加重视资产负债的期限配置。

综上所述，从 16 家上市银行资产负债表整体变化情况来看，存款、贷款、央行存款等传统业务占比正在下降；债券类投融资活动整体占比呈上升趋势，表现出银行开始积极进行投资活动，提升整体盈利水平，积极寻找稳定的资金获得渠道，由于利率市场化的推进，债券市场更具活力，因此是一个很好的投融资市场；交易性金融资产/负债占比的上升则显示出银行现在对债券类投资活动的重心从资产配置逐步向交易方向分配。拆出资金、拆入资金、同业存放、存放同业等同业活动占比的上升则预示着银行间资金往来

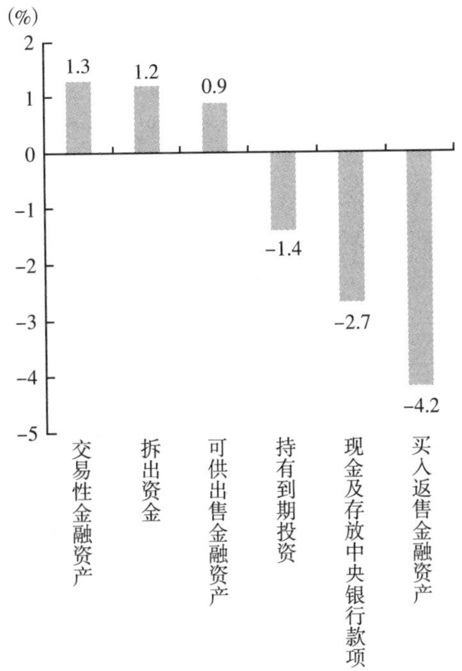


**图 4-13 资产类变动在于买入返售金融资产和现金存放的减少，债券类投资增加**

资料来源：Wind 资讯。

越来越频繁，金融市场更加密不可分，银行开始发展收益更高的同业活动，而不仅仅局限于传统业务。卖出回购金融资产款占比的上升也昭示着另一种融资渠道的发展，银行持有的金融资产天然就是一种很好的抵押品，应收款项类投资的上升也显示出银行对“非标”资产的青睐。近年来，央行宽松的货币政策、放松的再贷款政策也导致向中央银行借款占比的上升。

## 第二节 贷款部分讨论

贷款是商业银行资产负债表中最重要的资产类别，近年来商业银行贷款占总资产比重基本保持在 50%左右，因此本节将聚焦于贷款，对 16 家上市银行资产负债表中的贷款科目进行更为深入的研究，并对与贷款相关的若干问题做出更加详细的阐释。

## 一、贷款的细分

各银行按照各自的业务特点，将贷款细化为公司贷款和居民贷款两类。公司贷款继续细分为公司贷款、票据贴现、融资租赁、贸易融资、其他等；居民贷款继续细分为信用卡、个人住房贷款、个人经营贷款（或助业贷款）、个人消费贷款、小微贷款、其他等。

**表 4-4　公司贷款、住房贷款、信用卡是银行贷款中最主要的三大科目**

单位：%

| | 公司贷款 | 票据贴现 | 住房贷款 | 消费贷款 | 经营贷款 | 信用卡 | 其他 |
|---|---|---|---|---|---|---|---|
| 北京银行 | 70.37 | 4.19 | 16.95 | 2.11 | 6.38 | 0.00 | 0.00 |
| 华夏银行 | 78.17 | 2.75 | 9.90 | 0.00 | 0.00 | 5.75 | 3.42 |
| 交通银行 | 70.16 | 3.16 | 16.24 | 0.00 | 0.00 | 7.30 | 3.15 |
| 南京银行 | 79.20 | 3.54 | 10.16 | 5.13 | 0.61 | 0.70 | 0.67 |
| 宁波银行 | 58.83 | 11.85 | 0.48 | 27.38 | 1.46 | 0.00 | 0.00 |
| 平安银行 | 63.43 | 2.94 | 3.65 | 0.00 | 7.16 | 12.00 | 4.54 |
| 浦发银行 | 67.31 | 2.68 | 13.80 | 0.00 | 5.99 | 7.03 | 3.18 |
| 兴业银行 | 65.29 | 3.47 | 20.12 | 0.00 | 0.00 | 4.46 | 6.66 |
| 招商银行 | 49.26 | 6.05 | 20.32 | 0.00 | 0.00 | 11.25 | 13.12 |
| 工商银行 | 64.17 | 5.30 | 22.57 | 2.33 | 2.23 | 3.41 | 0.00 |
| 光大银行 | 60.89 | 4.39 | 13.64 | 0.00 | 8.19 | 11.29 | 1.60 |
| 建设银行 | 59.64 | 4.85 | 28.79 | 0.65 | 0.53 | 3.60 | 1.95 |
| 民生银行 | 61.11 | 3.61 | 8.57 | 0.00 | 15.64 | 7.91 | 3.17 |
| 农业银行 | 63.00 | 4.51 | 23.82 | 1.78 | 2.35 | 2.44 | 2.09 |
| 中国银行 | 65.15 | 3.18 | 24.25 | 0.00 | 0.00 | 2.86 | 4.56 |
| 中信银行 | 69.89 | 3.67 | 10.63 | 0.00 | 4.18 | 6.95 | 4.67 |

资料来源：Wind 资讯，2016 年中报。

从表 4-4 可以看出，公司贷款是各大银行占比最高的贷款项目，平均占比为 65.37%，其中南京银行、华夏银行和北京银行等小银行占比最高，分别为 79.20%、78.17%和 70.37%；招商银行、宁波银行和建设银行占比最低，分别为 49.26%、58.83%和 59.64%。

个人贷款中，最主要的是住房贷款，占贷款总量平均比重为 15.24%，其中建设银行、中国银行和农业银行等国有大行占比较高，分别为 28.79%、24.25%和 23.82%，宁波银行、平安银行和民生银行等小银行占比较低，分别为 0.48%、3.65%和 8.57%。

信用卡透支为居民贷款中第二重要的科目，占贷款总量平均比重为 5.43%，其中平安银行、光大银行和招商银行等股份制银行占比较高，分别为 12%、11.29%和 11.25%。

票据贴现业务占比平均为 4.38%，宁波银行占比较高为 11.85%，其余银行差别不大。消费贷款占比平均为 2.46%，宁波银行较为突出，占比为 27.38%，其次为南京银行和工商银行，分别为 5.13%和 2.33%。经营贷款占比平均为 3.42%，其中民生银行、光大银行和平安银行等股份制银行占比较高，分别为 15.64%、8.19%和 7.16%。

我们与央行每月公布的信贷收支表中的各项贷款做个对比，基本可以找到对应关系，下面我们按照央行信贷收支表（见表 4-5）中的数据进行进一步解读。

**表 4-5 央行信贷收支表中的各项贷款**

| |
|---|
| 各项存款 Total Deposits |
| （一）境内存款 Domestic Loans |
| 1. 住户存款 Deposits of Households |
| （1）活期存款 Demand Deposits |
| （2）定期及其他存款 Time & Othet Dedosits |
| 2. 非金融企业存款 Deposits of Non-financial Enterprises |
| （1）活期存款 Demand Deposits |
| （2）定期及其他存款 Time & Othet Dedosits |
| 3. 政府存款 Deposits of Government |
| （1）财政性存款 Fiscal Deposits |
| （2）机关团体存款 Deposits of Government Departments & Organizations |
| 4. 非银行业金融机构存款 Deposits of Non-banking Financial Institutions |
| （二）境外存款 Overseas Deposits |

资料来源：Wind 资讯。

首先，对于住户贷款来说，按照用途可以分为消费贷款和经营贷款两种，按照期限可以分为短期和中长期两种。从趋势上看，消费贷款呈上升趋势，短期贷款从2004年底占比0.66%到2016年底已经达到4.41%；中长期贷款则在震荡中上行，现在处于快速上升阶段，从2004年底的9.88%，到目前达到了17.95%的水平。经营性信贷同样呈现上升的趋势，但短期贷款从2014年底开始急剧下降，从5.7%下降到了目前4.12%的水平，中短期贷款稳定在3.3%的水平。从图4-14和图4-15中可以看出，我国住户贷款中消费贷款占比较高，尤其是其中的中长期贷款，其飞速增长与房地产销量增速不无关系。

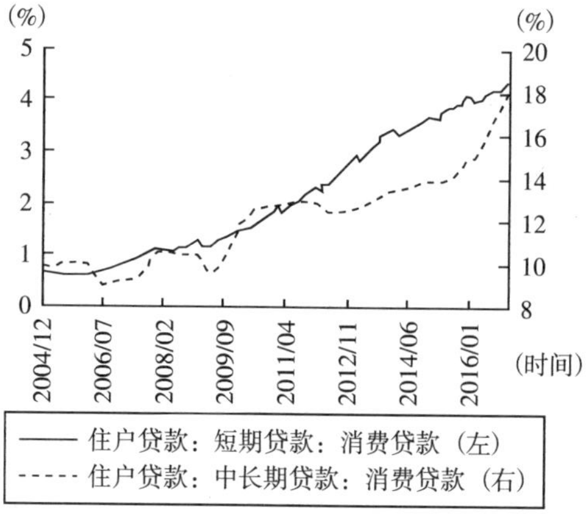


**图4-14　消费信贷持续上升**

资料来源：Wind资讯。

非金融企业及机关团体贷款主要由五部分构成，其中短期贷款、长期贷款与票据融资是三项占比较高的贷款科目。短期贷款与中长期贷款是占比较大的两个科目，从图4-16中可以看出，两者存在比较明显的负相关关系，但从2014年开始，两者均呈现下降态势，2016年底，短期贷款占比24.6%，中长期贷款占比35.35%。票据融资占比在2009年快速提升，达到最高值9.51%，随后开始大幅回落至最低点2.59%，而中长期贷款却同时达到最高值43.71%，表现出票据融资向中长期贷款转化的趋势，目前票据融资占比又开始有所回升，达到目前5%左右的水平（见图4-17）。

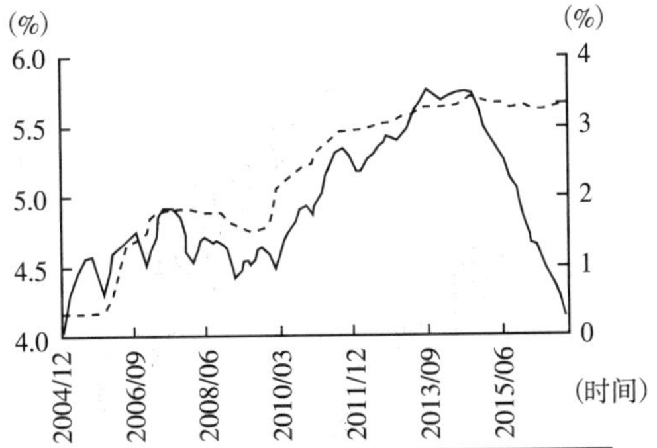


**图 4-15 经营信贷短期贷款急剧下降**

资料来源：Wind 资讯。

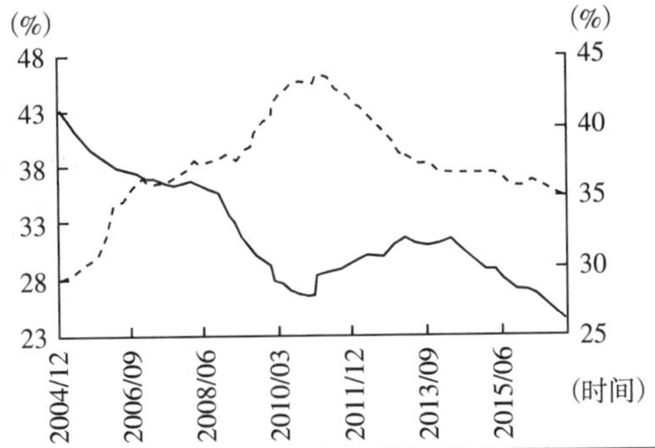


**图 4-16 短期贷款与中长期贷款呈明显负相关**

资料来源：Wind 资讯。

非金融企业及机关团体中长期贷款主要用来进行固定投资，因此从图 4-18 中可以看出，中长期贷款增速在趋势上和固定资产投资同比增速具有一定正相关性，且中长期贷款增速的变动幅度小于固定资产投资增速的变动幅度。而短期贷款主要用于资金周转。在经济较强时，企业资金周转快，银行更倾向于发放中长期贷款；在经济较差时，企业资金周转慢，银行更倾向于发放短期贷款。因此在大部分时间中，短期贷款与工业增加值呈现一定负相关关系（见图 4-19）。但是我们还要注意区分票据贴现融资

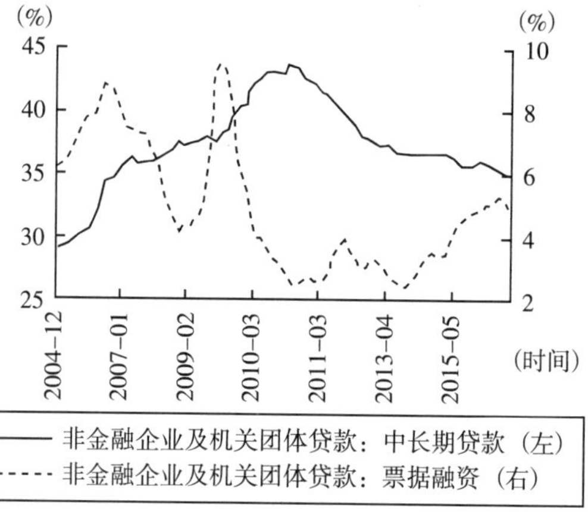


**图 4-17 票据融资在大幅回落后开始有所回升**

资料来源：Wind 资讯。

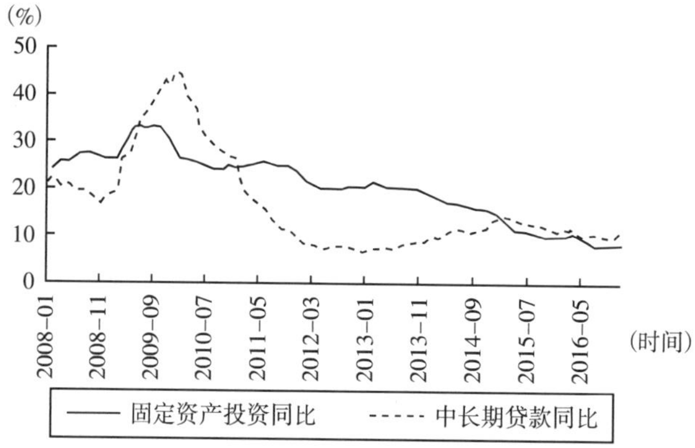


**图 4-18 固定资产投资同比和中长期贷款同比增速呈正相关关系**

资料来源：Wind 资讯。

和未贴现银行承兑汇票融资。未贴现银行承兑汇票属于商业银行的表外项目，只占用企业的授信额度，并不占用商业银行的信贷额度，因此会被纳入社会融资规模的统计中，并不会被纳入银行的贷款统计中；而票据贴现融资占用商业银行的信贷额度，会被当作短期贷款进行衡量。

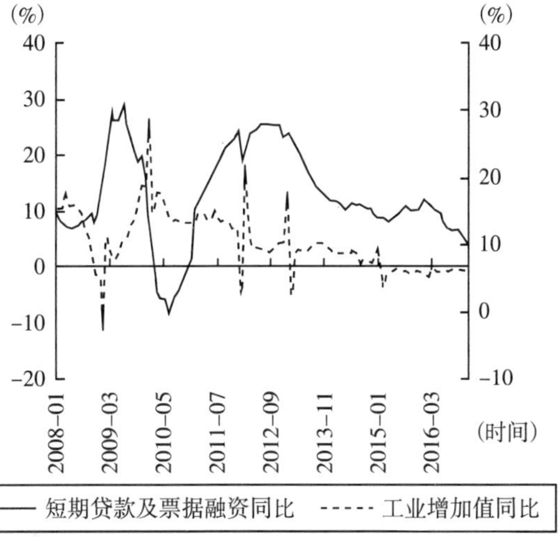


**图 4-19 短期贷款同比增速与工业增加值同比增速呈负相关关系**

资料来源：Wind 资讯。

## 二、贷款利率

我国商业银行广泛采用的贷款利率定价方法是基准利率加点定价法。这种定价法是在确定的一种基准利率基础上，各银行加上一定价差或乘上一定的加成系数，是考虑到违约风险补偿和期限风险补偿后制定的贷款利率。公式表示为：贷款利率=基准利率+加成部分=基准利率+违约风险溢价+期限风险溢价。该方法属于“开放型”定价模式，优点在于考虑市场风险和违约风险，较为合理，缺点在于基准利率的确定没有统一标准，没有考虑大客户的需求。

央行推出了贷款基础利率（Loan Prime Rate，LPR）来作为基准利率。LPR 是指金融机构对其最优质客户执行的贷款利率，其他贷款利率可根据借款人的信用情况，考虑抵押、期限、利率浮动方式和类型等要素，在贷款基础利率基础上加减点确定。目前，对社会公布 1 年期贷款基础利率。

LPR 报价银行团现由中国银行、中国工商银行、中国农业银行、中国建设银行、交通银行、招商银行、浦发银行、中信银行、兴业银行共 9 家商业银行组成。报价银行应符合财务硬约束条件和宏观审慎政策框架要求，系统重要性程度高、市场影响力大、综合实力强，已建立内部收益率曲线和内部转移定价机制，具有较强的自主定价能力，已制定本行贷款基础利率管理办法，以及有利于开展报价工作的其他条件。市场利率定价自律机制依据《贷款基础利率集中报价和发布规则》确定和调整报价行成员，监督和管理贷款基础利率运行，规范报价行与指定发布人行为。

中国外汇交易中心暨全国银行间同业拆借中心受权对贷款基础利率的报价计算和信息发布。每个交易日根据各报价行的报价，剔除最高、最低各 1 家报价，对其余报价进行加权平均计算后，得出贷款基础利率报价平均利率，并于 11:30 对外发布。

从 LPR 的历史走势（见图 4-20）来看，该报价与 Shibor 长期报价存在同样的问题，报价波动过小。从理论上进行分析，LPR 应该反映市场对于信贷供需情况，如果银行预期未来信贷额度不足或未来市场信贷需求上升，那么 LPR 利率应该出现上升；如果银行预期未来信贷额度增加或未来市场信贷需求不足，那么 LPR 利率应该出现下降。但是实际上，LPR 并未出现太大调整。2015 年央行频繁出台降息政策导致 LPR 不断下降，最终使 LPR 和 SHIBOR 利差从 0.7%扩大到 1%，可能原因是降息后银行负债成本并没有显著降低，因此只能减少 LPR 下降幅度保持净息差来保证其收益水平。从 2016 年 10 月后，LPR 由于其滞后性始终保持稳定，但是 SHIBOR 快速上升导致两者利差逐渐减小。

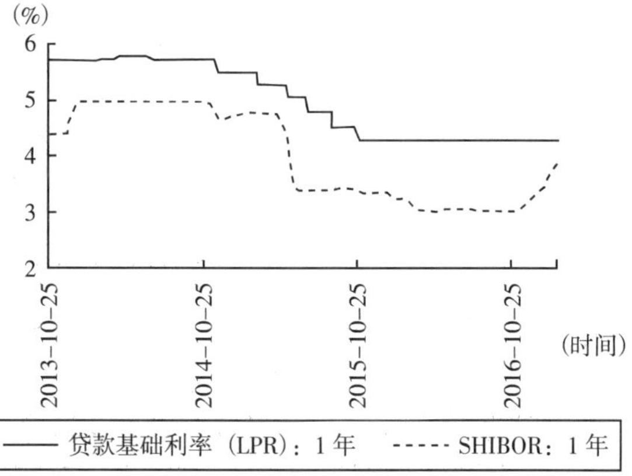


**图 4-20　LPR 与 SHIBOR 长期报价波动过小**

资料来源：Wind 资讯。

通过观察 LPR 和资金利率关系（见图 4–21）可以发现，在 2015 年降息前两者相关性不强，说明之前制定 LPR 时，资金利率参考意义不大。2015 年资金利率整体呈现下降趋势，LPR 也开始频繁下调，说明从 2015 年开始，银行指定 LPR 时开始参考资金利率。

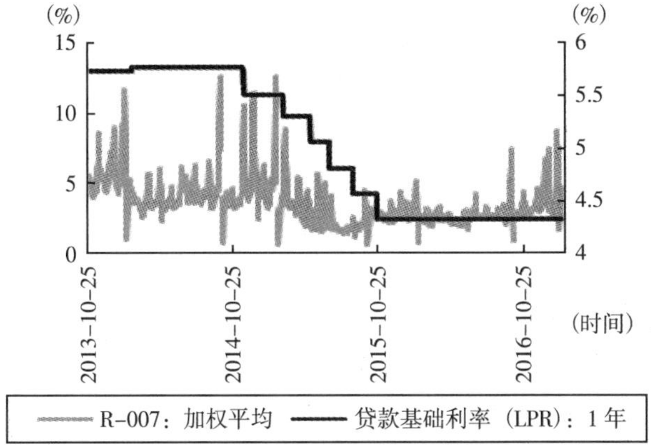


**图 4–21　2015 年开始 LPR 与资金利率有一定相关关系**

资料来源：Wind 资讯。

分析完我国商业银行的贷款定价方式之后，我们再来考察一下目前我国贷款利率与资金利率的关系（见图 4–22）：从历史上看，在 2013 年以前，短期资金利率和贷款利率的方向大体一致，但相互波动的幅度还是有差别；2013 年以后，两者方向上的相关度明显下降，变化的幅度也更加不一致。

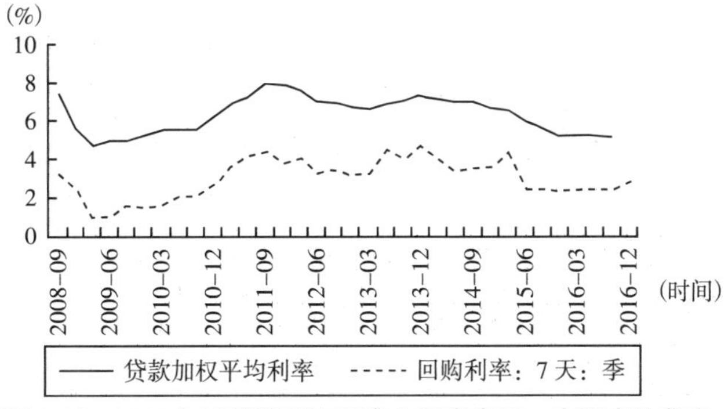


**图 4–22　2013 年后贷款利率和资金利率出现一定程度的背离**

资料来源：Wind 资讯。

而从贷款利率和贷款基准利率的趋势（见图 4-23）可以看出，从 2010 年开始，贷款利率高于贷款基准利率，并且利差先扩大后减小，尽管 2012 年之后贷款利率下限两次扩大，2013 年 7 月之后全面放开，但贷款加权平均收益率与 1 年贷款基准利率之差却在 2013 年再次扩大，目前维持在 120bp 左右。出现这种现象的原因是，2013 年后，利率市场化进程加快，短期利率由于银行负债成本的提高出现了中枢性抬升；同时，理财的发展，一般性存款的下滑，银行加大同业负债规模等利率市场化的产物推升了银行的资金成本，并将其转嫁到了贷款定价上；加之存贷比和资本充足率对于银行的要求越来越严，导致银行资本成本也有一定上升，最终使贷款利率同样出现了中枢性抬升。

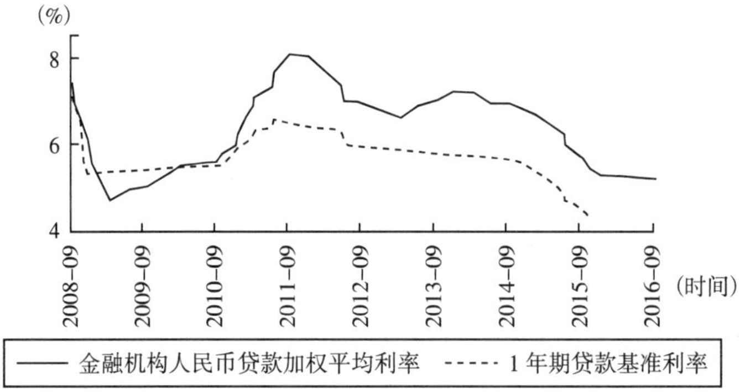


**图 4-23　贷款收益率和基准利率之差再次扩大**

资料来源：Wind 资讯。

2013 年之后贷款利率与资金利率出现了一定程度的背离，则主要是因为从 2012 年开始，外汇占款出现了趋势性下降，银行间市场流动性慢慢进入了一种“紧平衡”状态，使资金利率更多反映边际利率水平，对于货币政策变化、流动性变化、市场对于流动性变化预期的敏感性越来越强，而贷款利率则主要反映存量以及新增量两方面的影响，对于上述变化反映都不如资金利率敏感。因此，出现了 2013 年和 2015 年第一季度资金利率快速上行，而贷款利率缓慢上行；2014 年和 2015 年第二季度资金利率快速下行，而贷款利率缓慢下行的现象。因此，目前资金利率的上行与贷款利率继续缓慢下行所引发的背离也就不难理解，仍然属于合理的范畴之内。

另外还需要考虑的问题是，在利率市场化继续推进的背景下，资金利率和债券利率中枢有可能大体呈现上升趋势，那企业融资成本该如何降低？

1. 基准利率

2015 年央行进行的多次降息确实起到了降低贷款平均利率的效果，但央行降息对于贷款利率降低的影响是一个相对缓慢的过程。除了影响新增贷款利率外，在贷款利率重置日时，存量贷款的利率也会出现下降，使贷款加权平均利率能够持续下降。

但是债券的情况则不同。如果债券市场利率下行，新增债券的融资成本是下降的，但是对于存量债券来说，由于其固息方式，票面利率在发债券的时候就已经确定，二级市场利率变动只能改变债券市值，并不能影响发债企业融资成本。

资金利率对于融资成本的影响可能更弱。跟资金利率直接相关的是票据融资利率，这是因为在实际操作中票据融资业务大都以 Shibor 利率或再贴现利率作为基准利率，其利率跟资金利率更相关，波动性也要大于一般贷款利率。但票据融资占社会融资规模比例不大，因此其对于社会融资总成本影响不大。

综上所述，降低基准利率的方式能够有效降低新增贷款和存量贷款的利率，但是过程相对缓慢，由于贷款占社会融资规模 50%以上，因此能够有效降低社会融资成本。对于债券来说，降低二级市场利率只能降低新增债券利率，由于债券融资占比不大，因此认为债券利率的高低对于社会融资成本的高低影响并不大。而资金利率对于票据融资产生直接影响，对于社会融资成本的影响更低。

2. 银行的加成成本

在利率市场化的不断推进中，银行的负债成本是不断上升的，理财、同业存单、同业负债等不断推升银行的 FTP，同时，由于我国引进了《巴塞尔协议Ⅲ》，对于资本充足率的要求为 8%，因此从降低资金成本和资本成本的角度来降低银行加成成本恐怕不太现实。如果想降低银行对于贷款定价的加成成本，唯一可行之路在于降低企业自身的风险成本。一方面可能需要政府来部分承担银行投放贷款时的信用风险，另一方面则需要政府来改善市场风险偏好。

3. 改变银行贷款结构

由于目前个人住房贷款利率区间波动幅度更低，因此其与贷款基准利率的走势更加一致，对于降息等措施反应也更大，因此，如果个人住房贷款比例增大，也有助于整体贷款利率水平的下降。

## 三、影响贷款的监管指标

讨论了贷款利率之后，我们在本节讨论影响贷款投放的几个因素：

1. 存贷比

存贷比是银行贷款余额与存款余额的比率。从银行盈利的角度讲，贷存比越高越好。但是监管层要求商业银行投放贷款时需要有足够的存款支撑满足存贷比的要求，即各项贷款余额/各项存款余额需要小于等于 75%。从图 4-24 可以看出，2015 年以前，银行存贷比在 65%处上下波动，2013 年第三季度由于银监会发布了《中国银监会关于调整商业银行存贷比计算口径的通知》，使 2014 年第三季度商业银行存贷比大幅下降至 64.17%。2015 年开始，存贷比开始迅速上升，目前稳定在 67.2%的水平，但是距离 75%还有一定距离，原因是现在商业银行吸收存款难度越来越大。存款增速自 2010 年起就开始低于贷款增速，2014 年存款增速为 0.78%，贷款增速为 1.04%（见图 4-25），现在两者差异有进一步拉大的趋势，这将导致存贷比有继续升高的压力。

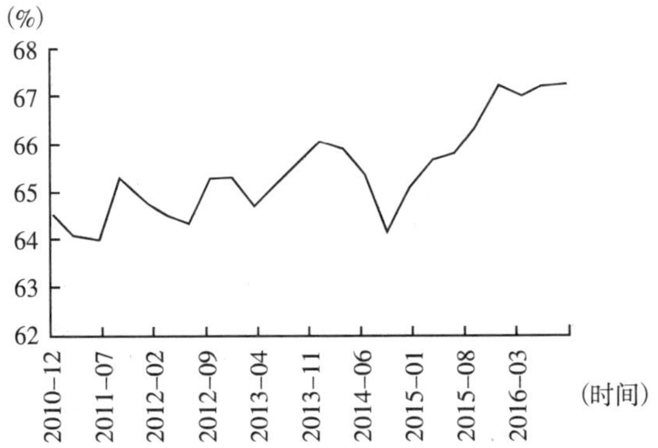


**图 4-24　存贷比稳定在 67.2%左右的水平**

资料来源：Wind 资讯。

央行在 2015 年发布了《关于调整金融机构存贷款统计口径的通知》，把非存款类金融机构存款纳入存款口径；把银行投资各类资管、基金子公司产品，银行拆放各类证券期货及信托公司、汽车金融、金融租赁、贷款

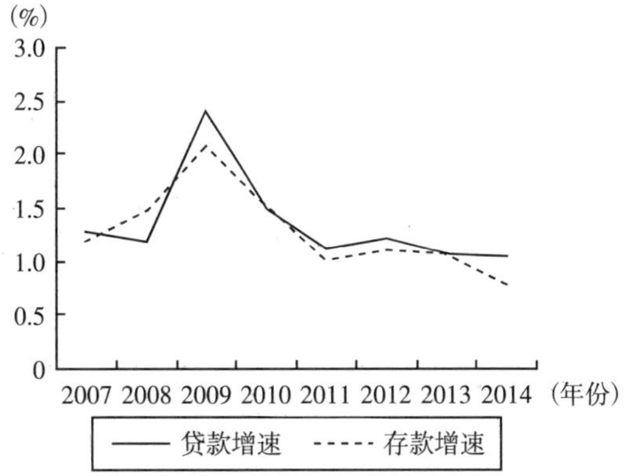


**图 4-25　贷款增速高于存款增速**

资料来源：Wind 资讯。

公司，银行拆放小额贷款公司三种贷款纳入贷款口径。但值得注意的是，央行存贷款口径与银监会存贷比口径具有一定相互独立性，存贷比为银监会规定的监管指标，在央行发布该通知后，银监会也并未发布相关调整存贷比的通知，央行该通知是否影响银监会存贷比考核仍待后续观察。

2. 资本充足率的要求

监管部门要求银行为其经营行为产生的风险按比例配备股权性质或类似股权性质的自由资金，能够在危机时刻吸收损失。资本充足率是一个银行的资本总额对其风险加权资产的比率。监管部门要求我国商业银行资本充足率大于等于 8%，一级资本充足率大于等于 6%，核心一级资本充足率大于等于 5%。此外还要求 2.5%的缓冲资本，以及系统重要性银行 1%的额外资本要求。

银监会做出了详细的 6 年过渡期计划。从图 4-26 可以看出，2009 年以来，商业银行资本充足率持续高于 10%，一级资本充足率和核心一级资本充足率持续高于 8%，均远远高出监管要求的水平。分机构类型来看，截至 2016 年 9 月，大型商业银行的资本充足率为 14.16%，股份制商业银行的资本充足率为 11.95%，城市商业银行的资本充足率为 12.39%，农村商业银行的资本充足率为 13.14%，外资银行的资本充足率为 19.34%，明显高于过渡期内分年度中 2016 年底的监管要求。

**表 4-6 过渡期内分年度资本充足率要求**

单位：%

| 银行类别 | 项目 | 2013 年底 | 2014 年底 | 2015 年底 | 2016 年底 | 2017 年底 | 2018 年底 |
|---|---|---|---|---|---|---|---|
| 系统重要性银行 | 核心一级资本充足率 | 6.50 | 6.90 | 7.30 | 7.70 | 8.10 | 8.50 |
| | 一级资本充足率 | 7.50 | 7.90 | 8.30 | 8.70 | 9.10 | 9.50 |
| | 资本充足率 | 9.50 | 9.90 | 10.30 | 10.70 | 11.10 | 11.50 |
| 其他银行 | 核心一级资本充足率 | 5.50 | 5.90 | 6.30 | 6.70 | 7.10 | 7.50 |
| | 一级资本充足率 | 6.50 | 6.90 | 7.30 | 7.70 | 8.10 | 8.50 |
| | 资本充足率 | 8.50 | 8.90 | 9.30 | 9.70 | 10.10 | 10.50 |

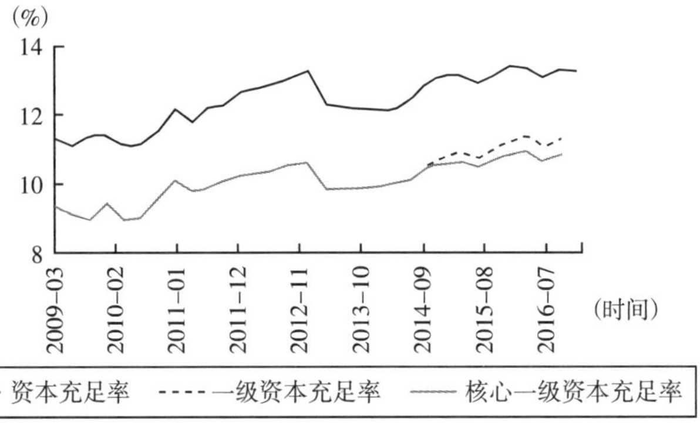


**图 4-26 资本充足率明显高于监管要求**

资料来源：Wind 资讯。

3. 杠杆率的要求

2015 年 1 月，银监会发布《商业银行杠杆率管理办法（修订）》，要求商业银行的杠杆率不得低于 4%。该项指标设立的意义在于与资本充足率共同考虑，资本充足率的规定要求在给定银行资本的条件下，银行降低其资产风险资本即可，而杠杆率则要求资产负债表的总体规模不能过大，反映出银监会担心低风险资产在危机时亦有可能发生严重问题。

4. 信用风险指标

信用风险指标包括不良贷款率不得高于 5%，拨备覆盖率不得低于 150%，贷款拨备率需要大于 2.5%等。不良贷款比例从 2015 年开始上升，目前稳定在 1.75%的水平（见图 4-27），银行应该对其进行管理，加强放贷前的信用审核；拨备覆盖率是实际上银行贷款可能发生的呆、坏账准备金的使用比率，目前拨备覆盖率下降到了176%左右，但始终高于监管要求。

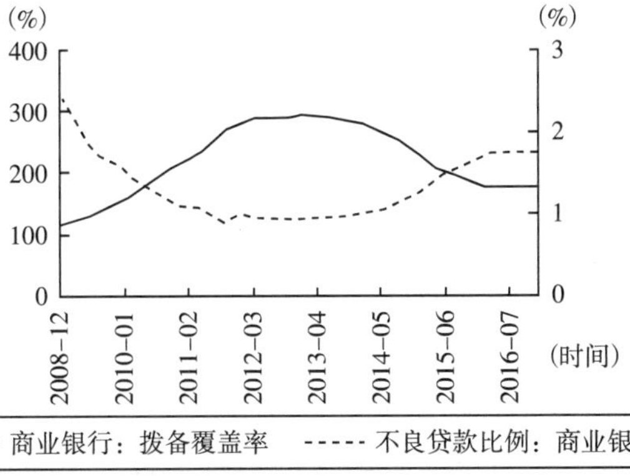


**图 4-27 拨备覆盖率和不良贷款比例均优于监管要求**

资料来源：Wind资讯。

5. 流动性指标

监管部门要求商业银行流动性资产比流动性负债不得低于25%。从图4-28可以看出，目前流动性比例一直处于高位，目前流动性比例处于47.55%左右。2014年银监会发布了《商业银行流动性风险管理办法（试行）》，引入了另一个流动性指标——流动性覆盖率：要求银行优质流动性资产/未来30日内资金净流出在2018年底之前达到100%，同时在过渡期内应当于2014年底、2015年底、2016年底及2017年底前分别达到60%、70%、80%、90%。

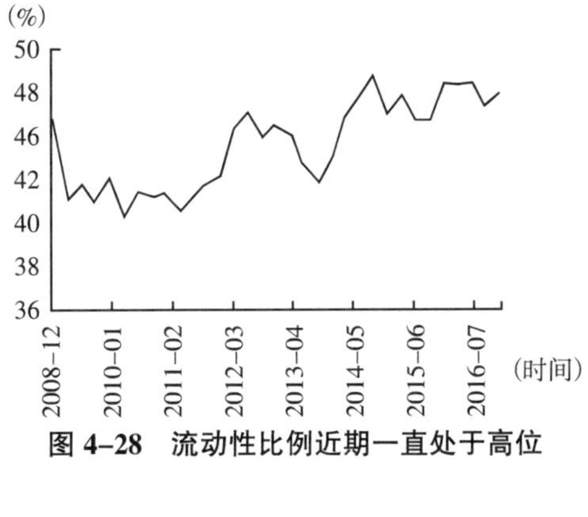


**图 4-28 流动性比例近期一直处于高位**

资料来源：Wind资讯。

6. 集中度指标

如单一集团客户授信集中度、单一客户关联度等，与贷款投放没有直接关系。

## 四、贷款与债券

本节我们探讨贷款与债券的性价比的问题，此处以国债为例。相比贷款而言，国债具有以下三个优势：①税收减免；②不计风险权重；③没有信用风险。我们下面将分别考虑以上三个方面的因素：

1. 税收减免因素

由于投资国债的利息收入免缴企业所得税，而贷款利息收入需要缴25%的所得税，理论上贷款需要考虑的税收溢价是25%。但在实际中，一方面，贷款利息收入可以在扣除相关费用后再承担税收；另一方面，许多银行对资产收益率采取税前考核，因此对税收溢价要求并不高。我们利用金融债里面的隐含税率这一概念来衡量税收溢价的问题：（金融债收益率-国债收益率）/金融债收益率=隐含税率。

从图 4-29 可以看出，隐含税率与国债收益率具有较强相关性，即当国债收益率上升时，免税效应所带来的税收优惠越多，非免税资产需要更高的收益率进行补偿。从趋势上看，2013 年以来隐含税率均值在 22%左右。目前的隐含税率大概为 20%，带来的税收溢价大概在 80bp。

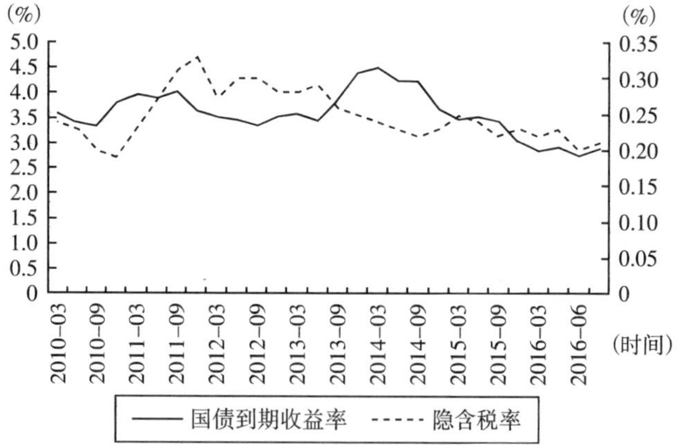


**图 4-29 隐含税率与国债收益率具有一定相关性**

资料来源：Wind 资讯。

2. 占用风险权重因素

由于国债风险权重记为0，而贷款风险权重记为100%，因此贷款需要获取额外的收益进行资本补偿，该资本溢价可以用风险权重×资本充足率×净资本收益率进行衡量。

目前五大行的一级资本充足率平均为11.41%，2015年平均为11.23%，呈现逐年上升的情况。根据Wind资讯公布的商业银行一级资本充足率平均值为11.3%，那么100元风险资产需要消耗11.30元资本金，在考虑商业银行资本利润率平均为14.58%，因此会损失掉1.65元收益，即损失率约为1.65%，对应165bp的资本溢价。

**表4–7 目前五大行一级资本充足率在10%以上**

单位：%

| 年份 | 工商银行 | 中国银行 | 农业银行 | 建设银行 | 交通银行 | 平均 |
|---|---|---|---|---|---|---|
| 2016 | 11.78 | 11.88 | 10 | 12.74 | 10.64 | 11.41 |
| 2015 | 11.83 | 11.38 | 10 | 12.35 | 10.61 | 11.23 |
| 2014 | 11.49 | 11.04 | 9.91 | 12.09 | 11.02 | 11.11 |

资料来源：Wind资讯。

3. 信用风险因素

由于国债没有信用风险，而贷款则面临着一定信用风险，因此需要更高的收益率来补偿风险，在财务处理上，需要计提拨备。因此，我们利用商业银行的拨备率来计算信用溢价。

目前，2016年第四季度贷款拨备率分别为：3.06%、3.07%、3.09%和3.08%，因此目前的信用溢价大概在30bp。

2016年末，金融机构人民币贷款加权平均利率为5.22%，扣除80bp税收溢价、165bp资本溢价、30bp信用溢价，因此2016年末可比国债收益率为2.47%，国债收益率为2.91%。

从图4–30可以看出，在2013年之前，两者趋势相关程度较高，且贷款可比国债收益率的变动幅度比2010年国债收益率变动幅度更为巨大，直到2013年，这种趋势被打破，这与非标的出现是分不开的。一方面，非标相较于贷款性价比更高，拉高了国债收益率的可比价值；另一方面，非标直接消耗银行的库存现金与超额存款准备金，相当于大规模增加利率

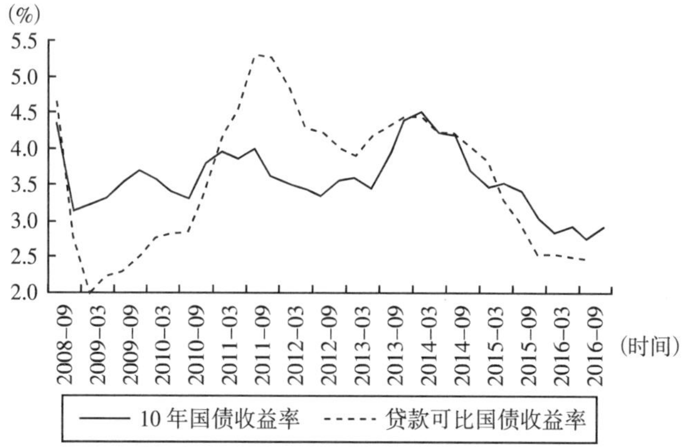


**图 4-30　2015 年国债收益率突破可比国债收益率**

资料来源：Wind 资讯。

债供给，直接对利率债造成挤压，推高了利率债的收益率。但是从 2015 年开始，股票市场爆发，新股慢慢成为固定收益类投资品种，直接推高了债券的可比收益率；地方债的供给在没有基础货币大幅放水的背景下也会大幅度增加利率债供给，挤压利率债的配置资金，因此国债收益率突破了贷款可比国债收益率。

# 第三节　债券部分讨论

## 一、应付债券现状

前两节讨论过商业银行的资产负债表和贷款之后，本节将对商业银行负债端的债券部分进行讨论。

应付债券主要包括以下九种负债：①一般债券；②二级资本债券；③混合资本债券；④次级债券；⑤可转换公司债券；⑥存款证；⑦商业票据；⑧同业存单；⑨离岸金融债券。

应付债券是商业银行负债中除存款和同业存放之外较为重要的负债来源之一，尽管占总负债比重不足 5%，应付债券占比在 2011 年以前一直保持平稳，占比约 1.3%，随后开始上涨，尤其是从 2014 年开始，上涨速度明显加快，主要原因是“非标”的兴起和同业存单发行的加速（见图 4-31、4-32）。2014 年开始，同业存单发行量开始高速上涨，从 2015 年开始呈现锯齿形上升（见图 4-33），预计发行量会进一步上升。从图 4-34 可以看出，同业存单发行利率与资金利率有一定的正相关性。

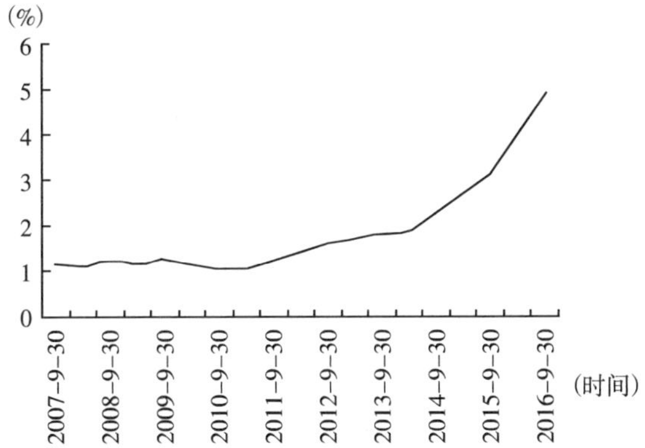


**图 4-31　2014 年开始应付债券占比飞速上涨**

资料来源：Wind 资讯。

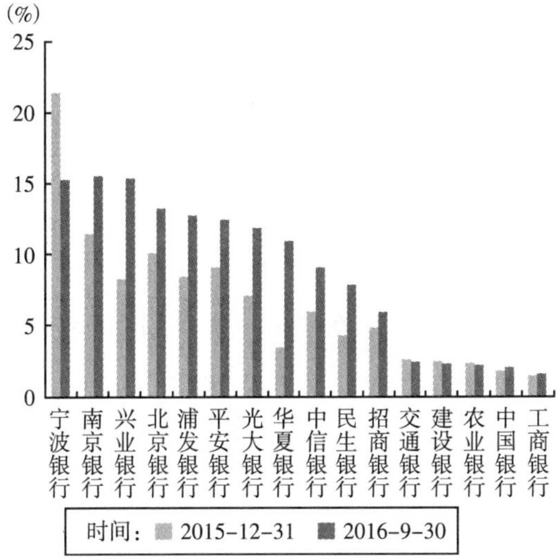


**图 4-32　应付债券占比普遍升高**

资料来源：Wind 资讯。

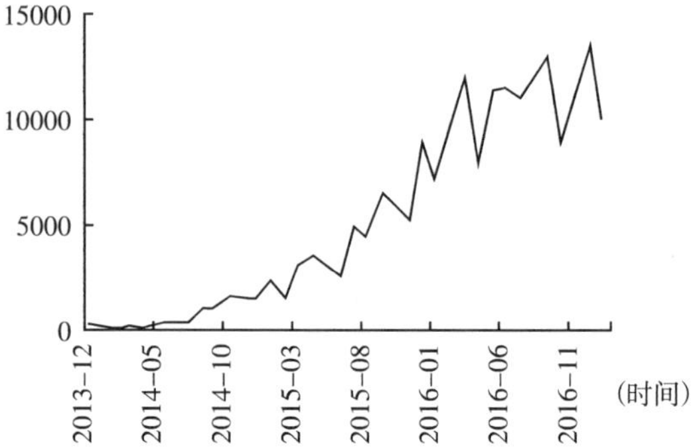


**图 4-33　同业存单发行量持续走高**

资料来源：Wind 资讯。

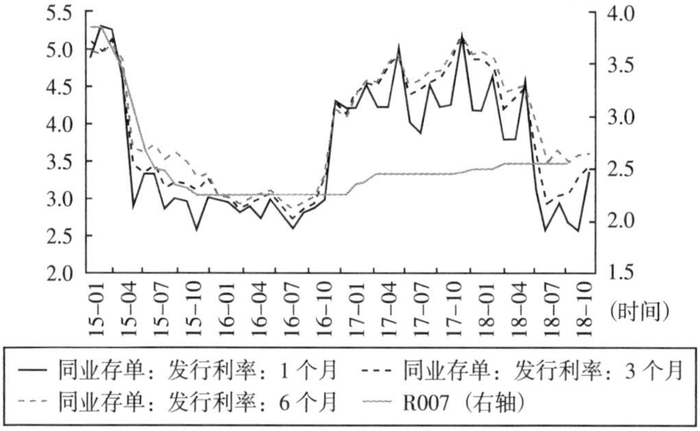


**图 4-34　同业存单发行利率和资金利率正相关**

资料来源：Wind 资讯。

分银行看，城商行应付债券占比依然最高，南京银行最高为 15.55%，宁波银行较 2015 年相比虽略有下降但依然处于高位，占比为 15.3%；股份制银行占比高低不等，且 2016 年第三季度较 2015 年有所提升；大型商业银行占比较低，在 1%~3%的水平，且 2016 年第三季度和 2015 年水平没有明显变动。

根据 16 家上市银行的资产负债表和利润表进行计算，2015 年末应付债券成本在 3.3%左右，大部分银行均保持在 2%~4%（见图 4-35），其中，2015 年末应付债券成本最低的为华夏银行为 2.4%，最高为工商银行 5.25%；从图 4-36 中可以看出，应付债券成本基本稳定在 2%~4%，除了 2013 年底，债券成本突破 4%，达到了 5.36%，可能是由于同业存单刚开

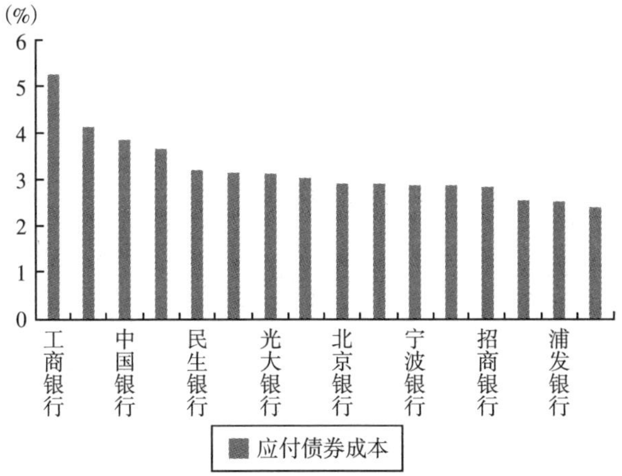


**图 4-35 大部分银行成本保持在 2%~4%**

资料来源：Wind 资讯。

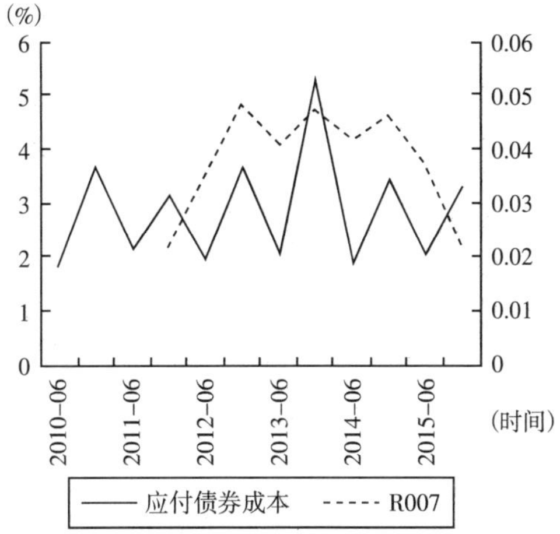


**图 4-36 应付债券成本和资金利率呈一定相关关系**

资料来源：Wind 资讯。

始兴起，推高了银行负债成本。应付债券成本的历史趋势和 R007 有一定正相关性。

## 二、商业银行综合负债成本

通过 16 家上市银行的资产负债表和利润表计算其表内负债的综合成

本可以发现，2015 年末银行表内综合负债成本在 2.2%左右（见图 4–37），考察其与 R007 的关系可以发现二者有一定关系，但是 2014 年资金利率开始大幅回落之后，银行综合负债却并未随之下降，可能原因有以下几点：

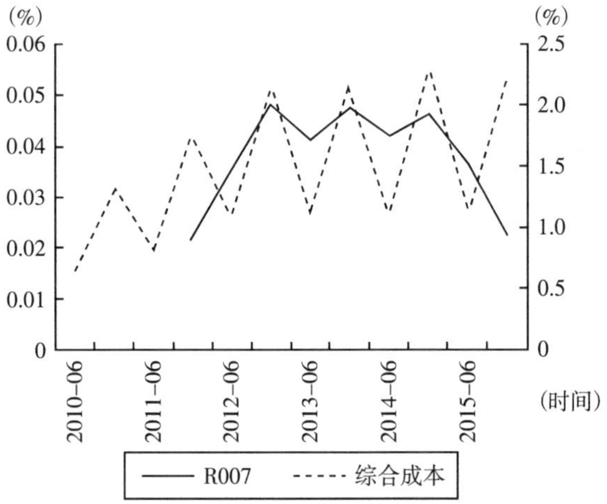


**图 4–37　2014 年后 R007 大幅回落但银行负债综合成本并未随之下降**

资料来源：Wind 资讯。

首先，从总量结构来看，商业银行成本最高的负债是同业负债和应付债券，2015 年末分别为 3.3%和 3.2%左右（见图 4–38）；吸收存款和向中央银行借款成本分别在 1.96%和 2.41%左右，但是由于中央银行占比太低所以对综合成本影响并不大。虽然资金利率降低会导致同业存放和应付债券成本下降，但是 2013 年以后，吸收存款占比从 80%下降到 75%左右（见图 4–39），同时同业负债和应付债券占比不断上升，导致低息负债向高息负债转移这一结构性变化对冲掉了资金利率下降对于单一负债成本下降的影响。

其次，存款利率与资金利率相关性更差一些，主要原因在于存款成本与基准利率更加相关，而并非市场利率，近期历次降息都伴随着存款上限上浮，也使存款成本降幅低于基准利率下降幅度。此外，存款也面临着结构性调整，余额宝、理财等货币基金类产品的出现，股市的火爆对于活期存款的分流作用更大。从单位存款占比变化来看，2002 年的时候活期存款占比为 70%左右，现在活期存款占比和定期存款占比之间的差距正逐渐减小，现在定期存款占比已经接近 50%（见图 4–40），存款端低息向高息负债的变化也导致银行负债来源中占比最大的成本难以随市场利率出现明显下降。

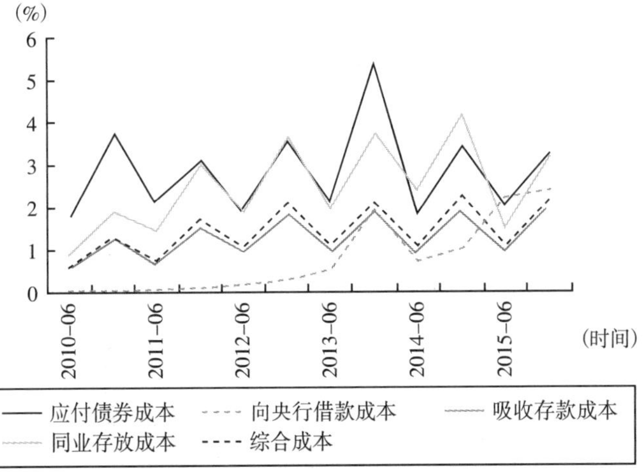


**图 4–38　银行各项负债有一定相关性**

资料来源：Wind 资讯。

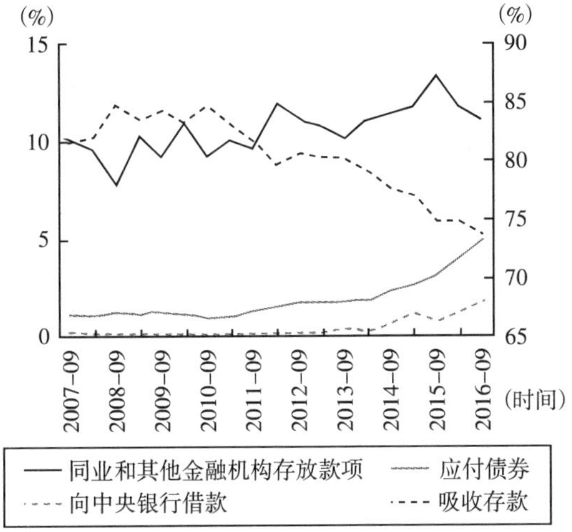


**图 4–39　负债端低息负债向高息负债转移**

资料来源：Wind 资讯。

## 三、高负债成本的影响

银行负债成本难以下降最终给债市带来一定影响，主要原因在于银行会将更多资金投入到有更高收益的资产当中，我们从银行生息资产配置占

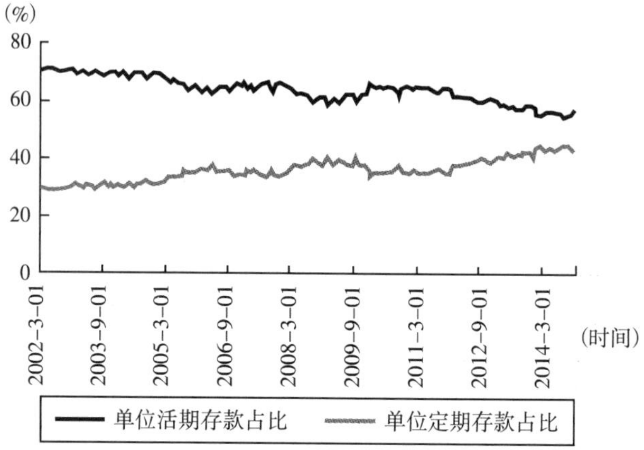


**图 4-40 活期存款占比和定期存款占比之间的差距逐渐减小**

资料来源：Wind 资讯。

比变化就可以看出，银行对于债券投资的配置盘，即持有至到期投资占比在不断下滑，而交易性金融资产占比有所提升（见图 4-41），同样出现明显上升的还有应收款项类投资，贷款投资占比则维持在一个比较稳定的规模（见图 4-42、图 4-43、图 4-44）。这说明在债券收益率经历了 2014 年的下行之后，债券配置对于银行资金很难具有吸引力，银行购买债券更多的是出于交易的目的，而收益率相对较高的贷款和非标资产，还是银行性价比更高的选择。

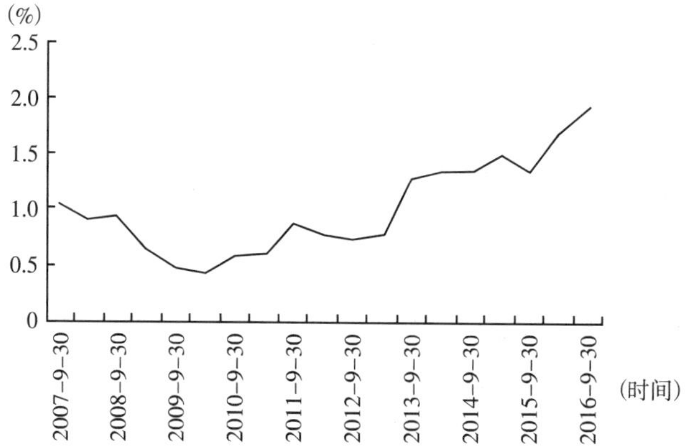


**图 4-41 交易性金融资产占比持续上升**

资料来源：Wind 资讯。

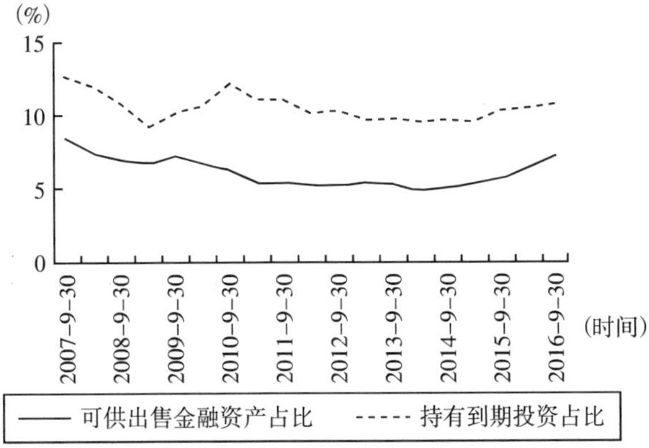


**图 4–42 债权资产占比缓慢下降**

资料来源：Wind 资讯。

**图 4–43 贷款依然是银行资产中占比最大的**

资料来源：Wind 资讯。

基于银行资产负债的这种变化，对于债券市场也就产生了与以往不同的影响。当债券供给不多时，由于交易资金更多，因此久期更长的品种会受到青睐，收益率曲线往往会变平，长端受到交易资金的青睐有可能会出现收益率下行的行情，这也就解释了 2015 年 1~2 月的债券收益率变化；而当供给涌现后，由于配置资金的缺乏，因此单纯依靠交易资金很难将长端收益率降下来，交易资金将会撤出长端，2015 年 3 月的行情主要就是供给预期导致交易盘从长端撤出所致；而如果资金利率保持相对低位，即使短端也能带来一定套息收入，这会使交易资金从长端向短端转移，同时由

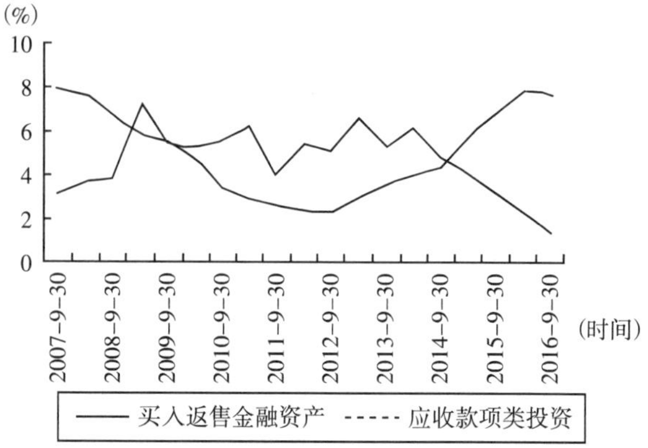


**图 4-44 应收款项类资产占比上行**

资料来源：Wind 资讯。

于银行负债成本并未随资金利率一同出现降低，配置资金依然没有动力进场，最终会导致债券收益率曲线短端维持低位，而长端利率出现上行压力，这也就解释了 2015 年收益率曲线的陡峭化变动。

## 四、负债成本发展趋势

我们认为，短期内银行负债成本恐怕难以出现明显下降。

首先，利率市场化进程仍在继续，而并非已到尾声。存款利率上限虽然已经放开，但是现在存款利率的浮动有监管因素影响，并非完全市场化行为；银行负债结构中，存款向同业负债和应付债券的转化仍在继续，活期存款虽然占比下降，但距离被“消灭”仍有一段时间。

其次，后期存贷比有望成为参考指标，增加银行投放信贷资金。2016 年第三季度商业银行存贷比为 67.27%（见图 4-45），距离监管红线 75% 仍有一段距离，但是从结构上看股份制银行依然受到存贷比限制很大的束缚。另外，央行 2015 年发布的《关于调整金融机构存贷款统计口径的通知》是否影响银监会存贷比考核仍有待考量。因此，如果后期存贷比成为参考指标的话，有助于银行在资产端将更多资金投放在信贷中，从而对债券这类资产收益率相对较低的资产投资产生挤压效果。

再次，我们以上的讨论都是在银行表内负债的范围内，如果考虑表外理财，则银行实际的负债成本还会更高。目前市场上 3 个月和 6 个月期限的理财产品预期收益率均在 4%以上（见图 4-46），而股市和房地产

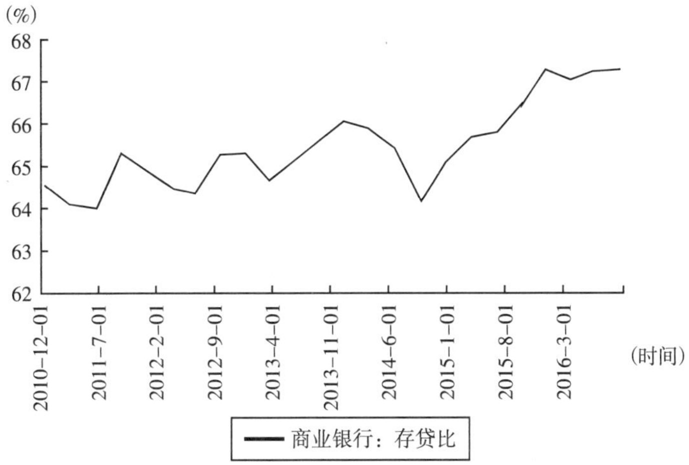


**图 4-45 存贷比对于股份制银行投放信贷影响较大**

资料来源：Wind 资讯。

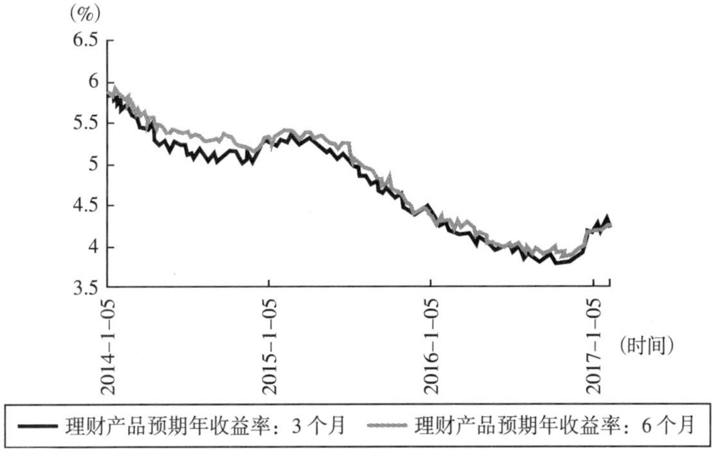


**图 4-46 理财收益率有所上涨**

资料来源：Wind 资讯。

市场一方面会分流理财资金，迫使理财收益率维持较高水平；另一方面也给理财产品提供了打新基金等收益率较高的无风险资产，帮助理财收益率维持在较高水平。因此，综合考虑银行的表内外负债成本，可能接近 3%的水平。

最后讨论的问题是，从长期来看，什么情况下银行的负债成本会出现显著降低？第一，出现系统性违约风险，或打新基金等可比无风险投资资产消失，银行资产投资风险偏好回归；第二，央行大规模放水；第三，利率市场化倒退。但从实际情况考虑，利率市场化倒退绝无可能，央行大规模放水后期则会受到国内房地产价格企稳和通胀预期的抬升，海外众多“黑天鹅”事件对于汇率的负面影响等因素的制约；系统性违约风险正在累积，但短期内似乎又难以发生。因此尽管从长期来看，当利率市场化结束后，银行的业务模式也会从负债决定资产慢慢向资产决定负债过渡，而风险的正确定价也有助于银行负债成本的下行，但这个过程可能会经历一段相对较长的时间，短期来看，银行负债成本恐怕还将维持在一个相对较高的水平，而目前债券收益率又处在相对较低的水平，这也会阻碍银行配置盘进场。

# 第五章　影子银行与金融市场：危险水域

按照计划，流动性研究本应把中央银行和商业银行流动性联动和其资产负债表的勾稽关系做进一步深入研究，以基础货币、广义货币供给量和货币乘数为基础的分析思路占据了正统的货币数量理论几十年，而影子银行的出现和崛起极大地改变了货币数量论所描述的流动性创生机制，表外资产的信用链条无限制地拉长，并未引起货币供给量的相应增加，此时作为后验指标的货币乘数也随之失效，这也正是美联储在 20 世纪 90 年代放弃包括 M2 在内的货币总量作为货币政策目标的主要原因。

从次贷危机到欧债危机，影子银行体系如影随形，并且其资产规模之大，扩张速度之快，使其在本轮全球金融危机中扮演着特殊角色，另外影子银行在中国也成为越来越重要的客观存在，虽然规模与银行体系相比还相去甚远，但中国影子银行发展速度之快，社会影响面之广，均值得重视和研究。本章将从国际和国内两个方面，对影子银行的演进路径和信用创造机理进行深入分析，作为资金流动网状图的一个节点，将影子银行体系纳入流动性的分析框架。

## 第一节　影子银行的概念范畴

影子银行（Shadow Bank）是一个很新但影响很广的金融概念，伴随着本轮全球金融危机的蔓延被创造和推广开来。这个概念最早由美国太平洋投资管理公司（PIMCO）的执行董事麦卡利在 2007 年的美联储年度会议上提出，意指游离于监管体系之外的、与传统接受监管的商业银行系统相对应的金融机构。这一概念出现后，被广泛地引用和阐发，但至今仍缺

**表 5-1 影子银行体系定义**

| 年份 | 来源 | 定义 |
|---|---|---|
| 2008 | 时任纽联储行长盖特纳 | 传统银行系统之外存在“非银行”运营的融资安排，他称之为“平行银行系统”（Parallel Banking System），该系统中的非银行机构利用短期融资资金购买大量高风险、低流动性的长期资产。此后，“平行银行”常常被作为影子银行的别称 |
| 2008 | IMF<br>全球金融稳定报告 | 提出了“准银行”（Near-Bank）的概念，这与影子银行体系、平行银行系统是类似的概念 |
| 2010 | 美联储纽约分行<br>Pozsar 等 | 影子银行是指未进入中央银行再贴现窗口的并执行期限、信用和流动性转换的金融中介 |
| 2010 | 金融危机调查委员会 | 传统的商业银行体系之外从事与商业银行类似的业务活动并很少或不受监管的金融机构，影子银行的业务活动从储户和投资者手中融入资金并最终提供给资金的需求方 |
| 2010 | 哈佛大学法学院<br>Morgan Ricks | 影子银行是指仅提供流动性转换，即以短期负债支持长期资产，并以非商业银行契约的方式进行。其构成主要包括但不限于：回购交易商、融资融券、结构投资工具、ABCP 管道、信用对冲基金、货币市场基金等 |
| 2011 | 金融稳定委员会<br>(FSB) | 全部或部分在传统银行监管体系之外涉及信用中介的活动和机构 |
| 2012 | 美联储主席伯南克 | 影子银行通常被定义为能够共同执行商业银行职能但在传统的存款保险体系之外，影子银行体系的主要组成部分包括证券化工具、ABCP 管道、货币市场基金、回购协议、投资银行和住房抵押贷款机构 |

乏全面和权威的精确定义。

## 一、狭义及广义的影子银行概念

影子银行与商业银行一样，是一种信用中介（Credit Intermediation），其在经济体系中提供三种转化：信用转换、期限转换和流动性转换，从而将全社会的借款人和融资人联系起来，但方式不同于商业银行的吸收存款发放贷款机制，而是以与现代金融市场联系非常紧密的各种金融工具形式出现。

影子银行概念的核心是：充当储蓄与投资之间的融资中介的职能，却在传统银行体系之外。其一，说明其“银行”特性；其二，说明其“影子”特性，这一特性从表面上看是不能接受存款，更深层的含义则是不接受官方的监管，因此也无法享受官方的保护。

但是，由于对“信用中介”一词的内涵及口径不同，导致了狭义及广义的影子银行概念。一般而言，商业银行从事的是债权型融资而非股权型融资，所以，狭义上的影子银行是指从事债权类业务的一类非银行金融机构。如果将股权投资也算上的话，那么像 PE、VC、投资基金等机构就将被纳入广义的影子银行范畴。纽约大学的“末日教授”鲁宾就认为，影子银行体系包括证券经纪自营商、对冲基金、私人股本集团、结构投资工具和渠道、货币市场基金以及非银行抵押贷款机构。可见，如果按照广义的影子银行定义，几乎可以将绝大部分非商业银行的金融活动都划归到影子银行的范畴。

问题的关键还在于，金融自由化改革以来，欧美国家股权融资及债权融资的边界日益模糊，对冲基金、投资银行、结构化投资工具等都同时参与到股权与债权活动中，甚至商业银行也开始了混业经营。如果商业银行这一概念自身都难以界定清楚的话，那么影子银行作为其对立面，就更难界定了。因此，有必要对影子银行的层次进行细分，以全面把握其特点和形成的系统性风险。

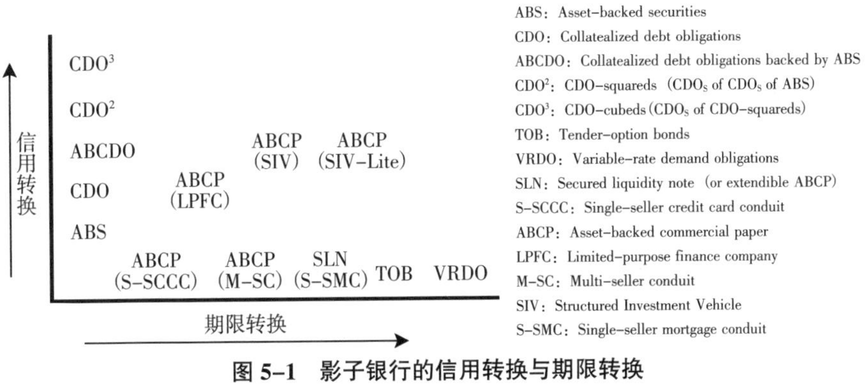


**图 5-1　影子银行的信用转换与期限转换**

资料来源：笔者整理。

本章对影子银行的界定，基本采取狭义概念，不讨论 PE、VC、投资基金等这类纯股权投资机构。

影子银行的统计口径多种多样，争议也较多，主要是基于两个方面：一是如前所述的广义和狭义之分；二是影子银行概念包含多个层面，即机构层面、业务活动层面、工具层面，若指向不清就容易混淆。

如之前伯南克对影子银行的定义就是从机构层面进行的，需要指出的是，这类金融实体不仅表现为独立机构，也可以是机构的某个业务部门。业务活动层面是指将影子银行定义为一种金融活动或融资安排，采用这个层面定义影子银行，边界最为清晰，最能把握实质。工具层面是指将影子银行定义为某类金融工具或产品，比如 MBS、CDS 等。

机构、业务和工具三者是密不可分而又相互区别的。首先，并非只有影子银行机构才从事影子银行活动，在传统的商业银行内部，也往往具有从事影子银行业务的部门或条线，事实上，从国际和国内的实践来看，很多影子银行业务都是由商业银行发起、主导或者提供信用及流动性支持的。其次，也并非某些所谓的影子银行机构从事的都是影子银行业务，比如投资银行从事的证券经纪业务、股票承销业务，均不是一般意义上的影子银行业务。事实上，纯粹意义上的影子银行机构是非常少的。最后，并不是只有影子银行才使用 MBS、CDS 等金融工具，商业银行自身也在大量使用。

可以看出，影子银行的多个层面联系，形成一个系统，所以将其定义为一个影子银行体系更为准确。2010 年，英格兰银行就是从这个角度，将影子银行定义为：向企业、居民和其他金融机构提供流动性、期限配合和提高杠杆率等服务，从而在不同程度上替代商业银行核心功能的信用工具、结构、企业或市场。

## 二、影子银行演进的四阶段

尽管影子银行的概念出现仅仅 5 年，影子银行的存在却已经有上百年的历史，甚至可以说，影子银行的历史与商业银行一样长。以美国为例，可以将影子银行（此处对影子银行的界定参照美联储纽约分行的划分，Zoltan Pozsar，etc.，2012）的发展可以划分为四个阶段。

第一个阶段，1970 年以前，影子银行形态主要是传统的信托公司，规模较小，业务活动也相对简单。

第二个阶段，1970~1980 年，特征是“金融脱媒”。伴随着放松利率管制和金融市场的发展，“金融脱媒”逐步兴起，金融公司、货币市场共同基金及证券化的贷款迅速增加，商业票据、欧洲债券以及垃圾债券迅速发展，在这个时期，影子银行得到一定的发展，但商业银行、保险公司仍然占据了美国金融市场的主导地位。

第三个阶段，1980~2000 年，特征是资产证券化。这个时期，金融部门核心的工作就是将非市场化的资产转换为市场化的证券。住房抵押贷款及以后的自助贷款和信用卡应收账款，被证券化之后在二级市场上买卖。银行和存贷机构提供系列服务，比如发行、服务、持有以及贷款分配，其贷款被分销给不同的影子银行机构和大众所持有，影子银行渗入到金融体系的方方面面。

第四个阶段，从 20 世纪末开始，特征是高度证券化基础上的交易衍生化。其标志是 1999 年美国颁布《金融服务现代化法》，分业经营退出历史舞台，投资银行、商业银行、保险公司、共同基金的边界彻底被打破，纷纷经营起形形色色的影子业务。更重要的是，随着金融自由化和全球化，大量衍生工具如 CDS、CDO 被疯狂创造并卖到全世界投资者手中，交易呈几何数量暴增，对冲基金、结构化投资实体等影子银行大行其道。到金融危机以前，影子银行在金融体系中的比重已经超越了传统商业银行。根据克鲁格曼的统计，2007 年初，在金融工具方面，资产支持商业票据、结构化投资工具、拍卖利率证券、可选择偿还债券和活期可变利率票据等的资产规模高达 2.2 万亿美元，通过第三方回购隔夜融资资产为 2.5 万亿美元，对冲基金持有的资产高达 1.8 万亿美元，五大投资银行的资产负债

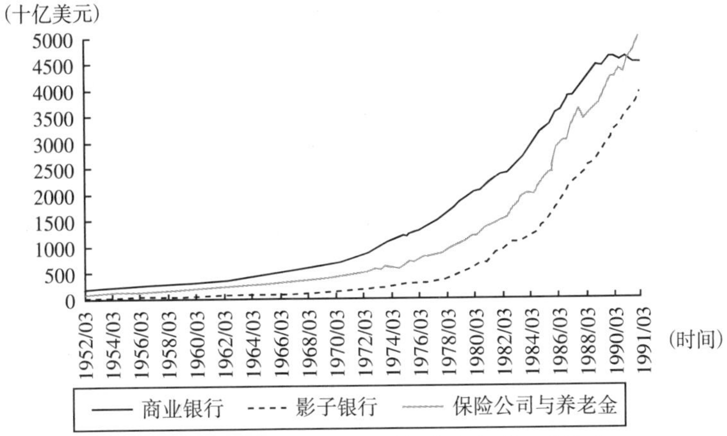


**图 5-2 1952~1991 年美国金融机构各组成部分资产**

资料来源：FED。

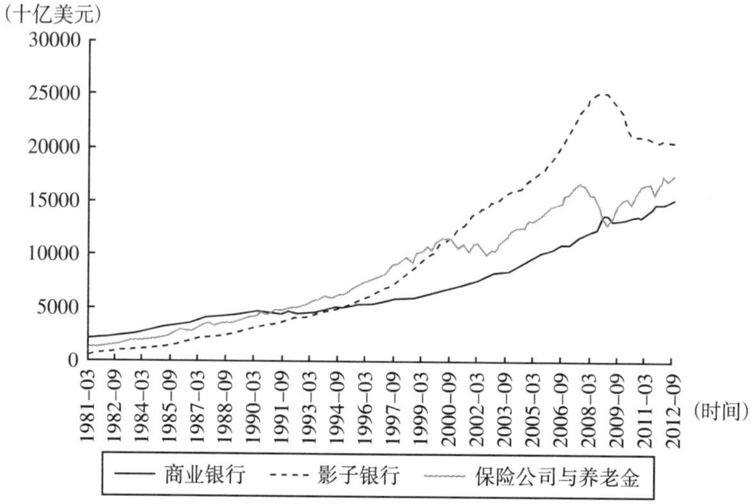


**图 5-3　1981~2012 年美国金融机构资产分布**

资料来源：FED。

表规模达到了 4 万亿美元，整个影子银行系统的资产规模高达 10.5 万亿美元。与此同时，美国五大银行控股公司的资产总额刚刚超过 6 万亿美元，整个银行体系的资产约为 10 万亿美元。

综观美国“二战”以后金融机构总资产的变化情况，20 世纪 80 年代以来，非银行金融机构资产扩张迅速，1990 年保险公司和养老基金的总资产首次超过了商业银行，1994 年影子银行的总资产超过了商业银行，继而又于 1999 年超过了保险公司和养老基金，尽管 2007 年次贷危机后影子银行的总资产规模有所下降，但目前在金融体系中仍居于首位，至 2012 年 9 月，影子银行总资产为 20.59 万亿美元，远高于保险公司和养老基金的 17.51 万亿美元和商业银行的 15.11 万亿美元（见图 5-3）。

## 三、影子银行特点

影子银行业务具有典型的“三高”特点：高风险偏好、高杠杆率、高期限错配。

高风险偏好是指，影子银行由于不受节制的盈利冲动，往往偏好于高信用风险、低流动性的长期金融资产，这类资产往往是传统商业银行不愿意或不能涉足的，比如次级抵押债券、垃圾债券、CDO 等。

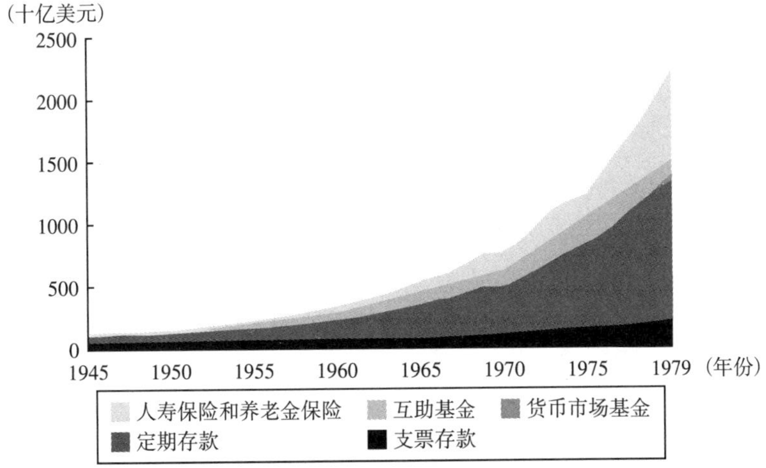


**图 5-4　1945~1979 年美国居民金融资产构成**

资料来源：FED。

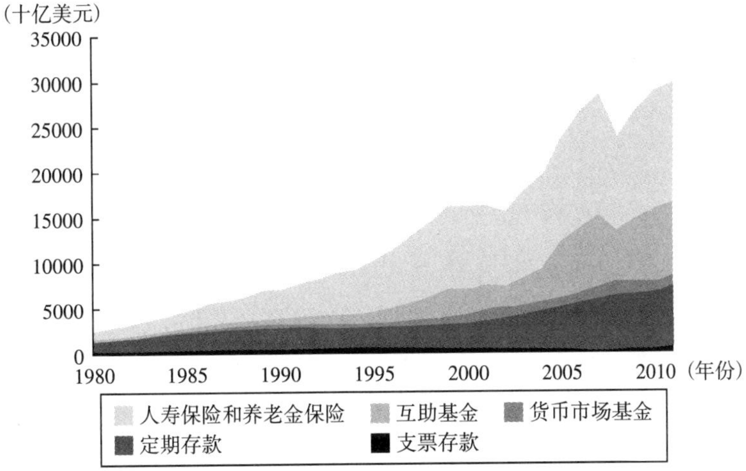


**图 5-5　1980~2010 年美国居民金融资产构成**

资料来源：FED。

高杠杆率有两种含义：一是资本的杠杆率高，即大量利用财务杠杆举债经营，其总资产与净资本的比率很高，贝尔斯登、雷曼兄弟的资本杠杆率在破产前的峰值分别达到了 33.5 倍和 30.7 倍，其他投行也在 30 倍以上，而商业银行一般在 10 倍左右。二是大量利用衍生产品进行高杠杆交易，比如购买 CDS、CDO 等高杠杆产品。以 CDS 为例，据国际清算银行统计，截至 2007 年底，CDS 全球市值最少为 45 万亿美元，最多可能为 62 万亿美元，是其基础资产的几十倍甚至上百倍。美国国际集团（AIG）作为全球最大保险公司，就是在 CDS 上投资出现巨亏，不得不实行国有化。

高期限错配，即借短投长，是影子银行的核心盈利模式之一，使流动性风险成为其内生性风险。

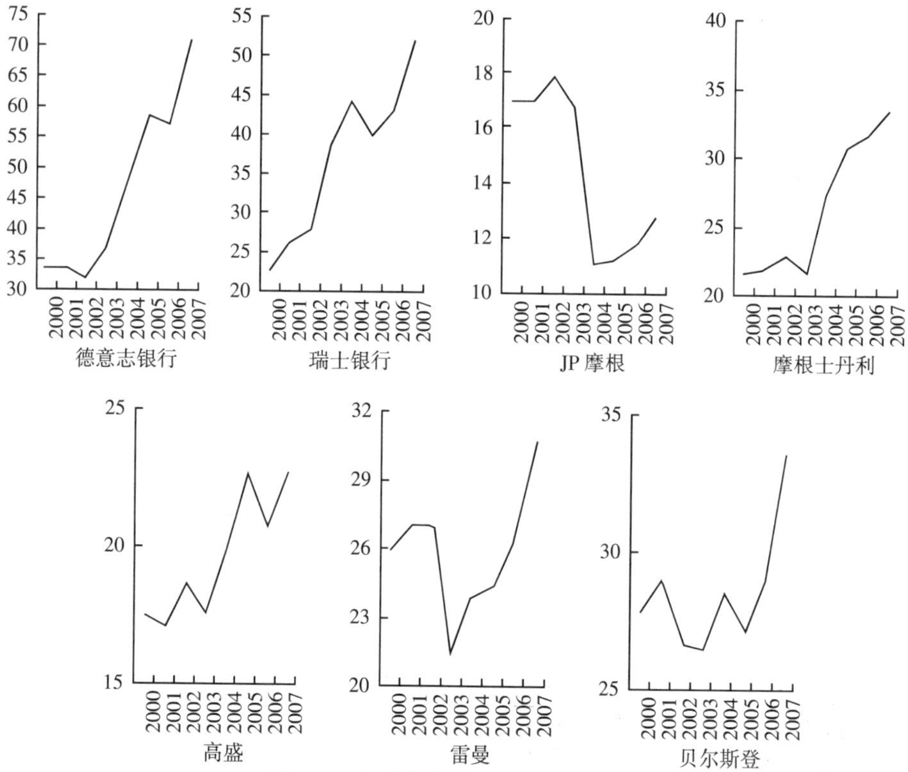


**图 5-6　全球代表性金融机构杠杆率**

资料来源：PBC。

影子银行从事高风险、高杠杆、高错配的金融业务，但却受到较少的监管，获得与银行相当的收益却不承担银行的成本，这是典型的监管套利，导致金融体系风险积累。

需要指出的是，影子银行并非完全不受监管，除了金融危机之前的对冲基金以外，投资银行、金融公司、共同基金这些影子银行机构都是受到监管的，只是不受监管当局对于银行业那样严格的监管。这意味着影子银行无须满足《巴塞尔协议》的资本要求，无须缴纳存款准备金和存款保险费，也无须计提贷款拨备，无须进行大量的信息披露，从而使其经营成本降到最低，利润最大化。

但这只是硬币的一面，规避监管的同时也意味着影子银行处于国家金融安全网保护之外，无法受到央行最后贷款人或贴现窗口的流动性支持，投资人无法享受存款保险的保护，这也是影子银行的“阿喀琉斯之踵”。

2008 年金融危机中，高盛、摩根士丹利作为美国五大投行中仅存的两家，都申请转变成为金融控股公司，其核心就是要纳入国家金融安全网的保护之下，重塑公众信心。对政府而言，这其实是一个具有道德风险的做法，实际上在鼓励影子银行去冒险。当然，在当时的情况下，这恐怕也是最好的选择。

正因如此，加强对影子银行的监管已经成为危机之后各方的共识。2010 年 11 月，英国金融服务管理局主席特纳表示，目前的多数应对措施只针对银行机构，导致“影子银行”不受监管，没有从系统的角度处理“影子银行”问题是全球监管者的“根本性失败”之一。在英国，对冲基金的管理人已受到一定程度的监管，包括需要一定从事资产管理的资本和遵守行为准则。美国 2009 年公布的金融体系全面改革方案，要求超过一定规模的对冲基金及其他私募基金都必须在美国证券交易委员会（SEC）注册登记，并向监管机构披露更多有关其资产和杠杆使用的信息。方案强调要建立针对诸如 CDS 等场外衍生品市场的全面监管、保护和披露框架。原欧洲央行行长特里谢称，必须把游离于金融监管之外的“影子银行”和其他大型复杂的机构纳入其中。2010 年，中国央行行长周小川和时任银监会主席刘明康也公开提出要加强对影子银行的监管。

影子银行的产品结构设计非常复杂，而且鲜有公开的、可以披露的信息，透明度很低。这些金融衍生品交易大都通过场外交易进行，信息披露制度很不完善。这对监管当局和投资人都形成了信息“黑箱”，也助长了其冒险的激进行为。

影子银行打破了传统商业银行零售的服务模式，采取了类似打包、捆绑、组合的批发销售模式。影子银行不能像传统的商业银行吸收公众存款以获得融资，因此通过向货币市场投资者发行票据、ABCP 等货币市场工具或进行回购交易以获得融资，有时也向证券借贷公司、养老金及保险公司等中长期投资者发行中期票据及债券，使用的工具大多为批发性融资工具。同时，影子银行的投资一般通过证券市场或者场外衍生产品市场进行，交易的市场化程度高于商业银行。

**表 5-2 商业银行体系与影子银行体系对比**

| | 商业银行体系 | 影子银行体系 |
|---|---|---|
| 资金来源 | 存款 | 货币市场基金 |
| 融资模式 | 零售（发放—持有） | 批发（发放—分销） |
| 金融工具 | 贷款 | MBS、ABS、CDO、CDS 等 |
| 产品结构 | 简单 | 复杂 |
| 信用创造乘数 | 存款准备金率 | 抵押扣减率 |
| 杠杆率 | 10~15 倍 | 20 倍以上 |
| 信息披露 | 透明 | 不透明 |
| 监管方式 | 《巴塞尔协议》、存款准备金制度 | 监管方式 |

资料来源：笔者整理。

与传统的商业银行相比，影子银行的业务链显得更为复杂。传统银行的中介业务一般在一家银行内部进行，但影子银行往往通过多家非银行金融机构、采用复杂的业务流程来进行融资活动，将有风险的诸如次级抵押贷款的长期债务转化为看似无风险的、短期的货币市场工具。复杂流程将各类影子银行编织成了一个网络，一旦出现问题，风险迅速传染，不仅影响到影子银行自身，而且影响到正规银行体系。

影子银行体系将传统商业银行存款（资金来源）—贷款（持有到期）的模式转换为金融市场融资—证券化贷款过程，从转换过程来看，其将中长期、低流动性、高风险的贷款变成了短期、高流动性、低风险的货币市场基金份额，重要的是货币市场基金拥有更加稳定的资产净值（NAV）。

## 第二节 影子银行的国际景图

在金融稳定委员会（Financial Stablity Board，FSB）2012 年 11 月 18 日发布的《全球影子银行监测报告 2012》中，对 20 个左右的国家和地区（阿根廷、澳大利亚、巴西、加拿大、智利、中国、中国香港、印度、印度尼西亚、日本、韩国、墨西哥、俄罗斯、沙特阿拉伯、新加坡、瑞士、土耳其、英国、美国）和欧元区的影子银行体系进行了初步统计，样本国家和地区 GDP 占全球的 86%，金融市场资产占全球的 90%。统计中使用其他金融机构资产作为影子银行资产估计的保守代理指标，将全部金融机构去掉中央银行、商业银行、保险公司、养老基金、国有金融机构即为其他金融机构。以美国为例，影子银行体系主要包括共同基金、封闭式基金、GSE（联邦住房贷款银行、房利美、房地美、Farmer Mac、金融公司、学生贷款协会等）、GSE 住房抵押贷款资产池（房利美、房地美、Farmer Mac 等）、房地产投资信托（REITs）、证券经纪和交易商、投资公司（对子公司投资、证券借贷再投资担保的保管账户、联邦储备贷款设施、私人或公共投资项目基金）、金融控股公司。全球范围内影子银行主要表现为以下几个特点：

## 一、影子银行增长速度趋缓

若按照金融机构进行划分，商业银行在全球金融机构中仍然是当之无愧的霸主，至 2011 年底，商业银行总资产 130.23 万亿美元，占 GDP 的 217.73%，是影子银行总资产的 1.95 倍（见图 5-7、图 5-8）。从 2002~2011 年商业银行和影子银行总量对比来看，全球大多数国家和地区仍然是以商业银行为主体的间接融资体系，基于基础货币、货币乘数、广义货

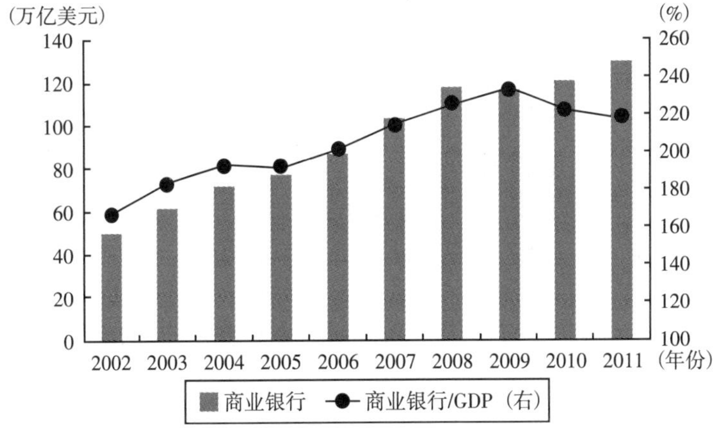


**图 5-7 商业银行总资产与 GDP 之比**

资料来源：FSB。

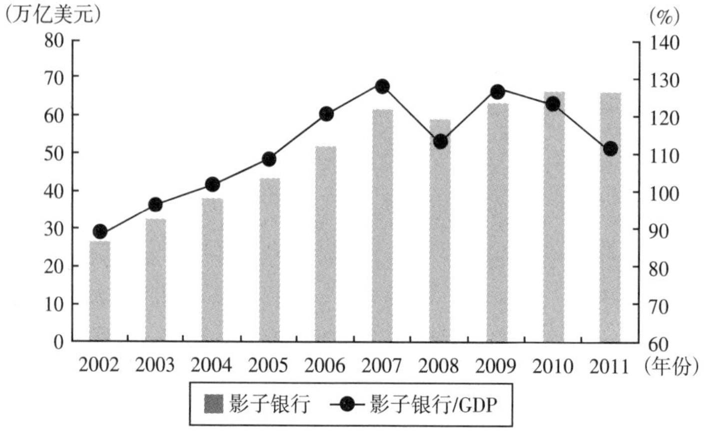


**图 5-8 影子银行总资产与 GDP 之比**

资料来源：FSB。

币量的传统货币分析方法仍然有效，信用货币的扩张远超出实体经济的增长，2002 年以来商业银行与 GDP 之比逐年上升，尽管 2010 年和 2011 年有所回落，但目前资产总量扩张趋势并未改变。

若将全部金融机构的资产都考虑在内，按照 FSB 的分类方法，全部金融机构可以分为中央银行、商业银行、保险公司与养老基金、国有金融机构和其他金融机构（即影子银行），从总资产存量来看，至 2011 年底，央行、商业银行、保险公司与养老基金、国有金融机构、影子银行的总资产分别为 20.43 万亿美元、130.23 万亿美元、42.90 万亿美元、12.49 万亿美元、66.61 万亿美元，而从各金融机构总资产占比来看，至 2011 年底分别为 7.49%、47.76%、15.74%、4.58%、24.43%（见图 5-9、图 5-10）。

从 2002 年以来资产总量的变化趋势来看，十年中各金融机构资产总量保持了扩张趋势。就各金融机构总资产占比的变化趋势而言，保险公司与养老基金、国有金融机构均出现了下滑的趋势；商业银行总资产占比在 2008 年达到峰值 49.08%，2009~2010 年略有回落，2011 年反弹至 47.76%；影子银行体系 2007 年达到峰值 27.73%，继而逐渐下滑至 2011 年的 24.43%；央行占比在 2007 年及以后增长迅速，有效弥补了其他金融机构资产扩张乏力带来的流动性缺口，与此同时又向全球市场注入了大量的货币流动性。

以 2007 年为界大致可分为美国次贷危机前与危机后时期，对比影子

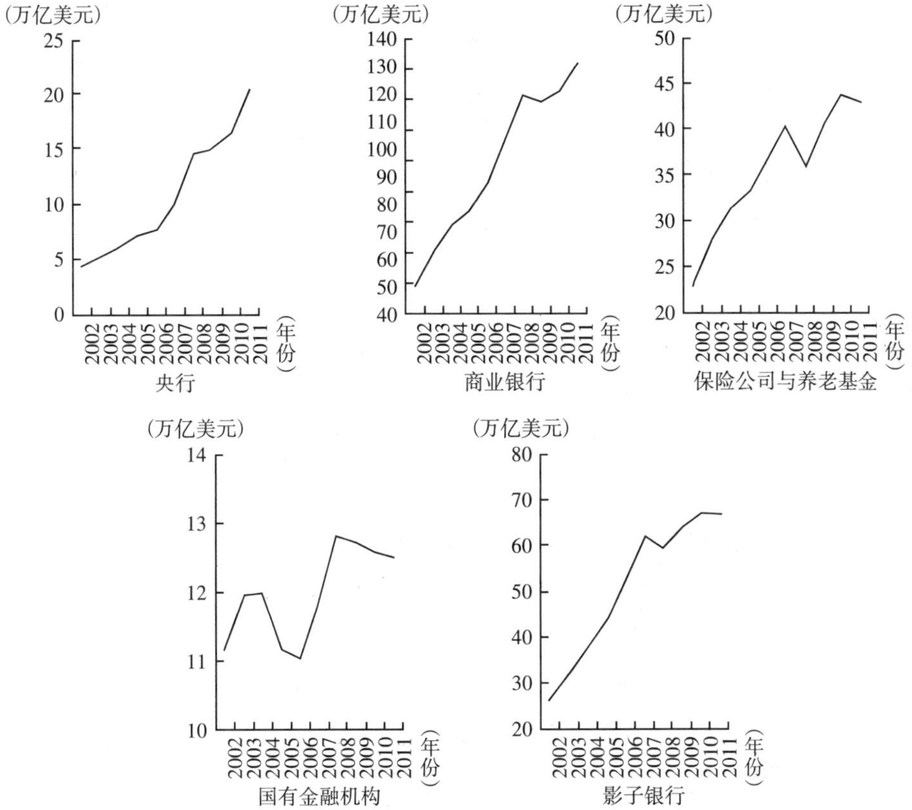


**图 5-9　各金融机构总资产**

资料来源：FSB。

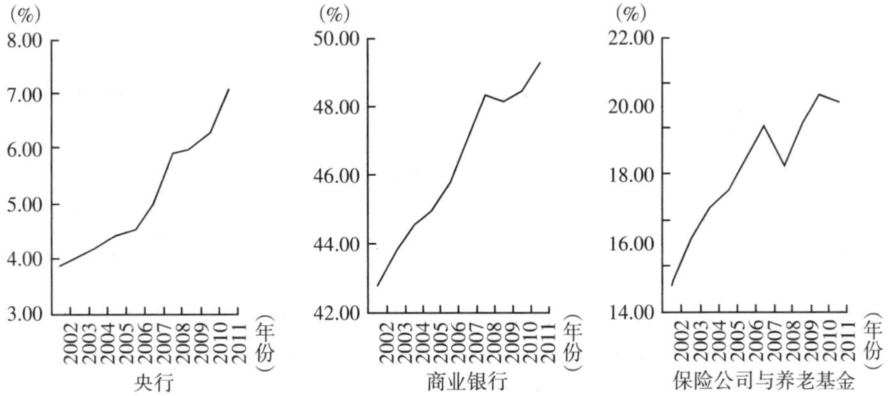


**图 5-10　各金融机构总资产占比**

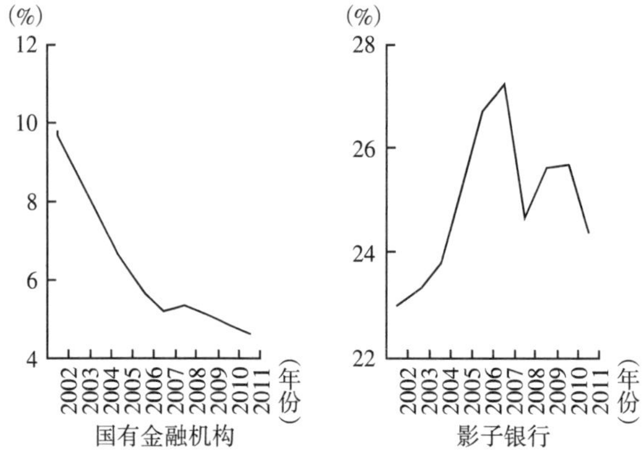


**图 5-10 各金融机构总资产占比（续图）**

资料来源：FSB。

银行与商业银行资产年均复合增长率，尽管两者在危机后的增速均有大幅下降，影子银行仍具有比较优势，其 2002~2007 年均复合增长率为 18.65%，优于商业银行 15.74%的增速；2008~2011 年影子银行年均复合增长率为 3.92%，仍高于商业银行 3.29%的增速（见图 5-11）。

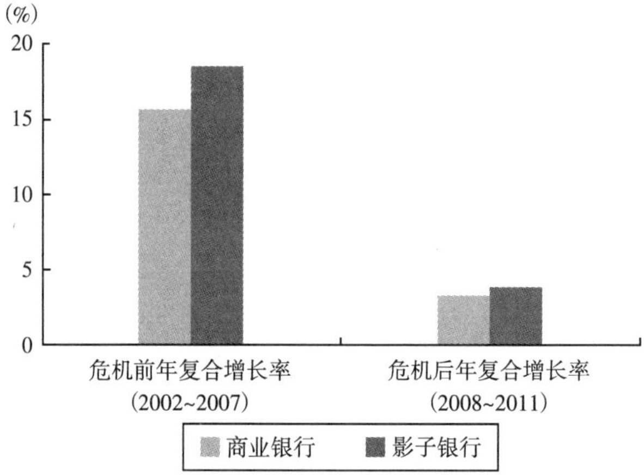


**图 5-11 商业银行与影子银行资产增速对比**

资料来源：FSB。

## 二、影子银行版图四分天下

对于各国影子银行总资产占比，美国、欧元区、英国和日本在全球范围内仍具有绝对优势，至 2011 年底，美国影子银行总资产达 23 万亿美元，占 21 个国家和地区全部影子银行资产的 35%，占比较 2005 年的 44% 有所下降；欧元区影子银行总资产 22 万亿美元，占比为 33%，较 2005 年的 31%略有上升；英国占比 13%，较 2005 年的 9%大幅上升；日本占比 6%，较 2005 年的 7%略有下降。这四个国家和地区影响子银行总资产占比从 2005 年的 91%下降为 2011 年的 87%（见图 5-12、图 5-13），总体而言在全球范围内的影子银行游戏中仍是绝对主力。新兴市场影子银行发展迅速（见表 5-3），但总资产存量较少，占比均处于较低的边缘区域，至 2011 年底，韩国、巴西、中国香港、新加坡、中国（FSB 显然低估了中国影子银行的存量总资产，关于中国影子银行的分类、特点和总资产的测算将在下文中全面展开）、印度占比仅为 2%、2%、2%、1%、1%、1%。

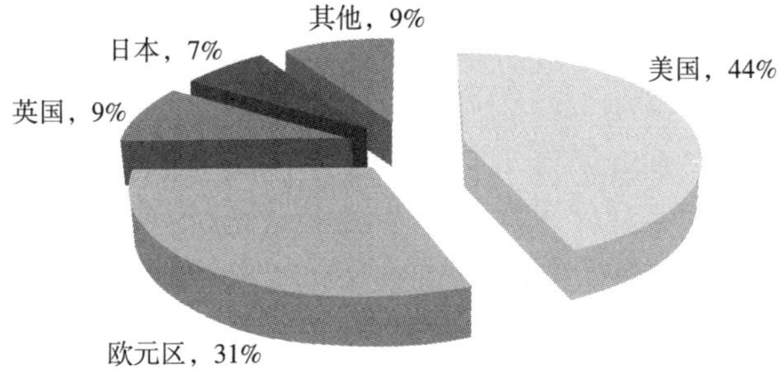


**图 5-12 2005 年部分国家和地区影子银行总资产占比**

资料来源：FSB。

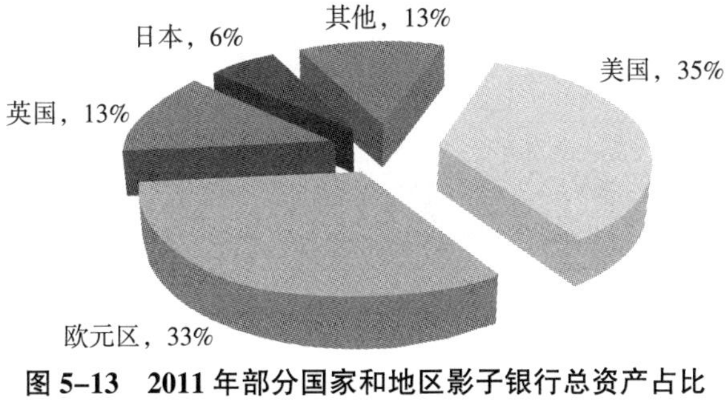


**图 5-13 2011 年部分国家和地区影子银行总资产占比**

资料来源：Wind 资讯。

**表 5-3　2007~2011 年新兴市场影子银行分行业增速**

单位：%

| | 货币市场基金 | 金融公司 | 结构金融工具 | 另类投资基金 | 证券公司 | 金融控股集团 |
|---|---|---|---|---|---|---|
| 阿根廷 | 11 | | 18 | 11 | | |
| 巴西 | | 21 | | | | |
| 中国 | 33 | 33 | | | | |
| 中国香港 | | 12 | | | | |
| 印度 | | 25 | | | | |
| 印度尼西亚 | | 24 | 59 | | | |
| 韩国 | | | | | 13 | 18 |
| 俄罗斯 | 28 | | | | | |

资料来源：FSB（增速为年均复合增长率，增速低于 10%的行业未作统计）。

商业银行和影子银行资产规模的迅速扩张，为资本全球化提供了充足的弹药，危机后全球央行的加入使弹药库的供给约束彻底消失，无限量的供应使广义套息资本成为大规模杀伤性武器，通过影子银行衍生产品的放大，资金潮涌足以将任何一个国家推向泡沫的巅峰，亦可使其坠入危机的深渊。全球错综复杂的债务关系（见图 5-14）又将各个国家捆绑在一起，亲周期性波动的叠加使世界经济在未来一段时间内面临着更大的不确定性。

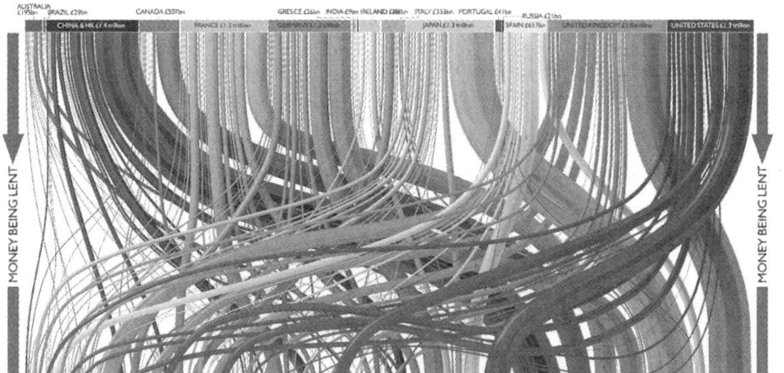


**图 5-14　全球债务关系网**

资料来源：Dailymail（统计截至 2012 年 3 月）。

## 三、三种形态构成复杂体系

以美国为例，影子银行体系可分为三种不同的形态：政府资助的影子银行体系、内部影子银行体系和外部银行体系（Zoltan Pozsar，etc.，2012）。

1. 政府资助的影子银行体系

政府资助的影子银行体系（GSEs）主要包括联邦住房贷款银行（FHLBs，成立于 1932 年）、房利美（Fannie Mac，成立于 1938 年）、房地美（Freddie Mac）。GSEs 极大地改变了商业银行以贷款为主的融资方式：FHLBs 提供贷款组合，房利美和房地美将转化为证券化资产。

与商业银行体系类似，GSEs 通过期限错配投资于贷款和证券，与商业银行体系不同的是，GSEs 不吸收存款，而是在资本市场上通过向货币市场投资者发行短期和长期的机构债务证券筹资，这些投资者有 MMFs、现金投资者（如固定收益共同基金）等，显然，GSEs 的资金来源和运用方式均是批发融资的市场模式。

从图 5-15“资产”和“资金”流动图中可以看出资产证券化的全过程：首先，由 FHLBs 购买商业银行和非银行金融公司提供的长期抵押贷款，建立贷款池；其次，由房利美和房地美通过信用保险转移或者转换信用风险，再证券化银行的贷款并发行；最后由半官方的 SIVs 通过 GSEs 保留的投资组合实现期限转换。过去的 30 余年里，此 4 项技术在银行和非银行的信贷中介和融资实践中被广泛采用，并在全球范围内以各种方式在更广泛的贷款中运用，从根本上将以银行为基础的“发放—持有”的信用

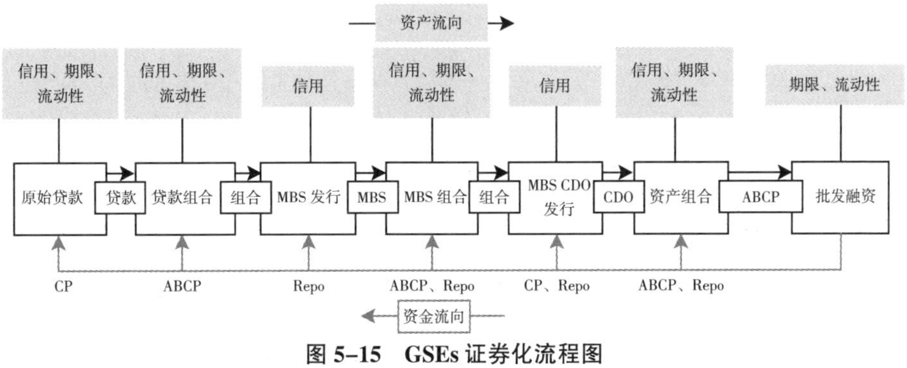


**图 5-15　GSEs 证券化流程图**

资料来源：FED。

中介过程变为以证券化为基础的“发放—分销”的信用中介过程。

政府主办的影子银行体系并不直接参与贷款发放，只参与证券化贷款和融资。这些机构通过证券化参与了银行贷款资产的信用、期限和流动性的转化，但在统计上并未被归为银行之列，同时它们也不受存款保险制度的保护且没有最后贷款人，因此被归类为影子银行。

2. 内部影子银行体系

内部影子银行体系是指由所有在金融控股公司（FHCs）控制下的银行、金融公司、经纪交易商和资产管理公司及其表内表外业务结成的全球化网络信用中介体系（见图 5-16）。

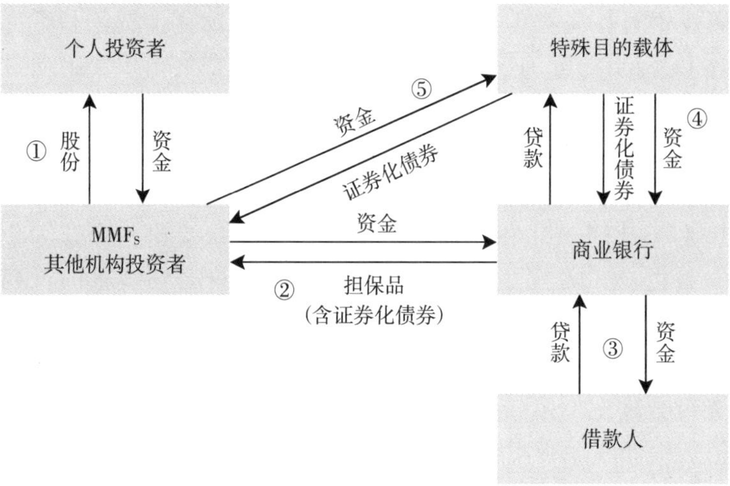


**图 5-16　内部影子银行体系证券化流程图**

资料来源：笔者整理。

大型银行运营模式的改变是影子银行体系发展的主要驱动力。大型银行从 20 世纪 80 年代初的“发放—持有”的低 ROE 模式，转化成为“发放—分销”的高 ROE 模式，或者通过表外资产管理载体持有证券化的贷款。银行从信用风险集中、资金主要来源于吸收存款、以存贷利差为主要收入来源，变成了市场风险集中、以批发资金为来源、收取佣金获得收入。大型银行通过收购经纪商和资产管理公司就可以将传统持有到期、赚取利差的模式转换成更有利可图的创造并发行证券、收取佣金的模式。

内部影子银行体系按不同功能将传统银行发放贷款的过程分解为不同

步骤，按不同风险和期限将贷款池分档，由 FHCs 表内或表外的附属机构以最少的资本加以完成。由于大部分的 FHCs 是全球性的，这些业务一般都在法律管辖较少的地区进行，例如：贷款的集中、仓储和证券化一般都在纽约进行，而最终产品的资金来源则来自伦敦或其他离岸金融中心。通过表外证券化和资产管理技术的一系列应用，拥有金融控股附属公司的银行就能以更少的资本发放更多的贷款，大大提高了银行的 ROE。

2000 年以后，全球主要商业银行 ROE 均处于大幅上升的趋势，其背后是杠杆率的不断攀升，在 2007 年的次贷危机中均遭受沉重打击，瑞士银行 2008 年的 ROE 一度达到-67.02%（见图 5-17）。JP 摩根、汇丰和富国在危机中则表现出了较强的抵抗风险的能力，均是以在 2007 年之前压

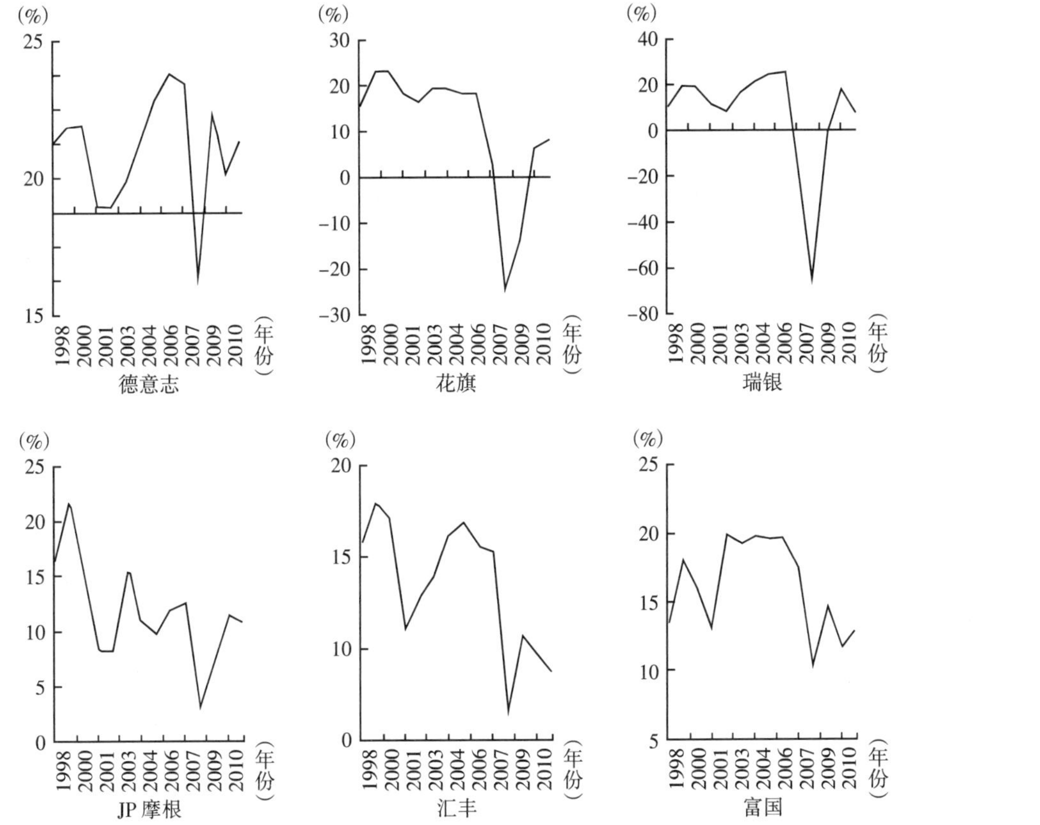


**图 5-17 以商业银行为主的金融机构 ROE**

资料来源：Bloomberg。

低杠杆率降低 ROE 为代价的。

内部影子银行体系的运作过程主要包括：附属银行发放贷款；附属经纪和交易商设立的表外管道进行贷款仓储、积累管道从货币市场和银行获得流动性资金；附属经纪和交易商将贷款从表外管道转移到破产隔离的 SPV，对贷款进行证券化；从货币市场和银行，为 FHCs 资产管理子公司设立的、发行资产支持证券的表外中介（如 SIV）中最安全的结构化信用资产融资。

由 FHCs 的银行、证券经纪和交易商、资产管理公司以及各附属机构下设的表外结构或实体等组成的网络，不再只是银行可以向实体经济贷款，提供不间断的流动性，也能在全球货币市场和资本市场上进行融资。银行附属机构直接参与 FHCs 的贷款发放，其间接参与的业务范围更广。当参与贷款仓储、加工以及结构化信用证券的分配与融资的附属机构及其表外影子银行在批发资金市场上融资出现困难时，银行附属机构充当着 FHCs 内部影子银行体系的“最后贷款人”。尽管事实上 FHCs 的信用中介过程除银行以外至少还需要四个实体，但除了附属的商业银行，其他附属机构及其下设的表外载体都没有进入中央银行的贴现窗口和政府的存款负债保险保护制度。银行、经纪交易商、资产管理公司和影子银行机构之间形成的共生关系使借贷成为贷款发放者、SIV 和 ABS 投资者的一种资本高效、收费可观和高股权收益率的业务。在此过程中的资本充足性严重依赖全球批发资金市场和债券资本市场上的流动性，任何市场流动性的瘫痪都可能在一夜之间使资本充足变为资本不足，从而引发系统性危机。

3. 外部影子银行体系

外部影子银行体系是由多元化经营的经纪交易商（DBDs，超大型投资银行）以及独立的金融公司、有限目的的金融公司（LPFCs）及资产管理公司在内的独立、专业化的非银行中介机构结成的全球化网络信用中介体系。

与内部影子银行体系相似，外部影子银行体系也是一个全球性的资产负债网络，贷款的发放、仓储和证券化主要在美国进行，结构化信用资产的期限转化和资金来源一般来自英国、欧洲和其他离岸金融中心。与内部影子银行体系监管套利的产品不同，外部影子银行体系更多的是纵向整合产品，从专业化中获取收益。在过去十多年中，为有效复制金融控股公司基于市场的贷款模式，致力于纵向整合证券化业务（从贷款发放到融资）的 DBDs 收购了金融公司和资产管理公司。由于没有杠杆限制，危机前美国的五大 DBDs 集团以比 FHCs 高出很多倍的杠杆开展此业务，同时也获得了远高于一般商业银行的 ROE（如图 5-18 所示）。

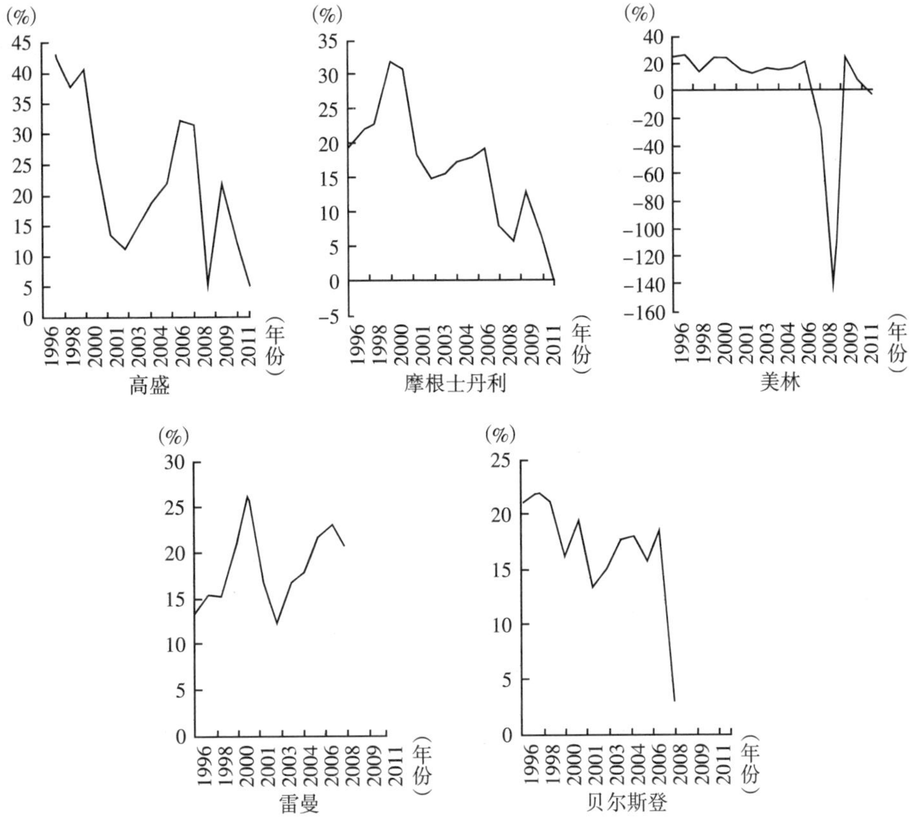


**图 5-18 美国 5 大投行 ROE**

资料来源：Bloomberg。

DBDs 与 FHCs 的运作过程基本相似，主要有以下几点不同：由于没有附属的商业银行，DBDs 发放的贷款来自附属的行业贷款公司（ILC）和联邦储蓄银行（FSB）及其附属金融公司；由于贷款仓储需要大量资金，DBDs 通常将贷款仓储功能外包给具有大量存款基础的 FHCS 和欧洲商业银行；在信用链条的末端，DBDs 没有证券套利管道和结构化投资载体，但有内部的信用对冲基金、交易账簿和 Repo 管道，因此，DBDs 比 FHCS 更依赖 Repo 市场，FHCs 相对平均地以 CP、ABCP、MTNs 和 Repo 方式融资，DBDs 对 Repo 市场的过分依赖也因为他们通过交易账簿为贷款池、结构化信用资产、ABS 和 ABS CDO 的证券化管道融资；DBDs 不发放信用卡贷款（FHCs 的专属领域），也很少发放合格抵押贷款、FFELP 学生贷款和 SBA 贷款，更多地发行次级和不合格抵押贷款、商业抵押贷款和杠杆贷款。

以上描述的是最简单、最短的信用中介链条形式下 GSEs、FHCs 和 DBDs 的运作过程。实践中，这些过程往往会因为对未售完/不可出售的 ABS 进行仓储、加工和分配成为资产支持证券担保债务（ABS CDOs）涉及更多步骤而被延长。

因此，我们可以根据各部门间的资金流动的方向和量级对间接融资体系和直接融资体系（见图 5-19、图 5-20）做进一步比较，中央银行、金融机构、政府部门、企业部门、居民部门、国外部门通过资金流连接成一个巨大并且相互联系的网络，无论哪种融资体系，央行总是流动性的源头，通过商业银行体系或影子银行体系层层信用创造链条最终传导至企业部门和居民部门。我们的流动性研究框架在力图澄清货币—资本—经济周期的内在逻辑后，通过建立完整全面的指标体系以监控四层次流动性——全球流动性—(中国）货币流动性—银行流动性—(分）市场流动性，并超越传统宏观分析对于 GDP、IP、M1、M2 增速等简单的流量指标的描述和臆测，全面构建国家资产负债表和宏观经济分部门资产负债表（企业、家庭、银行和财政部加国资委），进而打开货币流动、货币政策传导和影响实

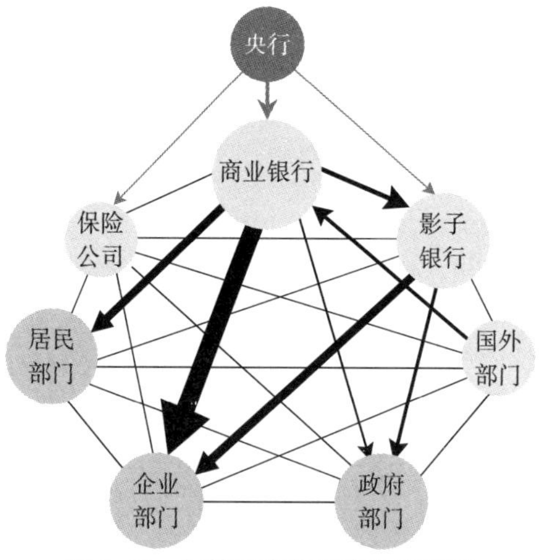


**图 5-19 间接融资体系资金流量图**

资料来源：笔者整理。

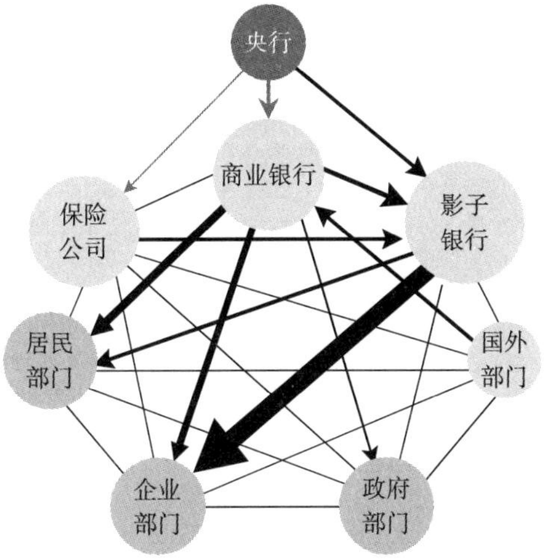


**图 5-20　直接融资体系资金流量图**

资料来源：笔者整理。

体以及虚拟经济的黑箱，并且通过存量和流量一致分析方法（Stock-Flow Consistent Analysis），将宏观经济模型建立在缜密的分部门存量（Balance Sheet）和流量（资金流量表 Social Accounting Matrix 和交易矩阵 Flow-of-Funds）的系统化的相互影响关系上，从比较静态和跨期动态两个方面深入定量化考察各部门间交互影响关系，从而研究宏观经济政策、变量以及它们对大类资产价格以及实际产出的影响。

## 四、债务的跨国比较

目前诸多研究大量使用 M2/GDP 来描述和刻画金融深化的程度，进一步分析货币供给总量相对于产出是否在能够保持稳定物价的正常范围之内，而对于国别之间的比较，此种方法恐有失偏颇。一方面，从统计口径而言，各国 M2 的统计范围不尽相同（见表 5-4）；另一方面，从对实体经济的传导路径来看，居民、非金融企业和政府的负债是形成 M2 增量的主要原因，也是形成供给和刺激需求的原始动力。因此，我们在以下的总量分析中将使用非金融机构部门的总负债/GDP 来对比各国的总体负债情况。

**表 5-4 各国货币供给 Mn 统计口径**

| 国家 | Mn 统计口径 |
|---|---|
| 美国 | M1：流通中现金（财政部、美联储持有的现金和金融机构库存现金除外）+非银行机构发行的旅行支票+活期存款（存款机构、美国政府、国外银行和官方机构持有的存款除外）-托收未达款-美联储的在途资金+可开具支票账户（包括 NOW 账户、ATS 账户、信用社支票账户、存款机构支票账户）<br>M2：M1+储蓄账户（包括货币市场存款账户）+小额定期存款（低于 10 万美元）-存款机构中的个人退休金账户和延税信托储蓄账户+非机构持有的货币市场基金-货币市场基金中个人退休金账户和延税信托储蓄账户持有份额<br>M3=M2+机构持有的货币市场基金+大额定期存款（10 万美元及以上）+存款机构国债和联邦信贷机构证券回购协议（10 万美元及以上）+美国机构持有的欧洲美元（包括美国银行在海外的分支机构账户和英国、加拿大所有银行账户）-存款机构、政府、国外银行、官方机构和货币市场基金持有的美国国债、回购协议、欧洲美元<br>MZM：M2-小额定期存款+机构持有的货币市场基金 |
| 日本 | M1：流通中现金（金融机构持有现金除外）+活期存款（包括支票类活期存款、普通存款、储蓄存款、通知存款、特别存款、税收存款）-金融机构持有的支票<br>M2：M1+定期存款+延税储蓄+零存整取储蓄+非居民日元存款+外币存款<br>M3：M2+邮政存款+金融机构（信用社、劳工信贷协会、农业合作社等）持有的其他储蓄和存款+货币信托<br>BL：M3+大额可转让存单+非货币类金钱信托+投资信托+金融债券+金融机构票据+回购协议+有现金抵押品的融券+政府债券+国外债券 |
| 德国 | M1：流通中现金（银行持有的除外）+活期存款（金融机构持有的除外）<br>M2：M1+定期存款（4 年期以下，金融机构持有的除外）<br>M3：M2+储蓄存款（银行机构持有的除外）<br>M3 Extended：M3+国内非银行机构在国外的分支机构和本国银行在国外分行持有的存款+短期银行债券+国内非银行机构持有的国内外货币市场基金-国内货币市场基金持有的银行存款和短期银行债券 |
| 韩国 | M1：流通中现金+活期存款+可转让储蓄存款<br>M2：M1+定期存款+储蓄存款+CD+回购协议+票据+货币信托+信托公司和商业银行的受益凭证+公司债券+存款性公司的其他金融工具（2 年以下） |
| 中国 | M1：流通中现金+企业活期存款<br>M2：M1+企事业单位定期存款+居民储蓄存款+外币存款+证券公司证券保证金+住房公积金+非存款类金融机构在存款类金融机构存款 |

资料来源：FED、BOJ、DB、BOK、PBC。

一般宏观经济分析方法将国内分为四个部门：居民、非金融企业、政府（含中央银行）、金融机构，考虑到流动性分析中货币本身的重要性，我们将创造基础货币的中央银行单独作为一个部门分析，那么就形成了五个部门：居民、非金融企业、政府、金融机构、中央银行，进而划分为两大类：实体经济部门（居民、非金融企业、政府）、金融机构部门（金融机构、中央银行）。债务是连接实体经济和金融部门的通道，无论是直接融资体系还是间接融资体系，其资金的环流总是起于中央银行，通过商业银行体系或影子银行体系层层信用创造链条传导至企业部门、居民部门和政府部门（见图 5-19、图 5-20）。非金融部门的债务总量则反映了金融机构部门对实体经济部门提供的全部流动性支撑，从债务与 GDP 的比例来看，负债形成资产，资产对应每年产出的 GDP，这就是宏观中一般的存量—流量关系的一般逻辑。

就债务水平而言，这是一个只有更高没有最高的时代。独立战争后的 1790 年，美国国债略高于 7500 万美元，债务与 GDP 之比约为 30%，至 2012 年底美国政府债务高达 14.57 万亿，政府债务与 GDP 之比为 91.86%，而国内非金融机构负债与 GDP 之比为 252.76%（见图 5-21）。如果说美国尚可以通过美元的全球储备货币地位收取铸币税从而增加国内非金融机构总债务水平，而日本在此方面也算得上是世界的一朵奇葩，至 2012 年底国内非金融机构部门总债务与 GDP 占比高达 470.26%（见图 5-22），高企的负债、老龄化的人口、封闭的国家、固执的文化，日本要么成为发达经济体的下一个债务危机的爆发点，要么在通缩的阴影下逐渐沦落为一个二流国家。

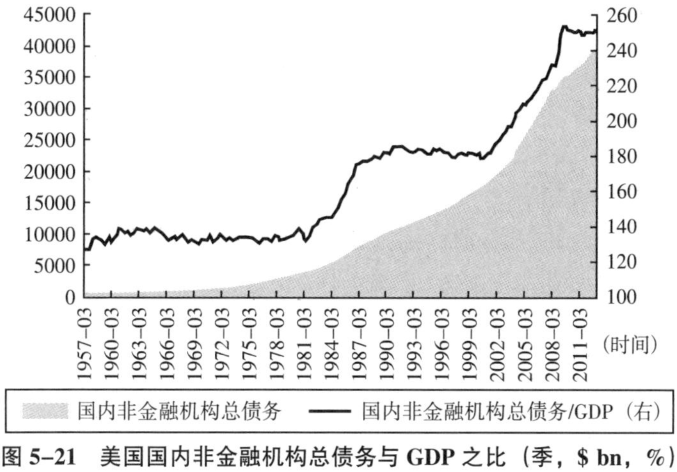


**图 5-21　美国国内非金融机构总债务与 GDP 之比（季，$ bn，%）**

资料来源：CEIC。

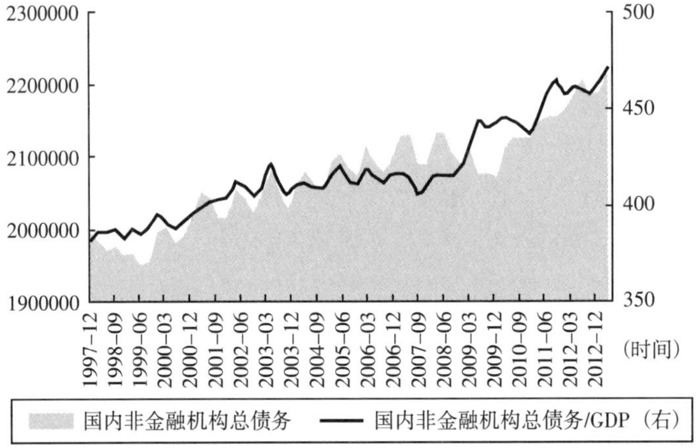


**图 5-22 日本国内非金融机构总债务与 GDP 之比（季，¥ bn，%）**

资料来源：CEIC。

德国的总体情况较为稳定，2006~2007 年有所下降，至 2012 年底，国内非金融机构总债务与 GDP 之比为 221.74%（见图 5-23）。我国在 2003~2008 年债务扩张与 GDP 的增长基本保持了同步，国内非金融机构总债务与 GDP 之比稳中略有下降，2009 年以来随着刺激经济计划的逐步推进，企业部门和政府部门的负债快速增长，这种增长的势头一直延续至 2012 年，至 2012 年底，我国国内非金融机构总债务与 GDP 之比上升为 197.92%（见图 5-24）。2010 年以来，非金融机构负债的快速增加并未引起 M2 的相应较快增加，这正是影子银行快速崛起的结果。

在现代金融体系中，债务链条的拉长使债务总量统计存在重复计算的部分：一是各部门间相互持有的负债，如居民部门持有政府部门的负债；二是同一部门的负债总量也存在重复计算的现象，如国内国有企业将银行贷款发放委托贷款给其他企业等。因此，必须将各部门的负债加以具体测算，这也是我们后期需要做的重要工作。在本书中，我们将对为实体经济部门提供融资支持的影子银行体系加以详细分析。

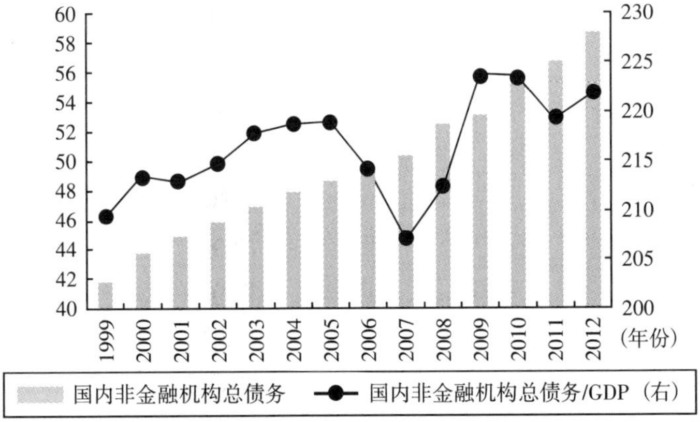


**图 5-23 德国国内非金融机构总债务与 GDP 之比（季，$ bn，%）**

资料来源：CEIC。

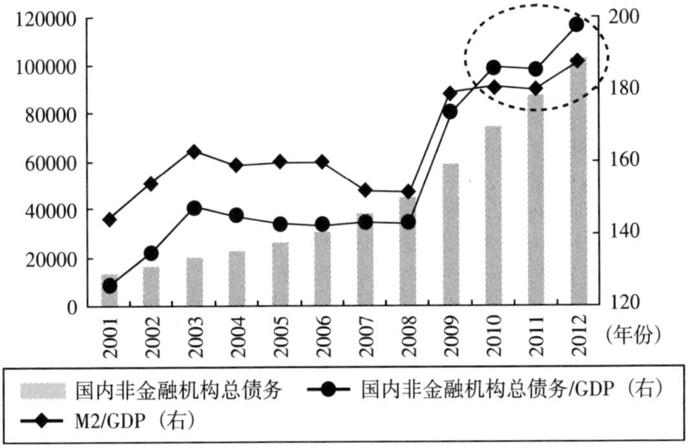


**图 5-24 中国国内非金融机构总债务与 GDP 之比（季，¥ bn，%）**

资料来源：CEIC。

# 第三节　中国影子银行测度

对“影子银行”的关注 2009 年就出现在银监会的工作年报中，在 2011 年上半年的经济形势分析会上，银监会将影子银行风险列为银行业 2011 年三大主要风险之一（其余两个是政府融资平台和房地产）。2012 年，在银监会的监管任务部署中，影子银行再次被列为与平台贷款、房地产贷款、理财业务并列的四大重点监管领域。银监会 2011 年工作年报中，有 14 次提到“影子银行”，明确指出要强化对“影子银行”体系的监测和监管，列出专栏分析和定义，并划分了影子银行的范围。银监会认为信托公司、财务公司、汽车金融公司、金融租赁公司、货币经纪公司、消费金融公司这六类非银行金融机构已建立了较为完善的监管体系，不属于“影子银行”的范畴。也就是说，银监会是从机构层面来定义影子银行，认为自己监管的机构都不属于这个范畴，其视野范围中的“影子银行”主要是小额贷款、典当、担保等准金融机构及民间借贷。显然，这种监测和划分方法既不合理也不科学，恐无法反映出我国影子银行体系的全貌。

就金融机构对实体经济的资金供给来说，从 2002 年 1 月至 2013 年 2 月社会融资总量各项存量占比无疑出现了十分明显的趋势性变化（见图 5-25）：本外币贷款占比下降明显，由 2012 年初的 89.23%降至 2013 年 2 月的 70.82%；委托贷款、信托贷款、未承兑银行汇票、企业债券占比显著上升，而股市融资功能经十余年发展居然低于融资总量的平均增速，占比由 2012 年初的 4.39%降至 2013 年 2 月的 3.30%，是在融资总量中除银行本外币贷款外唯一占比下降的组成部分。总体而言，非银行贷款融资方式的快速增长必然导致银子银行体系的逐渐发展。正如我们曾指出的：影子银行是向企业、居民和其他金融机构提供流动性、期限配合和提高杠杆率等服务，从而在不同程度上替代商业银行核心功能的信用工具、结构、企业或市场。而金融工具本身正是影子银行发展的镜像。

目前，我国基本没有纯粹的影子银行机构，很多机构都涉足了影子银行业务活动，成为链条中的一个环节。因此，在对国内影子银行体系进行分类的时候，并不能简单套用 FED 的三分法：政府资助的影子银行体系、

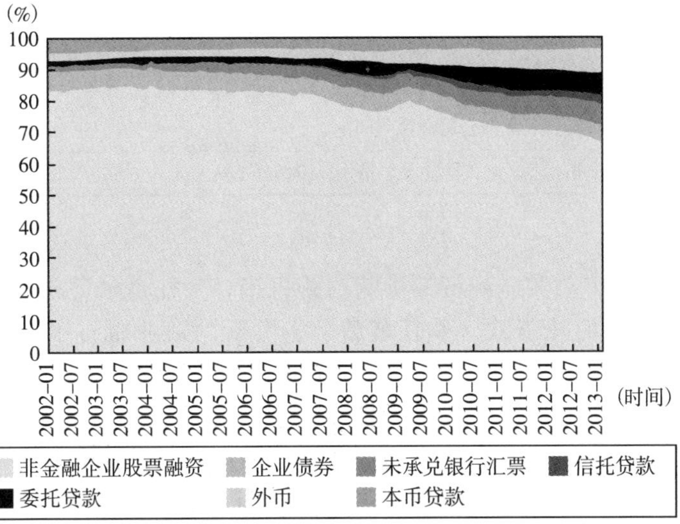


**图 5-25 社会融资总量各项组成存量占比**

资料来源：PBC。

内部影子银行体系和外部银行体系，其划分方法是基于高度发达的资产证券化市场，而国内目前并不具备这些条件。若我们以影子银行体系提供资金的最终投向为标准，结合实体经济和资本市场的划分，可将影子银行体系划分为三个部分：一是服务于实体经济或者向实体经济提供融资服务的业务体系［信托贷款及租赁、委托贷款、非金融企业债券（包括实体经济发行的企业债、公司债、中票、短融等）、未贴现的商业银行承兑汇票、同业代付、非金融企业股票融资、小额贷款公司、融资租赁］，称为影子银行Ⅰ（实体支持类）；二是服务于资本市场专门用于二级市场交易的传统业务体系（非贷款类信托、银行理财产品、买入返售、公募基金、社保基金、保险资管、证券公司资管），称为影子银行Ⅱ（金融交易类）；三是衍生品体系所承载的流动性（利率衍生品、外汇衍生品、信用风险缓释工具），称为影子银行Ⅲ（杠杆放大类）（见表 5-5）。

**表 5-5 我国影子银行体系分类**

| 类别 | 构成 | 行为特征 |
| --- | --- | --- |
| 影子银行Ⅰ | 信托贷款及租赁、委托贷款、非金融企业债券（包括实体经济发行的企业债、公司债、中票、短融等）、未贴现的商业银行承兑汇票、同业代付、非金融企业股票融资、小额贷款公司、融资租赁 | 投资实体获取利差 |

续表

| 类别 | 构成 | 行为特征 |
| --- | --- | --- |
| 影子银行Ⅱ | 非贷款类信托、银行理财产品、买入返售、公募基金、社保基金、保险资管、证券公司资管 | 金融交易价差及利差 |
| 影子银行Ⅲ | 利率衍生品、外汇衍生品、信用风险缓释工具 | 放大交易杠杆 |

资料来源：笔者整理。

影子银行Ⅰ对实体经济的影响最为直接，是社会融资总量的重要组成部分。其中，信托贷款、委托贷款、未贴现的商业银行承兑汇票、股票IPO、小额贷款公司、融资租赁、民间信用只是存款的结构性转化，并未起到创造M2的作用。商业银行持有的企业债券会增加M2，其货币创生机理与贷款类似。当然在其中的分类细项中也有交叉持有的现象，但总量占比较低且最终会投向实体经济，在加总计算中可以忽略。影子银行Ⅱ、影子银行Ⅲ，其中分类细项存在交叉持有的问题，在计算中应予以剔除，如银行理财产品持有信托类产品和证券公司资管类产品等（见图5-26）。

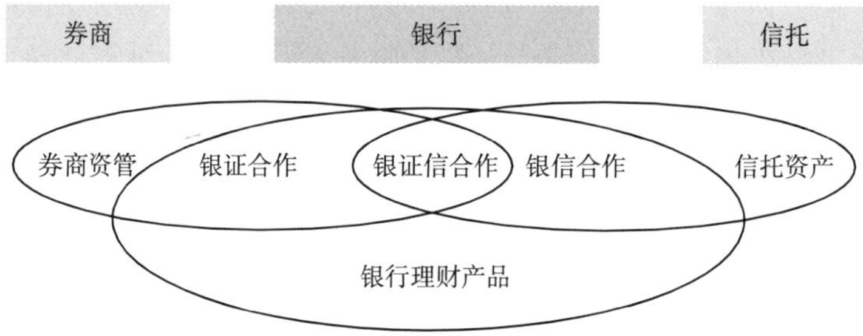


**图5-26 交叉持有示意图**

资料来源：笔者整理。

以下我们对影子银行体系的各项分类和重要构成进行分析和测算。

## 一、影子银行Ⅰ

信托贷款：信托公司是我国金融机构中的“全牌照”，投资范围最广，方式最灵活（见表5-6）。其发行的信托计划是一种准“证券化”或者叫“份额化”的金融产品（但不能公募发行，数量不能超过200份，且缺乏流动性），再投向各类金融或非金融资产，也是我国最接近于影子银行定

表 5-6　我国影子银行体系分类

| | 信托公司 | 证券公司 | 基金公司 | 保险公司 | 银行 |
|---|---|---|---|---|---|
| 货币市场 | √ | √ | √ | √ | √ |
| 债券市场 | √ | √ | √ | √ | √ |
| 股票市场 | √ | √ | √ | √ | |
| 信贷市场 | √ | | | | √ |
| 实业投资 | √ | √ | | √ | |

资料来源：笔者整理。

义的金融机构。

资金信托按用途划分可分为贷款、交易性金融资产投资、可供出售及持有至到期投资、长期股权投资、租赁、买入返售、存放同业及其他，其中贷款和租赁是信托公司向实体经济提供的融资支持，也是影子银行Ⅰ的重要组成部分。

从近期信托贷款和信托租赁余额及占比情况来看，信托贷款自 2010 年 6 月至 2011 年底几乎没有新增量，占资金信托的比重也逐季度下滑，说明这段时间信托公司提供的资金并未进入实体经济，绝大部分进入了金融产品的交易市场，2012 年以来信托贷款有所增长，由 2012 年第一季度末的 19057 亿元上升至 2013 年第一季度末的 37962 亿元，占比也由 37.35%上升至 46.36%（见图 5-27）；而信托租赁无论是绝对值还是相对占比均处于较低水平，对实体经济提供融资量有限（见图 5-28）。

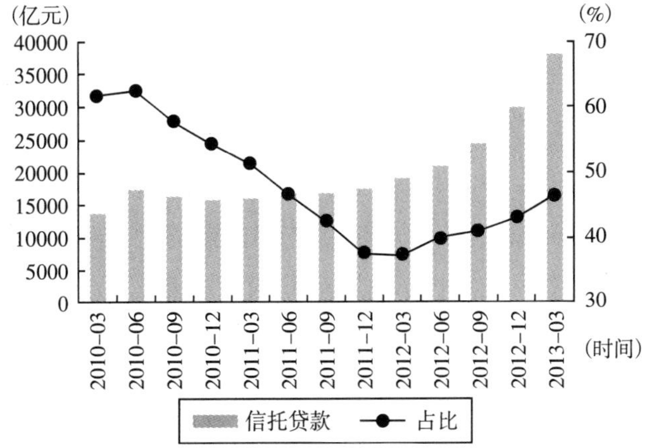


图 5-27　信托贷款余额及占比

资料来源：Wind 资讯。

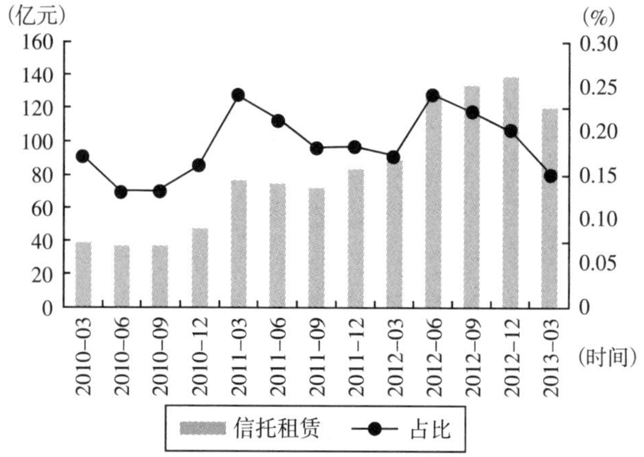


**图 5-28 信托租赁余额及占比**

资料来源：Wind 资讯。

信托资产规模的快速增长主要来自所谓的“银信合作”业务（2010 年三季度末占比高达 64.02%，近期有所下降），信托成为银行通过理财产品方式将表内资产转移出去的一个通道。所以，信托与理财产品往往就成为一枚硬币的两面，成为我国影子银行业务的典型形式。

银信合作主要有两大类：融资类银信合作及投资类银信合作，这类信托一般都是单一资金信托。融资类银信理财合作主要包括信托贷款、受让信贷或票据资产、附加回购或回购选择权的投资、股票质押融资等；投资类银信合作是指通过信托公司平台，将银行理财资金投向债券、货币等金融市场的合作模式。融资类银信合作往往成为规避信贷规模的方式，所以是监管当局不断限制的对象（比如融资类业务余额占银信理财合作业务余额的比例不得高于 30%），银信合作理财产品的发行量近年来显著降低（见图 5-29、图 5-30）。

作为一种典型的影子银行活动，融资类银信合作是研究的重点。这种合作主要经过了两个阶段：

第一阶段，理财产品直接投资信托贷款或相关信托计划。但随着 2010 年 8 月银监会下发《关于规范银信理财合作业务有关事项的通知》和《信托公司净资本管理办法》（见表 5-7），要求银信合作业务进表，占用信托公司资本，直接投资信托计划和信托贷款的成本提高，银行理财逐渐退出此类模式，业务逐步收缩。

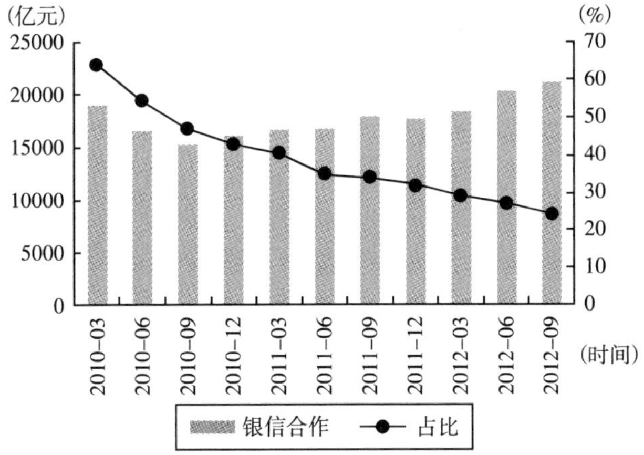


**图 5-29　银信合作余额及占比**

资料来源：Wind 资讯。

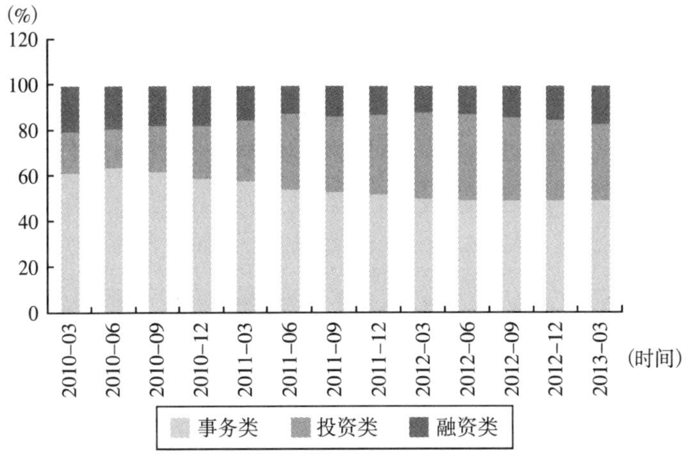


**图 5-30　融资类、投资类、事务类信托占比**

资料来源：Wind 资讯。

**表 5-7　我国影子银行体系分类**

| 项目 | 分类计算标准 | | | | | |
|---|---|---|---|---|---|---|
| | 1 级 | 2 级 | 3 级 | 4 级 | 5 级 | 6 级 |
| 一、固有业务 | | | | | | |
| （一）金融产品投资 | | | | | | |
| 其中：固定收益类证券投资 | | | 5% | | | |
| 权益类证券投资 | | | 15% | | | |

续表

| 项目 | 分类计算标准 | | | | | |
|---|---|---|---|---|---|---|
| | 1级 | 2级 | 3级 | 4级 | 5级 | 6级 |
| 证券衍生品投资 | | | 50% | | | |
| 其他金融产品投资 | | | 20% | | | |
| （二）融资类业务 | | | 10% | | | |
| （三）非上市股权投资类业务 | | | 20% | | | |
| （四）其他 | | | | | | |
| 固有业务风险资本 | | | | | | |
| 二、信托业务 | | | | | | |
| （一）主动管理类信托业务 | | | | | | |
| 1. 投资类信托业务 | | | | | | |
| （1）金融产品投资 | | | | | | |
| 其中：有公开市场价格金融产品 | | | 0.30% | | | |
| 其他 | | | 1.00% | | | |
| （2）股权投资类业务（非上市公司股权投资，包括PE） | | | 1.00% | | | |
| （3）其他投资类业务 | | | 1.00% | | | |
| 2. 融资类信托业务 | | | | | | |
| （1）房地产开发贷款 | | | 2.00% | | | |
| （2）其他融资类业务 | | | 1.50% | | | |
| 3. 其他 | | | | | | |
| （二）被动管理类信托业务 | | | 0.10% | | | |
| 信托业务风险资本 | | | | | | |
| 三、其他业务 | | | | | | |
| （一）承销（包销）业务 | | | | | | |
| 1. 承销公司债券业务规模 | | | 5% | | | |
| 2. 承销政府债券业务规模 | | | 3% | | | |
| （二）其他业务 | | | | | | |
| 其他业务风险资本 | | | | | | |
| 各项风险资本之和 | | | | | | |

注：本表为与信托公司的风险管理能力相匹配，现阶段银监会根据信托公司监管评级结果对不同级别的信托公司实施不同的风险资本计算系数。评级结果为3级的信托公司的风险资本准备计算系数为标准系数，评级结果为1级和2级的信托公司的计算系数在标准系数基础上分别下浮40%和20%，评级结果为4级、5级和6级的信托公司的计算系数在标准系数基础上分别上浮20%、40%和60%。

资料来源：笔者整理。

第二阶段，由第三方“过桥”的银信合作模式，业内叫作信托受益权转让模式。这种模式引入第三方（通常为大型企业或国企财务公司）与信托公司合作发放信托贷款，而后将信托受益权“过桥”转让给理财产品，从而间接实现银行理财产品对企业的融资，规避对“银信合作”监管。以下举例说明：假定A企业需要融资，B企业作为“过桥”的第三方（可以是央企的财务公司、资产管理公司、金融机构等），以单一信托方式投资一个信托计划，这个信托计划给A企业发放一笔贷款（或其他投资方式提供一笔融资）。B企业再将自己手中的信托收益权转让给银行理财计划。这样，A企业获得贷款，资金的提供者是银行理财，B企业只是拿出一笔钱垫一下（甚至仅仅是过账，连垫资都不用），获取一笔通道费（见图5-31）。在实际操作过程中，B企业投资信托计划和转让信托受益权两个合同可以在同一天签署，这样，银行先按合同给B企业划款，到账后，B企业再给信托公司，信托公司再给A企业，整个流程只需一两个小时。

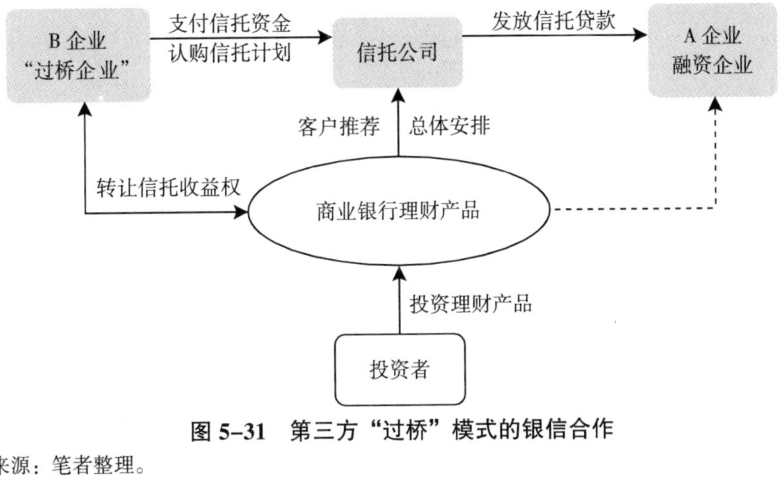


**图5-31　第三方“过桥”模式的银信合作**

资料来源：笔者整理。

2011年6月，银监会规定信托公司银行理财资金作为受益人的信托业务，包括银行理财资金直接交付给信托公司管理的信托业务和银行理财资金间接受让信托受益权业务，一律视为银信合作业务，应接受相应监管，在计算风险资本时也应按照银信合作业务计算。银行和信托公司的应对策略是：B企业虽然将信托受益权转让给银行理财计划，但不在信托公司进行受益权转让登记。这样，在信托公司的“账本”上，受益人一直是B企业而不是银行理财计划，银监会无从统计。

无论是哪种银信合作融资方式，银行都处于主导地位，信托公司主要起投资通道的作用，分得很少的收益（最早为0.3%乃至更低，后有所提高），而信托公司也不承担相应的兑付风险，称为通道类业务。

信用转换导致的流动性转换和期限转换必然伴随着各部门资产负债表的调整，从最终的调整结果来看，居民部门和银行部门总资产和总负债并未发生改变，只是分别在其资产方和负债方进行了结构性调整，企业部门和银行资金池的总资产扩张，扩张总量保持一致（见图5-32）。若我们假设企业最终通过信托贷款得到100元，影子银行体系则通过信用链条的拉长成倍地创造了信用总量：理财产品100元、信托受益权100元、信托贷款100元，因此简单加总金融工具总量或金融机构资产会高估影子银行体系的总量。信托贷款的融资行为的另一个重要特点就是其并未引起货币供给总量的增加，即M2没有增加，这一点在银行的负债方一目了然。

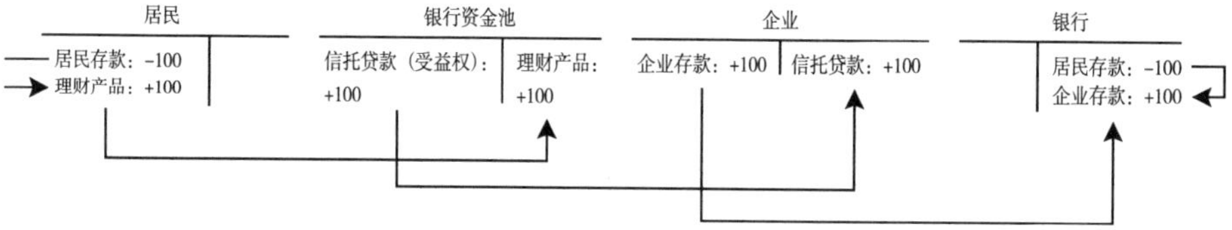


**图5-32　第三方“过桥”模式的银信合作**

资料来源：笔者整理。

委托贷款：目前我国的法律不支持企业之间的直接借贷活动，不过企业可以通过银行向指定借款人发放委托贷款。贷款利率由委托方决定。因此，委托贷款是指银行作为受托人，按照政府部门、企事业单位及个人等委托人的意愿，以银行的名义发放的贷款。因借款人的原因造成贷款到期不能偿还的，银行不承担借款人偿还贷款本息的责任。银行则充当中介人的角色，收取委托贷款手续费，但不承担任何信贷风险。2010年以来，随着银根紧缩，资金价格高企，供需两旺，委托贷款快速增长，2010~2012年分别为8749亿元、12964亿元和12838亿元，委托贷款余额占社会融资总量存量之比也由2002年初的1.83%上升至2013年4月的6.31%（见图5-33）。

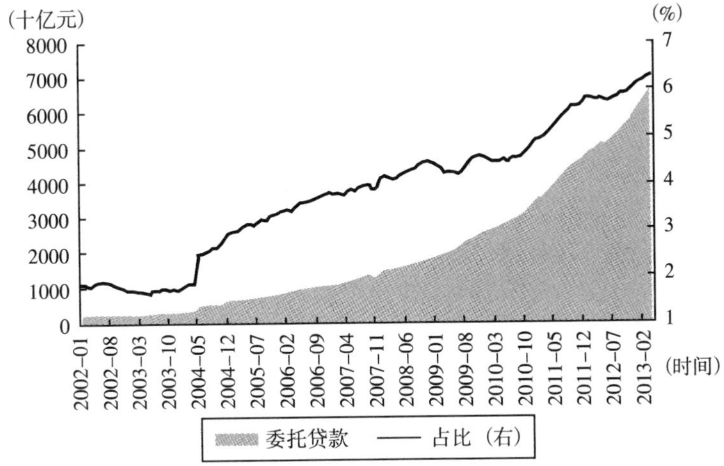


**图 5-33　委托贷款余额及占融资总量之比**

资料来源：CEIC。

国内中小企业缺乏融资渠道，2013 年第一季度，新增贷款中中小、小微企业仅占比 28%（见图 5-34），而一般国有大中型企业则获得商业银行贷款或通过债券融资等较为容易，因此不少资金宽松的大型企业都参与到委托贷款中，成为资金的供给方，有些利率高达 20%以上，获取了高额收益。

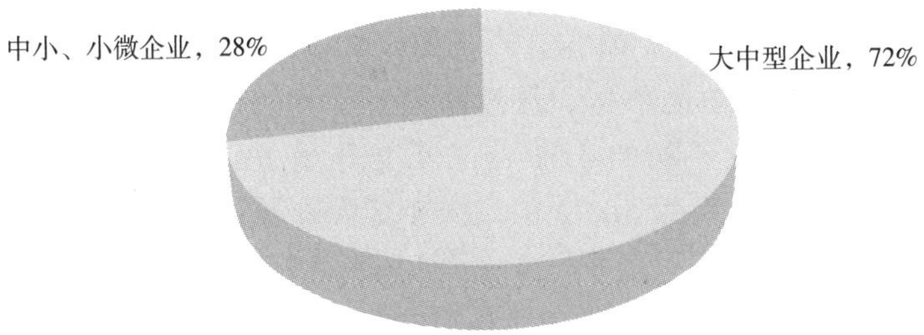


**图 5-34　大中型企业和中小、小微企业贷款占比**

资料来源：CEIC。

委托贷款引起各部门资产负债表的变化较为简单，企业总资产出现了扩张，扩张程度等于委托贷款额，银行的负债方进行了结构性调整，货币供给总量即 M2 没有增加（见图 5-35）。若如图 5-36 所示，企业 A 对企业 B 提供委托贷款，企业 B 又对企业 C 提供委托贷款，则有可能形成企业间的“三角债”，信用总量成倍增加，对实体经济注入的资金并未有效放大，货币供给总量未发生变化。同时，这种情况还能造成社会融资规模的虚增，在统计过程中难以剔除。

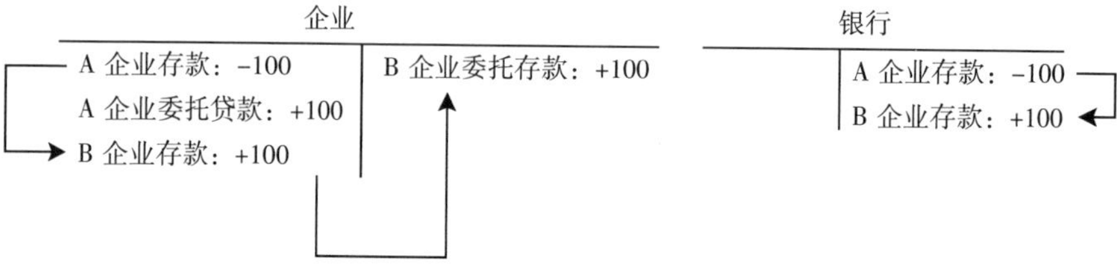


**图 5–35　委托贷款引致各部门资产负债表变化**

资料来源：笔者整理。

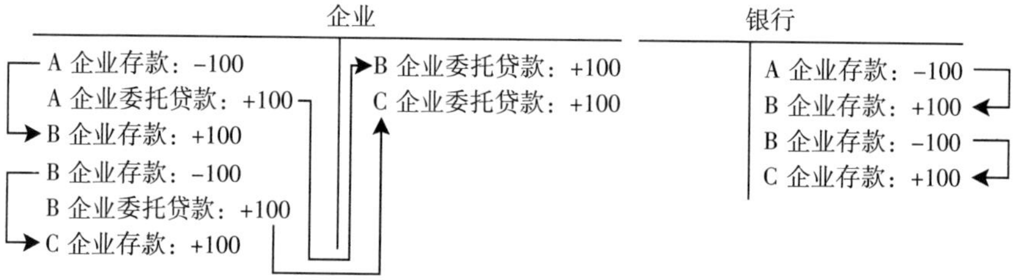


**图 5–36　委托贷款引致各部门资产负债表变化**

资料来源：笔者整理。

企业债券：此处的企业债券是广义的概念，包括非金融企业发行的企业债券、公司债券、中期票据、短期融资券。企业债券存量自 2008 年以来增长迅速，由 2008 年初的 3.51 万亿元上升至 2013 年 4 月底的 8.61 万亿元，年均复合增长率为 18.72%，占融资总量存量之比由 2008 年初的 3.30%上升至 2012 年 4 月底的 8.09%（见图 5–37）。并且从企业债券净融资的发展趋势来看，其新增增速远高于社会融资总量的新增增速，2012 年以来表现得尤为明显，至 2012 年底，累计企业债券净融资占累计社会融资总量之比高达 14.31%，2013 年以来出现季节性回落，但占比仍基本维持在 10%以上（见图 5–38），根据我们在 2013 年年度策略中的测算，全年企业债券净融资在 3 万亿元左右，累计占比超过 15%，企业债余额或至 10.67 万亿元，占社会融资总量存量之比为 9.15%。

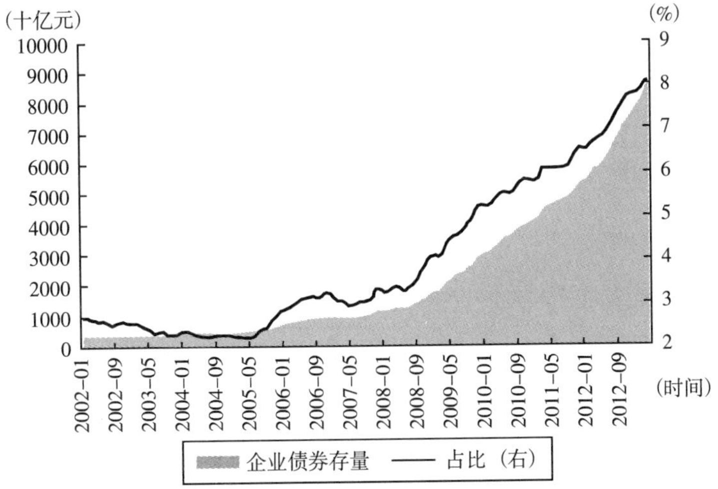


**图 5-37　企业债券存量及占融资总量之比**

资料来源：CEIC。

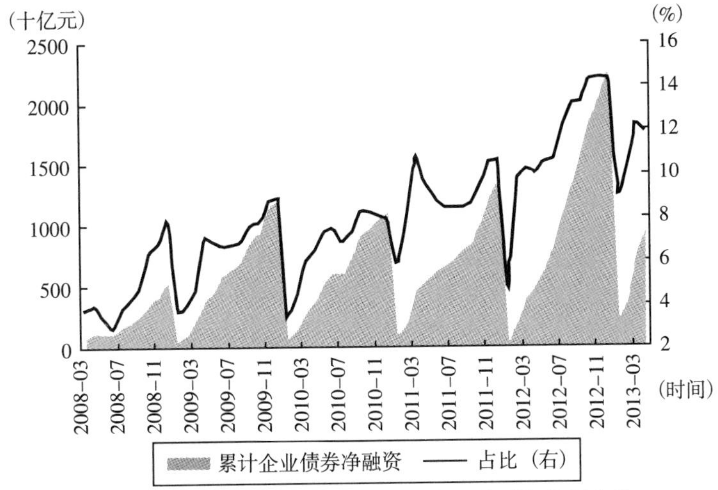


**图 5-38　累计企业债券净融资及占累计融资总量之比**

资料来源：CEIC。

企业债券融资对各部门资产负债表的调整和货币供给总量的影响应分两种不同的情况：一种情况是若居民部门购入企业债券，此种情况相对简单，居民部门和银行总资产和总负债没有发生变化，居民资产方和银行负债方分别进行了结构性调整，即由居民存款转为企业存款；企业部门资产和负债同时扩张，货币供给总量未发生变化（见图5-39）。企业部门本身、非银行金融机构或政府部门购买企业债券导致的各部门资产负债表的变化和对货币供给总量的影响与上述分析相同。

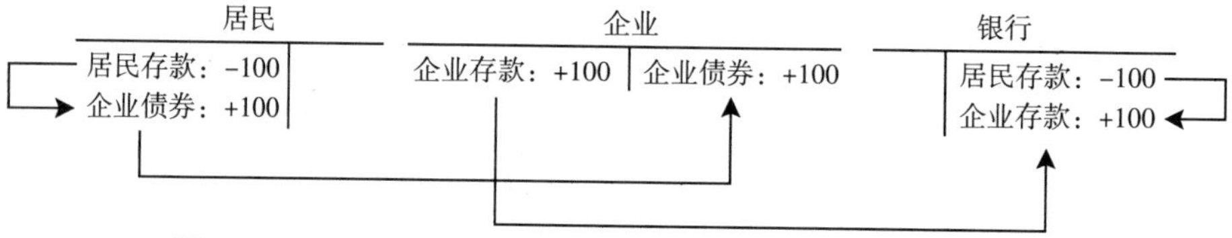


**图5-39 企业债券融资（居民购买）引致各部门资产负债表变化**

资料来源：笔者整理。

另一种情况则是银行购入企业债券，其对各部门的资产负债表的影响与银行发放贷款类似，企业部门资产方和负债方同时扩张，银行的资产方和负债方也相应扩张，企业部门的负债增长对应银行的资产增长，银行的负债增长对应企业的资产增长（见图5-40）。银行购入企业债券导致银行负债方存款增加，因此货币供给总量即M2相应扩张。

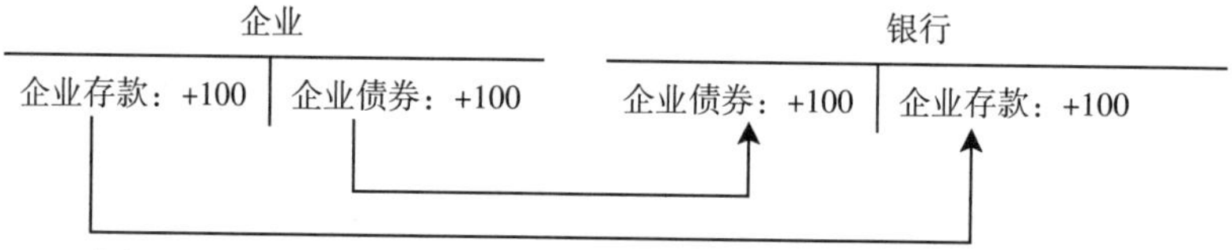


**图5-40 企业债券融资（银行购买）引致各部门资产负债表变化**

资料来源：笔者整理。

商业银行承兑汇票：票据市场是发达金融体系中的重要支柱，早在20世纪80年代，美国的票据交易量已相当于其股票市场的交易量，占货币市场总量的60%。目前，我国商业银行形成了“三票一卡”即支票、本票、汇票和信用卡为主体的结算制度。银行承兑汇票是由收款人或承兑申请人签发，并由承兑申请人向开户银行申请，经银行审查同意承兑的票据，银行承兑汇票是承兑行的担保行为，属于表外业务，无论是敞口银行承兑汇票，还是全额保证金银行承兑汇票，到期承兑行都必须承担无条件付款责任。银行承兑汇票以其资金安全性高、流通性强的特点，成为企业间、银企间的重要融资和结算手段，这使商业银行的银行承兑汇票业务呈现出快速发展的态势。

银行承兑票据贴现可以分为三种，分别是贴现、转贴现和再贴现。贴现也称直贴，是指客户（持票人）将没有到期的票据出卖给贴现银行，以便提前取得现款，一般工商企业向银行办理的票据贴现就属于这一种；转贴现是指银行以贴现购得的没有到期的票据向其他商业银行所作的票据转让，转贴现一般是商业银行间相互拆借资金的一种方式；再贴现是指贴现银行持未到期的已贴现汇票向人民银行的贴现，通过转让汇票取得人民银行再贷款的行为。再贴现是中央银行的一种信用业务，是中央银行为执行货币政策而运用的一种货币政策工具。

未贴现的银行承兑汇票在实体经济中仅起到了结算和支付的功能，在没有贴现之前，银行承兑汇票的融资功能受到很大限制，但仍在短期内起到了企业间的信用转换功能，银行起到的是担保的作用。未贴现银行承兑汇票余额2009年以来增长迅猛，存量余额由2009年初的1.13万亿上升至2013年4月的7.12万亿，相应占融资总量余额之比由2.61%上升至6.68%，占银行总资产之比由0.17%上升为0.50%（见图5-41、图5-42）。

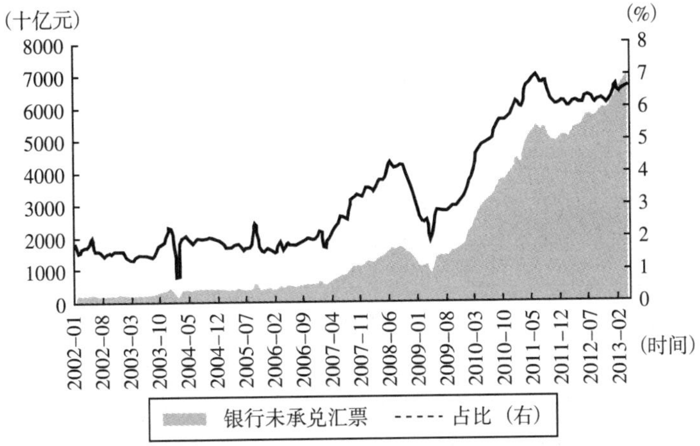


**图5-41 未贴现银行承兑汇票余额及占融资总量之比**

资料来源：CEIC。

未贴现的银行承兑汇票仅引起企业部门资产负债表的变化，对商业银行而言属于表外业务，并未计入资产负债表，因此商业银行资产负债表不变。企业部门总资产和总负债扩张，M2不发生变化（见图5-43）。

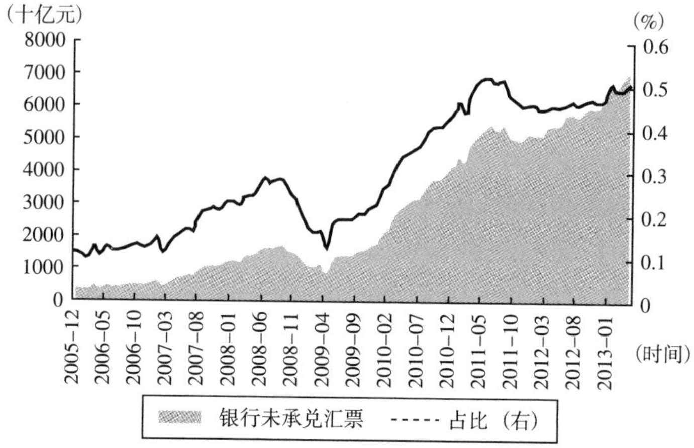


**图 5-42　未贴现银行承兑汇票余额及占银行总资产之比**

资料来源：CEIC。

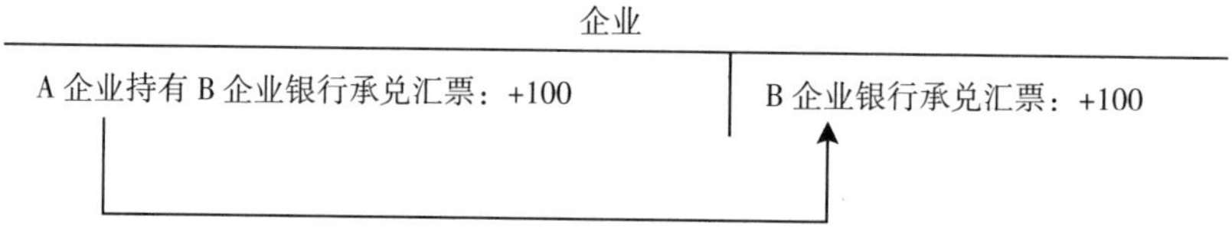


**图 5-43　企业债券融资（银行购买）引致各部门资产负债表变化**

资料来源：笔者整理。

在具体的操作中，融资性票据是一种常见的方式。融资性票据是指票据持有人通过非贸易的方式取得商业汇票，并以该票据向银行申请贴现套取资金，实现融资目的。融资性票据的目的人可能是出票人，也可以是持票人，但通常都是关联公司。通常都是贴现后资金回流到原来的出票人。

一份因真实贸易而产生的票据，即使在之后某个转让环节中成为无贸易的融资性交易（如用于偿债），银行并为持票人办理了贴现，也不会对承兑银行构成风险或扩大货币投放。因为此票据是基于真实贸易而产生，通过商品的流通具有自偿性；同时，票据前手与持票人虽属融资性交易，但如由前手向银行贴现（更符合贴现政策，因前手与再前手具有贸易交易）后将资金划转给持票人，与持票人向银行贴现取得资金，从货币投放的角度看，两者是完全等效的。当然以下情况例外，出票人与收款人为关联企业，为借贷交易而签发融资性票据，收款人遂将票据转让给与其有关联交易的子公司，子公司作为持票人并提供合法但与该票据实际并无关联的发票与合同向银行办理了贴现，再将贴现款划转于前手。此类融资性票据看似转让后产生，其实仍在出票环节生成，只是借助于转让环节，实现贴现融资目的。由于银行承兑汇票贴现后会计入商业银行的资产方的贷款中的票据融资项下，其对各部门资产负债表的影响和对 M2 的影响与贷款类似。

**表 5-8 我国影子银行体系分类**

| 付款工具 | 对企业的成本 | 支付成本 | 银行综合收益 |
|---|---|---|---|
| 贷款 | 成本最高 | 贷款利率 | 仅有贷款利率，贷款利息收益较高，没有关联营销，综合收益较低 |
| 国内信用证 | 成本较高 | 手续费 0.15% | 国内信用证 |
| 银行承兑汇票 | 成本低 | 手续费 0.05% | 贴现利息、手续费收入，很难形成关联营销，对企业票源的控制力度较弱 |
| 商业承兑汇票 | 成本最低 | 工本费 | 商业承兑汇票 |

资料来源：笔者整理。

同业代付：同业代付业务是指银行根据客户申请，通过境内外同业机构或本行海外分支机构为该客户的国内贸易或国际贸易结算提供的短期融资便利和支付服务，分为境内同业代付和海外代付。其中，接受客户申请、从同业机构融通资金并委托同业机构将款项支付给该客户交易对手的同业代付业务发起行称为“委托行”，为委托行提供资金来源和代付服务的境内外同业机构或委托行海外分支机构称为“代付行”（见图 5-44）。同业代付业务始于 2009 年，迫于信贷规模受限，银信合作、票据贴现被严格控制，从 2011 年以来，通过同业代付获取放贷资金的做法被商业银行尤其是中小银行广泛使用。

同业代付具体业务形式主要有国内信用证代付、国内采购代付、保理代付等，各类代付业务在企业征信系统中均无记录。信用证代付是国内贸易中常见的支付结算方式，是开证银行向受益人作出的保证付款的承诺，使收益人收款有保证（见图 5-45）。国内银行通过银行间同业代付为企业融资，是海外代付在境内的创新运用，由于有银行信用担保，属于低风险资产。在同业代付时，代付行的会计分录为现金及准备金存款减少，同业存款增加；委托行则记在表外。对于委托行而言，它属于表外业务，资产负债表规模不变，原本应计入贷款项下科目内的计入了投资项下；对于代付行而言，由于有委托行的担保，它增加了一笔同业资产，也不计入贷款

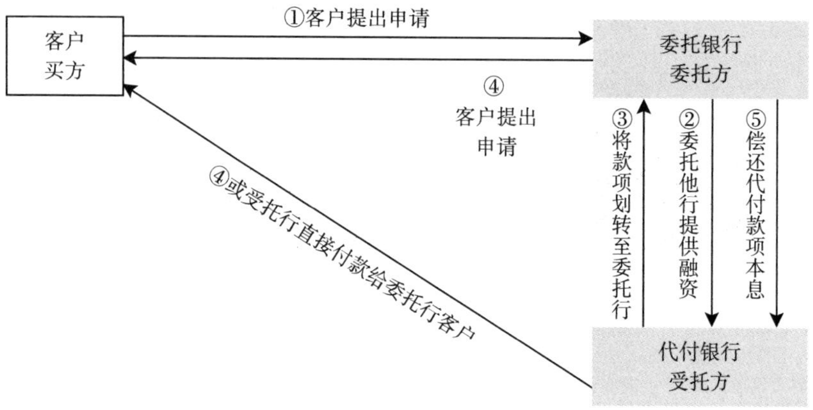


**图 5-44　一般同业代付操作流程**

资料来源：笔者整理。

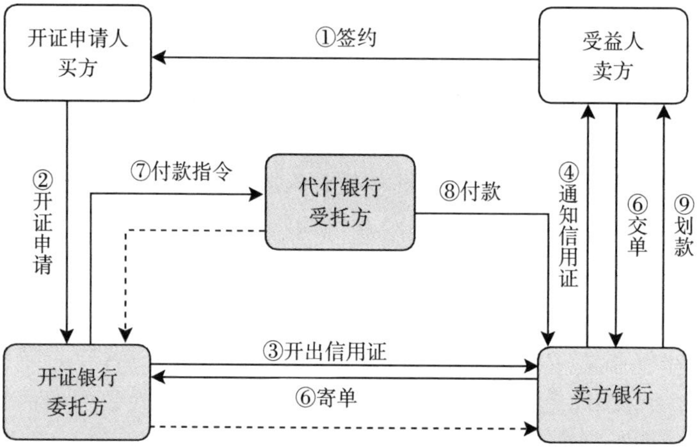


**图 5-45　信用证同业代付操作流程**

资料来源：笔者整理。

项下，不计提风险拨备，可以规避监管部门的信贷规模管理要求。同时，企业开立国内信用证时，银行一般都收取 0.15%左右的开证手续费，代付过程中银行还加收 0.4%~1%的融资安排费等，从而可以有效增厚中间业务收入，并通过为他行代付，也获取了相当于基准贷款的收益，实现了“曲线放贷”。委托银行在为企业融资、巩固客户的同时，由于部分申请人和最后收款人同为本行客户，还可以带动本行存款的增加。2012 年 8 月，银监会正式发布了《关于规范同业代付业务管理的通知》，要求银行开展同业代付业务应具有真实贸易背景，在会计处理时，当代付行为境内外银行同业机构时，委托行应当将委托同业代付的款项直接确认为向客户提供的贸易融资，并在表内进行相关会计处理与核算；代付行应当将代付款项直接确认为对委托行的拆出资金，并在表内进行相关会计处理与核算。同业代付回表意味着占用商业银行的信贷额度，该业务受到很大压制，并且表内、表外两种不同的处理方法对银行和企业的资产负债表会造成不同的影响，对货币供给的影响也不尽相同。

对于同业代付总量的估算，我们使用其他存款性公司资产负债表中的对其他存款性公司的资产与负债之差，并辅以相应的权重来进行估算。由于两者之差涵盖了商业银行的同业代付、买断式回购和银行间的票据对敲，后两者显然不属于影子银行Ⅰ的范畴，我们将在下一部分做详细介绍，因此这部分应予以剔除。我们根据全部银行类上市公司2010~2012年财务报表中的买入返售和存放同业之别大致确定了同业代付和买入返售、票据对敲之间的比例为1∶1，同时考虑到2012年银监会《关于规范同业代付业务管理的通知》的影响，2013年以后将同业代付的权重调整为40%。

截至2013年4月底，同业代付余额为3.09万亿元，与贷款余额之比为4.64%。从总量来看，2012年上半年增长迅猛，2012年6月以来基本在2.5万~3万亿波动，与贷款之比基本与总量波动幅度一致，说明同业代付提供融资的节奏基本与贷款保持一致，并未出现明显的互补性，并且从量级来看，其对实体经济的影响有限（见图5-46）。值得注意的是，买入返售近期增加得较为迅速（见图5-47），是同业代付中的重要组成部分，但由于交易标的一般为票据和债券，而不是直接为实体经济提供资金，因此将其归类为影子银行Ⅱ，笔者在下一部分中进行详细分析。

最后我们来分析同业代付对各部门资产负债表变动的影响，此处我们假设A为代付行、B为委托行、C为卖方、D为买方，从银行和企业资产负债表的变动来看，企业总资产和总负债扩张，表面上来看似乎是D企业对C企业提供了融资，若和银行对应的资产及负债建立勾稽关系，这笔信用的源头依然是银行，银行的总资产和总负债也相应扩张，其传导机制与贷款相似（见图5-48），但并未纳入监管部门的贷款范畴，无须计提拨备。并且此操作过程并未引起基础货币的变化，从货币创生的角度来讲，此种融资方式的货币乘数与传统的贷款形成的货币乘数一致。

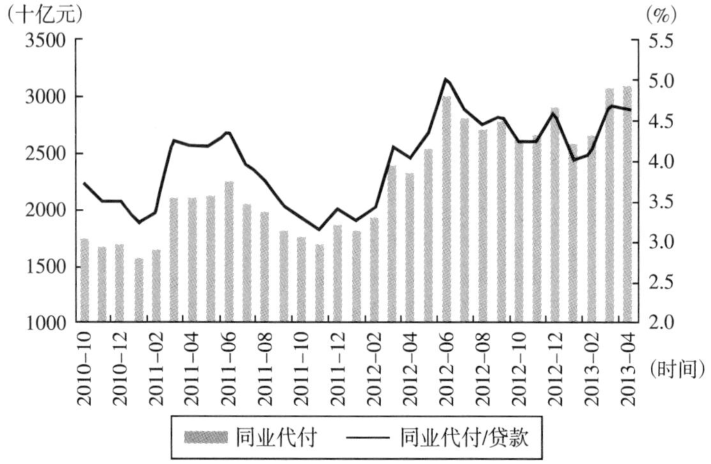


**图 5-46　同业代付存量及与贷款之比**

资料来源：CEIC。

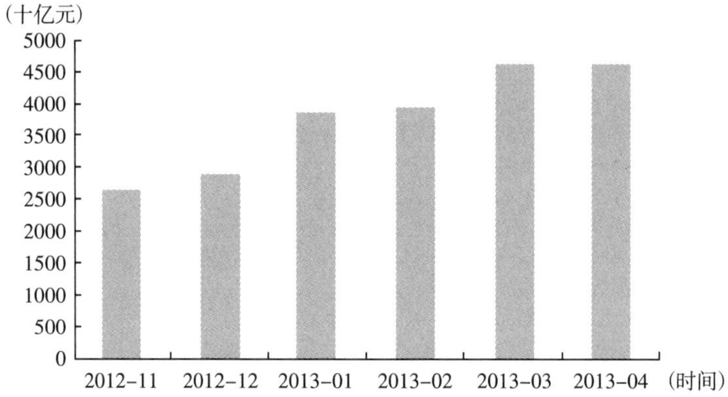


**图 5-47　买入返售金额**

资料来源：CEIC。

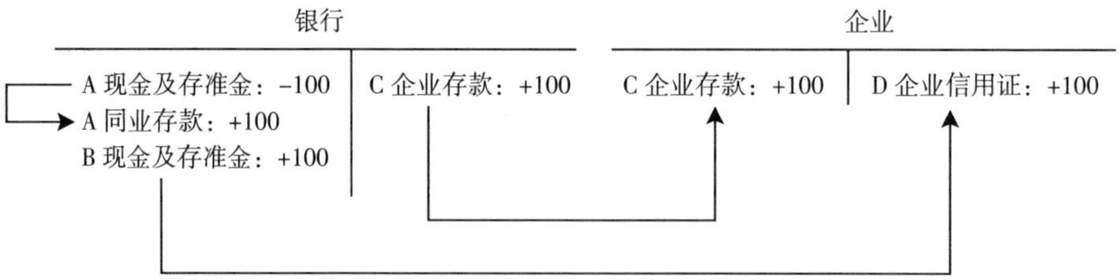


**图 5-48　同业代付（2013 年以前）引致各部门资产负债表变化**

资料来源：笔者整理。

2013年以来的情况较为简单，将银行资产方直接计入B的各项贷款，计提拨备，纳入贷款监管范畴（见图5-49），并且银监会将严格执行相关信贷审批程序，在客户贸易融资授信额度内合理确定同业代付的金额和期限，加强贷款三查，严格信用风险管控。同时要求代付行应对同业代付业务的合作银行采取名单制管理，将代付同业款项全额纳入对同业机构的统一授信管理，并将代付同业款项与无指定用途的一般性同业拆借区别管理，加强相关信用风险控制。因此，这在很大程度上压缩了同业代付未来增长的空间，但新的创新方法如上文中指出的票据对敲等会很快有效规避监管，但此种创新会使信用链条拉长并多以非标债权为交易标的，并不直接为实体经济提供融资，因此属于影子银行Ⅱ的范畴。

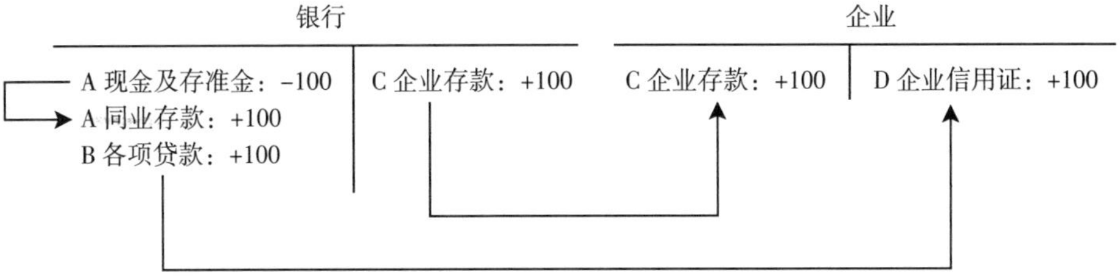


**图5-49　同业代付（2013年以前）引致各部门资产负债表变化**

资料来源：笔者整理。

综合以上分析，我们可以得出影子银行Ⅰ的存量余额，至2012年底为30.30万亿元，其中委托贷款6.00万亿元、信托贷款2.97万亿元、未贴现承兑汇票6.23万亿元、非金融企业债券7.67万亿元、同业代付2.89万亿元、非金融股票融资3.33万亿元、融资租赁0.61万亿元、小额贷款公司贷款0.59万亿元（见表5-9）。

从影子银行Ⅰ和商业银行发放的本外币贷款及总资产的对比来看，2002年以来影子银行Ⅰ总规模的扩张速度有明显的优势，影子银行Ⅰ由2002年的1.58万亿元增长至2012年的30.30万亿元，年均复合增长率为34.38%，远高于同期本外币贷款17.12%的增长率，相应影子银行Ⅰ与本外币贷款余额之比也由11.29%上升至45.03%；2005~2012年，影子银行Ⅰ年均复合增长率为40.70%，同期商业银行总资产增长率为19.93%，相应影子银行Ⅰ与商业银行总资产余额之比由7.41%上升至22.66%（见图5-50、图5-51）。

**表 5–9　我国影子银行Ⅰ各项构成存量余额**

单位：十亿元

| 年份 | 委托贷款 | 信托贷款 | 未贴现银行承兑汇票 | 非金融企业债券 | 非金融企业股票融资 | 同业代付 | 融资租赁 | 小额贷款公司 | 影子银行Ⅰ | 影子银行Ⅰ/本外币贷款余额(%) | 影子银行Ⅰ/商业银行总资产(%) |
|---|---|---|---|---|---|---|---|---|---|---|---|
| 2002 | 267.46 | 0.00 | 255.58 | 400.96 | 653.97 | | | | 1577.97 | 11.29 | |
| 2003 | 327.56 | 0.00 | 456.68 | 450.96 | 709.87 | | | | 1945.07 | 11.46 | |
| 2004 | 639.26 | 0.00 | 427.88 | 497.76 | 777.07 | | | | 2341.97 | 12.42 | |
| 2005 | 835.56 | 0.00 | 430.18 | 698.76 | 811.07 | | | | 2775.57 | 13.42 | 7.41 |
| 2006 | 1104.86 | 172.13 | 580.18 | 929.86 | 964.57 | 443.98 | | | 4195.58 | 17.61 | 9.51 |
| 2007 | 1441.96 | 342.43 | 1250.38 | 1158.36 | 1397.87 | 557.77 | | | 6148.76 | 22.14 | 11.36 |
| 2008 | 1868.06 | 656.93 | 1356.88 | 1710.66 | 1730.37 | 737.80 | | | 8060.70 | 25.19 | 12.57 |
| 2009 | 2546.06 | 1093.33 | 1817.58 | 2947.56 | 2065.57 | 627.56 | | | 11097.65 | 26.08 | 13.70 |
| 2010 | 3420.96 | 1479.73 | 4152.28 | 4053.56 | 2644.17 | 1679.74 | 270.10 | 197.51 | 17898.04 | 35.15 | 18.61 |
| 2011 | 4717.36 | 1682.93 | 5179.48 | 5419.46 | 3081.87 | 1872.44 | 426.22 | 391.47 | 22771.22 | 39.13 | 20.01 |
| 2012 | 6001.13 | 2971.76 | 6229.25 | 7669.28 | 3332.64 | 2893.59 | 608.16 | 592.14 | 30297.95 | 45.03 | 22.66 |

资料来源：中国社会科学院金融研究所金融统计数据库。

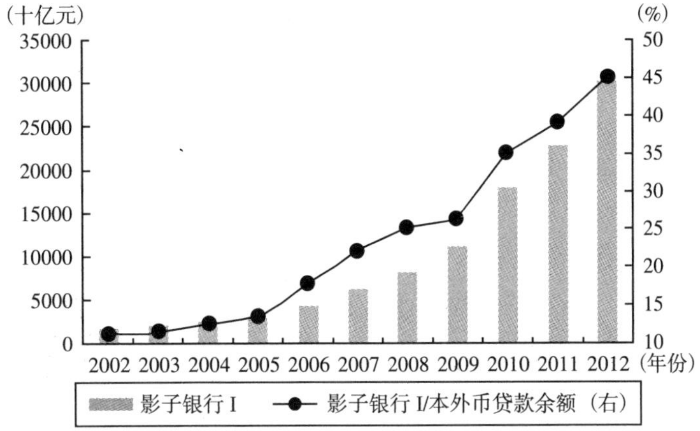


**图 5-50 影子银行 I 及与本外币贷款余额之比**

资料来源：CEIC。

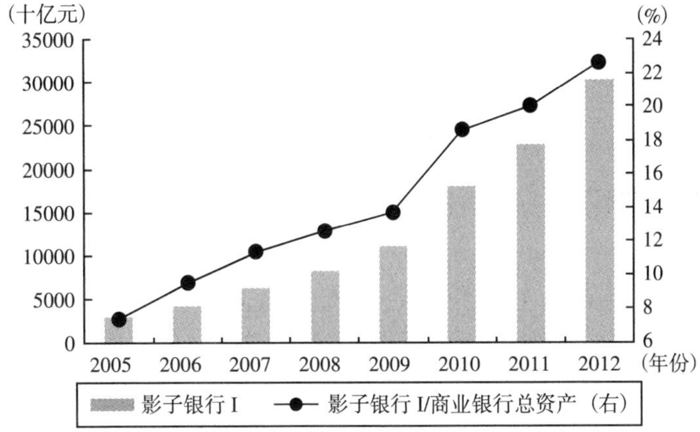


**图 5-51 影子银行 I 及与商业银行总资产余额之比**

资料来源：CEIC。

考虑到近期政策对非标债权的规范，我们将影子银行相应影子银行 I 中的股权融资和标准债权融资予以剔除，可以得出，影子银行 I 中各项非标债权的总量（见表 5-10），至 2012 年底，非标债权融资余额为 19.21 万亿元，占影子银行 I 总规模的 63.39%。

2002 年以来，影子银行 I 中非标债权、企业债券、非金融企业股票融资占比变化趋势显示出非标债权持续上升，由 2002 年的 33.15%上升至 2012 年的 63.39%；企业债券占比基本保持稳定，在 23%上下波动，至

**表 5-10　我国影子银行Ⅰ各项非标债权存量余额**

单位：十亿元

| 年份 | 委托贷款 | 信托贷款 | 未贴现银行承兑汇票 | 同业代付 | 融资租赁 | 小额贷款公司 | 影子银行Ⅰ（非标） |
|---|---|---|---|---|---|---|---|
| 2002 | 267.46 | 0.00 | 255.58 | | | | 523.04 |
| 2003 | 327.56 | 0.00 | 456.68 | | | | 784.24 |
| 2004 | 639.26 | 0.00 | 427.88 | | | | 1067.14 |
| 2005 | 835.56 | 0.00 | 430.18 | | | | 1265.74 |
| 2006 | 1104.86 | 172.13 | 580.18 | 443.98 | | | 2211.62 |
| 2007 | 1441.96 | 342.43 | 1250.38 | 557.77 | | | 3503.01 |
| 2008 | 1868.06 | 656.93 | 1356.88 | 737.80 | | | 4530.14 |
| 2009 | 2546.06 | 1093.33 | 1817.58 | 627.56 | | | 5995.00 |
| 2010 | 3420.96 | 1479.73 | 4152.28 | 1679.74 | 270.10 | 197.51 | 11110.78 |
| 2011 | 4717.36 | 1682.93 | 5179.48 | 1872.44 | 426.22 | 391.47 | 14180.37 |
| 2012 | 6001.13 | 2971.76 | 6229.25 | 2893.59 | 608.16 | 592.14 | 19206.50 |

资料来源：中国社会科学院金融研究所金融统计数据库。

2012 年底为 25.31%；非金融企业股票融资占比大幅下降，由 2002 年的 41.44%下降至 2012 年的 11.00%（见图 5-52）。2002~2012 年，非标债权、企业债券、非金融企业股票融资规模年均复合增长率分别为 43.38%、34.33%、17.69%。非标债权融资方式快速发展一方面极大地推动了利率市场化进程，特别是在金融抑制环境下且以间接融资为主的金融体系中，以市场定价为主的非标债权在满足融资需求的同时，在促进了资金价格在市场中的有效行程；另一方面由于非标债权自身信息披露不充分、流动性差等特点，也带来了一定的系统性风险，由于利率较高，在经济处于低谷的时期，融资主体若不能有效控制风险，极易形成从投资性融资到投机性融资甚至庞氏融资转换。目前，监管当局也注意到了这种有可能引发的系统性风险，自 2012 年底以来，财政部、发改委、银监会出台了一系列文件规范非标债权，最近的融资总量中非标债权也出现了较快下降，因此，未来一段时间非标债权必然向企业债券和股票融资转换，同时资产证券化也是转换的一条重要路径。

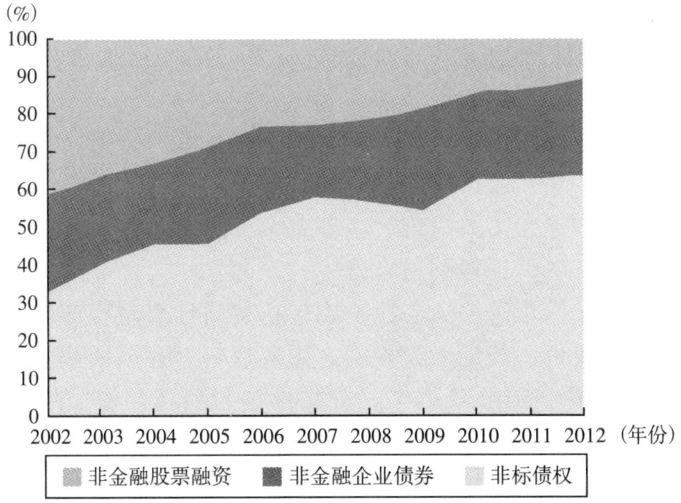


**图 5-52　非标债权、非金融企业债券及非金融股票融资占比**

资料来源：CEIC。

如按照传统的直接融资和间接融资体系划分，将影子银行 I 与本外币贷款余额对比，可以看出直接融资余额占比由 2002 年的 10.14%上升至 2012 年的 31.05%；间接融资余额由 2002 年的 89.86%下降至 2012 年的 68.95%（见图 5-53）。

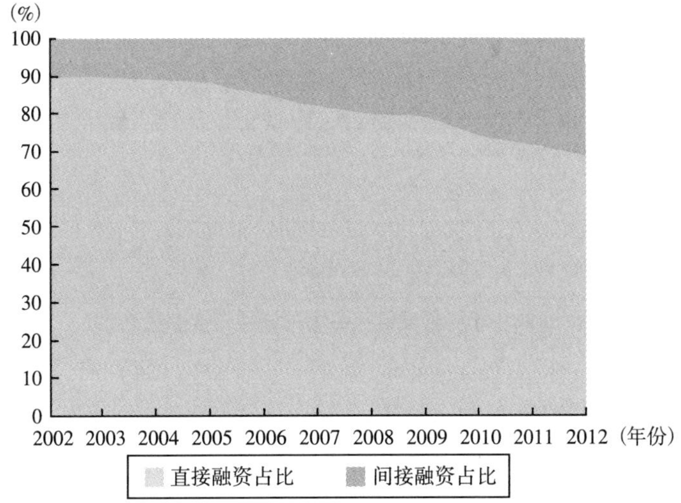


**图 5-53　直接融资与间接融资占比**

资料来源：CEIC。

## 二、影子银行Ⅱ

根据我们之前对影子银行的界定，影子银行Ⅱ（金融交易类）是服务于资本市场专门用于二级市场交易的传统业务体系，主要包括：非贷款类信托、银行理财产品、买入返售、公募基金、私募基金、社保基金、保险资管、证券公司资管、证券公司自营。

非贷款类信托：非贷款类信托主要包括交易性金融资产投资、可供出售及持有至到期投资、长期股权投资、买入返售、存放同业及其他。从各项构成的占比来看，2010 年以来，交易性金融资产投资、可供出售及持有至到期投资上升较快；长期股权投资有所下降；买入返售基本保持不变；存放同业和其他波动幅度较大（见图 5-54、图 5-55）。

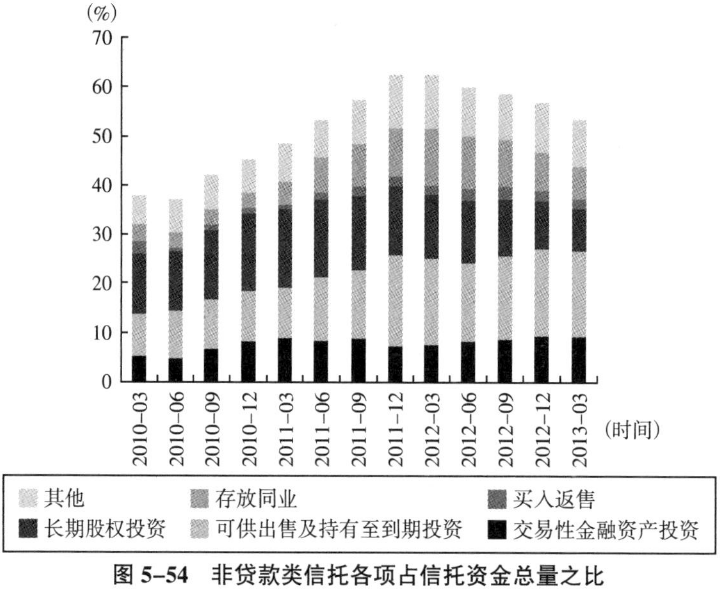


**图 5-54 非贷款类信托各项占信托资金总量之比**

资料来源：Wind 资讯。

银行理财产品：银行理财产品，是银行体系内核心的影子银行形式，通过理财产品这一工具，在内部与投资银行等新兴业务相结合，在外部通过银信合作等方式构成影子银行的业务链条，银行理财产品由于依托于商业银行，在金融体系中的能量巨大，往往是连接影子银行Ⅰ和影子银行Ⅱ

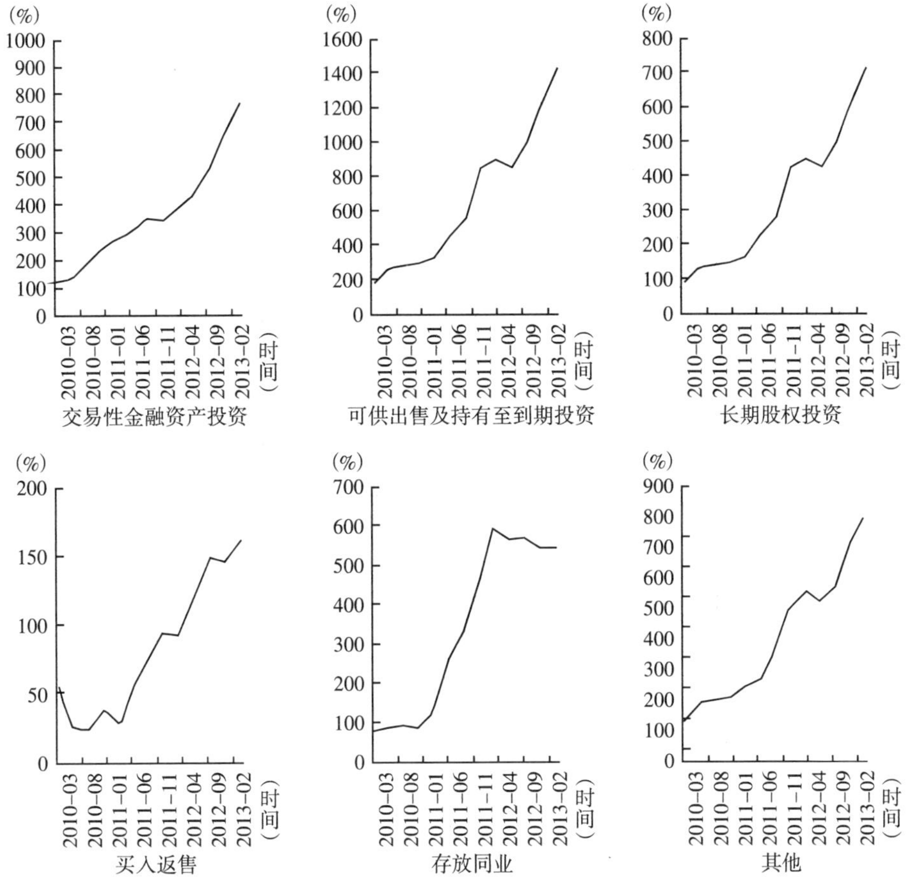


**图 5-55　非贷款类信托各项占信托资金总量之比**

资料来源：Wind 资讯。

的重要通道，由于其并不直接投向于实体经济，而是投资于非标债权或企业债券，因此将其归类为影子银行Ⅱ。近几年，由于银行理财产品的飞速发展及其在融资体系中的特殊地位，甚至达到影响市场的流动性和整个信贷政策、货币政策的程度。

国外的银行和我国的外资银行发行的理财产品主要以结构性产品为主，产品大多保本，通过衍生交易使收益与利率、汇率等金融指标挂钩，并随之浮动，波动较大。中资银行自 2004 年后推出理财产品业务，最初也以发行这类结构性产品为主，但目前占比已经很小，2012 年总共发行了仅 801 款，占比为 1.08%。目前，中资银行主流的理财产品真实投资于某类资产，依靠资产收益获取产品收益，保本或者非保本都有，收益名义上一般都是浮动的，但实际上几乎所有银行都按照预期收益率支付，事实上是保本保收益，所以一般都被投资人看作存款的替代物。

在运作模式上，中资银行的理财业务一般不是一个独立有形的部门，它是纵贯银行内部诸多子部门的一条产品线。通常金融市场部、投资银行部等交易部门负责产品设计与管理，公司金融部和个人金融部负责产品销售与客户关系，其他一些部门也会参与。此外，在资金运作等环节，银行通常会与外部机构合作，主要是信托公司，也包括券商、基金公司、资产管理公司等。在大多数的合作中，银行负责实际的投资运作工作，外部机构按照银行的指令操作，实际上承担通道的职能（见图 5-56）。QDII 等极少数理财产品，由外部机构作为投资管理人负责投资运作。

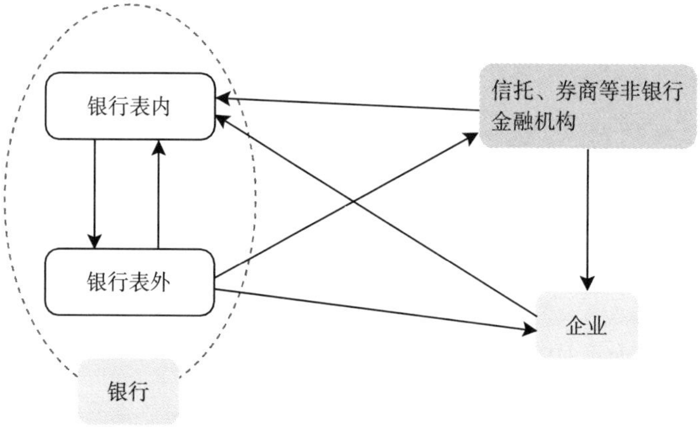


**图 5-56 银行理财产品运作示意图**

资料来源：笔者整理。

按照投资标的不同，可以将其分为债券与货币市场类、信贷类、票据资产类、股权投资类、证券投资类、结构性产品、组合投资类及其他类产品。2012 年的各类产品的分布如下，债券和货币市场类占比接近一半，其余是组合投资类，占比超过 1/3，而单纯的信贷类产品则大幅缩减，数量只占 0.36%（见图 5-57）。

近几年来，“资产池”模式成为中资银行进行理财产品运作普遍采用的一种方式。运作模式的核心是“短钱长投”和“滚动发售”。通过多个理财产品资金的集中管理，利用资金的期限错配来实现利差，形成资金规

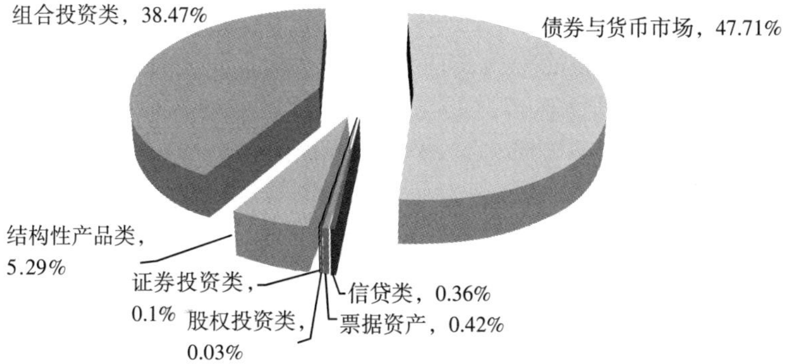


**图 5–57　2012 年银行理财产品各类投向产品分布**

资料来源：《中国理财市场发展报告（2012~2013）》。

模效应。该模式最初由具备理财规模优势的国有大行所发起，后被中小商业银行所效仿。目前，国有大行的资产池规模几乎相当于一个大型城市商业银行的体量，在流动性转换中具有十分重要的作用。

“资产池”模式下，理财资金采取集合管理的运作方式，一般通过信托形式进行运作，以滚动发行产品或投资人赎回申购的方式来筹集短期资金池，资产池中的资产则是长期的，通过进行适当的期限错配来获取收益。具体来说，“资金池”通过滚动发行理财产品保证稳定的资金来源，“资产池”集合投资进行资产配置，理财管理部门的主要职责即包括摆布产品发行和到期时间，保证“资金池”内的最低流动性，以防出现流动性风险（见图 5–58）。

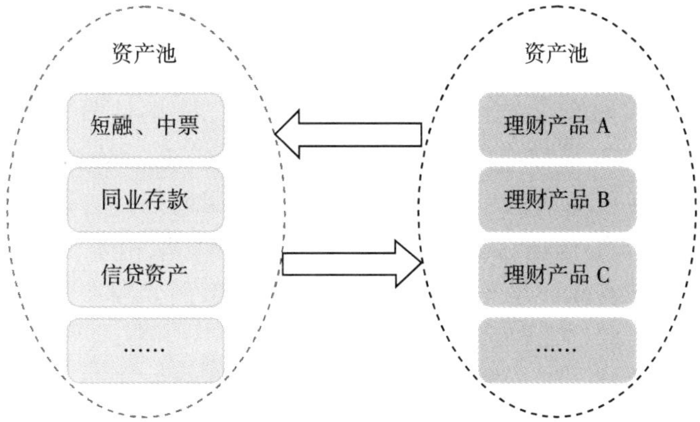


**图 5–58　2012 年银行理财产品各类投向产品分布**

资料来源：笔者整理。

实际上，绝大多数“资产池”内会配置一定的信贷类资产，从10%到70%不等，是支撑资产池整体高收益的主力。除此之外，还配置了债券、票据、同业存款，有的还可以投资于各种收益权、未上市股权、信托计划、公募及私募基金等各类的金融资产，范围非常宽泛。需要指出的是，2010年末以来，银监会不断对入池资产进行限制，明令信贷资产和票据不得重新装入资产池，但有些银行通过变通方法仍然在运作这类资产。

银行理财产品计划募集公众短期资金，投资于包括信贷资产在内的各种长期资产，具备了银行业务的主要特征：期限及信用风险转换、流动性保障、支付固定收益。同时，这些业务又发生在表外，不用受到监管部门对银行业务的监管。可以说，我国的银行理财产品是一种非常具有影子银行特点的金融活动，甚至很容易在国外找到其原型：例如，一些开放式的货币型产品非常类似于货币市场存款账户，挂钩型产品相当于结构化融资工具，信贷类产品则相当于简易型的信贷资产支持票据，其他一些产品则具有私募基金的性质。其中，最为典型的是资产池类理财产品，非常类似于西方的结构化投资工具SIV（Structured Investment Vehicle）。

SIV也是采取借短投长的运作模式，一般由银行等金融机构设立，运作方式为在商业票据市场发行资产支持商业票据（ABCP）来获取资金购买较长期的高回报资产。该资产可以是抵押贷款证券或企业贷款、贸易应收款、投资级别的结构性证券等。SIV用这些资产的利息来支付其所发行的票据利息，其利润所得主要来自短期票据和长期债券之间的利差。1988年，花旗银行创建了第一只SIV，20世纪90年代后期，SIV模式纷纷被银行、对冲基金和其他金融机构所效仿。

流动性的风险内生于SIV的运作方式。一旦商业票据市场收缩或冻结，影子银行就无法通过新票据的发行来偿还已到期的旧票据，使其资金链断裂。虽然SIV是独立特设的机构，它的资产负债不并入商业银行表内，但银行往往要为其提供流动性支持以及信用增强。当这些表外实体出现巨额亏损时，银行往往就要为自己旗下的SIV承担责任。金融危机期间，贝尔斯登、花旗、汇丰、BNP等金融机构都因其旗下的SIV遭受巨额损失，大量SIV遭到清盘或关闭。

我国理财资产池与SIV的主要区别在于资金来源不同，前者发行理财产品而后者发行商业票据。此外，前者不是独立法人，而后者是法人（参见《流动性经济学之三：影子银行国际图景及中国形态（上）》）。

银行理财的总规模至 2012 年底为 7.10 万亿元，2009~2012 年年均复合增长率为 61.04%，与贷款余额之比由 4.25%上升至 11.27%，与商业银行总资产之比由 2.10%上升至 5.31%（见图 5-59、图 5-60）。银行理财产品是影子银行构成中增长速度最快的部分，也是打通影子银行Ⅰ和影子银行Ⅱ之间联系的桥梁。

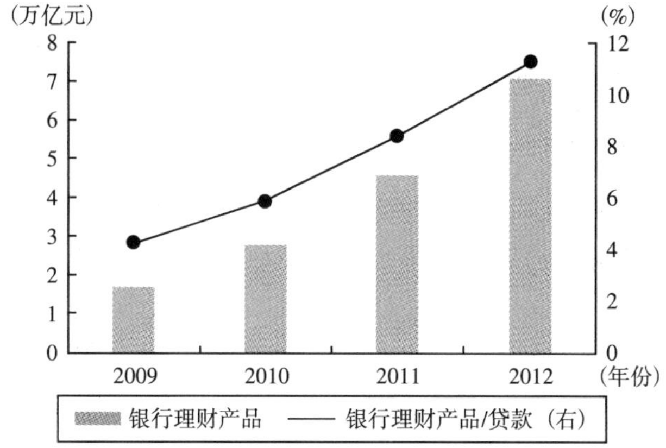


**图 5-59　银行理财及与贷款余额之比**

资料来源：Wind 资讯。

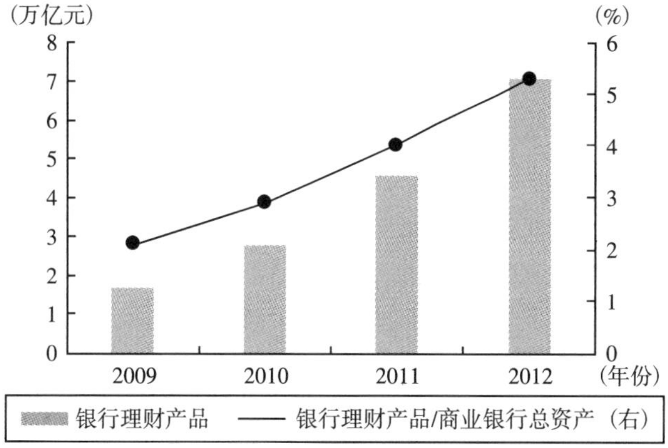


**图 5-60　银行理财及与商业银行总资产余额之比**

资料来源：Wind 资讯。

买入返售：银行间的票据对敲是一种典型的通过买入返售规避监管的方式，即 A 银行买入 B 银行的票据，B 银行承诺在一定期限后回购，买入时A银行会计分录为现金及准备金存款减少，买入返售证券增加；与此同时，B银行买入A银行相同金额的票据，同时A银行承诺相同期限后回购，这是A银行会计分录为现金及准备金存款增加，票据减少，最终结果表现为票据减少，买入返售证券增加，由于票据贴现计入贷存比计算的分子，同时经风险暴露也须计提资本，在经过双向买断后，两个监管指标都得到改善。B银行的资产负债表结构变化与A银行一样，它也从对敲操作中获得监管缓释的益处。实际上，上述操作类似于互换协议，但经过操作后本来位于贷款项下的科目却转入投资项下。

如在影子银行I中的同业代付的估算方法，我们可以得到买入返售的存量余额，至2013年4月银行间买入返售余额为4.63万亿元，2013年以来通过买入返售规避监管有所提速（见图5-61、图5-62），主要是由于银监会出台了规范同业代付的相关规定，大量同业代付转入买入返售。

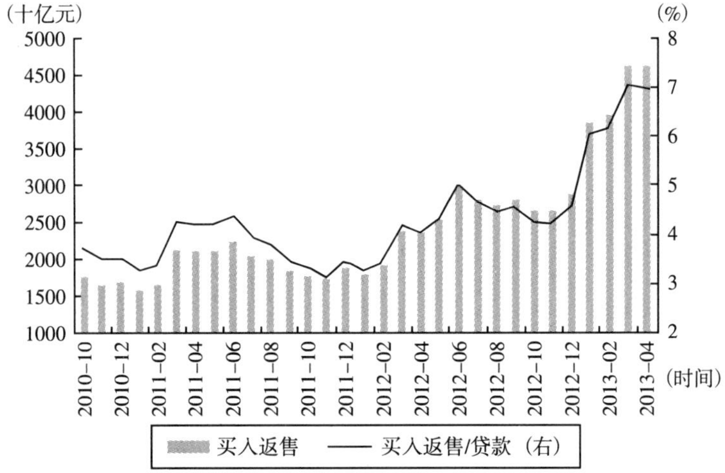


**图5-61 买入返售及与贷款余额之比**

资料来源：CEIC。

对于公募基金、社保基金、保险资管、证券公司资管、证券公司自营部分，由于其和分市场流动性直接相关（参见《流动性经济学之二：永恒庞氏和金钱本色》的流动性分层），其信用转换、流动性转换和期限转换具有一定的特殊性，我们在此仅做出存量的初步估算，详尽研究有待于在分市场流动性中解决。

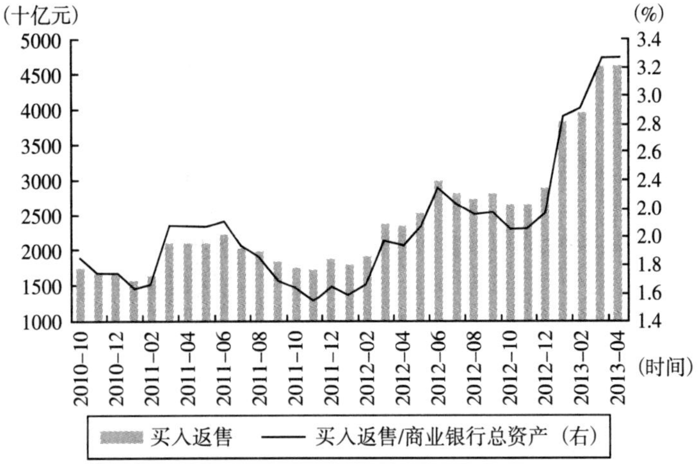


**图 5-62 买入返售及与商业银行总资产余额之比**

资料来源：CEIC。

对影子银行Ⅱ总量的估算较为复杂，主要是由于其中各个组成部分存在着交叉持有的现象，如保险资管、券商资管、券商自营持有的公募基金；银行理财持有的非贷款类信托等，在计算中应提出交叉持有部分。

按表 5-11 所示，若将影子银行Ⅱ各项相加总量为 26.33 万亿元，显然高估了影子银行Ⅱ的总量。因此，以下我们对各项构成进行交叉持有的加权处理：2012 年银行理财按资金用途扣除股票、债券、利率（50%）、票据、信贷资产、汇率、商品后占比为 47.27%，即用于配置非贷款类信托的存量为 3.36 万亿元，可见非贷款类信托的主要资金来源就是银行理财；2012 年公募基金投资者持有比例大致为机构投资者 20%、个人投资者 80%，机构投资者基本上是保险资管、券商资管、券商自营和社保基金，总量为 0.63 万亿元。此两项予以扣除后，至 2012 年底，影子银行Ⅱ的总规模为 22.34 万亿元。

**表 5-11 我国影子银行Ⅱ各项构成存量余额**

单位：十亿元

| 年份 | 银行理财 | 非贷款类信托 | 买入返售 | 公募基金 | 社保基金 | 保险资管 | 券商资管 | 券商自营 |
|---|---|---|---|---|---|---|---|---|
| 2012 | 71000 | 39717 | 28936 | 31558 | 9500 | 60000 | 18900 | 3713 |

资料来源：笔者整理。

## 三、影子银行Ⅲ

目前，我国衍生品交易主要集中在银行间市场，主要包括人民币外汇远期、外汇掉期、货币掉期、外汇期权、债券远期、利率互换、远期利率协议及信用风险缓释工具，以利率衍生品和外汇衍生品为主，主要的交易媒介包括中国外汇交易中心和货币经纪公司（包括上海国际、上海国利、平安利顺、中诚宝捷思、天津信唐）。中国外汇交易中心是中国 OTC 衍生品最主要的电子交易平台。

利率衍生品：利率互换是银行间市场较为活跃的衍生品，其市场规模从 2006 年推出至今保持了较快的增长速度。2012 年，人民币利率互换市场交易为 2.87 万亿元，同比增长 8.4%；从期限结构看，1 年及 1 年期以下的交易最活跃，名义本金额为 2.23 万亿元，占总量的 77.55%；从参考利率看，人民币利率互换交易的浮动端参考利率主要包括 7 天回购定盘利率和 Shibor。相比之下，债券远期和远期利率协议市场交易清淡（见表 5-12）。

**表 5-12 我国影子银行Ⅲ各项构成存量余额**

单位：十亿元

| 年份 | 利率互换名义本金额 | 债券远期交易量 | 远期利率协议名义本金额 |
|---|---|---|---|
| 2006 | 356 | 665 | — |
| 2007 | 2187 | 2518 | 11 |
| 2008 | 4122 | 5006 | 114 |
| 2009 | 4616 | 6556 | 60 |
| 2010 | 15003 | 3183 | 34 |
| 2011 | 26760 | 1030 | 3 |
| 2012 | 28747 | — | — |

资料来源：中国外汇交易中心。

外汇衍生品：自 2006 年推出人民币外汇掉期产品后，外汇衍生品市场交易逐渐活跃，尤其是外汇掉期交易规模增长快速。2010 年 6 月，中国人民银行重启人民币汇率形成机制改革后，人民币外汇掉期交易增速放缓，特别是外汇管理局对银行按照收付实现制原则计算的头寸余额进行下线管理，人民币外汇衍生品市场出现了结构性变化。2011 年人民币外汇掉期交易累计成交额折合 17710 亿美元，同比增长 38.0%。其中，隔夜美元掉期成交 10220 亿美元，占掉期总成交额的 57.7%；人民币外汇远期市场累计成交 2146 亿美元，同比增长 556.8%。

信用风险缓释工具：信用风险缓释工具（CRM），也称中国版的 CDS，是中国首种信用衍生品。2010 年下半年，中国银行间市场交易商协会发布了《银行间市场 CRM 试点业务指引》。同年 9 月，因考虑到中国评级公司公信力不足，银行间市场交易商协会成立了国有资本占主导的中债资信评估有限责任公司。10 月，人民银行推动中国银行间市场交易商协会推出 CRM。2010 年 11 月，两款信用缓释工具核心产品，信用风险缓释合约（简称 CRMA）和信用风险缓释凭证（简称 CRMW）正式在全国银行间市场推出。与国际 CDS 相比，中国的 CRM 具有交易结构简单、配置风险合理、市场透明度高、严格控制杠杆等特点。CRM 的推出，顺应了中国金融市场的发展趋势，有利于丰富投资者的信用风险管理手段，完善债券市场信用风险分担机制，发展直接融资，推进利率市场化。因此，作为一项重大的金融创新，CRM 对推动中国金融市场深化、维护金融体系稳定具有重要的现实意义。

## 第四节　中国影子银行的特点及影响

### 一、影子银行的发展特点

影子银行在我国是新生事物，2010 年以来其规模快速扩张，但总体上处于国外 20 世纪六七十年代的“脱媒”阶段，基本是围绕信贷资产的替代展开。就规模而言，与正规银行体系相去甚远，影子银行Ⅰ占比仅为 22.66%（见表 5-9），而目前在美国它们几乎是并驾齐驱（参见《流动性经济学之三：影子银行及我国图景（上）》）。就运作方式而言，我国的影子银行结构简单，运作方式不规范、不成熟，杠杆率低，几乎不使用衍生产品，甚至连资产证券化都很少涉及。

欧美的影子银行如对冲基金，基本上依靠金融市场特别是资本市场生存，靠金融市场融资，属于市场交易型。而我国资本市场不发达，影子银行大多都是对银行信贷业务的替代，靠银行进行融资，属于信贷替代型。我国影子银行基本上都以传统的商业银行体系为依托，它的项目及资金来源、产品销售以及流动性保证大多依靠银行，两者的关系可以被看作“母体”与“子体”的关系。

以资金方面为例，财务公司、金融租赁公司、小额贷款及典当公司等，往往依靠各种方式，将商业银行贷款变成自身的资金来源，从而使正规银行资金进入影子银行体系，甚至银行资金也是民间借贷的重要资金来源。根据央行温州分行的调查结果，民间借贷的资金来源中，直接来自银行的有10%左右，加上间接通过企业从银行获得的资金，此比例会更高。

在分业经营的框架下，我国的诸多大型银行已经通过控股的方式拥有了信托、证券、基金、金融租赁、保险等金融机构，“母体—子体”的关系更加明显，通过股权纽带及集团内部的业务协作，未来有可能形成影子银行集团。这一情况与20世纪八九十年代的美国类似，那一时期美国的大型商业银行在金融控股公司框架内，通过收购投资银行及资产管理公司等机构，涉足了“从发起到分销，凭佣金盈利”的影子银行业务模式，从而突破了《格拉斯—斯蒂格尔法》对分业经营的限制。

国外影子银行发展基础就是资产证券化，虽然我国2005年开始了信贷资产证券化的尝试，但此后基本停滞不前。但是，我国的商业银行很快找到了替代办法，就是通过发售理财产品，将表内的信贷资产转移到表外，规避各种监管指标，同时将利差收入转化为中间业务收入，从而使理财产品成为一种变相资产证券化的载体。但是，这种表外的载体基本上无法转让和交易，没有流动性，这大大降低了金融活动的效率。

目前，我国影子银行活动的链条较短，大多在某个机构内部即可完成，如银信合作等业务也就涉及两方，一般不超过三方，大大少于欧美。同时，我国影子银行整体而言杠杆率比较低，大多没有杠杆，这主要取决于信贷替代模式固有的特点，与金融衍生品的缺乏、监管的严厉等因素也有一定关系。

我国实行较为严格的分业经营，对各金融机构的业务范围有非常严格的限制，大大局限了跨机构、跨行业的创新活动。影子银行是当前创新活跃的领域，尤其是信托业务，往往成为各类金融机构创新业务的纽带和载体，有利于打通业务壁垒，提高整个金融体系的效率。对商业银行而言，诸如理财产品、投资银行这些具有影子银行特点的业务都是创新的持续来源，是多元化经营的前导，蕴含了未来业务转型的方向。

在宏观上，影子银行业务有利于利率市场化进程的推进，有利于加快推动资产证券化的进程。

## 二、影子银行对宏观流动性的影响

按照我们之前对影子银行层次的划分，对宏观流动性产生影响的主要是影子银行Ⅰ。由以上对我国影子银行特点的分析，目前国内影子银行主要集中于资产表外化而非资产证券化，影子银行Ⅱ和影子银行Ⅲ对流动性的影响主要集中于市场方面。

**表 5-13　影子银行Ⅰ对宏观流动性的影响**

| | 委托贷款 | 信托贷款 | 未贴现银行承兑汇票 | 非金融企业债券 | 非金融企业股票融资 | 同业代付 | 融资租赁 | 小额贷款公司 |
|---|---|---|---|---|---|---|---|---|
| 是否引起部门资产负债表变化 | √ | √ | √ | √ | √ | √ | √ | √ |
| 是否引起 M2 变化 | × | × | × | * | × | √ | × | × |

注：* 取决于购买方是否为商业银行，若为商业银行，影响与贷款类似，M2 增加；反之亦然。
资料来源：中国外汇交易中心。

从表 5-13 中可以看出，各部门间的信用关系一定会引起相关资产负债表的变化，但未必导致 M2 的变化，影子银行Ⅰ中只有同业代付使 M2 增加，非金融企业债券能否使 M2 增加取决于其持有者是否为商业银行。

脱媒的趋势（见图 5-63、图 5-64）使得 M2 越来越难以代表全社会的信用总量，那么纷繁复杂的金融工具的货币性应如何界定，无疑成为货币统计中一个巨大的难题，理论界目前提出了迪维西亚货币总量（Divisia Broad Money）、现金等价物货币总量、费雪货币存量指数和动量化货币等，但基本限于学术研究，鲜有应用于实践。目前，社会融资总量是对应 M2 的一个较好的涵盖范围更广的指标，可以以资产对应负债的方式解释 M2 变动的原因，但随着资产证券化的推进，影子银行Ⅰ、影子银行Ⅱ和影子银行Ⅲ的界限会

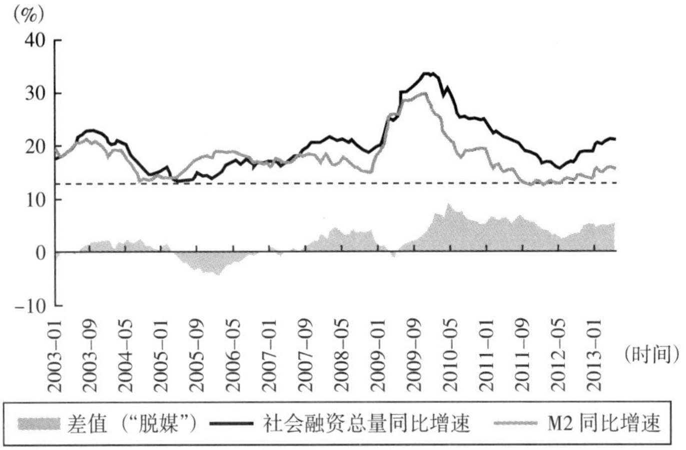


**图 5-63 社会融资总量与 M2 累计同比增速**

资料来源：笔者整理（虚线为 M2 目标增速 13%）。

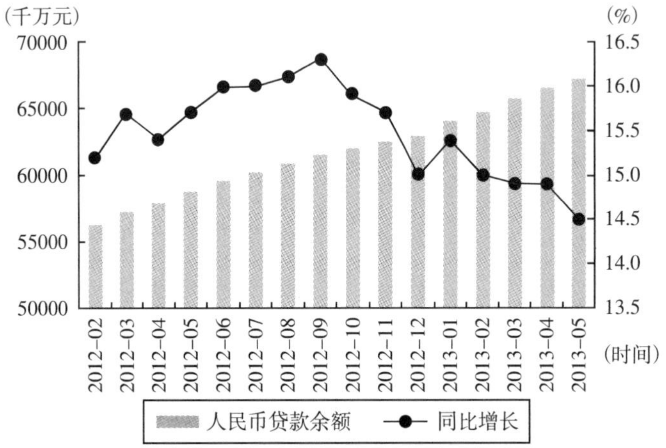


**图 5-64 人民币贷款余额及同比增长**

资料来源：CEIC。

变得越来越模糊，此时总量分析方法必然让位于价格分析方法。

影子银行的出现，对我国货币供给量指标的影响是深远的。传统的商业银行“贷款—存款”的货币创造过程不再是最主要的社会流动性（信用）创造途径，影子银行体系的流动性（信用）创造开始占据越来越重要的地位，传统货币金融指标的指示性作用也会逐步下降。我国货币政策中介目标的转变，就是在这种大背景下不断推进的。

在传统的货币乘数推导过程中，基础货币等于法定准备金、超额准备金与现金之和，即 $MB = (r + e + c) \times D$。其中，r、e、c、D 分别为法定存款准备金率、超额存款准备金率、现金漏损率和存款。由于货币供给量等于现金与存款之和，因此，$Ms = (1 + c) \times D = (1 + c) \times MB/(r + e + c)$。

影子银行体系的存在，使部分资金脱离了商业银行体系，但同时实现了信用的创造。此时，在货币乘数方程中，可能表现为本应计入现金漏损 c、法定准备金率 r 和超额准备金率 e 的部分同时减少了，转而在影子银行体系内成为流动性创造基础。因此，从理论上讲，影子银行的出现会导致在同样社会流动性创造的过程中，M2 的增速出现趋势性回落，而且随着影子银行的壮大，M2 对社会流动性状况的指示性意义显著下降。

由于影子银行体系存在类似商业银行体系"贷款—存款"信用创造机制的流动性创造过程，考虑到影子银行体系的流动性创造方程应该描述成两部分，一部分是传统商业银行体系内部的流动性创造，另一部分是由影子银行体系延伸出来的流动性创造。

大致可以描述为：$L = Ms + Mb = (1 + c') \times MB/(r + e + c') + (1 + c'') \times MB'/(c'' + e')$。其中，c′为传统货币乘数方程中的现金漏损率，c″为影子银行体系内的现金漏损率；MB′为影子银行体系用于信用创造的基础货币，表现为影子银行信用扩张的基础资产；e′为影子银行体系留存的权益资金比例，类似商业银行体系内的法定存款准备金率。

李波和伍戈（2011）采用货币乘数推演的方式探讨了影子银行体系的信用扩张过程。但他们讨论更多的是我们前面所讨论的影子银行Ⅲ的流动性创造过程，由于我国的影子银行体系仍处于相对初级的阶段，李波和伍戈的讨论对我国的启示性作用仍不够强。为方便阐述，我们仍以货币乘数推演的方法，探讨一下我国影子银行体系的存在对我国流动性创造的影响，以及对我国货币金融体系的冲击。

我们采用最简单的分析框架，不考虑商业银行体系的超额准备、现金漏损等情况，作为基准情境，并假设法定存款准备金率为 20%，基础货币量为 100，不考虑现金漏损和超额准备金。在不存在影子银行体系的前提下，货币供给量 $Ms = MB/r = 500$。基于商业银行"贷款—存款"货币乘数推演过程如表 5-14 所示。

**表 5-14　商业银行货币扩张过程**

| 存款增加 | 贷款增加 | 准备金扣减 |
|---|---|---|
| (0，500] | (0，500] | (0，100] |

资料来源：笔者整理。

若按最大贷款上限，贷存比达到 100%，为降低贷存比要求，商业银行可以通过影子银行类贷款业务实现资产方的扩张，以降低贷存比率。假设商业银行体系通过影子银行体系类贷款业务释放的信贷额度等于总信贷释放规模的 10%（即贷款额的 90%），如表 5-15 所示，此时贷存比率降至 90%，而货币供给量并没有发生变化，仍然是 500。在我国现实操作中，这一过程就表现为商业银行为规避贷存比约束等，通过同业代付，或者从一级市场购买债券实现信用创造。

**表 5-15　影子银行业务货币扩张过程 1**

| 存款增加 | 贷款增加 | 准备金扣减 | 影子银行类业务 |
|---|---|---|---|
| (0，500] | (0，450] | (0，100] | (0，50] |

注：此类影子银行业务导致 M2 的增加。
资料来源：笔者整理。

若影子银行业务不导致 M2 的增加，因此从最初的基础货币中不需要扣减存款准备金，其信用创造既不受存款准备金限制也无须考虑存贷比，不考虑“留存权益”的前提下，如表 5-16 所示，影子银行信用创造理论上可以无限大。

**表 5-16　影子银行业务货币扩张过程 2**

| 存款增加 | 贷款增加 | 准备金扣减 | 影子银行类业务 |
|---|---|---|---|
| (0，450] | (0，450] | (0，90] | (0，∞] |

注：此类影子银行业务导致 M2 的增加。
资料来源：笔者整理。

现实中，影子银行信用扩张的过程中，必然需要一定的“留存权益资产”，我们假设权益留存率为 10%，影子银行体系扩张受到一定限制，其扩张结果如表 5-17 所示。

**表 5-17 影子银行业务货币扩张过程 3**

| 存款增加 | 贷款增加 | 准备金扣减 | 影子银行类业务 |
|---|---|---|---|
| (0，450] | (0，450] | (0，90] | (0，100] |

注：此类影子银行业务导致 M2 的增加。
资料来源：笔者整理。

因此，在影子银行总规模扩张过程中，其基础货币来源和货币乘数均与商业银行有很大不同：影子银行的基础货币可以来源于金融市场，如发行理财产品、货币市场基金、短期融资券、票据等，而商业银行的基础货币只能来源于中央银行；影子银行信用扩张的货币乘数远大于商业银行（见图 5-65），并且无须缴纳存款准备金，不受存贷比限制。

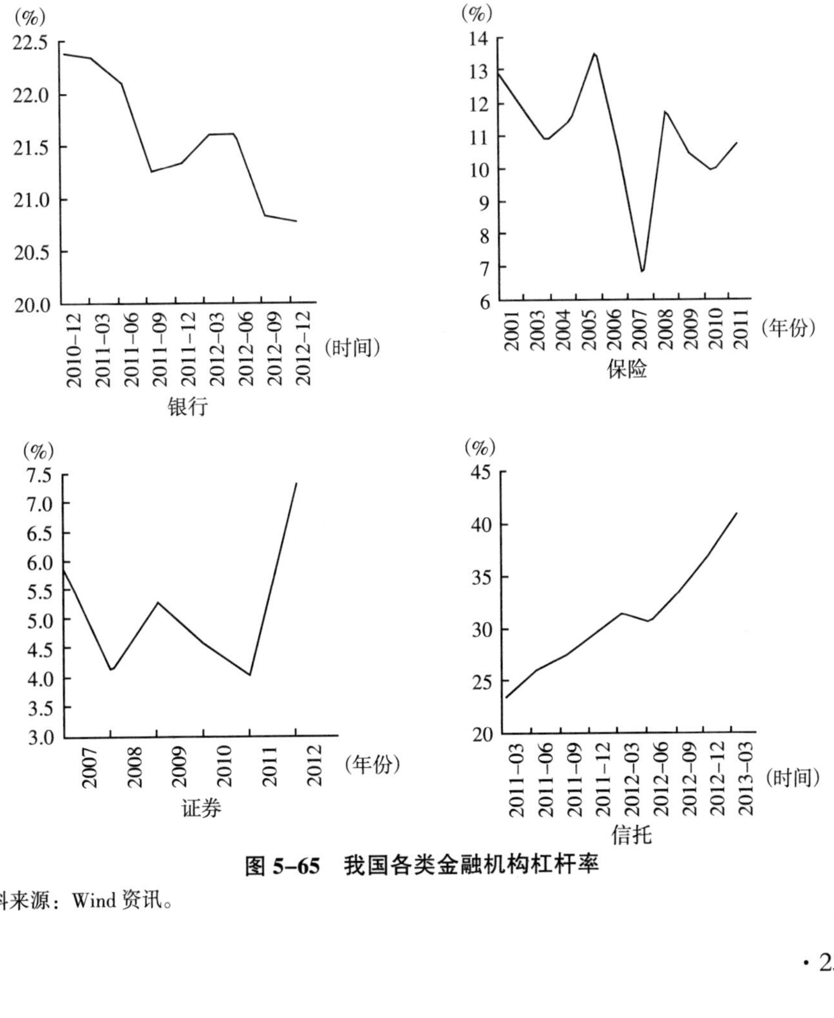


**图 5-65 我国各类金融机构杠杆率**

资料来源：Wind 资讯。

综合以上分析，我们可以得到以下几条结论：

(1) 影子银行体系的存在可以在实现了同样信用扩张的基础上，有效降低商业银行的贷存比率。在我国现实操作中，表现为商业银行为规避贷存比约束等，通过同业代付，或者从一级市场购买债券等渠道一方面实现了信用创造，另一方面降低了贷存比率。

(2) 影子银行体系在没有进行类商业银行“贷款—存款”货币扩张过程时，全社会的货币供给量指标是不受任何影响的。一旦影子银行体系出现了类商业银行货币扩张的信用扩张过程，一定会面临的情况是，整个社会的流动性创造规模大幅高于以前，与货币供给规模显著下降同时存在。此时，M2 指标的指示性作用将显著下降。

(3) 由于没有类似法定存款准备金、贷存比率等条件的约束，从理论上讲，影子银行体系可以通过类似“贷款—存款”的货币创造过程，无限制地进行信用扩张。即便考虑到影子银行在加杠杆的过程中需要考虑留存权益资金以及部分的现金漏损，影子银行的扩张能力也是非常大的，如果不加约束会导致整个社会的系统性风险大幅上升。

## 三、中国影子银行的发展趋势

非标债权占影子银行 I 的比重由 2002 年的 33.15%上升至 2012 年的 63.39%，2002~2012 年年均复合增长率为 43.38%。资产非标化的重要原因是利率市场化推进速度较慢，风险相对较高的融资需求在目前的制度框架下无法标准化，更谈不上证券化，非标产品几乎成了唯一的选择。对资金的供给方来说，由于前期存款准备金高居不下，表内的融资大量占用了银行资本，同时金融市场本身深度广度不够导致银行无法直接从金融市场获取资金，则表内扩张就成为无源之水。面对大量高风险的融资需求，银行选择非标产品作为监管套利工具亦为必然。但非标产品本身收益和风险的错配进一步扭曲了金融资源的配置，使步履蹒跚的利率市场化变得越发艰难，这或许也正是政府管理层限制非标债权的重要原因。从非标到标准化再到证券化无疑将会是未来市场演进的主要路径。

市场演进的路径和近期监管层的意图均会使非标债权向标准债权和股权融资逐渐转化，从依附于商业银行、以商业银行为中介的初步“脱媒”到脱离商业银行、以资本市场为载体的深度“脱媒”不可逆转。与此同时，融资结构的转换必然导致金融改革中两项重要工作的快速推进：利率市场化和建立有深度和广度的资本市场。

预计未来影子银行体系内会出现三种提升：影子银行体系相对于正规银行体系的规模和占比不断提升；影子银行内部，信托公司等非银行金融机构的话语权将不断提升；非银行金融机构内部，券商这一群体的活跃度和规模将得到提升。目前的影子银行活动大多以银行为中心，未来信托公司这类非银行金融机构将更多地摆脱对银行的依赖，逐步形成具有主导权的业务模式。同时，随着金融市场的发展和可交易产品的丰富，券商的优势将逐步显现，加之其对资产管理业务的重视和证监会的支持，未来有望在这方面取得大发展。

受到2008年金融危机影响，我国资产证券化的进程已经大大滞后。欧美的经验表明，资产证券化是影子银行活动最好的土壤，一旦信贷资产、应收账款、不良资产等资产证券化进程推进后，相关的影子银行业务会如雨后春笋般开展起来，如应收账款信托，实际上就是一种类证券化产品。若试点资产方面扩大至中小企业贷款、涉农信贷、信用卡和地方政府融资平台贷款，其中针对平台贷款的资产证券化，很有可能引致理财户的积极参与。而对信托行业而言，资产证券化还有一种思路，就是将信托产品的受益权份额进行公募，登记托管并交易，引入中介机构参与，就成了证券化的信托。

作为连接影子银行Ⅰ和影子银行Ⅱ的重要桥梁，未来银行理财业务将持续发展。国外大银行的资产管理规模与表内资产规模可达1：1，我国银行的情况差距很大，2012年底银行资产管理规模与表内资产规模仅为1：19，因此，理财产品业务作为银行资产管理业务的主体形式，还有很大发展空间。

理财产品业务未来可能出现的变化有：

（1）理财池运作方式的变化。目前的理财资产池模式可能走向规范的净值型投资组合模式，按照市值进行申购和赎回，一个产品像一只基金一样单独管理，组合投资，公允定价，有一套流动性指标、久期指标、信用风险指标来规范投资。这种方式将显著提高理财产品的透明度和规范性，解决资产池模式的独立核算问题。

（2）资金投向的变化。受到监管的限制，理财池投资的资产中信贷、票据等资产的比重将会持续降低，各种形式的收益权可能替代成为主要的高收益来源。同时，信用债等流动性较高资产的比重将增加。相关部门讨论的银行理财资金直接进入股市投资，未来条件成熟后也必然会实现。

（3）经营机构的变化。为使法律关系更加清晰，更多银行将成立单独的资产管理部门来运作理财产品及其资产，几年后可能进一步剥离成为独立的资产管理公司，就像现在保险公司和券商纷纷成立的资产管理公司一样。

随着金融市场的发展和资产证券化的推进，金融产品特别是衍生产品不断丰富，未来我国影子银行将逐步向市场交易型转变，还会产生一批真正意义上的对冲基金，这将带来杠杆化程度的提高，也就是我们之前所提到的影子银行Ⅱ的规模扩大。同时，小贷公司、金融租赁公司等的融资杠杆也可能有所提高。

另一方面，影子银行的业务链条将更复杂，银行、信托、券商、基金等各种金融机构的业务边界将发生更多的交叉，带来更高的系统风险暴露和监管难度。在我国分业监管的大框架下，“影子银行”体系所创造的金融工具，几乎完全破除了金融系统结构与市场之间的边界，这种格局让已习惯于各司其职的监管体制难以应对，未来监管难度加大。同时，当信用总量规模进一步扩张，各类影子银行体系的边界越来越模糊，最终宏观流动性调节的中介指标必然由货币总量转向市场利率（见图 5-66、图 5-67）。

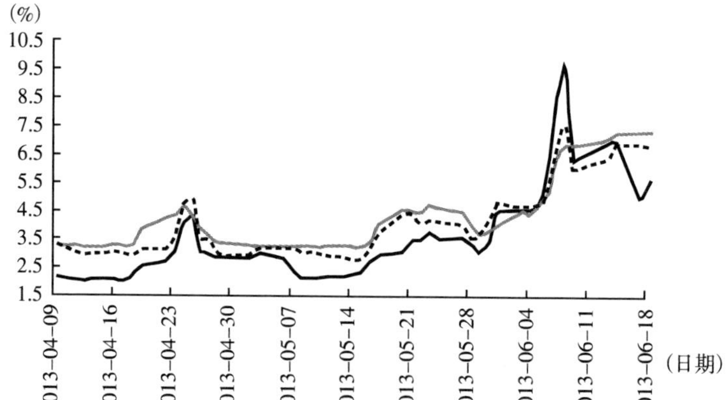


**图 5-66 银行间回购加权利率**

资料来源：Wind 资讯。

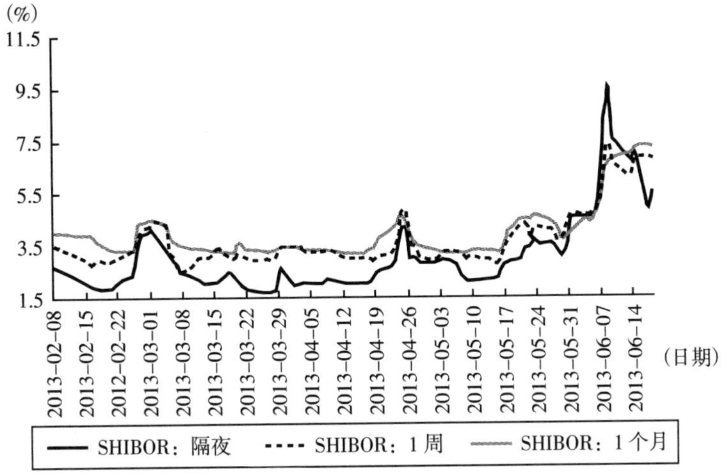


**图 5-67 SHIBOR**

资料来源：Wind 资讯。

通过对影子银行体系的分析，结合中央银行和商业银行“基础货币”—“广义货币”的派生路径，我们可以得出一条重要结论：信用创造了货币而非货币创造了信用，这一点是理解现代金融体系中流动性的关键。

# 第六章 政府部门：中央与地方

本章研究从金融系统转入实体经济，从货币供给转向货币需求。这时我们需要改进国民经济核算体系，来重构宏观经济分析的基础。国民经济账户是宏观经济分析和政策制定的基石，它的建立和发展也被认为是“二战”以后发达经济体宏观经济日趋稳定的原因之一。但是随着经济发展实际和经济理论的不断演进，人们对于现有的国民经济核算体系能否充分反映现实经济发展的种种变化表示了质疑，尤其是在这次金融危机以后，人们对于现有体系无法反映宏观经济中的风险因素而感到担忧，学者也在这方面展开了思考。

Palumbo 和 Parker（2009）利用国民经济核算体系（SNA）在这一次金融危机中的表现来对其改进的方向提出建议。他们发现，目前 SNA 体系下的数据能够反映近年来家庭部门杠杆率的提高，但是并没有反映美国住房市场对金融部门影响的增大，也没有及时反映出那些后来把房屋市场风险扩散、放大并最后传导到金融系统和实体经济的因素的存在。根据这些发现，他们就现有的 SNA 体系账户如何进行改进才能有助于预示下一次危机提出了建议。

对于现有的国民经济统计账户，Jorgenson 和 Landefeld（2009）认为，发达经济体的这些账户都是在大萧条以后建立的，这些体系侧重于衡量 GDP 或者 GNI 的增长和波动，而对于金融流动和资产负债表的联系则很有限，使这些信息在现有统计体系中所起到的作用受到削弱。另外，“二战”以后，实体经济的发展有了很大改变，如产出和投入形式都更加多样化，但是现有的账户都没有反映出这种变化，这些都削弱了现有体系对实际经济状况的反映能力。基于此，两位一直倡导要对现有国民经济核算体系进行改革的作者为大家勾勒了一个“国民经济账户新架构”。

当然，这样的改变并不是一个简单的过程。作为一个国民经济核算领域的资深专家，Boskin（2009）认为，国民经济账户本身就建立在一个含有很多主观判断的分析框架之上，而随着经济的不断发展，很多原来的主观判断需要进行修正，所以国民经济账户框架确实应该不断改进。虽然统计部门一直也在努力，但是现代经济的发展如此之快，使大部分统计工作只能不断追赶这样一个移动的目标，国民经济核算体系和实际经济发展情况之间的适应性因此就会存在一些问题。他认为，在改革的过程中，一个很重要的任务就是让不同来源的数据能够在概念、定义、统计方法等方面保持一致，而且新的体系也要增加不同部门统计的透明度。一旦这样一个国民经济账户新架构建立起来，人们的很多看法和感受可能就会发生变化，从而也对现实的经济决策，包括货币政策和财政政策的目标与执行等产生重要影响。

总而言之，国民经济核算体系作为宏观经济研究所倚重的分析工具，随着经济理论和经济现实的发展，对这一体系也应该进行不断改进。这一次的危机使人们发现，现有的核算体系并不能有效反映现代经济运行中的风险因素，这尤其体现在不能反映金融等行业中所蕴含的风险因素，如何对这样一个沿袭已久的体系进行改进，使之为宏观经济分析和经济政策制定提供更多有价值的信息，现在也成为宏观经济学研究中的一个重要思考方向。本章开始到第九章，我们就试图系统重建中国四大实体经济部门的资产负债表，分别是政府部门、企业部门、居民部门和对外部门。

## 第一节　政府债务类型

基于资产负债表框架，根据公开资料，本章对中国五级政府债务规模及结构做相关梳理。由于中央政府负债结构较为清晰，债务数据较易观察，市场争论较少，大家最为关心的是地方政府的债务问题。

### 一、中央政府债务类型

中央政府负债主要包括以下四个部分：

国债：特别需要说明的是，2007 年中投公司注册资金 2000 亿美元，来源于中国财政部通过发行特别国债的方式筹集的 15500 亿元人民币，这也在国债项目中得以反映（2007 年国债规模相较 2006 年增加 1.7 万亿元）。

铁路总公司债务：原铁道部的债务，数据来源于中国铁路总公司的审计报告。

中投公司负债和全国社保基金负债：两项数据来源于中投公司和社保基金年报。

国外负债：该项为中央政府直接承担的国外债务，数据来源于 CEIC。

## 二、省、市和县政府主要债务类型

地方政府债务及分类基础：2011 年 6 月 27 日审计署发布的“2011 年第 35 号：全国地方政府性债务审计结果”是我们的核算和分类基础（见图 6-1、表 6-1）。在该次审计中，审计署将地方政府债务划分为：政府负有偿还责任的债务（67109.51 亿元，占 62.62%）；政府负有担保责任的或有债务（23369.74 亿元，占 21.80%）；政府可能承担一定救助责任的其他相关债务（16695.66 亿元，占 15.58%）。该划分使对地方政府债务的测算较央行和银监会等部门的测算较为严格、可信。

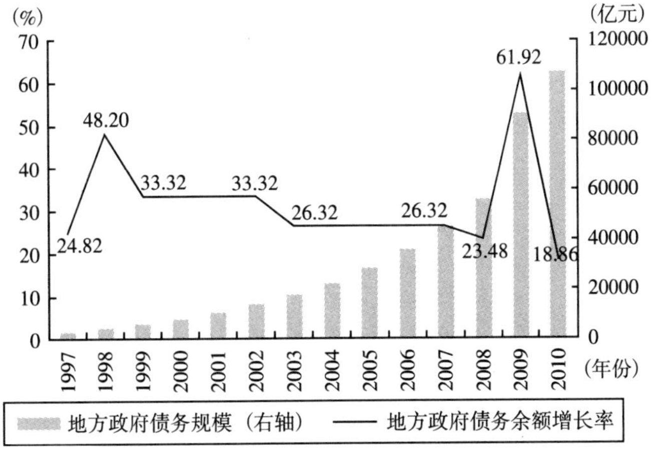


**图 6-1　地方政府债务规模及增速**

资料来源：审计署“2011 年第 35 号：全国地方政府性债务审计结果”。

**表 6-1　2010 年地方政府举债主体**

单位：亿元、%

| 举债主体类别 | 债务额 | 比重 |
| --- | --- | --- |
| 融资平台公司 | 49710.68 | 46.38 |
| 地方政府部门和机构 | 24975.59 | 23.31 |
| 经费补助事业单位 | 17190.25 | 16.04 |
| 公用事业单位 | 2498.28 | 2.33 |
| 其他单位 | 12800.11 | 11.94 |
| 合计 | 107174.91 | 100.00 |

资料来源：审计署“2011 年第 35 号：全国地方政府性债务审计结果”。

地方政府债务分类（四类）：地方政府债券、地方政府银行贷款、地方政府向上级财政借款、地方政府向其他单位和个人借款。

地方政府债券：主要包括城投债、有资格自主发债的地方政府债券和中央代地方政府发行债券。从整理的数据看，2011 年、2012 年城投债规模分别为 9638.8 亿元和 1.76 万亿元；中央代发地方政府债存量分别为 6000 亿和 6500 亿元（见表 6-2）。

**表 6-2　地方政府债发行规模及存量规模**

单位：亿元

| | 地方政府债发行规模 | | | 年末累计存量 |
| --- | --- | --- | --- | --- |
| | 3 年期 | 5 年期 | 7 年期 | |
| 2009 年 | 2000 | | | 2000 |
| 2010 年 | 1384 | 616 | | 4000 |
| 2011 年 | 992.5 | 1007.5 | | 6000 |
| 2012 年 | 1098 | 1257.5 | 144.5 | 6500 |
| 2013 年 | 1750 | 1750 | | 8616 |

资料来源：CEIC。

对于 2013 年地方政府债券规模，城投债方面，截至 2013 年 10 月 8 日，城投债规模为 2.33 万亿元，预计年底为 2.5 万亿元左右；中央政府代发地方政府债存量为 8616 亿元，合计为 3.36 万亿元（见表 6-3）。

**表 6-3　地方政府性债券余额（城投债+地方政府债券）**

单位：亿元

| 年份 | 城投债余额 | 地方政府债券余额 | 地方政府性债券余额 |
|---|---|---|---|
| 2006 | 771 | 0 | 771 |
| 2007 | 1309.2 | 0 | 1309.2 |
| 2008 | 1776.5 | 0 | 1776.5 |
| 2009 | 4323.8 | 2000 | 6323.8 |
| 2010 | 6768.3 | 4000 | 10768.3 |
| 2011 | 9638.8 | 6000 | 15638.8 |
| 2012 | 17576 | 6500 | 24076 |
| 2013（E） | 25000 | 8616 | 33616 |

资料来源：CEIC、Wind。

地方政府贷款：地方政府贷款中一半以上为土地抵押贷款，具体规模如图 6-2 所示。2011 年及 2012 年的贷款余额规模根据下面两方面信息预测：一是银监会领导讲话中提到的 2012 年 9 月末的数据（2012 年 11 月 12 日中国银监会主席尚福林表示，9 月末地方融资平台贷款余额为 9.25 万亿元）；二是 2013 年 6 月 10 日，审计署"2013 年第 24 号公告：36 个地方政府本级政府性债务审计结果"，这 36 个政府债务占所有地方政府债务的比例约为 31.79%（2010 年），2012 年底债务余额中，银行贷款占比为 78.07%。我们推测 2012 年底地方政府贷款余额约为 9.45 万亿元，2011 年约为 9.1 万亿元，预计 2013 年底为 9.8 万亿元。

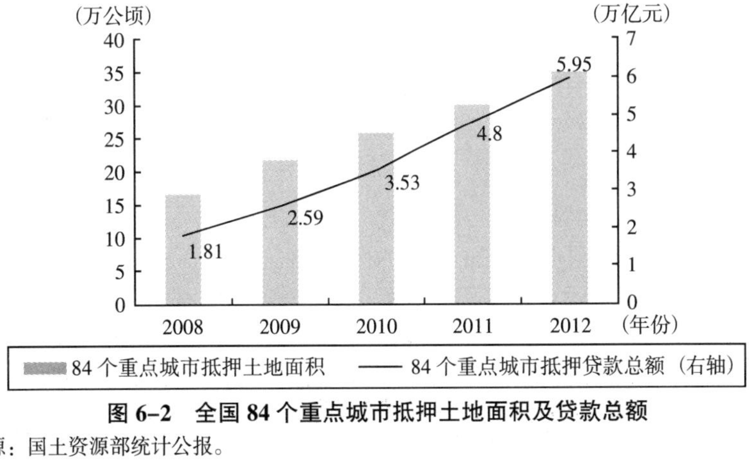


**图 6-2　全国 84 个重点城市抵押土地面积及贷款总额**

资料来源：国土资源部统计公报。

地方政府向上级财政借款：2003~2008 年，地方政府向上级财政借款余额的增速均保持在 26.3%，2009 年异常增加，达到 61%，2010 年回落至 18.9%。假定 2011 年和 2012 年逐步向危机前水平恢复，增速为 25%，据此估算 2011 年和 2012 年地方政府向上级财政借款余额分别为 5600 亿元和 7000 亿元。预计 2013 年为 7400 亿元。

地方政府向其他单位和个人借款：该项主要为地方政府通过政信合作、保险资金基础设施债权投资计划等“影子银行”渠道获得的融资规模，根据最新关于“影子银行”的研究成果[①]，对相应融资机制和规模做如下梳理：

政信合作模式及规模：政信合作是地方政府通过“影子银行”融资的最主要形式，主要有三种模式：一是信托贷款；二是增资扩股：信托到期时，由地方政府融资平台溢价受让信托资金所持有项目公司股权；三是应收账款债权：信托公司以信托资金受让政府平台公司对地方政府的应收账款债权，到期由地方政府偿还信托公司所受让的应收账款债权（见图 6-3）。上述合作模式均需地方政府提供隐性信用担保。

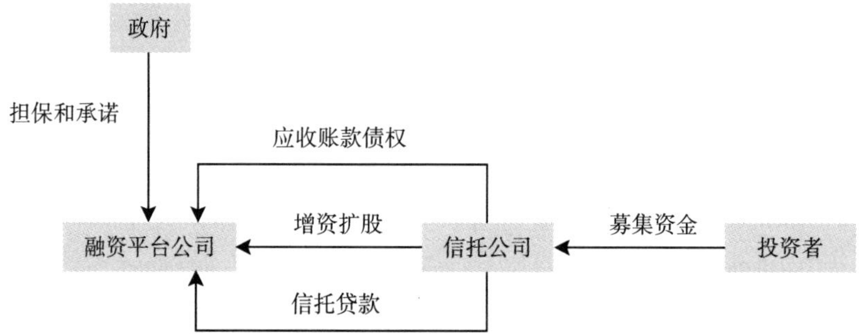


**图 6-3　政信合作运作模式**

资料来源：殷剑锋等：《影子银行与银行的影子》。

殷剑锋等基于全口径的基础产业[②]信托计划计算，2011 年底，基础产业信托余额约为 1 万亿元，2012 年约为 1.65 万亿元，增长了 62.5%，在信托业务总额中占比达 23.62%（见表 6-4）。预计 2013 年底为 2.5 万亿元。

① 殷剑锋等：《影子银行与银行的影子》，社会科学文献出版社 2013 年版。

② 基础产业一般由政府投资，交由城投公司或其他公司代建，具有政府的显性或隐性担保。

表 6-4　信托产品余额及占信托业务总额的比例

| 时间 | 投资于基础产业的信托产品余额（亿元） | 占信托业务总额比例（%） |
|---|---|---|
| 2010 年 Q3 | 10012 | 35.53 |
| 2010 年 Q4 | 9946 | 34.39 |
| 2011 年 Q1 | 9940 | 31.81 |
| 2011 年 Q2 | 10127 | 28.3 |
| 2011 年 Q3 | 9771 | 24.79 |
| 2011 年 Q4 | 10155 | 21.88 |
| 2012 年 Q1 | 11150 | 21.85 |
| 2012 年 Q2 | 11918 | 22.62 |
| 2012 年 Q3 | 13918 | 23.34 |
| 2012 年 Q4 | 16502 | 23.62 |
| 2013 年 Q1 | 21114.8 | 25.78 |
| 2013 年 Q2 | 23905.5 | 26.84 |

资料来源：殷剑锋等：《影子银行与银行的影子》。

保险资金基础设施债权投资计划：由保险资产管理公司发起成立，通过发行投资计划收益凭证，向保险公司等受托人募集资金，投资包括交通、通信、能源、市政、环境保护等基础设施或其他不动产项目，按照约定支付本金和预期收益。运作模式与政信合作相似。

2011 年底，保险资金基础设施债权投资计划存量余额约为 1431 亿元，2012 年为 1763 亿元，增长 23.2%。预计 2013 年底达到 2000 亿元，增长 15%左右。

上述两种主要融资模式的合计规模，2011 年为 11586 亿元，2012 年为 18265 亿元，2013 年底约为 2.7 万亿元。

地方政府 BT 代建：地方政府 BT 代建模式存在时间较久，但 2011 年以来，伴随国家对平台贷款的收紧，地方政府扩大了 BT 代建规模以满足自己的投资愿望；私营资本承建政府项目的周期差别较大、付款方式不一，比如，园林建设的时间为一年半左右，而博物馆等建设周期为 2~3 年，城市水务、燃气管网等建设周期 3 年以上（视项目规模），等等；付款方式方面，园林一般完工后付 50%，随后几年逐步付清，而城市管网建设根据工程进度付款。

2012~2013 年，BT 代建在全国较为普遍，占地方基本建设规模的比重在 25%左右。根据我们对近几年（2011~2013 年）地方政府基础建设及服务资金需求的规模估算，年均在 4.2 万亿~4.5 万亿元。预计 2012 年，地方政府 BT 代建规模在 2 万亿元左右，2013 年底，地方政府 BT 代建规模在 3 万亿元左右。

## 第二节　地方政府债务

2013 年 12 月 30 日，审计署公布了中国五级政府债务审计结果（参见审计署网站：http：//www.audit.gov.cn/n1992130/n1992150/n1992500/3432077.html）。2014 年 1 月底以来，各省/市审计局也纷纷公布了各自的债务统计数据（数据来源参见各省/市统计局网站）。

从总量上看，中国政府债务风险可控，但市场普遍担忧的是“是否会在一些局部区域出现问题”。考虑到不同区域、各省/市经济发展水平差异较大、财力参差不齐、债务偿还资金来源不同，特别是对土地出让收入的依赖程度高低不一等方面的因素，这都将使各省/市“抵抗债务风险”的能力存在较为明显的差别。

本节主要开展全国 30 个省市（西藏没有公布数据不包括港、澳、台地区数据）地方政府债务的横向对比分析，从各自债务规模及在全国中的占比、债务在不同层级（省、市、区县、乡镇）的分布结构、举债主体特征、债务类型、债务投向、偿债压力及风险六个维度展开。

政府债务主要为三类：①政府负有偿还责任的债务，指需由财政资金偿还的债务，属政府债务；②政府负有担保责任的债务，指由政府提供担保，当某个被担保人无力偿还时，政府须承担连带责任的债务；③政府可能承担一定救助责任的债务，指政府不负有法律偿还责任，但当债务人出现偿债困难时，政府可能须给予一定救助的债务。

### 一、债务区域分布：东部占半壁，江苏省为首

2013 年 6 月底，五级政府债务规模为 30.27 万亿元，中央政府 12.38 万

亿元（占比 40.9%），地方政府 17.89 万亿元（占比 59.1%），其中，政府负有偿还责任债务占比 68.4%，其中中央 79.2%，地方 60.9%（见表 6–5）。

**表 6–5 中央与地方债务规模及结构（2013 年 12 月）**

| 全国政府性债务规模情况（亿元） | | | | | | | |
|---|---|---|---|---|---|---|---|
| 年度 | 政府层级 | 政府负有偿还责任的债务（政府债务，下同） | 政府或有债务 | | 合计 | 各级政府占比（%） | 负有偿还责任债务占比（%） |
| | | | 政府负有担保责任的债务 | 政府可能承担一定救助责任的债务 | | | |
| 2012 年底 | 中央 | 94376.72 | 2835.71 | 21621.16 | 118833.59 | 42.79 | 79.42 |
| | 地方 | 96281.87 | 24871.29 | 37705.16 | 158858.32 | 57.21 | 60.61 |
| | 合计 | 190658.59 | 27707 | 59326.32 | 277691.91 | 100.00 | 68.66 |
| 2013 年 6 月底 | 中央 | 98129.48 | 2600.72 | 23110.84 | 123841.04 | 40.91 | 79.24 |
| | 地方 | 108859.17 | 26655.77 | 43393.72 | 178908.66 | 59.09 | 60.85 |
| | 合计 | 206988.65 | 29256.49 | 66504.56 | 302749.7 | 100.00 | 68.37 |

资料来源：审计署“2013 年第 32 号：全国政府性债务审计结果”。

根据我们先前关于政府债务的研究，预计 2013 年底，政府债务规模 32 万亿元，中央 12.5 万亿元，地方 19.5 万亿元（见图 6–4），政府债务/GDP 比重约为 55%，其中中央债务/GDP 为 21%，地方政府债务/GDP 为 34%。

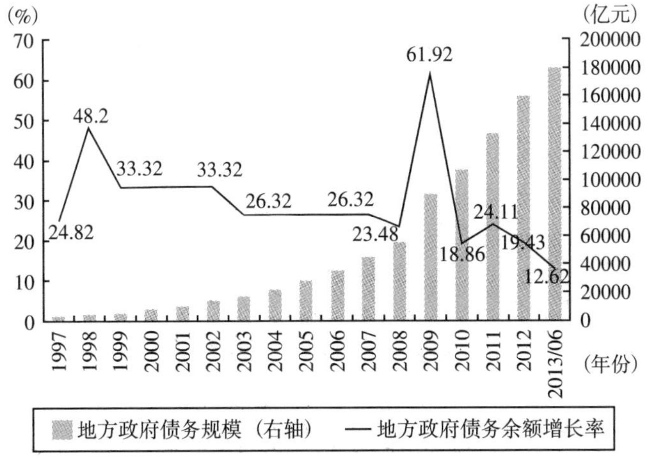


**图 6–4 地方政府债务规模及增速**

资料来源：审计署“2011 年第 35 号：全国地方政府性债务审计结果”、审计署“2013 年第 32 号：全国政府性债务审计结果”。

对于地方政府债务，从区域分布看，东部地区（11 省市）占比 47.5%，其中，江苏、广东、浙江、上海和山东占比较高；西部地区（11 省市）占比 28.7%，其中，四川、重庆占比较高；中部地区（8 省市）占比 23.6%，其中，湖南、湖北占比较高。分省区看，江苏、广东、浙江、四川、上海和山东，依次是中国债务占比较高的省份，合计占比 1/3，特别地，江苏省政府债务规模约 1.5 万亿元，占 8.3%（见表 6–6）。

**表 6–6　各省债务规模及占比情况（2013 年 12 月）**

| 地区 | 各省债务总规模（亿元：2013，6） | 各省占比（%） |
| --- | --- | --- |
| 江苏 | 14768.74 | 8.3 |
| 广东 | 10165.37 | 5.7 |
| 浙江 | 9905.05 | 5.5 |
| 上海 | 8455.85 | 4.7 |
| 山东 | 7960.26 | 4.4 |
| 天津 | 4833.74 | 2.7 |
| 福建 | 4794.45 | 2.7 |
| 辽宁 | 7590.87 | 4.2 |
| 北京 | 7554.14 | 4.2 |
| 河北 | 7514.76 | 4.2 |
| 海南 | 1410.84 | 0.8 |
| 东部地区 | 84954.07 | 47.5 |
| 吉林 | 4248.36 | 2.4 |
| 黑龙江 | 3588.12 | 2.0 |
| 河南 | 5541.94 | 3.1 |
| 安徽 | 5297.32 | 3.0 |
| 湖南 | 7737.29 | 4.3 |
| 湖北 | 7680.78 | 4.3 |
| 山西 | 4178.5 | 2.3 |
| 江西 | 3932.49 | 2.2 |
| 中部地区 | 42204.8 | 23.6 |
| 内蒙古 | 4542.07 | 2.5 |

续表

| 地区 | 各省债务总规模（亿元：2013，6） | 各省占比（%） |
|---|---|---|
| 四川 | 9229.62 | 5.2 |
| 重庆 | 7360.27 | 4.1 |
| 贵州 | 6321.61 | 3.5 |
| 陕西 | 6093.79 | 3.4 |
| 云南 | 5954.83 | 3.3 |
| 广西 | 4329.25 | 2.4 |
| 甘肃 | 2961.47 | 1.7 |
| 新疆 | 2746.15 | 1.5 |
| 青海 | 1057.65 | 0.6 |
| 宁夏 | 791 | 0.4 |
| 西部地区 | 51387.71 | 28.7 |
| 合计 | 178908.66 | 100 |

资料来源：审计署“2013 年第 32 号：全国政府性债务审计结果”、各省/市审计局政府性债务审计结果。

地方政府债务区域分布一方面受各省/市经济体量影响，如东部地区的相关省份经济体量较大、债务规模及占比也相对较高；另一方面，沿长江水道，承接产业转移的省/市相关建设债务规模也比较大（如川渝、两湖地区）。这与中国地方政府债务为建设债——辅助、助推地方经济发展高度吻合。

## 二、债务层级分布：不发达的在省级，发达的在区县

地方政府债务主要集中于市级层面，占比为 40%，其次是省级和县级，乡镇债务占比较低。

与地方财力直接挂钩的负有偿还责任债务，其在不同层级的占比结构差别比较大，省级较低，为 34.2%，市级 66.4%、县级 78.5%、乡镇 84.2%（见表 6-7），这反映出：层级越下沉，债务偿还对财力的需求越大，这与中国目前地方基层政府财力吃紧形成“倒挂”局面。

**表 6-7　不同地方政府层级债务规模（2013 年 12 月）**

| 2013 年 6 月底地方各级政府债务规模情况（亿元） | | | | | | |
|---|---|---|---|---|---|---|
| 政府层级 | 政府负有偿还责任的债务 | 政府或有债务 | | 合计 | 占比（%） | 负有偿还责任债务占比（%） |
| | | 政府负有担保责任的债务 | 政府可能承担一定救助责任的债务 | | | |
| 省级 | 17780.84 | 15627.58 | 18531.33 | 51939.75 | 29.03 | 34.23 |
| 市级 | 48434.61 | 7424.13 | 17043.7 | 72902.44 | 40.75 | 66.44 |
| 县级 | 39573.6 | 3488.04 | 7357.54 | 50419.18 | 28.18 | 78.49 |
| 乡镇 | 3070.12 | 116.02 | 461.15 | 3647.29 | 2.04 | 84.18 |
| 合计 | 108859.17 | 26655.77 | 43393.72 | 178908.7 | 100.00 | 60.85 |

资料来源：审计署“2013 年第 32 号：全国政府性债务审计结果”。

通过区域比较看，总体上，经济不发达省份，省级负债占比较高，经济发达地区区县负债占比较高，其中，山西省级负债占比最高，达到 62.4%；浙江、四川、贵州、内蒙古、重庆区县级债务占比较高，占比在 50%以上（见图 6-5、图 6-6、图 6-7）。这给出的提示是：对于经济不发达省份，省级平台及其他负债单位的偿还资金来源和再融资能力是需要关注的重点，而发达省份（特别是上述重点省份，包括几个西部省份），由于负债层级下沉，而且较为分散，因此债务整顿和管理，以及财力的纵向平衡更为重要。

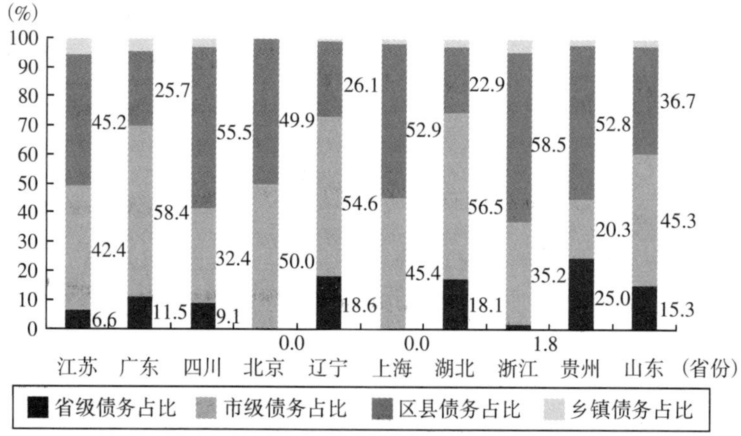


**图 6-5　地方政府债务层级分布状况（一）**

资料来源：审计署“2013 年第 32 号：全国政府性债务审计结果”、各省/市审计局政府性债务审计结果。

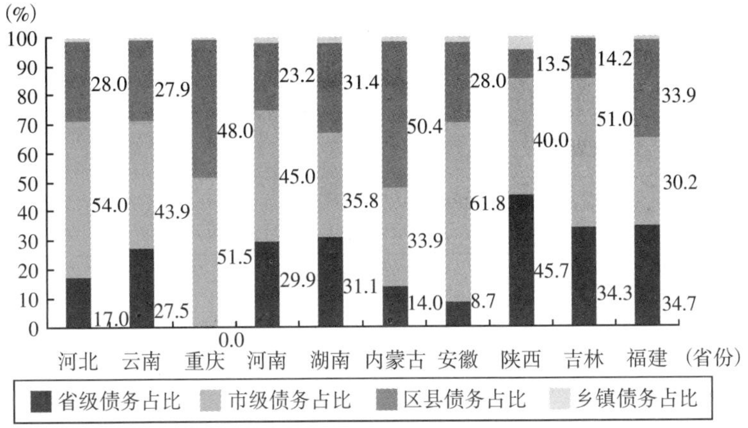


**图 6-6　地方政府债务层级分布状况（二）**

资料来源：审计署“2013 年第 32 号：全国政府性债务审计结果”、各省/市审计局政府性债务审计结果。

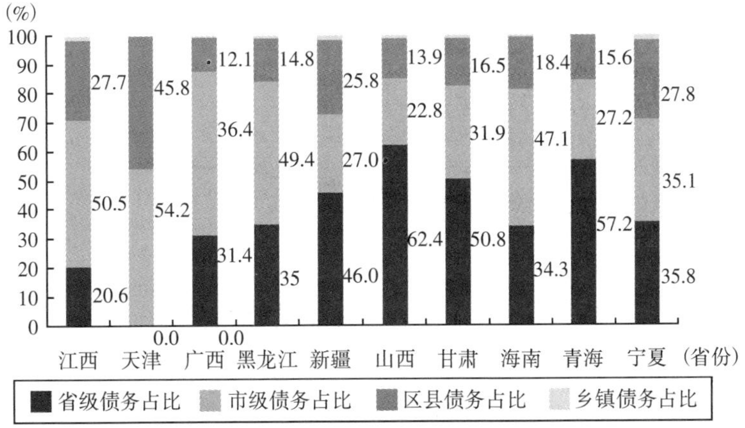


**图 6-7　地方政府债务层级分布状况（三）**

资料来源：审计署“2013 年第 32 号：全国政府性债务审计结果”、各省/市审计局政府性债务审计结果。

## 三、举债主体：不发达的政府部门和机构占比较高

地方政府举债主体方面：相比 2011 年的审计结果，从举债主体来看，2013 年 12 月公布的审计结果细化了地方政府举债主体，增加了国有独资或控股企业和自收自支事业单位。其中，权重举债主体为融资平台公司

（占比为 38.9%）、政府部门和机构（占比为 22.7%）、国有独资或控股企业（占比为 17.5%）和经费补助事业单位（占比为 13.4%）（见表 6-8）。地方融资平台债务规模较 2010 年底增加 2 万亿元，政府部门和机构债务规模增加 1.5 万亿元。

**表 6-8 地方政府举债主体（2013 年 12 月）**

| 2013 年 6 月底地方政府性债务余额举借主体情况（亿元） | | | | | |
|---|---|---|---|---|---|
| 举债主体类别 | 政府负有偿还责任的债务 | 政府或有债务 | | 合计 | 占比（%） |
| | | 政府负有担保责任的债务 | 政府可能承担一定救助责任的债务 | | |
| 融资平台公司 | 40755.54 | 8832.51 | 20116.37 | 69704.42 | 38.96 |
| 政府部门和机构 | 30913.38 | 9684.2 | 0 | 40597.58 | 22.69 |
| 经费补助事业单位 | 17761.87 | 1031.71 | 5157.1 | 23950.68 | 13.39 |
| 国有独资或控股企业 | 11562.54 | 5754.14 | 14039.26 | 31355.94 | 17.53 |
| 自收自支事业单位 | 3462.91 | 377.92 | 2184.63 | 6025.46 | 3.37 |
| 其他单位 | 3162.64 | 831.42 | 0 | 3994.06 | 2.23 |
| 公用事业单位 | 1240.29 | 143.87 | 1896.36 | 3280.52 | 1.83 |
| 合计 | 108859.17 | 26655.77 | 43393.72 | 178908.7 | 100.00 |

资料来源：审计署“2013 年第 32 号：全国政府性债务审计结果”。

分省/市看：第一类负债主体是融资平台，其债务占比较高的省份主要是湖南、重庆、安徽、湖北、广西，占比在 60%以上，江苏、陕西和海南占比也比较高，分别为 57%、53%和 52%（见图 6-8）。这些区域大部分是承接产业转移的省份。

第二类负债主体是政府部门和机构，西部经济欠发达省份，该类负债主体负债占比较高：山西、新疆、宁夏占比 50%以上，吉林、内蒙古、青海占比 45%以上，云南占比 35%以上。

第三类负债主体是国有独资或控股企业，国有企业占比较高的省市，该类债务占比较高：福建、甘肃占比 40%以上，上海、浙江和天津占比近 35%以上。

第四类负债主体是经费补助事业单位，少数几个省市占比较高，北京占比近 50%、河南占比 25%（见图 6-9、图 6-10、图 6-11）。

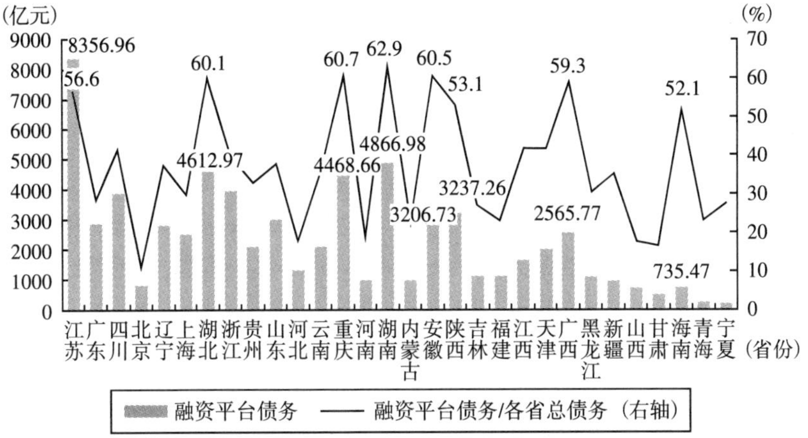


**图 6-8 地方政府融资平台债务规模及占比**

资料来源：审计署“2013 年第 32 号：全国政府性债务审计结果”、各省/市审计局政府性债务审计结果。

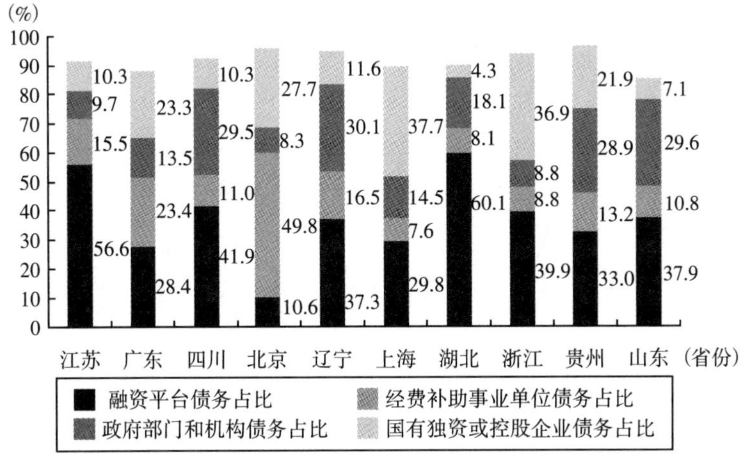


**图 6-9 地方政府主要举债主体债务占比状况（一）**

资料来源：审计署“2013 年第 32 号：全国政府性债务审计结果”、各省/市审计局政府性债务审计结果。

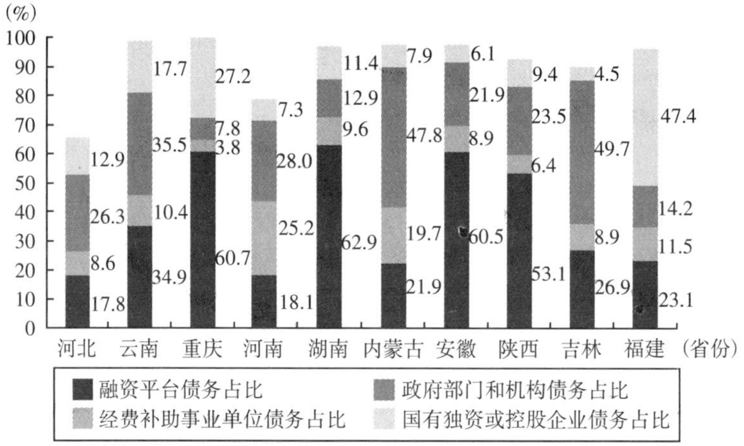


**图 6-10　地方政府主要举债主体债务占比状况（二）**

资料来源：审计署“2013 年第 32 号：全国政府性债务审计结果”、各省/市审计局政府性债务审计结果。

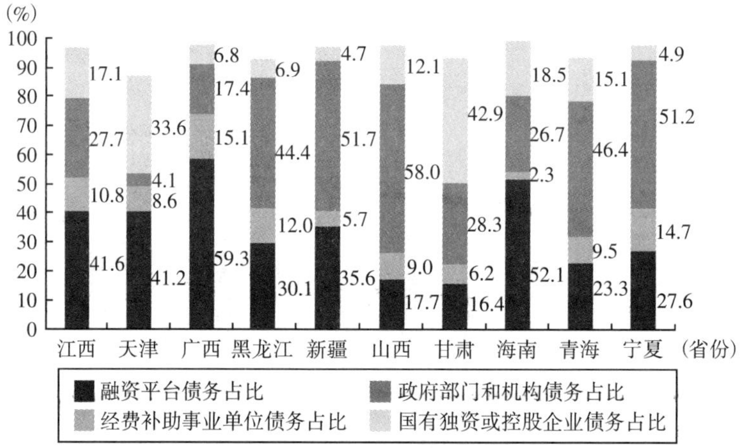


**图 6-11　地方政府主要举债主体债务占比状况（三）**

资料来源：审计署“2013 年第 32 号：全国政府性债务审计结果”、各省/市审计局政府性债务审计结果。

## 四、债务类型：山西、江苏、浙江、重庆信托占比较高

地方政府债务分类：从本次审计结果看，地方政府债务主要是银行贷款 10.1 万亿元（占比 56.6%），BT 负债 1.48 万亿元（占比 8.25%）、信托融资 1.4 万亿元（占比 8%）、城投债 1.1 万亿元（占比 6.6%）、地方政府债券 6636 亿元（占比 3.7%），上述负债类型合计占比 83.2%（见表 6-9）。与 2010 年底的债务结构相比，贷款占比下降，而 BT 负债、信托融资“爆发”，城投债也明显增长（增加约 7500 亿元）。

**表 6-9 地方政府举债类型（2013 年 12 月）**

| 2013 年 6 月底地方政府性债务资金来源情况（亿元） | | | | | |
|---|---|---|---|---|---|
| 债权人类别 | 政府负有偿还责任的债务 | 政府或有债务 | | 合计 | 占比（%） |
| | | 政府负有担保责任的债务 | 政府可能承担一定救助责任的债务 | | |
| 银行贷款 | 55252.45 | 19085.18 | 26849.76 | 101187.4 | 56.56 |
| BT | 12146.3 | 465.05 | 2152.16 | 14763.51 | 8.25 |
| 发行债券 | 11658.67 | 1673.58 | 5124.66 | 18456.91 | 10.32 |
| 其中：地方政府债券 | 6146.28 | 489.74 | 0 | 6636.02 | 3.71 |
| 企业债券 | 4590.09 | 808.62 | 3428.66 | 8827.37 | 4.93 |
| 中期票据 | 575.44 | 344.82 | 1019.88 | 1940.14 | 1.08 |
| 短期融资券 | 123.53 | 9.13 | 222.64 | 355.3 | 0.20 |
| 应付未付款项 | 7781.9 | 90.98 | 701.89 | 8574.77 | 4.79 |
| 信托融资 | 7620.33 | 2527.33 | 4104.67 | 14252.33 | 7.97 |
| 其他单位和个人借款 | 6679.41 | 552.79 | 1159.39 | 8391.59 | 4.69 |
| 垫资施工、延期付款 | 3269.21 | 12.71 | 476.67 | 3758.59 | 2.10 |
| 证券、保险业和其他金融机构融资 | 2000.29 | 309.93 | 1055.91 | 3366.13 | 1.88 |
| 国债、外债等财政转贷 | 1326.21 | 1707.52 | 0 | 3033.73 | 1.70 |
| 融资租赁 | 751.17 | 193.05 | 1374.72 | 2318.94 | 1.30 |
| 集资 | 373.23 | 37.65 | 393.89 | 804.77 | 0.45 |
| 合计 | 120294.51 | 28308.08 | 48064.9 | 196667.5 | 100.00 |

资料来源：审计署“2013 年第 32 号：全国政府性债务审计结果”。

受各类金融机构风险敞口管理特性不同，以及各省经济增长结构差异影响，地方政府负债类型在各省差别也比较大（见图 6-12）。

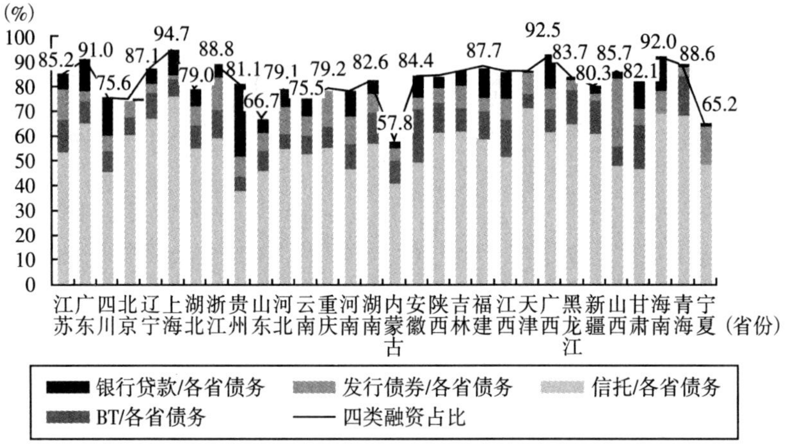


**图 6-12 地方政府四类主要融资占比状况**

资料来源：审计署"2013 年第 32 号：全国政府性债务审计结果"、各省/市审计局政府性债务审计结果。

各类债务融资成本差别较大，银行贷款成本高于债券融资成本，而信托融资和 BT 融资成本又高于银行贷款成本，这就使那些高融资成本债务类型占比较高的省份出现偿付危机的概率较高。

对于银行贷款，一个较为明显的特征是贷款融资在东部区域占比较高，中部次之，西部较低（见图 6-13）。

对于信托融资，山西通过信托融资负债的比重非常高，几乎占了其债务的 30%（见图 6-14），规模预计在 1100 亿~1200 亿元，占全国地方政府信托债务的 10%左右，另外考虑到信托融资在 2012~2013 年"爆发式"增长，其到期期限一般为 1.5~2 年，这意味着 2014~2015 年进入偿还高峰期。对于山西这样的资源大省，在资源价格相对疲弱的情况下，经济增长和政府财力将受影响，政府相关融资机构和企业债务偿还的压力无疑较大，信托偿付风险较高。

其他信托融资占比较高的省份还有重庆、浙江、江苏，考虑到江苏、浙江、重庆债务总量规模较大，其信托绝对额也较大，估计江苏信托债务规模 1800 亿~2000 亿元左右，浙江 1200 亿~1300 亿元，重庆 1100 亿~1200 亿元。江苏、浙江、重庆和山西的信托融资占据了全部地方政府信托融资的 40%。由于信托融资成本高，而且是在特殊环境下集中“爆发式”增长的，其对应的偿付期较为集中，上述融资绝对规模和相对规模占比较高的省份，相关信托债务偿付风险需要重点关注和警惕。

BT 负债，该项占比较高的省份可能是贵州、四川、海南、广西、广东和福建等，其中，贵州占比达到 29.5%（见图 6–15）。

发债融资在中国经济相对不发达省份中占比较高，如安徽、甘肃、青海、宁夏、江西、黑龙江、新疆（见图 6–16），相关信用风险也需要警惕。另外，据城投债统计数据显示，2014 年，地方政府城投债到期规模约 3500 亿元，到期规模相对较大。

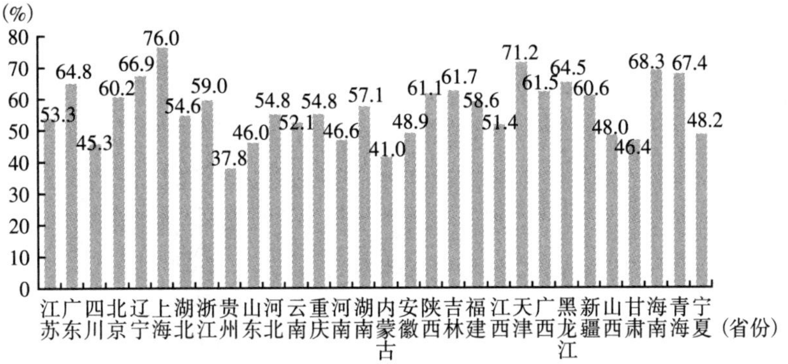


**图 6–13 地方政府银行贷款占债务比重情况**

资料来源：审计署“2013 年第 32 号：全国政府性债务审计结果”、各省/市审计局政府性债务审计结果。

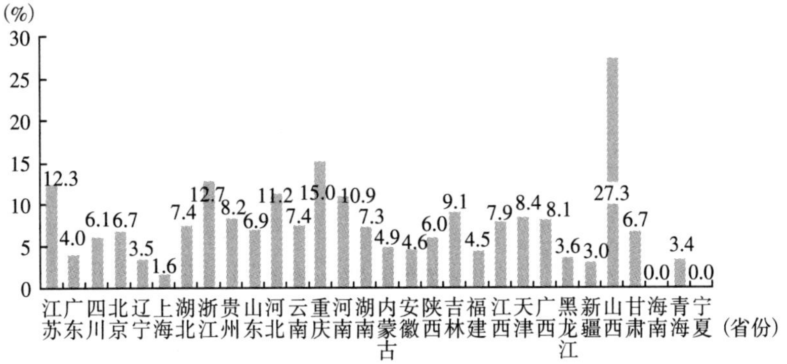


**图 6–14 地方政府信托融资规模占债务比重情况**

资料来源：审计署“2013 年第 32 号：全国政府性债务审计结果”、各省/市审计局政府性债务审计结果。

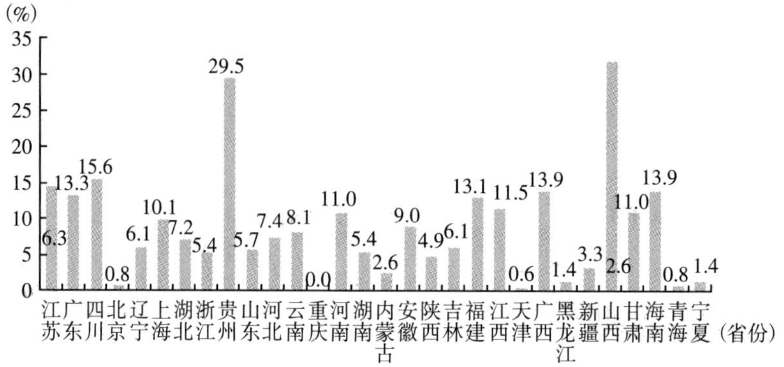


**图 6-15　地方政府 BT 建设规模占债务比重情况**

资料来源：审计署“2013 年第 32 号：全国政府性债务审计结果”、各省/市审计局政府性债务审计结果。

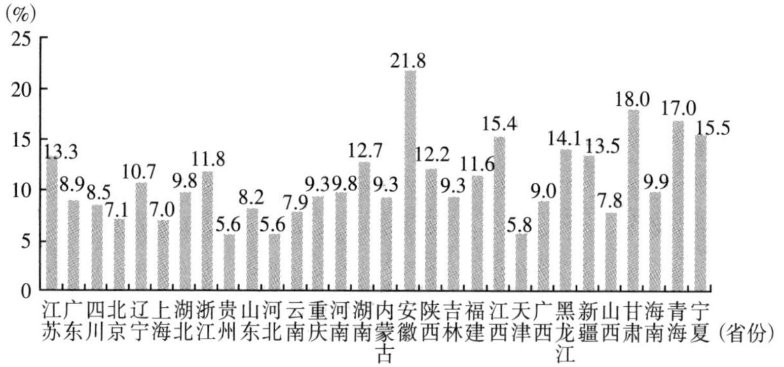


**图 6-16　地方政府债券融资规模占债务比重情况**

资料来源：审计署“2013 年第 32 号：全国政府性债务审计结果”、各省/市审计局政府性债务审计结果。

# 五、债务投向：东部投市政建设，西部投交运设施

从地方政府性债务余额支出投向看，主要投资于市政建设 5.8 万亿元（占比 34.6%）、交运设施建设 4.1 万亿元（占比 24.4%）、土地收储 1.9 万亿元（占比 11.2%）、保障性住房 1 万亿元（占比 6.5%）（见表 6-10）。

分省看，天津、上海市政建设占比最高，基本在 50%左右；湖北、江苏和广东占比也比较高，近 40%。

交运设施建设占比较高的省份是山西、陕西、河北、福建和云南，山

**表 6-10　地方政府债务余额支出投向（2013 年 12 月）**

| 2013 年 6 月底地方政府性债务余额支出投向情况（亿元） | | | | | |
|---|---|---|---|---|---|
| 债务支出投向类别 | 政府负有偿还责任的债务 | 政府或有债务 | | 合计 | 占比（%） |
| | | 政府负有担保责任的债务 | 政府可能承担一定救助责任的债务 | | |
| 市政建设 | 37935.06 | 5265.29 | 14830.29 | 58030.64 | 34.64 |
| 土地收储 | 16892.67 | 1078.08 | 821.31 | 18792.06 | 11.22 |
| 交通运输设施建设 | 13943.06 | 13188.99 | 13795.32 | 40927.37 | 24.43 |
| 保障性住房 | 6851.71 | 1420.38 | 2675.74 | 10947.83 | 6.54 |
| 教科文卫 | 4878.77 | 752.55 | 4094.25 | 9725.57 | 5.81 |
| 农林水利建设 | 4085.97 | 580.17 | 768.25 | 5434.39 | 3.24 |
| 生态建设和环境保护 | 3218.89 | 434.6 | 886.43 | 4539.92 | 2.71 |
| 工业和能源 | 1227.07 | 805.04 | 260.45 | 2292.56 | 1.37 |
| 其他 | 12155.57 | 2110.29 | 2552.27 | 16818.13 | 10.04 |
| 合计 | 101188.77 | 25635.39 | 40684.31 | 167508.47 | 100.00 |

资料来源：审计署“2013 年第 32 号：全国政府性债务审计结果”。

西高达 57.8%，陕西达 45.5%，其他三个在 35%~40%。

四个直辖市，负债用于土地收储的比重“奇高”，北京占比 44.4%，上海占 22.5%，天津占 19.2%，重庆占 16.8%（见图 6-17、图 6-18、图 6-19），这主要是由于这些区域房地产市场过去景气度较高，政府通过负债收储土地意愿较强，相关债务占比也比较高。

## 六、偿债压力：普遍存在，重庆较高

各地方政府债务偿还究竟有多大的风险？

从债务率（债务规模/财政收入）来看，全国平均水平是 120%，其中，比较突出的有：重庆（190%）、湖南（165%）、天津、陕西、河北（三个均在 150%以上），山西、上海、云南、吉林（三个在 140%以上）。

特别需要注意的是，从负有偿还责任债务/财政收入的比重看，全国平均水平是 70%，其中，比较突出的有：北京（100%）、重庆、贵州、云

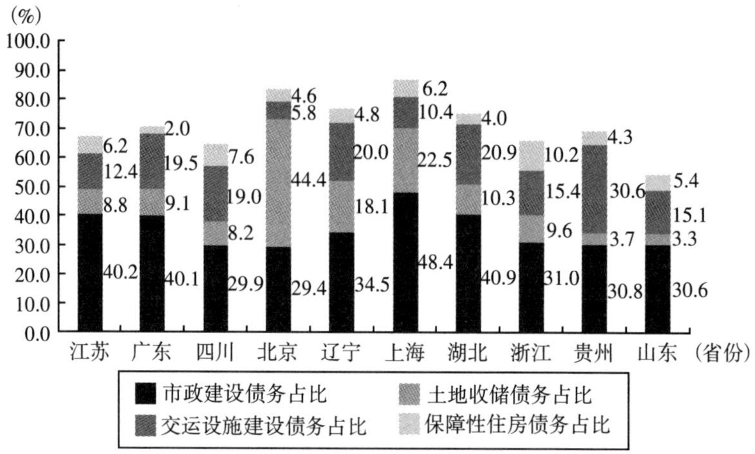


**图 6-17 地方政府债务主要投向（一）**

资料来源：审计署“2013 年第 32 号：全国政府性债务审计结果”、各省/市审计局政府性债务审计结果。

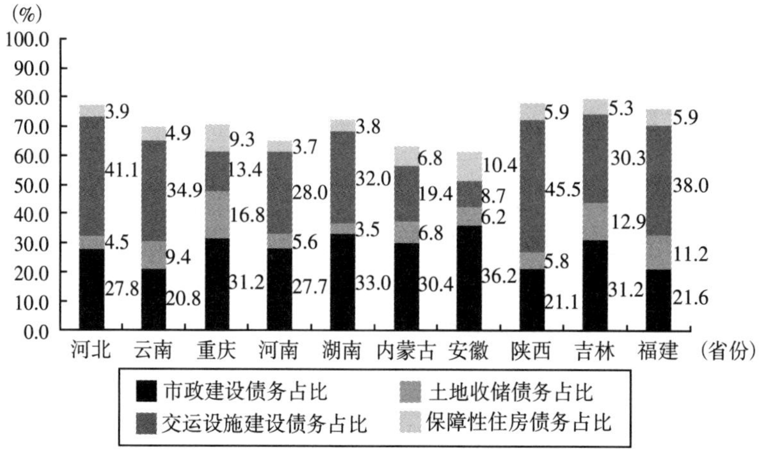


**图 6-18 地方政府债务主要投向（二）**

资料来源：审计署“2013 年第 32 号：全国政府性债务审计结果”、各省/市审计局政府性债务审计结果。

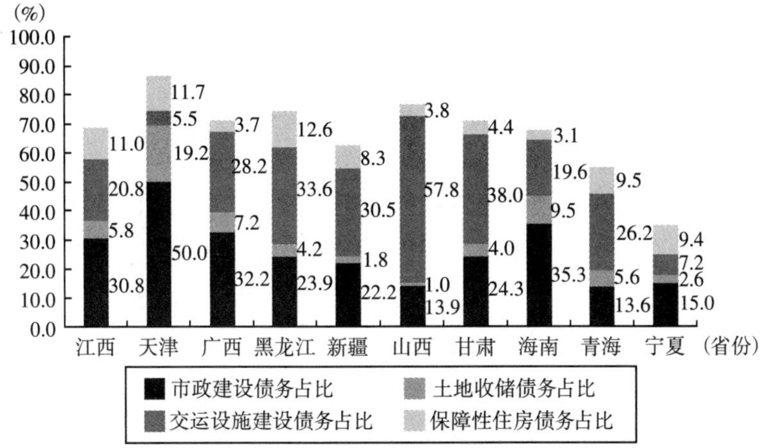


**图 6-19　地方政府债务主要投向（三）**

资料来源：审计署“2013 年第 32 号：全国政府性债务审计结果”、各省/市审计局政府性债务审计结果。

南、湖北、上海（五个在 90%以上）、吉林、海南、河北、四川（四个在 80%以上）（见图 6-20）。

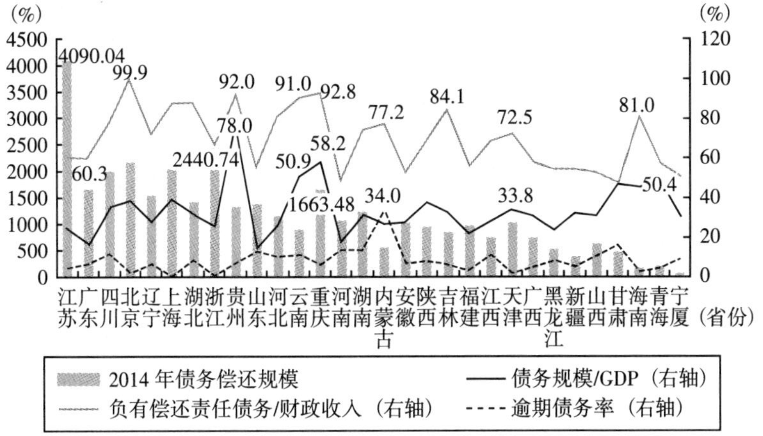


**图 6-20　2014 年地方政府偿债规模、债务率、负债率、逾期债务率**

资料来源：审计署“2013 年第 32 号：全国政府性债务审计结果”、各省/市审计局政府性债务审计结果。

从负债率（债务/GDP）指标看，全国平均水平是35%，其中，比较突出的有：贵州（接近80%）、重庆（近60%）、云南、青海（两省在50%以上）、甘肃、海南、上海、北京、陕西（五个在40%以上）（见图6-21）。

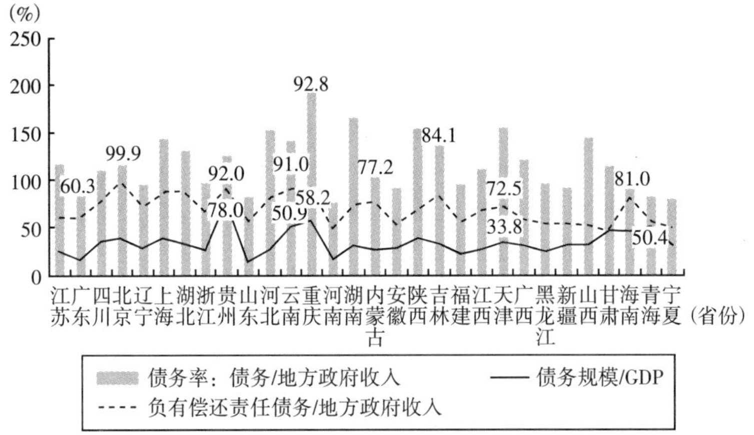


**图6-21　2014年地方政府债务率、负债率、负有偿还责任债务占财政收入比重**

资料来源：审计署"2013年第32号：全国政府性债务审计结果"、各省/市审计局政府性债务审计结果。

综合上述指标，偿债压力从高到低排序是：重庆、贵州、云南、陕西、山西、河北、湖南、湖北、北京、上海、天津、吉林、甘肃、青海。比较集中、突出地分布于西部地区。

另外，考虑到地方政府债务中，债务偿还对土地出让的依赖程度较高，从承诺以土地出让收入偿还额占负有偿还责任债务比例看，全国平均水平是40%，其中，比较突出的有：浙江、天津（两者接近65%）、福建、海南、重庆（三省市占比50%以上）、江西、上海、湖北、四川（四省市占比在40%以上）（见图6-22）。上述省份房地产市场的景气度及土地出让收入增速状况对债务偿还具有较为明显的影响。

综上可以看出，重庆一方面偿债压力较大，另一方面债务偿还对土地出让收入的依赖程度较高，其风险相对较高，需要重点关注。

通过比较审计署关于地方政府未来几年债务偿还规模与我们的预测值，发现：2014年地方政府债务偿还规模为3.56万亿元（见表6-11），略高于我们预测的3.2万亿元，根据测算2014~2016年，地方政府借新还旧规模在2万亿元左右，有一定压力。

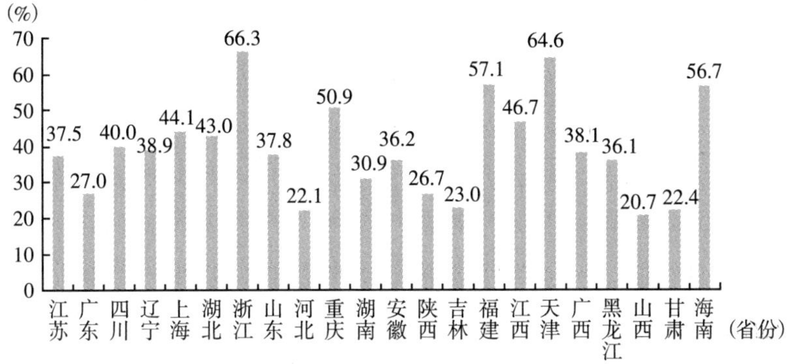


**图 6-22　地方政府负有偿还责任债务偿还对土地出让的依赖度**

资料来源：审计署"2013 年第 32 号：全国政府性债务审计结果"、各省/市审计局政府性债务审计结果。

**表 6-11　地方政府债务余额未来偿债情况（2013 年 12 月）**

单位：亿元

| 2013 年 6 月底地方政府性债务余额未来偿债情况 | | | | | | |
|---|---|---|---|---|---|---|
| 偿债年度 | 政府负有偿还责任的债务 | | 政府或有债务 | | 合计 | 占比(%) |
| | 金额 | 比重(%) | 政府负有担保责任的债务 | 政府可能承担一定救助责任的债务 | | |
| 2013 年 7~12 月 | 24949.06 | 22.92 | 2472.69 | 5522.67 | 32944.42 | 18.41 |
| 2014 年 | 23826.39 | 21.89 | 4373.05 | 7481.69 | 35681.13 | 19.94 |
| 2015 年 | 18577.91 | 17.06 | 3198.42 | 5994.78 | 27771.11 | 15.52 |
| 2016 年 | 12608.53 | 11.58 | 2606.26 | 4206.51 | 19421.3 | 10.86 |
| 2017 年 | 8477.55 | 7.79 | 2298.6 | 3519.02 | 14295.17 | 7.99 |
| 2018 年及以后 | 20419.73 | 18.76 | 11706.75 | 16669.05 | 48795.53 | 27.27 |
| 合计 | 108859.2 | 100.00 | 26655.77 | 43393.72 | 178908.7 | 100.00 |

资料来源：审计署"2013 年第 32 号：全国政府性债务审计结果"。

**表 6–12　地方政府各类债务偿还额度（研究测算值）**

单位：亿元

| 年份 | 地方政府债券本金偿还额度 | 城投债本金偿还额度 | 银行贷款偿还额度 | 信托贷款偿还额度 | 本金偿还合计 | 债务利息 | 债务本息偿还额度 |
|---|---|---|---|---|---|---|---|
| 2012 | 2000.0 | 1811.9 | 15274.1 | 4558.0 | 23643.9 | 11507.3 | 35151.2 |
| 2013 | 1384.0 | 1689.6 | 10121.8 | 7028.0 | 20223.4 | 13281.3 | 33504.6 |
| 2014 | 992.5 | 2002.0 | 17993.4 | 11237.0 | 32224.8 | 14609.4 | 46834.2 |
| 2015 | 1714.0 | 3900.6 | 23117.2 | 13763.0 | 42494.7 | 16070.3 | 58565.1 |
| 2016 | 2757.5 | 4501.0 | 26478.3 |  | 33736.8 | 17677.4 | 51414.2 |
| 2017 | 1257.5 | 4501.0 | 15846.7 |  | 21605.2 | 19445.1 | 41050.3 |

资料来源：CEIC。

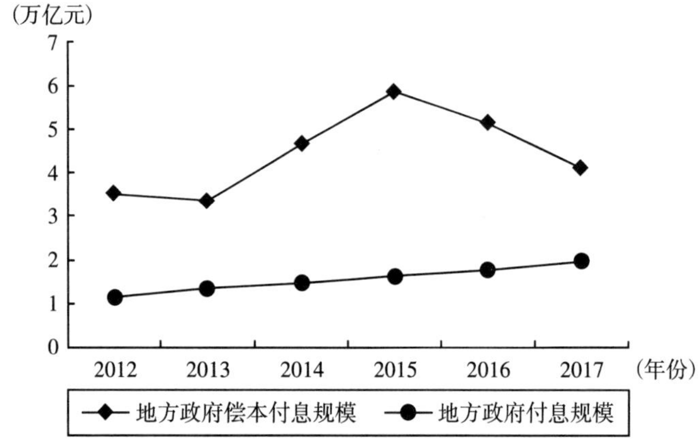


**图 6–23　地方政府偿本付息规模（研究测算）**

资料来源：CEIC。

**表 6–13　应对地方政府短期偿债风险的金融条件**

单位：亿元

| | | 2011 年 | 2012 年 | 2013 年（E） | 2014 年（E） | 2015 年（E） | 2016 年（E） | 2017 年（E） |
|---|---|---|---|---|---|---|---|---|
| 资金供给 | 银行贷款融资支持 | 28104.59 | 18774.06 | 13621.80 | 16000 | 18000 | 16000 | 16500 |
| | 地方政府债券融资支持 | 2000.00 | 2500.00 | 3500.00 | 5500 | 8000 | 8000 | 8000 |
| | 城投债融资支持 | 3641.50 | 9749.00 | 9113.55 | 15500 | 20000 | 20000 | 15000 |
| | 信托融资支持 | 7028 | 11237 | 13763 | 15000 | 16000 | 16000 | 15000 |
| | 保险资金计划融资支持 | | 1763 | 2000 | 2500 | 4000 | 3500 | 3500 |
| | 上级政府借款支持 | 1122 | 1400 | 400 | 1000 | 1000 | 500 | 500 |
| | 各类融资渠道资金供给（合计） | 41896.09 | 45423.06 | 42398.35 | 55500.00 | 67000.00 | 64000.00 | 58500.00 |
| 资金需求 | 借新还旧需求 | 3500 | 9698.25 | 5420.78 | 16650.81 | 26090.65 | 16442.33 | 3331.29 |
| | 地方政府基础建设及服务资金需求（剔除借新还旧） | 38396.09 | 35724.81 | 36977.57 | 38826.45 | 40767.77 | 42806.16 | 44946.47 |
| | 地方政府对社会融资总量需求（合计） | 41896.09 | 45423.06 | 42398.35 | 55477.26 | 66858.42 | 59248.49 | 48277.75 |
| 平衡条件 | 社会融资总量适宜的增速（%） | | | 17.3 | 19.2 | 19.4 | 14.4 | 14.0 |

资料来源：CEIC。

# 第三节 乡镇一级政府债务

对于乡镇债务的统计由于缺乏系统、连续的数据统计资料，这里我们只能从一些文献资料中挖掘，构建乡镇债务的变化过程。

## 一、乡镇债务成因

我国城乡经济发展差距巨大、农村公共服务事业及基础设施建设缺乏稳定的资金来源，以及乡镇政府职能不明确、行为不规范、管理体制不健全等是造成乡镇债务问题的根本原因。

作为基层地方行政管理机构，乡镇政府被赋予了过多的职责，乡村经济、社会、文化、教育、卫生等事业的发展，都要由乡镇政府来负责。过多的职责必然导致乡镇政府职能界定不清，许多不应该由乡镇政府做的事，如直接投资兴办企业和集体经济组织、发展农村义务教育和医疗卫生服务等都得由乡镇政府承担。乡镇的财力和能力毕竟有限，最终导致乡镇政府超能力运行，背负巨额债务。

财税体制改革不彻底，乡镇财权和事权不匹配。1994 年开始实行的分税制的财政管理体制，未能依据收入彻底划分各级政府之间的事权，造成明显的“财权”上收和“事权”下移，乡镇政府被迫承担与其财政支付能力不符的大量应由上级政府提供的社会公共物品，如义务教育、助残优抚、治安管理、医疗卫生服务等，这给基层造成很大压力。乡镇政府为了完成上级交办的任务，实现达标升级、获得政绩，不得不大量举债，甚至拖欠职工工资，形成大量的财政负债。

财务管理制度不完善，缺乏有效的监管和风险防范机制。乡镇财务管理松散，透明度不高，缺乏监管。很多乡镇在财政支出上由少数领导审批、管理，支出随意、程序简单、账目混乱、监管软弱。其次，执行预算不严格，预算约束乏力。收支基本不按预算执行，开支随意性大，决策过程中很少考虑财政支付能力及清偿问题，造成财政支出失控。

## 二、乡镇举债特征变化

20 世纪 90 年代，乡镇债务主要用于兴办乡镇企业、供销合作社等集体经济，后来在破产清偿时，它们的负债都由乡镇政府承担，这些债务资金主要来源于银行、农村信用社等金融机构。

2000 年后，各地用于修建乡村公路、农田水利设施，兴办学校、医疗卫生等公共事业，参加各种达标活动形成的负债增加，这时的债权主体主要是上级主管部门、工程承包单位等。

农村税费改革后，乡镇财政收入大幅减少，开始出现拖欠教师及公务人员工资、维持乡镇机构运转及其他应付款等形成的欠债，许多乡镇超标修建办公设施，搞各种开发项目，兴建工业园区已成为新增债务形成的主要原因。

## 三、乡镇政府债务规模估测：1 万亿元左右

1998 年底，乡镇政府债务规模在 2000 亿~2200 亿元。1999 年，国务院办公厅发出通知，要求各省（自治区、直辖市）人民政府在年内对 1998 年底以前乡村两级自身的各种债务、债权和担保形成的各种债务进行一次彻底清查。清查结果虽未对外公布，但《新闻周刊》从权威途径获悉了部分省份的数字，以此推算中国乡镇政府负债总额：中国乡镇将近 5 万个，平均每个乡镇负债 400 余万元，债务规模在 2000 亿~2200 亿元。

据学者高宏德等的调研研究[①]，2008 年底，乡镇政府债务规模在 6000 亿~6500 亿元。

2009 年以来，乡镇债务继续膨胀，估计每年扩张 500 亿元以上，2012 年底债务存量规模在 1 万亿元左右。

① 参见高宏德：《中国乡镇政府债务问题研究》。

# 第四节　整合：资产负债表规模与结构

表 6-14 和表 6-15 展示了 2002~2012 年中国中央政府和地方政府资产、负债的存量规模。中央政府资产负债表涵盖 9 项资产和 5 项负债；地方政府资产负债表涵盖 4 项资产和 4 项负债，具体见表中内容。这说明，在地方政府的资产负债表中，由于乡镇一级资产和负债相对比较含糊，缺乏较为精确的数据，所以没有囊括乡镇一级，主要涵盖省、市和县一级。

## 一、规模分析

随着国民经济规模的增长，中国政府的资产和负债也保持着不断扩张的态势，这源于中国政府不仅仅是经济的调控者、管理者，同时也是经济活动的主要经营者之一，特别地，政府经济经营者的角色集中地从“非金融国资”和“金融国资”的控制、管理和扩张中看出，从地方政府以“土地储备”作为抵押，支持规模庞大的基础设施建设（占固定资产投资的 30%），以拉动和促进地方经济增长中体现。

1. 高速增长的政府债务

2002~2012 年，中国政府的资产从 12 万亿元增长至 60 万亿元，10 年翻了 5 倍；负债从 3.78 万亿元增长至 25.46 万亿元，10 年翻了 6.7 倍；相应地，净资产从 8.25 万元亿增长至 34.5 万亿元，10 年翻了 4.2 倍（见图 6-24、图 6-25、图 6-27）。

政府负债增速高于资产增速，且两者均高于经济增速（名义 GDP）：2003~2012 年，政府资产平均增速为 17.6%，负债增速 21.3%，名义 GDP 增速 15.8%、M2 增速为 18.1%（见图 6-26、图 6-28）。这主要是因为：第一，国有资本介入经营的行业多为资本密集型行业（石油石化、交通运输等），普遍杠杆率较高，导致债务膨胀速度较高；第二，地方政府基础设施建设对债务融资依赖程度较高，且建设周期较长；第三，大危机时期的危机管理政策，导致地方政府债务扩张过快。

**表 6-14 中国中央政府资产负债表**

单位：亿元

| 年份 | 2002 | 2003 | 2004 | 2005 | 2006 | 2007 | 2008 | 2009 | 2010 | 2011 | 2012 |
|---|---|---|---|---|---|---|---|---|---|---|---|
| 资产 | 48227.9 | 52244.8 | 63088.3 | 84157.6 | 100797.7 | 134717.7 | 150523.8 | 174798.1 | 209786.6 | 240647.0 | 279805.4 |
| 非经营性资产 | 11131.2 | 11949.2 | 13764.0 | 15646.3 | 18212.9 | 22251.3 | 25517.5 | 30162.2 | 36275.9 | 42444.6 | 50125.8 |
| 中央政府国有资产（非金融） | 22590.1 | 24328.7 | 24321.4 | 41415.9 | 47333.7 | 58060.1 | 63056.9 | 70949.2 | 80785.1 | 95888.7 | 115803.0 |
| 铁路总公司资产 | 9533.0 | 9975.4 | 11866.2 | 12704.8 | 15023.6 | 15522.9 | 18553.2 | 24566.4 | 32937.4 | 39796.4 | 44877.0 |
| 中央汇金拥有资产 | 0.0 | 0.0 | 6320.0 | 6320.0 | 6320.0 | 7337.1 | 11886.8 | 13758.2 | 17151.1 | 19802.0 | 22478.6 |
| 中投公司海外资产 | 0.0 | 0.0 | 0.0 | 0.0 | 0.0 | 8777.4 | 8777.4 | 8947.6 | 10577.4 | 11514.8 | 13829.5 |
| 全国社保基金资产 | 1241.9 | 1325.0 | 1711.4 | 2117.9 | 2827.7 | 4396.9 | 5623.7 | 7766.2 | 8566.9 | 8688.2 | 11060.4 |
| 对四大资产管理公司权益 | 400.0 | 400.0 | 400.0 | 400.0 | 400.0 | 400.0 | 400.0 | 400.0 | 551.5 | 551.5 | 704.8 |
| 中央财政存款 | 1542.7 | 2477.4 | 2916.1 | 3763.6 | 5105.3 | 8560.6 | 8481.9 | 10613.2 | 12138.7 | 11366.8 | 10376.6 |
| 财政部对金融机构权益 | 1789.1 | 1789.1 | 1789.1 | 1789.1 | 5574.5 | 9411.5 | 8226.5 | 7635.1 | 10802.7 | 10594.1 | 10549.7 |
| 负债 | 23776.1 | 29337.8 | 33686.4 | 37545.2 | 41473.9 | 58720.8 | 63058.3 | 74516.4 | 89045.7 | 100180.7 | 110801.5 |
| 国债 | 19208.0 | 24746.0 | 28444.0 | 31848.6 | 34380.2 | 51467.4 | 52799.3 | 59737.0 | 66988.0 | 71410.8 | 76747.9 |
| 铁路总公司债务 | 3968.1 | 3991.8 | 4590.8 | 4767.5 | 6400.8 | 6587.1 | 8684.0 | 13033.9 | 18918.0 | 24126.8 | 27925.6 |
| 中投公司负债 | 0.0 | 0.0 | 0.0 | 0.0 | 0.0 | 0.0 | 610.0 | 846.0 | 2388.3 | 3706.8 | 5003.4 |
| 全国社保基金负债 | 0.0 | 0.0 | 51.6 | 163.6 | 57.9 | 59.1 | 492.8 | 398.9 | 191.3 | 302.6 | 306.8 |
| 国外负债 | 600.0 | 600.0 | 600.0 | 765.5 | 635.0 | 607.3 | 472.2 | 500.7 | 560.1 | 633.7 | 817.8 |
| 净资产 | 24451.8 | 22907.0 | 29401.9 | 46612.4 | 59323.8 | 75996.9 | 87465.5 | 100281.7 | 120740.9 | 140466.3 | 169003.9 |

资料来源：笔者整理。

**表 6-15　中国地方政府资产负债表**

单位：亿元

| 年份 | 2002 | 2003 | 2004 | 2005 | 2006 | 2007 | 2008 | 2009 | 2010 | 2011 | 2012 |
|---|---|---|---|---|---|---|---|---|---|---|---|
| 资产 | 72087.7 | 86767.6 | 96103.3 | 93665.0 | 112300.6 | 148684.7 | 156136.3 | 203399.6 | 249470.8 | 286962.5 | 320091.1 |
| 非经营性资产 | 25972.9 | 27881.5 | 32116.1 | 36508.0 | 42496.8 | 51919.6 | 59540.9 | 70378.5 | 84643.8 | 99037.4 | 116960.1 |
| 土地储备 | 7250.4 | 16263.9 | 17682.4 | 16515.5 | 23030.7 | 39000.0 | 29210.9 | 47730.6 | 60000.0 | 65000.0 | 60000.0 |
| 地方政府国有资产 | 37321.7 | 40144.8 | 43388.7 | 36877.9 | 41667.8 | 49204.5 | 58902.6 | 74677.3 | 92688.4 | 111558.3 | 132754.3 |
| 地方财政存款 | 1542.7 | 2477.4 | 2916.1 | 3763.6 | 5105.3 | 8560.6 | 8481.9 | 10613.2 | 12138.7 | 11366.8 | 10376.6 |
| 负债 | 14021.7 | 17712.2 | 22374.0 | 28262.9 | 35701.6 | 45098.3 | 55687.4 | 90169.0 | 107174.9 | 123824.8 | 143841.0 |
| 地方政府债券 | 995.5 | 1257.6 | 1588.6 | 2006.7 | 2534.8 | 3202.0 | 3953.8 | 6402.0 | 7609.4 | 15638.8 | 24076.0 |
| 地方政府银行贷款 | 11077.1 | 13992.6 | 17675.5 | 22327.7 | 28204.3 | 35627.7 | 43993.0 | 71233.5 | 84668.2 | 91000.0 | 94500.0 |
| 地方政府上级财政借款 | 588.9 | 743.9 | 939.7 | 1187.0 | 1499.5 | 1894.1 | 2338.9 | 3787.1 | 4501.3 | 5600.0 | 7000.0 |
| 地方政府其他单位和个人借款 | 1360.1 | 1718.1 | 2170.3 | 2741.5 | 3463.1 | 4374.5 | 5401.7 | 8746.4 | 10396.0 | 11586.0 | 18265.0 |
| 净资产 | 58066.0 | 69055.4 | 73729.3 | 65402.1 | 76598.9 | 103586.4 | 100448.9 | 113230.6 | 142295.9 | 163137.7 | 176250.1 |

资料来源：笔者整理。

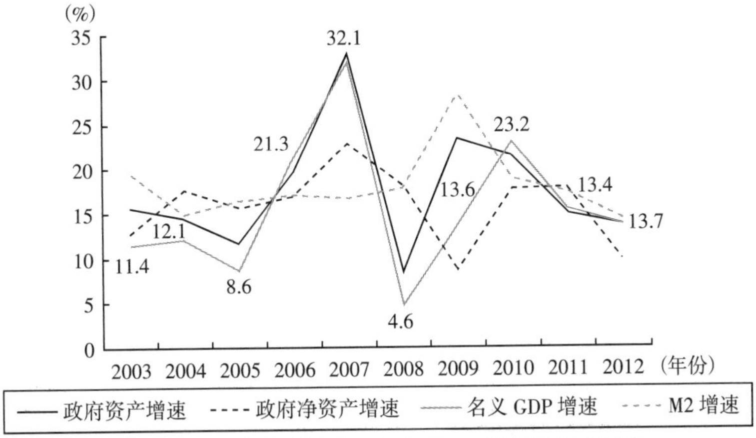


**图 6-24　政府资产增速、名义 GDP 增速和 M2 增速**

资料来源：国土资源部统计公报。

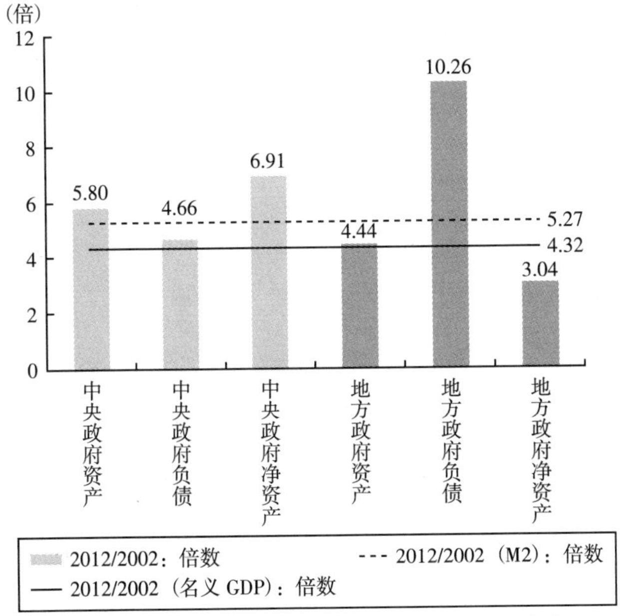


**图 6-25　中国政府资产、负债与 M2、GDP 变化**

资料来源：CEIC。

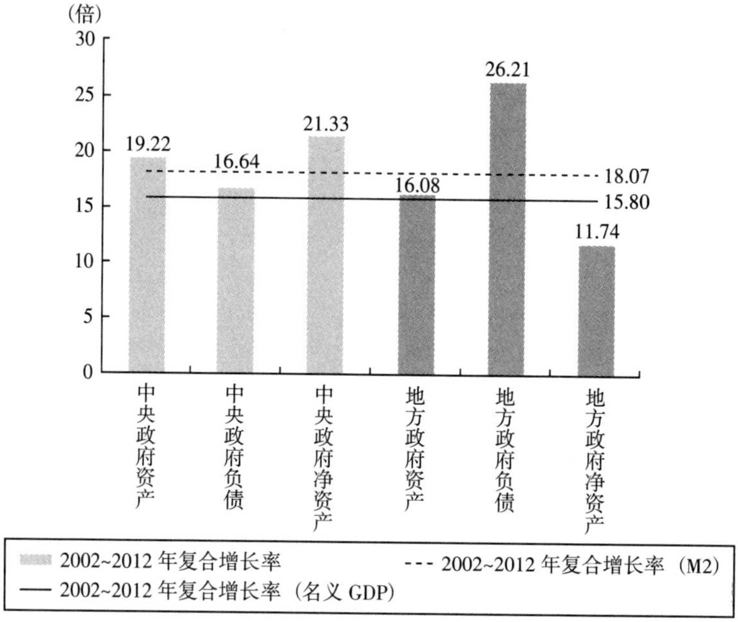


**图 6-26　中国政府资产、负债与 M2、GDP 复合增长率**

资料来源：CEIC。

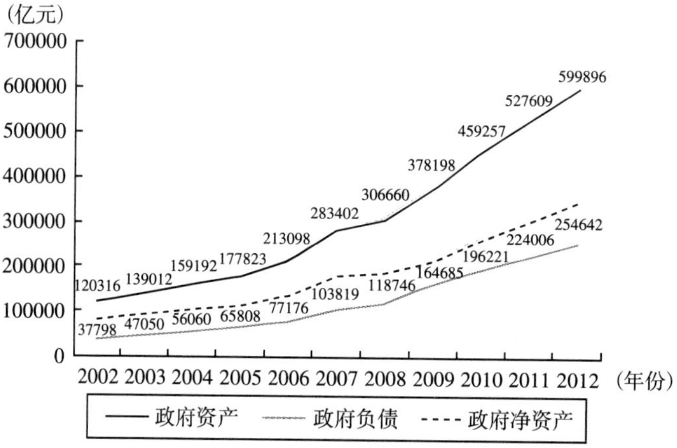


**图 6-27　中国政府资产、负债规模**

资料来源：CEIC。

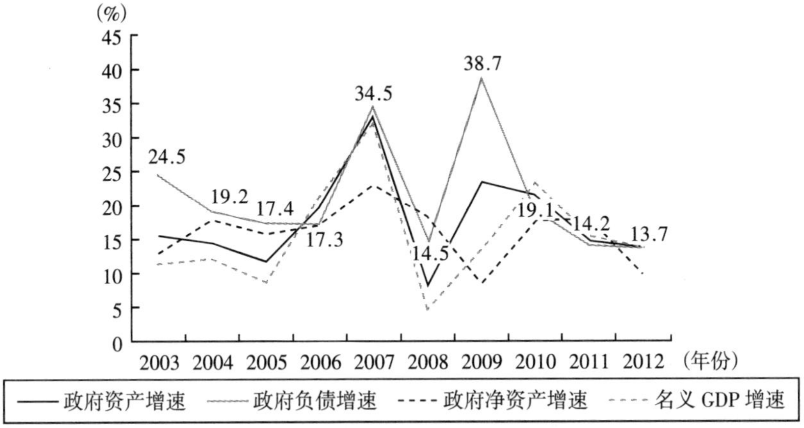


**图 6-28　中国政府资产、负债增速**

资料来源：CEIC。

2. 持续提高的地方政府杠杆率

从中央与地方分解角度看：

资产维度，中央与地方占比基本保持平稳状态：2003~2005 年，地方政府资产占总资产的比重从 60%回落至 53%（见图 6-29），此后基本一直维持在该水平，无明显变化。

最大的区别来自负债方，地方政府债务增速持续高于中央政府债务增速，并且在 2009 年以后，地方债务成为整体债务的主导部分，更需要注意的是，这种“主导力量”逐步增强。2002~2012 年，地方政府债务平均增速为 26.8%，中央政府为 17%，整体为 21.3%，名义 GDP 增速为 15.8%；地方政府债务增速持续高于中央债务增速[①]，平均高出 10 个百分点。需要强调的是，2009 年地方政府债务增速高达 62%，随后回落至 19%，2011~2012 年维持在 16%附近，而对应时间区间上，2009 年中央政府债务增速虽上升至 18.2%，但 2011~2012 年增速持续回落，目前为 10.3%（见图 6-30）。

2002~2012 年，地方政府债务占政府总债务的比重从 37.1%持续上升至 56.5%，其中，2009 年在“危机管理刺激政策”下，出现一次“跳跃”

① 除 2007 年，中央政府债务增速为 41.6%，主要是由于中国财政部通过发行特别国债的方式筹集了 15500 亿元人民币，购入 2000 亿元外汇储备并注入中投公司。

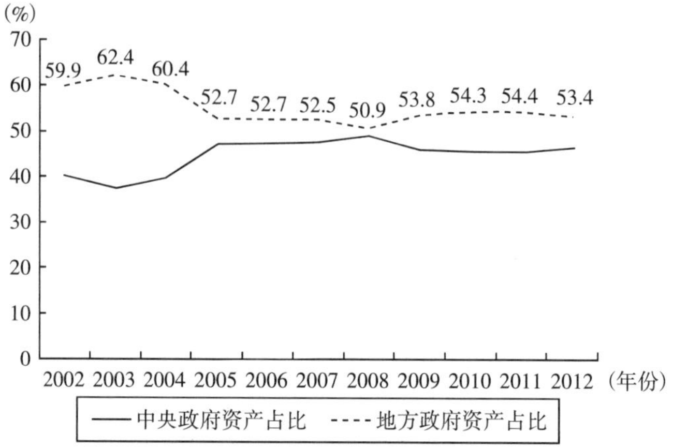


**图 6-29　中国政府和地方政府资产比例**

资料来源：CEIC。

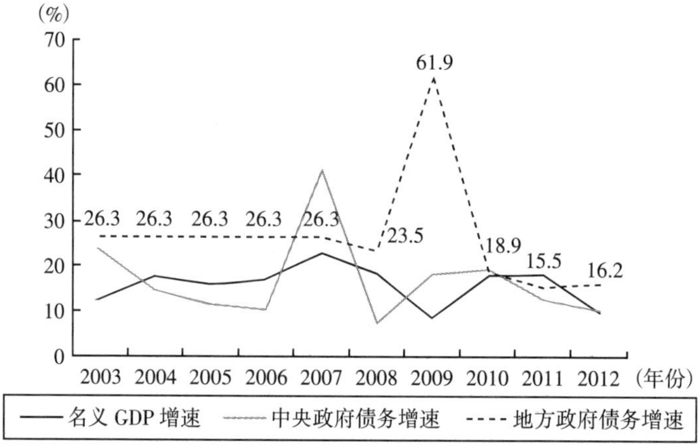


**图 6-30　中国政府和地方政府债务增速**

上升，从 2008 年的 47%跳至 55%，增加 8 个百分点，也正是这一跳，使地方政府债务自此成为政府债务的主导力量（见图 6-31）。

负债占 GDP 方面，2012 年政府债务占 GDP 为 49%，地方政府为 27.7%，中央政府为 21.3%；地方政府债务占 GDP 比重逐步上升，中央政府相对平稳。2002~2012 年，政府债务/GDP 从 31.4%上升至 49%，提高约 18 个百分点，其中地方政府从 11.6%上升至 27.7%，提高 16 个百分点，而中央政府该指标保持在 19%~22.5%（见图 6-32），较为稳定。

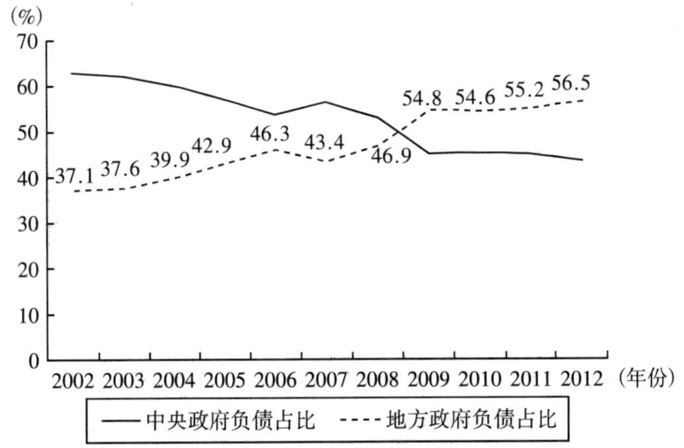


**图 6-31　中国政府和地方政府负债比例**

资料来源：CEIC。

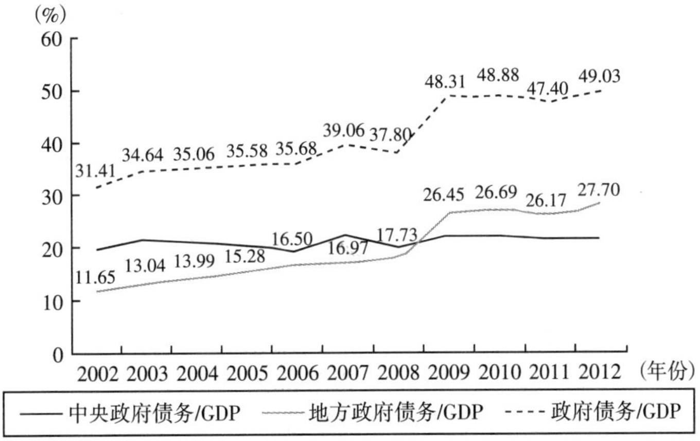


**图 6-32　中国政府和地方政府负债/GDP**

在上述资产—负债不匹配扩张局面下，地方政府的资产负债率也持续上升，即杠杆越拉越长。这一方面暴露了地方政府土地储备等资产存在“重复、过度”抵押的状况，另一方面可能说明负债形成资产的低效，甚至有规模不小的“漏失”。数据方面，2002~2012 年地方政府资产负债率从 19.5%上升至 45%，提高 25 个百分点，其中，2007~2009 年，从 30%上升至 44%，提高 14 个百分点，2010~2012 年相对平稳。而 2003~2012 年中央政府资产负债率整体呈现下降局面，从 49%下降至 40%，下降约 19 个百分点，另外在 2005~2011 年，中央政府资产负债率整体较为平稳，维持在 43%附近（见图 6-33）。

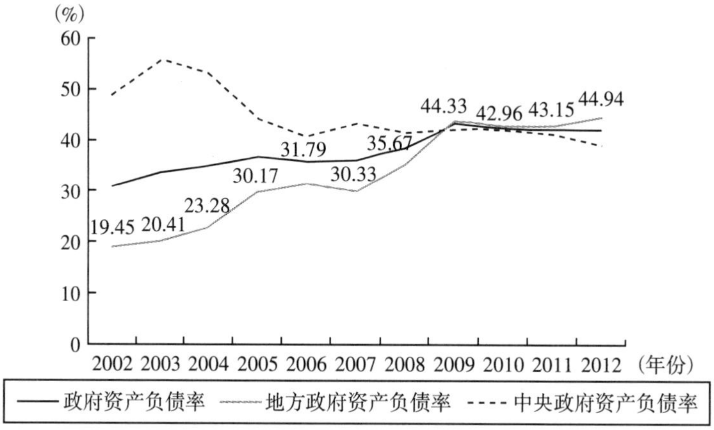


**图 6-33　中国政府（中央、地方）资产负债率**

资料来源：CEIC。

## 二、结构分析

本节主要对中央和地方资产负债表结构特征进行分析。

1. 中央政府资产负债表结构

资产方：相对稳定的结构。

2012 年，中央政府资产规模为 28 万亿元，其中，中央政府拥有的非金融国有资产 11.6 万亿元、非经营性资产 5 万亿元、铁路总公司资产 4.5 万亿元、汇金拥有资产 2.2 万亿元，中投海外资产 1.4 万亿元，全国社保基金资产 1.1 万亿元，中央财政存款 1 万亿元，财政部对金融机构权益 1 万亿元。

从 2012 年各类资产占比来看，中央政府的主要资产有：中央政府拥有的非金融国有资产（41.4%）、非经营性资产（18%）、铁路总公司资产（16%）、中央汇金拥有资产（8%）、中投公司海外资产（5%）、全国社保基金资产（4%）、财政部对金融机构权益（4%）、中央财政存款（3.7%）、对四大资产管理公司权益（0.3%）（见图 6-34）。

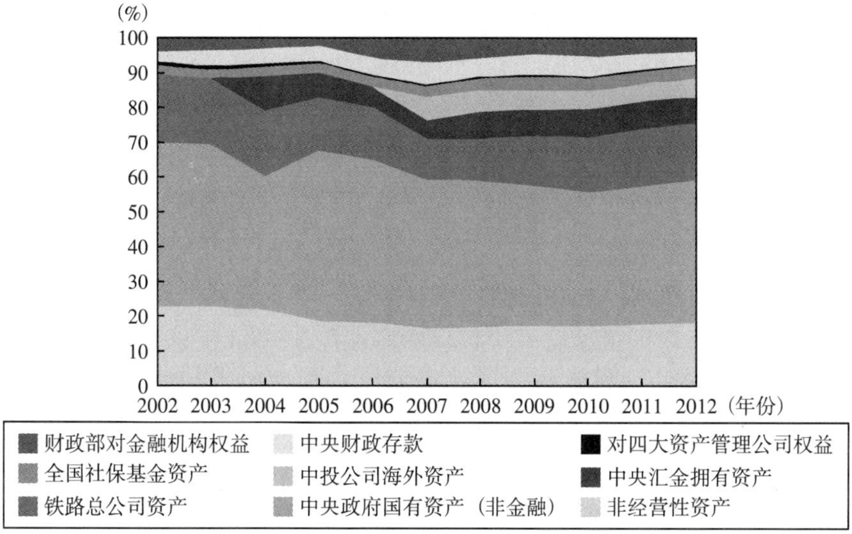


**图 6-34 中国中央政府资产分项占比**

资料来源：CEIC。

鉴于中投公司在 2007 年成立，考察 2007~2012 年主要资产的占比变化发现，整体表现较为稳定；中央资产增速均在 21%左右，略高于同期 M2 增速（19%）。

负债方：国债与铁路总公司债务是主导。

中央政府的负债主要为国债（占比 70%）和铁路总公司负债（占比 25%）（见图 6-35），2012 年国债余额（对内）规模为 7.67 万亿元，铁路总公司负债为 2.8 万亿元。2011 年以来，中央政府债务增速在 10%左右，其中，国债余额增速稳定在 6.5%~7.5%，铁路总公司负债增速相对较高，2009~2010 年在 45%以上，2011 年在 30%左右，2012 年为 15%。

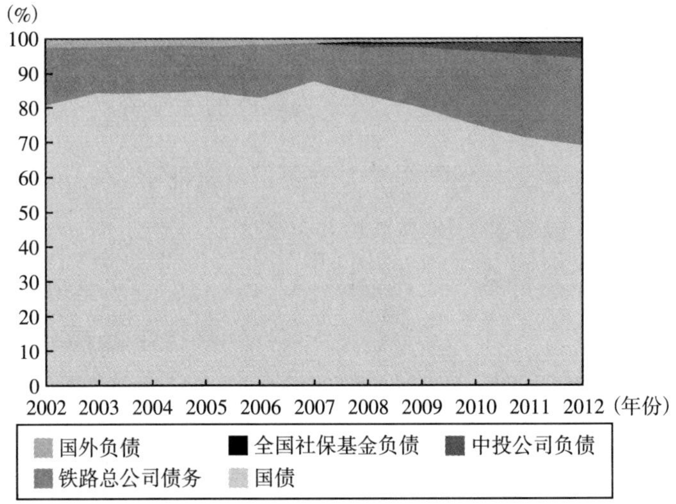


**图 6–35　中国中央政府负债分项占比**

资料来源：CEIC。

净资产：不断增厚的中央政府家底。

中央政府资产扩张速度高于负债膨胀速度，2008 年以来平均高出 4~5 个百分点，其自然结果就是中央政府家底不断增厚，2012 年底，中央政府净资产规模为 16.9 万亿元，且 2006~2012 年，净资产保持着年均 20% 的扩张速度，高出同期名义 GDP 增速约 5 个百分点，也高出同期 M2 增速 1.5 个百分点。

2. *地方政府资产负债表结构*

资产方：土地储备价值波动较大，其他项目相对稳定。

2012 年，地方政府资产规模为 32 万亿元，其中，地方政府拥有的非金融国有资产 13.3 万亿元、非经营性资产 11.7 万亿元、土地储备 6 万亿元、地方财政存款 1 万亿元。

从 2012 年各类资产占比来看，地方政府的主要资产有：地方政府拥有的非金融国有资产（41.5%）、非经营性资产（36.5%）、土地储备（20%）、地方财政存款（3%）（见图 6–36）。

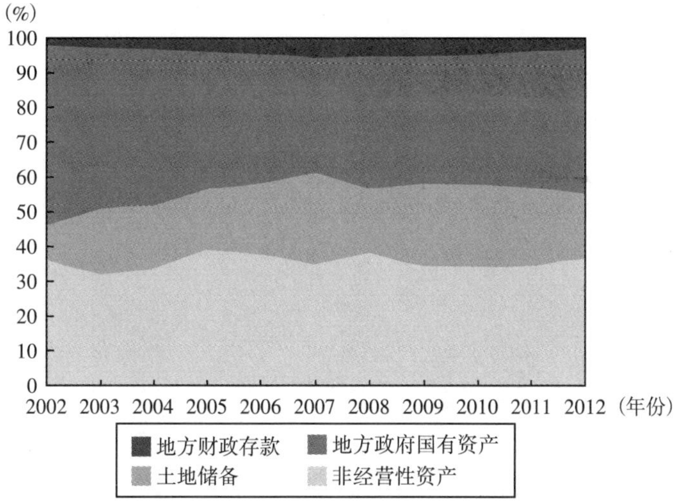


**图 6–36 中国地方政府资产分项占比**

资料来源：CEIC。

2005~2012 年，剔除 2007 年、2009 年和 2010 年受房地产市场景气度较高带来地方政府“土地储备”价值异常上升年份，其他时间段主要资产占比相对较为稳定：非金融国有资产占比 40%，非经营性资产占比 35%，土地储备占比 20%，财政存款占比 5%。

从各类资产增速变化来看，地方非金融国有资产和非经营性资产增速相对平稳，保持在 20%左右；土地储备价值受土地价格波动影响加大，增速波动也最为明显。地方财政存款受近两年地方政府债务偿还压力加大影响，增速为负。

负债方：转向债券和影子银行融资。

2012 年，地方政府负债规模为 14.4 万亿元，其中，地方政府银行贷款 9.45 万亿元、地方政府债券 2.4 万亿元、通过影子银行系统融资 1.8 万亿元、向上级财政借款 7000 亿元。

地方政府的负债主要为银行贷款、债券和来自影子银行系统的借款，2012 年底三项占比分别为 65%、17%和 13%。

2010 年以前，地方政府融资主要依赖银行贷款，占地方债务的 80%，伴随 2010 年监管层要求对地方融资平台贷款清理并收紧，贷款占比近两年下降，但是，地方政府债券（主要是城投债）占比持续上升，年均提高 5 个百分点；2012 年，地方政府通过影子银行渠道（信托、保险资金基础设施债权投资计划等）融资，相应债务占比上升 3 个百分点（见图 6-37）。

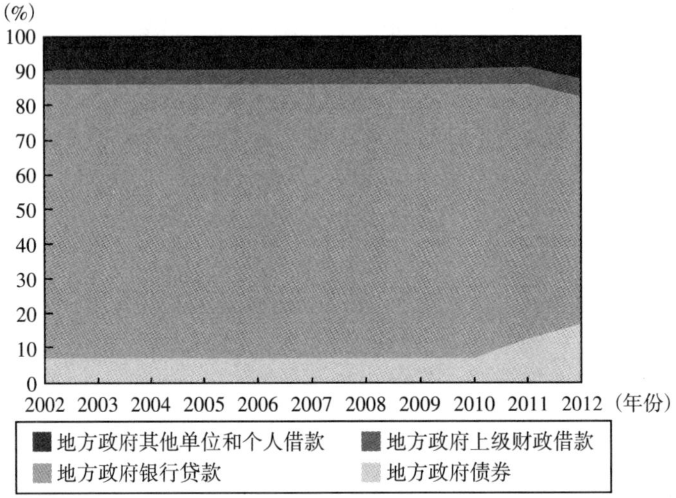


**图 6-37　中国地方政府负债分项占比**

资料来源：CEIC。

增速上：2011~2012 年，银行贷款增速从 20%回落至 7.5%和 3.8%，债券增速分别为 106.7%和 54%，2012 年通过影子银行形成的债务增速达到 57.6%。

净资产：2006~2012 年，地方政府净资产增速较中央政府低 5 个百分点。

与中央政府形成鲜明差异的是，地方政府负债膨胀速度高于资产扩张速度，而中央正好相反。2008 年以来，地方政府负债平均增速为 27%，资产平均增速为 17%，即负债增速高出资产增速 10 个百分点。由于受土地价格波动影响，地方政府资产波动较大，而中央政府资产相对稳健。

2012 年底，地方政府净资产规模为 17.6 万亿元，受上述分析的地方资产和负债特征的影响，地方政府净资产增速波动较大，2006~2012 年平均增速为 15.8%，较中央政府低 5 个百分点，较 M2 增速低 3 个百分点。

## 三、2013 年五级政府债务估算：29.6 万亿元

2013 年底，预计中国五级政府债务规模为 32.6 万亿元。其中：

中央政府债务 12 万亿元：中央政府债务增速相对稳定，增幅为 10%

左右，据此预测 2013 年中央政府债务规模为 12 万亿元。

省、市和县三级政府显性债务约 16.6 万亿元，BT 代建隐性负债约 3 万亿元，两项合计 19.6 万亿元：其中，银行贷款 9.8 万亿元，地方政府债券 3.36 万亿元（城投债 2.5 万亿元、中央代发地方政府债券 8616 亿元），信托融资 2.5 万亿元，保险资金计划 2000 亿元，向上级政府财政借款 7400 亿元。另外，据上面关于地方政府 BT 代建规模的测算，2013 年规模约 3 万亿元。

乡镇政府债务 1 万亿元左右：乡镇政府债务扩张年均在 500 亿元左右，与中央和其他三级中间政府相比，增量比较有限，预计 2013 年乡镇政府债务规模保持在 1 万亿元左右。

# 第五节　关注要点

## 一、中央政府：关注铁总改革和资产收益率

从上面的分析可知，中央政府的资产负债率呈现下降态势，目前为 40%。原因有以下几方面：

首先，中央政府非金融国有资产是“净资产或者权益”所有权，是净值概念；其次，中投公司（包括汇金）和全国社保基金为“国家级金融资产管理实体”，其资产主要源自财政部划拨转入和注资，具有“重资产、轻负债”的典型特征；最后，目前分税制结构下，中央政府相对财政实力雄厚，债务融资规模适度，使债务膨胀速度相对合理。

铁路总公司是中央政府资产负债表中唯一一个债务风险关注点，2008~2012 年，铁路总公司资产负债率持续上升，从 42.6%上升至 62.2%，上升 19.6 个百分点（见图 6-38）。2012 年底，债务规模达到 2.8 万亿元，而现金/资产整体呈现下降态势（见图 6-39）。

2013 年 7 月 24 日，李克强总理部署铁路投融资体制改革，会议指出，一要多方式、多渠道筹集建设资金，以中央财政性资金为引导，吸引社会资本投入，设立铁路发展基金。创新铁路债券发行品种和方式。二要向地

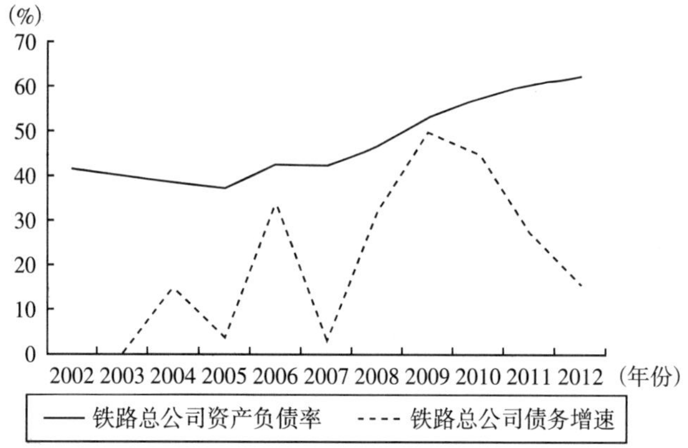


**图 6-38 铁路总公司资产负债率和债务增速**

资料来源：CEIC。

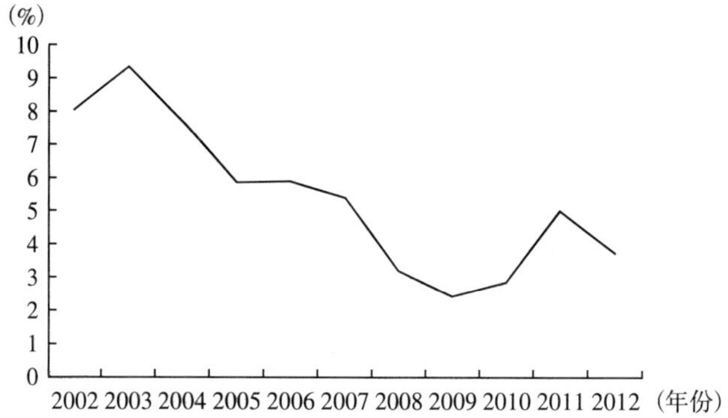


**图 6-39 铁路总公司现金/资产**

资料来源：CEIC。

方和社会资本开放城际铁路、市域（郊）铁路、资源开发性铁路等的所有权和经营权。三要加大力度盘活铁路用地资源，搞好综合开发利用，以开发收益支持铁路发展。四要加快前期工作，使“十二五”规划确定的重点项目及时开工，按合理工期推进，确保工程质量。

铁路投融资机制改革主要包含三点：①运营主体分类，建立公益性运输补偿制度、经营性铁路合理定价机制。公益性项目的投资要求以中央财政性资金为主，因公益性而造成的铁路运营收入损失要求政府给予补贴。②所有权与经营权下放，主要指非国家主干线铁路（如支线铁路、城际铁路、资源开发性铁路等）的所有权、经营权向社会资本放开，如对部分铁路客运、货运具有调价的权利。③允许股权置换，通过股权置换等形式引导社会资本投资既有干线铁路，如设立产业投资基金。

融资方式多元化：在机制建立后，便是允许多元化的投资方式，这包括铁路发展基金、土地与物业综合开发模式（“以地养铁”）、项目融资（如 BOT、TOT、ABS、PPP 模式）等。

如果上述改革措施有效落实，预计铁路总公司债务继续明显扩张的势头将会得到一定控制，并构建起化解铁总存量债务风险的长效机制。

对于中央政府下属的“轻负债”营运公司和平台（中投和社保基金），重要的是提高资产收益率。受资本价格变化影响，全国社保基金和中投公司的资产收益率波动较为明显，中投海外资产组合在 2008 年和 2011 年出现亏损，年度收益率分别为-2.1%和-4.3%；而 2009 年至今中投整体 10%以上的资产收益率主要来自汇金公司控股和参股机构的分红收益，2012 年汇金的利润占中投整体利润的 80%（见图 6-40、图 6-41、图 6-42）。

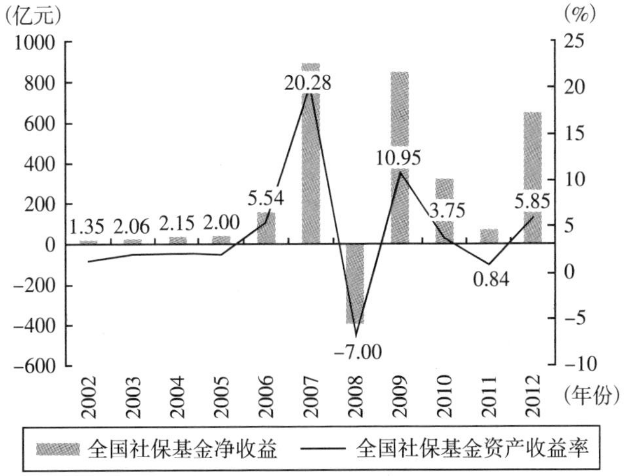


**图 6-40　全国社保基金资产收益状况**

资料来源：全国社保基金年报。

## 二、地方政府：短期应急，化解存量、构建机制

1. 未来 3 年，地方政府面临偿债压力

地方政府偿债压力分析：2009 年，地方政府债务规模爆发式膨胀后，

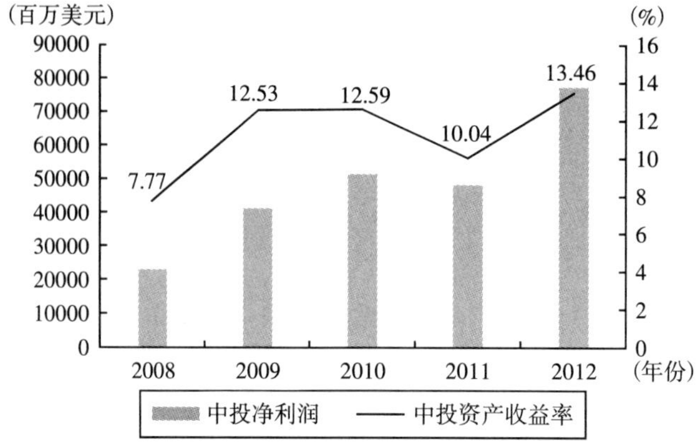


**图 6-41 中投净利润和资产收益率**

资料来源：中投公司年报。

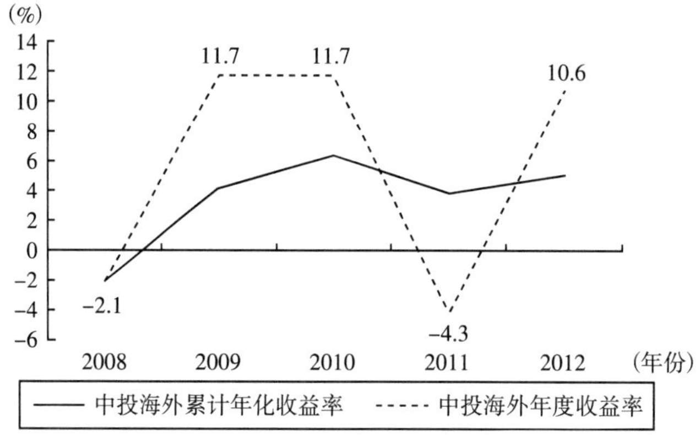


**图 6-42 中投海外组合年度 & 累计年度收益率**

资料来源：中投公司年报。

受基础设施建设周期长、现金回笼速度较慢、包含公益性建设项目等因素影响，仍需继续举债，一方面维持在建项目的继续建设，另一方面，通过“借新债还旧债”将目前的债务局面延续下去。如此，我们看到地方政府债务规模在 2010~2012 年持续膨胀，这引发了大家对地方政府“还本付息”压力的担忧。①

① 上述假设根据 2010~2012 年的情况，考虑财税体制调整（在降低整体税负的同时，财力适度向地方一级倾斜，这样地方财政收入占 GDP 比重相对稳定）。

本节我们根据目前的政策信息，相对合理的宏观经济变量假设，采用比较静态的分析方法，对 2012~2017 年地方政府的偿债率进行分析。

假设条件：

（1）2013~2017 年，中国实际 GDP 增速 7%~7.5%，通胀水平为 2.6%~3%，名义 GDP 增速 10%。

（2）地方政府财政收入（地方本级收入+中央补助）占 GDP 比重为 20%，地方政府性基金收入规模年均在 3.75 万亿元，其中，土地出让收入年均 3 万亿元。

（3）在严控地方债务总量的政策指导下，2014~2017 年债务增速为 10%。

（4）地方政府债务的加权平均利息率为 8%：其中债券 7%，银行贷款 7.5%，信托 12%。

（5）不同类型债务的到期期限：银行贷款 3~5 年；城投债，2010 年以前为 3~5 年，2011 年至今，3~7 年，3 年后年均偿还本金 20%，直至第 7 年结束；信托 2 年。

偿债规模：基于债务结构和期限的分析，地方政府在 2014~2016 年进入偿债的高峰期，偿债规模分别为 4.7 万亿元、5.86 万亿元和 5.1 万亿元（见表 6-16、图 6-43）。

**表 6-16　地方政府各类债务偿还额度**

单位：亿元

| 年份 | 地方政府债券本金偿还额度 | 城投债本金偿还额度 | 银行贷款偿还额度 | 信托贷款偿还额度 | 本金偿还合计 | 债务利息 | 债务本息偿还额度 |
|---|---|---|---|---|---|---|---|
| 2012 | 2000.0 | 1811.9 | 15274.1 | 4558.0 | 23643.9 | 11507.3 | 35151.2 |
| 2013 | 1384.0 | 1689.6 | 10121.8 | 7028.0 | 20223.4 | 13281.3 | 33504.6 |
| 2014 | 992.5 | 2002.0 | 17993.4 | 11237.0 | 32224.8 | 14609.4 | 46834.2 |
| 2015 | 1714.0 | 3900.6 | 23117.2 | 13763.0 | 42494.7 | 16070.3 | 58565.1 |
| 2016 | 2757.5 | 4501.0 | 26478.3 | — | 33736.8 | 17677.4 | 51414.2 |
| 2017 | 1257.5 | 4501.0 | 15846.7 | — | 21605.2 | 19445.1 | 41050.3 |

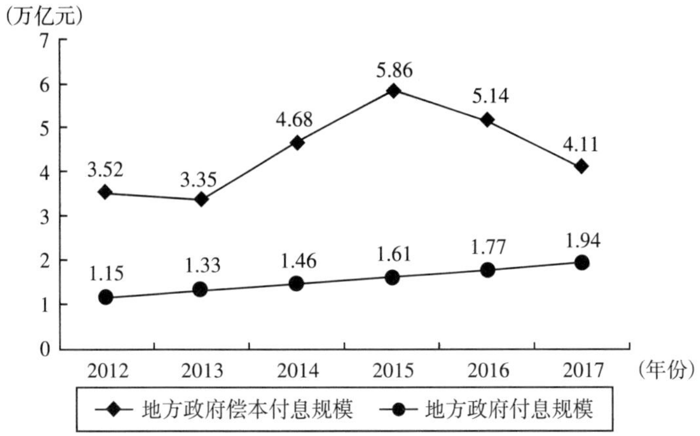


**图 6-43 地方政府偿本付息规模**

资料来源：CEIC。

地方政府偿债率，即地方政府债务偿本付息金额/当年地方政府的可用收入，作为测度指标，该指标越高说明偿债能力越弱。

地方政府的三项主要收入：地方本级收入、中央税收返还和转移支付、地方政府性基金收入。其中，土地出让收入是地方政府性基金收入的主要来源，占比 80%。另外，中央对地方税收返还占比逐步下降，2012 年占地方可支配财力的 4.8%，而转移支付通常都对应于特定的支出项目。基于上述分析，采用地方本级收入+地方政府性基金收入来反映债务偿还能力较为合理。

当然，受政府对教育、社会保障等刚性支出约束，地方本级收入与政府性基金收入只能部分用于到期债务本息偿还，据相关研究指出，地方本级收入与政府性基金收入的 30%和 20%可用于偿还债务。

构建三个偿债率指标用于评估地方政府的偿债能力：

偿债率 1 = 地方政府还本付息金额/(地方本级收入 + 中央税收返还和转移支付 + 地方性基金收入)

偿债率 2 = 地方政府还本付息金额/(地方本级收入 + 地方性基金收入)

偿债率 3 = 地方政府还本付息金额/(0.3 × 地方本级收入 + 0.2 × 地方性基金收入)

偿债率 1：该指标的红线是 20%，2012 年、2014~2015 年，地方政府偿债率 1 均突破红线。

偿债率 3：100%是地方政府偿债能力的临界值，突破 100%意味着地方政府需要“举新债还旧债”，举新还旧的规模，2012 年为 9698 亿元，2013 年为 5420.8 亿元，2014 年为 1.67 万亿元、2015 年为 2.6 万亿元，2016 年为 1.64 万亿元，2014~2016 年平均约为 2 万亿元。这里的测算结果是全国整体水平，由于各地财政状况参差不齐，特别是中西部地区财力较弱的省市存在较大的偿债压力。从 2012~2017 年，偿债率 3 均在 100%以上，这意味着地方政府普遍、持续需要借新还旧；其中，2014~2016 年，该指标均在 150%以上，借新还旧规模较大，压力不小（见表 6-17）。

自然的结论是：未来 3 年左右，地方政府消化存量债务的压力较大。

**表 6-17　地方政府偿债率测算**

单位：%

| 地方政府偿债率测算 | | | |
|---|---|---|---|
| 年份 | 偿债率 1 | 偿债率 2 | 偿债率 3 |
| 2012 | 24.7 | 36.3 | 138.1 |
| 2013 | 22.1 | 31.6 | 119.3 |
| 2014 | 28.6 | 41.4 | 155.2 |
| 2015 | 33.2 | 48.5 | 180.3 |
| 2016 | 27.0 | 39.8 | 147.0 |
| 2017 | 20.0 | 29.7 | 108.8 |

资料来源：CEIC。

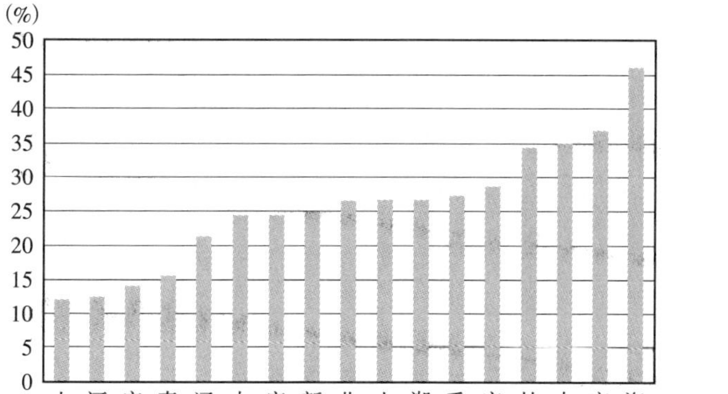


**图 6-44　2010 年地方政府债务占 GDP 比重**

资料来源：Wind 资讯。

2. 应对短期偿债风险的金融条件

基于前文中对地方政府债务偿还压力的分析，这里探讨应对短期偿债风险需要的金融条件，即社会融资总量的增速要求和各类融资渠道提供资金的资金规模及增速。

首先，将地方政府对资金的需求分为两类：一类是上面讲的"借新还旧"资金需求；另一类是地方政府进行基本建设及服务的融资需求。对于后者的增速，假定2014~2017年保持着2013年的增速（5%）。

其次，根据历史经验，假定地方政府融资规模占社会融资总量规模的25%。

根据资金供给与需求基本平衡的原理，得到下面的要求条件：

总量条件：2013年社会融资总量增速需要保持在17.3%，2014~2015年增速在19%~19.5%，2016~2017年在14%~14.5%（见表6-18）。

结构条件：较大幅度拓宽地方政府债券和城投债融资规模，其中，地方政府债券从2013年的3500亿元增加至2014年的5500亿元，2015~2017年的8000亿元；城投债从2013年的1万亿元左右增加至2014年的1.55万亿元，2015~2016年的2万亿元。保持地方政府适度的银行贷款和信托融资规模，银行贷款从2013年的1.4万亿元增加至1.6万亿~1.8万亿元；信托融资从2013年的1.4万亿元增加至1.5万亿元。继续扩大利用保险资金，规模在3000亿~4000亿元。同时，需要做好区域间结构匹配。

3. 存量风险化解路径和机制构建

地方政府遭遇的债务偿还风险源自本轮大危机的危机管理，由于不少地方政府项目投资决策不科学，摊子铺得过大，项目建设周期较长，现金流回收"量小且速度慢"，致使地方政府不但挖掘融资渠道借款以"延续建设和还债"，而新的融资渠道（如信托等）成本相对高昂，这就导致2009年以来地方政府债务滚雪球似地膨胀。

另外，在当前的财税体制下，中央与地方"财权—事权不匹配"（区县一级政府承担过多事权），债务偿还规模的扩大必然使本来就"钱紧"的地方下级政府财政捉襟见肘。

最后，地方政府（特别区县一级）没有明晰的财务报表，财政收支、融资担保等相对不透明，且缺乏强有力的监督，致使形成"事后问题暴露而不能做到事前风险提示"，这同时也使通过发债融资等成本相对较低的方式难以向下级政府拓展，地方政府坠入高成本融资加剧财政压力的恶性

**表 6-18 应对地方政府短期偿债风险的金融条件**

单位：亿元

| | | 2011年 | 2012年 | 2013年（E） | 2014年（E） | 2015年（E） | 2016年（E） | 2017年（E） |
|---|---|---|---|---|---|---|---|---|
| 资金供给 | 银行贷款融资支持 | 28104.59 | 18774.06 | 13621.80 | 16000 | 18000 | 16000 | 16500 |
| | 地方政府债券融资支持 | 2000.00 | 2500.00 | 3500.00 | 5500 | 8000 | 8000 | 8000 |
| | 城投债融资支持 | 3641.50 | 9749.00 | 9113.55 | 15500 | 20000 | 20000 | 15000 |
| | 信托融资支持 | 7028 | 11237 | 13763 | 15000 | 16000 | 16000 | 15000 |
| | 保险资金计划融资支持 | | 1763 | 2000 | 2500 | 4000 | 3500 | 3500 |
| | 上级政府借款支持 | 1122 | 1400 | 400 | 1000 | 1000 | 500 | 500 |
| | 各类融资渠道资金供给（合计） | 41896.09 | 45423.06 | 42398.35 | 55500.00 | 67000.00 | 64000.00 | 58500.00 |
| 资金需求 | 借新还旧需求 | 3500 | 9698.25 | 5420.78 | 16650.81 | 26090.65 | 16442.33 | 3331.29 |
| | 地方政府基础建设及服务资金需求（剔除借新还旧） | 38396.09 | 35724.81 | 36977.57 | 38826.45 | 40767.77 | 42806.16 | 44946.47 |
| | 地方政府对社会融资总量需求（合计） | 41896.09 | 45423.06 | 42398.35 | 55477.26 | 66858.42 | 59248.49 | 48277.75 |
| 平衡条件 | 社会融资总量适宜的增速（%） | | | 17.3 | 19.2 | 19.4 | 14.4 | 14.0 |

资料来源：CEIC。

循环怪圈。

鉴于目前地方政府存量债务规模相对较大，未来几年偿债压力不小。短期，更需要关注和探索存量债务风险的化解方式。伴随中国新型城镇化的开启，地方政府势必还将在城市公共产品提供中扮演重要角色，如何角色定位、如何界定自己的行为边界，如何塑造合理、良性、长效的投融资机制至关重要。所谓的地方政府债务风险，主要是指地方政府在短期偿债压力比较大的情况下，可能会遭遇一定流动性风险。这既与2009~2013年地方政府债务增速较快有关，也与建设项目回款周期较长有关。从更广义的维度看，地方政府债务风险还包含因举债融资不规范、不透明，债务管理不严格等对金融系统和经济持续发展形成风险、构成威胁。

关于地方政府债务风险的化解，首先，既然是流动性问题，这就要求为了“应急”，需要流动性保持适宜环境，保持对地方政府融资渠道的相对畅通，根据上面对社会融资总量条件要求的测算分析，M2增速需要保持在13.5%左右，社会融资总量增速19%左右。另外，从2013年下半年至2014年一季度的货币环境对比分析来看，保持货币市场相对稳定才能为地方政府及平台滚动发债提供条件，才能实现融资渠道的畅通。

其次，从2014年财政预算报告来看，财政方面化解地方政府债务风险的举措主要集中于以下几方面：

（1）2014年中央代发地方政府债规模为4000亿元，较2013年增加500亿元；预计未来还将继续扩大，该类债务融资成本较低。

（2）将建立以政府债券为主体的地方融资机制，推动部分地方开展“地方政府债券自发自还”试点。

（3）实行债务分类管理和限额控制，没有收益的公益性事业发展通过发行一般债券融资，以公共财政收入和举借新债偿还，有一定收益的公益性事业发展通过发行市政债券等专项债券融资，以对应的政府性基金或专项收入偿还。

（4）推广运用PPP模式，鼓励社会资本通过特许经营等方式参与城市基础设施等的投资和运营。

（5）剥离融资平台公司承担的政府融资职能，剥离后地方政府新发生或有债务，要严格限定在依法担保形成的债务范围内。

（6）列入风险预警范围的高风险地区不得新增债务余额，通过建立政府综合财务报告制度，进而构建考核问责机制和地方政府信用评级制度。

从上述举措可以看出，其核心思路是：在梳理、控制地方政府新增融资规模的基础上，通过推广 PPP 模式，适当卸载一些地方政府“建设职能”，对于政府必需的建设项目，逐步通过“发债融资”（一般责任债和市政债）来替代、置换高融资成本渠道融资；中央代发地方政府债适度扩大以缓解地方政府的融资需求。

基于几个具有代表性样本的研究，我们梳理了化解存量债务风险的相关方式：

基本背景：地方政府融资的投向主要为基础设施建设，还款来源 80% 依赖于土地出让金，还款压力较大（见图 6-45）。

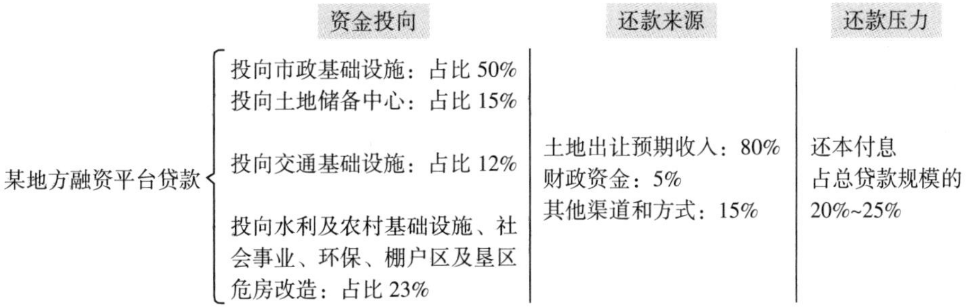


**图 6-45　地方融资平台贷款投向及还款机制和压力（样本梳理）**

资料来源：笔者整理。

地方政府存量贷款风险化解方式：补足有效抵押品、整改还款期限和方式、项目出售：对于贷款中抵押担保、合同期限、贷款条件等不合规的情况，要求及时落实和追加合法、有效、足值的抵质押品；对于整借整还的中长期项目贷款，整改还款期限和方式；对于融资平台现金流不能全覆盖，能够吸引社会资金投资的项目，可通过资产重组、引入新投资者、项目出售等方式，引进资金用于还贷。

保持适度地方融资平台债券融资：除了地方政府贷款，地方政府还有债券融资和通过影子银行系统融资，近期监管层正加大对影子银行的整顿力度，预计地方政府通过影子银行系统获取资金增速将放缓；考虑到不少地方政府“举新债还旧债”的局面，监管层有必要适度放松、扩大地方融资平台债券融资。

适当增加中央代发地方政府债券的发行规模：2013 年地方政府债券发行规模为 3500 亿元，存量规模为 8616 亿元；地方政府债券融资成本相对较低，存量规模较小，适度扩大发行规模以缓解地方政府短期资金需求和降低地方政府融资成本，并可对资金的用途进行监督。

梳理、构建地方政府新的融资机制（见图 6–46）：

（1）进一步挖掘土地储备机构融资能力：现行政策对符合条件的已进入国土资源部“名录”和银监会平台“名单制”管理的土地储备机构可以新增贷款，地方政府鼓励尚未开展融资业务的有关土地储备机构积极与银行业金融机构对接，获得融资。

（2）通过有效资产注入、剥离不良资产，挑选基础好的融资平台做实做大，健全公司治理架构，成为真正市场主体，通过银行、发债等多种渠道融资。

（3）对于具有一定营利性、对社会资本具有吸引力的建设项目，向民

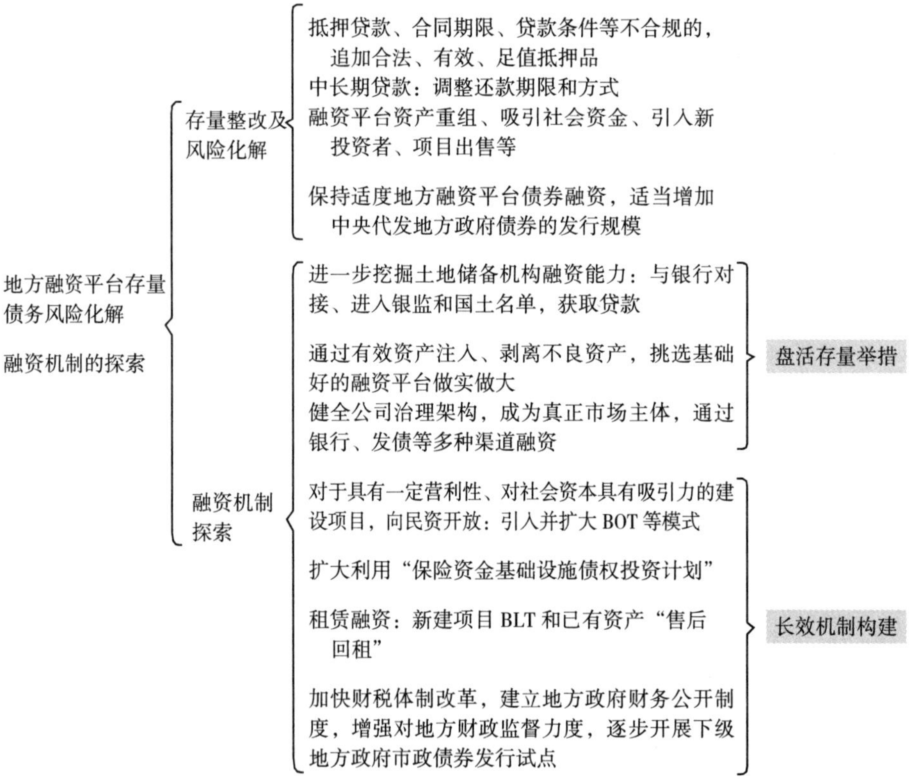


**图 6–46　地方政府存量债务风险化解和新的融资机制探索**

资料来源：笔者整理。

资开放，引入并扩大 BOT 等模式。

（4）扩大利用“保险资金基础设施债权投资计划”。

（5）租赁融资：新建项目 BLT 和已有资产“售后回租”。

（6）加快财税体制改革，建立地方政府财务公开制度，增强对地方财政监督力度，逐步开展下级地方政府市政债券发行试点。

# 第七章　企业部门：最高杠杆

本章尝试编制 2002~2013 年中国企业资产负债表，旨在统计核算企业（剔除金融）的整体资产和负债规模，通过大行业资产、负债结构对比，资产负债率和资产/GDP 变化分析，梳理中国宏观经济的演化特征，通过对比细分行业主要财务指标，考察增长和盈利能力差异。

## 第一节　企业资产负债表的编制方法及说明

本节研究的企业资产负债表是非金融企业资产负债表，或者称为“实体企业资产负债表”。

企业资产负债表的编制从行业层面开展。第一步，根据可得数据情况，将非金融企业所属行业划分为六大行业：工业、建筑业、房地产业、商贸业、非金融服务业（除地产、商贸）和农业；第二步，参照上市公司的行业汇总资产负债表结构对各行业资产负债表进行结构分解和整编；第三步，将六张行业资产负债表整合得到完整的企业资产负债表。

### 一、数据来源和核算处理方法

数据来源：CEIC 数据库中工业、建筑业、房地产业和商贸业财务指标数据，Wind 数据库中非金融上市公司财务数据。

数据处理：

（1）工业、建筑业、房地产业和商贸业，这四个（行业）有行业整体的资产和负债数据，但细项数据残缺，参照 A 股上市公司的汇总行业资产负债表结构进行拆分处理。

（2）非金融服务业（除地产、商贸）主要涵盖交通运输业、计算机运用业、通信运营及服务业、传媒业、休闲服务业和环保工程及服务业，合计六个子行业。对非金融服务业（除地产、商贸）资产和负债的核算，一方面，参照其在 GDP 中的占比（目前 25%左右），计算其 GDP 贡献绝对值，再根据该行业资产与该行业 GDP 贡献值的比例关系（目前 3.3%左右）套算其资产规模；另一方面，考虑到该行业上市公司资产与行业整体资产的比例较为稳定（6.5%），根据上市公司资产规模推算行业整体资产规模。实际核算中，我们从上述两个维度分别进行核算，相互印证，结果相差不大，这保证了数据的可信度。

在得到该行业总资产规模的情况下，根据上市公司的汇总行业资产负债表结构对主要分项进行核算。

（3）农业，鉴于中国农业规模化经营占比尚低，相关农业企业资产规模较低且异常分散，缺乏较为可靠的行业数据，这里选取上市公司资产负债表作为整体农业行业的代理指标。尽管有低估成分，但农业占 GDP 比例为 10%，相对较低，再考虑到农业分散性、非企业化经营的特征，对整体资产负债表的影响较小。

## 二、投影特征：国民经济结构与上市公司代表性

上市公司的资产负债表是企业资产负债表编制的重要数据来源和各分项分解的基础，即根据上市公司的汇总行业资产负债表中各分项占资产的比例来对该行业的整体资产进行分拆，进而得到该行业完整的资产负债表，这也意味着上述六大主要行业的资产负债表结构与上市公司所属行业的资产负债表结构是一样的。

采用这种方法的一个重要假设是：A 股上市公司的各行业汇总资产负债表结构能较好地代表国民经济各主要行业的资产负债表结构。或者说，上市公司是国民经济的一个较好投影或缩影，上市公司是相对合适的样本代表。

基于六大行业分类，通过对比分析它们的 GDP 贡献绝对值、整体资产和上市公司资产的结构和变化趋势，考察各行业上市公司资产占行业整体资产的比例情况，以此来判断分析上市公司的代表性。

首先，从结构上看，2013 年五大行业——工业、建筑业、房地产业、

商贸业和非金融服务业（除地产、商贸）GDP 贡献绝对值占比结构是44%、8.2%、7%、11.6%、29.2%；资产规模占比结构是：41.4%、6.3%、21.2%、8.3%、22.8%；上市公司资产规模比例结构是：64.7%、12.5%、10.1%、2.5%、10.1%（分别是图 7-1、图 7-2、图 7-3）。

从 GDP 结构与资产规模结构看，如果剔除房地产业，剩余四个行业比例结构基本类似，为 50%、10%、10%、30%的结构；从 GDP 结构与上市公司资产规模结构看，工业、建筑业和地产业上市公司资产规模占比较高，而商贸业和非金融服务业（除地产、商贸）占比偏低。

其次，从 2002~2013 年变化趋势看，工业行业的 GDP 贡献绝对值、资产及上市公司资产都趋势性地有所下降，当然，GDP 贡献绝对值占比降幅较低；房地产业 GDP 贡献绝对值占比变化不大，但资产规模占比增加较快，这主要反映了这段时间土地要素和商品房的货币化、资本化快速进行的事实，相应地，地产上市公司资产占比也明显增加；2006 年以来，其他几项的占比变化较小，相对稳定。

综上分析，尽管各行业上市公司的资产占比结构与 GDP 贡献占比结构和行业整体资产占比结构仍没有较好映对，主要是商贸和非金融服务业（除地产、商贸）占比偏低，但从趋势变化上看，结构变化的趋势是相同的，即工业资产占比的下降、房地产行业资产占比的明显上升，以及其他行业的相对稳定。需要强调的是，结构映对是静态分析，而趋势变化是动态考察，这意味着从动态角度来说，上市公司的行业资产特征对相应行业

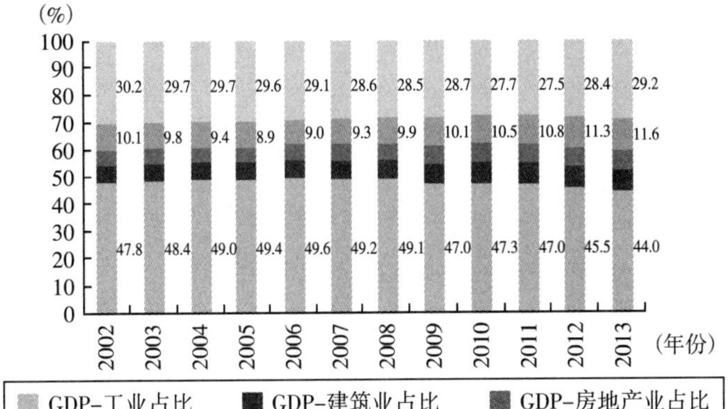


**图 7-1　五大非金融非农行业 GDP 绝对值占比**

资料来源：国家统计局、CEIC、Wind。

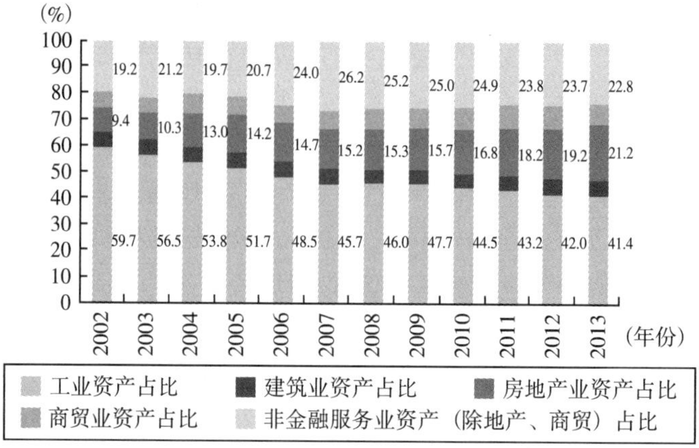


**图 7-2　五大非金融非农行业资产规模占比**

资料来源：国家统计局、CEIC、Wind。

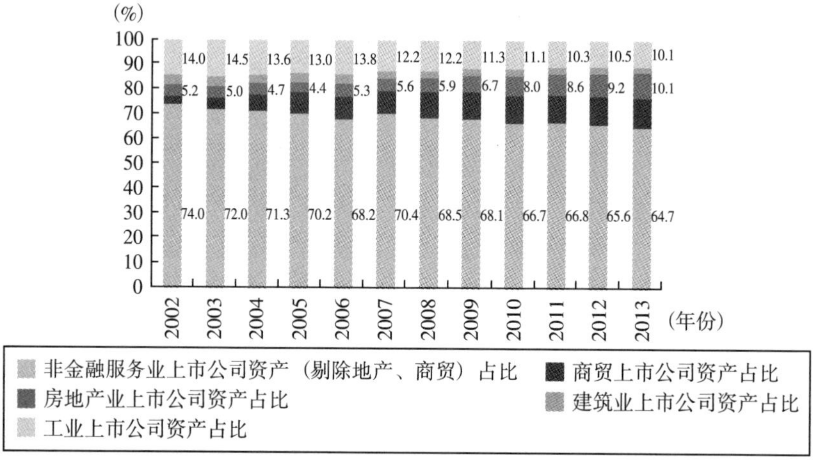


**图 7-3　五大非金融非农行业上市公司资产规模占比**

资料来源：国家统计局、CEIC、Wind。

还是进行了“较好模拟”，而这恰恰是我们参照上市公司的汇总行业资产负债表结构进行核算研究的重要逻辑前提。

最后，考察各行业上市公司资产占行业整体资产的比例情况。该比例一方面取决于各行业上市公司的数量，另一方面受行业集中度影响，特别是上市公司所代表和体现的行业集中度。

2002 年以来，建筑业和工业上市公司资产占比保持持续上升态势。其中，建筑业从4.6%上升至29%，2002~2008年上升速度较快，2009年以后呈现稳态特征；工业从11%上升至23%，2002~2007年，上升速度较快，2008年以后呈现稳态特征（见图7-4）。

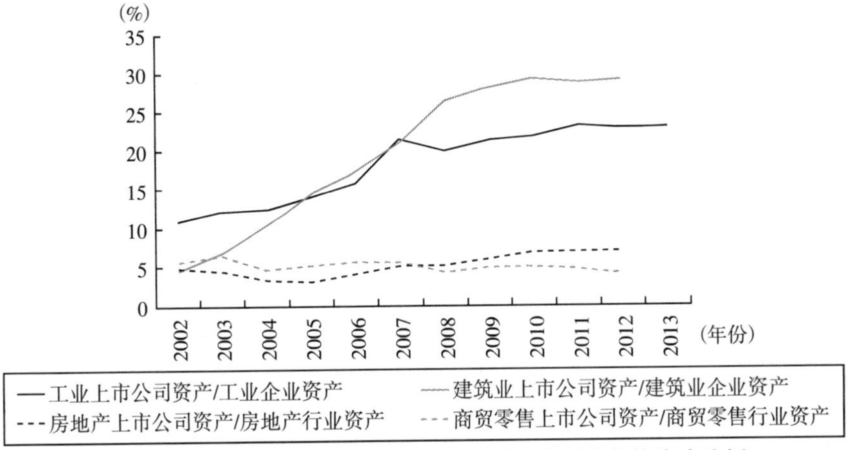


**图7-4　四大非金融非农行业上市公司资产占行业整体资产比例**

资料来源：国家统计局、CEIC、Wind。

房地产业上市公司资产占比在2003~2005年有所下降，2006年后有所上升，但幅度不大，目前为7%。商贸业上市公司资产占比呈现“稳中有降”，“稳”体现于占比在“4%~6.5%”窄幅震荡，“降”体现在近期向4%趋近。

上述分析说明，2002~2012年，建筑业和工业集中度在逐渐提高，上市公司较好地体现了这种趋势，上市公司对行业整体具有较强代表性，而房地产业和商贸业集中度较低。至于非金融服务业（剔除地产、商贸），2012年，该行业上市公司资产占行业整体资产6.5%左右，其与商贸行业的特征类似。

尽管存在上述行业代表性差异，但在具体行业，上市公司的区域分布较广、资产规模的大小差异也较为明显，以其作为样本代表来对相应行业的资产负债表结构进行模拟也是具有意义的，另外，这也是在既有数据条件下比较适宜的选择。

# 第二节 企业资产负债表：规模与结构

## 一、整体状况

据上述方法和原则，通过合并六行业资产负债表得到非金融企业资产负债表。

资产方，2002~2013 年，资产规模从 35.2 万亿元扩张至 205.8 万亿元，为初始的 6 倍，年平均增速 17.6%，受宏观经济景气度影响，2006~2008 年增速持续攀升，资产增速 2011 年以来逐步下降。负债方：从 18 万亿元扩张至 127 万亿元，为初始的 7 倍，年平均增速 19.7%，负债增速 2011 年以来逐步下降（见表 7-1）。净资产方：从 17.3 万亿元扩张至 78.6 万亿元，为初始的 4.5 倍，年平均增速 15%（见图 7-5、图 7-6）。

将企业资产、负债、净资产规模扩张倍数和复合增长率与同时期的名义 GDP 和 M2 做比较，同时期 GDP 为初始的 4.7 倍，复合增长率为 15.2%，M2 为初始的 6 倍，复合增长率为 17.7%。可以发现，企业负债的扩张速度较 GDP 和 M2 的速度均快，而资产的扩张速度基本与 M2 持平。这反映出中国企业在驱动经济增长中一直以杠杆的较快拉升为背景，而 M2 是企业资产扩张增速的较好代理变量。

## 二、行业结构特征

1. 资产负债率：杠杆水平的差异

从六大行业资产、负债占比看，2002~2013 年工业资产和负债趋势性下降，而房地产业则趋势性上升，非金融服务业（除地产、商贸）在 2007 年以前缓慢上升而 2008 年以后微幅下降，其他行业占比基本稳定。净资产方面，2002~2007 年，工业占比下降，而非金融服务业（除地产、商贸）和房地产业上升，2008 年以来，各行业占比结构较为稳定。

2007 年，工业、建筑业、房地产业、商贸业、非金融服务业（除地

**表 7-1 中国企业资产负债表（非金融）**

单位：亿元

| 年份 | 2013 | 2012 | 2011 | 2010 | 2009 | 2008 | 2007 | 2006 | 2005 | 2004 | 2003 | 2002 |
|---|---|---|---|---|---|---|---|---|---|---|---|---|
| 资本结构 | — | — | — | — | — | — | — | — | — | — | — | — |
| 货币资金 | 264899.6 | 262021.2 | 230106.8 | 207038.4 | 158082.3 | 120064.3 | 100459.0 | 80155.4 | 59024.0 | 60689.7 | 50894.2 | 48879.3 |
| 应收票据 | 39681.4 | 32913.6 | 32304.6 | 22935.2 | 14885.9 | 11416.7 | 11306.2 | 8966.6 | 7882.8 | 8355.3 | 7550.7 | 5606.7 |
| 应收账款 | 117450.6 | 101118.9 | 80591.8 | 65356.2 | 50802.8 | 43392.1 | 37526.2 | 33419.4 | 31363.2 | 30365.6 | 25950.7 | 24362.0 |
| 预付款项 | 64106.2 | 59198.6 | 55209.9 | 49892.1 | 37545.4 | 33138.4 | 28572.5 | 22288.5 | 17731.8 | 16398.8 | 12869.3 | 10333.7 |
| 存货 | 485475.7 | 409017.3 | 343846.1 | 261651.1 | 193991.5 | 174896.3 | 128566.8 | 104426.4 | 88110.4 | 75571.4 | 55035.7 | 46232.7 |
| 流动资产合计 | 1055112.1 | 927067.1 | 791055.2 | 646272.8 | 486821.0 | 413200.1 | 331293.0 | 269284.8 | 227714.2 | 214856.3 | 173092.8 | 155997.5 |
| 非流动资产 | — | — | — | — | — | — | — | — | — | — | — | — |
| 长期股权投资 | 82481.6 | 70187.6 | 57128.7 | 49344.5 | 37347.9 | 35529.6 | 28554.9 | 26936.0 | 26714.1 | 25753.2 | 21472.9 | 19503.9 |
| 投资性房地产 | 36145.6 | 29951.4 | 24012.8 | 20963.5 | 17068.7 | 14519.2 | 10539.1 | 11143.3 | 262.0 | 13.7 | 0.0 | 0.0 |
| 固定资产 | 546430.1 | 501211.5 | 441486.5 | 398817.7 | 344859.5 | 309915.7 | 239019.6 | 216558.6 | 196690.4 | 183410.5 | 156455.4 | 140851.0 |
| 在建工程 | 119033.2 | 114440.6 | 97815.9 | 84904.6 | 78650.7 | 71775.3 | 49551.6 | 36919.7 | 30338.4 | 28608.3 | 22751.2 | 19073.5 |
| 非流动资产合计 | 1002659.3 | 906072.7 | 774694.2 | 688366.6 | 595552.1 | 532489.6 | 398180.0 | 331935.4 | 279604.5 | 261746.4 | 218540.9 | 196439.7 |
| 资产合计 | 2057771.3 | 1833139.9 | 1565749.6 | 1334639.3 | 1082381.5 | 945689.9 | 729472.8 | 602766.0 | 507461.1 | 476742.1 | 391733.4 | 352458.6 |
| 流动负债 | — | — | — | — | — | — | — | — | — | — | — | — |
| 短期借款 | 192442.6 | 169219.9 | 138157.9 | 117681.5 | 102923.0 | 102249.4 | 75960.2 | 72205.7 | 70598.6 | 69023.3 | 55167.3 | 45575.2 |
| 应付票据 | 54338.6 | 48937.7 | 40501.7 | 34789.5 | 31122.4 | 23881.7 | 17405.3 | 19551.2 | 17209.4 | 15829.7 | 13184.3 | 10894.8 |
| 应付账款 | 223554.9 | 199359.0 | 167046.0 | 139960.7 | 113727.9 | 92598.8 | 71897.2 | 57428.9 | 46741.3 | 40031.9 | 30509.8 | 26751.4 |

续表

| 年份 | 2013 | 2012 | 2011 | 2010 | 2009 | 2008 | 2007 | 2006 | 2005 | 2004 | 2003 | 2002 |
|---|---|---|---|---|---|---|---|---|---|---|---|---|
| 预收账款 | 184766.7 | 162094.7 | 133686.8 | 108818.3 | 81916.3 | 61846.7 | 50017.9 | 39444.1 | 30536.5 | 24055.7 | 16334.8 | 12475.7 |
| 应付职工薪酬 | 13993.3 | 12493.7 | 11602.6 | 10515.4 | 8540.3 | 7525.5 | 6810.1 | 6630.5 | 4338.3 | 4398.3 | 3612.9 | 3528.5 |
| 一年内到期的非流动负债 | 83643.1 | 70173.6 | 61619.8 | 35525.0 | 25756.5 | 27918.3 | 18214.3 | 15214.3 | 13141.2 | 12579.0 | 8908.0 | 7989.5 |
| 流动负债合计 | 908966.6 | 804659.6 | 671950.6 | 547150.8 | 439949.9 | 390403.5 | 299131.9 | 260906.0 | 221753.0 | 198017.3 | 152929.7 | 134248.7 |
| 非流动负债 | — | — | — | — | — | — | — | — | — | — | — | — |
| 长期借款 | 227330.1 | 191034.6 | 167076.8 | 151312.9 | 121943.0 | 96016.6 | 70429.5 | 61840.1 | 52038.6 | 48397.9 | 41769.2 | 36745.0 |
| 应付债券 | 76626.4 | 70187.3 | 56972.5 | 46556.1 | 35284.9 | 17398.0 | 8277.7 | 6430.2 | 2951.3 | 3615.7 | 1579.2 | 889.9 |
| 非流动负债合计 | 362810.3 | 312688.0 | 265446.0 | 233954.1 | 187114.0 | 140873.8 | 100985.0 | 85024.3 | 67199.2 | 63356.2 | 51731.5 | 44793.1 |
| 负债合计 | 1271777.1 | 1117347.5 | 937396.5 | 781105.0 | 627064.8 | 531277.0 | 400116.5 | 351004.4 | 289402.0 | 261443.1 | 204716.8 | 179081.0 |
| 所有者权益 | — | — | — | — | — | — | — | — | — | — | — | — |
| 实收资本 | 166313.7 | 155564.1 | 142051.5 | 130949.2 | 115346.6 | 112740.5 | 93746.1 | 83480.8 | 72547.0 | 71468.7 | 63019.5 | 62354.4 |
| 资本公积金 | 207920.3 | 199889.4 | 183016.0 | 170089.4 | 141364.6 | 122279.2 | 111736.7 | 82475.9 | 69841.2 | 75609.2 | 70505.5 | 70297.3 |
| 未分配利润 | 245404.3 | 210494.3 | 172977.5 | 136384.2 | 96082.3 | 82167.8 | 61137.5 | 31888.2 | 23135.0 | 19678.4 | 13464.3 | 6320.5 |
| 归属母公司股东的权益 | 785994.2 | 715792.2 | 628353.0 | 553570.1 | 455325.5 | 414395.7 | 329420.8 | 251768.5 | 218051.6 | 215280.8 | 186966.5 | 173309.4 |

资料来源：国家统计局、CEIC、Wind。

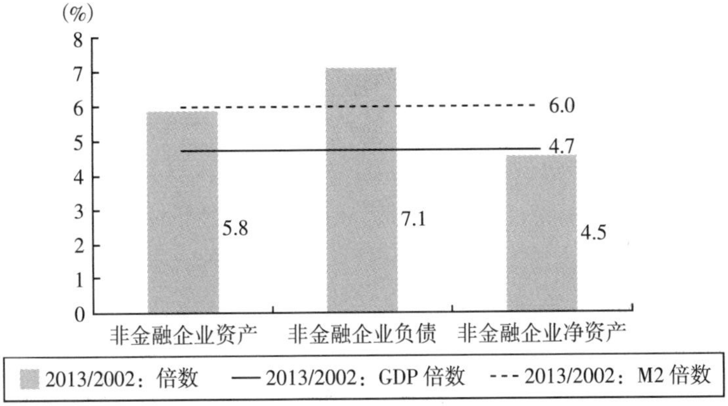


**图 7-5 企业资产、负债、净资产与 GDP、M2 比较（1）**

资料来源：国家统计局、CEIC、Wind。

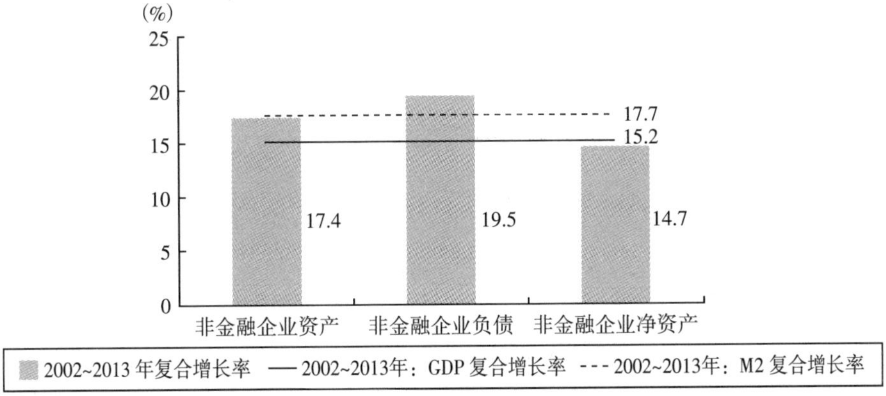


**图 7-6 企业资产、负债、净资产与 GDP、M2 比较（2）**

资料来源：国家统计局、CEIC、Wind。

产、商贸）和农业资产占比为：46%：6%：15%：7%：26%：0.1%；负债占比为：42.5%：8.5%：17%：8%：24%：0.1%（见图 7-7）。

2013 年，工业、建筑业、房地产业、商贸业、非金融服务业（除地产、商贸）和农业资产占比为：41%：6%：21%：8%：23%：0.1%；负债占比为：37%：8%：26%：8.5%：20%：0.1%（见图 7-8）。

净资产方面呈现明显的"断层"特征，2002~2007 年，工业占比下降，而非金融服务业（除地产、商贸）和房地产业上升，2007 年，工业、建筑业、房地产业、商贸业、非金融服务业（除地产、商贸）和农业净资产

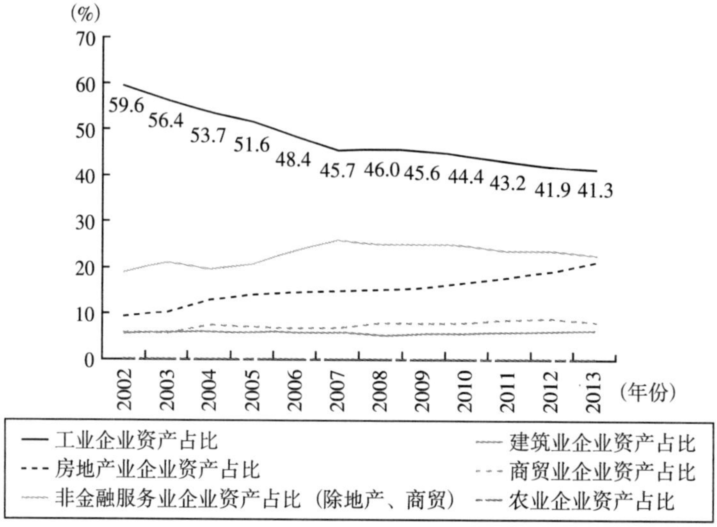


**图 7-7 主要行业资产占比**

资料来源：国家统计局、CEIC、Wind。

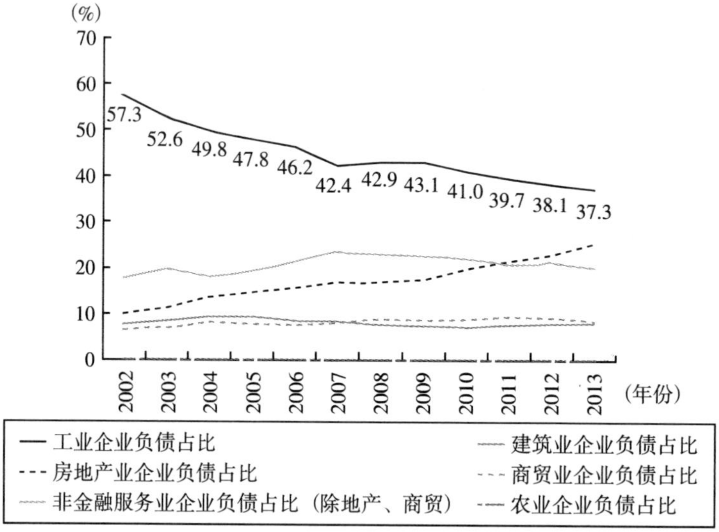


**图 7-8 主要行业负债占比**

资料来源：国家统计局、CEIC、Wind。

占比为：50%∶3%∶13%∶5.5%∶29%∶0.1%；2008~2013 年各行业占比结构较为稳定，工业、建筑业、房地产业、商贸业、非金融服务业（除地产、商贸）和农业基本维持在：48%∶3%∶14%∶8%∶27%∶0.1%。

各行业资产、负债占比变化反映的是行业杠杆率的差异化特征，以资产负债率指标来分析。

资产负债率平均水平，非金融企业整体资产负债率平均为 57%，在六大行业中，资产负债率水平相对较高的行业是建筑业，平均为 80%，房地产业平均为 64.5%，商贸业平均为 63.4%，而资产负债率水平较低行业是工业平均为 53%，非金融服务业（除地产、商贸）平均为 52%，农业平均为 53%。即建筑业（80%）>房地产业（64.5%）>商贸业（63.4%）>工业（53%）>农业（53%）>非金融服务业（除地产、商贸）（52%）。

资产负债率时序变化，2002~2013 年，企业整体资产负债率持续上升（2007 年除外，源于股权融资规模和占比较大），从 51%上升至 62%，基本上以每年增加 1 个百分点的速度上升，可谓“稳步抬升”；分段看，2002~2006 年，从 51%上升至 58%，2007~2013 年，从 55%上升至 62%。

资产负债率行业层面的分化，2002~2006 年，建筑业资产负债率上升幅度较大（16%），其他行业相差不大，工业、房地产业和农业均上升 7%，与整体水平相当（见表 7-2）。

**表 7-2　主要行业资产负债率变化**

单位：%

| | 2007~2013 年 | 2002~2006 年 |
|---|---|---|
| 工业企业资产负债率变化 | 5 | 7 |
| 建筑业企业资产负债率变化 | 2 | 16 |
| 房地产业企业资产负债率变化 | 13 | 7 |
| 商贸业企业资产负债率变化 | –2 | 10 |
| 非金融服务业企业资产负债率变化（除地产、商贸） | 5 | 4 |
| 农业企业资产负债率变化 | –8 | 7 |
| 非金融企业资产负债率变化 | 7 | 7 |

资料来源：国家统计局、CEIC、Wind。

大危机以后（2008~2013 年）行业分化较为明显，房地产业快速攀升，农业较为明显下降，工业、非金融服务业（除地产、商贸）有所上升，建筑业较为稳定，商贸业稳中有降。其中，房地产业从 2007 年的 62%上升至 2013 年的 75%，上升了 13%（见图 7-9）。这种分化说明，危机爆发后，在需求萎缩且恢复乏力的情况下，房地产以外的行业普遍缺乏加杠杆的动力和意愿，而过去配置于这些行业的资金份额被移挪到房地产行业，造就了房地产“一枝独秀”的局面。

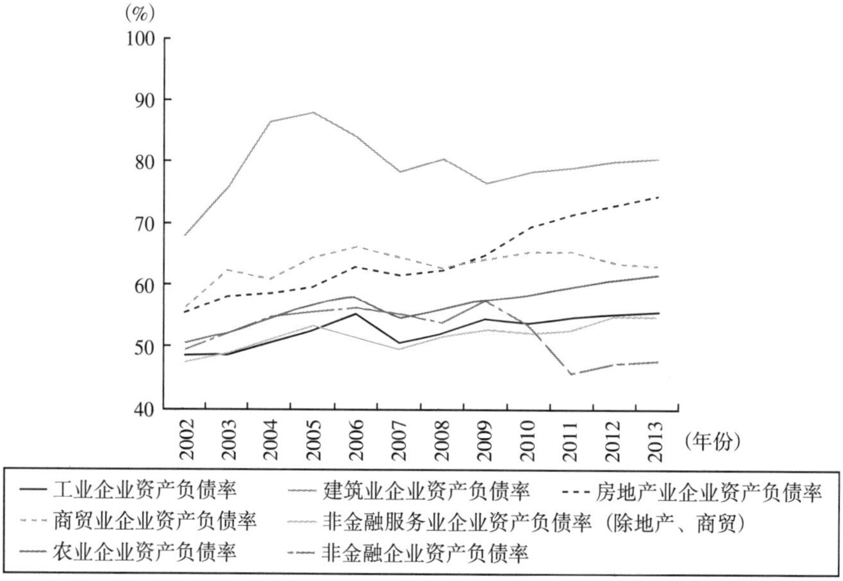


**图 7-9　主要行业资产负债率**

资料来源：国家统计局、CEIC、Wind。

2. 资产负债率：与美国比较

这里选取美国非金融企业资产负债表的情况作为参照，美国非金融企业的资产负债率，或者资金筹措有三个特征：①1960~1992 年，资产负债率基本持续上升，从 23.5%上升至 41.1%，该时期非金融企业通过权益融资波动较大，1968~1974 年该类融资占比持续下降，1984 年以后持续上升，从 1984 年的 16.2%上升至 1999 年的 62.3%，较为迅猛，随后回落到 40%左右；②2001 年以后，美国企业的资金来源较为稳定，债权占比 40%左右，权益占比 40%左右；③危机期间，2008~2009 年，债权占比上升、权益占比下降，随后恢复至 40%：40%的结构状况（见图 7-10）。

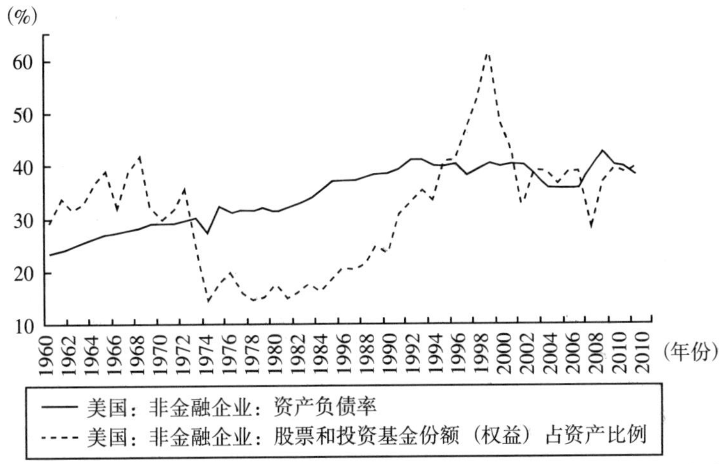


**图 7-10　美国非金融企业资产负债率及股票和投资基金份额（权益）占资产比例**

资料来源：国家统计局、CEIC、Wind。

同时期比较，2002~2007 年，美国非金融企业的资产负债率持续下降，从 40.1%下降至 36%，而中国该指标在 2002~2006 年持续上升，从 51%上升至 58%，只是在 2007 年有所下降，随后持续攀升，2013 年为 61%，美国 2009 年以后债权占比下降，从 42.5%下降至 38%，权益则有所上升，从 37%上升至 40%，基本恢复至危机前的状态。剔除 2007 年权益占比的短暂上升，在 2002~2013 年，中国权益占比基本下降，从 38%下降至 19.5%（见图 7-11、图 7-12）。

总体来看，2002 年以后，美国非金融企业资本结构处于稳定状态，剔除金融危机，债权和权益占资产比例为 40%：40%，较为稳定；剔除金融危机，中国债权占比持续上升、权益占比持续下降。

3. 货币资金、存货和固定资产的占比差异

企业资产负债表的资产端，占比较高的资产主要是固定资产、存货和货币资金①，2013 年，各自占资产的比重是 26.6%、23.6%和 13%，合计

① 货币资金是指在企业生产经营过程中处于货币形态的那部分资金，按其形态和用途不同可分为库存现金、银行存款和其他货币资金。它是企业中最活跃的资金，流动性强，是企业的重要支付手段和流通手段，因而是流动资产的审查重点。其他货币资金包括外埠存款、银行汇票存款、银行本票存款、信用证保证金存款、信用卡存款、存出投资款等。

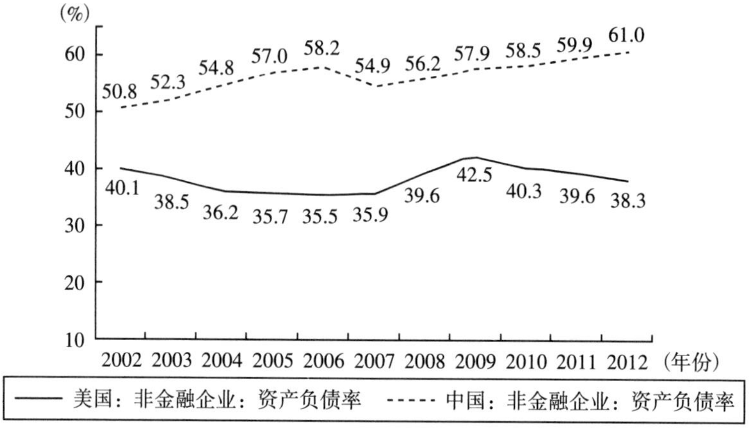


**图 7-11 中国和美国非金融企业资产负债率**

资料来源：国家统计局、CEIC、Wind。

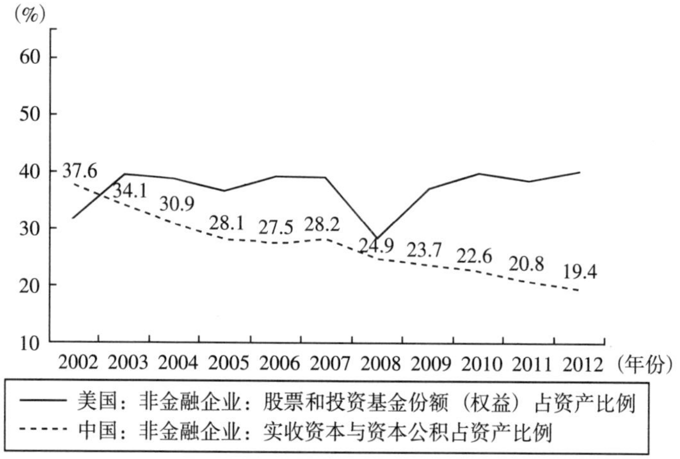


**图 7-12 中国和美国部分权益占资产比例**

资料来源：国家统计局、CEIC、Wind。

占比 63.2%（见图 7-13）。时序变化特征，2002~2013 年，固定资产占比持续下降，从 40%下降至 26.6%，下降 13.4 个百分点，存货占比持续上升，从 13%上升至 23.6%，上升 10.6 个百分点，货币资金占比相对比较平稳，平均为 13.6%，2010 年以来有所下降。

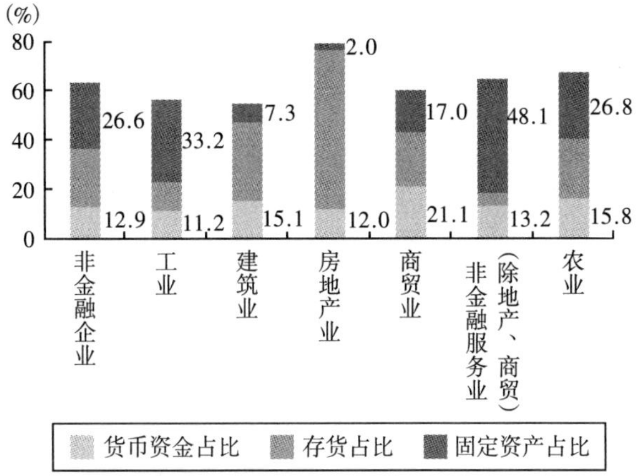


**图 7-13 主要行业货币资金、存货和固定资产占比（2013 年）**

资料来源：国家统计局、CEIC、Wind。

货币资金分布，工业、建筑业、房地产业、商贸业、非金融服务业（除地产、商贸）和农业货币资金占整体货币资金比例为：35.9%：7.4%：19.7%：13.5%：23.4%：0.1%（见图 7-14）。

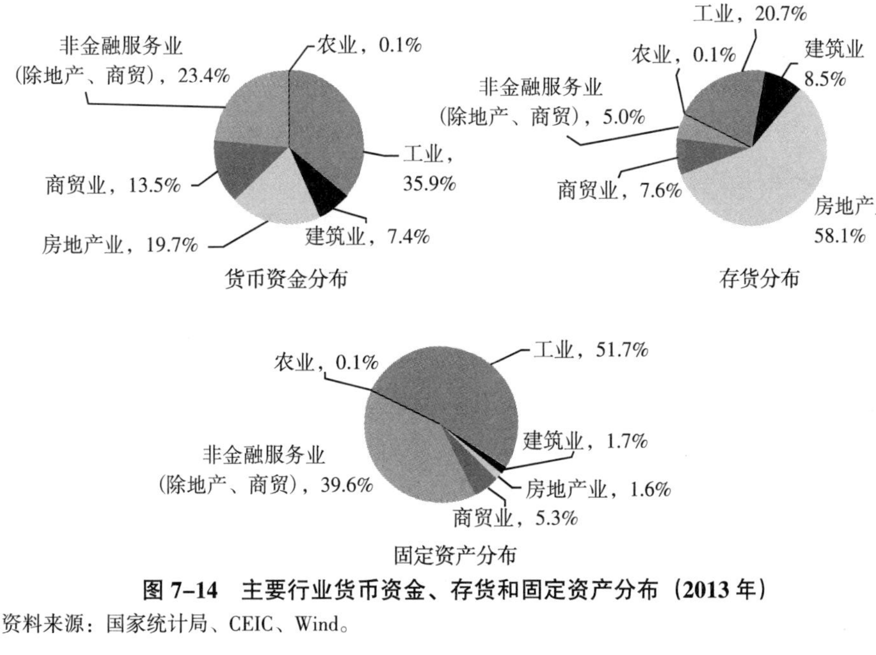


**图 7-14 主要行业货币资金、存货和固定资产分布（2013 年）**

资料来源：国家统计局、CEIC、Wind。

存货分布，工业、建筑业、房地产业、商贸业、非金融服务业（除地产、商贸）和农业存货占整体存货比例为：20.7%：8.5%：58.1%：7.6%：5.0%：0.1%。

固定资产分布，工业、建筑业、房地产业、商贸业、非金融服务业（除地产、商贸）和农业固定资产占整体固定资产比例为：51.7%：1.7%：1.6%：5.3%：39.6%：0.1%。

上述分布特征由行业经营属性决定。

货币资金：货币资金的占比状况一方面取决于企业经济活动中资金回笼速度，即自身“造血”能力，这受行业景气周期和宏观经济周期影响；另一方面受企业融资环境影响，而这又与货币金融政策和经济运行风险相关。此外，还与企业产能扩张增速相关，只不过方向与其相反，扩张产能将对现金形成消耗，占比会下降。

企业货币资金占比变化背后的宏观经济、金融因素：2002~2005 年，货币资金占比普遍下降，资产负债率较快上升，说明企业产能快速扩张对资金形成较强需求，相应降低了货币资金占比。2006~2007 年，宏观经济景气度较高，前期扩张产能投放并获得资金回收，货币资金占比上升。2008 年危机冲击下，从需求和货币金融双端对货币资金构成冲击，其占比下降。2009~2010 年货币资金占比的上升源于危机拯救政策带来的实体需求改善和宽松金融环境。2011~2013 年，伴随刺激政策逐步退出，需求缺乏支撑，在政府与私人债务压力下融资成本上升，货币资金占比持续下降（见图 7–15）。

2011~2013 年，房地产行业杠杆水平持续上升，而货币资金占比处于历史低位，这背后是该行业的快速扩张，后续房屋销售非常关键，直接关涉能否形成较充裕现金流来应对高杠杆所致的到期债务偿还要求。

存货：2002~2013 年，企业存货占比持续上升，从 13.1%上升至 23.6%，上升 10.6 个百分点（见图 7–16）。

存货行业特征：存货占比由高至低，分别是房地产业（64.6%）、建筑业（32%）、农业（24.5%）、商贸业（22%）、工业（12%）和非金融服务业（除地产、商贸）（5.2%）。房地产业存货占比较高且增速较快，2002~2013 年，从 45%上升至约 65%，建筑业从 11%上升至 32%，其他行业占比相对比较平稳。房地产存货的持续上升一方面源于房地产投资持续的高增速，2005~2013 年均在 20%以上；另一方面源于房地产开发商土地购置

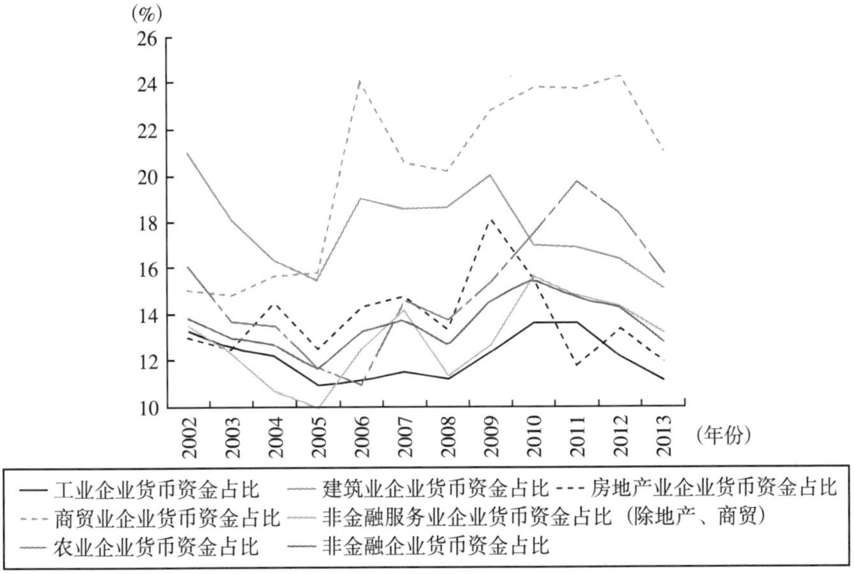


**图 7-15 主要行业货币资金占比**

资料来源：国家统计局、CEIC、Wind。

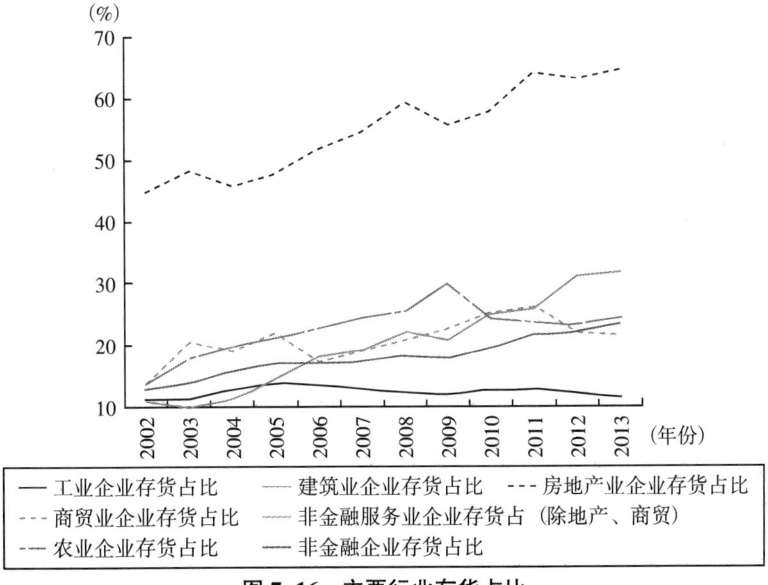


**图 7-16 主要行业存货占比**

资料来源：国家统计局、CEIC、Wind。

面积和土地价格的持续攀升。以万科为例，2013 年底，万科存货价值为 3311.3 亿元，占资产 69%，其中完工和在建产品价值 2064 亿元，这主要与开工建设相关，占存货 62.3%，购置土地价值 1243.7 亿元，这受购置面积与土地价格影响，占存货 37.6%。

建筑业是政府基础设施建设（交通基础设施、市政工程等）和房地产开发建设的影子，特别是建筑企业通过 BT 等方式承接的项目，在基建投资增速较快时，政府债务压力增加导致工程确认和款项支付拖延，使很多建设项目以存货堆积在建筑企业的资产负债表中。数据上显示，2005~2013 年，基础设施投资年均增速为 20%，房地产投资年均增速为 25%，同期，建筑业存货增速为 33%。

固定资产：2002~2013 年，固定资产占比持续下降，从 40%下降至 26.6%，下降 13.4 个百分点（见图 7-17）。

固定资产占比由高至低，分别是非金融服务业（除地产、商贸）

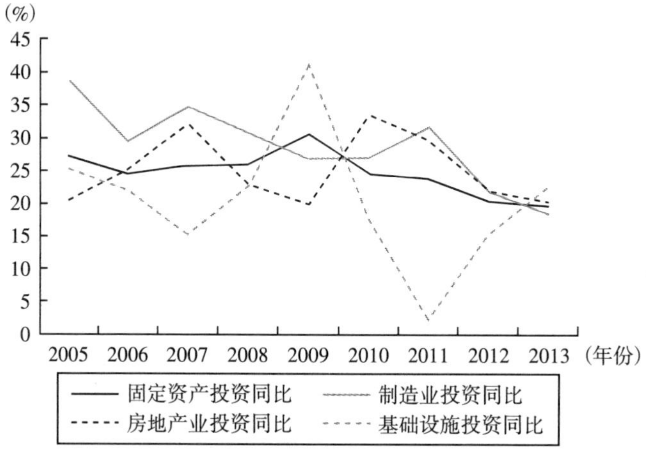


**图 7-17 固定资产投资增速**

资料来源：国家统计局、CEIC、Wind。

（46%）、工业（33%）、农业（27%）、商贸业（17%）、建筑业（7.3%）、房地产业（2%）（见图 7-19）。除农业外，其他行业固定资产占比均趋势性下降。非金融服务业（除地产、商贸）固定资产占比较高主要来自交通运输业和通信运营及服务业，交通运输业固定资产占比 48%，通信运营及服务行业固定资产占比 67%且占比呈现持续上升态势，以上市公司为例，

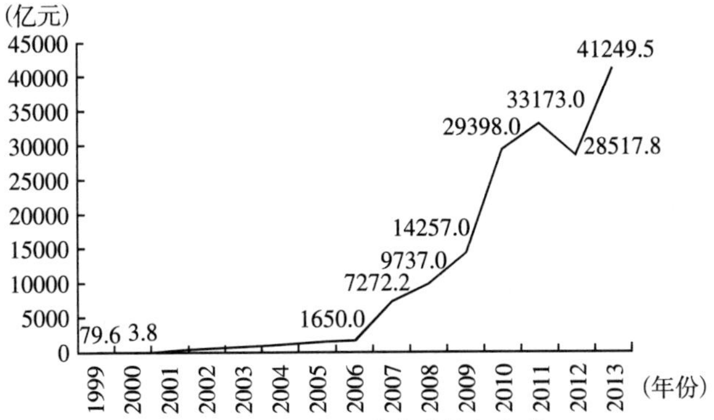


**图 7-18 国家土地出让收入规模**

资料来源：国家统计局、CEIC、Wind。

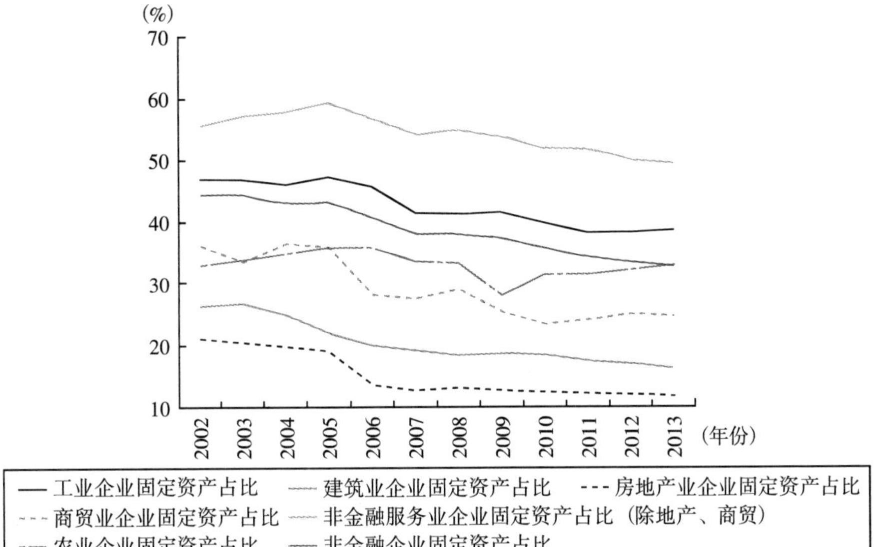


**图 7-19 主要行业固定资产占比**

资料来源：国家统计局、CEIC、Wind。

这两个行业资产占非金融服务业（除地产、商贸）资产分别为 64%和 18%，合计 82%，两个行业固定资产占非金融服务业（除地产、商贸）固定资产分别为 66.7%和 26.5%，合计 93.2%。

## 三、资产/GDP：独特的地产

考察资产/GDP 指标，其意义在于衡量单位 GDP 对资产的依存度，因为从生产法和收入法角度来看，GDP 是各行业增加值的汇总，增加值=总产出-中间投入，增加值包括劳动者报酬、生产税净额、固定资产折旧和营业盈余，如果将各行业增加值视为一个广义的利润指标，则各行业 GDP/各行业资产衡量了各行业的资产回报率，而资产/GDP 则代表了单位回报对资产的要求。据此指标可以衡量和对比不同行业创造 GDP 的效率。

2002~2013 年，房地产以外其他行业资产/GDP 相对较为稳定，为 2~4.5，其中工业行业平均略高一些，为 3~4.5（2002~2007 年下降，2008~2013 年上升），建筑业在 2.7~3.3（危机前小幅下降，危机后小幅上升），商贸业为 2~3.3，非金融服务业（除地产、商贸）为 2.3~3.5，这两个行业该指标危机后小幅上升。

房地产行业资产/GDP 则呈现上升态势，从 6.2%上升至 13.1%，翻了一倍多（见图 7-20）。与其他行业相比，房地产行业该指标异常高而且快速攀升，特别是在 2009~2013 年。为什么与其他行业明显不同？这需要从房地产行业资产端去分析，根据我们上面的分析，房地产行业资产中存货占比最高，增长较快，2002~2013 年存货/资产从 45%上升至约 65%。存货主要包括建设完工产品、在建产品和购置的土地的价值，万科这三部分的比例是 2.5%：60%：37.5%。这说明房地产资产规模主要受在建产品和土地购置的价值影响。

首先，在建产品价值方面，2002~2013 年，商品房施工面积（在建）的复合增长率为 19.5%，同时期名义 GDP 的复合增长率为 15.2%，前者高于后者 4 个百分点左右，当然，这里没有考虑价格因素，如果考虑单位施工面积所耗材料、人工的价格，前者与后者的差距更大。

其次，土地购置价值方面，2003~2013 年，土地购置费复合增长率为 20.8%，高出同期 GDP 复合增速约 5.5 个百分点，更需要注意的是，土地购置面积基本是稳定的，大部分年份在 4 亿平方米左右，基本只是土地价格在增长，该段时间土地价格复合增长率为 19.8%（见图 7-21、图 7-22），即土地购置价值超远 GDP 而快速增长主要源于土地价格的上涨。

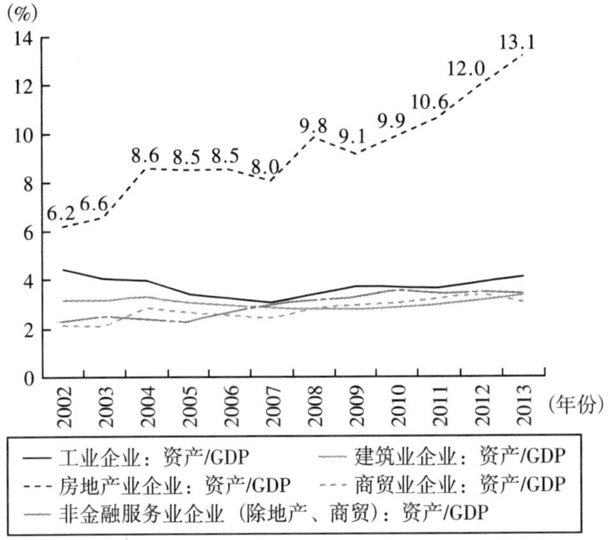


**图 7-20 主要行业资产/GDP 状况**

资料来源：国家统计局、CEIC、Wind。

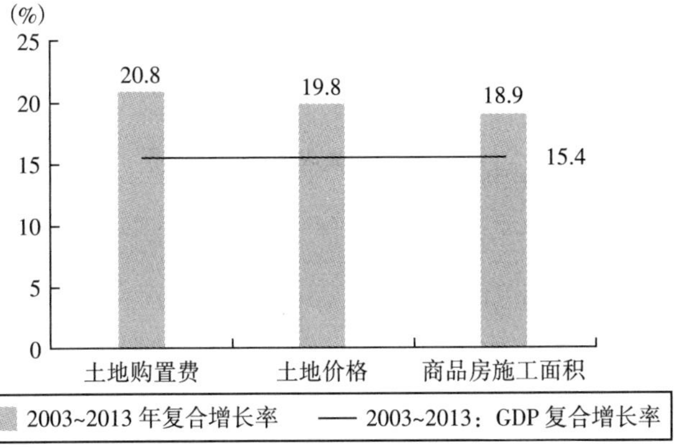


**图 7-21 土地购置费、价格和房屋施工面积与 GDP 比较**

资料来源：国家统计局、CEIC、Wind。

综合上述两方面分析，房地产行业资产/GDP 的“异常”主要源于建设规模的快速扩张和土地价格的快速上升。那推动这两方面呈现如此局面的原因又是什么？建设规模的快速扩张总归是源于需求的旺盛或者开发商对较好需求的预期，这主要由城市化进程、存量城市居民改善需求和投机需求决定，把握房地产周期需要对上述需求进行动态分析，当然，难度也

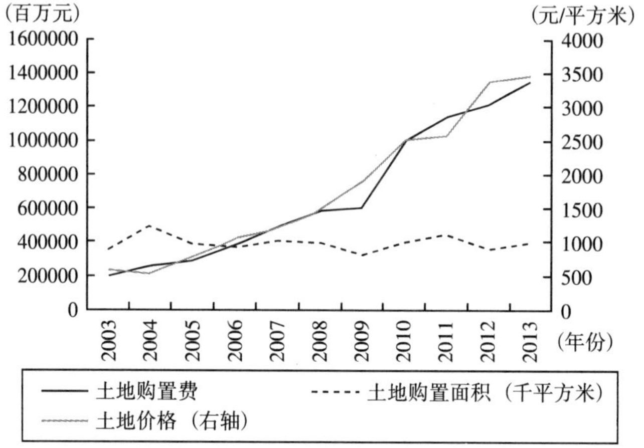


**图 7-22　土地购置费、面积和价格**

资料来源：国家统计局、CEIC、Wind。

比较大。土地价格的上涨主要是受土地资源的稀缺性、供给的垄断和需求较强共振形成。

# 第三节　细分行业比较研究

上面资产负债表的分析是六大非金融行业的比较分析，而其中工业行业和非金融服务业（除地产、商贸）分别包含了 21 个和 7 个细分行业，受经济结构调整和各细分行业自身属性及周期影响，细分行业在一些重要财务指标上显示差异化特征。

选择资产负债率、销售收入增长率、净利润增长率、销售净利率、ROA、ROE、总资产周转率和存货周转率为主要指标，以各行业上市公司相关数据为基础进行分析。

## 一、资本结构与杠杆率

简要回顾：2002~2013 年，企业整体资产负债率平均为 57%，资产负债率历史平均水平从高到低的排序是：建筑业（80%）、房地产业（64.5%）、商贸业（63.4%）、工业（53%）、农业（53%）、非金融服务业（除地产、商贸）（52%）。

工业行业，家电、农产品加工、公用事业、电气设备、通信设备行业资产负债率较高，在60%左右；计算机设备、医药生物、电子和食品饮料较低，低于50%（见图7-23）。从时间序列来看，大部分工业行业资产负债率在上升，其中上升比较明显的行业主要有公用事业、钢铁、采掘，这些行业遭遇需求疲弱，去产能压力较大；而资产负债率下降的行业有食品饮料、轻工制造、建筑材料。

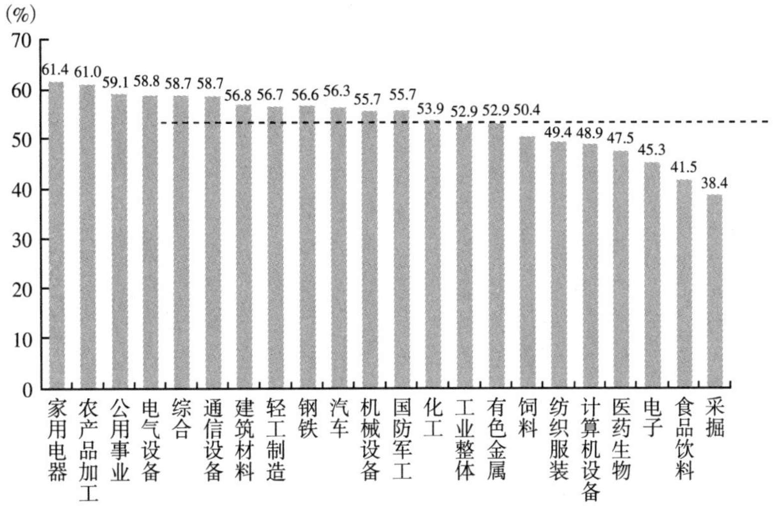


**图7-23 工业细分行业资产负债率**

资料来源：国家统计局、CEIC、Wind。

非金融服务业（除地产、商贸），交通运输资产负债率为54.3%，环保为52.8%，这两项相对较高，其他行业较低（见图7-24）。从时间序列来看，交通运输行业资产负债率自2002年以来持续上升，环保行业自2007年以来下降，其他行业相对较为稳定。后面将结合其他指标对上述特征进行解释。

## 二、增长率及收益率

从销售收入增长指标看：工业行业、有色金属、汽车行业增速最高，

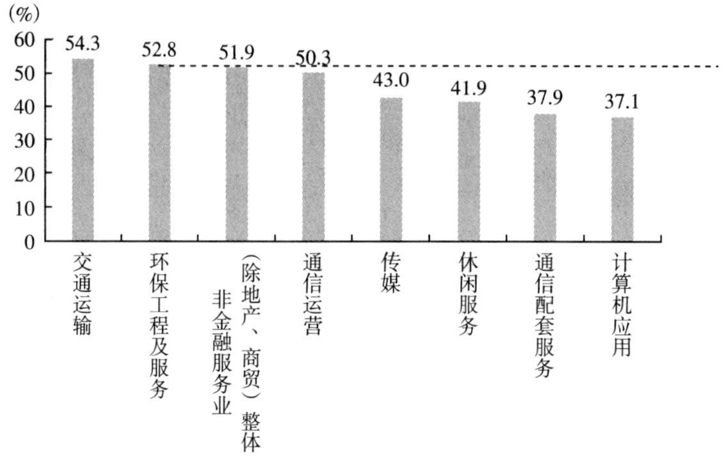


**图 7-24 非金融服务业（除地产、商贸）细分行业资产负债率**

资料来源：国家统计局、CEIC、Wind。

在 27%~28%，建筑装饰、采掘和建筑材料也较高，为 23%左右，电气设备、化工、机械设备、计算机设备和钢铁增速也高于平均水平（见图 7-25）。从时间序列来看，剔除经济危机冲击，2002~2010 年，大部分工业行业销售收入增速均明显上升，食品饮料、医药生物较为平稳，轻工制造和通信设备增速上升不甚明显。2011~2013 年，几乎所有工业行业销售

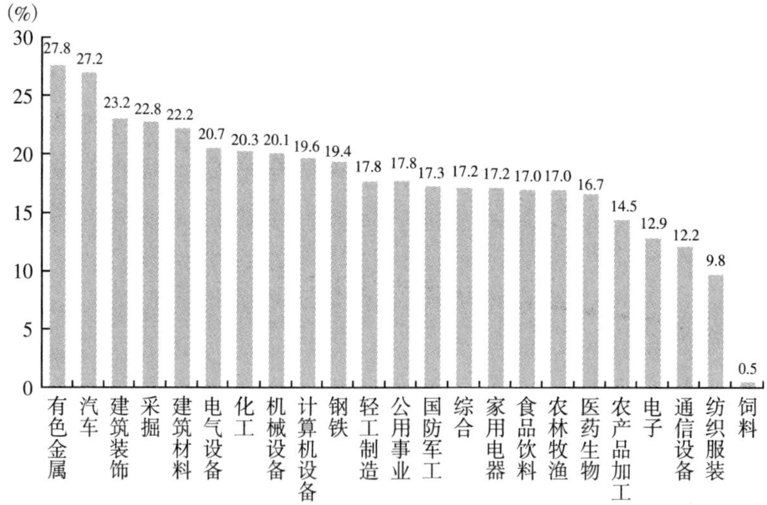


**图 7-25 主要工业细分行业和农业销售收入增速**

资料来源：国家统计局、CEIC、Wind。

收入增速均明显下降，下降最为突出的行业有采掘、钢铁、有色金属、化工、汽车、机械设备和计算机设备。

非金融服务业，增速较快的行业是房地产和计算机应用，增速分别为22.3%和21%，其次是商业贸易和通信运营，增速较低的行业有通信配套服务和传媒（见图7-26）。从时间序列来看，非金融服务相对于工业行业增速较为稳定，特别在2002~2010年。2011~2013年，增速下滑比较明显的行业有交通运输、休闲服务、商业贸易和通信配套服务，而增速稳定且有所上升的行业有传媒和通信运营。

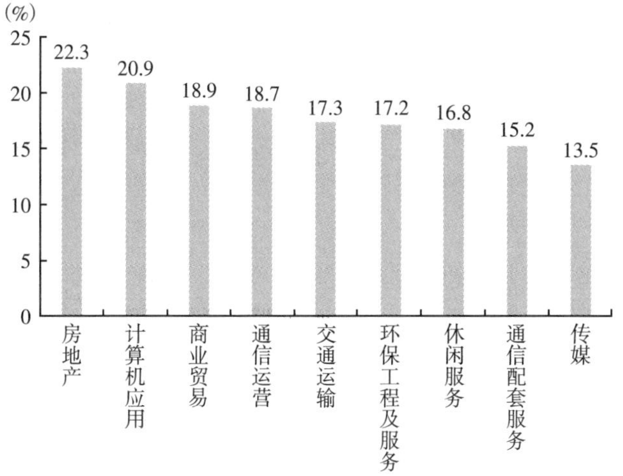


**图7-26 非金融服务业细分行业销售收入增速**

资料来源：国家统计局、CEIC、Wind。

从净利润增长指标看：工业行业，汽车、电气设备、建筑材料和家电增速较快，在40%以上，钢铁、计算机设备、轻工制造和采掘增速较低，在20%以下（见图7-27）。从时间序列来看，2002~2007年，大部分工业行业利润快速增长，危机以后至2013年，普遍回落。

非金融服务业，休闲服务和房地产增速较快，通信配套服务增速较慢（见图7-28）。从时间序列来看，2002~2007年，所有非金融服务业行业利润快速增长，危机以后至2013年，普遍回落。

从销售净利率指标看：工业行业、采掘、公用事业在10%以上，食品饮料、建筑材料在8%以上，电气设备、机械设备和医药生物在6%以上，上述这些行业销售净利率相对比较高，比较低的行业有通信设备、农业及

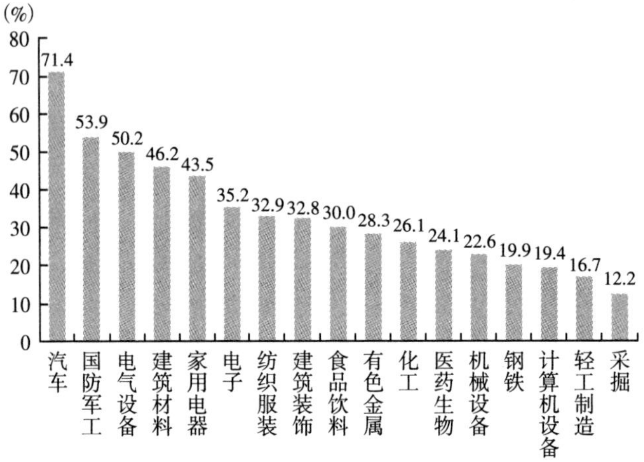


**图 7-27　主要工业细分行业和农业净利润增速**

资料来源：国家统计局、CEIC、Wind。

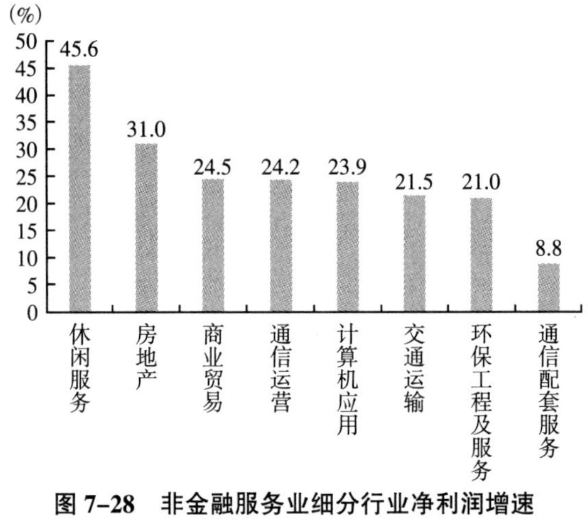


**图 7-28　非金融服务业细分行业净利润增速**

资料来源：国家统计局、CEIC、Wind。

农产品加工行业、家电和建筑装饰（见图 7-29）。从时间序列来看，在 2002~2010 年大部分工业行业销售净利率保持上升格局，2011~2013 年下降，这其中波动比较大的行业有采掘、公用事业、有色金属、电气设备、机械设备、通信设备。2002~2013 年，销售净利率保持持续上升的行业有食品饮料、家电、电子、医药生物；相对稳定的行业有建筑装饰、饲料、计算机设备。

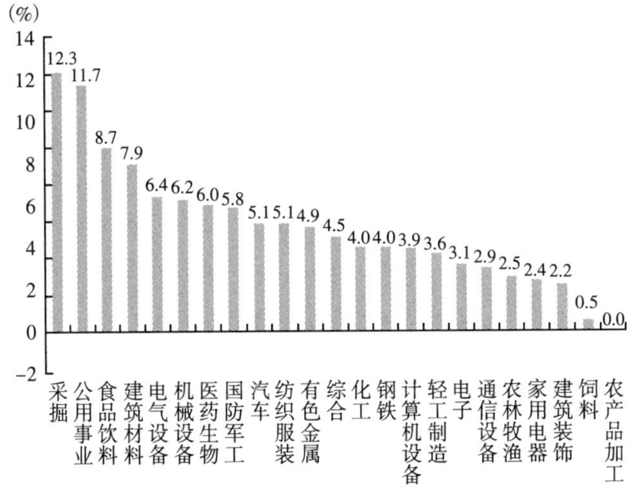


**图 7-29 主要工业细分行业和农业销售净利率**

资料来源：国家统计局、CEIC、Wind。

非金融服务业，房地产、环保、通信配套服务较高，为 10%以上，而商业贸易较低，只有 2%（见图 7-30）。从时间序列来看，2002~2013 年持续下降的行业有交通运输、通信配套服务、通信运营、休闲服务；而传媒、房地产、计算机运用在 2002~2010 年持续上升，2011~2013 年有所下降，但降幅不大；环保行业自 2007 年以来持续上升；商业贸易行业则整

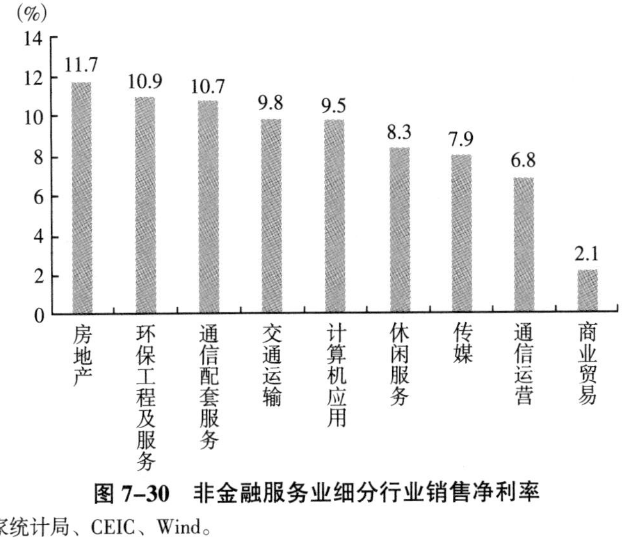


**图 7-30 非金融服务业细分行业销售净利率**

资料来源：国家统计局、CEIC、Wind。

体较为稳定。

从上面的分析可以看出，2011~2013 年，一些周期性较强的行业（采掘、有色金属、钢铁、机械设备、化工等）遭遇了销售收入增速和销售净利率的"双降"局面，这反映了需求疲弱、成本上升的叠加冲击，而食品饮料、家电、电子、医药生物等行业虽然销售收入有所下降，但销售净利率的上升使其利润增速相对稳定。

## 三、资产获利率：ROE 和 ROA

从 ROE 指标看：工业行业和农业，采掘、食品饮料、汽车、机械设备、化工、建筑装饰和电气设备较高，在 10%以上，轻工制造、电子和农业相关行业较低，基本在 5%以下（见图 7-31）。从时间序列来看，一些行业在 2002~2007 年上升之后，随之 ROE 持续回落，特别是在 2011 年以后，主要包括采掘、有色金属、钢铁、化工、电气设备、机械设备、农产品加工。一些行业 ROE 的下降是在 2011~2013 年，包括通信设备、生物医药、汽车、建筑材料、纺织服装和农业。一些行业则是保持上升，包括电子、家电、食品饮料、建筑装饰。

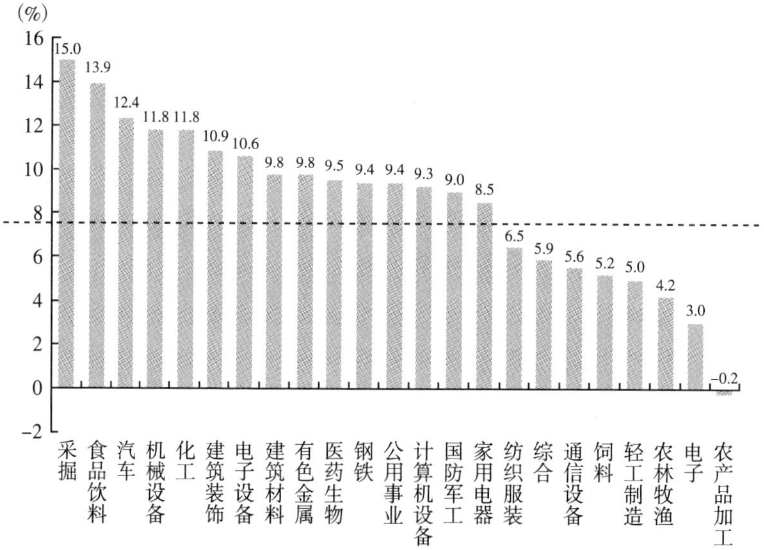


**图 7-31　主要工业细分行业 ROE**

资料来源：国家统计局、CEIC、Wind。

非金融服务业，计算机应用、环保、通信配套服务、房地产较高，在10%以上，而通信运营、休闲服务和传媒较低（见图 7-32）。从时间序列来看，大部分行业危机以后 ROE 均明显下降，只有房地产和传媒行业较为稳定。

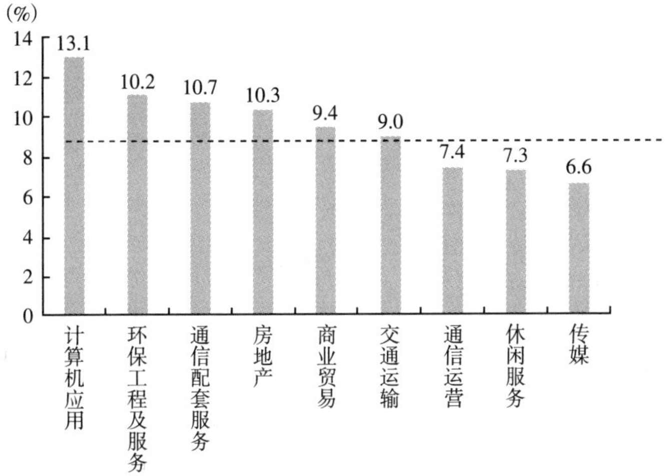


**图 7-32 非金融服务业细分行业 ROE**

资料来源：国家统计局、CEIC、Wind。

从 ROA 指标看：工业行业和农业，采掘、食品饮料、汽车、化工、机械设备、医药生物较高，在 5%以上，轻工制造、电子、建筑装饰和农业相关行业较低，基本在 2.5%以下（见图 7-33）。从时间序列来看，一些行业在 2002~2007 年上升之后，随之 ROA 持续回落，特别是在 2011 年以后，主要包括采掘、有色金属、钢铁、化工、电气设备、机械设备、计算机设备。一些行业 ROA 的下降是在 2011~2013 年，包括通信设备、生物医药、汽车、建筑材料、纺织服装和农业。一些行业则是保持上升，包括电子、家电、食品饮料。

非金融服务业，计算机应用、通信配套服务、环保较高，为 5%以上，而房地产、通信运营、休闲服务较低（见图 7-34）。从时间序列来看，大部分行业危机以后 ROA 均明显下降，环保和传媒行业相对稳定。

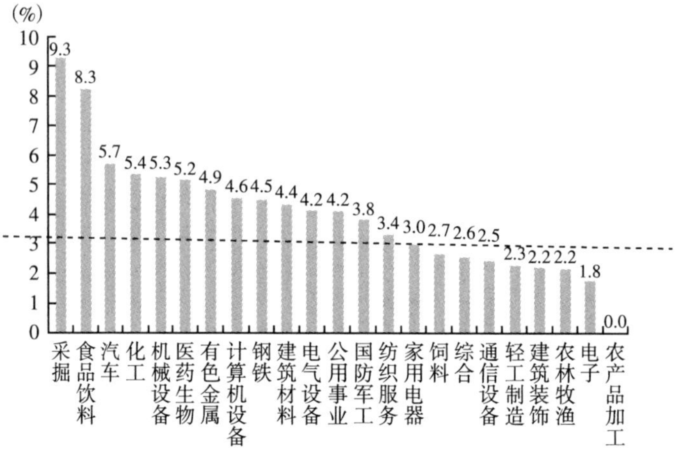


**图 7-33　主要工业细分行业 ROA**

资料来源：国家统计局、CEIC、Wind。

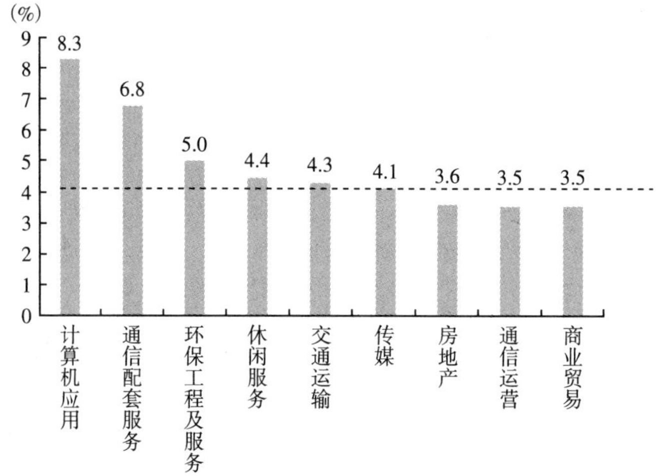


**图 7-34　非金融服务业细分行业 ROA**

资料来源：国家统计局、CEIC、Wind。

## 四、资产管理效率：总资产周转率和存货周转率

从总资产周转率指标看：工业行业和农业，饲料、化工、家电、计算机设备、钢铁、汽车和建筑装饰较高，在1%以上，轻工制造、电子、建

筑材料和公用事业行业较低，基本在0.6%以下（见图7-25）。从时间序列来看，一些行业在2002~2007年上升之后，随之资产周转率持续回落，特别是在2011年以后，主要包括家电、食品饮料、电气设备、钢铁、建筑材料、通信设备、有色金属。一些行业资产周转率的下降是在2011~2013年，包括计算机设备、农产品加工、汽车、建筑装饰。一些行业则是保持上升，包括饲料、化工、农业。部分行业较为稳定：采掘、公用事业、电子、纺织服装、轻工制造。

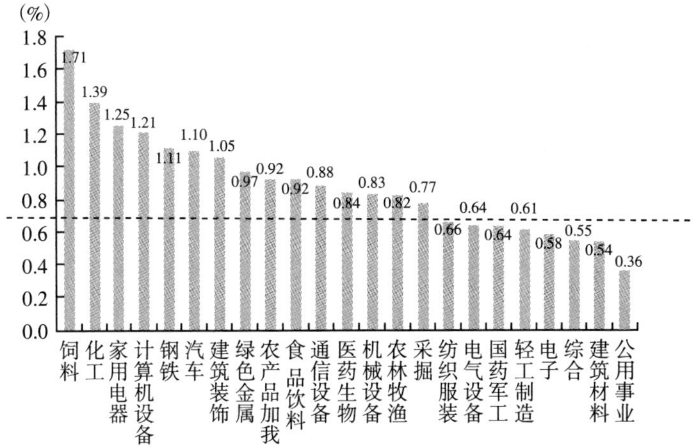


**图7-35 主要工业细分行业总资产周转率**

资料来源：国家统计局、CEIC、Wind。

非金融服务业，商业贸易、计算机运用资产周转率较高，而交通运输和房地产较低（见图7-36）。从时间序列来看，大部分行业危机以后资产周转率均有所下降，传媒行业较为稳定，休闲服务行业持续上升。

从存货周转率指标看：工业行业和农业、公用事业、饲料、采掘、汽车和建筑装饰较高，在7%以上，国防军工、电气设备和纺织服装行业较低，基本在3%以下（见图7-37）。从时间序列来看，相比其他指标，大部分行业存货周转率指标相对比较稳定。一些行业在2002~2007年上升之后，随之存货周转率持续回落，特别是在2011年以后，主要包括纺织服装、机械设备、建筑材料、轻工制造、食品饮料。一些行业存货周转率的下降是在2011~2013年，包括公用事业、计算机设备、家电、汽车、医药生物。一些行业则是保持上升，包括饲料、农业、采掘、化工。另外，建

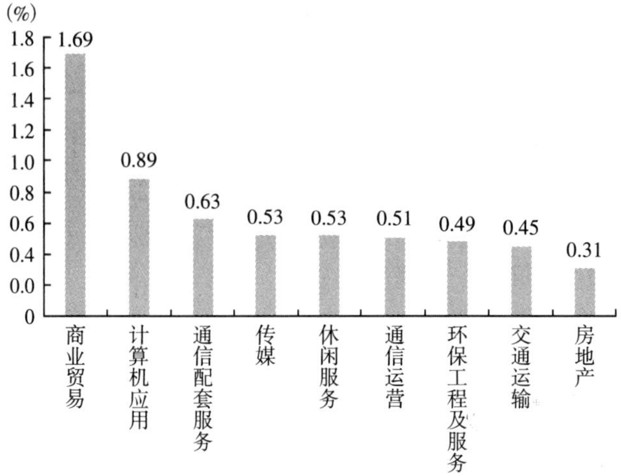


**图 7-36 非金融服务业细分行业总资产周转率**

资料来源：国家统计局、CEIC、Wind。

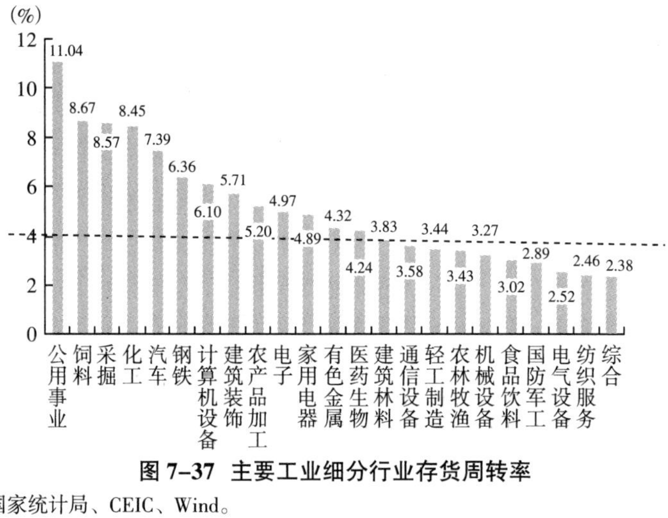


**图 7-37 主要工业细分行业存货周转率**

资料来源：国家统计局、CEIC、Wind。

筑装饰行业持续下降。

非金融服务业，通信运营和交通运输业存货周转率较高，而房地产较低（见图 7-38）。从时间序列来看，危机以后，交通运输行业存货周转率下降，但通信运营业有所上升，其他行业较为稳定。

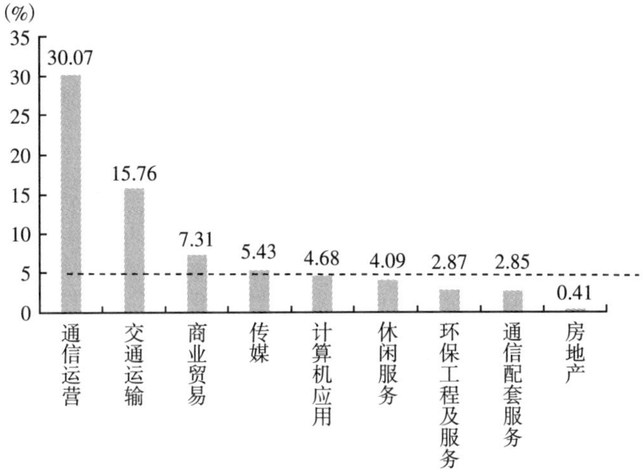


**图 7-38　非金融服务业细分行业存货周转率**

资料来源：国家统计局、CEIC、Wind。

这里将上述指标的重要特征置于一张表中，便于分析对比，简明扼要梳理核心逻辑和结论。

资本结构与杠杆率：资产负债率。2002~2013 年，非金融企业整体从51%上升至 62%，稳步抬升，均值 57%。

行业层面：建筑业（80%）>房地产业（64.5%）>商贸业（63.4%）>工业（53%）>农业（53%）>非金融服务业（除地产、商贸）（52%）。2002~2006 年，建筑业上升幅度较大（16%），大危机以后（2008~2013 年）房地产业快速攀升，从 62%上升至 75%。

杠杆持续拉伸的行业是房地产、交通运输、公用事业和建筑业，前三者为投资高增速行业，后者为它们的影子。

增长率与收益率：销售收入增长率、净利润增长率和销售净利率。2011~2013 年，一些周期性较强的行业（采掘、有色金属、钢铁、机械设备、化工等）遭遇了销售收入增速和销售净利率的“双降”局面，这反映了需求疲弱、成本上升的叠加冲击，而食品饮料、家电、电子、医药生物等行业虽然销售收入有所下降，但销售净利率的上升使其利润增速相对稳定。

房地产行业过去 12 年基本持续保持高销售收入增速、高销售净利润率和高净利润增速状态。

资产获利率：ROE 和 ROA。除了较少数行业（电子、家电、食品饮料，均为消费性行业：创新+基本）ROE 和 ROA 上升外，危机后，特别是 2011 年以来，大部分行业均明显下降，特别是上面提到的收入和利润率均下降的周期性行业。

房地产 ROE 和 ROA 的分化（高 ROE，低 ROA）源于杠杆率的持续快速上升，传媒较为稳定。

资产管理效率：总资产周转率和存货周转率。需求疲弱、销售收入增速放缓下，大部分工业行业 2011 年以来周转率减速。

房地产，尽管该房地产业收入和利润保持较高增速，但周转率较低且仍在下降，主要源于存货的持续快速增长，也说明供给在快速增加（见表 7-3）。

**表 7–3 细分行业主要财务指标特征对比**

| 指标 | | 核心特征 | 工业、建筑业和农业（23 个） | 非金融服务业（9 个） |
|---|---|---|---|---|
| 资本结构与杠杆率 | 资产负债率 | 2002~2013 年，非金融企业整体从 51% 上升至 62%，稳步抬升，均值 57%<br>行业层面：建筑业（80%）> 房地产业（64.5%）> 商贸业（63.4%）> 工业（53%）> 农业（53%）> 非金融服务业（除地产、商贸）（52%）<br>2002~2006 年，建筑业上升幅度较大（16%），大危机以后（2008~2013 年）房地产业快速攀升，从 62%上升至 75%<br>杠杆持续拉伸的行业是房地产、交通运输、公用事业和建筑业，前三者为投资高增速行业，后者为它们的影子 | 家电、农产品加工、公用事业、电气设备、通信设备行业较高（60%左右）；计算机设备、医药生物、电子和食品饮料较低（低于 50%）<br>时间序列：上升比较明显的行业有公用事业、钢铁、采掘，下降的行业有食品饮料、轻工制造、建筑材料 | 交通运输 54.3%，环保 52.8%，较高，其他行业较低<br>时间序列：交通运输自 2002 年以来持续上升，环保 2007 年以来下降，其他行业稳定 |
| 增长率与收益率 | 销售收入增长率 | 2011~2013 年，一些周期性较强的行业（采掘、有色金属、钢铁、机械设备、化工等）遭遇了销售收入增速和销售净利率的“双降”局面，这反映了需求疲弱、成本上升的叠加冲击，而食品饮料、家电、电子、医药生物等行业虽然销售收入有所下降，但销售净利率的上升使其利润增速相对稳定<br>房地产行业过去 12 年基本持续保持高销售收入增速、高销售净利润率和高净利润增速状态 | 有色金属、汽车行业增速最高（27%~28%），建筑装饰、采掘和建筑材料较高（23%左右），电气设备、化工、机械设备、计算机设备和钢铁增速也高于平均水平<br>时间序列：2002~2010 年，大部分工业行业销售收入增速均明显上升，食品饮料、医药生物较为平稳，轻工制造和通信设备增速上升不甚明显；2011~2013 年，几乎所有工业行业销售收入增速均明显下降，下降最为突出的行业有采掘、钢铁、有色金属、化工、汽车、机械设备和计算机设备 | 房地产和计算机应用增速较高（22.3%和 21%），通信配套服务和传媒增速较低<br>时间序列：非金融服务较工业增速稳定，特别在 2002~2010 年，2011~2013 年，增速下滑比较明显的行业有交通运输、休闲服务、商业贸易和通信配套服务，而增速稳定且有所上升的行业有传媒和通信运营 |
| | 净利润增长率 | | 汽车、电气设备、建筑材料和家电增速较快（40%以上），钢铁、计算机设备、轻工制造和采掘增速较低（20%以下）<br>时间序列：2002~2007 年，大部分工业行业利润快速增长，危机以后至 2013 年，普遍回落 | 休闲服务和房地产增速较快，通信配套服务增速较慢<br>时间序列：2002~2007 年，所有非金融服务业行业利润快速增长，危机以后至 2013 年，普遍回落 |

续表

| 指标 | | 核心特征 | 工业、建筑业和农业（23 个） | 非金融服务业（9 个） |
|---|---|---|---|---|
| 增长率与收益率 | 销售净利率 | | 较高行业：采掘、公用事业（10%以上），食品饮料、建筑材料（8%以上），电气设备、机械设备和医药生物（6%以上）；较低行业：通信设备、农业及农产品加工行业、家电和建筑装饰<br>时间序列：2002~2010 年大部分工业行业销售净利率保持上升，2011~2013 年下降，波动比较大的行业有采掘、公用事业、有色金属、电气设备、机械设备、通信设备；2002~2013 年销售净利率保持持续上升的行业有食品饮料、家电、电子、医药生物，相对稳定的行业有建筑装饰、饲料、计算机设备 | 房地产、环保、通信配套服务较高（10%以上），商业贸易较低（2%）<br>时间序列：2002~2013 年持续下降的行业有交通运输、通信配套服务、通信运营、休闲服务；传媒、房地产、计算机运用在 2002~2010 年持续上升，2011~2013 年有所下降，但降幅不大；环保行业自 2007 年以来持续上升；商业贸易行业整体较为稳定 |
| 资产获利率 | ROE | 除了较少数行业（电子、家电、食品饮料，均为消费性行业：创新+基本）ROE 和 ROA 上升外，危机后，特别是 2011 年以来，大部分行业均明显下降，特别是上面提到的收入和利润率均下降的周期性行业<br>房地产 ROE 和 ROA 的分化（高 ROE，低 ROA）源于杠杆率的持续快速上升，传媒较为稳定 | 采掘、食品饮料、汽车、机械设备、化工、建筑装饰和电气设备较高（10%以上），轻工制造、电子和农业相关行业较低（5%以下）<br>时间序列：一些行业在 2002~2007 年上升之后，随之 ROE 持续回落，特别是在 2011 年以后，主要包括采掘、有色金属、钢铁、化工、电气设备、机械设备、农产品加工。一些行业 ROE 的下降是在 2011~2013 年，包括通信设备、生物医药、汽车、建筑材料、纺织服装和农业。一些行业则是保持上升，包括电子、家电、食品饮料、建筑装饰 | 计算机应用、环保、通信配套服务、房地产较高（10%以上），而通信运营、休闲服务和传媒较低<br>时间序列：大部分行业危机以后 ROE 均明显下降，只有房地产和传媒行业较为稳定 |

续表

| 指标 | | 核心特征 | 工业、建筑业和农业（23 个） | 非金融服务业（9 个） |
|---|---|---|---|---|
| 资产获利率 | ROA | | 采掘、食品饮料、汽车、化工、机械设备、医药生物较高（5%以上），轻工制造、电子、建筑装饰和农业相关行业较低（2.5%以下）<br>时间序列：一些行业在 2002~2007 年上升之后，随之 ROA 持续回落，特别是在 2011 年以后，主要包括采掘、有色金属、钢铁、化工、电气设备、机械设备、计算机设备。一些行业 ROA 的下降是在 2011~2013 年，包括通信设备、生物医药、汽车、建筑材料、纺织服装和农业。一些行业则是保持上升，包括电子、家电、食品饮料 | 计算机应用、通信配套服务、环保较高（5%以上），而房地产、通信运营、休闲服务较低<br>时间序列：大部分行业危机以后 ROA 均明显下降，环保和传媒行业相对稳定 |
| 资产管理效率 | 总资产周转率 | 需求疲弱、销售收入增速放缓下，大部分工业行业 2011 年以来周转率减速<br>房地产，尽管该房地产业收入和利润保持较高增速，但周转率较低且仍在下降，主要源于存货的持续快速增长，也说明供给的快速增加 | 饲料、化工、家电、计算机设备、钢铁、汽车和建筑装饰较高（1 以上），轻工制造、电子、建筑材料和公用事业行业较低（0.6 以下）<br>时间序列：一些行业在 2002~2007 年上升之后，随之资产周转率持续回落，特别是在 2011 年以后，主要包括家电、食品饮料、电气设备、钢铁、建筑材料、通信设备、有色金属；一些行业资产周转率的下降是在 2011~2013 年，包括计算机设备、农产品加工、汽车、建筑装饰；一些行业则是保持上升，包括饲料、化工、农业。部分行业较为稳定：采掘、公用事业、电子、纺织服装、轻工制造 | 商业贸易、计算机运用资产周转率较高，而交通运输和房地产较低<br>时间序列：大部分行业危机以后资产周转率均有所下降，传媒行业较为稳定，休闲服务行业持续上升 |

续表

| 指标 | | 核心特征 | 工业、建筑业和农业（23 个） | 非金融服务业（9 个） |
|---|---|---|---|---|
| 资产管理效率 | 存货周转率 | | 公用事业、饲料、采掘、汽车和建筑装饰较高（7%以上），食品饮料、电气设备和纺织服装行业较低（3%以下）<br>时间序列：相比其他指标，大部分行业存货周转率指标相对比较稳定，一些行业在 2002~2007 年上升之后，随之存货周转率持续回落，特别是在 2011 年以后，主要包括纺织服装、机械设备、建筑材料、轻工制造、食品饮料。一些行业存货周转率的下降是在 2011~2013 年，包括公用事业、计算机设备、家电、汽车、医药生物。一些行业则是保持上升，包括饲料、农业、采掘、化工。另外，建筑装饰行业持续下降 | 通信运营和交通运输业存货周转率较高，而房地产较低<br>时间序列：危机以后，交通运输行业存货周转率下降，但通信运营业有所上升，其他行业较为稳定 |

资料来源：国家统计局、CEIC、Wind。

# 第八章　居民部门：藏富于民

在任何一个以市场配置资源为主的经济体中，居民部门都是财富创造、分配和使用的主体，它与宏观经济中的其他各部门有着紧密的联系，其资产负债的存量调整，在很大程度上决定了资源配置的方向，同时，居民部门的净资产又是宏观经济的一道重要“护城河”，特别是在经济危机时期表现得尤为明显。本章提出了中国居民资产负债表的编制方法，对2004~2012年中国居民资产负债表进行了估计，并对其进行深入分析。

## 第一节　居民资产负债表构成要素

从居民持有资产的种类来看，居民资产主要包括金融资产和实物资产（见图8-1）；从居民持有资产的债权或股权对象来看，居民资产主要包括对央行资产、对商业金融机构资产、对企业资产、对政府资产以及自行持有资产（这种对资产负债表划分方法的转换，正是我们将宏观六部门联系起来的基础）（见图8-2）。而居民负债无论依何种口径划分，均为居民从商业银行获得的贷款。

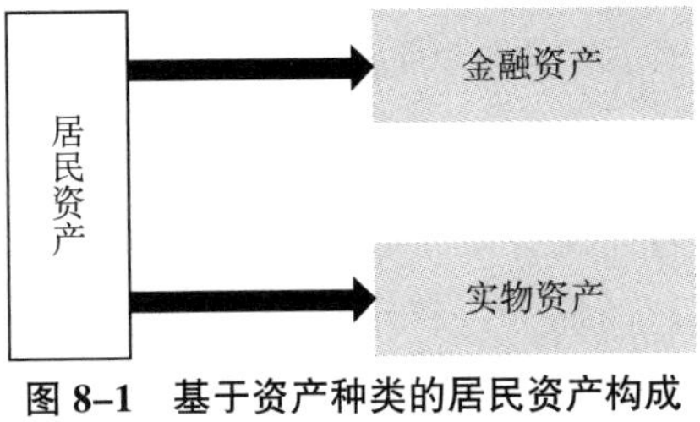


**图8-1　基于资产种类的居民资产构成**

资料来源：笔者整理。

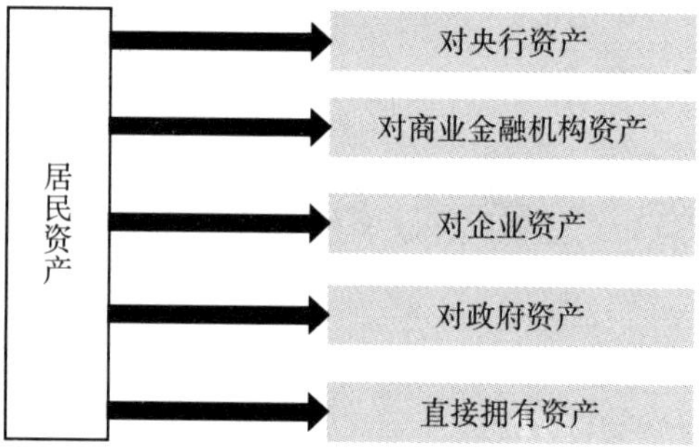


**图 8-2 基于债权对象的居民资产构成**

资料来源：笔者整理。

## 一、居民资产构成要素：基于资产种类

根据居民资产流动性从强到弱划分，居民金融资产可分为通货、活期及临时存款、定期及其他存款、债券、股票、基金、黄金、住房公积金及养老保险个人部分余额、保险公司储蓄份额和私营企业、个体工商户及专业合作社股本（见图 8-3）。

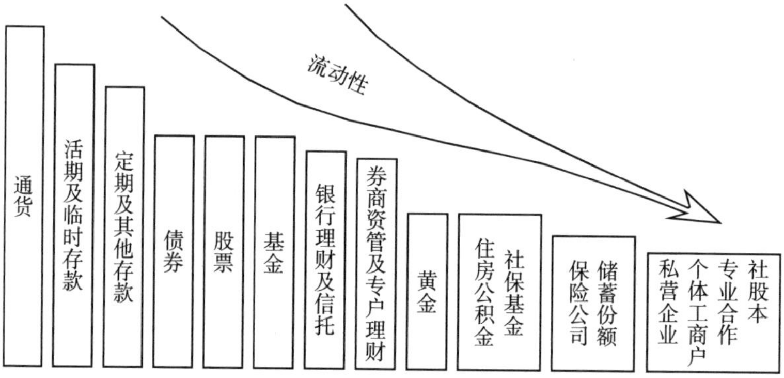


**图 8-3 按流动性划分居民持有金融资产组成部分**

资料来源：笔者整理。

（1）通货：是指居民持有的央行发行的流通中现钞。流通中的通货持有者主要有四个方面：居民、商业银行、企业和政府，其中居民为流通中通货的主要持有者。

（2）活期及临时存款：包括居民活期存款及其他用于临时性资金需求

的存款。

（3）定期及其他存款：包括定期存款、通知存款、定活两便存款、协议存款、协定存款、保证金存款、结构性存款。

（4）债券：包括居民持有的国债、金融债和企业债，三者中，居民持有的国债占绝大多数份额。

（5）股票：指居民持有的上市公司公开发行的流通股的市场价值，不包括居民持有的非上市公司股票市场价值。

（6）基金：公开发行的基金由居民所持有部分的市场份额，不包括居民持有的私募基金份额。

（7）银行理财及信托产品：指银行理财及信托产品资产总额中由居民持有的那一部分，不包括机构投资者持有的那部分金额。

（8）券商资管及专户理财：指券商资产管理产品和基金专户理财中居民持有的部分。

（9）黄金：主要指黄金饰品及实物黄金。

（10）住房公积金余额：住房公积金余额是指公积金管理部门统计的公积金账户余额，它等于个人历年缴纳的养老保险金总额加上公积金经营的收益减去对个人住房贷款的余额。对居民的住房贷款必须从总额中扣除，这是因为这部分贷款相当于一部分居民对另一部分居民的贷款，当以居民总体为基础统计居民资产时，这部分金额必须扣除。

（11）社会保险基金：指社保基金累计结余，包括基本养老保险累计结余、失业保险累计结余、城镇基本医疗保险累计结余、工伤保险累计结余、生育保险累计结余。

（12）保险公司储蓄份额：指保险公司应当支付给居民的应付赔偿款以及个人因参保而在保险公司拥有的储蓄份额，它主要包括保险公司资产负债表负债部分的“应付赔付款”“应付保单红利”“寿险责任准备金”“长期健康险责任准备金”“保户储金及投资款”五个项目期末余额，最主要的是“保户储金及投资款”部分。

（13）私营企业、个体工商户及专业合作社股本：民营经济股本包括私营企业股本、个体工商户注册资金及农民专业合作社出资额三个部分。由于私营经济没有现成的统计资料，其股权的市场价格由于缺少交易更是难以确定，故本章用民营经济注册资本金总额数据来近似代替民营经济股本价值。

实物资产包括城镇住房、农村住房、载客汽车、家庭耐用消费品、农村固定资产及摩托车五个部分。

（1）城镇住房：指城镇居民个人住房。由于统计数据缺失，不包括城镇商业地产中由居民持有的部分。

（2）农村住房：指农村居民个人住房。

（3）载客汽车：载客汽车分为大型车、中型车、小汽车和微型轿车四个门类进行估计，小汽车即我们通常所说的家庭用小轿车。

（4）家庭耐用消费品：包括洗衣机、电冰箱、彩电、空调、相机、手机、计算机七大类。

（5）农村固定资产及摩托车：农村固定资产包括大、中、小型拖拉机及其配套农具、农用排灌柴油机、农用汽车、役畜四大类，摩托车则包括城镇和乡村摩托车。

居民负债主要指银行贷款，它分为短期贷款和中长期贷款。

（1）短期贷款：指期限为一年及以下居民从商业银行获得的贷款。

（2）中、长期贷款：指期限为一年以上的居民从商业银行获得的贷款。

## 二、基于居民持有资产债权对象的居民资产构成要素分项说明

（1）对央行资产：主要指居民持有的由央行发行的流通中通货。

（2）对商业金融机构资产：主要指居民持有的商业银行存款、基金、保险公司储蓄份额、银行理财、信托产品、券商资管产品、基金专户理财产品。

（3）对企业资产：包括居民持有的上市公司股票以及持有的私营企业、个体工商户及专业合作社股本。

（4）对政府资产：包括居民持有的国债和住房公积金及社保基金。住房公积金余额部分从理论上来讲政府只是代为管理，并不存在对居民的负债，但是考虑到当前住房公积金部分金额已经被政府用来进行廉租房建设，养老保险账户普遍存在空账现象，本章将这部分金额也计入对政府资产部分。

（5）自有资产：指居民自行持有的资产，包括住房、汽车、家庭耐用品、农村固定资产及摩托车、黄金。

居民负债：主要是居民部分对金融机构的负债部分。

## 第二节　居民资产负债表总体状况

表 8-1、表 8-2 分别展示了基于居民持有资产的细分种类以及基于居民持有资产的债权对象而编制的 2004~2012 年中国居民资产负债表。

### 一、居民资产负债表总体分析

至 2012 年底，中国居民总资产为 263.16 万亿元，其中金融资产为 106.09 万亿元，实物资产为 157.07 万亿元；总负债为 16.14 万亿元；净资产为 247.02 万亿元。中国居民资产负债表总体特征如下：

（1）负债率极低，有缓慢上升趋势。至 2012 年底，居民部门的资产负债率仅为 6.13%（见图 8-4），如此低的资产负债率在全球范围内都是不多见的（在后文国际比较中将展开分析），以我们在此之前提出的宏观经济六部门模型中，若将外部经济体省略，简化为五部门的封闭经济体模型，通过五部门的资产负债表勾稽关系可以明显看出实体经济的资产负债表循环原动力取决于居民部门和政府部门的净资产（见图 8-5），仅从居民部门来讲，其极低的资产负债率和足够量级且流动性极好的净资产，无论是从投资还是消费的角度，对于未来经济增长都提供了充足的储备。

在图 8-6 中，各部门的资产分别对应其他部门的负债，其中居民部门持有的资产：①企业股权，②银行股权，③政府债券，④居民存款；政府部门持有的资产：⑤企业股权，⑥银行股权，⑦政府存款；金融部门持有的资产：⑧对企业贷款，⑨对居民贷款，⑩对政府贷款。

2009 年以来，居民部门的资产负债率出现了缓慢上升的趋势，主要是由于 2006 年以后，居民部门负债的增长一直高于资产和净资产的增长速度，但由于其负债总体基数较低，对净资产增速并未形成明显的负面影响，总资产和净资产的增速仍保持了高度的一致性（见图 8-6）。

**表 8-1 基于持有资产构成的居民资产负债表**

单位：十亿元

| | 2004 年 | 2005 年 | 2006 年 | 2007 年 | 2008 年 | 2009 年 | 2010 年 | 2011 年 | 2012 年 |
|---|---|---|---|---|---|---|---|---|---|
| 一、资产 | 71092 | 85775 | 99861 | 126834 | 135164 | 172910 | 199783 | 229625 | 263158 |
| (一) 金融资产 | 22475 | 27180 | 33273 | 43779 | 48499 | 61976 | 75935 | 89885 | 106089 |
| 其中：通货 | 1782 | 1995 | 2247 | 2521 | 2840 | 3174 | 3704 | 4212 | 4537 |
| 活期及临时存款 | 4142 | 4888 | 5849 | 6746 | 7834 | 9992 | 12434 | 13758 | 15827 |
| 定期及其他存款 | 7814 | 9440 | 10573 | 10829 | 14367 | 16473 | 18404 | 21047 | 24792 |
| 债券 | 49 | 46 | 47 | 34 | 90 | 131 | 166 | 224 | 304 |
| 股票 | 821 | 743 | 1437 | 5026 | 2052 | 4538 | 5620 | 4379 | 4600 |
| 基金 | 200 | 250 | 700 | 2928 | 1659 | 2201 | 2060 | 1610 | 1814 |
| 银行理财 | 30 | 45 | 70 | 192 | 267 | 379 | 775 | 1530 | 2368 |
| 信托产品 | 0 | 0 | 160 | 424 | 656 | 1360 | 2240 | 3672 | 5680 |
| 券商资管及专户理财 | 0 | 0 | 0 | 0 | 83 | 140 | 197 | 375 | 1857 |
| 黄金 | 245 | 301 | 399 | 557 | 609 | 863 | 1214 | 1507 | 1827 |
| 住房公积金余额 | 489 | 626 | 787 | 961 | 1212 | 1455 | 1748 | 2100 | 2523 |
| 社会保险基金 | 449 | 607 | 826 | 1124 | 1518 | 1901 | 2299 | 2900 | 3580 |
| 保险公司储蓄份额 | 1136 | 1474 | 1825 | 2181 | 2584 | 3019 | 3736 | 4441 | 5280 |
| 私营企业、个体工商户及专业合作社股本 | 5319 | 6765 | 8353 | 10258 | 12730 | 16350 | 21340 | 28130 | 31100 |
| (二) 实物资产 | 48617 | 58595 | 66588 | 83055 | 86665 | 110934 | 123847 | 139741 | 157070 |
| 其中：城镇住房 | 37374 | 45896 | 51817 | 66527 | 68285 | 90037 | 100005 | 112618 | 126500 |

续表

| | 2004年 | 2005年 | 2006年 | 2007年 | 2008年 | 2009年 | 2010年 | 2011年 | 2012年 |
|---|---|---|---|---|---|---|---|---|---|
| 农村住房 | 6554 | 7404 | 8649 | 9403 | 10295 | 11489 | 12826 | 14125 | 15721 |
| 家用汽车 | 2344 | 2784 | 3429 | 4241 | 4949 | 6033 | 7476 | 8999 | 10625 |
| 家庭耐用品 | 1234 | 1374 | 1483 | 1612 | 1741 | 1880 | 2009 | 2220 | 2340 |
| 农村固定资产及摩托车 | 1110 | 1138 | 1210 | 1272 | 1394 | 1495 | 1532 | 1780 | 1883 |
| 二、负债 | 2943 | 3297 | 3964 | 5068 | 5708 | 8182 | 11259 | 13607 | 16138 |
| 其中：短期贷款 | 1004 | 1108 | 1342 | 1591 | 1871 | 2595 | 3438 | 4381 | 5567 |
| 中长期贷款 | 1939 | 2190 | 2621 | 3476 | 3837 | 5587 | 7821 | 9227 | 10571 |
| 三、净资产 | 68149 | 82478 | 95897 | 121767 | 129456 | 164728 | 188524 | 216018 | 247020 |

资料来源：笔者整理。

**表 8-2 基于债权对象的中国居民资产负债表**

单位：十亿元

| | 2004年 | 2005年 | 2006年 | 2007年 | 2008年 | 2009年 | 2010年 | 2011年 | 2012年 |
|---|---|---|---|---|---|---|---|---|---|
| 一、资产 | 71092 | 85775 | 99861 | 126834 | 135164 | 172910 | 199783 | 229625 | 263158 |
| 其中：对央行资产 | 1782 | 1995 | 2247 | 2521 | 2840 | 3174 | 3704 | 4212 | 4537 |
| 对商业金融机构资产 | 13321 | 16097 | 19178 | 23300 | 27449 | 33564 | 39845 | 46432 | 57618 |
| 对企业资产 | 6140 | 7508 | 9790 | 15284 | 14782 | 20888 | 26960 | 32509 | 35700 |
| 对政府资产 | 987 | 1279 | 1659 | 2118 | 2819 | 3487 | 4212 | 5224 | 6407 |
| 自行持有资产 | 48862 | 58896 | 66987 | 83612 | 87274 | 111797 | 125062 | 141248 | 158897 |
| 二、负债 | 2943 | 3297 | 3964 | 5068 | 5708 | 8182 | 11259 | 13607 | 16138 |
| 其中：对商业银行负债 | 2943 | 3297 | 3964 | 5068 | 5708 | 8182 | 11259 | 13607 | 16138 |
| 三、净资产 | 68149 | 82478 | 95897 | 121767 | 129456 | 164728 | 188524 | 216018 | 247020 |

资料来源：笔者整理（对企业资产：股票、私营企业、个体工商户及专业合作社股本；对政府资产：债券（国债）、社保基金、住房公积金、对金融机构资产：活期存款、定期存款、银行理财及信托产品、保险公司储蓄份额；自持资产：黄金、城镇住房、农村住房、家用汽车、家庭耐用品、农村固定资产及摩托车、对央行资产：通货）。

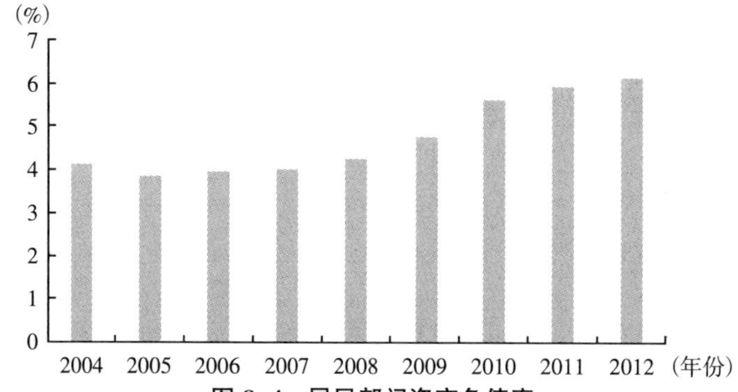


**图 8-4 居民部门资产负债率**

资料来源：笔者整理。

（2）从长期看，居民净资产增速与名义 GDP 增速趋势保持一致，居民净资产增速波动幅度更大。2004~2012 年，中国居民持有净资产总额由 2004 年的 68.15 万亿元上升至 2012 年的 247.02 万亿元，年均增长 17.65%，而同期名义 GDP 则由 2004 年的 16.00 万亿元上升到 2012 年的 51.89 万亿元，年均增长 15.94%，居民净资产增速高于名义 GDP 增速 1.71 个百分点。从长期看，居民净资产增速与名义 GDP 增速趋势保持一致，

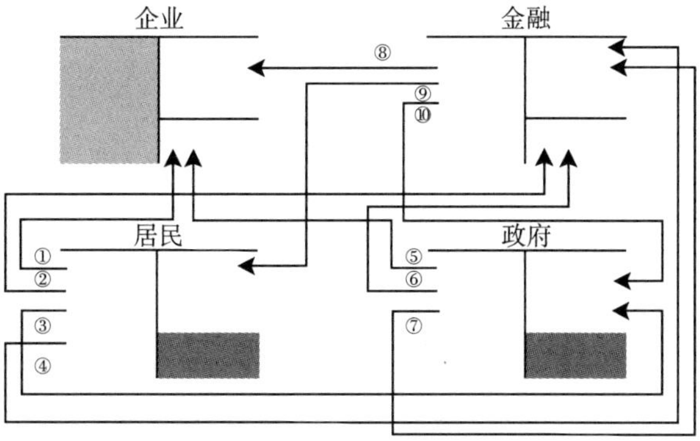


**图 8-5 宏观分部门资产负债表勾稽关系**

资料来源：笔者整理。

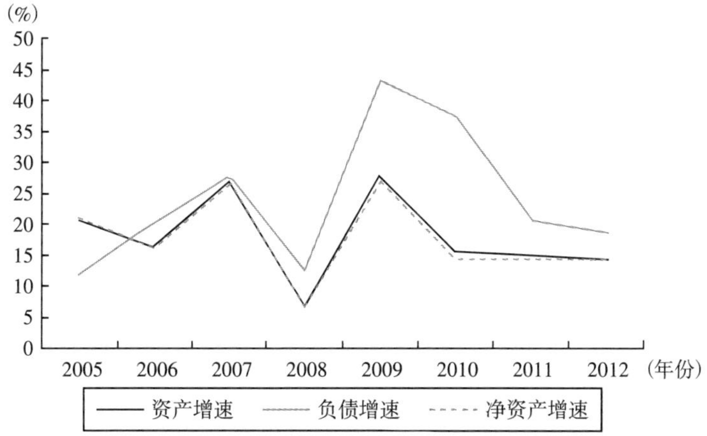


**图 8-6 居民部门资产、负债、净资产增长率**

资料来源：笔者整理。

居民净资产与名义 GDP 的比值也基本稳定在 4.6 左右（见图 8-7）。

从年增速看，居民净资产增速的波动幅度大于同期名义 GDP 增速。2005~2012 年，名义 GDP 增速波动的上限为 22.88%，下限为 8.55%，而同期居民净资产增速波动的上限为 27.25%，下限为 6.31%（见图 8-8）。

（3）居民净资产增速与 M2 增速趋同，近期存量比值保持稳定。2005~2011 年，除 2008 年外（资产价格下跌较快，当年金融资产增速为 10.78%，实物资产增速仅为 4.35%），其他年份中国居民持有净资产增速变动方向均与同期 M2 增速变动方向保持一致，并且随着时间推移，中国居民持有

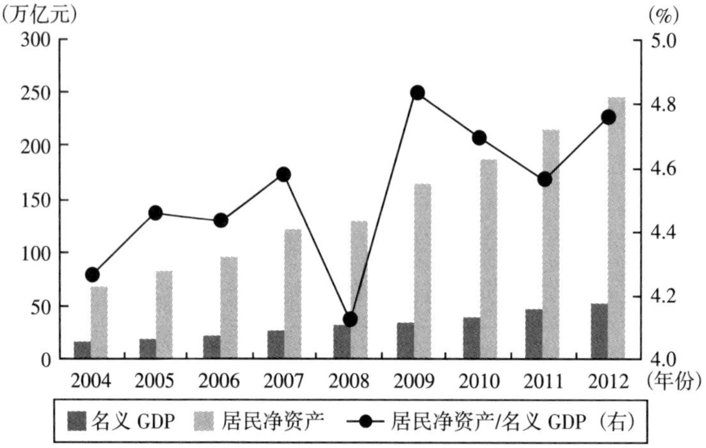


**图 8-7 居民净资产与名义 GDP 存量**

资料来源：CEIC。

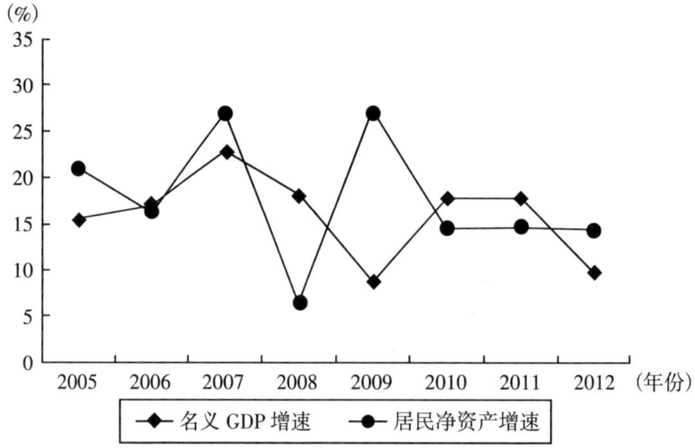


**图 8-8 居民净资产与名义 GDP 增速**

资料来源：CEIC。

净资产增幅变动与 M2 增幅变动之间的趋同状况存在加强的态势。2009~2011 年，中国 M2 增幅由 27.68%下降到 19.72%再到 13.61%，同期中国居民净资产增速则从 27.68%下降到 14.58%，2012 年居民净资产增速和 M2 增速分别为 14.35%、13.83%，中国居民净资产增速与同期 M2 增速之间的相关性存在着增强的态势（见图 8-9、图 8-10）。

同时需要说明的是自 2008 年至 2011 年，居民净资产与 M2 存量的比值连续四年下降，由2007年峰值时的3.02逐年回落至2011年的2.54，对应居民净资产增速也是三年低于M2增速，主要是由于2008年、2011年居民部门实物资产增速较低，分别为4.35%、11.64%，拉低了居民净资产的增长速度，从近期居民净资产与M2存量之比来看，基本稳定在2.60左右（见图8-9）。

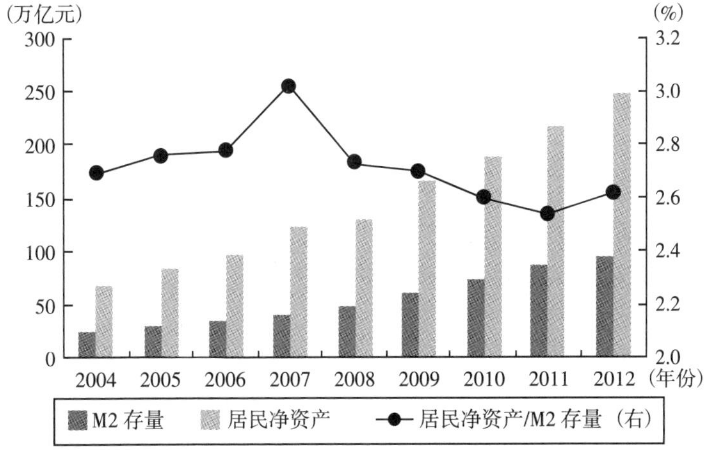


**图8-9　居民净资产与M2存量**

资料来源：笔者整理。

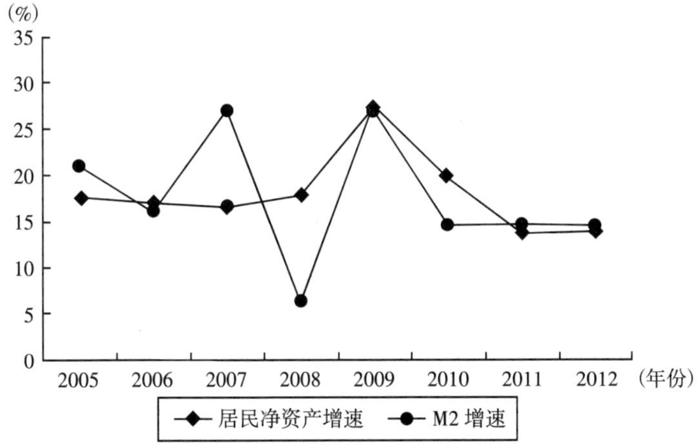


**图8-10　居民净资产与M2存量增速**

资料来源：笔者整理。

## 二、居民资产负债表结构特征

（1）从居民持有分部门资产来看，对企业资产的增速较快。2004~2012年，居民对企业资产由2004年的6.14万亿元上升至2012年的35.70万亿元，年均增长25.79%，略低于对政府机构持有资产年均26.40%的增长速度更是远高于第三位对金融机构持有资产的20.11%的增长速度（见图8-11）。值得注意的是，2010~2012年居民对企业资产增速分别为29.07%、20.58%和9.82%（见图8-12），连续三年回落，说明居民对企业投资意愿逐年下降，但由于前几年增速很高，2005~2012年居民对企业资产增速仍居第二位。增速居第一位的是居民对政府资产，主要是由于社保基金和住房公积金基数较低且增速较快，预计随着社会保障制度的进一步完善，这一部分资产将保持持续快速增长格局。

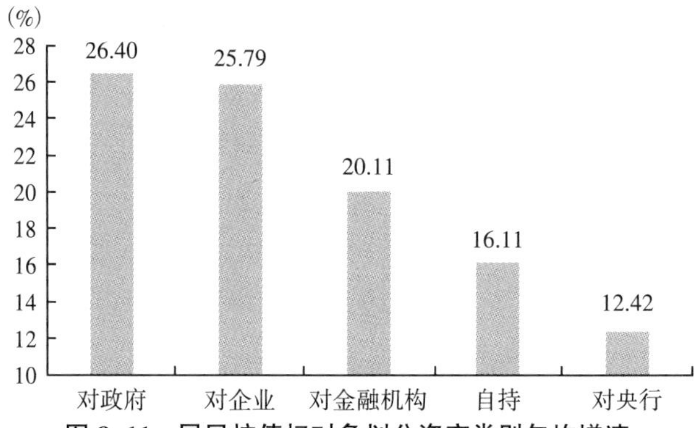


**图8-11 居民按债权对象划分资产类别年均增速**

资料来源：笔者整理。

（2）从资产结构大类来看，居民实物资产在居民总资产中的占比存在下降趋势。2004~2012年，中国居民实物资产占总资产比例从68.39%下降到59.69%，下降了8.70个百分点，中国居民实物资产在总资产中的占比保持着持续小幅度下降的态势（见图8-13）。居民金融资产由2004年的22.48万亿元增长至2012年的106.09万亿元，年均增长21.41%，实物资产由2004年的48.62万亿元上升至2012年的157.07万亿元，年均增长15.79%，尽管同期中国房屋价格持续上涨，但居民金融资产年均增长速度

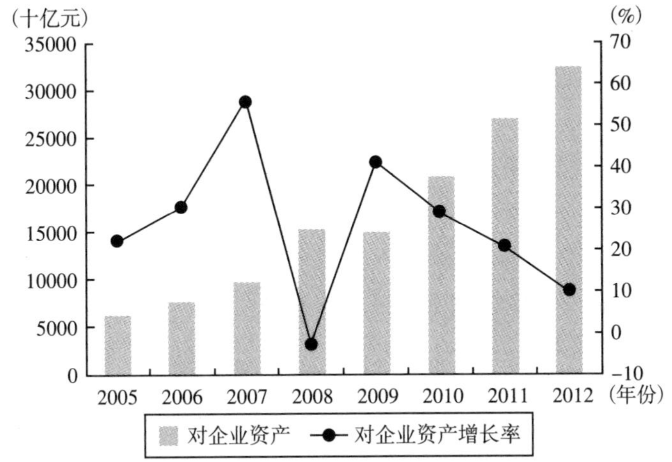


**图 8-12　居民对企业资产总额及同比增速**

资料来源：笔者整理。

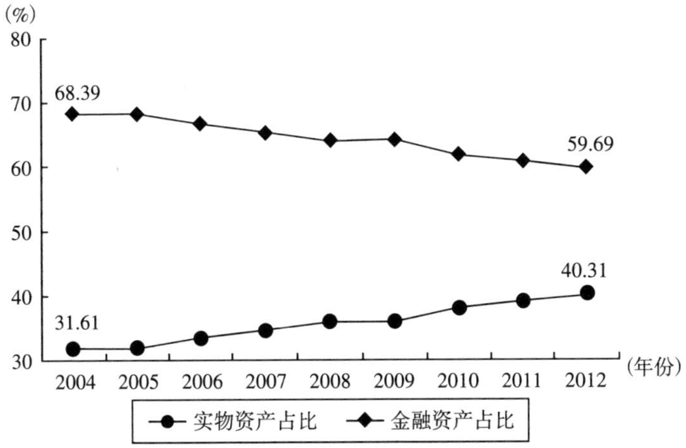


**图 8-13　居民实物资产与金融资产占比**

资料来源：笔者整理。

仍然高于同期实物资产年均增长速度，除 2005 年和 2009 年外，其他年份金融资产增速均高于实物资产增速，在 2010~2012 年表现得尤为明显（见图 8-14），导致居民实物资产在总资产中的占比逐渐下降。

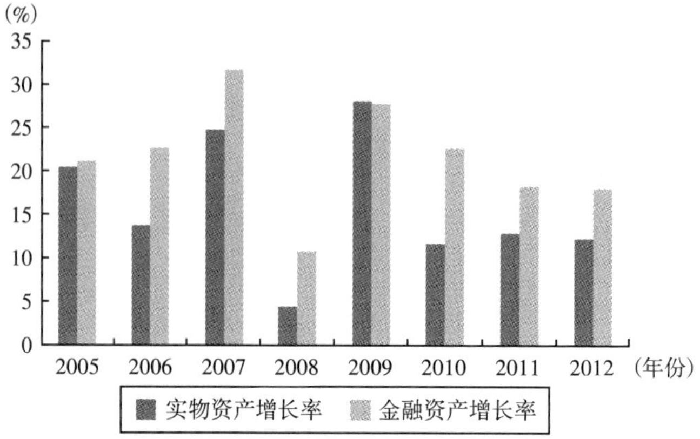


**图 8-14 居民实物资产增速与金融资产增速**

资料来源：笔者整理。

从居民实物资产增速、金融资产增速和 M2 增速对比来看，2009 年以来两者均与 M2 增长趋势保持了一致，而实物资产的增速均低于 M2 增速，2009 年金融资产增速与 M2 增速大致持平，2010~2012 年，金融资产增速均高于 M2 增速（见图 8-15、图 8-16）。2007~2008 年美国次贷危机期间，实物资产增速和金融资产增速均出现了大幅波动，实物资产波动幅度更大，而同期 M2 增速并未发生明显变化，说明输入型的边际价格冲击对存量调整影响较大。

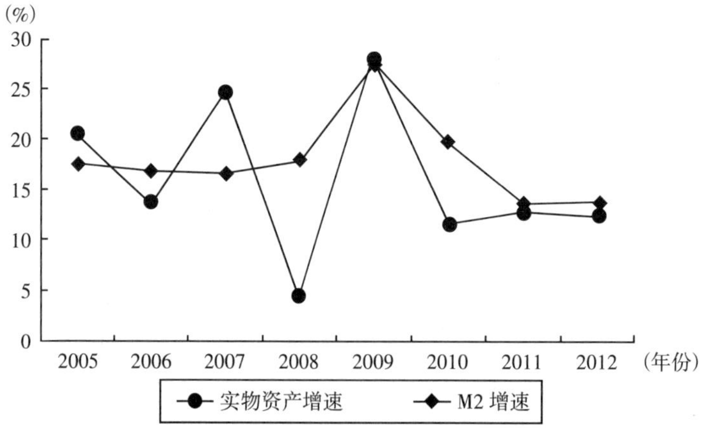


**图 8-15 居民实物资产增速与 M2 增速**

资料来源：笔者整理。

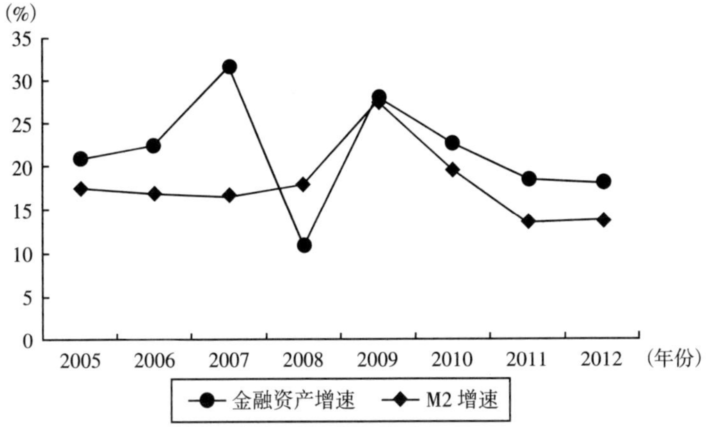


**图 8-16 居民金融资产增速与 M2 增速**

资料来源：笔者整理。

（3）从资产结构细分类别看，居民持有资产的集中程度较高。其中，个人持有的住房资产（包括城镇住房和农村住房）、银行存款（包括活期和定期存款及其他存款）、对私营企业、个体工商户及专业合作社股本投资以及占居民持有资产总额的绝大多数比例（见图 8-17）。2004~2012 年，以上几类资产一直占居民持有资产总额的 80%以上。其中，居民持有的住房资产占居民持有全部资产总额的比例存在下降趋势，从 2004 年的 61.79%下降到 2012 年的 55.20%，总体一直保持在 55%以上；商业银行存

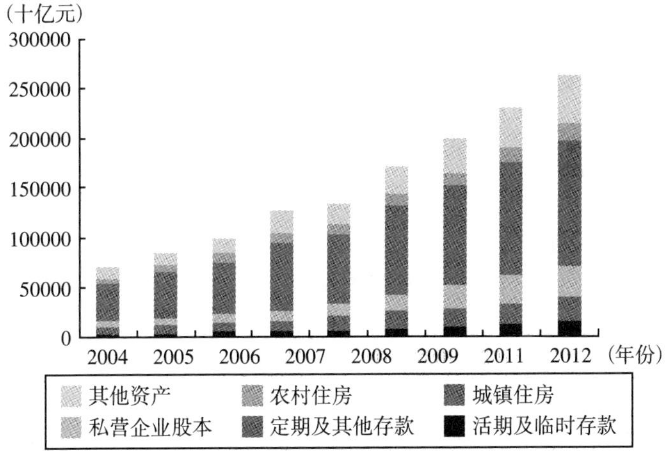


**图 8-17 居民主要资产类别构成**

资料来源：笔者整理。

款总额占居民资产总额的比例总体来讲略有下降，从 2004 年的 16.82%左右下降到 2012 年的 15.16%左右；居民持有的私营企业、个体工商户及专业合作社股本占居民全部资产的比例则持续上升，由 2004 年的 7.48%上升至 2012 年的 12.25%（见图 8-18）。

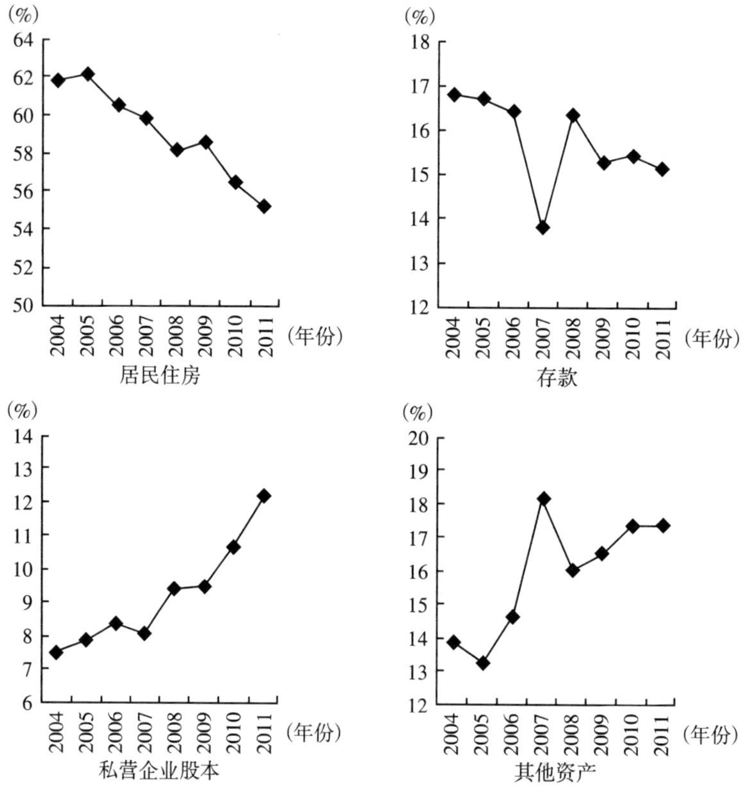


**图 8-18　居民主要资产类别占比构成**

资料来源：笔者整理。

居民直接持有上市公司股权及债券资产占比较小。2004~2012 年，居民直接持有上市公司股票市场价值占居民持有资产总额的比例不高，一直保持在 4%以下，由于股票市场持续低迷，至 2012 年这一比例更是由 2007 年高峰时的 3.96%降低到 1.75%（见图 8-19），从居民持有上市公司股票价值总额占居民资产总额比例角度来看，未来居民配置股票空间仍然很大。此外，由于股票市场价格波动剧烈，居民持有的股票资产总额在年度间出现过负增长，并且波动幅度很大（见图 8-20）。

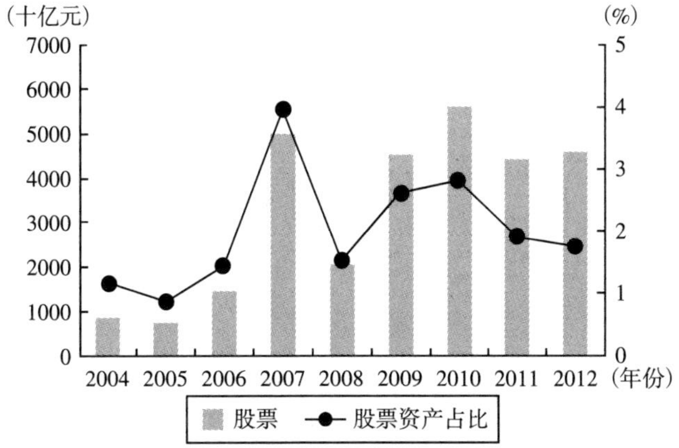


**图 8-19 居民持有股票总量及其占比**

资料来源：笔者整理。

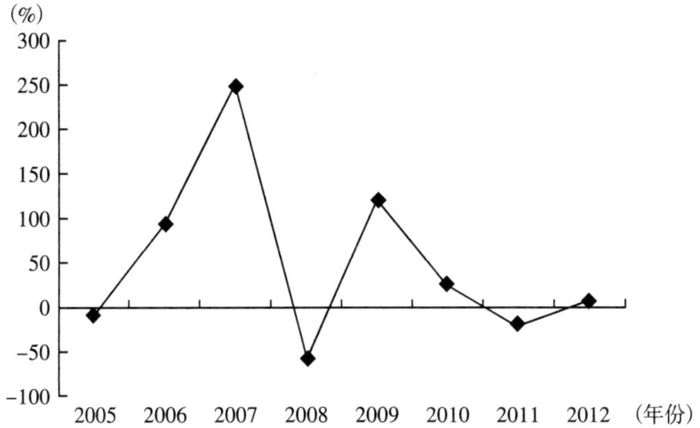


**图 8-20 居民持有股票总量年度增长率**

资料来源：笔者整理。

居民配置的债权资产占比则更少。2004~2012 年，居民持有债券（全部为国债）占居民持有资产总额的比例在最高年份还不到 1.16‰，这与中国巨额的债券存量形成鲜明对比（见图 8-21）。至 2012 年底，中央登记结算公司托管的债券总量为 26.24 万亿元，而同期中国居民对债券的持有量仅为 3040 亿元，占同期托管债券存量的比例仅为 1.16%。美国次贷危机期间居民配置股票和债券资产的替代效应明显，2007 年股票资产增速大幅上升至 249.67%，债券资产增速下降至-27.84%；2008 年股票资产增速下滑至-59.17%，债券资产增速大幅上升至 166.47%（见图 8-21、图 8-22）。

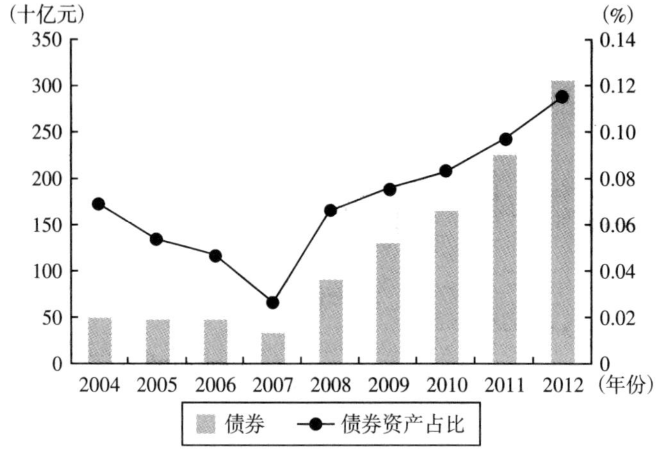


**图 8-21　居民持有债券总量及其占比**

资料来源：笔者整理。

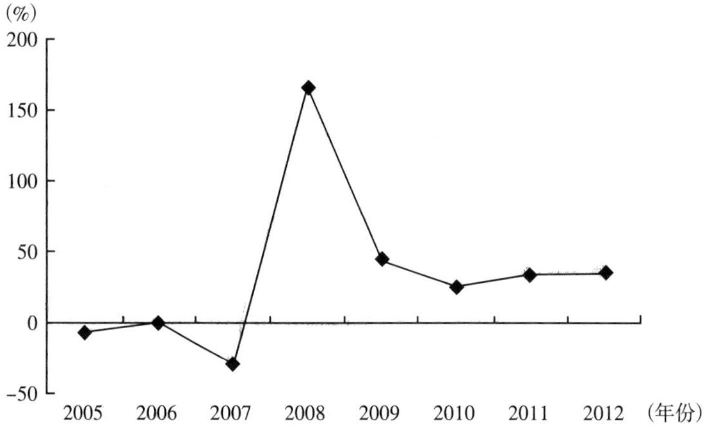


**图 8-22　居民持有债券总量年度增长率**

资料来源：笔者整理。

（4）从资产结构细分各类增速来看，各项金融资产表现出了明显的优势。居民持有的各类资产中，超过 2005~2012 年总资产平均增速 17.77%的各项有：银行理财、基金、黄金、社保基金、债券、私营企业股本、股票、住房公积金、保险公司储蓄份额、家用汽车、活期存款，分别达到72.68%、31.76%、29.62%、28.55%、25.79%、24.70%、24.04%、22.75%、21.18%、20.79%、18.24%，除家用汽车外，其余均为金融资产，而城镇住房、定期存款、通货、农村住房、家庭耐用品、农村固定资产部分均低于总资产的平均增速，分别为 16.46%、15.53%、12.39%、11.56%、8.33%、6.83%（见图 8-23）。

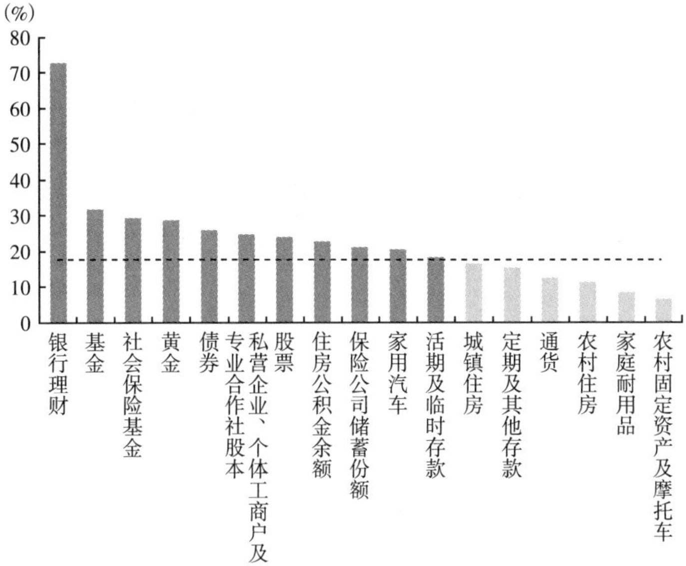


**图 8-23　居民各类资产年均增速**

资料来源：笔者整理。

从一个长周期的居民金融资产的大类配置来看，由现金和存款向其他金融资产转移的趋势表现得尤为明显，现金占金融资产之比由 2004 年的 7.93%下降为 2012 年的 4.28%，同期活期存款和定期存款分别由 18.43%、34.77%下降为 14.92%、23.37%，其他金融资产占比则由 38.88%上升为 57.44%（见图 8-24）。从结构上来看，活期存款转移速度较慢，目前在居民金融资产中占比仍然较高，一方面居民货币需求的交易性和预防性动机较强，另一方面说明市场缺乏提供给居民的流动性较好的固定收益类产品，由于利率市场化导致市场利率中枢上移和货币市场基金的逐步推广，预计未来一段时间这种情况会有所改观。

居民负债总额增长较快，年均增幅超过同期居民总资产和 M2 增长幅度。2004~2012 年，居民负债总额由 2004 年的 2.94 万亿元增长至 2012 年的 16.14 万亿元，年均增长 23.70%，同期 M2 和居民总资产的增速分别为 18.00%、17.77%（见图 8-25）。这主要是由于居民负债基数较低且近几年负债增速较快造成的，居民总体资产负债率仍然维持在较低水平。

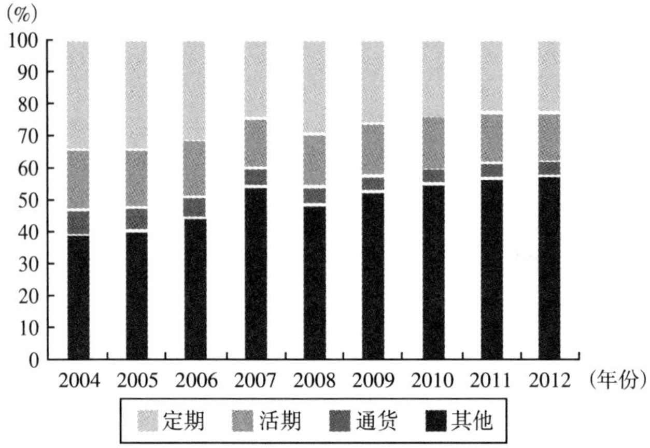


**图 8-24 居民金融资产各项占比**

资料来源：笔者整理。

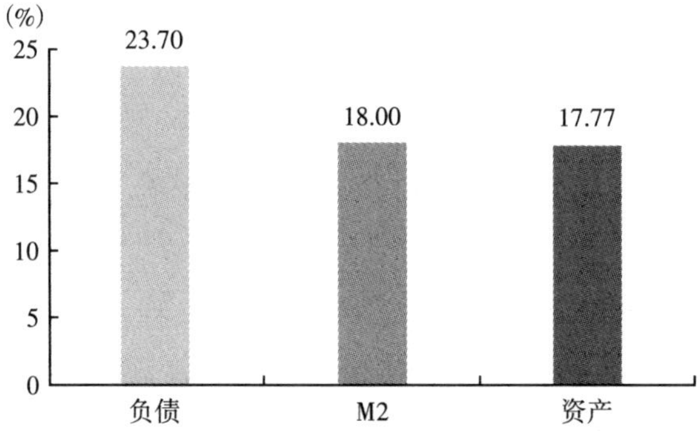


**图 8-25 居民总资产、总负债增速与 M2 增速**

资料来源：笔者整理。

# 第三节 对居民资产负债表状况的评价

为对中国居民资产负债表结构的合理性做出一个合理评价，有必要先对世界上其他国家居民资产负债表结构特征有大致了解，限于资料的可得性，我们选取 2000 年 19 个国家资产负债表结构作为比较对象（Estimating the Level and Distribution of Global Household Wealth，Davies，James B. et al.，

United Nations University research paper No.2007/77）（见表 8-3）。

**表 8-3 20 国居民资产负债表结构**

单位：%

| | 占总资产比例 | | | | 占金融资产比例 | | |
|---|---|---|---|---|---|---|---|
| | 金融资产 | 非金融资产 | 住房 | 负债 | 流动资产 | 股权 | 其他金融资产 |
| 澳大利亚 | 41 | 59 | 20 | 17 | 22 | 20 | 58 |
| 加拿大 | 57 | 43 | 20 | 18 | 25 | 32 | 43 |
| 中国台湾 | 59 | 41 | 20 | 10 | 39 | 32 | 29 |
| 捷克 | 34 | 66 | NA | 9 | 60 | 24 | 16 |
| 丹麦 | 55 | 45 | 24 | 30 | 21 | 31 | 48 |
| 芬兰 | 41 | 59 | 48 | 13 | 33 | 45 | 22 |
| 法国 | 40 | 60 | 29 | 11 | 33 | 32 | 35 |
| 德国 | 40 | 60 | 42 | 16 | 34 | 37 | 29 |
| 意大利 | 42 | 58 | 50 | 3 | 23 | 55 | 21 |
| 日本 | 50 | 50 | NA | 14 | 53 | 16 | 31 |
| 荷兰 | 54 | 46 | 38 | 16 | 19 | 24 | 57 |
| 新西兰 | 32 | 68 | 59 | 20 | 35 | 40 | 25 |
| 波兰 | 20 | 80 | 62 | 3 | 59 | 25 | 17 |
| 葡萄牙 | 49 | 51 | 39 | 19 | 47 | 38 | 15 |
| 新加坡 | 45 | 55 | 47 | 18 | 44 | 21 | 35 |
| 南非 | 65 | 35 | 16 | 15 | 21 | 19 | 60 |
| 西班牙 | 31 | 69 | 60 | 10 | 40 | 43 | 17 |
| 英国 | 53 | 47 | 35 | 13 | 20 | 24 | 55 |
| 美国 | 67 | 33 | 26 | 15 | 13 | 51 | 36 |
| 中国（2012 年） | 40 | 60 | 54 | 6 | 43 | 34 | 24 |

资料来源：Estimating the Level and Distribution of Global Household Wealth，Davies， James B.等，United Nations University Research Paper No.2007/77，东方证券研究所。

## 一、其他国家居民资产负债表结构

（1）资产负债表构成分布较为分散。19 个样本国家中，金融资产在居民总资产中占比的下限为 20%，上限为 67%，大多数都集中在 40%~60%，住房在居民总资产中所占比例的下限为16%，上限为62%，大部分都集中在20%~50%，负债占比上限为30%，下限为3%，大部分集中在10%~20%（见表8-4）。

**表8-4 19国居民资产负债表各构成部分占总资产比例**

单位：%

| | 最大值 | 最小值 | 均值 | 方差 |
|---|---|---|---|---|
| 金融资产占比 | 67 | 20 | 46 | 11.12 |
| 非金融资产占比 | 80 | 33 | 54 | 11.9 |
| 住房占比 | 16 | 62 | 37 | 14.8 |
| 负债占比 | 30 | 3 | 14 | 5.7 |
| 流动资产占比 | 26 | 8.71 | 15 | 5.17 |
| 股权占比 | 34 | 5 | 15 | 6.44 |

资料来源：笔者整理。

（2）资产负债表构成与经济发展水平之间并未显示出系统性结构特征。为进一步分析居民金融资产占比变化规律，我们用19个样本国家居民金融资产在总资产中的占比对各样本国家人均GDP数据作散点图，从图8-26可见，尽管总体上来讲，随着人均GDP的增加，居民持有金融资产的比例也倾向于增长，但是这种相关性并不是十分显著。样本国家居民人均GDP在18000美元至26000美元区间时，这种对应关系最为显著，在其他区间段，这种关系并不显著，有时甚至呈反向变化。另外，随着人均GDP上升，居民住房资产在总资产中的占比总体上呈现出下降的趋势，但是这种相关性同样表现得并不显著。从散点图（见图8-27）上可以看出，各国居民住房资产占比随人均国内生产总值的变化的分布更加分散。

对资产负债表构成的其他分项占比随居民人均收入变动的情况绘制散点图，我们发现了同样的现象，各国流动资产、股权在总资产中占比均与各国人均GDP之间并不存在显著的相关性关系。这说明在居民资产负债表构成方面，各国构成要素占比仅仅只是由各国特定的经济结构特征及居民独特的消费结构、消费偏好所决定，而与经济发展水平之间并不存在显著的相关性。

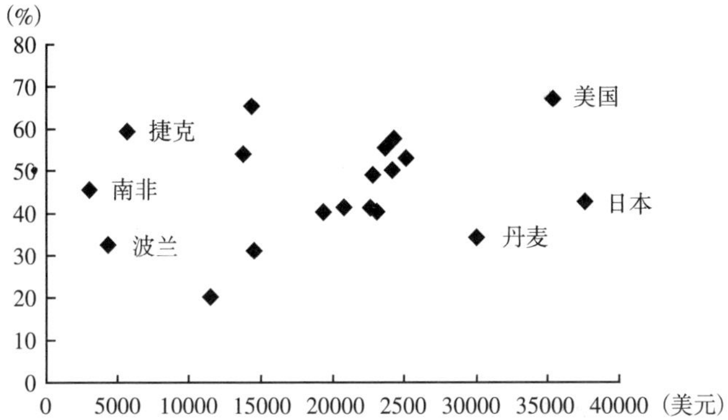


**图 8-26 19 国人均 GDP 与金融资产占比关系散点图**

资料来源：IMF，东方证券研究所。

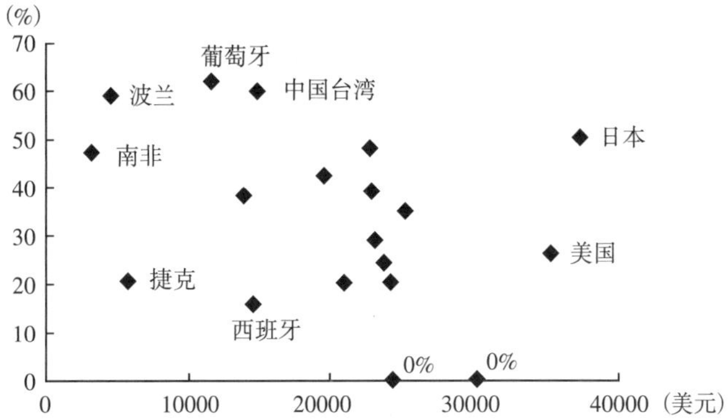


**图 8-27 19 国人均 GDP 与住房资产占比关系散点图**

资料来源：IMF，东方证券研究所，两个国家这个比例在图上表现为零，数据缺失。

## 二、基于国际比较的居民资产负债表结构评价

为了进行国际比较，笔者对中国资产负债表结构进行了调整，按照金融资产、非金融资产、负债、流动资产、股权及其他资产进行了重新编制。其中，金融资产和上文列出的金融资产完全对应，非金融资产则为上文列出的实物资产。住房包括城镇住房和农村住房，流动资产包括通货、活期及临时存款、定期及其他存款，股权资产包括居民持有的上市公司股权及持有的私营企业、个体工商户及专业合作社股本。

(1) 从金融资产和非金融资产占比来看，中国居民资产结构位于样本

国家中列。2004~2011年，中国居民非金融资产在居民全部资产中的占比在60%以上，从2004年的69%下降到2012年的61%（见表8-5、表8-6），而2000年样本19国非金融资产占比平均数为54%，占比最高为80%，最低为33%，中国居民金融资产和非金融资产的占比结构均处于样本国家的中间位置。

**表8-5 中国居民资产负债表各构成部分分布**

单位：十亿元

| | 2004年 | 2005年 | 2006年 | 2007年 | 2008年 | 2009年 | 2010年 | 2011年 | 2012年 |
|---|---|---|---|---|---|---|---|---|---|
| 资产总额 | 71092 | 85775 | 99861 | 126834 | 135164 | 172910 | 199783 | 229625 | 263158 |
| 金融资产 | 22475 | 27180 | 33273 | 43779 | 48499 | 61976 | 75935 | 89885 | 106089 |
| 非金融资产 | 48617 | 58595 | 66588 | 83055 | 86665 | 110934 | 123847 | 139741 | 157070 |
| 住房 | 43929 | 53299 | 60466 | 75930 | 78580 | 101526 | 112831 | 126743 | 142222 |
| 负债 | 2943 | 3297 | 3964 | 5068 | 5708 | 8182 | 11259 | 13607 | 16138 |
| 流动资产 | 13737 | 16322 | 18670 | 20096 | 25041 | 29640 | 34542 | 39017 | 45156 |
| 股权 | 6140 | 7508 | 9790 | 15284 | 14782 | 20888 | 26960 | 32509 | 35700 |
| 其他资产 | 4343 | 5348 | 6972 | 10457 | 11053 | 12674 | 14192 | 17750 | 23943 |

资料来源：笔者整理。

**表8-6 中国居民资产负债表各构成部分占比**

单位：%

| | 2004年 | 2005年 | 2006年 | 2007年 | 2008年 | 2009年 | 2010年 | 2011年 | 2012年 | 2000年样本19国平均值 |
|---|---|---|---|---|---|---|---|---|---|---|
| 资产总额 | 100 | 100 | 100 | 100 | 100 | 100 | 100 | 100 | 100 | 100 |
| 金融资产 | 31 | 31 | 33 | 34 | 35 | 35 | 37 | 38 | 39 | 46 |
| 非金融资产 | 69 | 69 | 67 | 66 | 65 | 65 | 63 | 62 | 61 | 54 |
| 住房 | 62 | 62 | 61 | 60 | 59 | 59 | 57 | 56 | 55 | 37 |
| 负债 | 4 | 4 | 4 | 4 | 4 | 5 | 6 | 6 | 6 | 14 |
| 流动资产 | 19 | 19 | 19 | 16 | 19 | 17 | 17 | 17 | 17 | 15 |
| 股权 | 9 | 9 | 10 | 12 | 11 | 12 | 14 | 14 | 14 | 15 |
| 其他资产 | 6 | 6 | 6 | 8 | 8 | 7 | 6 | 7 | 8 | 19 |

资料来源：笔者整理。

（2）中国居民住房资产占比较高，并且居民负债水平相对较低。2004~2012 年，尽管中国居民住房资产在总资产中的占比不断下降，但是与样本 19 国均值相比，中国居民住房资产在总资产中的占比仍然偏高，2012 年这一比例仍然达到 54.04%，远高于 2000 年样本 19 国的均值 37%的水平。同期，尽管中国居民负债水平占总资产的比例不断上升，2012 年这一比例达到 6.13%，但是远低于 2000 年样本 19 国 14%的平均水平。

（3）中国居民持有流动资产占总资产比例较高，显示出中国居民较高的流动性偏好倾向。2012 年中国居民持有的流动性资产占居民持有总资产的比例为 17.16%（见图 8–28），2000 年样本 19 国这一比例的均值为 15%，中国居民持有流动性资产的比例高于样本 19 国的这一比例的均值。这一点与日本和中国台湾的情况较为相似。

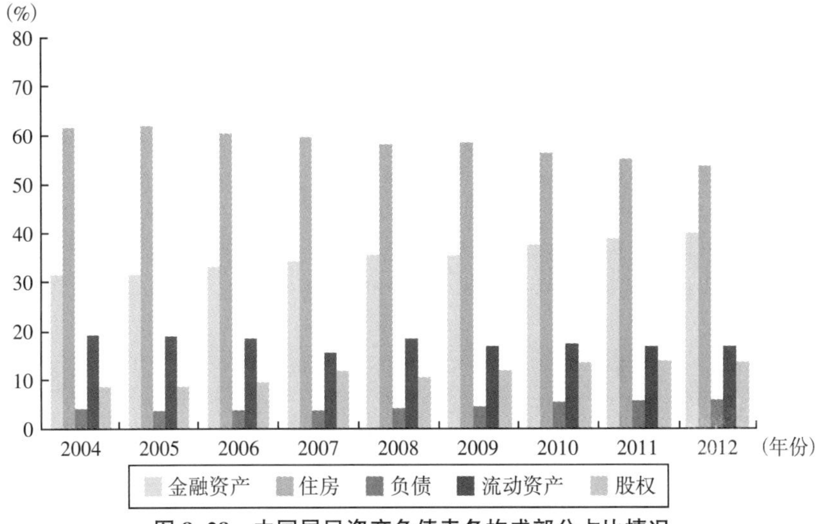


**图 8–28 中国居民资产负债表各构成部分占比情况**

资料来源：笔者整理。

（4）中国居民持有股权资产占总资产的比例与样本国家这一比例的均值基本持平。仅仅只是看居民持有上市公司股票的金额，中国居民持有股权资产占总资产的比例不到 2%，但是加上中国居民持有的私营企业、个体工商户及专业合作社股本后，这一比例升至 13.57%，尽管和美国 2000 年持有股权资产占总资产 34%的较高比例存在一定差异，但是中国居民持有股票资产占总资产的比例与 2000 年样本 19 国 15%的平均水平基本持平。

# 第四节 关于存量与流量关系的几点思考

## 一、货币增速影响边际价格，存量财富相应调整

居民持有的金融资产和实物资产中，生息资产主要有：活期存款、定期存款、债券、股票、基金、银行理财及信托产品、保险公司储蓄份额、私营企业、个体工商户及专业合作社股本、住房（包括城镇和农村），至2012年底占居民总资产的89.62%；生息资产中其存量价值受边际价格影响的主要有：债券、股票、基金及专户理财、信托产品、银行理财、住房，至2012年底占居民总资产的61.06%；黄金属于比较特殊的投资品，它不属于生息资产，但其存量价值受边际价格影响，由于中国居民持有黄金占比较低，至2012年底仅为0.69%，此处暂不做分析。

居民生息资产中其存量价值受边际价格的影响主要集中于房市、股市、债市三个市场，这三个市场无论是对于居民还是机构投资者，都是重要的大类配置场所。从理论上讲，资产的边际价格必然受到当期及上期货币总量增速的影响，从中国M2增速和城镇住房单价增速来看，两者的线性趋势线走势保持了高度一致，住房价格增速波动幅度更大，且趋势线斜率更为陡峭（见图8-29）。在高货币增速的前提下，由于边际价格的变动引起的财富存量的改变，并且这种变化保持着单边上升趋势，会给居民带来很强的货币幻觉，以占比最大的住房资产为例，2004~2012年，中国城镇居民持有住房资产的价值从37.37万亿元上升到126.50万亿元。我们对引起城镇住房总值增长的因素进行了分解，总体来讲，影响城镇居民住房价值增长的驱动因素可分为两个：一是城镇居民住房总面积的增长；二是城镇居民住房单位面积价格的增长。2004~2012年，中国城镇居民住房单位价格由2608元/平方米上升到5400元/平方米，住房单价累计增长107.06%，同期，中国城镇居民住房总面积则由143.31亿平方米上升至234.26亿平方米，累计增长63.47%。住房单位面积价格变动和住房存量变动两个驱动因素共同作用，使中国城镇居民住房资产总价值在该期间累计上升了

238.47%，显然住房单位价格上涨是该期间中国居民持有住房资产总价值快速上升的主要因素。按2012年住房市场单位价格计算，中国城镇居民当年末持有的住房资产总值为126.50万亿元，而按2004年城镇住房单价计算，2012年中国城镇居民持有的住房资金总值仅为61.09万亿元，按2004年城镇住房单位价格计算，2012年中国城镇居民持有住房资产总值将下降51.70%，这两者之间的差额应归结于住房单位面积价格的上涨（见图8-30）。

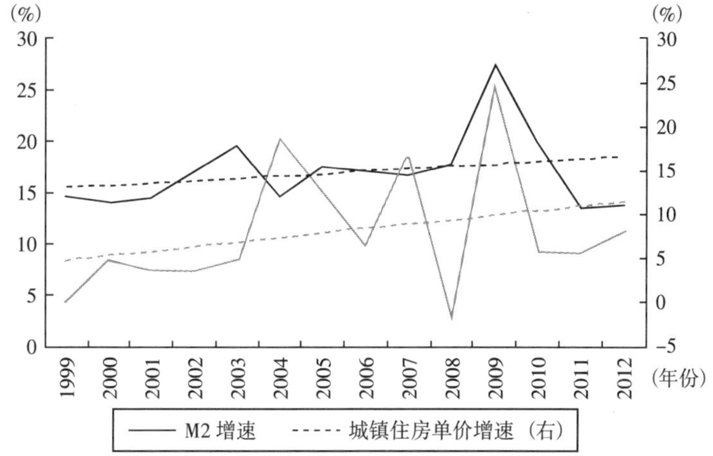


**图8-29　M2增速与城镇住房单价增速**

资料来源：CEIC，东方证券研究所（虚线部分为线性趋势线）。

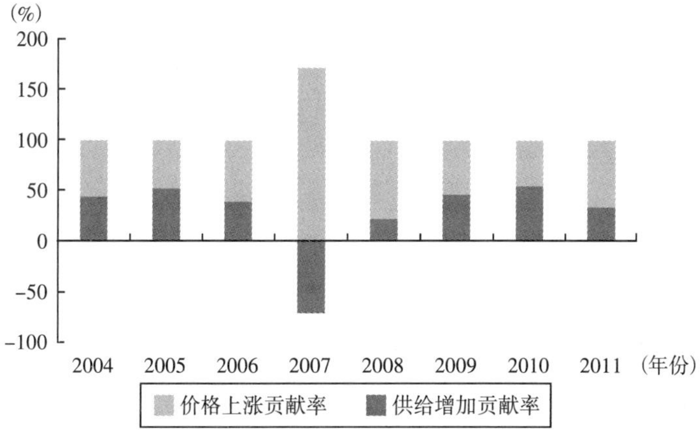


**图8-30　供给增加与价格上涨对存量变动的贡献率**

资料来源：CEIC，东方证券研究所。

因此，短期内由于流动性和投资者情绪的波动而引发的资产边际价格的改变，会直接影响到居民财富存量调整，同时居民资产负债表也会发生相应变化，若我们能够找到居民配置大类资产转换的临界点或阈值（如美国次贷危机期间就表现得尤为明显），并准确刻画其资产负债表变化的相应路径，对大类资产配置及各类资产价格预测均能提供有益帮助（此处我们将通过大类资产配置专题进行深入研究）。此处，我们借用经济学中最基本的供给需求原理，以说明边际价格对存量调整的重要影响，如图8-31所示：左图为短期资产流量供给需求曲线，由于流量的供给可变，因此供给曲线SS向右上方倾斜且斜率为正；右图为短期资产存量供给需求曲线，由于短期内供给存量不变，因此供给曲线SS为一条竖直的线，均衡价格、成交量分别为$p_1$、$q_1$。当需求受到短期冲击时，需求曲线会向左或向右平移，此处分析向右平移的情况即正向冲击，形成新的均衡价格$p_2$，成交量为$q_2$，均高于之前的均衡价格和成交量，由于存量供给曲线为直线，即短期内存量无法调整，因此存量调整在现有的价格上形成了更高的成交量$p_3$，这一点也说明由于短期内存量供给的固化，当出现外部冲击时，边际价格的波动往往引起市场的超调。

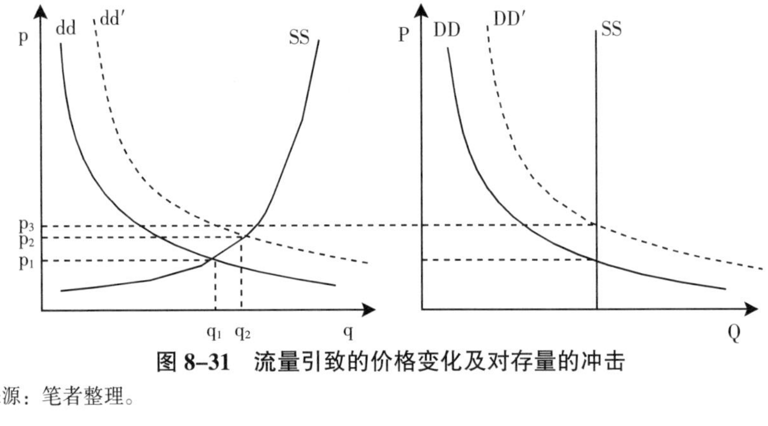


**图 8-31　流量引致的价格变化及对存量的冲击**

资料来源：笔者整理。

## 二、商业银行仍是金融体系核心，加速脱媒或会导致系统风险

从居民资产构成各组成部分来看，真正能够对居民支付能力与支付意

愿带来影响的资产部分仅存在于金融资产部分，实物资产部分价值对居民的支付能力与支付意愿能够发生影响的程度则几乎可以忽略。而在居民金融资产中，居民持有的私营企业、个体工商户及专业合作社股本由于缺少流动性，对居民的支付能力与支付意愿的影响较小，在剩下的金融资产中，占比最大的便是活期及临时存款、定期及其他存款两个部分，这两部分金额占同期居民持有资产总额的15%左右，占居民持有金融资产的比例则在38%左右（见图8-32、图8-33），这部分资产是构成居民支付能力与支付意愿的中坚，它从根本上决定着居民个人富裕程度并对居民消费产生重大影响。因此，一旦商业银行体系出现问题，必将带来居民的不满并引发社会、经济动荡。

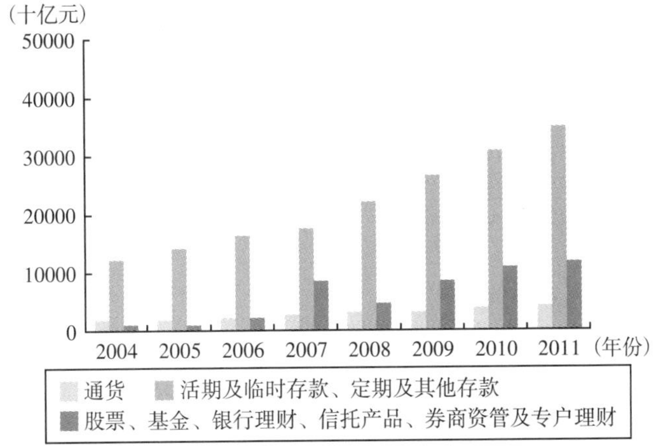


**图8-32 居民金融资产中流动性较强主要组成部分**

资料来源：笔者整理。

商业银行总资产在全部金融机构中仍占绝对优势地位，至2013年6月底，银行业金融机构总资产144.70万亿元，信托资产余额9.46万亿元，保险业金融机构总资产7.88万亿，证券业金融机构总资产1.87万亿元（见图8-34），可见银行体系的稳定是中国金融体系稳定的基础。但在资金脱媒不断深化（特别是货币增速下滑时，资金脱媒速度一般会上升，见图8-35），若商业银行以表内资产大量参与脱媒进程，金融体系或会产生系统风险。

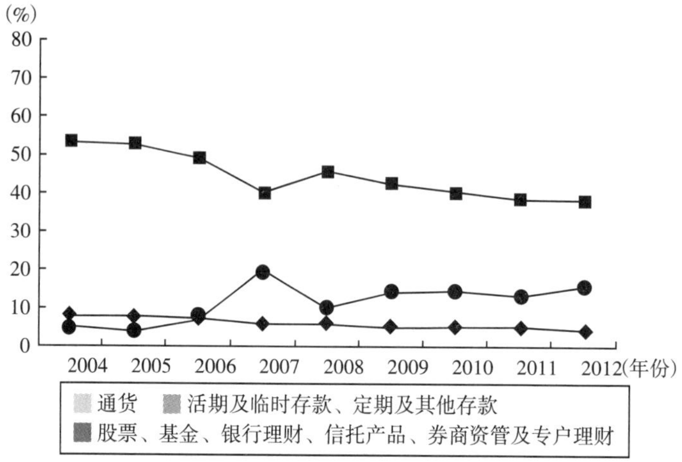


**图 8-33 居民金融资产中流动性较强部分占比**

资料来源：笔者整理。

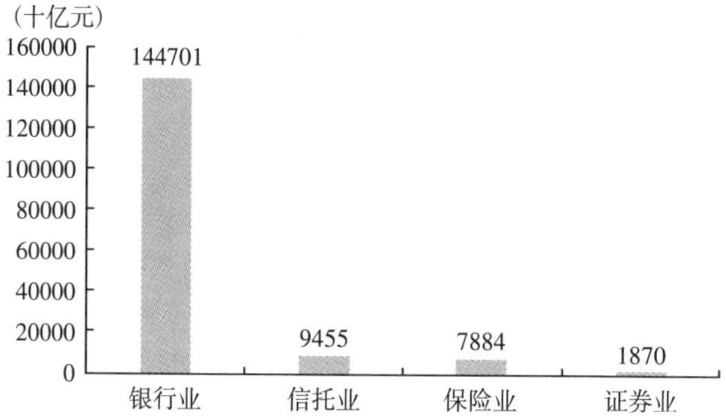


**图 8-34 各金融机构增资产规模**

资料来源：笔者整理（截至 2013 年 6 月 30 日，信托业为信托资产余额）。

在脱媒进程中，由于融资结构的转换（新增人民币贷款占社会融资规模的比重由 2003 年的 81.06%下降至 2012 年的 52.04%），及金融开放度的提高，无风险利率水平缓慢上升是一种必然。在存款利率没有完全放开前，市场利率与存款利率之差导致银行理财、货币市场基金等脱媒工具迅速崛起，资金脱媒速度的加快导致了商业银行的负债端极为不稳定，存款的大量流失致使其资产负债难以匹配，由此产生了两个结果：一是压缩资产，剁掉流动性较好的债券；二是扩大负债，这就算是传统的“拉存款”。在居民的理性选择下，后者显然不靠谱。在这个过程中，往往国有大型商

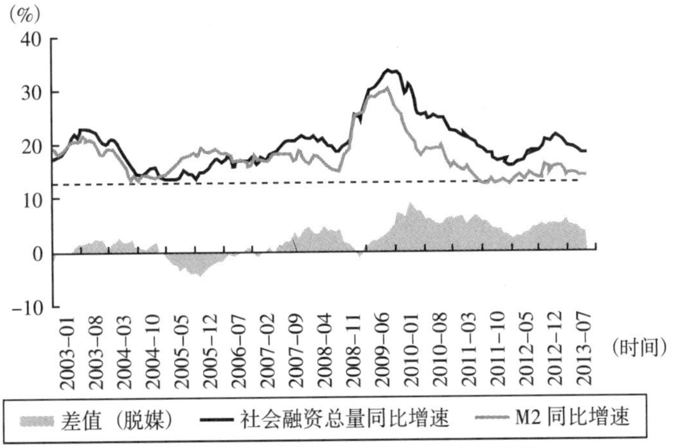


**图 8-35　社会融资总量与 M2 累计同比增速**

资料来源：笔者整理（虚线为 M2 目标增速 13%）。

业银行存款流失较为严重，于是造成作为资金供给方的国有大型商业银行在货币市场的融出行为变得谨慎，尤其在存款考核期的时间节点上，表现得更加明显。但偏偏是这样一种看似理性的“自利”行为，却产生了“自损”的结果，市场利率与存款利率之差的放大一定会使脱媒提速，导致了更多的存款流失。由此往复，自我强化。在利率市场化的过程中，导致缓慢推进利率中枢上移，利率波动幅度加大。此时，若商业银行仍利用其表内资产配置过多非贷款类产品，总资产规模扩张过快，则信用风险和市场风险会全部集中在商业银行体系，系统性风险必然增加。从前面流动性经济学报告《影子银行：国际图景及中国形态（下）》中的影子银行规模与本外币贷款余额和银行总资产之比的趋势上（见图 8-36、图 8-37），也验证了之前的判断。

## 三、股市重要功能是实现资本化并合理定价，并非重要融资工具

十八届三中全会及近期的中央经济工作会议中均明确提出了：“提高直接融资比重”，联系到近期 IPO 的开闸和新三板的扩容，股票融资的重新启动已箭在弦上，但市场似乎忽视了一个重点：在各个经济体中，股票融资额仅占社会融资总规模的很小一部分，股票市场的重要功能是实现企

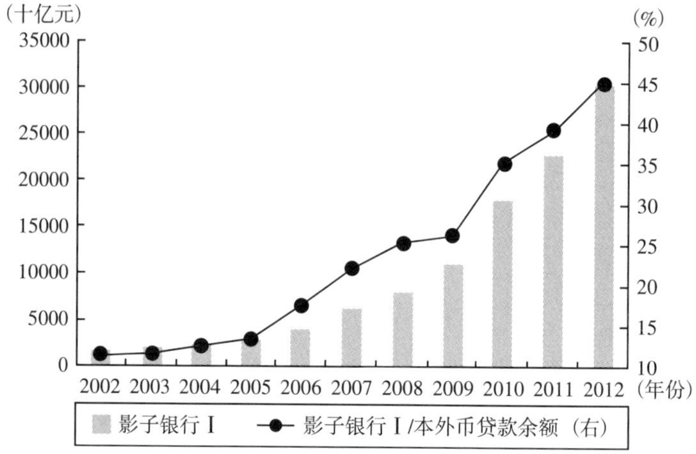


**图 8-36 影子银行Ⅰ及与本外币贷款余额之比**

资料来源：CEIC，东方证券研究所。

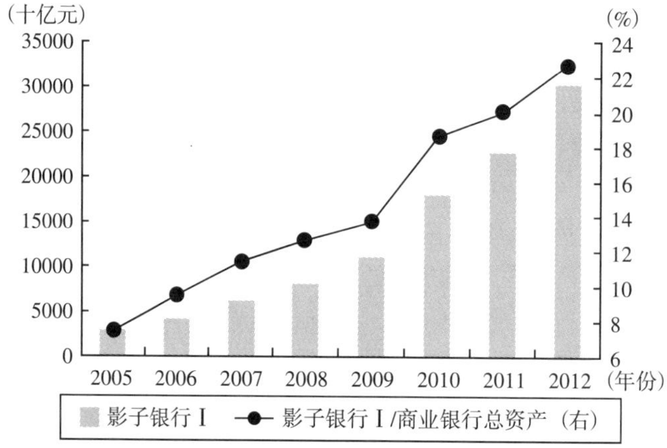


**图 8-37 影子银行Ⅰ及与银行总资产之比**

资料来源：CEIC，东方证券研究所。

业的资本化并对其标的进行合理定价，通过价格优胜劣汰，有效配置资源（IPO、再融资仅仅是配置资源中的一小部分）。

从 2002~2012 年每年非金融股票融资额占新增社会融资规模之比来看，即使在 2007 年股市行情最好时，占比也仅为 7.26%，其他年份均维持在 2%~3%；从同期非金融股票累计融资额占社会融资存量之比来看，也是非常低的，最高时仅为 4.19%，至 2012 年底，回落至 3.38%（见图

8-38、图 8-39）。尽管融资占比较低，并未妨碍股市总市值的快速扩张，2002~2012 年境内股票总市值由 3.83 万亿元增长至 23.04 万亿元，年均增速 19.65%，高于同期 M2 增速。因此，股票市场资本化和定价功能要远胜于其融资功能。

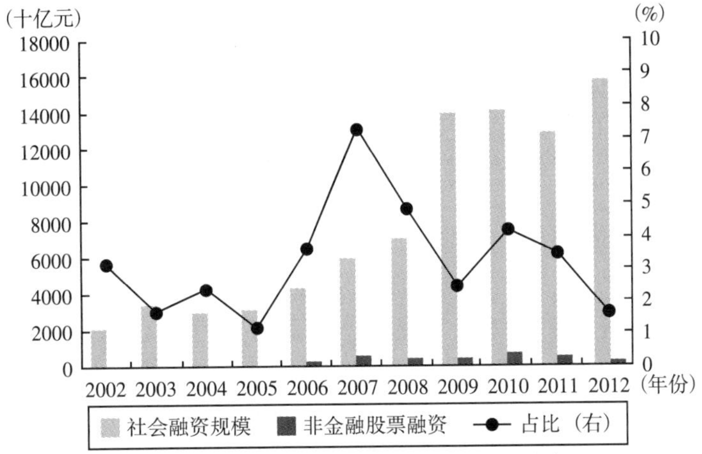


**图 8-38　社会融资规模与非金融股票融资**

资料来源：CEIC，东方证券研究所。

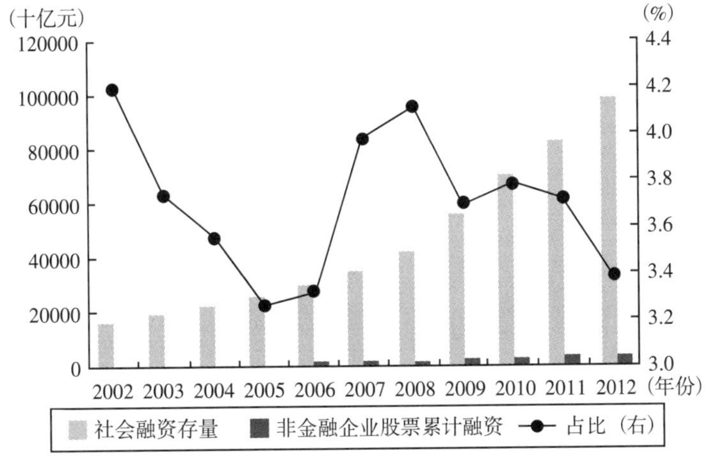


**图 8-39　社会融资存量与非金融股票累计融资**

资料来源：CEIC，东方证券研究所。

## 四、私人股权资本增速近期大幅下滑，国企改革或释放新红利

2005~2011 年私营企业、个体工商户及专业合作社股本一直维持高速增长，2007 年最低时仍达 22.81%，2008~2011 年增速持续上升，至 2011 年增速高达 31.82%（见图 8-40），期间说明居民部门投资小微企业热情高涨。从同期私人股权资本和国有股权资本的对比来看，总量上仍取得了一定优势，私人股权资本与国有股权资本之比由 2004 年的 0.71 上升至 2011 年的 1.28（见图 8-41），从这一点上讲“国进民退”是有问题的。2012 年私人股权资本增速出现大幅下滑，跌至 10.56%。十八届三中全会提出的要积极发展混合所有制经济也就意味着民间资本可以更多地参与国企经营，重要的是平等待遇和混合所有制，私有化未必会带来效率的提升，但竞争一定会，公平竞争会真正激发活力和创造力，因此市场化导向是必然趋势，而作为市场的参与者之一，国企改革必然会加速推进，私人股权资本增速或会接国企改革红利释放重拾升势。

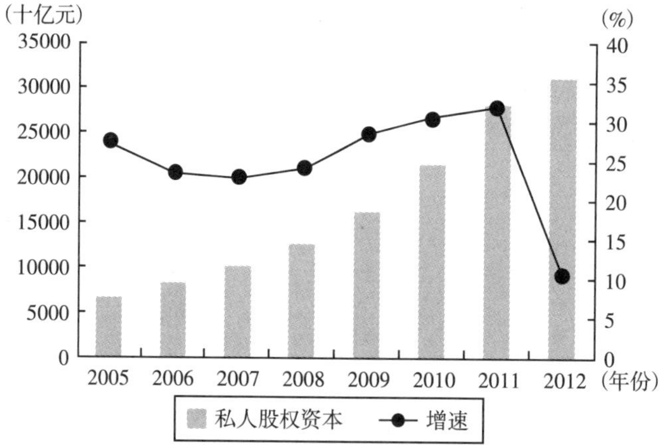


**图 8-40　私人股权资本总量及增速**

资料来源：CEIC，东方证券研究所。

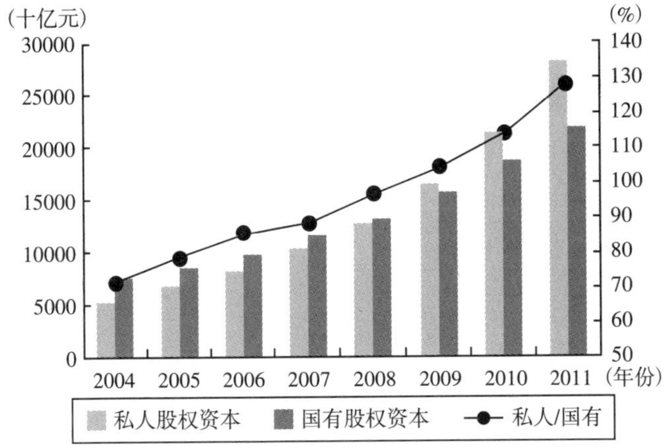


**图 8-41 私人股权资本与国有股权资本**

资料来源：CEIC，东方证券研究所。

## 五、从收入分配角度来看，流量增长明显处于劣势

居民资产负债表是一张存量报表，每年的 GDP 即新增价值就是一张利润分配表，是在居民、企业、金融机构和政府之间的分配，理论上市场主导初次分配，政府主导再分配，无论是追求“帕累托最优”，还是“竞争性经济中均衡的存在”，分配的结果都至关重要。

从城镇居民人均可支配收入增速、居民资产增速和居民金融资产增速三者的对比来看，在 2005~2012 年的 8 年中，仅 2008 年城镇居民人均可支配收入增速高于居民资产增速和居民金融资产增速，其他年份城镇居民人均可支配收入增速均低于居民资产增速和居民金融资产增速（见图 8-42），同时由于居民总资产（见图 8-43）与名义 GDP 之比高达 4.67%，显然由于资产价格变化导致存量调整在分配中更具优势，若按照市场主导原则进行分配，从流量—存量关系上来讲必然导致贫富差距进一步拉大。若政府使用存量税的方式进行再次分配，将有利于居民收入增长的可持续性，未来有可能构成财税体制改革中的重要组成部分。

我们这里讨论的主要是总量问题，另外一个更为尖锐的话题，已经由很多研究者通过采样估计的方式进行了研究，当然结论也是争议巨大。前一章研究结果显示，至 2012 年底，中国政府部门的净资产为 34.5 万亿元，这让我们在混合所有制方面存在巨大的想象空间。居民存量财富也是

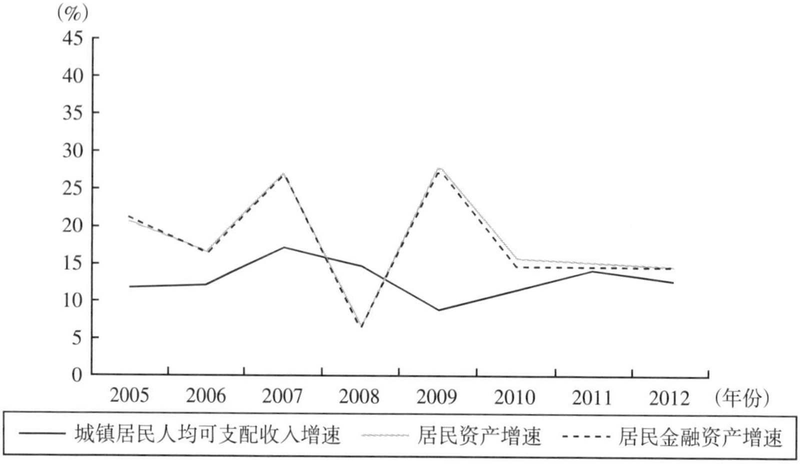


**图 8-42 城镇居民人均可支配收入增速与资产增速**

资料来源：Wind，东方证券研究所。

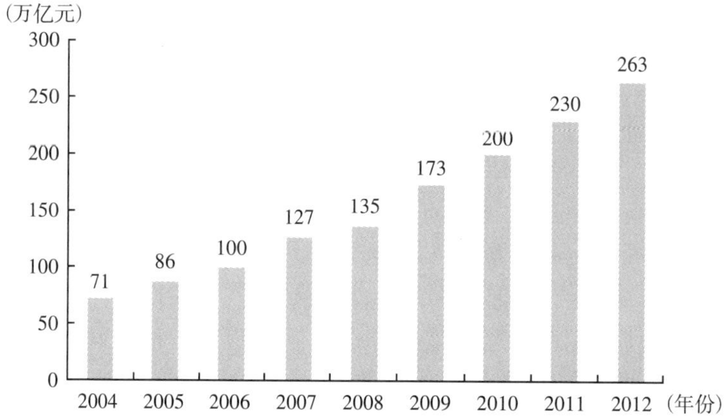


**图 8-43 居民总资产**

资料来源：笔者整理。

未来财产性税基的唯一来源，也是财富管理行业的曙光所在。我们最终会给出 6 部门的资产负债表全景，进而厘清中国经济和全球经济的存量与流量关系，揭示实体经济和货币金融交互重用的实质与真相。

# 第九章　对外部门：重构对外资产负债表

开放经济环境下，我们可以把一个国家整体视为一个对外部门，即所有宏观部门对外资产和负债的总和，它既取决于这个经济体参与全球化过程的深度，也决定了它在全球化中的相对地位和影响，大经济体的对外部门存在巨大的溢出效应，因此也具有额外的话语权和定价能力。

从资产负债表角度看，日本手握超过 3 万亿美元的海外净资产，2014 年的净投资收益高达 1700 亿美元，美国欠了 4.5 万亿美元的海外净负债，但 2014 年的净投资收益竟然也高达 2288 亿美元，而中国手握近 2 万亿美元的海外净资产，但 2014 年的净投资收益却是-298 亿美元。本章我们将直接从中国对外资产负债表重构的角度分析中国对外部门的演进趋势。

## 第一节　现状：储备占比过大，收益率不匹配

在有年度统计数据覆盖的 2004~2014 年，中国的对外资产、负债和净资产规模都保持着较快的扩张速度。如图 9-1、图 9-2 所示，总资产从 9291 亿美元增长到 6.4 万亿美元，年化复合增长率 21.3%；负债从 6527 亿美元增加到 4.63 万亿美元，复合增长率 21.6%；净资产则从 2764 亿美元增加到 1.78 万亿美元，复合增长率 20.4%。从时序来看，2008 年以前增速较高，且资产增速高于负债增速，2008 年以后，增速有所放缓，而负债增速高于资产增速。横向比较，中国是 G20 中最大的对外净资产经济体之一，2013 年对外净资产规模占全球 GDP 的 2.6%，仅次于日本的 4.1%。

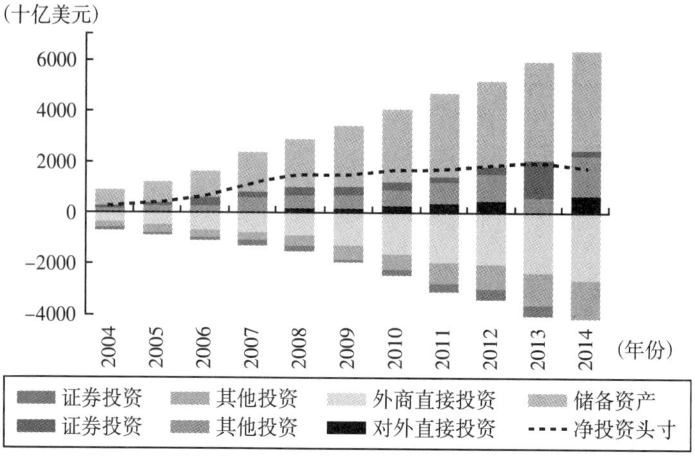


**图 9-1　中国国际投资头寸**

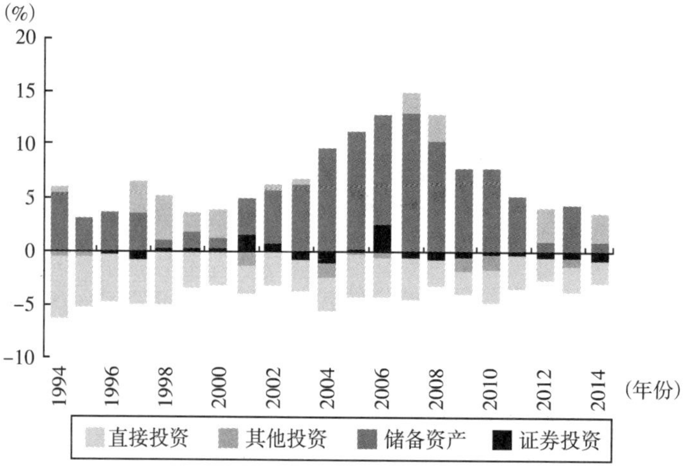


**图 9-2　中国资本与金融账户差额**

## 一、基本结构

2002~2014 年，对外资产中外汇储备一直处于主导地位，规模从 2004 年的 6099 亿美元增长到 2014 年的 3.9 万亿美元，这一方面源于中国“大推进”战略下长期、持续的双顺差，在结售汇制度下带来外汇储备的逐渐堆积；另一方面中国的居民部门和企业部门对外投资能力较弱，且投资渠道有限，对外难以形成收益较高的投资，中国对外直接投资规模和占比相对较小。截至2014年末，中国的外汇储备资产3899亿元，占全部对外资产的60.8%（见图9-1）。横向比较的话，可以发现中国和德国、沙特等代表性生产型和资源型经济体正是最主要的资本输出国（见图9-3），而美国是最主要的资本输入国，其背后的支撑就是美元的国际货币地位（见图9-4）。

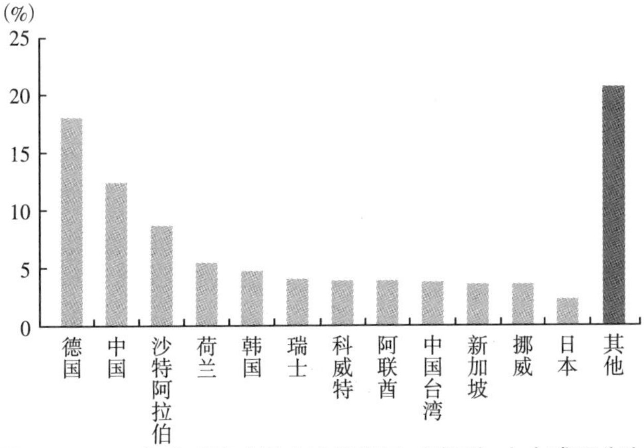


**图9-3　2013年全球资本最大净输出国（地区）占全球百分比**

资料来源：IMF，根据经常账户差额与错误和遗漏两项统计。

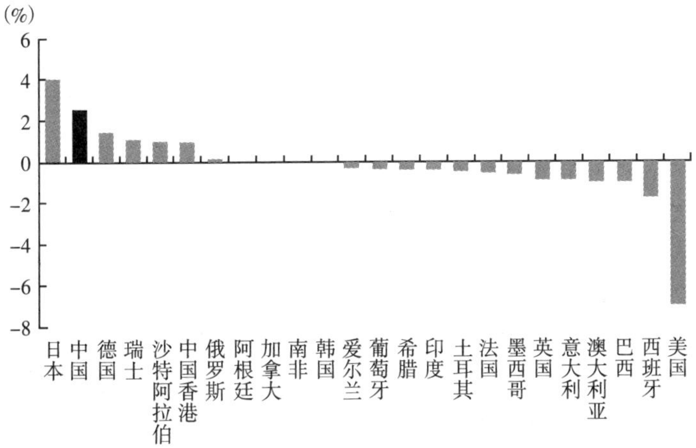


**图9-4　2013年末对外净资产/负债情况（占全球GDP）**

资料来源：DataStream。

负债方面，外商直接投资（FDI）是负债的主要组成，占60%左右；证券投资占10%左右，主要是股本证券；而其他投资占30%左右：从时序趋势判断，上述三项的占比相对稳定。外债方面，从中国不同期限外债的状况看，短期外债占比持续上升，目前短期外债占外债的比重接近80%。相对于目前的经济总量和外汇储备规模，中国外债压力较小。

## 二、收益性价比

虽然中国是最大的对外净资产国之一，但外汇储备主导的资产结构使其资产端与负债端的收益率/成本严重不匹配，如图9-5所示。从2009年开始，经常项目中，表征对外负债成本的投资收益流出规模就大于表征资产收益的投资收益流入。过去十年来，中国的对外投资收益率在3%~4%的低水平，明显低于对外负债5.5%~8%的成本（见图9-6）。

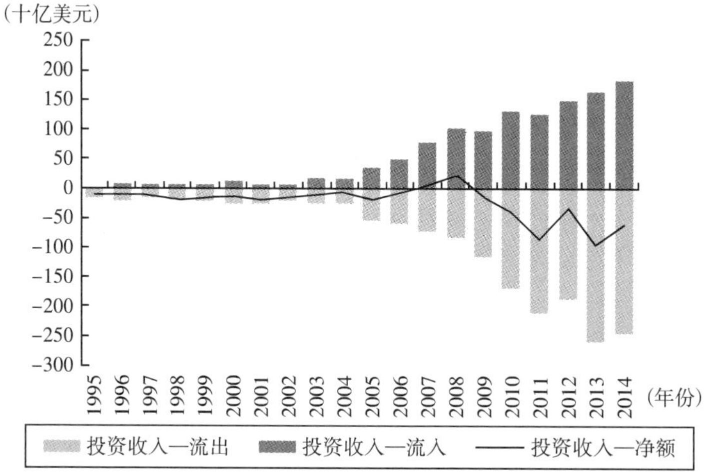


**图9-5 中国经常账户—投资收入**

资料来源：按照IMF国际收支统计手册（第六版）标准；DataStream。

中国的对外净资产收益率为负的原因来自两方面：第一，投资能力不足，其中直接投资资产收益率大幅低于直接负债收益，债务投资资产收益率也较负债端收益率低，虽然股票投资资产收益率较负债高，但由于受到资产价格波动影响，这一正的净资产负债收益率并不是持续的，波动较

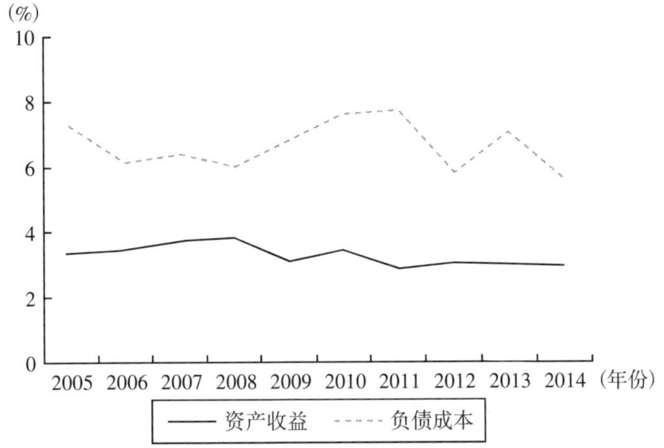


**图 9-6　中国外部投资收益率与外部负债利率**

资料来源：根据经常账户中的投资收入与国际投资头寸计算；DataStream。

大；第二，资产负债结构不对称，资产端以低收益的债务投资为主，负债端以高收益的直接投资为主。并且在资产端，所占份额不断上升的直接投资的收益率也非常低，更进一步加剧了净资产收益率下降。

与中国相反，美国作为全球最大的对外净负债国，其外部资产收益率稳定高于负债成本，在 1990 年之后，两者的利差更稳定在 4%左右（见图 9-7）。中国是全球的廉价资金提供者之一，而美国则是这些资金的主要接受者，就如我们在第五章分析的，廉价流动性泛滥和美联储对长端利率失控，成为美国次贷危机的主要原因和全球化 3.0 崩溃的催化剂。

综上所述，对外大规模净投资，外汇储备主导资产和资产负债收益率不匹配是中国对外资产负债表的现状和主要问题。

## 三、演化趋势

随着人民币国际化和中国在全球化 4.0 体系中的崛起，从对外资产负债表的角度来看，中国未来是成为美国这样的净负债国，还是保持目前的趋势，如日本一样继续做一个对外净资产国呢？很难想象中国的对外资产负债表会随着人民币的国际化而像美国那样背负大规模净负债；虽然随着人民币外流，必须以更多的资产池对接这些人民币，从而创生对外负债。而中国也很难像年老而富有的日本那样，继续维持对外净资产；这有总量的差异，也有结构和发展阶段的差异。2014 年，中国对外净资产占 GDP 的比重仅为 17.1%，而日本则高达 75.2%（见图 9-8）。与中国“藏汇于国”的特征不同，虽然外汇储备规模也很大，但富裕的日本是典型的“藏汇于民”：2014 年底其对外净资产私人部门持有占比 80.8%，公共部门持有占比仅 19.2%。至少在未来较长一段时间内，中国依然将处于金融周期的下半场，通过外部加杠杆对冲内部转杠杆的影响是十分必要的，在这之前资本项目可兑换加快是重要前提。

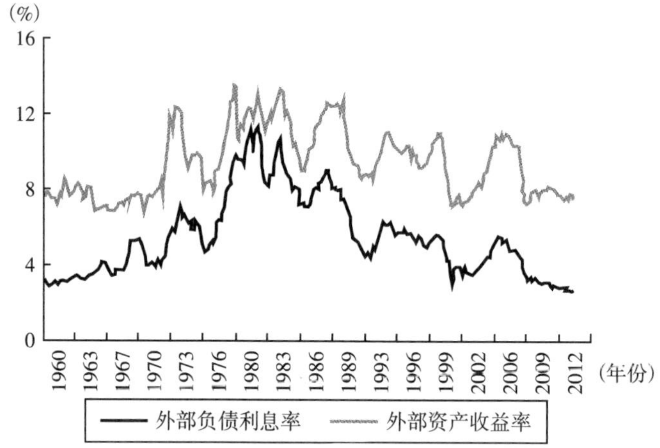


**图 9-7　美国海外资产与负债的利率**

资料来源：DataStream，根据国际收支与美国 FOFA 账户测算。

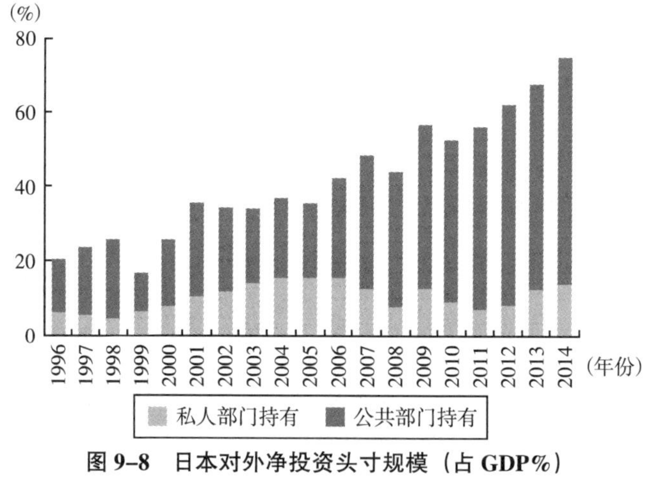


**图 9-8　日本对外净投资头寸规模（占 GDP%）**

资料来源：DataStream。

另外，如图 9-9、图 9-10 所示，随着人民币汇率形成机制的改革，以及 2015 年 8 月突然贬值后的贬值预期加强，中国的货币当局对外汇市场的干预程度和干预方向都有明显变化，其结果是外汇储备从快速积累到停止积累，然后再切换到了短期消耗。主要受此影响，预计未来中国对外净资产规模增速会明显下行。

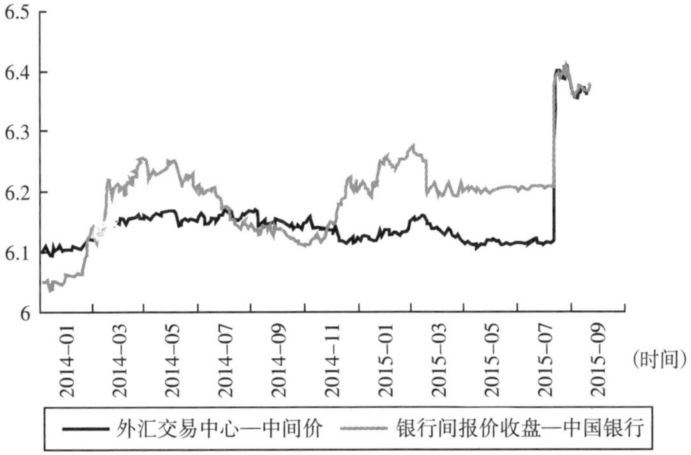


**图 9-9　人民币汇率中间价与银行间价格（CNY/USD）**

资料来源：DataStream。

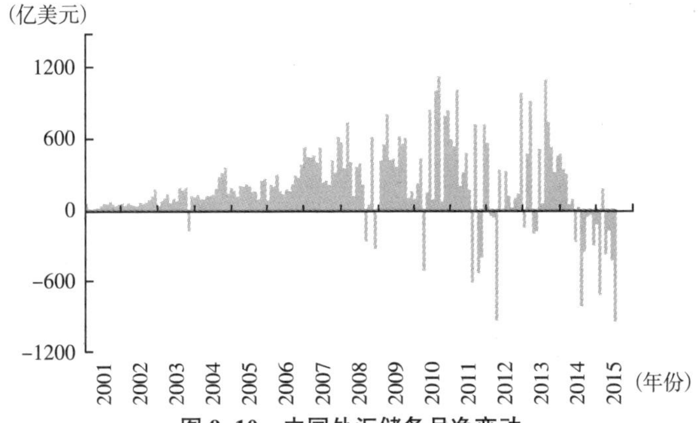


**图 9-10　中国外汇储备月净变动**

资料来源：CEIC。

因此，一方面，中国加快推进资本项目可兑换，提高对外负债水平；另一方面，有效且战略地使用外汇储备，提高资产收益率。最终，对外净资产规模下行，这是可能性最大的情况。

中国对外的资产和负债如何动态变化，如何提高中国对外资产的收益率，降低对外负债的成本，有效利用外部杠杆发展经济，对冲国内处于金融周期下半场下行阶段的影响。下一节将进一步研究，在人民币国际化的背景下，中国资本流动又将呈现什么特点。下面我们将对中国对外资产负债表的主要项目：直接投资、证券与其他投资、储备资产分别进行分析和展望，并以此勾勒出中国对外资产负债表演变的轮廓，并在下一节人民币国际化的内容中进行强化和补充。

# 第二节　直接投资：从净流入到净流出

全球跨境直接投资（Direct Investment）在全球化 3.0 时期蓬勃发展，主要承担了产业与技术转移的功能。在冷战时期，马歇尔计划是最具代表性的直接投资和支援计划，有美国地缘布局的因素。其后的产业转移则更多是微观企业基于区位理论选择的结果，其背后的驱动有市场、成本、资源等要素。全球规模的再分工和其背后的规模效应使特定产业在各区域集聚，直接投资扮演了重要的角色（见表 9-1）。

## 一、全球趋势

如图 9-11 所示，从存量来看，全球直接投资有明显的导向性和区域集中的特征。首先，截至 2013 年底，全球 27.9 万亿美元直接投资存量中，经济一体化程度最高的欧洲内部就占了 10 万亿美元，其实其中很多欧元区和欧盟国家间的直接投资可以理解为经济体“内部”的投资；而柏林墙倒塌后，西欧也对部分东欧国家进行了大量的直接投资。除此之外，中北美和欧洲这两个相对发达区域之间的投资规模也较大，存量规模为 5.1 万亿美元。其次，东亚是各区域中对外直接投资吸收较高的区域，但 3.9 万亿美元存量规模中仍然有 1.8 万亿美元来自内部，主要来自日本产业对“亚洲四小龙”的转移，以及之后亚洲发达经济体产业向中国的转移。

**表 9-1　2013 年末按区域分直接投资存量**

单位：十亿美元

| 投资方 | 被投资地 | | | | | | | | | | | |
|---|---|---|---|---|---|---|---|---|---|---|---|---|
| | 欧洲 | 北非 | 南撒哈拉非洲 | 中北美 | 北大西洋/加勒比海 | 南美 | 波斯湾经济体 | 其他近东与中东 | 中亚与南亚 | 东亚 | 大洋洲与极地 | 全球 |
| 欧洲 | 10041 | 19 | 219 | 2321 | 0 | 541 | 0 | 31 | 553 | 447 | 156 | 14328 |
| 北非 | 2 | 0 | 1 | 0 | | 0 | 3 | 0 | 0 | 0 | | 7 |
| 南撒哈拉非洲 | 6 | 0 | 27 | 5 | | 2 | 0 | 0 | 105 | 48 | 0 | 193 |
| 中北美 | 2784 | 0 | 72 | 824 | 3 | 203 | 0 | 26 | 207 | 224 | 155 | 4500 |
| 北大西洋/加勒比海 | 667 | 0 | 49 | 84 | 1 | 57 | 1 | 9 | 187 | 965 | 12 | 2031 |
| 南美 | 82 | 0 | 0 | 39 | 0 | 35 | | 0 | 0 | 1 | 0 | 158 |
| 波斯湾经济体 | 63 | 3 | 8 | 6 | | 1 | 29 | 2 | 9 | 5 | 0 | 125 |
| 其他近东与中东 | 14 | 0 | 1 | 10 | | 0 | 0 | 1 | 3 | 1 | 0 | 30 |
| 中亚与南亚 | 87 | 0 | 52 | 38 | 0 | 4 | 1 | 3 | 254 | 173 | 38 | 649 |
| 东亚 | 346 | 0 | 43 | 446 | | 48 | 0 | 1 | 316 | 1841 | 88 | 3129 |
| 大洋洲与极地 | 19 | 0 | 7 | 53 | | 6 | | 0 | 26 | 71 | 49 | 229 |
| 其他 | 1969 | 0 | 39 | 59 | 0 | 85 | 7 | 30 | 64 | 134 | 137 | 2523 |
| 全球 | 16080 | 22 | 518 | 3884 | 4 | 981 | 41 | 104 | 1725 | 3909 | 635 | 27903 |

资料来源：IMF，CDIS 数据库。

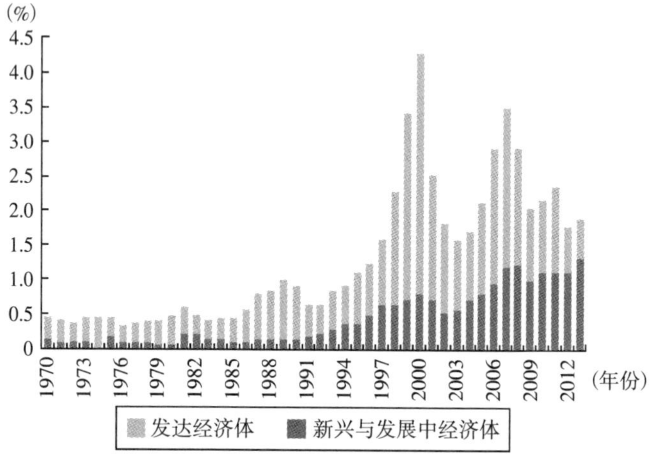


**图 9-11　FDI 流入规模（占全球 GDP %）**

资料来源：UNCTAD，Datastream。

如图 9-12 所示，从趋势上看，1990 年以来，新兴与发展中经济体在直接投资方面的重要性稳步提高，其流入规模 2013 年全球占比已达到 53.6%，流出规模占比 32.2%，存量占比达到 33.3%。驱动未来全球跨境直接投资变动的主要因素依然是全球分工布局和相关投资协议的加强：一方面，一些资源密集和劳动密集型的产业会进一步从先发新兴经济体向后发新兴经济体和欠发达国家（LDC）转移；另一方面，美国主导的

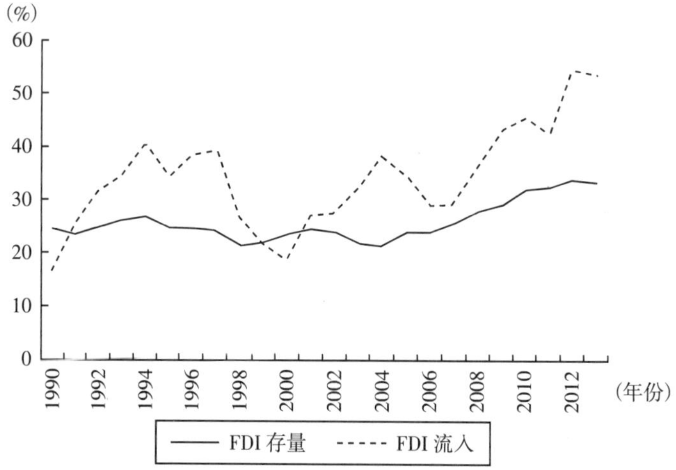


**图 9-12　新兴与发展中经济体 FDI 全球占比**

资料来源：UNCTAD。

新一代 TTIP 和 TiSA 等投资贸易协定，将强化发达经济体之间的投资自由化程度。

## 二、中国对外投资崛起

随着中国作为生产型经济体规模的扩张，对海外资源的需求不断提升。如图 9-13 所示，对外直接投资（ODI）在过去几年的增速显著快于外商直接投资（FDI），预计 2015 年 ODI 的规模将超越 FDI。以海外承包工程完成营业额为例，中国主要的工程输出集中在地缘亲近的亚洲和资源丰富、开发不足且风险较高的非洲（见图 9-14）。

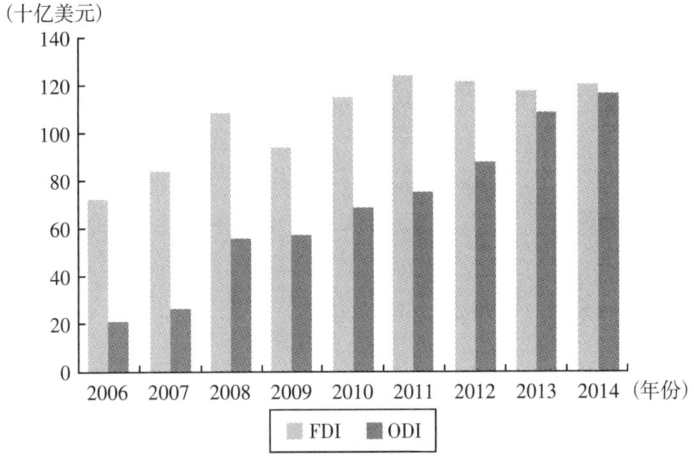


**图 9-13 中国跨境直接投资完成规模**

资料来源：CEIC，仅统计非金融部门。

如表 9-2 所示，从存量来看，基于自身对资源的需要，以往中国的海外投资多集中于能源领域，在 2005 年至 2014 年 6 月，以所有 100 万美元以上的项目为统计样本，中国总的 ODI 投资额是 8700 亿美元，其中能源投资达到 3960 亿美元，占比达到 45.5%；对金属与矿产资源的投资 1240 亿美元，占比 14.2%。

在这个新的全球化进程中，中国的对外直接投资将会快速提升，除了输出资本换取资源外，还有以“一带一路”为平台进行的“基建稳增长”和“产能换安全”战略。综上所述，在直接投资领域，随着中国以资源安

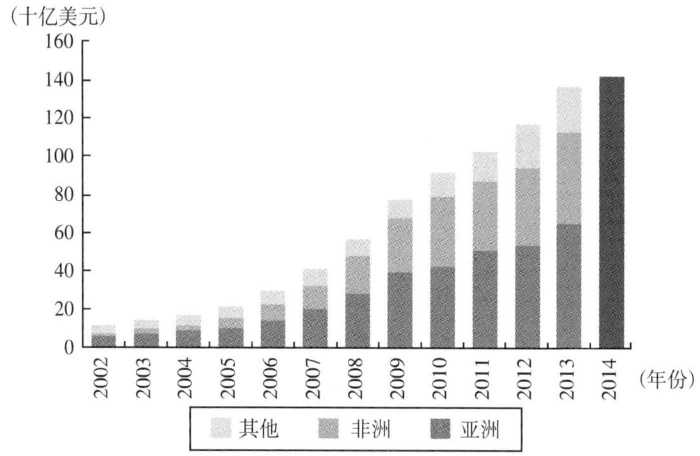


**图 9-14　中国对外承包工程完成营业额**

资料来源：CEIC；2014 年暂无分区域细项数据。

**表 9-2　中国过去的 ODI 投资主要集中在能源领域**

单位：十亿美元

| 地缘关系 | 内圈 | | 中国 | | 外圈 | | | | | 合计 |
|---|---|---|---|---|---|---|---|---|---|---|
| 区域 | 东亚 | 西亚 | 阿拉伯世界 | 澳大利亚 | 欧洲 | 南撒哈拉非洲 | 北美 | 南美 | 美国 | |
| 能源 | 54.7 | 82.7 | 36.5 | 24.4 | 35.8 | 54.4 | 41.1 | 49.8 | 16.6 | 396 |
| 交通运输 | 17.5 | 17.6 | 22.3 | 1.4 | 19.5 | 38.1 | 2.0 | 13.2 | 3.2 | 135 |
| 金属 | 18.0 | 11.7 | 6.1 | 31.9 | 1.5 | 26.3 | 4.1 | 23.6 | 1.3 | 124 |
| 房地产 | 18.4 | 5.7 | 16.8 | 1.6 | 13.7 | 15.1 | 3.3 | 1.8 | 9.3 | 85 |
| 金融 | 1.4 | 0.7 | | 0.3 | 9.8 | 5.9 | 0.2 | 2.0 | 20.4 | 41 |
| 农业 | 3.1 | 3.6 | 3.2 | 1.5 | 6.5 | 2.0 | 0.2 | 4.5 | 7.2 | 32 |
| 科技 | 1.2 | 3.0 | | | 8.3 | 5.7 | 0.5 | 0.7 | 8.1 | 27 |
| 化工 | 0.1 | 1.7 | 1.3 | 0.2 | 4.8 | 0.6 | 0.3 | 1.5 | | 10 |
| 其他 | 5.0 | 0.5 | 1.3 | | 4.0 | 2.4 | 0.4 | | 6.0 | 20 |
| 合计 | 119.4 | 127.2 | 87.5 | 61.3 | 103.8 | 150.4 | 52.0 | 96.9 | 71.9 | 870 |

资料来源：China Global Investment Tracker；汇总的是 2005 年至 2014 年上半年所有投资金额在 1 亿美元以上的项目。

全与地缘拓展为主线的对外承包工程、产能和资本输出蓬勃发展，ODI 的规模终将超过 FDI，中国也将从直接投资净输入国变为输出国。

# 第三节　证券投资：金融周期分化与资本账户开放的影响

证券与其他投资的趋势分析难度相对较高，因为这类跨境投资的资金流波动大、易反复。要理解中国对外的证券与其他投资趋势，主要的切入点有两个方面：一是全球金融周期不同步导致的杠杆调整差别；二是中国资本账户本身的开放速度。

## 一、全球金融周期分化

各经济体金融周期的分化决定了其内外部杠杆调整的差别，经济体对外购买债券和贷款本质上是帮助其他经济体加杠杆。一般来说，处于金融周期上行阶段的经济体信贷扩张较快，倾向于吸收外部资本；而处于金融周期下行阶段的经济体则更多地会向外输出资本，寻找海外的投资机会。但如果考虑到家庭、非金融企业以及公共部门的杠杆调整，特别是考虑到发达经济体普遍采取的量化宽松措施，实际情况要更复杂一些。

根据 BIS 的研究①，实际信贷指数、信贷对 GDP 的比例以及实际房价指数是度量金融周期的较好指标，对三列数据分别使用 BP 滤波提取周期项，之后对三个周期项进行简单平均便得到了度量金融周期的指标，可以发现全球主要经济体的金融周期有所分化。

如图 9-15 所示，截至 2014 年末，美国本轮金融周期见底，可能处在新一轮周期的蓄势甚至初始阶段。欧元区本轮金融周期到达顶点时间比美国晚，当前还处于金融周期的下行阶段。日本处于金融周期漫长而温和的

① BIS 的研究中最初使用了六个指标：包括实际信贷指数、信贷对 GDP 的比例、实际房价指数、实际股价指数、实际 GDP 增速和一个包含了住宅、商业地产和股票的综合资产价格指数。但结果显示，后三个指标的周期相对较短，更加接近于商业周期（Business Cycle），而且时常与房地产价格的走势相反，因此只选取前三个指标构建度量金融周期的指数。其中信贷数据来自 BIS 数据库中的私人部门信贷，房地产价格数据来自 BIS 的房地产数据库，使用 CPI 转换为实际数据后取自然对数，再以 1985 年首季为基期标准化，得到了实际信贷指数和实际房价指数。

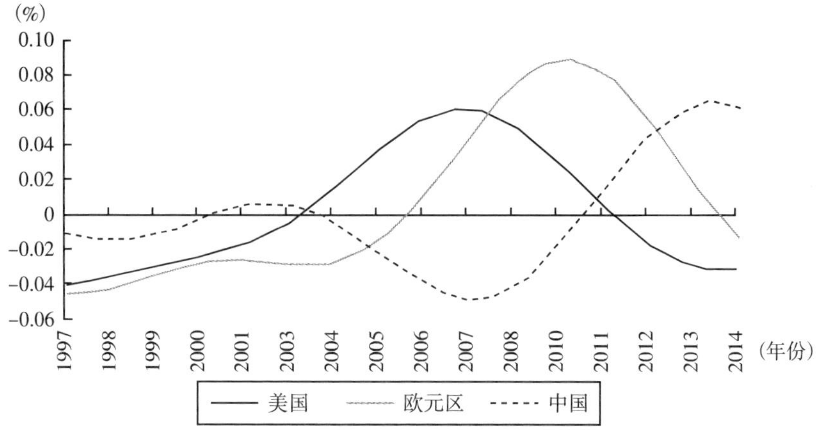


**图 9-15 全球主要经济体金融周期不同步**

资料来源：《环球不同步，历史不往复》，中信证券研究部；BIS。

上半场。中国本轮金融周期在 2013 年达到顶点，并步入下半场。如果说 2007 年全球金融危机爆发后是新兴经济体加杠杆来应对发达经济体私人部门去杠杆冲击的话，其后发达经济体的分化和恢复不同步，很大程度上与其金融周期有关。

中长期展望，从金融周期的角度理解，未来中国会加大对海外债务资产的持有量；而美国迈入加息周期后，会进入新一轮资本输入周期，特别是债务类资金（见图 9-16）；日本的金融周期比较平缓，对外债权投资变化不大；而欧元区主要受财政整固的影响，全球对其债权类资产配置还在下降过程中。

债权资产主要包括信贷和债券两类。对于跨境信贷，一方面，目前中国对该项目资本监管还比较严；另一方面，全球商业银行的资产负债表或在上轮危机冲击中严重受损，或在危机修复的过程中严重透支，整体信贷增速一直非常弱（见图 9-17）。即使在最乐观的假设下，预计未来全球信贷仅会进入弱复苏状态，难以出现 2007 年前那样的信贷大扩张周期。如图 9-18 所示，仅国内信贷方面，发达经济体中日本、英国和欧元区虽然先后恢复了信贷净增长，但最早实行 QE 和信贷恢复正增长的美国最近出现了下行趋势。另外，大部分跨境信贷是针对企业部门的，而这部分实际需求未来也相对疲弱。考虑到跨境信贷对中国未来中期资本流动影响较小，这里不对其进行结构和深度研究，而把重点放在债券方面。

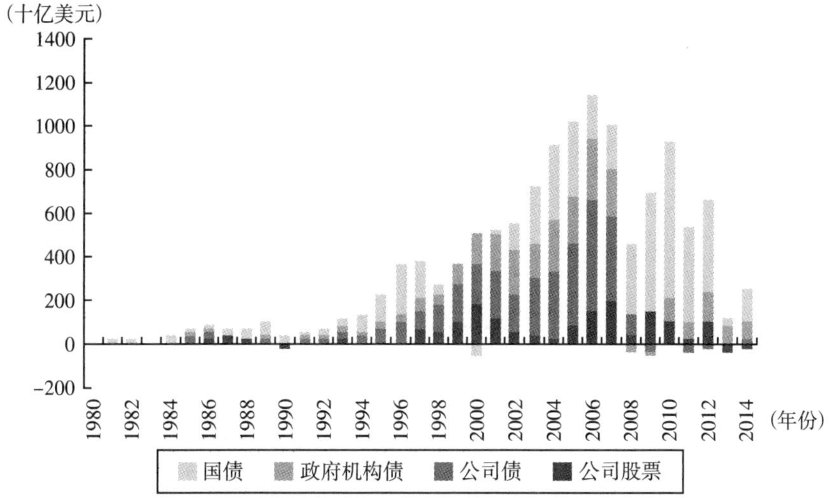


**图 9-16 对美国证券资产净购买**

资料来源：Datastream。

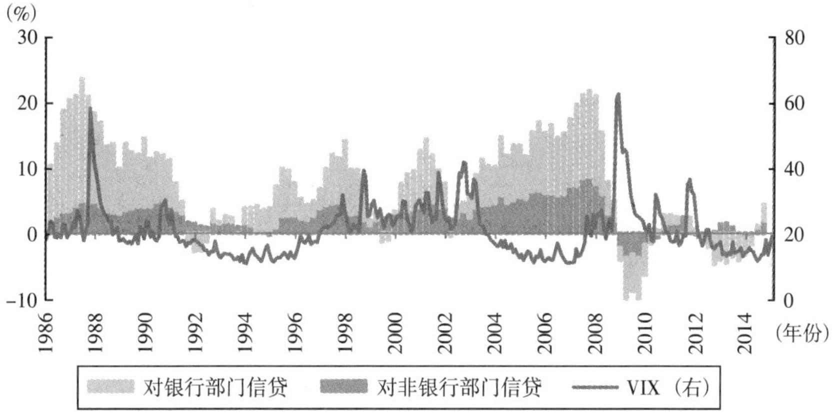


**图 9-17 次贷危机后全球银行信贷萎靡不振（同比增长）**

资料来源：BIS，仅统计 42 个主要经济体的银行体系。

然而，要理解全球债券投资资金，甚至股权投资资金的中长期流动。必须对过去较长的一段时间造成全球流动性泛滥、低利率常态的量化宽松及其影响进行比较系统的分析。美联储的货币政策能否顺利正常化，美元加息周期重启的影响如何，实体经济的恢复对 QE 依赖程度如何？

首先，QE 之所以成为美、日、英、欧等发达经济体先后普遍采取的宽松政策手段，除利率已降无可降的流动性陷阱困境外，QE 确实可以比

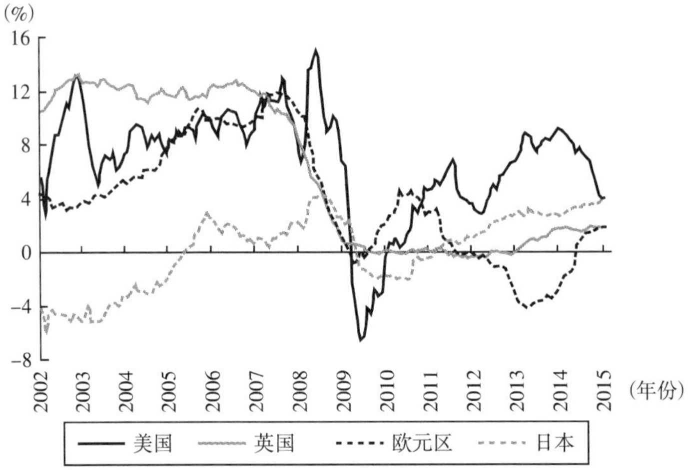


**图 9-18　主要发达经济体银行对私人部门信贷增速**

资料来源：DataStream。

较迅速地以公共部门资产负债表为代价，直接或间接地修复金融部门、居民部门、非金融企业的资产负债表。

如图 9-19 和图 9-20 所示，2008 年 8 月以来，发达经济体的央行先后通过 QE 扩表，而公共部门的净债务率也快速提升，期间虽然有欧元区边缘国家的主权债务危机，也有新兴经济体受到大量投机资本的冲刷，但这确实为发达经济体的私人部门去杠杆赢得了时间。另外，正如我们在本章第二部分提到的，这段时间发达经济体的经常账户情况也有不同程度的改善。

其次，对消费占 GDP 更重要地位的发达国家而言，私人部门中家庭部门的去杠杆化比非金融企业更重要，从图 9-21 和图 9-22 的数据来看，确实其下行幅度也更明显，特别是对于英国和美国而言。即使是主权债务压力较大的欧元区边缘国家，2011~2012 年财政整固开始后，家庭和非金融企业的杠杆率也开始有不同程度的下降（见图 9-23、图 9-24），预计其未来进一步的下降依然离不开欧洲央行持续 QE 的支持。

再次，美元进入加息周期会拉大日美和欧美利差，导致资本流入美国，抬升美国经济外部杠杆和私人部门杠杆。一方面，如表 9-3 所示，日本长期零利率，QE 力度依然很大，而瑞士欧元区部分国家的主权债务甚至出现了负利率。另一方面，2015 年 12 月美联储正式重启加息周期，而

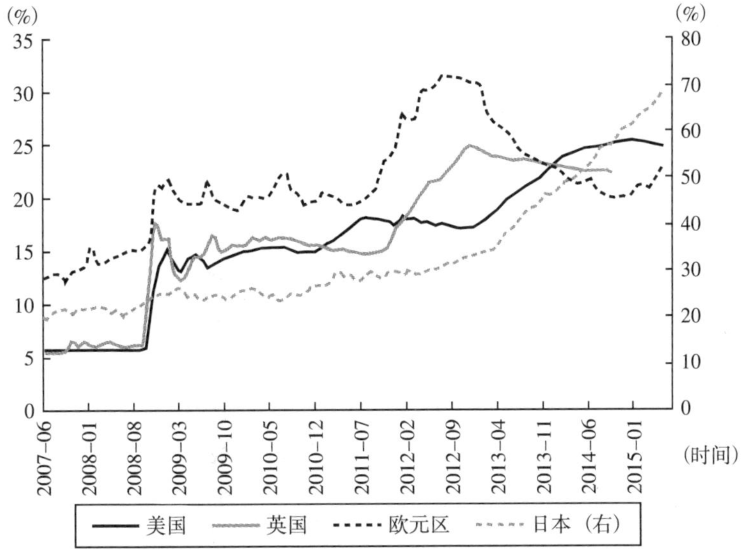


**图 9-19　G4 央行资产总规模（占 GDP 比重）**

资料来源：DataStream。

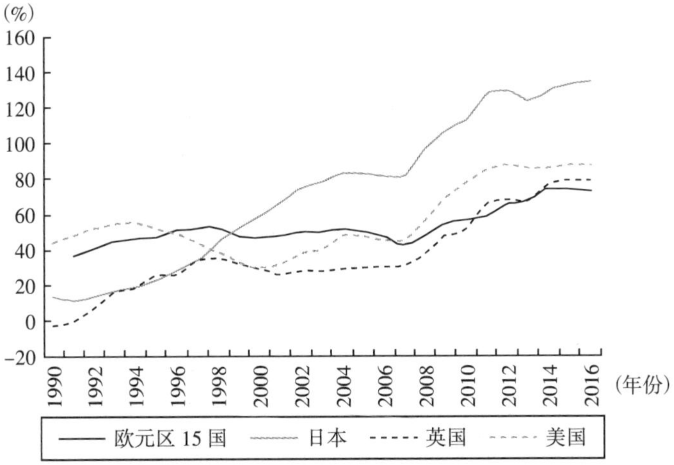


**图 9-20　G4 公共部门净债务率（占 GDP 比重）**

资料来源：DataStream，2015~2016 年数值为 OECD 预测值。

2016~2017 年是加息频率最高的两年。随着美元指数上升，如果美联储结束长期量化宽松，并在 10 年后再次开启加息周期的话，美元资产，特别是美国的证券类资产在全球的相对吸引力会有所提高；美国的私人部门杠杆，特别是家庭部门杠杆可能会进入回升的通道。

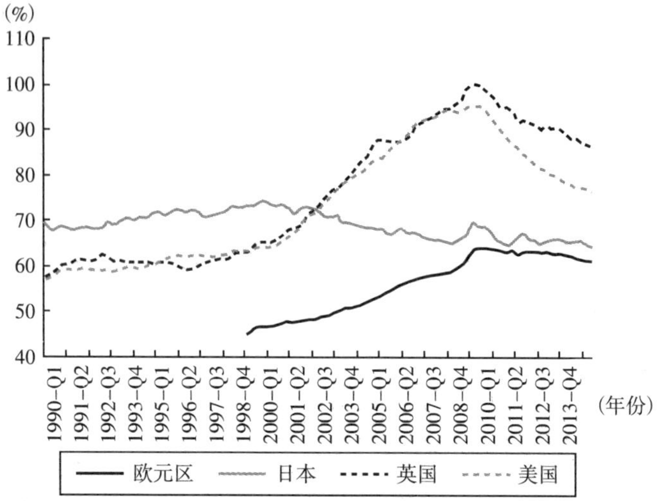


**图 9-21　发达经济体家庭部门负债（占 GDP 比重）**

资料来源：IMF，Datastream。

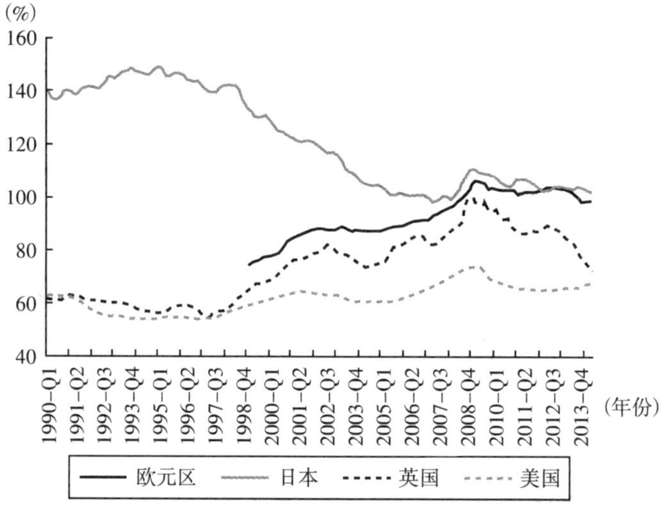


**图 9-22　发达经济体非金融企业部门负债（占 GDP 比重）**

资料来源：IMF，DataStream。

最后，QE 带来的金融资产价格提升与去杠杆化对发达经济体家庭部门的金融净资产率提升是十分重要的；而金融净资产率的提升带来的财富效应和货币幻觉是其消费回升的关键因素，讽刺的是，QE 维持的“庞氏骗局”对发达经济体消费复苏却是不可或缺的一环。

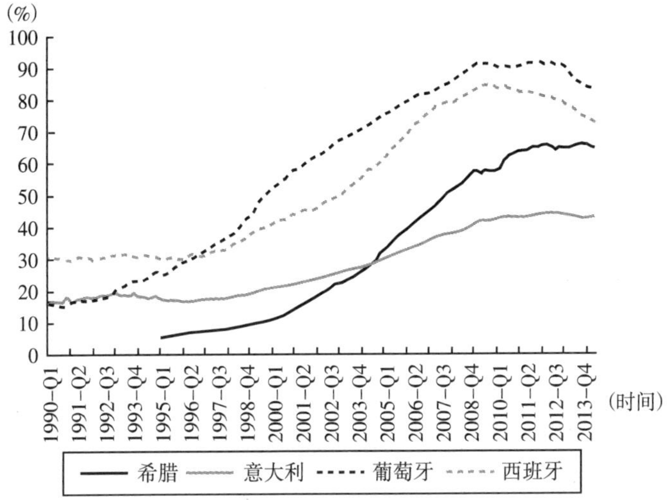


**图 9–23　欧元区边缘国家庭负债（占 GDP 比重）**

资料来源：IMF，Datastream。

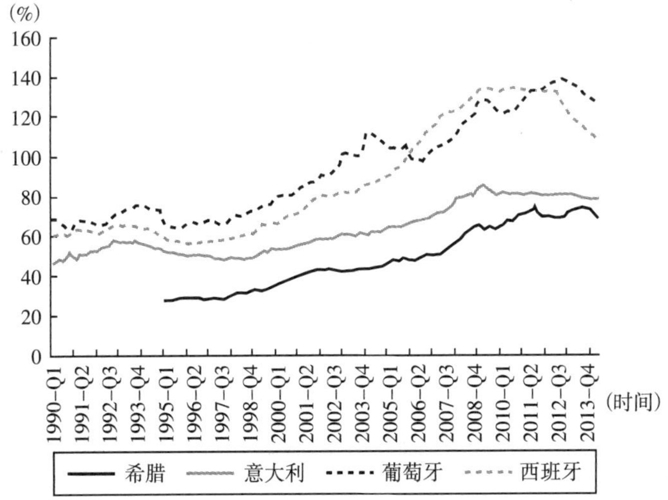


**图 9–24　欧元区边缘国非金融企业负债（占 GDP 比重）**

资料来源：IMF，DataStream。

**表 9–3 发达经济体无风险利率（国债到期收益率）**

单位：%

| YTM（年） | 1 | 2 | 3 | 4 | 5 | 6 | 7 | 8 | 9 | 10 |
|---|---|---|---|---|---|---|---|---|---|---|
| 瑞士 | −0.70 | −0.75 | −0.74 | −0.67 | −0.59 | −0.48 | −0.37 | −0.26 | −0.16 | −0.06 |
| 瑞典 | −0.52 | −0.44 | −0.33 | −0.19 | −0.03 | 0.14 | 0.31 | 0.46 | 0.59 | 0.70 |
| 丹麦 | −0.25 | −0.04 | 0.03 | 0.11 | 0.24 | 0.39 | 0.52 | 0.59 | 0.66 | 0.86 |
| 德国 | −0.22 | −0.23 | −0.19 | −0.11 | 0.00 | 0.12 | 0.24 | 0.37 | 0.49 | 0.61 |
| 荷兰 | −0.20 | −0.20 | −0.12 | −0.02 | 0.10 | 0.24 | 0.38 | 0.54 | 0.71 | 0.86 |
| 芬兰 | −0.19 | −0.18 | −0.11 | 0.00 | 0.14 | 0.30 | 0.46 | 0.63 | 0.76 | 0.84 |
| 法国 | −0.17 | −0.14 | −0.07 | 0.05 | 0.19 | 0.35 | 0.51 | 0.67 | 0.83 | 0.98 |
| 比利时 | −0.15 | −0.16 | −0.09 | 0.02 | 0.15 | 0.31 | 0.48 | 0.67 | 0.86 | 1.01 |
| 奥地利 | −0.15 | −0.18 | −0.12 | −0.02 | 0.12 | 0.27 | 0.44 | 0.60 | 0.76 | 0.90 |
| 葡萄牙 | −0.14 | 0.30 | 0.71 | 1.09 | 1.44 | 1.77 | 2.07 | 2.33 | 2.53 | 2.66 |
| 意大利 | 0.03 | 0.20 | 0.41 | 0.65 | 0.90 | 1.15 | 1.38 | 1.60 | 1.79 | 1.96 |
| 日本 | 0.05 | 0.03 | 0.03 | 0.04 | 0.06 | 0.10 | 0.15 | 0.21 | 0.27 | 0.35 |
| 爱尔兰 | 0.06 | −0.10 | −0.02 | 0.17 | 0.39 | 0.61 | 0.80 | 0.99 | 1.18 | 1.39 |
| 西班牙 | 0.09 | 0.24 | 0.47 | 0.74 | 1.04 | 1.33 | 1.60 | 1.82 | 1.99 | 2.13 |
| 美国 | 0.36 | 0.75 | 1.08 | 1.35 | 1.56 | 1.74 | 1.88 | 2.00 | 2.09 | 2.18 |
| 英国 | 0.40 | 0.65 | 0.86 | 1.05 | 1.22 | 1.37 | 1.51 | 1.62 | 1.73 | 1.82 |
| 加拿大 | 0.48 | 0.47 | 0.52 | 0.62 | 0.76 | 0.91 | 1.07 | 1.22 | 1.37 | 1.51 |
| 澳大利亚 | 2.01 | 1.88 | 1.88 | 1.98 | 2.13 | 2.30 | 2.4 | 2.56 | 2.65 | 2.74 |
| 希腊 | 2.05 | 4.34 | 6.0 | 7.25 | 8.07 | 8.58 | 8.87 | 8.99 | 8.99 | 8.93 |
| 新西兰 | 2.62 | 2.48 | 2.52 | 2.62 | 2.71 | 2.79 | 2.89 | 3.04 | 3.24 | 3.42 |
| 南非 | 7.08 | 7.56 | 7.90 | 7.13 | 8.28 | 8.39 | 8.48 | 8.55 | 8.62 | 8.69 |

资料来源：DataStream，加粗的为欧元区国家；截至 2015 年 9 月 15 日。

金融净资产率 =（总金融资产 – 总金融负债）/GDP

如表 9–4 所示，我们通过贡献拆分，分析通胀、经济增长、债务净发行与核销、资产增长与增值等因素对主要发达经济体 2007~2014 年家庭部门的金融净资产率变动贡献进行拆分。首先，除了部分欧元区核心国家和希腊，大部分发达经济体家庭金融净资产率在这段时期都有不同程度的提升，主要经济体中美国和日本提升最明显。其次，经济增长对金融净资产

**表 9-4 发达经济体居民部门总负债率和金融净资产率变动贡献拆分（占 GDP 比重）**

单位：%

| 经济体 | 总负债率 | | 金融净资产率 | | | 贡献因子 | | | | | |
|---|---|---|---|---|---|---|---|---|---|---|---|
| | 2007 年 | 2014 年 | 2007 年 | 2014 年 | 2007 年以来变化（%） | 经济增长 | 通胀 | 新债净发行 | 债务核销 | 资产规模提升 | 资产价值重估 |
| 美国 | 95.5 | 76.9 | 84.5 | 118.2 | 33.7 | 6.1 | 9.3 | –3.7 | 7 | –13 | 28 |
| 日本 | 63.1 | 62.2 | 143.3 | 174.1 | 30.8 | 0.4 | –3.7 | 3.2 | 1 | 28.7 | 1.2 |
| 英国 | 96.2 | 87.1 | 23.8 | 34.9 | 11.1 | 2.9 | 14.3 | –11.3 | 3.2 | –18.5 | 20.5 |
| 欧元区 | | | | | | | | | | | |
| 奥地利 | 51.9 | 50.5 | 81.6 | 83.4 | 1.8 | 2.1 | 5.9 | –3.3 | –3.3 | –3.9 | 4.2 |
| 法国 | 46.5 | 55.6 | 76.3 | 71.9 | –4.4 | 1.2 | 3.8 | –13.2 | –0.9 | 3 | 1.7 |
| 德国 | 61.2 | 54.4 | 55.4 | 56.7 | 1.3 | 2.7 | 5.6 | –1.2 | –0.2 | –0.7 | –4.9 |
| 希腊 | 46.0 | 63.8 | 89.3 | 60.7 | –28.6 | –17.9 | 0.9 | 2.6 | –3.4 | 44.2 | –55.1 |
| 意大利 | 38.2 | 42.8 | 149.4 | 151.4 | 2.0 | –3.8 | 4 | –5.3 | 0.5 | 9.6 | –2.9 |
| 拉脱维亚 | 43.6 | 26.9 | 4.0 | 34.7 | 30.6 | –4.6 | 4.5 | 12.1 | 4.7 | 20.4 | –6.5 |
| 立陶宛 | 26.5 | 22.0 | 25.2 | 39.4 | 14.2 | –0.1 | 4.8 | –1.4 | 1.2 | –2.3 | 11.9 |
| 葡萄牙 | 86.9 | 82.6 | 53.7 | 68.3 | 14.6 | –7 | 5.5 | 4.9 | 0.9 | 15.6 | –5.2 |
| 斯洛文尼亚 | 24.5 | 28.6 | 62.1 | 58.3 | –3.9 | –1.2 | 2.6 | –4.5 | –1 | 24.7 | –24.5 |
| 西班牙 | 81.1 | 72.0 | 61.6 | 77.5 | 15.9 | –4.3 | 2.5 | 8.3 | 2.7 | 12.1 | 5.3 |

资料来源：IMF，ECB，EuroStat，Bloomberg，DataStream，①总负债包括证券和贷款，总金融资产包括现金、存款、股票、共同基金、债券；②“资产规模提升”为以 2007 年价格计算的 2014 年金融资产与 2007 年金融资产规模之差与 GDP 之比，“资产价值重估”计算的是 2007~2014 年金融资产价格变动对 2014 年金融资产规模的影响幅度与 GDP 之比；③金融净资产率 =（总金融资产 – 总负债）/GDP；④欧元区数据截至 2013 年底。

率的改善效果不明显，而通胀的改善效果更明显一些，因为通胀一般不改变负债的名义价值，却经常抬升资产的名义价值。需要注意的是，QE 在这段时期对维持通胀和对抗通缩本身也发挥了重要作用。再次，综合考虑新债净发行和债务核销的话，其对金融净资产率的整体影响并不明显。最后，也是最重要的是，QE 导致的金融资产总现值的上升是绝大部分经济体家庭金融净资产率提升的重要驱动因素；在美国和英国，资产价值重估对指标的正面影响甚至超过了增长、通胀、债务核销这几个因素影响的总和。

可以看到，量化宽松对发达经济体的家庭部门金融净资产率的改善十分重要，这也是其消费复苏与经济改善的重要推动力。若美联储加息和货币政策正常化导致资产价格反转和私人部门杠杆率快速提升，那么消费的恢复将会变得十分脆弱。另外，虽然就业和经济的改善与实际工资率增速提升是美联储加息的主要支撑，但美国比较疲弱的核心通胀可能会成为后续加息过程的重要掣肘。

从这个角度理解，只有技术进步明显和供给侧有实际改善的经济体经济的恢复相对更稳固，其最终体现的劳动生产率改善一方面可以更有效地提高国际竞争力，改善外部账户差额；另一方面也能更有效地支持家庭部门实际收入提升。从劳动生产率回升来看，主要发达经济体 G7 中只有美国还不错，明显超过了危机前平均水平，意大利比较弱，而其他国家差距并不明显（见图 9-25、图 9-26）。

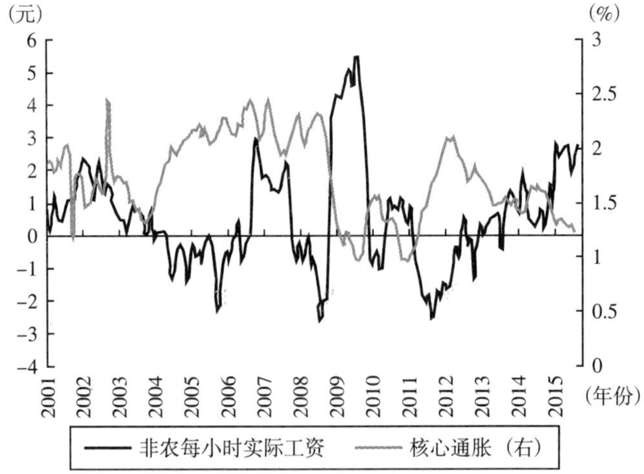


**图 9-25 美国通胀与实际工资增长**

资料来源：DataStream。

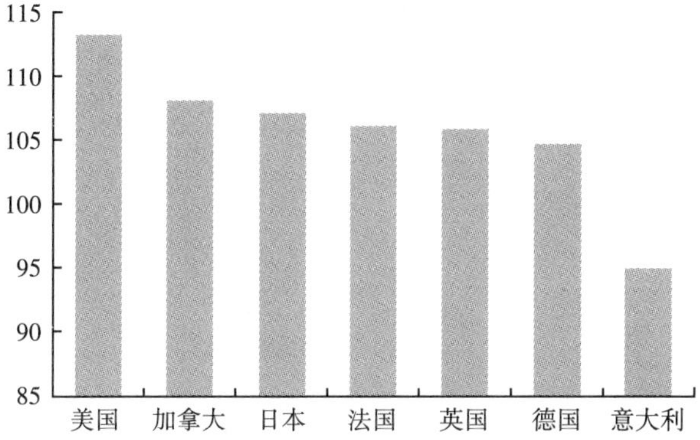


**图 9-26 2015Q3 劳动生产率（2001~2007 年均值=100）**

资料来源：单位全经济体单位劳动实际产出，DataStream。

综上所述，首先，金融周期下半场决定了国内资金趋势上会加大对海外债券资产的配置。其次，发达经济体 QE 的分化，特别是美联储货币政策的正常化和加息有可能会有反复，从中长期来看，购买高评级发达国家主权债务仍要忍受低收益率甚至负利率，而购买新兴市场债务则面临流动性和价格风险，性价比都不高。因此，无论是外汇储备投资还是私人部门对外投资，趋势性地降低对债权类资产配置比例，而提升直接投资与其他高收益类型投资的比例是十分必要且重要的。

## 二、中国参与全球金融周期

对中国而言，研究跨境证券投资绕不开资本账户开放的问题。如图 9-27 所示，外汇储备主导下，中国对境外证券资产的持有规模虽名列全球第九，但私人部门对外的证券投资占全部对外资产的比例从 2006 年开始就稳步下降，最近几年仅保持在 4%左右的水平；其中股权投资在 2012 年以来占比稳定在 2.5%左右的低水平（见图 9-28）。另外，在合格境外机构投资者迅速发展的影响下，外资对国内股权的投资占比较高，一直维持在 7%~10%的水平。

在近几年中国 QFII/RQFII、深港通/沪港通等渠道开放额度提高（见图 9-29、图 9-30）快速推进的背景下，中国资本市场开放较快，虽然 2015 年开始推行 QDII2 的制度，但整体上民间证券跨境投资方面，中国是一个长期的资本净流入国。由于跨境股权投资波动本身波动性大，如图 9-31、

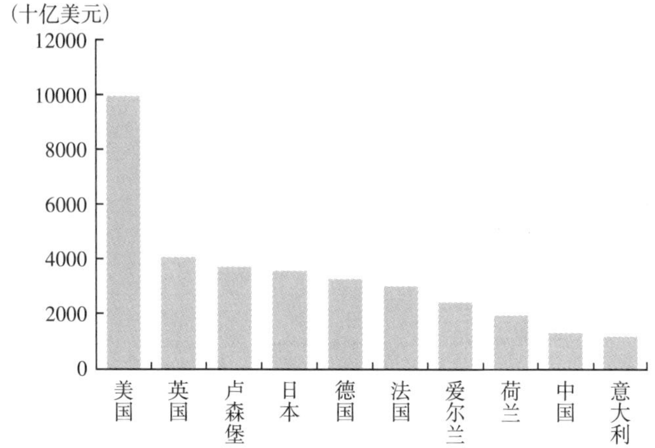


**图 9–27 海外证券投资持有规模**

资料来源：IMF，CPIS 数据库，截至 2014 年 6 月底。

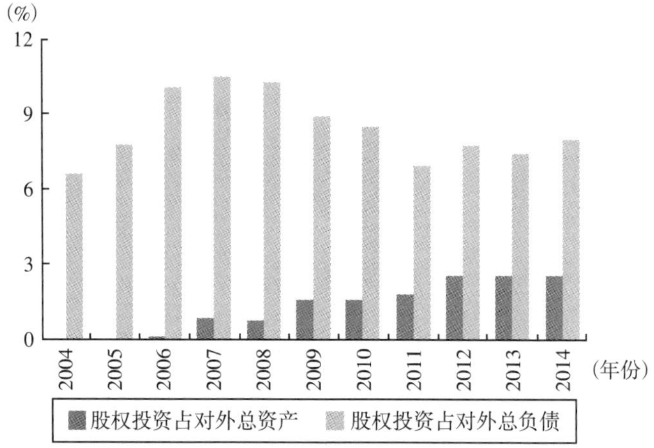


**图 9–28 中国私人部门跨境股权投资规模**

资料来源：CEIC。

图 9–32 所示，特别是杠杆资金影响下 2015 年 A 股市场大幅波动后，虽然资本市场开放的方向没有变，但执行的过程中决策层和监管层肯定会更加谨慎。虽然短期有美元加息升值、人民币贬值的压力，但海外对中国的证券投资，随着证券市场改革的加速，合格境外投资者制度的发展，以及中国将 A 股纳入 MSCI 基准的诉求越来越明确，中长期增速仍将保持高位。预计股权投资在中国对外负债中的占比在 2020 年将达到 15%左右。

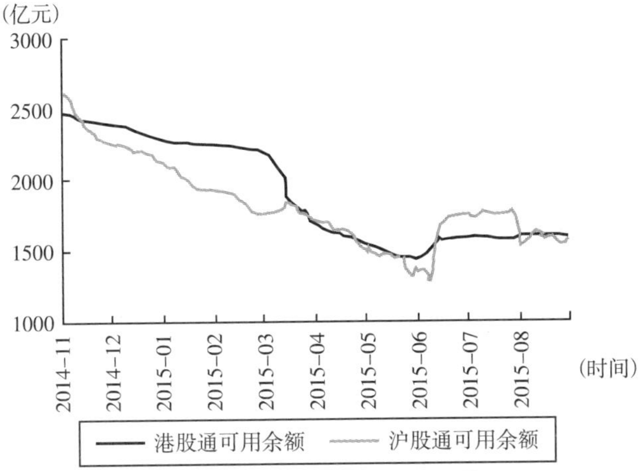


**图 9–29 沪港通累计额度使用情况**

资料来源：Wind，截至 2015 年 9 月 16 日。

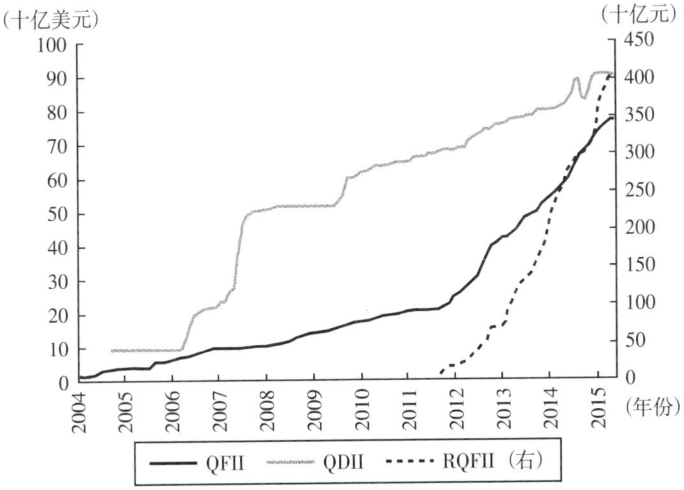


**图 9–30 合格机构投资者累计批准**

资料来源：CEIC。

我们可以小结一下，事实就是过去一段时间，中国央行一直在卖出低收益的资本，而企业和居民一直在买入高成本的资本，资本和资产的交易是硬币的两面，上述模式意味着中国一直在买入低收益的资产，卖出高收益的资产。未来必须多买入高收益的资产，少卖出高收益的资产。少卖出以下两类高收益的资产。第一类资产：土地资源。在招商引资的

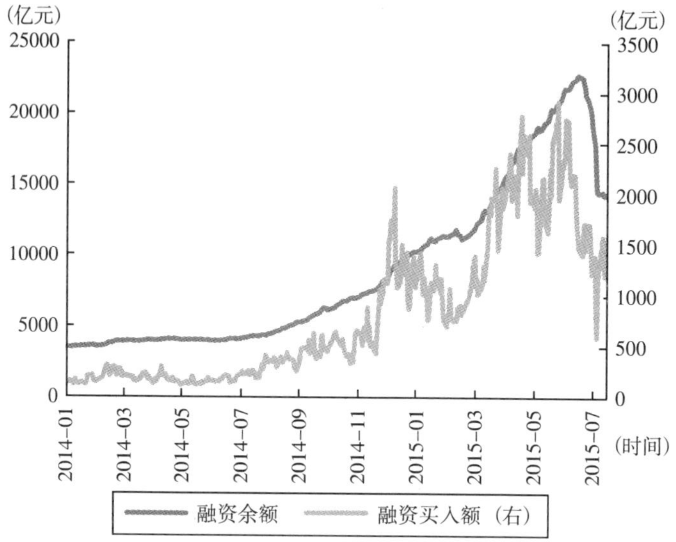


**图 9–31　A 股融资余额与融资买入额**

资料来源：Wind；截至 2015 年 9 月 16 日。

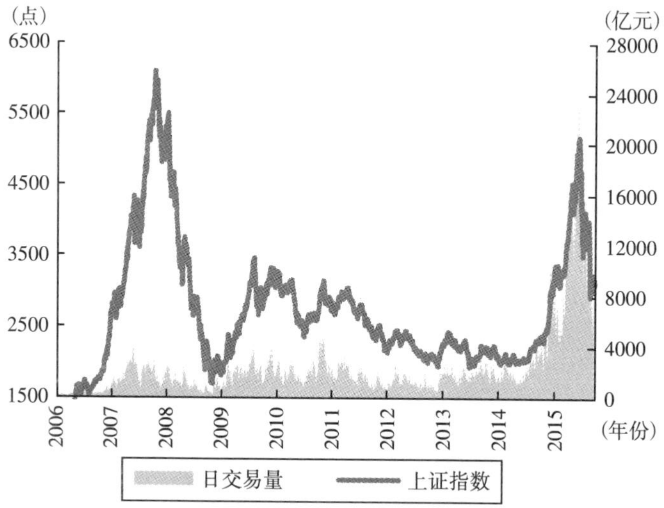


**图 9–32　上证指数与两市成交量**

资料来源：Wind；截至 2015 年 9 月 16 日。

热潮之下，很多土地和资源以低廉的价格和各种优惠政策被外资企业占用，外资企业由此获得了丰厚的利润。第二类资产：优质企业。由于国内融资机制不够灵活，银行贷款成本高，证券市场不够发达，股票审批严格，所以很多优秀的企业尤其是高科技企业选择海外上市，中国最优质的公司被卖给了国外投资者。现在A股估值之所以如此之高，就是因为大量的资金找不到优质的投资标的，像BAT这样的优质企业都成了海外投资者的资产。

多买入以下几类高收益的资产：第一类是经济收益高的资产。中国已从高增长过渡到中高速增长，投资收益边际递减，未来的高收益机会应该在新的新兴市场，比如非洲、东欧、中亚、拉美等国家，这是企业“走出去”的重点。第二类是社会收益高的资产。通过海外收购等方式获取关键的资源和生产商，强化国家的战略安全，包括能源安全、食品安全、信息安全等。第三类是政治收益高的资产。主要抓手是“一带一路”。“一带一路”倡议下的对外基建投资除有经济收益外，还有可观的政治收益，有助于中国加强与第三世界国家的联系，便于开展双边贸易，推动产能输出。

# 第十章　存量—流量一致分析方法基础

货币与经济周期的关系之核心是金融循环与实体循环的关系。2007 年金融危机的发生使主流经济学的方法论受到抨击，以资产负债表研究为基础的宏观分析方法重回视野。货币经济分析的存量—流量一致模型基于国民账户体系，考察资产负债存量与交易流量的联动，把脉货币与经济周期波动的关系。后凯恩斯学派的存量—流量一致（Stock-Flow Consistent，SFC）模型基于资产负债存量表和交易流量表建立各部门的资产—负债对应关系和交换关系，结合各部门的行为方程，构建联立方程模型，研究宏观经济运行。

在 20 世纪 70 年代之后，后凯恩斯主义宏观经济建模流派逐步出现，其中以剑桥大学和耶鲁大学为代表的一些经济学家采用了与传统凯恩斯主义方法截然不同的建模方法，其中如 Brainard 和 Tobin（1968）、Tobin（1982）的"Pitfalls Approach"，Moudud（1998）和 Taylor（1990，1997）的"Social Accounting Matrix（SAM）方法"（后来演化成可计算一般均衡模型，CGE），以及以 Cripps 和 Godley（1976）、Patterson 和 Stephenson（1988）为代表的流量—存量一致分析模型（"存量—流量一致分析"方法）（Stock-Flow Consistent Analysis，SFCA）。

他们对凯恩斯学派的传承表现在，认为凯恩斯的有效需求理论即使在长期内仍然成立，货币因素在经济的长期动态均衡中起着重要作用。但后凯恩斯学派认为主流的宏观经济学经常性地忽略和混淆存量概念、存量均衡以及存量—流量之间的关系，是其重大缺陷之一，而明确存量—流量关系则要求在宏观经济建模过程中注重系统分部门间的动态相关性。

目前，SFC 模型在国际上已被广泛用于分析金融危机、财政货币政策、流动性偏好、产能利用率和影子银行等。相比 DSGE 模型，SFC 模型能够克服传导机制上的"黑箱"（Black Box）（Bernanke，B. S.，& Gertler，

M.，1995），且不受理性人、完美市场、理性预期和最优化行为的约束。除此之外，可以对宏观经济部门进一步细分，运用差异化的结构分析方法，将扰动机制内生化，考察部门内与部门间、存量与流量的互动及其对经济周期的影响。Santos（2006）对SFC模型的逻辑给予了肯定，并对主流模型利用代表性行为人贴现效用最大化的均衡解和分析结论提出质疑，它貌似提供了一种微观基础，但却是一种假象，模型中的逻辑错误被有意忽视了。SFC方法是在资金流量表（Flow of Funds，FOF）纳入国民账户体系后逐渐发展起来的，我国当前对于资金流量表的应用大多局限在国民经济核算等统计学领域。在DSGE方法风靡之当下，本书希望引入一种新的分析思路，填补我国该方面研究的空白，同时也希望推动对国民账户体系的数学建模，显化货币向实体经济的传导渠道。

本章的结构安排如下：第一节为文献综述，先简单介绍SFC分析之方法论的演化，其次介绍20世纪80年代以来，SFC模型中资产负债表项目及部门的划分，以及各研究中心的区位分布情况，以从历史上和全局上把握此项研究的现状，本节最后介绍SFC模型的主要应用。第二节以中国与美国为例，介绍一个开放经济五部门的国民账户体系。第三节以一个简化的资产负债表和交易流量表为例，构建SFC模型的联立方程体系，并求出解析解。

## 第一节　存量、流量等价性证明和SFC模型

流量分析方法注重货币的交易媒介职能，忽略了货币本身的资产属性和价值属性。而货币的存量分析方法认为货币是资产的一种，人们基于流动性偏好对货币有需求，从而货币有贮藏价值。在从早期的重流量分析转变为重存量分析的过程中，各理论家愈加发现任何偏倚一方的分析方法都是不全面的，因为货币作为交易媒介和价值储藏手段是统一的。故将存量与流量纳入同一分析框架成为货币理论分析的共识。本节以可贷资金理论与流动性偏好理论为例，论证两者的等价性，随后简要介绍存量、流量一致性分析方法的发展。

## 一、SFC 分析的方法论的演化：流量到存量，再到存流量等价的证明

货币理论分析方法伴随货币形态及货币职能的演化而不断发展，SFC 分析方法的演化经历了上百年。随着信用货币时代的来临，货币理论的流量分析方法最先受到追捧，代表的货币理论有传统的货币数量论（Fisher，1911）、Wicksell（1907）的累积过程理论、Hayek（1967，1975b）的货币与商业周期理论、Robertson（1926）的可贷资金理论及 Hawtrey（1926，1927）的纯货币经济周期理论。

随着新古典经济学边际革命与价值革命的兴起，货币需求与人们的资产选择行为成为货币经济学家关注的焦点，货币理论分析方法随之转变为对存量货币的研究。Pigou（1923）和 Marshall（1923）对 Fisher 的交易方程式进行修正，提出了现金余额方程式，关注货币的价值储藏职能。Keynes《通论》提出了货币需求的流动性偏好理论，Hicks（1982）对货币效用的边际分析引发了货币理论的“边际革命”，Tobin（1969）的资产组合选择理论以及 Friedman（1956）对货币理论的重新表述都是注重货币的存量价值属性。

货币分析的存量与流量方法的争论引起了学者对两者之间关系的关注，大量学者认为两者是等价的。Hicks（1939）、Fellner 与 Somers（1941）、蒋硕杰（1999）分别用一般均衡、局部均衡和存流量等价转换的方法证明了存量分析与流量分析是同一的，这就引起学者们既关注存量又关注流量，SFC 模型应运而生。

希克斯是最早尝试调和可贷资金理论与流动性偏好理论之间争论的经济学家之一，他的方法是在一般均衡的框架下证明两者的等价性。在《价值与资本》一书中，希克斯论述道：“在一个一般均衡体系中，决定 n 种商品的相对价格需要 n - 1 个超额需求方程式，如果加上货币与债券市场，就会得到 n + 1 个方程式。”“如果一种价格建立以后，它使 n - 1 种货物及劳务的需求和供给相等，并使证券（或贷款）的供求相等，那么，货币的供求必定相等，因而这一方程式就显得多余了。但是，我们只能消除 n + 1 个方程式中的一个，至于我们消除哪一个方程式并没有关系。”所以，如果取消的是货币方程，那么利率将由商品市场与证券（贷款）市

场决定，这就得到可贷资金理论。若去掉的是证券方程，利率将由货币市场决定，即流动性偏好理论。

勒纳（1944）通过指出可贷资金理论的缺点并通过提出补救方法以达到对两者等价性的证明。他认为可贷资金的供求曲线是相互依赖的，一条曲线的变动会导致另一条曲线的相应变动，中间的传导机制是收入。例如，投资需求的增加会导致投资支出增加，从而增加收入，这样又会进一步增加储蓄。勒纳把对可贷资金的供求简化成对现金的供求，这实际上就是用流动性偏好方程直接代替了可贷资金方程，从而达到了同一性的证明。蒋硕杰（1999）对斐勒与索默的等价性证明提出了疑义。首先，瓦尔拉定律推导出来的货币供求的含义与流动性偏好理论中的货币供求不同。前者是流量意义上的货币供求，而后者是存量意义上的货币供求，两者并不等价。蒋硕杰（1999）认为："勒纳对流动偏好和可贷资金两种理论的同一性的证明，是以牺牲并曲解后者的含义达到的。"

蒋硕杰在严格遵从凯恩斯与罗伯特森的原著精神的前提下——将流动性偏好理论解释为货币供求存量决定的利率理论，将可贷资金理论理解为可贷资金供求流量决定的利率理论——以罗伯特森的时期分析为起点，通过一系列等价转换，将可贷资金的供求方程变换为货币的供求，从而论证了两者的同一性。针对学者认为可贷资金理论与流动性偏好理论的差异是源于方法论的区别的说法，通过适当的定义收入、投资及储蓄的概念，蒋硕杰论证了流动性偏好理论的动态化表述及其与流量分析的等价性，从而证明了存量分析的流动性偏好理论与流量分析的可贷资金理论的同一性。存量分析与流量分析的等价性证明，既是对历史上货币分析方法的总结，也为存量—流量一致分析方法奠定了理论基础。

## 二、后凯恩斯 SFC 模型

现实中既有流动的货币，也有静止的货币，两者相生相依，而且，货币在交易中发挥的职能也可能是多样的，故对货币与商业周期的分析需要同时考察存量属性与流量属性的货币，任何偏倚一方的理论可能都会忽略关键信息。后凯恩斯学派的 SFC 方法基于宏观经济各部门的资产负债存量表和交易流量表建立资产—负债对应关系和交换关系，结合各部门的行为方程，构建联立方程模型，研究宏观经济运行。资金流量表的构建充分考虑了存量与流量之间的互动，各变量有总有分，[①]资产与负债对应，流量产生于存量（第1期除外），反过来又影响存量。Santos（2005）对20世纪60~70年代的凯恩斯理论在SFC框架下的发展做了总结，认为SFC模型是凯恩斯宏观经济学发展的“自然结果”，它是凯恩斯主义者模型化凯恩斯宏观理论的产物。

关于SFC模型的起源，可以追溯到Copeland（1949），他将国民经济分为11个部门，以居民部门为例建立了货币流量账户，并将居民部门的现金流量表和资产负债表汇总到一个表格中，记录了货币的流入、流出及资产和负债量值。他认为我们存在于一个货币经济体系中，以社会账户体系记录各部门的交易行为和货币流通的来龙去脉对于把脉整个宏观经济的运行至关重要。而后大量研究基于各国的FOF进行了大量国民经济核算的工作。

20世纪70年代末，以美国为代表的西方国家普遍发生了滞胀，凯恩斯理论受到挑战。以新凯恩斯为代表的主流学派通过为凯恩斯宏观经济学寻找微观基础的方式奠定了其主流地位，而以Minsky H. P.和Davidson P.等为代表的后凯恩斯学者并不认同新凯恩斯的方法论，两者渐行渐远。Tobin J.（1982）在诺贝尔讲座中阐述了SFC方法，并在耶鲁大学组建了自己的团队从事SFC模型的研究。

Cohen（1972）回顾了自Copeland（1947）发表之后25年内关于“flow-of-funds”模型的相关文献，重点介绍了他对于以国民账户体系为依据的宏观经济建模的影响，并简要介绍了其对于货币理论的意义。对于该模型的发展，Cohen阐述了从流量分析到存量—流量一致性分析，从金融层面到金融—实体相关性分析的演变。但SFC方法一直未受到主流期刊的接纳，随着DSGE模型的发展，SFC模型更被边缘化。SFC模型受到广泛关注还是始于Godley（2007），特别是金融危机之后。

Godley和Lavoie（2007）详细介绍了由简单到复杂的SFC模型的构建与应用。随着金融危机的爆发，大量学者将SFC模型应用到不动产市场（Zezza，2008）、资产证券化（Fontana O. and Godin A.，2013）、影子银行（Miess M. G. and Schmelzer S.，2015；Eatwell J. et al.，2008）和金融危机理论

① 以政府债券项目为例，它是政府的负债（总），却同时是商业银行与中央银行的资产（分），故称有总有分。

(Santos and Silva，2009）中，对主流的经济学方法提出了挑战。例如，Gali（2005）就将 SFC 模型的货币内生特性融入主流的新凯恩斯框架，以短期利率为货币政策工具，建立了以货币内生为特征的 DSGE 模型考察了三种不同的货币政策操作思路对社会福利的影响。

但是必须指出的是，主流模型对货币内生的模型化过于简化，仅仅设定基于利率的规则进行操作，使央行无法把握货币的内生创造过程和货币流向的结构分布不均衡特征，同时宏观各部门间的传导机制也局限于模型设定的单一（或几个）渠道。相比而言，SFC 模型能够克服传导机制上的“黑箱”（Black Box）（Bernanke，B. S. and Gertler，M.，1995），且不受理性人、完美市场、理性预期和最优化行为的约束。除此之外，它可以对宏观经济部门进一步细分，运用差异化的结构分析方法，将扰动机制内生化，考察部门内与部门间、存量与流量的互动及其对经济周期的影响。

## 三、SFC 模型中资产负债账户和部门的演化及其研究中心布局和论文发表情况

笔者近期广泛阅读 SFC 模型及相关文献，共收集和阅读 108 篇明确以 SFC 方法进行数学建模的文献，按时间顺序，本小节从这 108 篇英文文献中归纳 SFC 模型中资产负债表账户[①] 及宏观经济部门的演化路径，除此之外还归纳了其研究中心的空间布局和论文发表的主要阵地。

自 Backus D. 和 Tobin J. 等（1980）以来的 15 年里，SFC 模型并未受到学术界的关注，见刊的论文相对较少，但是自 1996 年开始逐渐增加。SFC 模型的优点之一是方便对宏观经济部门进行细化，应用结构化和差异化的分析方法对不同部门的行为进行设定。表 10-1 归纳了 SFC 模型中宏观经济部门划分的时间路径，颜色越深表明该部门在当年的文献中出现的频率越高，表中的频数范围为 1 到 8。可以看出，最常见的部门为家庭 H、非金融企业 F、政府 G、商业银行 B 和中央银行 CB。随着全球化的深化，模型增加了国外部门 For，以刻画汇率波动及国际经济往来的经济周期的影响。2007 年金融危机以后，为了刻画金融危机的产生机制，影子银行

① 交易流量表账户取决于资产负债表账户，故此处省略。

**表 10-1 SFC 模型中宏观经济部门的演化（1996~2016 年）**

| Year | H | F | G | B | CB | For | SB |
|---|---|---|---|---|---|---|---|
| 1996 年 | | | | | | | |
| 1997 年 | | | | | | | |
| 1998 年 | | | | | | | |
| 1999 年 | | | | | | | |
| 2000 年 | | | | | | | |
| 2001 年 | | | | | | | |
| 2002 年 | | | | | | | |
| 2003 年 | | | | | | | |
| 2004 年 | | | | | | | |
| 2005 年 | | | | | | | |
| 2006 年 | | | | | | | |
| 2007 年 | | | | | | | |
| 2008 年 | | | | | | | |
| 2009 年 | | | | | | | |
| 2010 年 | | | | | | | |
| 2011 年 | | | | | | | |
| 2012 年 | | | | | | | |
| 2013 年 | | | | | | | |
| 2014 年 | | | | | | | |
| 2015 年 | | | | | | | |
| 2016 年 | | | | | | | |

注：①H：Household；F：Firm；G：Government；B：Commercial Bank；CB：Central Bank；For：Foreign；SB：Shadow Banking；②部门可以进一步细分，如居民部门可分为 Capitalist 和 Wage Earner；影子银行可分为投资银行和 SPV 等；企业也可以分为不同产业的企业。

从商业银行中分离出来，以刻画其与商业银行的互动和金融脱媒的影响。

表 10-2 列示了 SFC 模型资产负债表账户的时间演化，频数范围为 1~11。可以看出，SFC 模型的复杂度越来越高，其中最常出现的项目是物质资本 K、现金 $H_o$、基础货币 MB、存款 D、贷款 L、政府债券 $B_g$、央票 $CB_b$、非金融公司股票 $F_e$。随着金融危机的爆发，SFC 模型也开始研究抵押支持

证券 MBS 和影子银行的行为。资产负债项的设置需要在现实与模型复杂度之间进行权衡，项目越多，方程数量越多，获得解析解的难度也就越大。实践中，往往是多样化核心部门的科目，而尽量简化其他部门的资产负债表。

**表 10–2　SFC 模型中资产负债表账户的演化（1996~2016 年）**

| Year | K | $H_0$ | MB | D | L | $B_g$ | $CB_b$ | $F_e$ | H | R | Inv | G | MBS | $SB_e$ |
|---|---|---|---|---|---|---|---|---|---|---|---|---|---|---|
| 1996 年 | | | | | | | | | | | | | | |
| 1997 年 | | | | | | | | | | | | | | |
| 1998 年 | | | | | | | | | | | | | | |
| 1999 年 | | | | | | | | | | | | | | |
| 2000 年 | | | | | | | | | | | | | | |
| 2001 年 | | | | | | | | | | | | | | |
| 2002 年 | | | | | | | | | | | | | | |
| 2003 年 | | | | | | | | | | | | | | |
| 2004 年 | | | | | | | | | | | | | | |
| 2005 年 | | | | | | | | | | | | | | |
| 2006 年 | | | | | | | | | | | | | | |
| 2007 年 | | | | | | | | | | | | | | |
| 2008 年 | | | | | | | | | | | | | | |
| 2009 年 | | | | | | | | | | | | | | |
| 2010 年 | | | | | | | | | | | | | | |
| 2011 年 | | | | | | | | | | | | | | |
| 2012 年 | | | | | | | | | | | | | | |
| 2013 年 | | | | | | | | | | | | | | |
| 2014 年 | | | | | | | | | | | | | | |
| 2015 年 | | | | | | | | | | | | | | |
| 2016 年 | | | | | | | | | | | | | | |

注：①K：Capital；$H_0$：Cash；MB：Base Money；D：Deposit；L：Loan；$B_g$：Government Bond；$F_e$：Equity；H：House；R：Reserve；Inv：Inventory；G：Gold；MBS：Mortgage-Based Securities；$SB_e$：Shadow Banking Equity。②专著按照 Working Paper 归类。③为了节省空间，表中未列示 1996 年以前的情况，也未列示出现次数相对较少的资产或负债项，如抵押贷款、外汇储备等。本章第三节有更为详细的说明。

当前SFC模型的研究主要分布在美国、英国、法国、意大利、德国、加拿大和奥地利。其中，美国的Levy Economics Institute（LEI）是后凯恩斯SFC模型的全球研究中心，多数作者均有在LEI挂职。英国以剑桥大学（University of Cambridge）和利兹大学（University of Leeds）最著名，其中剑桥大学的新剑桥学派（New Cambridge School）是SFC模型的力推者，Godley W. 是SFC模型领域的权威。加拿大渥太华大学（University of Ottawa）是SFC模型的另一个中心，以Godley的合作者Levoie M. 为代表。意大利与法国的研究所分布比较分散。

**表10-3　基于SFC方法的论文发表情况（1996~2016年）**

| Year | WP | JPKE | CJE | M | JEE | IRAE | RPE | ESR | EEJ | E- | JEBO | JPM |
|---|---|---|---|---|---|---|---|---|---|---|---|---|
| 1996年 | 1 | | | | | | | | | | | |
| 1997年 | 1 | | | | | | | | | | | |
| 1998年 | | | | | | | | | | | | |
| 1999年 | 2 | | 1 | | | | | | | | | |
| 2000年 | | | | | | | | | | | | |
| 2001年 | | 1 | | | | | | | | | | |
| 2002年 | | 2 | | | | | | | | | | |
| 2003年 | 3 | | | | | | | | | | | |
| 2004年 | 4 | | 1 | | | | | | | | | |
| 2005年 | | 1 | 1 | | | | | | | | | |
| 2006年 | 1 | 1 | | | | | | | | | | |
| 2007年 | 1 | 1 | 1 | | | | | | | | | |
| 2008年 | 5 | 2 | 1 | 2 | | | | | | 1 | | |
| 2009年 | 4 | | 2 | | | | | | | 1 | | |
| 2010年 | 3 | 1 | | 2 | | | | | | | 1 | 1 |
| 2011年 | 8 | | 1 | 1 | | | 1 | | 1 | | | |
| 2012年 | 4 | | | 2 | | | 2 | | | | 2 | |
| 2013年 | 4 | 1 | | | | | | | | | | |
| 2014年 | 7 | | | 1 | 1 | | | | | | | |

续表

| Year | WP | JPKE | CJE | M | JEE | IRAE | RPE | ESR | EEJ | E- | JEBO | JPM |
|---|---|---|---|---|---|---|---|---|---|---|---|---|
| 2015年 | 6 | 1 | 2 | | | 1 | | | | 1 | | |
| 2016年 | 4 | | | | | | | 2 | | | | |
| 总计 | 58 | 11 | 10 | 8 | 1 | 1 | 3 | 2 | 1 | 3 | 3 | 1 |

注：表中的期刊缩写分别为：①WP：Working Paper；②JPKE：Journal of Post Keynesian Economics；③CJE：Cambridge Journal of Economics；④M：Metroeconomics；⑤JEE：Journal of Evolutionary Economics；⑥IRAE：International Review of Applied Economics；⑦RPE：Review of Political Economy；⑧ESR：Economic Systems Research；⑨EEJ：Eastern Economic Journal；⑩EJEEP：European Journal of Economics and Economic Policies；⑪JEBO：Journal of Economic Behavior & Organization；⑫JPM：Journal of Policy Modelling。

表 10-3 统计了以 SFC 方法建模的论文的发表情况（包括 Working Paper）。可以看出，当前论文仍然以 Working Paper 为主，发表的论文主要集中在《Journal of Post Keynesian Economics》《Cambridge Journal of Economics》和《Metroeconomics》上；但自 2008 年以后，发表的期刊开始多样化，而且影响力较高的期刊也开始发表与 SFC 方法相关的论文。究其原因，一方面，主流学者预测金融危机的失败和后凯恩斯学者预测的成功形成鲜明对比（Bezemer，2010），另一方面，SFC 模型为明斯基的金融不稳定假说提供了天然的分析框架（Bellofiore and Passarella，2010；Tymoigne，E.，2006）。

## 四、SFC 模型具体应用

SFC 模型集大成于 Godley。Godley（1996）提出了分析货币、金融与国民收入决定的系统的 SFC 模型，随后又提出了两国与三国开放经济的 SFC 模型（Godley，W. and M. Lavoie，2003；Godley，W. and M. Lavoie，2006b），Godley，W. 和 M. Lavoie（2007）以专著的形式系统介绍了分析货币与经济周期的 SFC 模型。特别是 2000 年之后，SFC 模型被广泛用于货币与经济周期的分析。

（1）金融危机。金融危机以后，学界对主流的方法论进行了反思，后凯恩斯学者认为主流分析方法脱离了现实，忽视了存量与流量之间的互动，Minsky（1996）明确提到“对货币经济的建模，必须包括相互关联的资产负债表与收入流量表”。Santos 和 Silva（2009）在相对简化的 SFC 框架和新克莱斯基（Neo-Kaleckian）投资函数下对金融不稳定假说的生成机制进行了重新解释。文中分别以贷款/资本比（L/S）和贷款/存款比（L/D）的上升表示企业和银行杠杆率的提高和脆弱性的增强，在 v－g 和 b－g 曲线划分的四个区域内，若经济情形位于第Ⅰ象限，企业和银行的杠杆率会形成正反馈循环，从而出现金融不稳定的状况。Zezza（2008）和 Eatwell 等（2008）将不动产和资产证券化等金融创新因素纳入 SFC 分析框架，并诠释了其影响金融稳定的机制。Santos（2005）认为，SFC 模型是正式化和一般化是明斯基模型（Minskyan Model）的必要条件[①]。

金融危机对美联储是巨大的挑战。其量化宽松政策能否缓解金融危机，还是为下次危机埋下隐患激起了学界的广泛讨论，凯恩斯与哈耶克在 20 世纪三四十年代的大论战重出江湖（Wapshott N.，2013[②]；韦森，2014[③]）。Tobin J.（1982a）论述了宏观经济模型对货币与金融因素建模的方法，他批评了传统 IS-LM 模型在 LM 曲线建模过程中只注重存量均衡，忽视了流量变动对存量均衡的影响，[④] 并指出任何模型，如果忽视流量的变动，即使在短期内，其对于货币政策和财政政策的分析也会遗漏重要信息。托宾的资产组合选择理论突破了传统一般均衡模型对于货币的建模，认为货币是一种资产，而不仅仅是交易的媒介，并指出古典传统对于货币的认知[⑤]是一般均衡模型难以对货币建模的原因。货币的资产化，是货币非中性的逻辑起点。SFC 模型可以将央行从政府部门分离出来，建立货币政策与实体经济的多种传导机制，实现对货币政策的建模。Heron 和 Mouakil（2008）建立了五部门 SFC 模型，分析了货币政策通过影响商业银行的流动性偏好，进而通过信用渠道对企业投资和经济增长产生影响。模拟发现，当央行提高基准利率时，企业借款成本增加，以现金流和金融条件指数（Financial Condition Index）衡量的借方风险增加，同时由于企业的利润和偿债能力下降，银行的流动性偏好加强，资产组合中的贷款规模会压缩，从而出现

---

① Minsky（1975）指出，资本主义经济的现实情况是各部门资产负债表之间是相互依赖的。这正好与 SFC 模型基于资产负债表和资金流量表的建模方式相契合。

② 韦普肖特：《凯恩斯大战哈耶克》，机械工业出版社 2013 年版。

③ 韦森：《重读哈耶克》，中信出版社 2014 年版。

④ 传统的 IS-LM 模型假设在时间足够短的情况下，流量的变动对存量的影响是可以忽视的。Tobin（1982）指出，对于物质资本和财富总量而言，该假设还有一定的可信度，但是对于政府预算、货币市场操作和国际收支失衡等指标而言，可信度就要打折扣了。

⑤ 即认为货币仅仅充当一般的交易媒介职能，具有一般公共品的特性，而公共品在分散的竞争市场中是无法通过价格机制的调整达到最优状态的。

信贷配给，投资下降。Godley 和 Lavoie（2005）分别考察了两种汇率制度下财政政策和货币政策的有效性，文章认为盯住短期利率在任何汇率制度下都是最优的货币政策，而且央行对外汇市场的干预并不影响货币供应量，因为可以通过公开市场操作进行对冲。文中得到的结论与 Mundell-Fleming 模型形成了鲜明对比。[①]

2008 年国际金融危机至今已近 10 年，美国增长乏力，欧洲仍然在债务危机的阴霾下，QE 似乎并没有使经济重回增长路径，故人们又将目光投向凯恩斯主义的良药，即财政政策。与新凯恩斯主义者通过引入名义或实际价格刚性等为财政政策奠定微观基础的做法不同，后凯恩斯主义者在 SFC 框架下也做了诸多努力。Godley W. 和 Lavoie M.（2007）认为，在缺乏适当的财政政策辅助的情况下，货币政策将难以维持充分就业和低通胀目标，财政政策可以充当经济稳定器。Martin B.（2007）在前者基础上分消极和积极的财政政策两种情况探讨了最优财政规则。Godley 和 Lavoie（2005）认为，货币政策通过汇率渠道对经济增长的效应是短暂的，而扩张政府支出会导致产出增加。

针对金融危机产生的原因，影子银行的加杠杆行为受到监管部门的重视。Eatwell J. 等（2008）将影子银行和房地产部门分离出来单独考察，以解释银行主导的杠杆驱动的次级抵押按揭贷款膨胀周期下的危机形成机理，解释了证券价格—银行净资产—贷款—房地产价格的正反馈循环如何引发金融危机。Miess M. G. 和 Schmelzer S.（2015）建立了包含影子银行在内的 6 部门 SFC 模型，他们明确将货币内生创造机制及信贷扩张引起的资产价格泡沫形成机制内生化。在资产负债表效应和杠杆效应的作用下，商业银行与影子银行通过资产证券化途径创造货币并形成资产价格膨胀的“内循环”，当到达各部门约束的临界点时，循环中断，逆向循环开始，泡沫破裂，危机来临。他们强调了宏观审慎监管的“有界性”（Goodhart, C.，2008）概念，认为有效的监管应该统筹全局。Fontana O. 和 Godin A.（2013）在 SFC 模型中刻画了 MBS 影响金融危机的机制，模拟了证券价格与不动产价格上升对投资银行、商业银行和居民的杠杆及资产组合调整的

① 在 MF 模型中，浮动汇率制度下扩张政府支出会导致利率上升，国际资本流入，本币升值，但这是在央行保持货币供应量不变的外生货币假设下才成立。在 GL 模型中，以货币内生和央行盯住利率为特征，所得到的结果是财政政策更有效。

不同影响。

（2）国际货币体系。自布雷顿森林体系瓦解以来，国际货币体系的重建就被广泛讨论，但随着金融危机的冲击暂时搁浅。关于世界货币体系，凯恩斯提出建立国际清算联盟（International Clearing Union，ICU）充当国际收支调节机构，Bancor 为世界货币单位，各主权国家货币与 Bancor 保持固定比价。Valdecantos S. 和 Zezza G.（2015）建立了包含美国、欧盟、中国和其他国家在内的 SFC 模型，对比了美元模型、SDR 模型和 Bancor 模型，描述了 Bancor 模型的运行机理，并通过模拟发现，只有 Bancor 模型会消除国际收支失衡。Valdecantos S. 和 Zezza G.（2015）对比了不同国际货币体系下（美元、SDR 和 Bancor）紧缩性财政政策对各国 GDP 和国际收支的影响，认为在 Bancor 体系下，受美国紧缩性财政政策冲击后，各国 GDP 在长期内会收敛到初始状态，若允许汇率调整，GDP 收敛速度会加快。

（3）经济增长。经济增长是宏观研究的出发点和落脚点，可以将影响经济增长的诸因素灵活地纳入 SFC 的分析框架中。Lavoie 和 Godley（2002）构建了简化的三部门（居民、企业和银行）SFC 模型，通过对 Kaleckian neo-Pasinetti 增长模型（Kaldor，1966）进行扩展，分两种制度[①]考察了消费倾向、流动性偏好、利率、留存收益率、利润率、实际工资率、产能利用率、托宾 Q 以及企业负债率对经济的影响。文章认为，储蓄悖论（Paradox of Savings）能否成立依赖于投资函数中的托宾 Q 值。Dafermos（2012）同时考察了居民、企业和商业银行的流动性偏好和不确定性对经济增长的影响，并考察了背后的影响机制。当不确定性增加的时候，各部门的流动性偏好增加，配置于流动性资产的份额会增加，居民部门会增加现金持有，减少存款、国库券和企业股票，企业会减少借贷和投资，银行会减少贷款，增加超额准备金，这会提高利率，减少投资，降低总需求，但是冲击发生的 10 年后产出水平逐渐恢复到冲击前的水平。

（4）计量研究。SFC 模型求解的思路一般是在模型搭建完毕后，利用当期的特征事实设定参数值，求出稳态（Steady State）或静态解（Stationary

---

① 投资函数为 $g = r_0 + r_1 \cdot r_{cf(-1)} - r_2 r_1 \cdot l_{(-1)} + r_3 \cdot q_{(-1)} + r_4 \cdot u_{(-1)}$，下标（-1）代表滞后一期，$r_{cf}$ 为现金流比率，$r_1$ 为贷款利率，l 为负债/资本比率，q 为托宾 Q 值，u 为产能利用率。在第一种制度下（Normal Regime），$r_3 < r_4$，即投资对产能利用率的敏感性大于托宾 Q 值；第二种制度下（Puzzling Regime），$r_3 < r_4$，即投资对产能利用率的敏感性小于托宾 Q 值。

State)，随后施加外生冲击考察其对宏观经济的影响。这种方法一方面预设了稳态/静态的存在，另一方面与历史数据的拟合度不高，故另一种方法就是通过历史时间序列数据估计模型参数。Miess 和 Schmelzer（2016）利用奥地利的数据构建了 1996~2013 年的资产负债表与交易流量表，用 Hot-Winters 滤波分析和 OLS 方法估计了模型参数，在此基础上估计了 2014~2024 年的资产负债表与交易流量表。Davis（1987a，1987b）利用英国的数据，估计了 4 部门的 SFC 模型，并对增加政府开支和短期利率的政策进行了模拟。模型全面考察了资本存量、生产函数、证券市场、资产组合调整、收入的通胀效应、财富效应、政府预算赤字和国际收支对国民生产总值等宏观经济变量的影响。SFC 模型的计量研究还可以参考 Clévenot 等（2009，2010）、Papadimitriou 等（2011）等。

（5）微观基础。SFC 分析未被主流学派认可的一个原因就是它缺乏微观基础，后凯恩斯学者通过将 SFC 模型与 Agent-Based Model 结合而得到 SFC-ABM 模型，回应了主流学者的批评。目前这方面的文献还不多，主要有 Eurace 模型（Cincotti et al.，2010；Raberto et al.，2011；Teglio et al.，2012）、Seppecher（2012b）和 Kinsella 等（2011）。SFC-ABM 模型建立的初衷是替代 DSGE 模型，这是因为 DSGE 模型缺乏对金融循环与实体循环的建模从而在预测金融危机方面表现不足。相对于传统的 SFC 模型，SFC-ABM 模型可以进一步考察不同部门以及同一部门内部不同行为主体决策过程的差异性和行动时间的不一致性的影响，故可以解释非均衡现象，而且非均衡更是一种常态。与 DSGE 模型不同的是，SFC-ABM 模型中的行为主题仍然是基于经验法则（Rule of Thrumb），而非最优化。但是 SFC-ABM 模型的不足之处是增加了复杂度，而且牺牲了 SFC 模型的可追溯性（Tractability），即模糊了传导机制，而这种传导机制上的“黑箱”给政策建议带来了挑战，但是它展示了更好的预测能力。

## 第二节 开放经济条件下的资产负债—存量矩阵与交易—流量矩阵

随着 2005 年汇率制度市场化改革起步，我国从盯住单一美元扩大到盯住“一篮子”货币，再到 2015 年 8 月 11 日扩大汇率浮动区间，有管理的浮动汇率制度向纵深处进一步发展，开放经济和浮动汇率制度下的存量—流量一致模型对于研究我国的现实问题意义重大。本节以中国和美国为例，介绍一个相对完整的开放经济条件下的五部门 SFC 模型，描述两个国家的资产负债—存量矩阵和交易—流量矩阵的具体内容。

## 一、资产负债—存量矩阵

资产负债表矩阵表示的是各部门某个时点的资产或负债存量，它实际上决定了交易流量表的内容。交易矩阵中的每一项都能在资产负债矩阵中找到其“母体”。

表 10-4 描述了两国 5 部门的资产负债表矩阵。“+”代表该项目是某部门的资产，“-”代表某一部门的负债或所有者权益。上角标以区分中国（C）和美国（U），下角标区分不同的部门。[①] K 表示有形资产，如机器设备等；M0 表示现金；D 表示存款，包括定期存款和活期存款；L 表示贷款；B 为债券；$xr^U$ 为直接标价法下的人民币汇率，即 1 单位美元兑换的人民币，$xr^C$ 为直接标价法下的美元汇率，表示 1 单位人民币可以兑换的美元；[②] E 为股票数量，pe 为股票价格，E·pe 为股票总市值；Q 为黄金存量，pg 为一单位黄金的价格，Q·pg 为黄金总市值；A 为央行票据，是央行调节市场流动性的工具；[③] V 表示各部门的资产净值，即资产减负债，若 $V > 0$，表示该部门杠杆小于 1，为拥有净资产的部门，或者说财富为正。

相反，若 $V < 0$，则杠杆大于 1，则为净负债部门，财富水平小于 0，为了使每一部门所有项相加等于 0，此处在净值前面均加上“-”号。将每一部门的资产、负债和财富水平的负数相加，按照会计恒等式，该项均为 0。横向相加则是按照某一资产/负债项在全社会范围内进行加总，除物质资本和黄金之外，和均为 0，因为一个（或几个）部门的资产与另一个（或几个）部门的负债总是对应的，例如在存款项目下，它是商业银行的负债，同时是居民、企业和政府的资产。全社会的总物质资本存量为 $\sum k$，

① 居民部门（h）、企业部门（f）、商业银行（b）、政府（g）和中央银行（cb）。

② 假设中国只能央行购买美元债券，而在美国，商业银行和中央银行均能配置人民币债券。

③ 假设黄金仅为中央银行的储备资产。

**表 10-4　开放经济条件下两国的资产负债—存量矩阵**

| | 中国 | | | | | 美国 | | | | | 合计 |
|---|---|---|---|---|---|---|---|---|---|---|---|
| | 居民 | 企业 | 商业银行 | 政府 | 中央银行 | 居民 | 企业 | 商业银行 | 政府 | 中央银行 | |
| 有形资产 | $+K_h^C$ | $+K_f^C$ | | | | $+K_h^U$ | $+K_f^U$ | | | | $+\sum K$ |
| 现金 | $+MO_h^C$ | $+MO_f^C$ | $+MO_b^C$ | | $-MO^C$ | $+MO^U$ | $+MO_f^U$ | $+MO_b^U$ | | $-MO^U$ | 0 |
| 存款 | $+D_h^C$ | $+D_f^C$ | $-D^C$ | $+D_g^C$ | | $+D_h^U$ | $+D_f^U$ | $-D^U$ | $+D_b^U$ | | 0 |
| 贷款 | $-L_h^C$ | $-L_f^C$ | $+L^C$ | | | $-L_h^U$ | $-L_f^U$ | $+L^U$ | | | 0 |
| 准备金 | | | $+R^C$ | | $-R^C$ | | | $+R^U$ | | $+R^U$ | 0 |
| 央行票据 | | | $+A_{cb}^C$ | | $-A_{cb}^U$ | | | $+A_{cb}^U$ | | $-A_{cb}^U$ | 0 |
| 中国政府债券 | $+B_{gh}^C$ | | $+B_{gb}^C$ | $-B_g^C$ | $+B_{gcb}^C$ | | | $+B_{gb}^C \cdot xr^C$ | | $+B_{gcb}^C \cdot xr^C$ | 0 |
| 中国企业债券 | $+B_{fh}^C$ | $-B_f^C$ | $+B_{fb}^C$ | | | | | | | | 0 |
| 美国政府债券 | | | | | $+B_{gcb}^U \cdot xr^U$ | | | $+B_{gb}^U$ | $-B_g^U$ | $+B_{gc}^C$ | 0 |
| 美国企业债券 | | | | | | $+B_{fh}^U$ | $-B_f^U$ | $+B_{fb}^U$ | | | 0 |
| 股票 | $+E^C \cdot p_e^C$ | $-E^C \cdot pe^U$ | | | | $+E_f^U \cdot pe^U$ | $-E^U \cdot pe^U$ | $+E_b^U \cdot pe^U$ | | | 0 |
| 黄金 | | | | | $Q^C \cdot pg^C$ | | | | | $Q^U \cdot pg^U$ | $-\sum Q \cdot pg$ |
| 净值 | $-V_h^C$ | $-V_h^C$ | $-V_b^C$ | $-V_g^C$ | $-V_{cb}^C$ | $-V_h^U$ | $-V_h^U$ | $-V_b^U$ | $-V_g^U$ | $-V_{cb}^U$ | $-V$ |
| 总计 | 0 | 0 | 0 | 0 | 0 | 0 | 0 | 0 | 0 | 0 | 0 |

黄金存量为$\sum Q \cdot pg$。

## 二、交易—流量矩阵

交易—流量矩阵记录当期（通常是一年）各部门间发生的交易行为，表 10-5 所示，可以分为产业循环、金融循环和价值重估三部分。产业循环记录产品和服务交换，金融循环记录工资、税收和利息收支及利润分配，价值重估记录资产负债表项目由于市场价格变化和资产组合重新配置引起的市值的变化。在交易流量表中，将各部门账户分为经常账户和资本账户，经常账户记录该部门主要的日常活动，资本账户主要记录资产负债表项目的价值重估。

在交易流量矩阵中，“+”表示资金的流入，“-”表示资金的使用和流出。下面以中国为例说明表格的内容。产业循环中，企业提供给居民的消费品总额为 $C^C$；企业投资额为 $I^C$；政府从企业的购买总额 $G^C$；企业进口为 $IM^C$；出口为 $X^C$；从而，国民生产总值的内容在产业循环中得到了完整的记录，即 $Y^C = C^C + I^C + G^C + IM^C - X^C$。如前所述，产业循环对应的是流量活动，强调货币的交易媒介职能。

金融循环中，企业向居民支付 $W^C$ 数量的工资；利息收支是金融循环的主要内容，收支总额为利息率与对应标的前一期存量的乘积。[①] 存款利率为 $r_D^c$，银行向居民、企业和政府支付存款利息；贷款利率为 $r_L^c$，由居民和企业支付给银行；[②] 中国政府债券利率为 $r_g^c$，政府向居民、商业银行和央行支付债券利息；中国企业债券利率为 $r_f^c$，由企业向居民和商业银行支付债券利息；美国政府债券利率为 $r_g^U$，中国央行外汇储备中以美元计价的美国政府债券的量为 $B_{gcb}^U$，经汇率换算后的利息为 $r_g^u \cdot B_{cbg}^U \cdot xr^U$；企业向居民支付的股利为 $DIV^C$；企业利润总额为 $F_f^c$；假设央行利润 $F_{cb}^C$全部归政府；居民和企业分别向政府支付 $T_h^c SAV_h^c$和 $T_f^c$的税收；企业留存收益为 $RE_f^c$；居民、企业和政府的当期储蓄总额为 $SAV_f^c$和 $SAV_g^c$，商业银行和中央银行各

① 此处省略了时间标识。

② 此处假设商业银行存放在中央银行的准备金存款不产生利息。

**表 10–5　开放经济条件下中国的交易—流量矩阵①**

| | | 居民部门 | | 企业部门 | | 商业银行 | | 政府 | | 中央银行 | | 总计 |
|---|---|---|---|---|---|---|---|---|---|---|---|---|
| | | 经常账户 | 资本账户 | 经常账户 | 资本账户 | 经常账户 | 资本账户 | 经常账户 | 资本账户 | 经常账户 | 资本账户 | |
| 产业循环 | 消费 | $-C^C$ | | $+C^C$ | | | | | | | | 0 |
| | 投资 | | | $+I^C$ | $-I^C$ | | | | | | | 0 |
| | 政府支出 | | | $+G^C$ | | | | $-G^C$ | | | | 0 |
| | 进口 | | | $-IM^C$ | | | | | | | | 0 |
| | 出口 | | | $+X^C$ | | | | | | | | 0 |
| | GDP | | | $[-Y^C]$ | $[+Y^C]$ | | | | | | | 0 |
| | 工资 | $+W^C$ | | $-W^C$ | | | | | | | | 0 |
| 金融循环 | 存款利息 | $+r_D^C \cdot D_h^C$ | | $+r_D^C \cdot D_f^C$ | | $-r_D^C \cdot D_h^C$ | | $+r_D^C \cdot D_h^C$ | | | | 0 |
| | 贷款利息 | $-r_L^C \cdot L_h^C$ | | $-r_L^C \cdot L_f^C$ | | $+r_L^C \cdot L^C$ | | | | | | 0 |
| | 中国央行票据利息 | | | | | $+r_{cb}^C \cdot A_{cb}^C$ | | | | $-r_{cb}^C \cdot A_{cb}^C$ | | |
| | 中国政府债券利息 | $+r_g^C \cdot B_{gh}^C$ | | | | $+r_g^C \cdot B_{gb}^C$ | | $+r_g^C \cdot B_g^C$ | | $+r_g^C \cdot B_{gcb}^C$ | | 0 |
| | 中国企业债券利息 | $+r_f^C \cdot B_{fh}^C$ | | $-r_f^C \cdot B_f^C$ | | $+r_f^C \cdot B_{fb}^U$ | | | | | | 0 |
| | 美国政府债券利息 | | | | | | | | | $+r_g^C \cdot B_{gcb}^C \cdot xr^U$ | | 0 |
| | 股利 | $+DIV^C$ | | $-DIV^C$ | | | | | | | | 0 |

① 开放经济条件下的美国的交易流量表与中国基本相似，差别仅仅在于美国的商业银行可以投资企业债券，同时也可以购买中国的政府债券，这种差异在资产负债存量表中已经体现出来。故具体表格此处省略。

续表

| | | 居民部门 | | 企业部门 | | 商业银行 | | 政府 | | 中央银行 | | 合计 |
|---|---|---|---|---|---|---|---|---|---|---|---|---|
| | | 经常账户 | 资本账户 | 经常账户 | 资本账户 | 经常账户 | 资本账户 | 经常账户 | 资本账户 | 经常账户 | 资本账户 | |
| 价值重估 | 利润 | | | $-F_f^C$ | $+F_f^C$ | | | $+F_{cb}^C$ | | $-F_{cb}^C$ | | 0 |
| | 税收 | $-T_h^C$ | | $-T_f^C$ | | | | $+T^C$ | | | | 0 |
| | 留存收益 | | | $-RE_f^C$ | $+RE_f^C$ | | | | | | | 0 |
| | 储蓄 | $-SAV_h^C$ | $+SAV_h^C$ | $-SAV_f^C$ | $+SAV_f^C$ | | | $-SAV_g^C$ | $+SAV_g^C$ | | | 0 |
| | Δ 有形资产 | | $-\Delta K_h^C$ | | $-\Delta K_f^C$ | | | | | | | 0 |
| | Δ现金 | | $-\Delta M0_h^C$ | | $-\Delta M0_f^C$ | | $-\Delta M0_b^C$ | | $-\Delta M0_g^C$ | | $+\Delta M0^C$ | 0 |
| | Δ存款 | | $-\Delta D_h^C$ | | $-\Delta D_f^C$ | | $+\Delta D^C$ | | $-\Delta D_g^C$ | | | 0 |
| | Δ贷款 | | $+\Delta L_h^C$ | | $+\Delta L_f^C$ | | $-\Delta L^C$ | | | | | 0 |
| | Δ准备金 | | | | $-\Delta R^C$ | | | | | | $+\Delta R^C$ | 0 |
| | Δ中国央行票据 | | | | | | $-\Delta A_{cb}^C$ | | | | $+\Delta A_{cb}^C$ | 0 |
| | Δ中国政府债券 | | $-\Delta B_{gh}^C$ | | | | $-\Delta B_{gb}^C$ | | | | | 0 |
| | Δ中国企业债券 | | $-\Delta B_{fh}^C$ | | $+\Delta B_f^C$ | | $-\Delta B_{gb}^C$ | | $-\Delta B_g^C$ | | $+\Delta B_{gcb}^C$ | 0 |
| | Δ美国政府债券 | | | | | | | | | | $-\Delta B_{gcb}^U \cdot xr^U$ | 0 |
| | Δ股票 | | $-\Delta E^C \cdot p_e^C$ | | $-\Delta E^C \cdot p_e^C$ | | | | | | | 0 |
| | Δ黄金 | | | | | | | | | | $-\Delta q^C \cdot p_g^C$ | 0 |
| | 总计 | 0 | 0 | 0 | 0 | 0 | 0 | 0 | 0 | 0 | 0 | 0 |

期收支平衡。按照帅勇（2005）[①]的界定，金融循环对应的是存量活动，从各项（如存款、贷款、债券）统计指标的性质来说，确实反映了存量活动，但是从一个时间区间来说，它又是流量概念。而且，对于利息收支来说，就是个流量概念。所以，更严谨的说法是，金融循环是一个存量与流量互动的空间。

价值重估表示前一期资产或负债由于标的价格或组合重新配置引起的市值的变动。存量的价值重估意味着当期的流量。“Δ”表示当期存量与前一期存量的差分。价值重估均记录在资本账户下，它与资产负债表的内容是一一对应的。

可以看出，资产负债—存量表与交易—流量表有机地结合起来，而且交易—流量矩阵内部的3个循环也是彼此嵌套的，更形象的表达就是：产业循环为骨架，决定一个经济体系的基础是否巩固；金融循环为血液，衍生于产业循环，又反作用于产业循环；资产重估是肉体，它是一种外在表现，即资产价格的周期变动。三者构成一个完整的生命体。

以上3个表格就展现了一个完整的国民账户体系。随着货币金融系统的发展，以上表格的内容会发生相应的变化，例如为了适应金融市场的发展，可以将商业银行进一步划分为商业银行、投资银行和影子银行等（Miess M. & Schmelzer S.，2015），特别是自2008年以来，我国影子银行规模日益膨胀，这给货币政策执行与金融监管带来了严重的挑战。另外，还可以将房地产市场分离出来单独考察（Fontana O. & Godin A.，2013）。所以，根据研究的问题的需要，SFC模型非常有弹性。

## 第三节　SFC模型构建的一般方法：一个描述性例子

SFCA建模实践中一个显著的特征是：将其宏观经济模型建立在缜密的分部门存量（资产负债表BS）和流量（资金流量表FOF和交易矩阵

① 帅勇：《货币与利息率决定理论——存量和流量分析史》，人民出版社2005年版。

SAM）的系统化的相互影响关系上，这不仅要求流量在部门间“来有影、去有踪”，并且更重要的是存量流量之间的相互影响也在一致的系统化框架内加以充分考虑。这种分析框架不仅使其描述宏观经济系统的精确性大为提高，也为其模型假设的真实性提供了一个可验证的机制。这种方法的另一个突出贡献在于，提供了一个既能比较静态分析又能动态跨期深入定量化考察各部门间交互影响关系的系统思考框架，这样既能分析在外生因素给定的情况下各部门间流量和存量之间的“静态均衡”，又能给出系统受到外生冲击后各部门流量和存量调整的“动态路径”，为分析评价宏观经济政策的效果提供了工具。这也就意味着利用这种工具我们可以打开一直困扰着我们的——货币从供给到需求那说不清道不楚的“黑箱”，动态地分析货币和资本运动的动力学原理。

一般来说，SFCA 建模主要有三个步骤：

第一，建立一个描述整体经济的“标准会计账户”，包括居民部门（Household）、企业部门（Firms）、政府部门（Government）、中央银行（Central Bank）和商业银行（Banks）的分部门资产负债表（Balance Sheet）、社会交易矩阵（Social Accounting Matrix）和资金流量表（Flow-of-Funds）。通过会计账户得到的会计恒等式，可以描述整体经济不同部门间的存量（资产负债表体现）和流量（资金流量表和交易矩阵体现）的相关性，以及能够体现跨部门的预算约束（Sectoral Budget Constraints）。

第二，在建立了描述整体的会计框架后，确定经济体系中各部门的行为方程（Behavioral Relationships），在行为方程的确定方面需要结合主流的宏观经济理论，或者应用计量经济学方法，针对所要研究的存量—流量关系确定“封闭条件”，确定内生变量和外生变量。

第三，借助软件对前面得到的非线性模型进行动态模拟，得到模型内各部门内生变量间关系变化的动态特征，模拟过程中观察当模型参数或外生变量的变动对模型产生的冲击影响，最后模拟评价各种宏观经济政策或者外生冲击对部门行为的影响效果。

## 一、模型构造

本节以一个简化的封闭经济体为例来说明如何构建 SFC 模型，仅包括居民、企业、政府和中央银行四个部门，暂不考虑商业银行。表 10-6 为该经济体的资产负债—存量矩阵，该经济有基础货币（H）与债券（B）两种资产。居民资产组合包括基础货币与政府债券；政府发行债券融资并由央行和居民购买；央行是基础货币的发行部门；假设纯服务经济，企业不拥有固定资产，也不从事生产。

**表 10-6 资产负债—存量矩阵**

| | 居民 | 企业 | 政府 | 央行 | Σ |
|---|---|---|---|---|---|
| 基础货币 | $+H_h$ | | | $-H$ | 0 |
| 政府债券 | $+B_h$ | | $-B$ | $+B_{cb}$ | 0 |
| 净值 | $-V$ | | $+V$ | | 0 |
| Σ | 0 | 0 | 0 | 0 | 0 |

表 10-7 为对应的交易—流量矩阵：①央行分为经常账户与资本账户，经常账户下记录央行当期日常经营所引起的收支行为，如债券利息收入和工资支付（简化模型中进行了省略，此处假设货币没有利息收支），资本账户记录其资产负债表项目的变化；②央行利润归政府所有；③Δ 基础货币与 Δ 政府债券表示价值重估。其他含义在文章第三部分已论述，故不再赘述。

**表 10-7 交易—流量矩阵**

| | 居民 | 企业 | 政府 | 央行 | | Σ |
|---|---|---|---|---|---|---|
| | | | | 经常账户 | 资本账户 | |
| 消费 | $-C$ | $+C$ | | | | 0 |
| 政府支出 | | $+G$ | $-G$ | | | 0 |
| GDP | $+Y$ | $-Y$ | | | | 0 |
| 利息 | $+r_{-1}B_{h-1}$ | | $-r_{-1}B_{g-1}$ | $+r_{-1}B_{cb-1}$ | | 0 |
| 央行利润 | | | $+r_{-1}B_{cb-1}$ | $-r_{-1}B_{cb-1}$ | | 0 |
| 税收 | $-T$ | | | | | 0 |
| Δ 基础货币 | $-\Delta H$ | | $+T$ | | $+\Delta H$ | 0 |
| Δ 政府债券 | $-\Delta B_h$ | 0 | $-\Delta B_g$ | 0 | $-\Delta B_{cb}$ | 0 |
| Σ | 0 | | 0 | | 0 | 0 |

注：下角标-1 指上一期。

下一步就是要基于表 10-5 和表 10-6 建立资产负债表和交易流量表约束，串联存量与流量的互动，并结合各部门的行为方程构建完整的 SFC 分析框架：

居民：居民部门最重要的是刻画其消费行为，设消费函数为：

$$C = a_1 Y_D + a_2 V_{-1} \tag{10-1}$$

即居民消费是当期可支配收入 $Y_D$ 和上期期末财富净值 $V_{-1}$ 的函数，两者的动态方程为：

$$Y_D = Y - T + r_{-1} B_{h-1} \tag{10-2}$$

$$V = V_{-1} + (Y_D - C) \tag{10-3}$$

T 为政府向居民征收的个人所得税，设其为总收入的固定比例为 θ：

$$T = \theta(Y + r_{-1} B_{h-1}) \tag{10-4}$$

$B_{h-1}$ 为上一期居民持有的政府债券，它取决于居民的流动性偏好、债券收益率及收入水平：

$$\frac{B_h}{V} = \beta_0 + \beta_1 \cdot r - \beta_2\left(\frac{Y_D}{V}\right) \tag{10-5}$$

根据资产负债表约束，可以得到居民持有货币的量：

$$H_h = V - B_h \tag{10-6}$$

设利率是央行外生决定的：

$$r = \bar{r} \tag{10-7}$$

在居民部门中，内生变量为 C、$Y_D$、V、T、$B_h$ 和 $H_h$，总产出 Y 将在企业部门定义。

企业：为了方便求出解析解，模型简化了企业的行为。根据企业的交易流量表，可以求得总产出恒等式为：

$$Y = C + G \tag{10-8}$$

政府：政府通过政府购买作为财政政策手段，设政府支出由政府外生决定：

$$G = \bar{G} \tag{10-9}$$

设定了当年的财政支出目标后，政府的总支出超过总收入的部分就需要通过发行新的政府债券为赤字进行融资：

$$\Delta B = B - B_{-1} = (\bar{G} + r_{-1} B_{-1}) - (T + r_{-1} B_{cb-1}) \tag{10-10}$$

上式也可以看成是政府的预算约束。

中央银行：央行作为政府债券的剩余购买者，将通过货币发行的方式为政府融资：

$$\Delta H = H - H_{-1} = \Delta B_{cb} \tag{10-11}$$

最后，债券市场与货币市场均衡条件为：

$$B_{cb} = B - B_h \tag{10-12}$$

$$H = H_h \tag{10-13}$$

式（10-10）~ 式（10-12）符合后凯恩斯货币内生理论的设定，由于央行是政府债券的剩余购买者，又因为央行通过货币发行的方法购买债券，央行的购买量取决于政府发行量和居民的购买量，即货币取决于政府和居民需求行为。

## 二、稳态

熊彼特（1912b）在静力学与动力学的二分对立中，认为“第一个经济学问题”是在现有数据中寻找经济体系均衡状态；在这个简化的模型中，由于方程个数比较少，方便求出稳态时的总产出 $Y^*$，居民可支配收入 $Y_D^*$、消费 $C^*$ 和债券需求 $Bh^*$。结果如下：

$$Y_D^* = C^* \frac{\bar{G}}{\left[\frac{\theta}{1-\theta}\right] - \bar{r} \cdot [(\beta_0 + \beta_1 \cdot \bar{r}) \cdot a_3 - \beta_2]} \tag{10-14}$$

其中，$a_3 = \frac{1-a_1}{a_2}$；

$$Y_D^* = \frac{\bar{G}}{\left[\frac{\theta}{1-\theta}\right] - \bar{r} \cdot [(\beta_0 + \beta_1 \cdot \bar{r}) \cdot a_3 - \beta_2]} + \bar{G} \tag{10-15}$$

居民对政府债券的需求在稳态时的表达式是：

$$B_h^* = \frac{\bar{G} \cdot [(\beta_0 + \beta_1 \cdot \bar{r}) \cdot a_3 - \beta_2]}{\left[\frac{\theta}{1-\theta}\right] - \bar{r} \cdot [(\beta_0 + \beta_1 \cdot \bar{r}) \cdot a_3 - \beta_2]} \tag{10-16}$$

## 三、比较静态分析

熊彼特（1912b）提到的“第二个经济学问题是发展的问题”，即“经济如何从一种水平……向另一种水平过渡”。在 SFC 模型中，可以通过对参数进行赋值，考察其对内生变量的影响。例如在这个模型中，可以通过考察消费倾向 $a_1$，或流动性偏好 $\beta_i$ 的变化，改变对稳态时候的产出及消费等的影响。通过对式（10-14）和式（10-15）求偏导数，可以考察相关参数或外生变量对 $Y^*$ 和 $C^*$ 的影响：①$dY^*/d\theta < 0$，均衡产出与所得税率负相关：$\theta\uparrow \rightarrow T\uparrow \rightarrow Y_D\downarrow \rightarrow C\downarrow \rightarrow Y\downarrow$；②$dY^*/d\bar{G} > 0$，均衡产出与政府支出正相关；③$dY^*/d\bar{r} > 0$，均衡产出与债券利率正相关：$\bar{r}\uparrow \rightarrow B_h\uparrow \rightarrow Y_D\uparrow \rightarrow C\uparrow \rightarrow Y\uparrow$。

## 四、动态调整

比较静态分析的缺点是无法刻画宏观经济变量的动态调整路径，也无法区分冲击的短期影响与长期影响的差异。为此，可以根据特征事实或变量的时间序列数据对参数进行校准（Calibration），随后进行脉冲响应分析。例如，将模型参数和外生变量以及内生变量的初始值设定如表 10-8 所示。

**表 10-8 参数校准与模型设定**

| 参数设定 | | 外生变量 | | 内生变量初始值 | |
|---|---|---|---|---|---|
| $\alpha_1$ | 0.8 | $\bar{G}$ | 17.5768 | $B_h$ | 26.1 |
| $\alpha_2$ | 0.2 | $\bar{r}$ | 0.0175 | $B_{cb}$ | 10.5 |
| $\beta_0$ | 0.535 | | | $H_h$ | 25 |
| $\beta_1$ | 6 | | | | |
| $\beta_2$ | 0.05 | | | | |
| $\theta$ | 0.25 | | | | |

我们做了一些模拟，例如央行对利率上调 25 个基点——由 1.75%至 2%——后对居民资产组合管理、居民消费和居民可支配收入的影响，可以看出，长期而言，其与比较静态的分析结果是一致的，利率上升使居民增加了对债券的配置，减少了对货币的配置；且由于政府向居民部门的利息支出增加，居民可支配收入和消费均增加。但是值得注意的是，冲击发生后，短期内居民的流动性偏好是增加的。这种长期与短期的差异可以解释为，短期内货币的投机性需求占主导，长期内组合管理仍然是收益导向的。

还有是税率由 25%上升到 30%后的影响。其基本传导机制为：$\theta\uparrow\rightarrow T\uparrow\rightarrow Y_D\downarrow\rightarrow V\downarrow\rightarrow B_h\downarrow$，而货币作为余项相应增加。税率增加对消费和可支配收入的影响与上文分析一致。除了考察利率和税率的影响外，还可以考察消费倾向 $a_1$ 的变化对各内生变量的影响。本章只是介绍一个最简易的模型作为阐述，这个模型可以在多方面进行扩展，一方面可以进一步细化宏观经济部门，例如增加商业银行、中央银行或者影子银行；另一方面也可以使资产更加多样化，如央行可以发行央票，企业可以发行债券和股票进行融资。随着模型的扩展，可以讨论的问题也会更加多样。当然，随着部门的增加或者资产更加多样化，方程的个数会大大增加，从而提高了模型的复杂性，解析解会更难获取。实践中一般根据研究的问题有的放矢，举例而言，如果要考虑银行相关的问题，尽量将银行部门的资产负债表进行扩展，而尽量简化其他部门的资产负债表。

以上各变量均为内生，要想模型完整，还需要在相应部门对各变量分别进行建模。在建立完整模型之后，则可以通过特征事实校准参数并设定各变量初始值，而后求得稳态解。[①] SFC 模型区分了均衡与稳态，所谓均衡，往往只注重流量变量之间的稳定关系，而忽视了存量变动应有的界限，故这种均衡往往只在短期而言成立。[②] 而 SFC 模型中的稳态，是存量与流量二者同时达到一种长期稳定的状态，这种状态下，存量与流量都不

① 若是外生变量，则是设定常量。

② 如在传统的 IS-LM 模型中分析乘数效应，只注意到总产出与政府支出变化之间的乘数关系，而忽视了政府赤字长期存在也就意味着政府债务负担会逐步增加，这是不现实的。但 SFC 模型却内生化了这种债务的不可持续性。

变，各变量之间的关系也是稳定的，而且是一种全局稳定。[①] 在求解稳态之后，则可以进行脉冲响应分析，通过改变单一或多个变量或参数，观察其对其他变量的影响。此处也会发现，稳态与短期均衡之间可能得出完全相反的结论。当然，对于相对简化的模型，也可以求得解析解，进行比较近态分析，并通过脉冲响应分析加以验证。

① 此处需要注明的是，此处的所谓全局稳定，是从模型动态的角度而言的。由于模型可将所有变量内生化，故这种稳定，是所有内生变量的稳定。与英语语境下的 local equilibrium 和 global equilibrium 有些不同。

# 第十一章　再平衡：去杠杆、移杠杆与稳增长

在 SFC 框架下，我们可以来研究当下中国宏观经济的一个关键问题，即去杠杆和经济稳定。在探讨债务周期和杠杆问题时，Fisher（1933）强调经济繁荣与萧条的周期性变动，最主要的扰动因素为过度负债（Over-indebtedness）和通缩（Deflation），阐明了债务—通缩负反馈循环的传导机制。但 Fisher 在文章最后强调，债务—通缩循环是可以通过再通胀和一些稳定政策治愈或预防的。本章即探讨如何通过各种政策或政策组合再平衡去杠杆与稳增长。[①]

早在 2013 年中央经济工作会议时，我国就提出了“着力防控债务风险”的任务。三年过去了，我国整体债务杠杆不降反升，结构矛盾也更加突出。为此，2015 年中央经济工作会议再次将“去杠杆”列为供给侧结构性改革的五大任务之一。基于当前杠杆问题的严重性和紧迫性，它必将成为未来政策决策的基本出发点之一。在“三去一降一补”五大核心任务中，为什么“去杠杆”如此棘手？一方面，我国没有去杠杆的经验，同时西方国家的经验也未必适用；另一方面，大量研究（Davlin & Mckay，2008；Mian & Sufi，2011；马勇等，2016）显示，“去杠杆”将伴随各部门资产负债表的紧缩，不可避免地会导致失业和经济下行，若处理不好，还会陷入债务—通缩循环，引致危机和萧条。对于我国而言，经济政策又必须兼顾去杠杆、稳增长、调结构、保汇率和防泡沫等多重目标，实在困难重重。故只能抓当前的主要矛盾，那就是如何在“去杠杆”与稳增长中取得平衡。[②]

首先得识别去谁的杠杆，而后再探讨如何“去杠杆”。综合而言，我

---

① 某种程度上，稳增长意味着稳就业和稳物价。

② 调结构是个长期任务，保汇率是阶段性任务，而且当前人民币汇率已经趋于稳定，防泡沫与去杠杆是紧密相连的。

国的杠杆，既有总量问题，又有结构问题，而结构问题才是核心（Eggertsson & Krugman，2012）。据李扬（2015）测算，2014 年末中国非金融部门总负债与 GDP 之比约为 217.3%，① 分部门来看，政府部门、非金融企业和居民的杠杆率（债务占 GDP 的比重）分别为 58%、123.1%和 36%。一个共识是，非金融企业的杠杆问题最为严重。然而，非金融企业内部的杠杆结构更值得关注，若对“好的杠杆”和“坏的杠杆”采取“一刀切”的方案，势必会影响稳增长目标的实现。要了解如何去杠杆，一方面，要回答高杠杆部门是如何加杠杆的；另一方面，针对我国杠杆分布的结构特征，实践中可以采用“移杠杆”的方式“去杠杆”，即由杠杆低的中央政府与居民部门承接杠杆高的地方政府和非金融企业部门的部分债务负担，因为实践告诉我们，杠杆的结构性矛盾是矛盾的主要方面。为此，本章的研究目的是探讨不同的政策或政策组合，能否在缓解我国杠杆的结构性矛盾的同时，实现稳增长。

本章的结构安排如下：第一节为文献综述，梳理国内外关于去杠杆的影响及政策措施的效力的文献；第二节基于宏观各部门的资产负债—存量表和交易—资金流量表，构建一个封闭的 5 部门的存量—流量一致（SFC）模型，并对参数进行校准；第三节模拟不同的政策及政策组合分别对企业、居民和政府去杠杆的效应，同时考察其对国民经济及其构成以及就业状况的影响；第四节推广到一个更为宽广的视角来考虑资产负债表修复和开放转型大国的财政和货币政策框架构造问题，并总结全文。

# 第一节　去杠杆文献综述

债务及杠杆是宏观研究的一个经久不衰的话题。Rainhart 和 Rogoff（2009）回溯了过去 800 年的金融危机史，在前言中就强调：“我们关于危机的阐述有一个共同的话题，那就是过度举债”。债务危机的一个原因就是信贷膨胀，如 Kindleberger 和 Aliber（2001）开门见山地说：“每一轮金

① 按照麦肯锡 2015 年的估算，截至 2014 年第二季，中国整体杠杆率为 282%，超过美国的 269%。据 BIS 的测算，我国 2015 年末的杠杆率为 254.8%。

融危机都伴随着信贷泡沫”。Minsky（1986）阐述了金融不稳定的内生机制，认为在经济上升周期，人们基于乐观的预期会过度借债，但当银行收缩信贷时，就会导致泡沫的破裂。Edison 等（2010）构建了一个理论模型，考察了亚洲金融危机期间泰国和印度尼西亚等国金融杠杆与资产泡沫的问题，认为金融自由化和监管缺位是资产泡沫愈演愈烈的重要原因。Palley（2010）从美国 20 世纪 80 年代以来的实践出发，也认为经济金融化是债务为什么快速积累的原因。

但去杠杆会加重经济下行的压力，并有可能引发经济长期萧条。Fisher（1933）阐述了债务—通缩的正反馈原理。Koo R.（2008）从资产负债表衰退角度理解大萧条（The Great Depression）和去杠杆，认为日本的“消失”（Lost）和美国次贷危机都可以从这个视角诠释，而正是由于在经济上升周期时各主体的主动加杠杆才导致后来的被动去杠杆。除了国内债务，Krugman（1999），Aghion、Bacchetta 和 Banerjee（2001）还将债务杠杆与货币危机联系起来，认为在外债负担严重的国家，本币贬值会形成贬值和债务的正反馈循环。Fukao 和 Kwon（2006），Caballero、Hoshi 和 Kashyap（2008）认为，日本的长期萧条源于“僵尸企业”的存在导致银行信贷配置的无效率，很多利润较高的企业不得不退出。

如何去杠杆才是研究的出发点与落脚点。货币政策方面，Ueda（2012）对比了日本央行和美联储在应对房地产泡沫破裂后去杠杆过程中的货币政策（常规的利率政策和非常规的 QE），认为美联储的快速应对是美国经济快速复苏的关键原因。基于日本的案例，Ueda 认为如果由市场自发地去杠杆，会导致信贷危机（Credit Crunch）和投降式抛售（Fire Sale），致使资产价格进一步下跌，杠杆率不降反升。对于财政政策，Eggertsson 和 Krugman（2012）分别在弹性与黏性价格下，从理论上分析了政府通过扩张资产负债表可以缓解信贷约束条件下的去杠杆进程对经济产生的负面影响，他们强调了不同部门之间债务的异质性，认为债务结构才是问题的核心。但是 Palley（2010）认为，政府通过债务融资的方式进行需求管理必然意味着未来的赤字货币化，从而会导致通货膨胀。他认为，经济增长还是应该恢复到生产率驱动的传统模式上去。另外，Edison 等（2010）认为金融冻结（Financial Freeze）、注资和兼并重组是资产价格泡沫破裂后缓解金融动荡的有效措施。就整体而言，关于如何去杠杆，大多数学者还是支持政府通过反周期的需求管理政策进行调节的，但大量文献均是考察危机发生后的“被动去杠杆”的措施，而我国当前是主动去杠杆以防系统性风险的爆发，虽然在具体操作方法和思路上略有差别，但分析框架仍有可借鉴之处。

国内目前关于去杠杆主题的文献主要分为三类：首先是描述我国杠杆的总体与结构性特征。钟宁桦等（2016）分析了我国400万个工业企业1998~2013年的面板数据发现，在样本期内企业杠杆率整体呈现下降趋势，但下降幅度随着企业的产权属性、规模和空间布局等呈现出显著的异质性。谭小芬（2016）基于我国2500家上市非金融企业2006~2015年的数据发现，国有企业与私营企业杠杆的剪刀差正在逐步扩大（前者高，后者低），但前者的资金利用效率和利润率却低于后者。可见杠杆高，但效率低的国有企业部门正是所谓的“坏杠杆”。

其次，对于企业债务杠杆率的决定因素，文献从宏观与微观两个角度给出解释。宏观方面，马建堂等（2016）基于对资产负债表的时间序列数据的描述分析，认为我国企业债务杠杆快速增加主要源于融资方式单一、资金利用率低以及产能过剩行业对信贷资金的挤占。钟宁桦（2016）从六个维度检验了国有企业和私营企业债务杠杆率的决定因素，发现信贷资源配置对于国有企业呈现出显著的非市场化原则，同时金融危机后，国有“僵尸企业”贷款可得性大大提高。微观方面，朱武祥等（2014）从公司金融角度回顾了自MM定理（1958）以来关于企业资本结构及债务杠杆的各种假说及影响因素。肖泽忠与邹宏（2008）研究了我国上市公司资本结构的影响因素，发现债务杠杆与企业规模和有形资产率成正比，与成长机会和获利能力成反比，他们同时发现国有企业长期负债率更高。文献大多采用实证研究的方法，这有助于解释我国企业杠杆形成的主要和次要因素。但由于很多因素（如企业规模、盈利能力等）为内生，且实证研究说明的往往是相关性，而非因果性（钟宁桦等，2016），故对政策制定的指导价值有限。

政策研究方面，谭海明和姚余栋等（2016）在CGE框架下探讨了金融杠杆与经济增长、人口迁移与出生率之间的关系，认为适度可控的杠杆有利于经济增长。胡志鹏（2016）在DSGE框架下考察了去杠杆与稳增长双重目标下的央行货币政策最优选择，认为单纯依靠货币政策去杠杆是不够的，但模型仅仅考虑数量型工具，且将货币供应量视为外生，在当前央行调控思路向价格型转轨过程中（马俊，2016）有失指导意义。吕炜等

(2016) 观察到我国国有企业和民营企业杠杆率差异的结构性特征，运用DSGE模型考察了财政政策在去杠杆方面的效应，认为增加政府投资建设性支出会显著提高上游的国有企业杠杆，而增加保障性支出会相对提高民营企业的杠杆率，同时国企杠杆率温和上升，故在当前国企高杠杆的背景下，增加保障性支出要优于投资性支出。

已有文献大多基于DSGE模型或CGE模型考察各种外生的政策冲击对去杠杆的效应及其传导机制。但金融危机后，以DSGE模型为代表的一般均衡模型对现实的偏离及其可靠性都备受争议（Solow，2008；Bezemer，2010），一方面在于它并未考虑“肥尾”现象，从而将金融危机等小概率事件排除在模型之外，即容易犯“第二类错误”；另一方面，Bezemer（2011）总结了12篇正确预测金融危机的论文的建模方法，并将其与主流的DSGE模型进行对比，认为这些模型均强调金融资产、负债、资金流量表和资产负债表约束、不确定性与非最优化行为。Minsky（1992a）也认为，经济可以用一系列相互联系的资产负债表与现金流量表来描述。这也是为什么当前基于资产负债表的研究成为时尚的原因之一（Adrian & Shin，2008；Raberto et al.，2011）。我们可将基于资产负债表的研究方法看作宏观研究要回归基本面思潮的体现，也可将其看作宏观研究的另一种“微观基础”。

该方法的一个主要代表是基于资产负债—存量表（Balance Sheet-Stock Table，BSST）和现金（或交易）—流量表（Transaction-Flow Table，TFT）约束的存量—流量一致（Stock-Flow Consistent，SFC）模型（Godley，1996；Godley & Lavoie，2007）。相比而言，主流方法将宏观模型建立在理性的代表——行为人最优化选择之上，将货币看作一层“面纱”，将商业银行仅看作借贷的媒介，或将金融体系的运作排除在模型之外，而SFC方法基于“环流”(Circular Flow）的视角看经济运行，将货币看作交易媒介与记账手段（从而成为观察经济运行的“窗口”），将商业银行看作信贷创造的主体，区分了不同的金融资产，采用部门分析法（而非总量方法）将金融体系与实体经济纳入统一的框架下研究，而且没有理性人和信息约束。SFC模型在国际上已被广泛应用于分析金融危机、财政货币政策、流动性偏好、产能利用率和影子银行等领域，但在我国，该领域的研究仍是空白。本章意在构建一个基准模型，分析各种政策对企业、居民和政府的去杠杆（或移杠杆）和稳增长的效应。

# 第二节 SFC 模型构建与参数设定

基于五部门（居民、企业、商业银行、政府和中央银行）国民账户体系，本节构建了一个完整的 SFC 模型，其中金融资产包括基础货币（现金和准备金）、存款、贷款、国库券、长期国债、股票；非金融资产包括物质资本与存货。建模的步骤如下：①构建 5 部门的 BSST；②基于 BSST 构建 TFT；③基于 BSST 和 TFT，构建由 BSST 约束、TFT 约束和行为方程组成的联立方程模型；④参数校准、设定变量初始值，并求稳态解；⑤通过改变参数或外生变量值，做脉冲响应分析，考察政策或政策组合对去杠杆和稳增长的影响。

## 一、资产负债—存量表

表 11-1 为 5 部门的合并资产负债—存量表。“+”号表示资产，“-”号表示负债；小写脚标表示部门，大写脚标表示相应的科目。h 代表居民，f 代表非金融企业，b 代表商业银行，g 为政府，cb 为中央银行；E 为企业发行的股票，BL 为政府长期债券。除了实物资产（物质资本与存货）外，各行之和均为 0，因为金融资产与金融负债总是对应的，例如贷款是商业银行的资产，是居民与企业的负债。同时，由于各部门的资产负债表是平衡的，故各列之和为 0；[①] 对于各项金融资产，以带脚标的方式标出需求方。以基础货币为例，家庭的基础现金需求为 $MB_h$，商业银行准备金需求为 $MB_b$，央行提供的基础货币总供给为 MB。各部门均满足会计恒等式：资产 = 负债 + 净资产。

表 11-1 表示了各部门的如下行为：①家庭部门在 5 项资产（现金 $MB_h$、存款 $D_h$、国库券 $B_h$、长期国债 $P_{BL} \cdot B_{Lh}$、[②] 股票 $P_E \cdot E_h$ [③]）中进行组合

① 净资产项均为负值，是因为可以将其理解为“所有者权益”，在会计报表中与负债记在同列。
② $P_{BL}$ 为长期国债的价格，BL 为国债存量。
③ $P_E$ 为股票市场价格，$E_h$ 为股票份额。

管理，并通过贷款 $L_h$ 为消费（或投资组合）融资，净资产为 $V_h$；②企业部门拥有物质资本 k，并通过贷款 $L_f$ 和发行股票 $P_E \cdot E$ 为投资行为（包括存货投资 IN）融资，净资产为 $V_f$；③商业银行吸收存款，发放贷款 L，并向央行缴纳准备金 $MB_b$，同时购买数量为 $B_b$ 的国库券；④政府通过发行国库券 B 和长期国债 $P_{BL} \cdot BL$ 为财政赤字融资，净资产为 $V_g$；⑤央行吸收 MB，并购买 $B_{cb}$ 数量的国库券。

**表 11-1 宏观经济资产负债—存量矩阵**

| | 家庭 | 企业 | 商业银行 | 政府 | 中央银行 | 总计 |
|---|---|---|---|---|---|---|
| 物质资本 | | +K | | | | +K |
| 存货 | | +IN | | | | +IN |
| 基础货币 | $+MB_h$ | | $+MB_b$ | | −MB | 0 |
| 存款 | $+D_h$ | | −D | | | 0 |
| 贷款 | $-L_h$ | $-L_f$ | +L | | | 0 |
| 国库券 | $+B_h$ | | $+B_b$ | −B | $+B_{cb}$ | 0 |
| 长期国债 | $+P_{BL} \cdot BL_h$ | | | $-P_{BL} \cdot BL$ | | 0 |
| 股票 | $+P_E \cdot E_h$ | $-P_E \cdot E$ | | | | 0 |
| 净资产 | $-V_h$ | $-V_f$ | 0 | $-V_g$ | 0 | −(K+IN) |
| 总计 | 0 | 0 | 0 | 0 | 0 | 0 |

## 二、交易—流量表

表 11-2 构建了各部门在第一段时间内（通常指一年）的资金（交易）流量表，如果是以年为单位，则表中内容表明次年年初核算的上一年发生的货币交易。与表 11-1 不同的是，“+”号表示资金流入，“-”号表示资金流出。表 11-2 可分为 3 部分：1~3 行表示生产循环，决定总产出；5~13 行表示金融循环，主要记录要素报酬和利润分配；14~19 行表示存量变动引起的价值重估。

生产循环以企业为核心。由于是一个封闭经济体，总产出由消费 C、投资（I + ΔIN）及政府购买 G 组成，其主体分别对应居民、企业和政府，生产循环通过居民的消费行为、企业的投资行为及政府购买行为与金融循环互联；在金融循环中，第 5 行实际上是假定税收 T 为消费税，由居民缴纳，此处假设消费税的目的是考察政府减税对居民可支配收入，从而对居民部门借贷行为及杠杆的影响；第 6 行表示居民劳动报酬总额为 WB，由企业支付；第 7 行记录企业的库存融资成本，等于上期的贷款利率与库存增量的乘积 $r_{L-1}\Delta IN_{-1}$；第 8 行为存款利息，等于上期的存款利率 $r_{D-1}$ 与期末存款总额 $D_{-1}$ 的乘积，由商业银行向居民支付；第 9 行为贷款利息，居民与企业均向银行申请贷款（如表 11-1 所示），他们向商业银行支付的利息额分别为 $r_{L-1}L_{h-1}$ 和 $r_{L-1}L_{f-1}$，商业银行贷款利息总额为 $r_{L-1}L_{-1}$；第 10 行记录国库券利息，等于前期国库券利率乘以期末存量，居民、商业银行和央行的收益分别为 $r_{B-1}B_{h-1}$、$r_{B-1}B_{b-1}$ 和 $r_{B-1}B_{cb-1}$，政府支出总额为 $r_{B-1}B_{-1}$；第 11 行记录长期国债利息收支，由政府向居民部门支付，其总额为上期债券利率 $r_{BL-1}$ 与期末存量 $BL_{-1}$ 的乘积；[①] 第 12 行记录企业利润 $F_f$ 的分配，一部分作为股息 $FD_f$ 支付给居民，另一部作为留存收益 $RE_f$，为次年的投资计划融资；第 13 行为银行利润，其中商业银行利润为 $F_b$，设其全部分配给居民，中央银行利润为 $F_{cb}$，设其全部转移给政府。

14~19 行记录各部门对于资产组合的头寸管理，各部门当期收支的不平衡即表现为资产头寸的相应变动，如居民部门当期收大于支，一定表现为某项（或几项）资产（储蓄、债券等）的增加（假定其他资产不变），各项资产的上一期存量与当期的头寸变动形成了当期期末存量。另外，一个部门某项资产头寸的增加意味着另一（或几个）部门头寸的减少，以第 14 行为例，它记录了居民、商业银行与央行的基础货币存量的变动，分别为 $\Delta MB_h$、$\Delta MB_b$ 和 $\Delta MB_{cb}$，由于居民和商业银行增加基础货币等于资金的使用，故前面为"-"号，而央行为"+"号，表示资金的流入。价值重估部分与表 11-1 资产负债—存量表金融资产（负债）是一一对应的。需要强调的是第 18 行和第 19 行，前者记录长期国债存量变动引起的价值重估，后者记录股票份额变动引起的存量变化。此处应与价格变化引起的价值重估区别开来，若考虑价格涨跌的存量变化效应，前者应表示为 $\Delta P_{BL}\cdot BL_{h-1}$，后者为 $\Delta P_E\cdot E_{h-1}$，即当期价格变化与上期期末存量的乘积。故由价格变化与资产组合调整引起的价值重估总量为两者之和，以长期国

① 对于我国而言，国债的购买主体券商资管、专户和私募等，由于本文并未对大金融行业进行细分，所以此处将居民看作长期国债的最终拥有人。

债为例：$\Delta(P_{BL} \cdot BL_h) = \Delta P_{BL} \cdot BL_{h-1} + \Delta BL_h \cdot P_{BL}$。

表 11-1 是表 11-2 的基础，两表共同构成了 SFC 模型联立方程组的依据。基于以上描述与说明可以看出，表 11-1 与表 11-2 共同构建了一个存量与流量一致的、金融循环与产业循环互联的动态国民账户体系，它满足各部门的资产负债平衡约束，且表 11-1 中任何存量的变动都会引起表 11-2 相应流量的变化，如表 11-2 所示的当期流量的变化又会反映在下一期的期初存量中，同时资金的流出必然对应着等量资金的流入，可谓“牵一发而动全身”。

## 三、SFC 模型构建

SFC 模型中的方程主要分为两类：约束方程和行为方程。下面分部门阐述方程的构建及其含义，其中，除利率变量外，小写字母均表示真实值（Real Value），大写字母表示名义值（Nominal Value），上角标 e 表示期望值，上角标 T 表示目标值，下角标-1 表示前值。

1. 企业

（1）生产与投资。企业主要从事生产与投资活动，表 11-3 描述了总产出与投资决定方程及其派生的方程。方程 1 表示真实产出 y 等于预期真实总销售额与预期存货增量（$in^e - in_{-1}$）之和；方程 2 定义了预期真实总销售额的决定方程，它是当期实际销售额与上期对当期的预期销售额的加权平均，权重分别为 β 与（1 - β），其中 $gr_{pr}$ 为外生变量，表示劳动生产率增长率，故 $s_{-1}(1 + gr_{pr})$ 可以看作对当期销售额的预期；方程 3 定义了预期存货的变动方程，$in^T$ 为本期的目标存货；方程 4 定义目标存货为预期销售额的一个固定比例 $\sigma^T$；方程 5 为真实存货的变动方程，等于总产出与总销售的差额；方程 6 为物质资本存量变动方程，设定它以 grk 的增速增长；方程 7 定义了资本存量增速 grk，它与产能利用率 u 成正比（产能利用率越高，可利用的资本就越少），与真实贷款利率 $rr_L$ 成反比；方程 8 定义产能利用率为真实产出与前期资本存量之比；方程 9 定义了 $rr_L$，它取决于通胀率 π 与名义贷款利率 $r_L$；方程 10 定义了通货膨胀率，用于考察价格变化的财富效应等问题；方程 11 为固定资产投资方程，它为 $gr_k$ 与固定资产折旧率 $\delta_k$ 之和与前期资本存量的乘积；方程 12 为总销售额恒等式，由消费、投资与政府支出组成；方程 13-17 定义了销售 S、存货 IN、

**表 11-2　宏观经济交易—流量矩阵**

| | 家庭 | 企业 | | 商业银行 | | 政府 | 中央银行 | | 总计 |
|---|---|---|---|---|---|---|---|---|---|
| | | 经常账户 | 资本账户 | 经济账户 | 资本账户 | | 经济账户 | 资本账户 | |
| 1. 消费 | $-C$ | $+C$ | | | | | | | 0 |
| 2. 投资 | | $+(I+\Delta IN)$ | $-(I+\Delta IN)$ | | | | | | 0 |
| 3. 政府支出 | | $+G$ | | | | $-G$ | | | 0 |
| 4. 税收 | $-T$ | | | | | $+T$ | | | 0 |
| 5. 工资 | $+WB$ | $-WB$ | | | | | | | 0 |
| 6. 存货融资成本 | | $-r_{L-1}IN_{-1}$ | | $+r_{L-1}+\Delta IN_{-1}$ | | | | | 0 |
| 7. 存款利息 | $+r_{D-1}D_{-1}$ | | | $-r_{D-1}D_{-1}$ | | | | | 0 |
| 8. 贷款利息 | $-r_{L-1}L_{h-1}$ | $-r_{L-1}(L_{f-1}-IN_{-1})$ | | $+r_{L-1}L_{-1}$ | | | | | 0 |
| 9. 国库券利息 | $+r_{B-1}B_{h-1}$ | | | $+r_{B-1}B_{b-1}$ | | $-r_{B-1}B_{-1}$ | $+r_{B-1}B_{cb-1}$ | | 0 |
| 10. 长期国债利息 | $+r_{BL-1}BL_{-1}$ | | | | | $-r_{BL-1}BL_{-1}$ | | | 0 |
| 11. 企业利润 | $+FD_f$ | $-F_f$ | $+RE_f$ | | | | | | 0 |
| 12. 银行利润 | $+F_b$ | | | $-F_b$ | | $+F_{cb}$ | $-F_{cb}$ | | 0 |
| 13. Δ 基础货币 | $-\Delta MB_h$ | | | | $-\Delta MB_b$ | | | $+\Delta MB_{cb}$ | 0 |
| 14. Δ 存款 | $-\Delta D_h$ | | | | $+\Delta D$ | | | | 0 |
| 15. Δ 贷款 | $+\Delta L_h$ | | | $+\Delta L_f$ | $-\Delta L$ | | | | 0 |
| 16. Δ 国库券 | $-\Delta B_h$ | | | | $-\Delta B_b$ | $+\Delta B$ | | $-\Delta B_{cb}$ | 0 |
| 17. Δ 长期国债 | $-\Delta BL_h \cdot P_{BL}$ | | | | | $+\Delta BL \cdot P_{BL}$ | | | 0 |
| 18. Δ 股票 | $-\Delta E_h \cdot P_E$ | | | $+\Delta E_h \cdot P_E$ | | | | | 0 |
| 19. 总计 | 0 | 0 | 0 | 0 | 0 | 0 | 0 | 0 | 0 |

**表 11-3　企业生产与投资**

| | |
|---|---|
| $y = s^e + (in^e - in_{-1})$ | $\pi = \frac{P - P_{-1}}{P_{-1}}$ |
| $s^e = \beta \cdot s + (1-\beta)s_{-1}(1+gr_{pr})$ | $i = (gr_k + \delta_k) \cdot k_{-1}$ |
| $in^e = in_{-1} + \gamma \cdot (in^T - in_{-1})$ | $s = c + i + g$ |
| $in^T = \sigma^T \cdot s^e$ | $S = s \cdot P$ |
| $in = in_{-1} + (y - s)$ | $IN = in \cdot UC$ |
| $k = k_{-1} \cdot (1 + gr_k)$ | $I = i \cdot P$ |
| $gr_k = \gamma_o + \gamma_u \cdot u - \gamma_r \cdot rr_L$ | $K = k \cdot P$ |
| $u = \frac{y}{k_{-1}}$ | $Y = s \cdot P + \Delta in \cdot UC$ |
| $rr_L = \frac{(1 + r_L)}{(1 + \pi)} - 1$ | $UC = \frac{WB}{y}$ |

名义固定资产投资 I、资本存量 K 与总产出 Y 的名义值，其中 S、I 和 K 为真实值与价格的乘积，IN 为真实存货与单位成本的乘积，Y 等于 S 与 IN 之和；方程 18 定义存货的单位成本为货币工资总额与总产出之比。

（2）工资与就业。表 11-4 描述了工资与就业决定方程。方程 19 定义真实目标工资水平与劳动生产率 Pr 成正比，与就业率 ER 成非线性关系（Tobin，1995），即就业率在［1 - Bot，1 + Top］范围内，是不影响工资的；方程 20 为就业率，为前期就业人数 $N_{-1}$ 与劳动总人数之比；方程 21 为劳动生产率变动函数，设它以外生的 $gr_{pr}$ 的速度增加；方程 22 为名义工资变动方程，它表示当期的工资，等于上期工资，加上当期目标工资与上期工资之差的一个比例；方程 23 表示总工资等于就业人数与工资率之乘积；方程 24 为就业人数变动方程，就业人数的变动（$N - N_{-1}$）等于当期目标就业人数与上期就业人数之差的一个固定比例；方程 25 定义目标就业人数为真实总产出与劳动生产率之比。

（3）定价。表 11-5 描述了企业定价行为。方程 26 为典型的后凯恩斯学派定价方程，即为一般历史单位成本 NHUC 上的一个加成 φ；方程 27 设定 NHUC 为当期与前期一般单位成本 NUC 的加权平均，其中 $\sigma^N$ 为外生的存货/销售比；方程 28 定义 NUC 为名义工资率与劳动生产率之比。

（4）利润及分配。表 11-6 描述了企业的利润及其分配行为。基于企业的经常项目约束，方程 29 为企业的利润方程，利润 $F_f$ 等于总销售额与

**表 11-4　企业工资与就业**

| | |
|---|---|
| $w^T=\Omega_0+\Omega_1\cdot pr+\Omega_2\cdot[ER+Z_1(1-ER)+Z_2\cdot Top-z_3\cdot Bot]$<br>$z_1=1$ iff $1-Bot\leqslant ER\leqslant 1+Top$<br>$z_2=1$ iff $ER>1+Top$<br>$z_3=1$ iff $ER<1-Bot$ | |
| 20. $ER=\frac{N_{-1}}{N_f}$ | 23. $WB=N\cdot W$ |
| 21. $pr=p_{r-1}\cdot(1+gr_{pr})$ | 24. $N=N_{-1}+\Omega_4\cdot(N^T-N_{-1})$ |
| 22. $W=W_{-1}+\Omega_3\cdot(\omega^T\cdot P_{-1}-W_{-1})$ | 25. $N^T=\frac{y}{pr}$ |

**表 11-5　企业定价**

| | |
|---|---|
| 26. $p=(1+\varphi)\cdot NHUC$ | 28. $NUC=\frac{w}{pr}$ |
| 27. $NHUC=(1-\sigma^N)\cdot NUC+\sigma^N\cdot(1+r_L)\cdot NUC_{-1}$ | |

**表 11-6　企业利润及分配**

| | |
|---|---|
| 29. $F_f=S+\Delta IN+WB-r_L\cdot L_{fd-1}$ | 34. $r_{DY}=\frac{FD_f}{E_{S-1}\cdot P_{E-1}}$ |
| 30. $L_{fd}=L_{fd-1}+I+\Delta IN-RE_f-\Delta E_S\cdot P_E$ | 35. $BUR_f=\frac{r_l\cdot L_{fd-1}}{Ff}$ |
| 31. $FD_f=\varphi_D\cdot F_{f-1}$ | 36. $Lev-y_f=\frac{L_{fd}}{Y}$ |
| 32. $RE_f=F_f-FD_f$ | 37. $Lev-e_f=\frac{L_{fd}}{E_S\cdot P_E}$ |
| 33. $E_S=E_{S-1}+(1-\varphi^T_{RE})\cdot\frac{L_1}{P_E}$ | |

存货投资增量之和，减去工资和贷款利息；方程 30 为企业的贷款需求 $L_{fd}$ 变动，新增贷款（$L_{fd}-L_{fd-1}$）等于总投资（$I+\Delta IN$）减去留存收益 $RE_f$ 与新增股票融资总额 $\Delta E_S\cdot P_E$，这符合融资优序理论；方程 31 设定股票红利为上期利润的一个固定比例 $\varphi_D$；故方程 32 表示的 $RE_f$ 即为扣除股利后的利润，公司可以减少派息以增加内源融资比例；方程 33 表示目标新增股票融资总额 $P_E\cdot(E_S-E_{S-1})$ 恰好弥补内部融资的不足，$\varphi^T_{RE}$ 为外生设定的内部融资占投资的比例，如果内部融资与直接融资目标实现的话，企业是不

需要向银行申请贷款的。方程 34 为派息率，它等于股息总额与股票市值之比；方程 35 为企业的利息负担，若 $BUR_f$ 大于 1，则表示企业的净利润不足以偿还当期贷款利息，故根据方程 30，留存收益 $RE_f$ 为负值，企业会申请新的贷款以偿还利息，从而提高债务杠杆；方程 36 为企业债务与 GDP 之比；方程 37 为企业债务/权益比率，$Lev-y_f$ 和 $Lev-e_f$ 均表示企业债务杠杆率的高低。可以看出，$r_l$ 增加将导致企业举借新债，从而提高杠杆率。

非金融企业是实体经济的依托，方程 37 完整地描述了企业的生产投资等行为，在其中可以研究总产出的决定、企业的融资决策、工资及就业的决定等问题。其中企业的投资与融资决策是实体经济与金融市场联系的纽带，工资与就业又与居民部门密切相关，下面介绍居民部门的行为方程及约束方程。

2. 居民

（1）收入与消费。在该经济体中，居民的活动主要表现在收入与消费、组合投资与融资等方面，表 11-7 定义了居民的收入与消费行为。方程 38 为居民名义收入总额 YP，它等于工资总额 WB、股利 $FD_f$、银行利润 $F_b$ 和各项利息收入（储蓄存款 $D_{hd-1}$、$D_{hd-1}$、国库券 $B_{hd-1}$ 和长期国债

**表 11-7 居民收入与消费**

| | |
|---|---|
| 38. $YP=WB+FD_f+F_b+r_{D-1}\cdot D_{hd-1}+r_{B-1}\cdot D_{hd-1}+r_{BL-1}\cdot BL_{d-1}$ | |
| 39. $YD_r=YP-T-r_L\cdot L_{hd-1}$ | 47. $nl=\frac{NL}{P}$ |
| 40. $T=\theta\cdot YP$ | 48. $NL=(\varepsilon_1-\varepsilon_2\cdot rr_L)\cdot YP-REP$ |
| 41. $YD_{HS}=YD_r+CG$ | 49. $yd_r^e=\varepsilon_3\cdot yd_r+(1-\varepsilon_3)\cdot yd_{r-1}\cdot(1+gr_{pr})$ |
| 42. $CG=\Delta P_E\cdot E_{hd-1}+\Delta P_{BL}\cdot BL_{d-1}$ | 50. $yd_r=\frac{YD_r}{P}-\frac{\pi\cdot V_{-1}}{P}$ |
| 43. $V=V_{-1}+YD_{HS}-C$ | 51. $REP=\varepsilon_4\cdot L_{hd-1}$ |
| 44. $v=\frac{V}{P}$ | 52. $L_{hd}=L_{hd-1}+NL$ |
| 45. $C=c\cdot P$ | 53. $BUP_h=\frac{REP+r_{1-1}\cdot L_{hd-1}}{YP}$ |
| 46. $c=\alpha_1\cdot(yd_r^e+nl)+\alpha_2\cdot\nu_{-1}$ | 54. $Lev\_\nu_h=\frac{L_{hd}}{V}$ |

$BL_{d-1}$）之和；方程 39 为居民可支配收入，为 YP 减去税收 T 和居民贷款利息 $r_{L-1} \cdot L_{hd-1}$ 后的余额；方程 40 定义税收为 YP 的固定比例 θ；方程 41 为 Haig-Simons 口径的可支配收入（Haig，1921；Simons，1938），它考虑了资本利得 CG 的影响；方程 42 定义 CG 等于股票与长期国债价格变动的损益；方程 43 定义名义财富增量（$V - V_{-1}$）为 $YD_{HS}$ 与消费 C 之差；方程 44 为经价格调整的真实财富水平；方程 45 设定名义消费为真实消费 C 与物价水平之积；方程 46 设定了居民真实消费函数，它与居民预期可支配的真实收入 $yd^e_r$、真实净贷款 nl 以及上期的真实财富存量 $v_{-1}$ 正相关；方程47 定义了真实净贷款；方程 48 定义名义净贷款 NL 为 YP 的一个比例（$\varepsilon_2 - \varepsilon_3 \cdot rr_L$）与偿还贷款之差，该比例与 $rr_L$ 成反比；方程 49 设定了 $yd^e_r$ 的决定，它是当期与前期实际可支配收入 $yd_r$ 的加权平均（后者经劳动生产力增长率调整）；方程 50 为 $yd_r$ 方程，等于它自身扣除因通胀而造成的财富损失；方程 51 设定每期的居民贷款偿还额为前期贷款存量的一个固定比例 $\varepsilon_4$；方程 52 为居民贷款需求 $L_{hd}$ 变动方程；方程 53 描述居民各期偿还的本息负担，该比例大于 1，即表明入不敷出；方程 54 为居民债务/净财富比率，衡量居民部门杠杆率的高低。

（2）资产组合选择。表 11-8 描述了居民资产组合选择行为。方程 58A-57 为托宾式的资产组合方程，对于各项资产的需求，与自身收益率成正比，与其他资产的收益率成反比，以方程 55 为例，居民的国库券需求与国库券利率 $r_B$ 成正比，与存款利率 $r_D$、股息率 $r_{DY}$ 及长期国债利率 $r_{bL}$ 成反比，最后一项刻画居民可支配收入的变化对居民金融资产配置的影

**表 11-8　居民资产组合选择**

| | |
|---|---|
| 58A. $\frac{D_{hd}}{V_{FA-1}} = \lambda_{10} + \lambda_{11} \cdot r_D - \lambda_{12} \cdot r_B - \lambda_{13} \cdot r_{DY} - \lambda_{14} \cdot r_{BL} + \lambda_{15} \cdot \left(\frac{YD_{r-1}}{V_{FA-1}}\right)$（多余方程） | |
| 55. $\frac{B_{hd}}{V_{FA-1}} = \lambda_{20} - \lambda_{21} \cdot r_D + \lambda_{22} \cdot r_B - \lambda_{23} \cdot r_{DY} - \lambda_{24} \cdot r_{BL} + \lambda_{25} \cdot \left(\frac{YD_{r-1}}{V_{FA-1}}\right)$ | |
| 56. $\frac{P_{BL} \cdot BL_d}{V_{FA-1}} = \lambda_{30} - \lambda_{31} \cdot r_D - \lambda_{32} \cdot r_B + \lambda_{33} \cdot r_{DY} - \lambda_{34} \cdot r_{BL} + \lambda_{35} \cdot \left(\frac{YD_{r-1}}{V_{FA-1}}\right)$ | |
| 57. $\frac{P_E \cdot E_{hd}}{V_{FA-1}} = \lambda_{40} - \lambda_{41} \cdot r_D - \lambda_{42} \cdot r_B - \lambda_{43} \cdot r_{DY} + \lambda_{44} \cdot r_{BL} + \lambda_{45} \cdot \left(\frac{YD_{r-1}}{V_{FA-1}}\right)$ | |
| 58. $D_{hd} = V_{FA} - B_{hd} - P_{BL} \cdot BL_d - P_E \cdot E_{hd}$ | |
| 59. $V_{FA} = V + L_{hd} - MB_{hd}$ | 60. $MB_{hd} = \lambda_c \cdot C$ |

响。方程 58 表明居民存款需求为财富分配的余项；居民财富分配的基数为居民可支配的金融资产 $V_{FA}$，方程 59 表示了它的构成，即财富水平 V 加居民贷款减去现金需求 $MB_{hd}$。方程 60 设定居民的现金需求为名义消费额一个外生比例 λc。

3. 政府：支出、赤字与债务

表 11-9 描述了政府支出、财政赤字及政府债务等。方程 61 为名义政府支出总额，等于实际支出与价格水平的乘积；方程 62 设定实际政府支出 g 以外生设定的增长率 $gr_g$ 增长。方程 63 为政府财政赤字 GFD 方程，来源于政府的资金流量表约束，等于政府购买与债务利息之和，减去税收收入和央行利润的转移；方程 64 刻画了国库券增量($B_S - B_{S-1}$)，等于财政赤字减去长期国债的融资额；方程 65 说明国库券的发行量 $BL_S$ 等于居民部门的债券需求 $BL_{hd}$；方程 66 为政府债务总额，等于短期的国库券加上长期国债；方程 67 定义长期国债价格为收益率的倒数；方程 68 定义了政府的利息负担，等于利息支出与总收入（税收 T 加央行利润 $F_{cb}$）之比。

**表 11-9　政府支出、财政赤字与政府债务**

| | |
|---|---|
| 61. $G = g \cdot P$ | 65. $BL_S = BL_{hd}$ |
| 62. $g = g_{-1} \cdot (1 + gr_g)$ | 66. $GD = B_S + BL_S \cdot P_{BL}$ |
| 63. $GFD = G + r_{B-1} \cdot B_{S-1} + r_{BL-1} \cdot BL_{S-1} - T - F_{cb}$ | 67. $P_{BL} = \frac{1}{r_{BL}}$ |
| 64. $B_S = B_{S-1} + PSBR - \Delta BL_{S-1} \cdot P_{BL}$ | 68. $BUR_g = \frac{r_{B-1} \cdot B_{S-1} + r_{BL-1} \cdot BL_{S-1}}{T+F_{cb}}$ |

4. 中央银行：基准利率与货币发行

表 11-10 描述了央行的基本方程。在该模型中，对央行的行为进行了一定的简化，其主要行为即制定基准利率并且作为国库券的剩余购买者，在基础货币供给方面，央行制定准备金率。方程 69 为央行购买的国库券的利息收入，即央行利润 $F_{cb}$，模型假设央行利润是政府收入的一部分。方程 70 表明央行购买的国库券是居民与银行购买后余下的部分。方程 71 为基础货币供求恒等式，$MB_{hd}$ 和 $MB_{bd}$ 为居民的现金需求与商业银行的准备金需求，分别由方程 60 和方程 77 决定。方程 72 为央行的资产负债表约束；方程 73 设定国库券利率 $r_B$ 为央行决定的常数 $\bar{r}_B$；方程 74 表明长期国债利率为国库券利率加上风险溢价 $add_{BL}$。

**表 11-10 央行基准利率与货币发行**

| | |
|---|---|
| 69. $F_{cb} = r_{B-1}B_{cbd-1}$ | 72. $B_{cbd} = MB_S$ |
| 70. $B_{cbd} = B_S - B_{hd} - B_{bd}$ | 73. $r_B = \bar{r}_B$ |
| 71. $MB_S = MB_{hd} + MB_{bd}$ | 74. $r_{BL} = r_B + add_{BL}$ |

5. 商业银行：存贷款利率及银行利润

表 11-11 描述了商业银行的存贷款利率决定方程及利润，在描述居民与企业行为时其实也相当于描述了商业银行的存贷款决策，故 Box9 只是对其进行补充。基于商业银行经常账户约束，方程 75 描述了商业银行的利润 $F_b$，等于贷款利息与国库券利息之和减去存款利息；方程 76 为商业银行的资产负债约束，即商业银行的国库券购买额等于存款总额与贷款总额（$L_{fd} + L_{hd}$）及准备金需求 $MB_{bd}$ 之差；方程 77设定商业银行准备金需求 $MB_{bd}$ 为存款的固定比率 ρ；方程 78 为存款的供求均衡方程，也可以看成是货币供求均衡，这是典型的后凯恩斯视角下的货币供给方程，即货币供给决定于货币需求，而货币需求又取决于储户的资产组合选择行为，故货币供给是内生的，而非央行控制的外生变量；方程 79 设定存款利率为外生设定的常数 $\bar{r}_D$；方程 80 为贷款利率函数。

**表 11-11 商业银行存贷款利率及银行利润**

| | |
|---|---|
| 75. $F_b = r_{L-1} \cdot (L_{fd-1} + L_{hd-1}) + r_{B-1} \cdot B_{bd-1} - r_{D-1} \cdot D_{s-1}$ | 78. $D_S = D_{hd}$ |
| 76. $B_{bd} = D_s - L_{fd} - L_{hd} - MB_{bd}$ | 79. $r_D = \bar{r}_D$ |
| 77. $MB_{bd} = \rho \cdot D_S$ | 80. $r_L = r_D + add_L$ |

方程 1~方程 80 组成的联立方程体系完整地描述了一个封闭经济条件下的宏观经济 5 部门的行为与约束。可以看出，部门内部与部门之间均是紧密相连的。用局部均衡与比较静态分析的方法观察宏观经济的运行，往往顾此失彼，而 SFC 模型恰恰能克服这种分析不全面的弊端。以上方程的构建运用了一个技巧，即一旦出现了内生变量，紧接着就对其进行定义，环环相扣，防止出现遗漏情形，致使联立方程体系难以识别。

## 四、参数设定与稳态解

在 SFC 模型中，参数设定一般有两种方法：估计和校准。估计法主要基于时间序列数据对参数进行估计，以利维（Levy）研究所为代表的模型被称为完全实证模型（Fully Empirical Models），它们基于变量的存量与流量数据，同时对参数与内生变量进行估计。Godley 和 Zezza（1986）最早采用该方法，文章构建了一个简化的 SFC 模型，以丹麦为例进行了模拟。该方法的问题在于，其进行预测的基本前提是参数保持不变，而这正是卢卡斯批判的主要内容。与之相反，利默里克（Limerick）模型（Kinsella 和 Tiou-Tagba Aliti，2012）仅基于已有的存量数据对关键方程的参数进行估计，其余参数则基于校准得到，而且该模型的主要用途并非预测，而是对历史进行模拟，如模拟某项政策实施的效果等。整体而言，估计法较复杂，而且模型估计的误差较大，故使用得相对较少，多数文章都是基于特征事实（Stylized Facts）或经验法则（Rules of Thumb）对参数进行校准。校准的一个优点在于方程设定方面的弹性，特别是对于 SFC 模型这样庞大的体系而言，校准法更具有可操作性，它可根据研究问题设定行为方程。本章先基于变量的时间序列数据对参数进行校准，由于数据缺失而无法测算的参数则参考国内外已有文献（见本章最后附录）。变量初始值选定 2015 年底为基期。

SFC 模型的求解有两种途径，对于相对简单的模型，可以求得解析解，并通过比较静态分析研究方程的动态特征，或者通过代入参数与变量初始值，以获得稳态解。为获得解析解，要求构建简化的模型，如此则必须省略某些现实特征，有损模型的完整性。对于相对复杂的模型，一般的做法是利用计算机模拟求得稳态。由于本章模型比较复杂，故直接利用计算机模拟求得稳态解，并设定其为初始状态，随后通过重新设定单个或多个参数以考察模型的脉冲响应。

# 第三节　政策冲击模拟

本节对去杠杆的各项政策（或政策组合）进行模拟，考察其对去杠杆和稳增长的影响。本节认为，针对我国杠杆总水平较高与结构差异性较大的特征，一方面应当去杠杆，因为高杠杆会挤压企业利润并增加系统性风险；另一方面可以移杠杆，即将杠杆水平过高的地方政府和非金融企业部门的杠杆向中央政府与居民部门转移，这也正是我国采取债务置换和债转股的逻辑。

## 一、货币政策

金融危机以来，我国企业的加杠杆进程伴随货币政策的宽松，但是紧货币是否可以去杠杆？目前在这个问题上还存在较大的分歧。支持一方认为我国企业债务主要表现为银行信贷，去杠杆就得收缩信贷。但也有持相反意见的，谭小芬（2016）认为，货币政策的杠杆效应存在显著的不对称性，货币政策宽松有利于企业加杠杆，但是在债务存量高企时，紧货币将导致利息上升，企业利息费用增加，而且紧货币会导致经济继续下行，影响企业利润，从而加重企业负担。按照明斯基金融不稳定假说对融资的分类，这将会促使企业由投机融资转向庞氏融资，企业的杠杆率会越来越高，致使金融体系更加不稳定，另外由于留存收益下降减少了内源融资的可能性，以及我国对公司上市从而对股权融资的严格限制，致使企业更加依赖债务融资，从而推升杠杆，这也与融资优序理论是一致的。Ruscher和Wolff（2013）也认为低利率环境更有利于非金融企业去杠杆。

图11-1a-1c显示了紧缩性货币政策（准备金率与基准利率同时上升1个百分点）对企业、居民和政府的利息负担与债务杠杆的影响。如图11-1a所示，紧缩性货币政策将大幅提高企业的利息负担，最高达到稳态时的2.2倍。企业将举借新的贷款支付利息，从而导致企业债务/GDP比率和债务/权益比率分别增加到稳态时候的1.4倍和1.2倍左右。整个期限内，企业的债务杠杆率均维持在稳态之上。居民部门的情形略有所不同，如图11-1b所示，贷款利率增加导致居民部门的利息负担迅速增加，但是在第2年开始逐步下降。原因在于贷款是利率的减函数，储蓄是利率的增函数，利率增加致使居民增加储蓄，减少贷款，所以居民的杠杆（贷款/净财富）在冲击发生时小幅下降，随后小幅反弹到1.05倍的位置，在2017年开始下降，2020年（数值为0.981）即开始了真实的去杠杆进程；政府利息负担与债务杠杆的表现同企业一致，如图11-1C所示，由于债券

利率的增加，政府利息负担迅速扩大到稳态的 1.3~1.4 倍，政府赤字增加，并通过发行新债务以归还旧债务的利息，政府债务增加致使政府的杠杆率也稳步提高，并于 2033 年达到最高值 1.13。综合而言，在去杠杆方面，紧缩性货币政策将会使企业和政府的杠杆不降反升，同时也会增加居民的利息负担。对比胡志鹏（2014）的结论，与采取紧缩性的货币政策即使在短期也无法降低杠杆，但长期由于抑制经济增长，反而会提高杠杆率的结论是一致的。

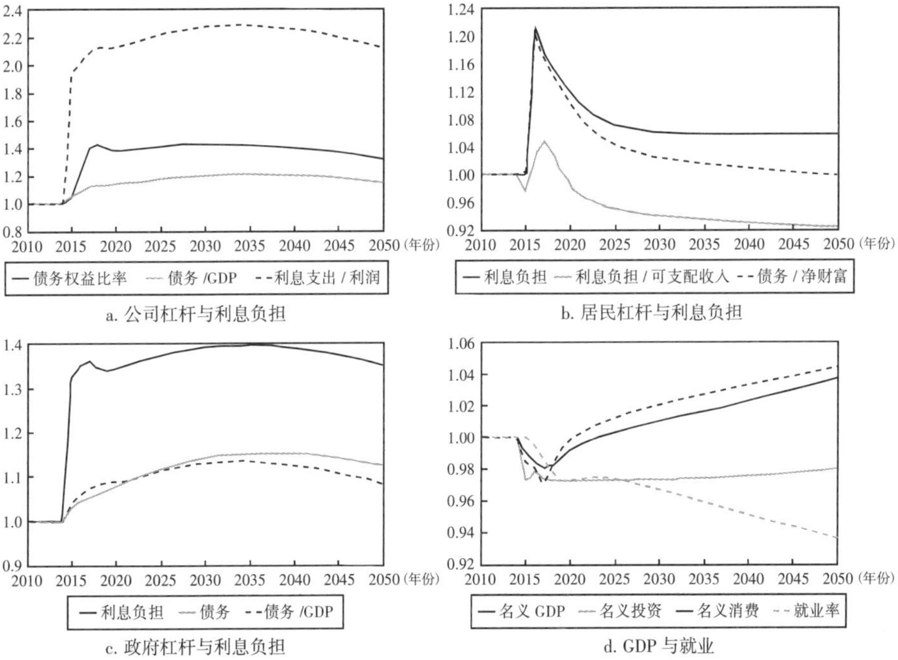


**图 11-1　紧缩性货币政策对各部门去杠杆与宏观经济的影响**

紧缩性货币政策对宏观经济的影响如图 11-1d 所示，相对名义 GDP 水平在一开始逐渐下降，最低时为 2017 年的 0.98，随后逐渐上升，并于 2023 年恢复冲击前的水平。可以看出，名义 GDP 的下降源于消费和投资的双双下降，随后的上升主要是由于消费的稳步增加（随着居民储蓄增加的财富效应和杠杆率的改善）和企业投资的企稳。图 11-1d 还显示，由于企业投资成本的提高，就业水平也逐步下降。在稳增长方面，由于财富效应的存在和居民消费的提振，紧缩性货币政策对经济增长的负面效应是相对温和的。

## 二、财政政策

货币政策掣肘于去杠杆、稳汇率与防泡沫的“不可能三角”进退两难，这也正是当前央行将 2017 年货币政策定调为“稳健中性”的一大原因。那么财政政策能否在做大分母上有所作为？这方面我国在应对 1997 年亚洲金融危机期间确实有过成功的经验。只是随着资本边际效率的降低，实践中，财政政策能否发挥逆周期调控的功效还有待检验。本节我们将在 SFC 框架下考察扩张性的财政政策对于去杠杆和稳增长的作用。

图 11-2 为政府支出增速增加 1%的脉冲响应图。图 11-2a 显示企业的利息负担与债务杠杆同步下跌，到 2050 年下降到稳态的 34%的水平。原因在于，政府购买是企业收入的一部分，政府购买增加，会增加企业的利润，从而增加内部融资来源，减少企业的贷款需求；图 11-2b 显示，居民部门的利息负担相对于稳态时基本持平，杠杆率小幅下降，到 2050 年为 0.977，但相对于可支配收入的利息负担稳步下降，到 2050 年降到了 0.822（主要源于居民收入 YP 的增加，一方面源于企业扣除留存收益后的股票红利增加，另一方面也由于就业率的提高，如图 11-2d 所示）；图 11-2c 刻画了政府的情形，出乎意料的是，政府增加支出，反而降低了债务水平和利息负担。这与我们的模型设置有关系，由方程 63 可知，政府赤字与支出成正比，与税收 T 和央行利润 $F_{cb}$ 成反比，由于总支出增加幅度小于收入增加幅度（如图 11-2e 所示），反而会减少政府赤字和债务存量；图 11-2d 显示了财政政策的积极效应，就业、投资、消费和名义 GDP 均缓慢提高。整体而言，提高政府支出增速能获得去杠杆与保增长的双重效果。

扩张性的财政政策还可以通过减税来实施，图 11-3 为个人所得税率从 30%下降到 29%的脉冲响应图。图 11-3a 显示企业利息负担与债务杠杆同步下降，原因在于居民可支配收入提高增加了消费需求，改善了企业的盈利状况；居民部门呈现出分化情形，如图 11-3b 所示，债务/财富比率小幅增加，最高上升 0.6%，随后稳定在 1.002 的水平（原因在于居民的净贷款需求为可支配收入的增函数）。相对于稳态时的利息负担小幅下降，最低时下降了 1.3%，随后收敛到稳态均衡。由于税收的减少对可支配收入的影响更为直接，相对于可支配收入的利息负担下降较多，最多降低了 4%，并且稳定在 0.968 的水平；图 11-3c 为政府的脉冲响应分析，政府减

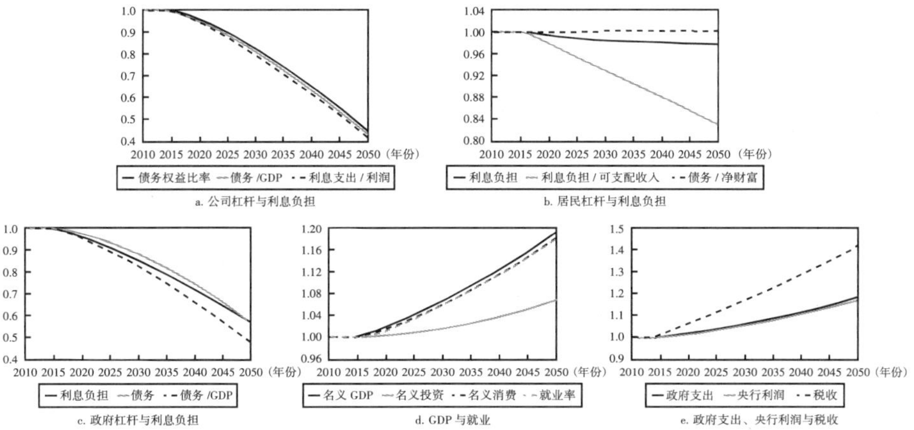


**图 11-2　提高政府支出增速对各部门去杠杆与宏观经济的影响**

税从而减少了收入，故一开始会增加利息负担，但由于企业和居民资产负债表的修复，并且如图 11-3d 所示，消费和投资增加带动了名义 GDP 的上升（政府支出下降，使 GDP 上升的幅度小于消费增加的幅度），就业率也得以提高，政府税收在中长期反而会增加，赤字降低，从而降低了政府的

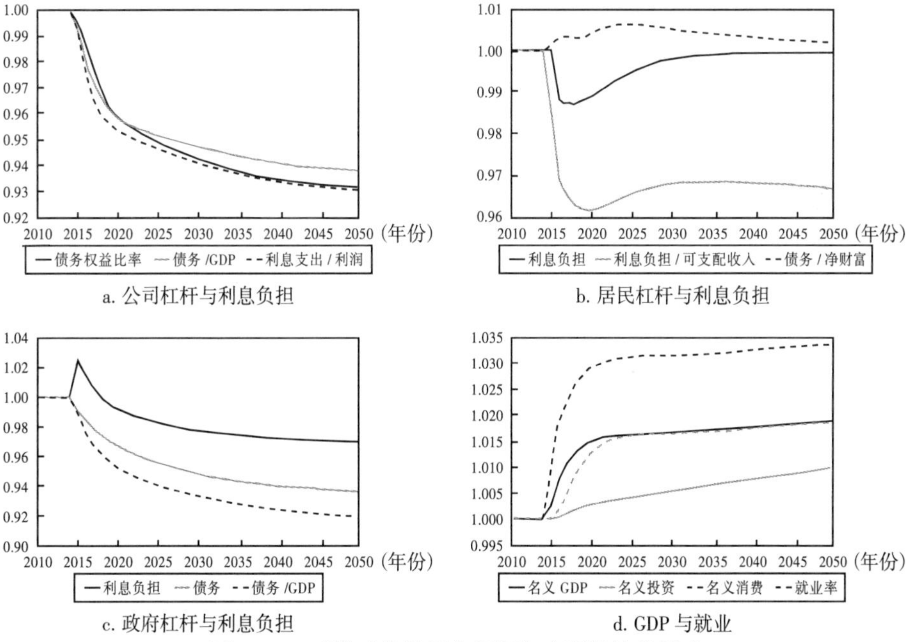


**图 11-3　减税对各部门去杠杆与宏观经济的影响**

债务存量与杠杆水平。总而言之，减税能达到去杠杆与保增长的双重效果。

## 三、股权融资

对于我国而言，一个基本共识是，股权融资有助于降低企业对于银行贷款的依赖，是解决融资难、融资贵问题的可选途径。在本章的模型中，企业遵循融资优序理论，在留存收益和股票融资仍不满足投资需求的时候才会向银行贷款。因此，为了模拟股权融资的去杠杆效应，可以提高股权融资占比，即降低内源融资占比 $\varphi_{RE}^{T}$（由 0.557%降到 0.457%）。

图 11-4 为增加股权融资的脉冲响应图。图 11-4a 与预期一致，企业的利息负担和债务杠杆稳步下降。实践中，下降的幅度还要受制于股票市场的融资能力和居民的投资组合选择行为；图 11-4b 为居民的脉冲响应，居民部门的利息负担和杠杆率出现了一定的分化，相对于可支配收入的利息负担小幅增加，最高处相对于稳态时提高了 1.52%，原因在于居民可支配收入的下降和资产组合的调整，居民是企业股票的唯一购买者，股票需求的增加会降低企业的存款需求（如图 11-4e 所示，由于居民可支配收入下降，同时储蓄下降的幅度大于贷款下降的幅度，故图 11-4b 中显示利息负担小幅增加）。图 11-4c 显示政府的债务杠杆率和利息负担同步下降，但下降幅度并不大，到 2050 年债务存量相对于稳态水平只下降了 5.7%，原因在于企业的股权融资主要是与居民部门交易，对政府的资产负债表影响相对有限；图 11-4d 显示主要宏观经济变量，如名义 GDP 水平、投资、消费以及就业，相对于稳态时均有小幅下降，但幅度非常小。综上所述，股权融资是非金融企业去杠杆的有效途径，同时对居民和政府的杠杆也可以起到一定的改善作用，但对稳增长目标有一定负面影响。

## 四、投资驱动到消费驱动

对于我国当前非金融企业（特别是国有制造型企业）高杠杆的原因众说纷纭，原因之一即政府主导的投资拉动型经济增长模式。本节模拟我国从投资驱动向消费驱动型发展模式对于去杠杆的效应。具体通过降低固定资本投资增长率 $gr_k$ 方程中的 $\gamma_0$（1.22%下降到 0.22%）和提高边际消费倾向 $a_1$（由 0.8%增加到 0.85%）来实现。

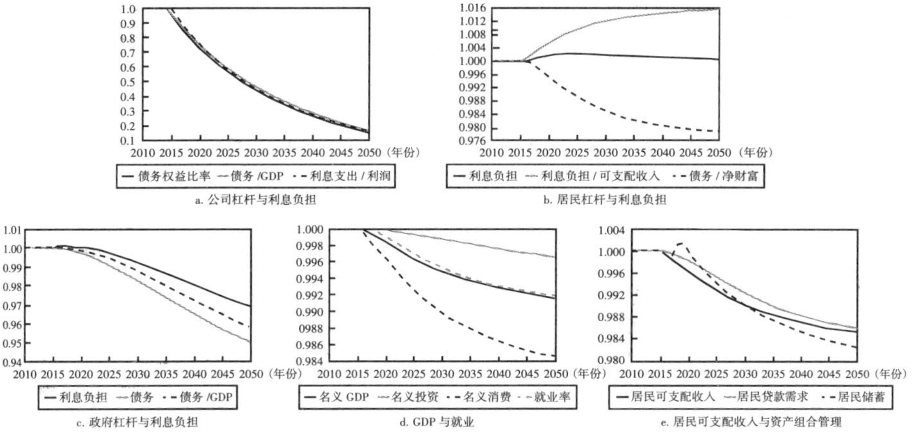


**图 11-4　股权融资对各部门去杠杆与宏观经济的影响**

图 11-5 为投资驱动向消费驱动的脉冲响应图，与理论预期基本一致。如图 11-5a 所示，投资增速下降后，相对于稳态水平，企业的利息负担与两个维度的杠杆率稳步下降，截至 2050 年，利息负担下降了 40%，债务/GDP 比率下降了 35%（企业贷款下降速度快于名义 GDP 下降速度），债务/权益比率下降了 20%；图 11-5b 显示，由于居民部门增加消费，从而减少了储蓄与可支配收入（存款利息下降），初期消费的扩张（见图 11-5d）引起贷款需求也会进一步增加，从而相对于可支配收入的利息负担和杠杆率会提高，但相对于稳态时的利息负担并没有太大幅度提高，最高仅增加 2.5%；图 11-5c 为政府部门的利息负担和债务杠杆动态变化情况。政府债务存量稳步下降，到 2050 年下降了 25%。利息负担随着债务存量的下降整体也呈现下跌趋势，到 2050 年约下降了 10%。但由债务/GDP 比率表示的政府杠杆水平却先增后减（最高增加了 1.7%），对比图 11-5c 和图 11-5d 中政府债务存量与名义 GDP 变化可知，在政府杠杆最高增加 1.7%时，时点是 2028 年，此时政府债务存量下降 3%，而 GDP 下降 6%。图 11-5d 有深刻的理论含义：投资驱动向消费驱动转型，会牺牲长期的经济增长潜力。由于边际消费倾向的增加，消费一开始迅速增加，最高增加 10%，但在第 3 年即见顶，随后稳步下降，到 2050 年相对于稳态时正好下降 10%；投资在冲击发生时即下降，随后逐步稳步下降，到 2050 年一共下降了 30%；名义 GDP 在期初保持稳定，但是随着消费的见顶，在第 3 年即开始下降；GDP 的减速也使就业率同步下降。综上所述，投资驱动向消费驱动的转型

有利于企业向居民移杠杆，是当前我国去杠杆的可行选择之一，但是此种方案是以牺牲长期经济增长潜力为代价的。这也是很好解释的，因为消费的增加并不是以居民收入增加为前提的，而是通过居民透支未来消费实现的。为此，我们需考察另一种消费升级的方案：投资减速加减税。

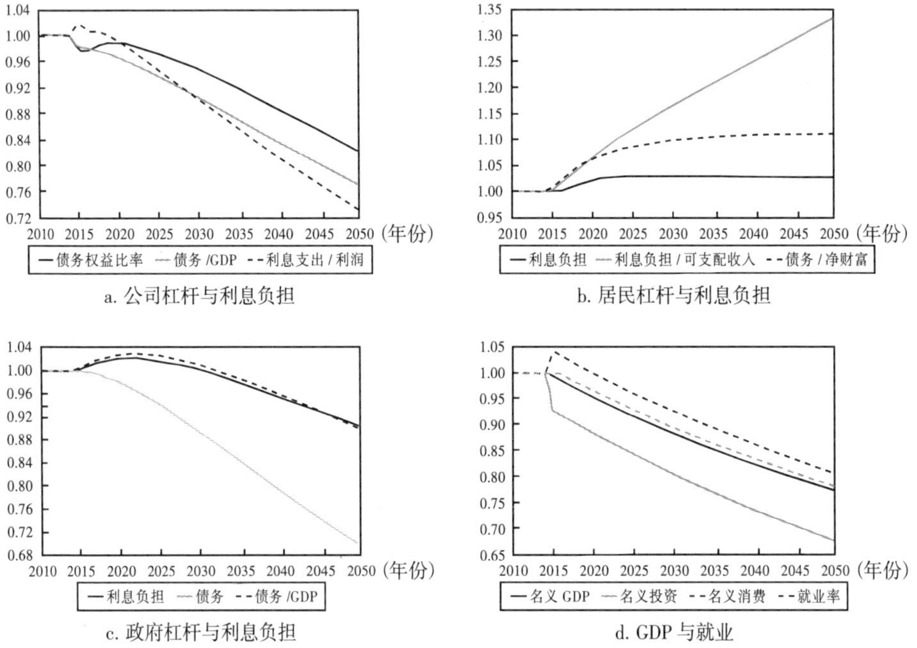


**图 11-5 投资驱动向消费驱动（提高 MPC）转型对各部门去杠杆与宏观经济的影响**

图 11-6 为减税和投资减速的脉冲响应分析，结论与预期一致，且与图 11-5 有显著差异。图 11-6a 显示企业杠杆和利息负担以先快后慢的速度下降，5 年内利息负担和杠杆率均下降了 40%左右，截至 2050 年，下降到稳态时的 30%的水平。相对于图 11-5b 而言，图 11-6b 显示居民部门的杠杆并未大幅度上升，且利息负担有了较大幅度的下降。居民债务杠杆最高于 2023 年提高了 7%，随后稳步下降，于 2050 年反而相对于稳态时有所降低，相对于稳态时的利息负担在冲击之初即下降了 15%，随后稳步上升，并逐渐收敛到稳态。相对于可支配收入而言，利息负担有较大幅度下降。图 11-6c 显示，在减税之初，政府就不得不减少开支，债务存量下降，这也表示政府支出的减少幅度大于税收收入的减少幅度。同时由于利

息支出取决于前一期的债务存量，政府的利息负担在冲击发生时迅速调整到稳态时的 1.16 倍，随后随着债务存量的下降逐步降低，利息负担到 2050 年相对降低了 38%。随着债务存量的下降和 GDP 的增加（见图 11-6d），政府债务/GDP 比率稳步下降。图 11-6d 与图 11-5d 形成了鲜明的对比，减税与降低投资增速的直接效果是名义投资稳步下降，居民消费迅速增加，并带动了名义 GDP 的增加。

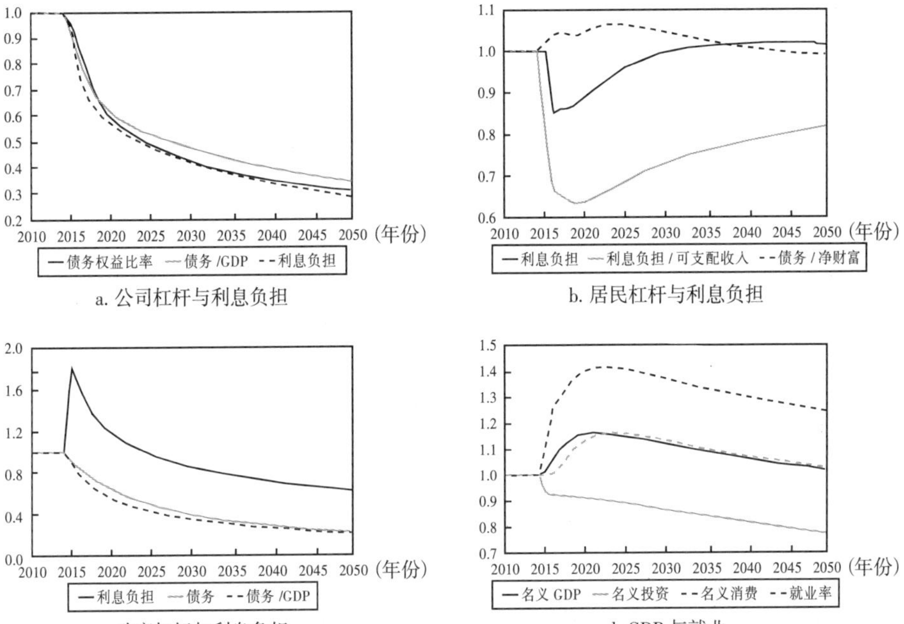

a. 公司杠杆与利息负担

b. 居民杠杆与利息负担

c. 政府杠杆与利息负担

d. GDP 与就业

**图 11-6　投资驱动向消费驱动（减税）转型对各部门去杠杆与宏观经济的影响**

对比图 11-5 和图 11-6 的结果，对于我国的政策含义是，政府主导的投资驱动型转向消费驱动型经济增长模式有助于降低非金融企业和政府的杠杆水平，但是前者以损失经济潜在增速为代价，后者能实现去杠杆与保增长的双赢效果。

## 五、去杠杆的微观视角

以上均是从宏观层面讨论去杠杆问题，虽然结果显示各项政策对于去杠杆与稳增长都有一定作用，但由于我国各部门内部仍存在显著的结构性差异，需要进一步从微观层面探讨如何去杠杆，宏观政策要想落到实处，还需市场参与者的积极响应。考虑到我国杠杆最严重的是非金融企业，故专门讨论非金融企业去杠杆的微观措施。Ruscher 和 Wolff（2013）总结到，企业去杠杆的常用措施主要有降低工资、削减投资、降低派息率等，下面分别对其进行分析。

图 11-7 和图 11-8 分别考察了降低派息率和降低投资增速对企业自身杠杆率和宏观经济的影响。图 11-7a~图 11-7c 为公司降低派息率 5 个百分点后的脉冲响应。图 11-7a 显示，企业债务/权益比率上升，原因在于，股息率与居民股票需求成正比，股息率下降将会降低企业股权融资的能力，故债务/权益杠杆在冲击期初迅速上升了 10.6%（2017 年）。但随即逐渐下降，到 2050 年只提高了 1%。图 11-7b 可以部分解释这种变化趋势，由于股息率的下跌压缩了居民消费，企业投资增速也逐渐下跌，从而也减少了贷款需求。同时，由于投资和消费均下跌，GDP 和就业相对于稳态也逐渐下跌。但是需要注意的是，图 11-7b 中各指标的下降都是比较温和的，消费最多下降 2%。图 11-7a 中企业债务/GDP 有所改善，原因可在图 11-7c 中找到答案，图 11-7c 显示，虽然冲击后企业贷款/GDP 比重上升，但相对于稳态时的比例却有所下降，故图 11-7a 中冲击后的债务存量相对于稳态时的 GDP 比率也有所下降。由于相对债务存量的下降，顺理成章的是企业的利息负担也有所下降，截至 2050 年下降了 8%。

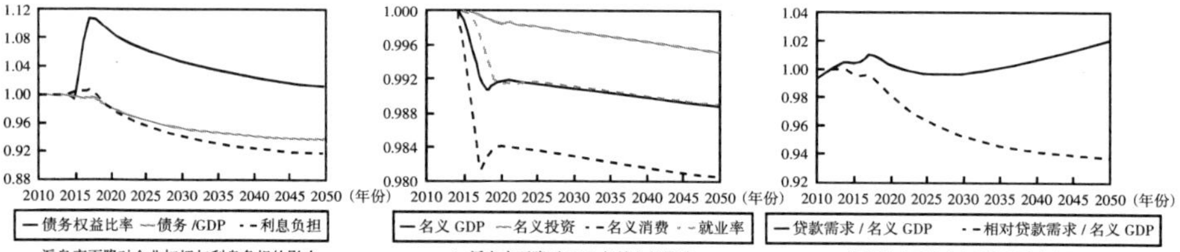


a. 派息率下降对企业杠杆与利息负担的影响　b. 派息率下降对 GDP 与就业的影响　c. 投资增速下降对企业贷款需求的影响

**图 11-7　降低派息率对企业去杠杆和稳增长的影响**

图 11-8a~图 11-8c 为企业降低投资增速 1 个百分点后的脉冲响应。如图 11-8a 所示，长期而言，结论与预期是一致的，即降低投资增速有助于降低企业的杠杆率。但短期内企业的利息负担和杠杆都有小幅增加，企业债务/权益最高上升 2.2%，企业债务/GDP 最高上升 5%，利息负担最高上升

11.7%。这可从图 11-8b 和图 11-8c 找到原因，综合而言，企业的杠杆率短期上升，一方面源于投资下降对 GDP 的负面影响（见图 11-8b）；另一方面，从图 11-8C 可以看出，短期内企业的债务/GDP（即企业贷款/GDP）上升，结合图 11-8b 中显示名义 GDP 是下降的，可以得出，短期内名义 GDP 的下降速度是快于债务下降速度的，故相对而言，企业的债务/GDP 维度杠杆率在短期内有所增加。长期内为何下降？从图 11-8c 所示的趋势反转可以得到解释，同理，长期而言，债务下降的速度将超过 GDP 下降的速度。如图 11-8a 所示的利息负担也符合同样的趋势。综合而言，若企业降低投资增速，在长期内将有利于企业去杠杆，但是也会不利于经济增长潜力的发挥。

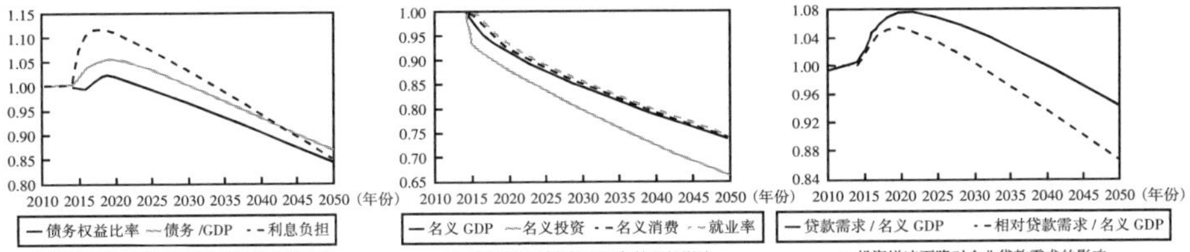


a. 投资增速下降对企业杠杆与利息负担的影响　b. 投资增速下降对 GDP 与就业的影响　c. 投资增速下降对企业贷款需求的影响

**图 11-8 企业投资减速对企业去杠杆和稳增长的影响**

基于统一的 SFC 框架，图 11-1~图 11-8 分别考察了不同的宏观（货币政策、财政政策等）和微观（利润分配、投资决策等）措施的组合在去杠杆和稳增长方面的效应。我们同时还做了相应的稳健性检验，即通过修正部分参数或内生变量的初始值，上文的分析结论并不改变。

以上基于宏观经济五部门的资产负债—存量表和交易流量表，我们在 SFC 分析框架下，考察了各项政策对去杠杆和稳增长的影响，有以下初步结论：

（1）紧缩性货币政策。针对我国经济当前的杠杆状况，紧缩性货币政策（准备金率和利率同时提高）对于企业和政府部门去杠杆会适得其反，但会改善居民杠杆。对宏观经济的影响是投资和就业会下降，但 GDP 会由于居民消费的提高而温和增长。由于我国当前去杠杆优先于稳增长，故这种方案不宜采用。但考虑到货币政策在稳汇率和防泡沫方面的作用，也不宜采取整体宽松的政策，故保持货币政策“谨慎中性”可能是央行的最优选择。

（2）扩张性的财政政策。本章分别考察了两种扩张性财政政策（提高政府支出增速和减税）对去杠杆与稳增长的作用，两种方式都能实现三部门去杠杆与稳增长的双赢效果。但从去杠杆的绝对效果而言，增加政府支出的效果更理想。

（3）股权融资。增加股权融资比重对企业部门去杠杆最有效，对居民和政府部门去杠杆效果相对较弱，但其对稳增长有轻微的负面影响。

（4）投资驱动向消费驱动转型。当企业减缓投资增速和居民增加消费偏好时，有利于企业和政府去杠杆，不利于居民去杠杆，针对我国当前杠杆分布的结构性特征，此种政策组合是可取的。但是它不利于稳增长。第二种政策组合为企业降低投资和政府减税，可以平衡企业去杠杆、居民去杠杆与稳增长目标。

（5）企业微观层面。首先，当降低股票分红比率从而增加内源融资占投资的比例时，由于居民减少持有企业股权，企业的债务/权益比不降反升，但债务/GDP 比略有改善。同时，其对于宏观经济运行的负面效应相对温和。其次，当企业仅仅降低投资增速时，企业杠杆短期会增加，长期会下降，但投资减速不利于稳增长目标的实现。

## 第四节　重构中国资产负债表

经济分阴阳，经济处于阳面的时候，所有企业都只想一件事情就是怎样去扩大生产，更多地投资，更多地借债；但是当经济转向阴面的时候，特别是通缩环境下，名义利率减去负的通货膨胀率就是更加高昂的实际利率，因此所有人都在忙着还债，把杠杆尽快降下来。金融和经济危机用极端的形式演绎了快速去杠杆环境下的风险演化情况，货币当局做出了反应，但力度可能仍然不够，杠杆的堰塞湖还高悬着，底线一旦被攻破引发的连锁踩踏反应可能引发系统性风险。

如果每个经济主体（包括投资者）都在尝试去缩减资产负债表的话，那金融系统也一样会收紧它的贷款和资产负债表，这就形成了一个负向循环，经济可能会进入资产负债表衰退。现在中国经济从 CPI 的标准来看确实还没有进入通缩，但是如果看 PPI 以及 GDP 平减指数，那可能已经进入一种准通缩的状态，经济处于阴阳一线牵的临界状态，因此整个宏观政策就是希望能够把经济维持在阳面，守住底线的同时，在线进行宏观部门的资产负债表的修复或者调整。

那么是否中国经济已经整体进入所谓的资产负债表衰退过程中呢？确实2008~2014年，中国非金融部门的整体负债水平由GDP的145%上升到接近220%，其中企业部门的债务由GDP的90%上升到135%。但如果与发达经济体和大部分新兴经济体比的话，总体来说也不算是最高的。特别是因为我们的总储蓄是够的。

但是这并不意味着中国宏观资产负债表的每一个部分都是健康的，宏观经济的六大部门分别是：政府，包括地方政府和中央政府；企业，包括国企和民企；居民部门；中央银行；商业银行（中介金融机构除了商业银行，还有政策性银行如国家开发银行、投资银行和影子银行）；整个对外部门。现在关键的问题在于局部资产负债表确实出现了问题——特别是现在的地方政府，再就是加了高杠杆以及有过剩产能的部分企业部门。现在最大的麻烦就在于，因为局部的资产负债表的阻塞导致整个正循环运作不起来，金融资源淤积在坏死的部分。这可能就面临资产负债表衰退的风险。

如果不对这些部门进行清理的话，那么就很有可能形成“僵尸平台”“僵尸企业”，以及连带的“僵尸”金融机构，这就是日本“失去的20年”给世界的一个非常深刻的教训，必须主动来做一些调整，用一个比较戏剧性的表述方式，叫作中国宏观部门杠杆的“乾坤大挪移”。我们用它来形容整个资产负债表的修复和重新构造的过程，具体内容可以简单地叫作“九大移”。

（1）第一个移动是地方移中央，这本质上是一个信用增级过程。中央政府的财权比较大，但是地方政府的事权比较大，很多本来应该由中央政府承担的事权都交给地方政府，由于中央政府的资产负债表总体来看非常健康，它能够发行或者代理发行项目债或者特别国债，把一部分符合标准的地方债务承接过来，而且中央政府的信用等级最高，所以融资成本最低。现在的财政政策远谈不上积极，3%左右的赤字率，加杠杆的空间很大。

（2）第二个移动是平台移开行，其实地方政府之所以杠杆特别大，预算内的吃饭财政不是一个大问题，主要就是它的城市化建设功能。融资平台就是以土地为资本金的杠杆操作一旦抵押品价格下降，那么一端是长期才能有微薄回报的基础设施资产，负债端则是短期的银行借贷和性价比更差的影子融资。因此，地方融资平台可以把债务转给以国家开发银行为代表的政策性银行（最大的中央融资平台）。因为很多基础建设可能更多的是应该是由开发性金融或者政策性银行来执行的，所以最新一轮对政策性银行进行大规模注资，就意味着它们去承接地方债务或者是地方基建资产的能力在迅速放大，这就使政策性银行更能履行地方加杠杆的任务。

（3）财政移货币的争议就非常大了。很多人把这个叫作中国版的量化宽松（DQE）。大型经济体大多是以自己国家债务（或者准国债）作为基础货币的投放来源的，我们认为在2008年国际金融危机以后，资产负债表反正是要挪移的，央行的资产负债表目前也许是存放各种高风险资产的最合适的去处。在这个中国式杠杆“乾坤大挪移”的过程中，如果央行不出手的话，那情形就很像一句英语谚语——hamlet without hamlet——《王子复仇记》中没有王子哈姆雷特，这个戏就没法演下去了。所以当时我们就觉得央行一定要采取某种形式去承接这些债务，或者至少暂时地、间接地去承接。特别要提到的就是抵押补充贷款（PSL），所谓PSL就是由央行再贷款给国家开发银行，国家开发银行拿这个钱去做地方上的棚户区改造，棚户区改造本来属于地方事权，本应该是地方政府加杠杆，但地方政府在去杠杆，于是交给中央政府交给财政，但是财政因为有年度预算约束也不能做，于是交给国开行来做，国开行也不是到市场上去发债直接融资，而是央行通过再贷款以比较便宜和更为方便的方式把钱给他，它既是地方移中央，平台移开行，更是财政移货币。目前地方债务可以纳入合格抵押品的范畴，就为类似操作留下了接口，其实这也是2008年金融危机以后全球央行都在做的一种尝试性操作，潮流如此，笔者觉得是完全可行或有必要的，而且只有央行在做这点的时候它的弹性或余地才是最大的。

只要央行的资产负债表没有明显扩张，主要货币政策目标M2没有明显的超越，所以很难说是放水，而且逆周期本来就是宏观政策的主要特征，不排除在未来经济恢复正常增长的时候，它又可以把这个资产负债表重新再还回去。所以我们认为这个操作至少对于2015年资本市场行情的发动在宏观经济意义上是非常重要的，这说明哈姆雷特出场了，整个经济有可能被控制住，而流动性至少在心理上对市场参与者而言是开始变得宽松了。

（4）在经济主体方面的资产负债表调整，首先是国企转民企，即混合所有制，包括改制重组、项目导入、引入战投、员工持股、资产证券化、设立基金等形式，它会使 ROE 一般比较低的国企杠杆向 ROE 比较高的民企转化，测算显示如果能够充分混合的话，就能拉动 GDP 额外两个百分点的增长。什么是改革的红利，这就是改革的红利，这里需要特别指出的是，无论是民企还是国企，必要的破产、清算是必需的，这样才能优化存量资源的配置。

（5）传统移新兴。传统行业通过“互联网+”等各种形式进行改造，企业并购的量级从 2010 年开始活跃度明显上升，特别是涉及生物技术及健康、清洁技术、广义的信息技术、服务业等行业都有大量的并购出现，这就是对经济存量的有力调整，并有效地提升了传统行业的估值。

（6）政府转居民。放眼全球，中国的居民部门都是非常健康的，数据显示，截至 2012 年底，居民部门总资产是 263 万亿元人民币，而负债只有 16 万亿元，这就归功于我们勤劳勇敢又爱储蓄的中国人民。居民部门怎么加杠杆呢？例如两融特别是融资，就是借钱然后去买资产。2014 年融资规模是 3000 亿元，2015 年差不多 2 万亿元，这杠杆加得非常猛（当然是否健康，另当别论）。还有一个就是养老基金的入市，未来更多的国资归社保基金管理以及把地方养老保险也划归社保基金管理，从某种意义上说这也是居民自己储蓄的钱，那么给社保基金管理也是购买更多的资产，这也是居民获得更多资产及其收益的一种方式。

还有一种形式就是 PPP（就是公私合作伙伴关系），它通过调整公共产品的收费机制与价格水平，DIY 一个现金流给投资者，让民营企业在这个过程中有利可图。现在 PPP 在吸引民间投资方面被赋予一个很大的权重，以前主要是没有一个成型的法律去推动 PPP 的执行，现在在国务院层次发布了一个具体的运行方法，那我们相信随着这个博弈框架日渐清晰，民资如果有稳定的收益回报并且能够得到足够的司法救济的话，他们参与地方建设和投资获取资产的动力也在不断的增强过程中。

（7）再来看金融部门，金融部门也是三大移。首先是商行移投行，这就是脱媒，以前商行主要支持有着硬财务报表数据的一些传统行业，现在看来投行或金融资本市场更能够支持新供给中的大多数行业或企业。有两个标志性的事件正在出现：一个是股票注册制，这会有力地驱动股权融资规模大扩张，资本的充实自然会导致企业杠杆率的下降；另一个是银行资产的证券化，现在股票的 IPO 注册制还没实现，银行的信贷资产证券化注册制就已经先放行了。

据测算，银行资产证券化产品包括ABS、CLO等，资产包总量差不多有30万亿元。问题在于谁来承接如此大规模的标准化债务呢？一个解决方法就是分拆商业银行的理财部门，把理财变成一个净值化管理的财富管理部门（类似公募基金），如果可以全面实现，那就有差不多15亿元左右的理财产品（存款）可以去对接上述债券化产品，这就意味着一个巨大的脱媒趋势，直接金融将得到快速的发展。

（8）相伴随的就是非标转标准，即通过证券化改造影子银行产品，降低信息不对称和交易成本，现在很多信托包括很多第三方理财也在纷纷谋求转型，把更多精力投入到债券等标准化产品上来，这就使整个经济的融资成本得到有效的降低而且会变得更加透明。注意这些都基于一个高效、稳定和机构投资人主导、长期价值投资理念驱动的，有足够广度、深度和成熟度的资本市场。资本市场中长期来说仍然是经济的“晴雨表”，当下的剧烈颠簸与其说是反映了经济转型的过程，不如说是反映了经济转型的愿望。新常态下，新供给、新需求和新宏观调控都需要新思路和金融体系的全力支持，特别是多层次资本市场将起到降低经济整体杠杆率、提升资源配置效率、甄别好的企业和企业家等重要作用，大家自然会期望很高。未来中国的增长、创新和开放过程中，资本市场将起到决定性的作用，目前还是粗放增长、压力测试和投资者教育的必经阶段，不过良好的宏观审慎政策和严密的事中事后监管体系将优化交学费的过程和负面效果。

（9）国内转向国外，即通过人民币国际化让人民币成为储备货币去获取铸币税。如果人民币成为储备货币，那么中国整个对外的资产负债表都会变成下面这种形式，海外资产的大部分是ODI，就是海外直接投资大部分都是有效资产和股权（现在大部分是美债），海外负债的大部分都是人民币国债或者准国债（如熊猫债），这方面的需求非常巨大。这可以对比一下美国的资产负债表的全球角色，负债端提供极端廉价的美元国债，资产端通过跨国企业进行直接海外投资（FDI），美联储类似一家美元经营的商业银行。通过加海外杠杆获取更多的资产和收益。中国效仿的就是通过人民币国际化来为全球提供安全资产和廉价负债，用亚投行等新兴多边金融机构拉动私人资本一起对外投资，目前重点是在亚欧经济一体化区域内。有趣的问题是币种转换在何时？以什么条件发生？开放资本账户绝对是惊险一跃，这标志着中国将从行走江湖战战兢兢的新兴市场，到债多人不愁，拥有定价权的超级储备经济体，其中责任、义务、利益和风险会不断需要动态地评估和权衡。

我们必须把九大移放在一块看，也就是说，应该把债务置换、“中国式 QE”、注资政策性银行、注册制改革、加入 SDR，还有成立包括 AIIB（亚投行）在内的多个新型国际金融机构放在一块看，从浅层次来说，它只是中国宏观债务可持续性的问题，就是通过资产负债表的修复或变得有可持续性的问题。各种挪移不过是短期维稳的必要手段。长期来看，单纯通胀并不是降低公共债务率的有效手段，通常也不是经济政策当局愿意使用的手段（铸币税、通胀税、泡沫税）；稳定而高速的实体经济增长才是降低公共债务率最有效方式；而且公共负债率下降的拐点几乎都离不开债务重组。

从深层次来说，则是一个开放、转型、追赶的大国的核心经济模型是怎样构造以及重构的，或者说超大开放、转型中的中央集权型经济体，它的财政和货币功能应该怎样构造的问题。现代大国的中央银行，其基础货币投放主要通过买入本国债券来实现，也就是说，中央银行的主体资产是本国债券，而中国人民银行的基础货币投放在自 2003 年起的十年经济高速增长时期，主要是通过买入外汇实现的，这使中国人民银行的主体资产是外国货币（再通过外管局集中购买，以外国政府债券形态存在），这是一种小国中央银行（或货币局）的结构，不适应中国作为崛起的世界大国在货币金融基本制度上的需求。在中国经济已经进入新常态，对外开放进入“资本走出去”新时期的情况下，如果当前的中央银行的基本体系（货币投放体系）仍维持原有状态不变，那么中国外汇的整体趋势（从流入变成逐渐流出）势必将连动中国的基础货币进而货币总量，使中国被动地进入紧缩状态，这会带来一系列严重的后果。深化改革势在必行，应当一次性至少是逐步地切断两者联系。因此，中国的大国中央银行现代化的过程，也就是基础货币投放途径的改革过程，这是关系国家金融经济命运的重大动作，可以预期会在不远的将来发生。

中央银行的负债，也就是它“释放”出的货币，是社会的基础货币，是一国货币的“底子”，它的形成需要由某种途径实现——这就是基础货币的投放管道。不同的投放管道决定了一国中央银行的性质。正是在投放管道上，大国与小国的中央银行有很大的不同，这导致它们在功能、作用、定位上有根本性的差异。小国的基础货币创造主要通过央行买入外币（外汇），吐出本国纸币（基础货币）实现。因为小国的经济重点是它在世界经济体系中的位置而不是它内部的结构，小国只是个点，这个点内部的经济活动相比世界无足轻重，不由小国自己决定。小国更关心的是如何在诸大国定义的国际经济金融秩序中维持本国的稳定，并借力国际贸易体系获得发展。因此，以进入小国体内的外国硬通货作为小国货币的“锚”是很不错的选择。具体的做法就是不再主动调控国内货币，而是根据贸易、资本、金融项目带来的外国硬通货进出，小国央行从带来外币的兑换者手中收兑外币，吐出本币。随着贸易发展壮大，国内积存外币增多，本国基础货币自发形成。所以，经营成功的小国的央行资产往往以外币（外汇资产）为主。有的小国（地区）干脆完全放弃中央银行的货币政策，采用固定汇率，执行金融管理局制度，如新加坡、中国香港、立陶宛等。

大国的基础货币的创造通过买入本国债券实现。当然，能这样做的前提是本国有足够大的债券市场。在债券市场尚不存在或尚不发达的时代，则通常以央行对商业银行提供再贷款形式实现——这可以理解为央行“买入”商业银行的债务。总而言之，大国一般靠买入本国的某种资产［通常是债权资产——对本国政府的债权（国债）或对本国商业银行的债权（再贷款）］来向本国社会注入基础货币。大国央行一手吃进本国资产（通常是某种虚拟物），一手它新创造的货币就通过交易对手流入社会。相应地，大国央行的资产负债表上，资产方主要都是本国资产——以本国国债等债权资产为主。大国需要这样的体制，是因为大国的经济总体上自成一体，需要有适应本国内部需要的货币政策——调节货币的松紧，而本国资产的池子只要累积足够多（如债券市场足够深），其可控性相对较大，货币政策的操作空间大。如果这种货币可以成为储备货币的一员，则其具有相当大的影响力和主动权。

这并不容易做到，对中国而言更是要经历资本账户开放这一惊险一跃，因此它更是人民币国际化在全球化 4.0 中获取金融制高点的问题。回到第一章、第二章我们看到全球央行的货币竞争和流动性相互影响的溢出效应，人民币国际化应该是必由之路。

# 附录：参数值及校准依据

| 序号 | 参数 | 含义 | 数值 | 校准依据 |
|---|---|---|---|---|
| 1 | $\beta$ | 预期销售额方程中真实当期销售额的权重系数 | 0.5 | Godley 和 Lavoie（2007） |
| 2 | $gr_{pr}$ | 劳动生产率增长率 | 0.093 | 2008~2016 年平均值（世界劳工组织） |
| 3 | $\gamma$ | 预期库存调整系数 | 0.15 | Godley 和 Lavoie（2007） |
| 4 | $\sigma^T$ | 目标库存占预期销售的比例 | 0.09 | 历史工业企业库存率均值 |
| 5 | $\gamma_o$ | 自发固定资本投资增速 | 0.025 | Lavoie 和 Jun Zhao（2010） |
| 6 | $\gamma_u$ | 固定资本投资增速对产能利用率的敏感系数 | 0.05 | Godley 和 Lavoie（2007） |
| 7 | $\gamma_r$ | 固定资本投资增速对真实利率的敏感系数 | 1 | Lavoie 和 Jun Zhao（2010） |
| 8 | $\delta_k$ | 固定资本折旧率 | 0.125 | 文献资本年折旧率一般介于 0.1~0.15 之间，本章取平均值 |
| 9 | $\Omega_0$ | 目标工资率函数中的常数项 | -0.21 | Godley 和 Lavoie（2007） |
| 10 | $\Omega_1$ | 目标工资率对劳动生产率的敏感系数 | 1 | Godley 和 Lavoie（2007） |
| 11 | $\Omega_2$ | 目标工资率对就业率的敏感系数 | 2 | Godley 和 Lavoie（2007） |
| 12 | $\Omega_3$ | 名义工资率调整系数 | 0.46 | Godley 和 Lavoie（2007） |
| 13 | $\Omega_4$ | 就业人数调整系数 | 0.6 | Godley 和 Lavoie（2007） |
| 14 | $N_{fe-1}$ | 总劳动力人口 | 83.18 | 由就业人数与失业率序列推算得到 |
| 15 | $\varphi$ | 价格加成比例 | 0.1 | 黄志刚等（2010） |
| 16 | $\sigma^N$ | 历史单位成本调整系数 | 0.17 | Godley 和 Lavoie（2007） |
| 17 | $\varphi_D$ | 派息率 | 0.35 | 基于上市公司年派息率平均值校准 |
| 18 | $\varphi_{RE}^T$ | 留存收益率 | 0.65 | 我国上市公司留存收益率平均值校准 |
| 19 | $\theta$ | 个人收入所得税 | 0.25 | 个人收入所得税率中位数 |
| 20 | $\varepsilon_1$ | 居民净贷款对个人收入的敏感系数 | 0.074 | AR（1）回归系数 |
| 21 | $\varepsilon_2$ | 居民净贷款对真实利率的敏感系数 | 0.4 | AR（1）回归系数 |
| 22 | $\varepsilon_3$ | 预期真实可支配收入调整的权重系数 | 0.5 | Godley 和 Lavoie（2007） |

续表

| 序号 | 参数 | 含义 | 数值 | 校准依据 |
|---|---|---|---|---|
| 23 | $\varepsilon_4$ | 贷款偿还额占贷款存量的比例 | 0.25 | 基于贷款存量、贷款新增量数据校测算 |
| 24 | $\alpha_1$ | 预期真实可支配收入的边际消费倾向 | 0.8 | Lavoie 和 Jun Zhao（2010） |
| 25 | $\alpha_2$ | 真实财富的边际消费倾向 | 0.05 | Lavoie 和 Jun Zhao（2010） |
| 26 | $\lambda_{20}$ | 居民国库券需求方程中的常数项 | 0.25 | Godley 和 Lavoie（2007） |
| 27 | $\lambda_{21}$ | 居民国库券需求对存款利率的敏感系数 | 2.2 | Godley 和 Lavoie（2007） |
| 28 | $\lambda_{22}$ | 居民国库券需求对国库券收益率的敏感系数 | 6.6 | Godley 和 Lavoie（2007） |
| 29 | $\lambda_{23}$ | 居民国库券需求对派息率的敏感系数 | 2.2 | Godley 和 Lavoie（2007） |
| 30 | $\lambda_{24}$ | 居民国库券需求对长期国债收益率的敏感系数 | 2.2 | Godley 和 Lavoie（2007） |
| 31 | $\lambda_{25}$ | 居民国库券需求对可支配收入的敏感系数 | 0.1 | Godley 和 Lavoie（2007） |
| 32 | $\lambda_{30}$ | 居民长期国债需求方程中的常数项 | -0.04 | Godley 和 Lavoie（2007） |
| 33 | $\lambda_{31}$ | 居民长期国债需求对存款利率的敏感系数 | 2.2 | Godley 和 Lavoie（2007） |
| 34 | $\lambda_{32}$ | 居民长期国债需求对国库券收益率的敏感系数 | 2.2 | Godley 和 Lavoie（2007） |
| 35 | $\lambda_{33}$ | 居民长期国债需求对派息率的敏感系数 | 6.6 | Godley 和 Lavoie（2007） |
| 36 | $\lambda_{34}$ | 居民长期国债需求对长期国债收益率的敏感系数 | 2.2 | Godley 和 Lavoie（2007） |
| 37 | $\lambda_{35}$ | 居民长期国债需求对可支配收入的敏感系数 | 0.1 | Godley 和 Lavoie（2007） |
| 38 | $\lambda_{40}$ | 居民股票需求方程中的常数项 | 0.67 | Godley 和 Lavoie（2007） |
| 39 | $\lambda_{41}$ | 居民股票需求对存款利率的敏感系数 | 2.2 | Godley 和 Lavoie（2007） |
| 40 | $\lambda_{42}$ | 居民股票需求对国库券收益率的敏感系数 | 2.2 | Godley 和 Lavoie（2007） |
| 41 | $\lambda_{43}$ | 居民股票需求对派息率的敏感系数 | 2.2 | Godley 和 Lavoie（2007） |
| 42 | $\lambda_{44}$ | 居民股票需求对长期国债收益率的敏感系数 | 6.6 | Godley 和 Lavoie（2007） |

续表

| 序号 | 参数 | 含义 | 数值 | 校准依据 |
|---|---|---|---|---|
| 43 | $\lambda_{45}$ | 居民股票需求对可支配收入的敏感系数 | 0.1 | Godley 和 Lavoie（2007） |
| 44 | $\lambda_c$ | 居民现金比率 | 0.04 | 月度 M0/M2 均值 |
| 45 | $gr_g$ | 政府支出增速 | 0.10 | 基于财政支出增速均值校准 |
| 46 | $\bar{r}_B$ | 国库券基准利率 | 0.025 | 3 个月国债收益率均值 |
| 47 | $add_{BL}$ | 长期国债在国库券利率上的加成 | 0.02 | 10 年期国债与国库券收益率之差的均值 |
| 48 | $\rho$ | 存款准备金率 | 0.165 | 中国人民银行 |
| 49 | $\bar{r}_D$ | 存款基准利率 | 0.015 | 中国人民银行 |
| 50 | $add_L$ | 贷款利率在存款利率上的加成 | 0.285 | 贷款与存款基准利率之差 |

# 参考文献


Adrian, T., Shin, H. S. Liquidity and leverage. J. Finan. Intermediation, 2008, 19 (2010): 418-437.

Aghion, P., P. Bacchetta, A. Banerjee. Currency Crises and Monetary Policy in an Economy with Credit Constraints [J]. European Economic Review, 2001 (45): 1121-1150.

Arestis, P., Sawyer M. On the Effectiveness of Monetary Policy and of Fiscal Policy [J]. Review of Social Economy, 2004, 62 (4): 441-463.

Arestis, P., Sawyer M. Assessing Inflation Targeting Through Intervention Analysis [J]. Oxford Economic Papers, 2008, 60 (2): 293-317.

Arestis, P., Sawyer M. New Consensus Macroeconomics: A Critical Appraisal [J]. Working Paper, 2009.

Arnold P. J. Global financial crisis: The challenge to accounting research [J]. Accounting Organizations and Society, 2009 (34): 803-809.

Bernanke, B. S., Gertler, M. Inside the Black Box: The Credit Channel of Monetary Policy Transmission [J]. Journal of Economic Perspective, 1995 (9): 27-48.

Bernanke, B. On the Implications of the Financial Crisis for Economics [J]. Conference Cosponsored by the Center for Economic Policy Studies and the Bendheim Center for Finance, Princeton University. Princeton, NJ: US Federal Reserve, 2010.

Bezemer D. J. Understanding Financial Crisis through Accounting Models [J]. Accounting, Organizations and Society, 2010 (35): 676-688.

Bezemer D. J. The Credit Crisis and Recession as a Paradigm Test [J]. Journal of Economic Issues, 2011, 45 (1): 1-18.

Blanchard, O., G. Dell'Ariccia, P. Mauro. Rethinking Macroeconomic Policy [J]. Journal of Money, Credit, and Banking, 2010 (42): 199-215.

Brainard, W. M., Tobin, J. Pitfalls in Financial Model Building [J]. Amer. Econ. Rev., 1968, 58 (2): 99-122.

Caballero, J. Ricardo, Takeo Hoshi, Anil K. Kashyap. Zombie Lending and Depressed Restructuring in Japan [J]. American Economic Review, 2008, 98 (5): 1943-1977.

Chari, V. V., Kehoe, P., Mcgrattan, E. Monetary Shocks and Real Exchange Rate in Sticky Price Models of International Business Cycle [J]. Review of Economics Studies, 2002 (69): 533-563.

Chick, V., Dow, S. Monetary Policy with Endogenous Money and Liquidity Preference: A Nondualistic Treatment [J]. Journal of Post Keynesian Economics, 2002, 24 (4): 587-607.

Cincotti, S., Raberto, M., Teglio, A. Credit money and macroeconomic instability in the agent-based model and simulator Eurace [J]. Economics: The Open-Access, Open-Assessment, E-Journal, 2010 (26): 1-32.

Clévenot, M., Guy, Y., Mazier, J. Equity and Debt in a Financialised Economy: The French Case [R]. CEPN Working Paper, 2009.

Cohen J. Copeland's Money flows after Twenty-Five Year: A Survey [J]. Journal of Economic Literature, 1972, 10 (1): 1-25.

Copeland M. A. Social Accounting for Moneyflows [J]. The Accounting Review, 1949, 24 (3): 254-264.

Dafermos Y. Liquidity Preference, Uncertainty, and Recession in a Stock-Flow Consistent Model [J]. Journal of Post Keynesian Economics, 2012, 34 (4): 749-776.

Davidson, P., Money and the Real World [J]. The Economic Journal, 1972, 82 (325): 101-115.

Davis, E. P. A Stock-Flow Consistent Macro-Econometric Model of the UK Economy-Part 1 [J]. Journal of Applied Econometrics, 1987a, 2 (2): 111-132.

Davis, E. P. A Stock-Flow Consistent Macro-Econometric Model of the UK Economy-Part 2 [J]. Journal of Applied Econometrics, 1987b, 2 (2):

259–307.

Dawson, J. C. Trends in corporate investment and finance: A flow-of-funds analysis. College Park [J]. Maryland: Bureau of Business and Economic Research, University of Maryland, 1958.

Devlin, W., H.McKay. The Macroeconomic Implications of Financial Deleveraging [R]. Working Paper.

Eatwell, J. T. Mouakil, L. Taylor. Liquidity, Leverage and the Impact of Sub-Prime Turbulence [J]. Center for Financial Analysis and Policy, Judge Business School, University of Cambridge, 2008.

Edison, H. J. Luangaram, P., Miller M. Asset Bubbles, Leverage and "Lifeboats": Elements of the East Asian Crisis [J]. The Economic Journal, 2000, 110 (460): 309–334.

Eggertsson G. B., Krugman P., Debt, Deleveraging, and the Liquidity Trap: A Fisher-Minsky-Koo Approach [J]. The Quarterly Journal of Economics, 2012: 1469–1513.

Fellner, M., Somers, H. M. Alternative Monetary Approaches to Interest Theory [J]. Review of Economics and Statistics, 1941, 23 (1): 43–48.

Fisher, I. The Debt-Deflation Theory of Great Depressions [J]. Econometrica, 1933, 1 (4): 337–357.

Fisher, I. The Purchasing Power of Money [M]. New York: Macmillan, 1911.

Fontana O., Godin A. Securitization, Housing Market and Banking Sector Behavior in a Stock-Flow Consistent Model [J]. Economics Discussion Paper, 2013.

Friedman M., Schwartz A. A Monetary History of the United States, 1867–1960 [M]. Princeton University Press, 1963.

Friedman, M. The Quantity Theory of Money—A Restatement. In Studies in the Quantity theory of Money [M]. 1956.

Friedman, M. Money and the Stock Market [J]. Journal of Political Economy, 1968, 96 (2).

Fukao, Kyoji, Hyeog Ug Kwon. Why Did Japan's TFP Growth Slow Down in the Lost Decade? An Empirical Analysis Based on Firm-Level Data of Manufacturing Firms [J]. Japanese Economic Review, 2006, 57 (2):

195–228.

Galí J., Monacelli, T. Monetary Policy and Exchange Rate Volatility in a Small Open Economy [J]. Review of Economic Studies, 2005, 72 (3): 707–734.

Godley W., M. Lavoie. A Simple Model of Three Economics with Two Currencies: The Eurozone and the USA [J]. Cambridge Journal of Economics, 2007, 31 (1): 1–23.

Godley W. M. Lavoie. Two–Country Stock–Flow Consistent Macroeconomics Using a Closed Model within a Dollar Exchange Regime. Cambridge Endowment for Research in Finance [J]. University of Cambridge, Working Paper, 2003.

Godley W. M. Lavoie. Comprehensive Accounting in Simple Open Economy Macroeconomics with Endogenous Sterilization or Flexible Exchange Rates [J]. Journal of Post Keynesian Economics, 2005, 28 (2): 241–276.

Godley W. M. Lavoie. Money Economics: an Integrated Approach to Credit, Money, Income, Production and Wealth [M]. Palgrave MacMillan, 2007.

Godley W. Monetary and Credit in a Keynesian model of Income Determination [J]. Cambridge Journal of Economics, 1999 (23): 393–411.

Godley, W., Wray, R. Is goldilocks doomed? [J]. Journal of Economic Issues, 2000, 34 (1): 201–206.

Godley, W., Zezza, G. Debt and lending: A Cri de Coeur [J]. Levy Institute at Bard College Policy Notes 4, 2006.

Godley, W. Money, Finance and National Income Determination: An Integrated Approach [J]. Working paper No. 167, The Levy Institute of Bard College, 1996.

Godley, W., Papadimitriou, D., Hannsgen, G., Zezza, G. Is there a way out of the woods? [J]. The Levy Economics Institute Strategic Analysis, 2007.

Goodhart C. A. E. An Essay on the Interactions between the Bank of England's Forecasts [J]. the MPC's Policy Adjustments and the Eventual Outcome. Financial Markets Group Discussion Paper 546. London: London School of Economics, 2005.

Goodhart, C. The Boundary Problem in Financial Regulation [J]. National Institute Economic Review, 2008 (206): 28-55.

Gramlich E., Kalchbrenner J H. A Constrained Estimation Approach to the Demand for Liquid Assets[J]. Board of Governors of the Federal Reserve System(US), 1970.

Hawtrey, R. G. Monetary Reconstruction, 2nd. London: Longmans Green & Co. Ltd., 1926.

Hawtrey, R. G. Trade and Credit. London: Longmans Green & Co. Ltd., 1927.

Hawtrey, R. G. The Art of Central Banking. Routledge, 2000.

Hawtrey, R. G. Currency and Credit. London: Longmans Green & Co. Ltd., 1927.

Hayek, F. A. V. Monetary Theory and the Trade Cycle [M]. New York: Augustus M. Kelley, Publishers, 1975b.

Hayek, F. A. V. Prices and Production, 2nd ed [M]. New York: Augustus M. Kelley, Publishers, 1967.

Hayek, F. A. The Pure Theory of Capital. Chicago: University of Chicago Press, 1941.

Heron E. L., Mouakil T. A Post-Keynesian Stock-Flow Consistent Model for Dynamic Analysis of Monetary Policy Shock on Banking Behavior [J]. Metroeconomica, 2008, 59 (3): 405-440.

Hicks, J. A Suggestion for Simplifying the Theory of Money [J]. Economica, 1935.

Hicks, J. Capital and Growth [M]. Oxford: Clarendon Press, 1965.

Hicks, J. The Two Triads [J]. In Critical Essays in Monetary, Oxford: Clarendon Press, 1967.

Hicks, J. Money, Interest and Wages [M]. Basil Blackwell, 1982.

Hicks, J. Value and Capital [M]. Oxford: Clarendon Press, 1939.

Howells P. G. A. The Demand for Endogenous Money [J]. Journal of Post Keynesian Economics, 1995, 18 (1): 89-106.

Humphery, T. H. The Quantity Theory of Money: Its Historical Evolution and Role in Policy Debate [J]. Federal Reserve Bank of Richmond Economic Review, 1974 (60): 2.

Kaldor N, Trevithick J A. A Keynesian Perspective on Money [J]. Lloyds Bank Review, 1981, 51 (139): 1-19.

Kaldor, N. Marginal Productivity and the Macro-Economic Theories of Distribution: Comment on Samuelson and Modigliani [J]. The Review of Economic Studies, 1966, 33 (4): 309-319.

Kavesh, R. A., Mackey, J. Financial Aspects of the Disarmament Process [J]. Journal of Finance, 1963, 18 (2): 130-150.

Keen, S. Debunking Macroeconomics [J]. Economic Analysis and Policy Volume 41, Issue 3, December 2011, Pages 147-167.

Keynes, J. M. A Treatise on Money [M]. Macmillan, 1930.

Kindleberg C. P. and Aliber R. Z., 2001. Manias, Panics and Crashes: A History of Financial Crises [M]. Palgrave Macmillian.

King, M. No Money, No Inflation-The Role of Money in the Economy, Bank of England Quarterly Bulletin, Summer 2002. Available at SSRN: http://ssrn.com/abstract=708265.

Kinsella, S., Tiou-Tagba Aliti, G. 2012. Towards a Stock Flow Consistent Model for Ireland, SSRN E-Library, http://papers.ssrn.com/sol3/papers.cfm?abstract_id=2011462 [date last accessed: 31 October 2013].

Kinsella, S., Greiff, M., Nell, E. J. Income distribution in a stock-flow consistent model with education and technological change [J]. Eastern Economic Journal, 2011, 37 (1): 134-149.

Kollmann, R. The Exchange Rate in A Dynamic Optimizing Current Account Model with Nominal Rigidities: A Quantitative Investigation [J]. Journal of International Economics, 2001 (55): 243-262.

Koo, R. C. The Holy Grail of Macroeconomics: Lessons from Japan's Great Recession [M]. John Wiley & Sons (Asia) Pte. Ltd, 2008.

Krugman, Paul, "It's Baaack! Japan's Slump and the Return of the Liquidity Trap [J]. Brookings Papers on Economic Activity, 1998 (2): 137-205.

Krugman, Paul. How Did Economists Get It So Wrong? [N]. New York Times. September 6, 2009.

Lavioe M. The Endogenous Flow of Credit and Post Keynesian Theory of Money [J]. Journal of Economic Issues, 1984, 18 (3): 771-797.

Lavoie, Jun Zhao. A Study of the Diversification of China's Foreign Reserves within A Three-Country Stock-Flow Consistent Model [J]. Metroeconomica, 2010, 61 (3): 558-592.

Lavoie M., Jun Zhao. A study of the diversification of China's foreign reserves within a three country stock -flow consistent model [J]. Working Paper, 2009.

Lerner, A.P. Interest Rate Theory—Supply and Demand for Loans or Supply and Demand for Cash [J]. Reviews of Economics and Statistics, 1944 (26).

Liu X.et al. Comments on Stock -Flow Consistent Model on Macroeconomics [J]. Economic Perspectives, 2013 (12): 15-23. (In Chinese)

Liu X.et al. The Sources of Imbalance of Demand Structure of China's Economic Growth—Based on Stock -Flow Equilibrium Perspective [J]. Economic Persp-ectives, 2012 (7): 57-63. (in Chinese)

Marshall A., Money, Credit and Business [M]. Commercial Press, 1997. (in Chinese)

McCallum, B. T. Monetary Policy Analysis in Models without Money [J]. Federal Reserve Bank of St. Louis Review, 2001, 83 (4): 145-160.

Meyer, L. H. Does Money Matter? [J]. Federal Reserve Bank of St. Louis Review, 2001, 83 (5): 1-15.

Mian, A., A.Sufi. What Explains High Unemployment? The Deleveraging Aggregate Demand Hypothesis [J]. University of California, Berkeley and NBER, Working Paper.

Miess M. G., Schmelzer S. A Stock-Flow Consistent Model of Financialisation and Shadow Banking: Financial Fragility in a Modern Capitalist Economy [J]. Preliminary Work-in-Progress Version for FMM Conference 2015, Berlin, Germany.

Minskey, H. P. The Financial Instability Hypothesis: A Restatement [C]. Themes Papers in Political Economy, 1978, autumn.

Minsky H. P. Reconstituting the United States' Financial Structure: Some Fundamental Issues. Working Paper No. 69. Annandale-on-Hudson, NY: Levy Economics Institute, January 1992a, p.12.

Minsky H. P. Stabilizing an Unstable Economy. New Haven: Yale University

Press.

Minsky, H. P. The Essential Characteristics of Post Keynesian Economics, in G. Deleplace and E.J. Nelleds, Money in Motion: The Circulation and Post-Keynesian Approaches, Macmillan, London, 1996, pp.532-545.

Moore, Baisl J. A Simple Model of Bank Intermediation [J]. Journal of Post Keynesian Economics, 1989b, 12 (1): 10-28.

Palley T. I. Accommodationism versus Structuralism: Time for an Accommodation [J]. Journal of Post Keynesian Economics, Vol.18, No.4 (Summer, 1996), pp.585-594.

Palley, T. I. The economics of deleveraging: The Aftermath of Financ-ialization [J]. European Journal of Economics and Economic Policies: Intervention, 2010, 7 (2): 40-1-413.

Patinkin, D. The Chicago Tradition, The Quantity Theory and Friedman [J]. Journal of Money, Credit and Banking, 1969.

Patinkin, D. Studies in Monetary Economics [M]. Harper International Edition, 1972.

Pesaran, M. H., Shin, Y., Smith, R. J. Bounds Testing Approaches to the Analysis of Level Relationships [J]. Journal of Applied Economics, 2001 (16): 289-326.

Pigou, A. G. The Exchange Value of Legal Tender. In Essays in Applied Economics [M]. London: Macmillan & Co. Ltd., 1923.

Pollin, R. Money Supply Endogeneity: What Are the Questions and Why Do They Matter? [J]. in E.Nell and D. Deleplace (eds.), Money in Motion: The Circulation and Post Keynesian Approaches (London: Macmillan), 1991b.

Raberto M. et al. Debt Deleveraging and Business Cycles—An Asset Based Perspective [J]. Discussion Paper, 2011 (31).

Raberto, M., Teglio, A., Cincotti, S. Debt, Deleveraging and Business Cycles: An Agent-based Perspective [J]. Economics: The Open-Access, Open-Assessment E-Journal, 2012 (6): 1-49.

Rainhart C. M., Rogoff K. S. This Time Is Different: Eight Centuries of Financial Folly [M]. Princeton University Press, 2009.

Robertson, D. H. Banking Policy and the Price Level [M]. London: P. S. King,

1926.

Ruscher E. Wolff G. B. Corporate Balance Sheet Adjustment: Stylized Facts, Causes and Consequences. Review of Economics, 2013, 64 (2): 117-138.

Santos D. H., Silva e M. C. A. Revisiting (and connecting) Marglin-Bhaduri and Minsky: A SFC look at financialization and profit-led growth, Working Paper, 2009.

Santos, D. Keynesian Theorizing During Hard Times: Stock-Flow Consistent Models as an Unexplored "Frontier" of Keynesian Macroeconomics [J]. Cambridge Journal of Economics, 2006, 30 (4): 541-565.

Seppecher, P. Flexibility of Wages and Macroeconomic Instability in an Agent-based Computational model with Endogenous money [J]. Macroeconomic Dynamics, 2012b, 16 (2): 284-297.

Shuai Y. The Theory of Determination of Money and Interest: the Analytical History of Stock and Flow. People's Publishing House, 2005. (In Chinese).

Solow, R. M. The State of Macroeconomics [J]. The Journal of Economic Perspectives, 2008 (22): 243-246.

Stove, J. R. The Social Accounts from the Consumer Point of View [J]. Rev. Income Wealth, 1966, 1: 17-28.

Teglio, A., Raberto, M. Cincotti, S. The impact of banks' Capital Adequacy Regulation on the Economic System: An agent-based Approach [J]. Advances in Complex Systems, 2012, 15 (2): 361-400.

Tobin, J. Money and Finance in the Macroeconomic Process [J]. Journal of Money, Credit and Banking, 1982, 14 (4).

Tobin, J. A General Equilibrium Approach to Monetary Theory [J]. Journal of Money, Credit and Banking, 1969, 1 (1): 15-29.

Tsiang S. C. Collected Economic Science Papers form Tsiang S. C.: Financing Constraints and Monetary Theory [M]. Peking University Press, 1999.

Ueda K. Deleveraging and Monetary Policy: Japan since the 1990s and the United States since 2007 Journal of Economic Perspectives, 2012, 26 (3): 177-202.

Valdecantos S., Zezza G. Reforming the International Monetary System: A Stock-Flow-Consistent Approach [J]. Journal of Post Keynesian Economics, 2015,

38（2）：167-191.

Vasco Cúrdia，Michael Woodford. The central-bank balance sheet as an instrument of monetary policy [J]. Journal of Monetary Economics，2011（58）：54-79.

W. Godley，M. Lavoie. Monetary Economics：An Integrated Approach to Credit，Money，Income，Production and Wealth [M]. Palgrave MacMillan，2007.

Wapshott N. Keynes Hayek：The Clash That Defined Modern Economics [M]. China Machine Press，2013.（In Chinese）.

Wei Sen. Re-read Hayek [M]. CITIC Press，2014.（In Chinese）.

Wicksell K. Lectures on National Economics [M]. Shanghai Translation Public House，1983.（In Chinese）.

Zezza，G. U. S. Growth，the Housing Market，and the Distribution of Income [J]. Journal of Post Keynesian Economics，2008，30（3）：375-402.

富拉顿：《论通货的调整》，商务印书馆。

哈里斯：《货币理论》，中国金融出版社 1989 年版。

胡志鹏：《"稳增长"与"控杠杆"双重目标下的货币当局最优政策设定》，《经济研究》2014 年第 12 期。

黄志刚、陈晓杰：《人民币汇率波动弹性空间评估》，《经济研究》2010 年第 5 期。

蒋硕杰：《蒋硕杰经济科学论文集：筹资约束和货币理论》，北京大学出版社 1999 年版。

凯恩斯：《货币论》，商务印书馆 1986 年版。

凯恩斯：《就业、利息与货币通论》，商务印书馆 1983 年版。

李杨、张晓晶、常欣等：《中国国家资产负债表 2015——杠杆调整与风险管理》，中国社会科学出版社 2015 年版。

柳欣、赵雷、吕元祥：《我国经济增长中的需求结构失衡探源——基于存量—流量均衡的分析视角》，《经济学动态》2012 年第 7 期。

柳欣、赵雷、吕元祥：《宏观经济学的存量流量一致模型研究述评》，《经济学动态》2013 年第 12 期。

吕炜、高帅雄、周潮：《投资建设性支出还是保障性支出——去杠杆背景下的财政政策实施研究》，《中国工业经济》2016 年第 8 期。

马建堂、董小君、时红秀、徐杰、马小芳：《中国的杠杆率与系统性金融风险防范》,《财贸经济》2016 年第 1 期。
马俊、施康等:《利率传导机制的动态研究》,《金融研究》2016 年第 1 期。
马勇、田拓、阮卓阳、朱军军:《金融杠杆、经济增长与金融稳定》,《金融研究》2016 年第 6 期。
帕廷金:《货币、利息与价格》,商务印书馆 1996 年版。
帅勇:《货币与利息率决定理论——存量和流量分析史》,人民出版社 2005 年版。
谭海鸣、姚余栋、郭树强、宁辰:《老龄化、人口迁移、金融杠杆与经济长周期》,《金融研究》2016 年第 2 期。
谭小芬:《中国企业杠杆率现状、影响及去杠杆的对策》,收录于潘英丽和黄益平主编的《激辩去杠杆——如何避免债务—通缩》,中信出版社 2016 年版。
维克塞尔:《国民经济学讲义》,上海译文出版社 1983 年版。
维克塞尔:《利息与价格》,商务印书馆 1959 年版。
肖泽忠、邹宏:《中国上市公司资本结构的影响因素和股权融资偏好》,《经济研究》2008 年第 6 期。
亚当·斯密:《国民财富的性质和原因的研究》,商务印书馆 1972 年版。
约翰·劳:《论货币与贸易》,商务印书馆 1986 年版。
钟宁桦、刘志阔、何嘉鑫、苏楚林:《我国企业债务的结构性问题》,《经济研究》2016 年第 7 期。
朱武祥、魏炜、王正位:《回归经典:资本结构研究 60 年思考》,《金融研究》2014 年第 12 期。

# 索　引

## C

财政政策　7，8，16，52，244，411，412，413，423，431，433，448，455，457，476

存量　5，8，9，11，12，13，15，18，19，20，21，22，24，25，26，27，29，30，39，53，54，62，104，120，133，152，153，182，185，193，195，198，199，206，208，209，211，216，217，218，220，228，229，230，233，246，249，271，272，287，291，292，294，295，296，319，337，345，346，347，348，350，353，362，363，364，368，369，371，372，380，381，382，383，401，402，403，404，405，410，411，414，415，416，417，418，419，420，421，422，423，424，425，426，427，430，433，434，435，436，437，439，442，445，446，447，448，450，451，452，453，454，455，459，464，476，477

## H

宏观杠杆　4，6，28，31，33，59，233，240

宏观流动性　4，6，28，31，33，59，233，240

货币幻觉　4，28，106，362，390

货币政策　2，5，6，8，16，23，26，28，29，30，32，33，36，39，45，51，52，61，62，63，65，67，69，70，71，72，73，74，76，77，80，81，85，86，87，88，95，102，107，113，124，139，141，143，152，171，192，211，223，234，244，387，394，395，401，406，411，412，420，430，431，432，433，446，447，448，455，458，462

## J

金融危机　1，3，4，7，34，36，49，50，66，69，72，77，80，82，87，89，109，115，121，124，171，172，175，178，179，226，239，243，311，386，401，405，406，407，410，411，412，413，430，431，432，433，446，448，458

金融稳定　34，36，172，180，411，477

## L

理财产品　139，141，168，169，199，200，202，205，206，222，223，224，225，226，227，232，233，237，239，240，340，460
量化宽松　3，57，65，84，85，86，87，88，95，107，120，122，124，385，387，389，394，411，458
流量　2，8，9，10，12，14，15，16，17，18，19，20，21，22，24，25，26，62，192，193，195，362，364，371，372，401，402，403，404，405，406，407，409，410，411，413，414，415，417，418，419，420，421，422，423，425，426，427，430，433，435，437，438，443，445，455，476，477

## P

庞氏骗局　4，101，390
失踪的货币　39，48

## S

收入分配　39，371

## Y

一致性　3，9，11，20，24，341，402，405，414
影子银行　7，97，99，104，107，125，171，172，173，174，175，176，177，178，179，180，181，182，183，184，185，186，187，188，189，190，191，192，193，194，195，196，197，198，199，200，201，202，205，206，213，215，217，218，220，221，222，223，226，227，228，229，230，231，232，233，234，235，236，237，238，239，240，241，248，249，283，284，295，367，368，401，405，406，407，408，412，420，426，433，457，460

## Z

资产负债表　3，4，7，8，24，34，36，39，56，61，62，63，64，80，83，85，86，88，91，96，97，125，126，141，142，143，156，160，162，163，171，192，206，207，208，209，210，211，212，213，215，216，217，228，233，243，244，272，273，274，280，282，285，299，300，302，303，304，305，310，311，316，320，337，339，341，342，344，345，348，356，357，358，359，360，361，364，371，372，373，375，377，380，386，388，389，401，402，405，406，407，408，410，411，412，414，415，417，420，421，422，423，426，429，430，431，432，433，434，443，449，450，456，457，458，460，461，462
资产负债表衰退　431，456，457

# 专家推荐表

| 第七批《中国社会科学博士后文库》专家推荐表 1 | | | |
|---|---|---|---|
| 推荐专家姓名 | 殷剑锋 | 行政职务 | |
| 研究专长 | 金融学 | 电　　话 | |
| 工作单位 | 对外经贸大学 | 邮　　编 | 100081 |
| 推荐成果名称 | 流动性过剩与宏观资产负债表研究：基于流量存量一致性框架 | | |
| 成果作者姓名 | 邵宇 | | |

本书的创新在于试图构建一个从宏观流动性，即货币和信贷出发，再到实体经济各个部门的宏观分析框架，它把金融市场、开放经济放到极为重要的高度，同时细致的刻画各个宏观部门的明细变动，这种变动既基于它们的资产负债表存量，也基于它们的交易流量，即利润分配和资金流动；然后再用财务报表相互间的勾稽关系，形成严密的逻辑闭环。

这在新一代宏观研究范式的开拓方面，有相当的理论价值和现实意义，值得进一步深入研究。总体而言，本书稿学术作风扎实，符合学术规范，并具有相当的创新能力，达到了出版水平。

签字：殷剑锋

2018 年 1 月 10 日

**说明：**该推荐表由具有正高职称的同行专家填写。一旦推荐书稿入选《博士后文库》，推荐专家姓名及推荐意见将印入著作。

**第七批《中国社会科学博士后文库》专家推荐表 2**

| | | | |
|---|---|---|---|
| 推荐专家姓名 | 杨长江 | 行政职务 | |
| 研究专长 | 国际金融 | 电　　话 | |
| 工作单位 | 复旦大学经济学院 | 邮　　编 | |
| 推荐成果名称 | 流动性过剩与宏观资产负债表研究：基于流量存量一致性框架 | | |
| 成果作者姓名 | 邵宇 | | |

本书稿提供了一个相对新颖的研究框架和丰富的研究观点，使得我们可以全面建模一个真实的开放经济体，金融和实体活动的方方面面，研究它们之间的有机联系，探索政策效果和需求供给双向冲击的全面后果，并动态刻画这个经济有机体的演化进程。这将帮助我们认识中国实体经济升级、金融系统深化的过程，评估政策效果和溢出效应以及测度金融变量的波动状况。其中不少结论也得到了实践的证明，具有一定的社会影响力和政策影响力。

本文论证细致，数据充沛，符合学术规范，符合出版要求，特此推荐。

签字：

2018 年 2 月 10 日

**说明：**该推荐表由具有正高职称的同行专家填写。一旦推荐书稿入选《博士后文库》，推荐专家姓名及推荐意见将印入著作。

# 经济管理出版社
# 《中国社会科学博士后文库》
# 成果目录

| 第一批《中国社会科学博士后文库》（2012年出版） | | |
|---|---|---|
| 序号 | 书　名 | 作　者 |
| 1 | 《"中国式"分权的一个理论探索》 | 汤玉刚 |
| 2 | 《独立审计信用监管机制研究》 | 王　慧 |
| 3 | 《对冲基金监管制度研究》 | 王　刚 |
| 4 | 《公开与透明：国有大企业信息披露制度研究》 | 郭媛媛 |
| 5 | 《公司转型：中国公司制度改革的新视角》 | 安青松 |
| 6 | 《基于社会资本视角的创业研究》 | 刘兴国 |
| 7 | 《金融效率与中国产业发展问题研究》 | 余　剑 |
| 8 | 《进入方式、内部贸易与外资企业绩效研究》 | 王进猛 |
| 9 | 《旅游生态位理论、方法与应用研究》 | 向延平 |
| 10 | 《农村经济管理研究的新视角》 | 孟　涛 |
| 11 | 《生产性服务业与中国产业结构演变关系的量化研究》 | 沈家文 |
| 12 | 《提升企业创新能力及其组织绩效研究》 | 王　涛 |
| 13 | 《体制转轨视角下的企业家精神及其对经济增长的影响》 | 董　昀 |
| 14 | 《刑事经济性处分研究》 | 向　燕 |
| 15 | 《中国行业收入差距问题研究》 | 武　鹏 |
| 16 | 《中国土地法体系构建与制度创新研究》 | 吴春岐 |
| 17 | 《转型经济条件下中国自然垄断产业的有效竞争研究》 | 胡德宝 |

| 第二批《中国社会科学博士后文库》（2013 年出版） | | |
|---|---|---|
| 序号 | 书 名 | 作 者 |
| 1 | 《国有大型企业制度改造的理论与实践》 | 董仕军 |
| 2 | 《后福特制生产方式下的流通组织理论研究》 | 宋宪萍 |
| 3 | 《基于场景理论的我国城市择居行为及房价空间差异问题研究》 | 吴 迪 |
| 4 | 《基于能力方法的福利经济学》 | 汪毅霖 |
| 5 | 《金融发展与企业家创业》 | 张龙耀 |
| 6 | 《金融危机、影子银行与中国银行业发展研究》 | 郭春松 |
| 7 | 《经济周期、经济转型与商业银行系统性风险管理》 | 李关政 |
| 8 | 《境内企业境外上市监管若干问题研究》 | 刘 轶 |
| 9 | 《生态维度下土地规划管理及其法制考量》 | 胡耘通 |
| 10 | 《市场预期、利率期限结构与间接货币政策转型》 | 李宏瑾 |
| 11 | 《直线幕僚体系、异常管理决策与企业动态能力》 | 杜长征 |
| 12 | 《中国产业转移的区域福利效应研究》 | 孙浩进 |
| 13 | 《中国低碳经济发展与低碳金融机制研究》 | 乔海曙 |
| 14 | 《中国地方政府绩效评估系统研究》 | 朱衍强 |
| 15 | 《中国工业经济运行效益分析与评价》 | 张航燕 |
| 16 | 《中国经济增长：一个“被破坏性创造”的内生增长模型》 | 韩忠亮 |
| 17 | 《中国老年收入保障体系研究》 | 梅 哲 |
| 18 | 《中国农民工的住房问题研究》 | 董 昕 |
| 19 | 《中美高管薪酬制度比较研究》 | 胡 玲 |
| 20 | 《转型与整合：跨国物流集团业务升级战略研究》 | 杜培枫 |

| 第三批《中国社会科学博士后文库》(2014年出版) | | |
|---|---|---|
| 序号 | 书　名 | 作　者 |
| 1 | 《程序正义与人的存在》 | 朱　丹 |
| 2 | 《高技术服务业外商直接投资对东道国制造业效率影响的研究》 | 华广敏 |
| 3 | 《国际货币体系多元化与人民币汇率动态研究》 | 林　楠 |
| 4 | 《基于经常项目失衡的金融危机研究》 | 匡可可 |
| 5 | 《金融创新及其宏观效应研究》 | 薛昊旸 |
| 6 | 《金融服务县域经济发展研究》 | 郭兴平 |
| 7 | 《军事供应链集成》 | 曾　勇 |
| 8 | 《科技型中小企业金融服务研究》 | 刘　飞 |
| 9 | 《农村基层医疗卫生机构运行机制研究》 | 张奎力 |
| 10 | 《农村信贷风险研究》 | 高雄伟 |
| 11 | 《评级与监管》 | 武　钰 |
| 12 | 《企业吸收能力与技术创新关系实证研究》 | 孙　婧 |
| 13 | 《统筹城乡发展背景下的农民工返乡创业研究》 | 唐　杰 |
| 14 | 《我国购买美国国债策略研究》 | 王　立 |
| 15 | 《我国行业反垄断和公共行政改革研究》 | 谢国旺 |
| 16 | 《我国农村剩余劳动力向城镇转移的制度约束研究》 | 王海全 |
| 17 | 《我国吸引和有效发挥高端人才作用的对策研究》 | 张　瑾 |
| 18 | 《系统重要性金融机构的识别与监管研究》 | 钟　震 |
| 19 | 《中国地区经济发展差距与地区生产率差距研究》 | 李晓萍 |
| 20 | 《中国国有企业对外直接投资的微观效应研究》 | 常玉春 |
| 21 | 《中国可再生资源决策支持系统中的数据、方法与模型研究》 | 代春艳 |
| 22 | 《中国劳动力素质提升对产业升级的促进作用分析》 | 梁泳梅 |
| 23 | 《中国少数民族犯罪及其对策研究》 | 吴大华 |
| 24 | 《中国西部地区优势产业发展与促进政策》 | 赵果庆 |
| 25 | 《主权财富基金监管研究》 | 李　虹 |
| 26 | 《专家对第三人责任论》 | 周友军 |

| 第四批《中国社会科学博士后文库》（2015年出版） | | |
|---|---|---|
| 序号 | 书　名 | 作　者 |
| 1 | 《地方政府行为与中国经济波动研究》 | 李　猛 |
| 2 | 《东亚区域生产网络与全球经济失衡》 | 刘德伟 |
| 3 | 《互联网金融竞争力研究》 | 李继尊 |
| 4 | 《开放经济视角下中国环境污染的影响因素分析研究》 | 谢　锐 |
| 5 | 《矿业权政策性整合法律问题研究》 | 郗伟明 |
| 6 | 《老年长期照护：制度选择与国际比较》 | 张盈华 |
| 7 | 《农地征用冲突：形成机理与调适化解机制研究》 | 孟宏斌 |
| 8 | 《品牌原产地虚假对消费者购买意愿的影响研究》 | 南剑飞 |
| 9 | 《清朝旗民法律关系研究》 | 高中华 |
| 10 | 《人口结构与经济增长》 | 巩勋洲 |
| 11 | 《食用农产品战略供应关系治理研究》 | 陈　梅 |
| 12 | 《我国低碳发展的激励问题研究》 | 宋　蕾 |
| 13 | 《我国战略性海洋新兴产业发展政策研究》 | 仲雯雯 |
| 14 | 《银行集团并表管理与监管问题研究》 | 毛竹青 |
| 15 | 《中国村镇银行可持续发展研究》 | 常　戈 |
| 16 | 《中国地方政府规模与结构优化：理论、模型与实证研究》 | 罗　植 |
| 17 | 《中国服务外包发展战略及政策选择》 | 霍景东 |
| 18 | 《转变中的美联储》 | 黄胤英 |

第五批《中国社会科学博士后文库》（2016年出版）

| 序号 | 书　名 | 作　者 |
|---|---|---|
| 1 | 《财务灵活性对上市公司财务政策的影响机制研究》 | 张玮婷 |
| 2 | 《财政分权、地方政府行为与经济发展》 | 杨志宏 |
| 3 | 《城市化进程中的劳动力流动与犯罪：实证研究与公共政策》 | 陈春良 |
| 4 | 《公司债券融资需求、工具选择和机制设计》 | 李　湛 |
| 5 | 《互补营销研究》 | 周　沛 |
| 6 | 《基于拍卖与金融契约的地方政府自行发债机制设计研究》 | 王治国 |
| 7 | 《经济学能够成为硬科学吗?》 | 汪毅霖 |
| 8 | 《科学知识网络理论与实践》 | 吕鹏辉 |
| 9 | 《欧盟社会养老保险开放性协调机制研究》 | 王美桃 |
| 10 | 《司法体制改革进程中的控权机制研究》 | 武晓慧 |
| 11 | 《我国商业银行资产管理业务的发展趋势与生态环境研究》 | 姚　良 |
| 12 | 《异质性企业国际化路径选择研究》 | 李春顶 |
| 13 | 《中国大学技术转移与知识产权制度关系演进的案例研究》 | 张　寒 |
| 14 | 《中国垄断性行业的政府管制体系研究》 | 陈　林 |

| 第六批《中国社会科学博士后文库》（2017 年出版） | | |
|---|---|---|
| 序号 | 书　名 | 作　者 |
| 1 | 《城市化进程中土地资源配置的效率与平等》 | 戴媛媛 |
| 2 | 《高技术服务业进口技术溢出效应对制造业效率影响研究》 | 华广敏 |
| 3 | 《环境监管中的“数字减排”困局及其成因机理研究》 | 董　阳 |
| 4 | 《基于竞争情报的战略联盟关系风险管理研究》 | 张　超 |
| 5 | 《基于劳动力迁移的城市规模增长研究》 | 王　宁 |
| 6 | 《金融支持战略性新兴产业发展研究》 | 余　剑 |
| 7 | 《清乾隆时期长江中游米谷流通与市场整合》 | 赵伟洪 |
| 8 | 《文物保护经费绩效管理研究》 | 满　莉 |
| 9 | 《我国开放式基金绩效研究》 | 苏　辛 |
| 10 | 《医疗市场、医疗组织与激励动机研究》 | 方　燕 |
| 11 | 《中国的影子银行与股票市场：内在关联与作用机理》 | 李锦成 |
| 12 | 《中国应急预算管理与改革》 | 陈建华 |
| 13 | 《资本账户开放的金融风险及管理研究》 | 陈创练 |
| 14 | 《组织超越——企业如何克服组织惰性与实现持续成长》 | 白景坤 |

第七批《中国社会科学博士后文库》（2018年出版）

| 序号 | 书　名 | 作　者 |
|---|---|---|
| 1 | 《行为金融视角下的人民币汇率形成机理及最优波动区间研究》 | 陈　华 |
| 2 | 《设计、制造与互联网“三业”融合创新与制造业转型升级研究》 | 赖红波 |
| 3 | 《复杂投资行为与资本市场异象——计算实验金融研究》 | 隆云滔 |
| 4 | 《长期经济增长的趋势与动力研究：国际比较与中国实证》 | 楠　玉 |
| 5 | 《流动性过剩与宏观资产负债表研究：基于流量存量一致性框架》 | 邵　宇 |
| 6 | 《绩效视角下我国政府执行力提升研究》 | 王福波 |
| 7 | 《互联网消费信贷：模式、风险与证券化》 | 王晋之 |
| 8 | 《农业低碳生产综合评价与技术采用研究——以施肥和保护性耕作为例》 | 王珊珊 |
| 9 | 《数字金融产业创新发展、传导效应与风险监管研究》 | 姚　博 |
| 10 | 《“互联网+”时代互联网产业相关市场界定研究》 | 占　佳 |
| 11 | 《我国面向西南开放的图书馆联盟战略研究》 | 赵益民 |
| 12 | 《全球价值链背景下中国服务外包产业竞争力测算及溢出效应研究》 | 朱福林 |
| 13 | 《债务、风险与监管——实体经济债务变化与金融系统性风险监管研究》 | 朱太辉 |

# 《中国社会科学博士后文库》
# 征稿通知

为繁荣发展我国哲学社会科学领域博士后事业，打造集中展示哲学社会科学领域博士后优秀研究成果的学术平台，全国博士后管理委员会和中国社会科学院共同设立了《中国社会科学博士后文库》(以下简称《文库》)，计划每年在全国范围内择优出版博士后成果。凡入选成果，将由《文库》设立单位予以资助出版，入选者同时将获得全国博士后管理委员会（省部级）颁发的“优秀博士后学术成果”证书。

《文库》现面向全国哲学社会科学领域的博士后科研流动站、工作站及广大博士后，征集代表博士后人员最高学术研究水平的相关学术著作。征稿长期有效，随时投稿，每年集中评选。征稿范围及具体要求参见《文库》征稿函。

联系人：宋　娜　主任

联系电话：01063320176；13911627532

电子邮箱：epostdoctoral@126.com

通讯地址：北京市海淀区北蜂窝 8 号中雅大厦 A 座 11 层经济管理出版社《中国社会科学博士后文库》编辑部

邮编：100038

经济管理出版社